压力管道作业人员培训教材

范树孙 主编

中国标准出版社
北京

图书在版编目（CIP）数据

压力管道作业人员培训教材/范树孙主编. —北京：中国标准出版社，2008（2017.2 重印）

ISBN 978-7-5066-4915-5

Ⅰ.压… Ⅱ.范… Ⅲ.压力管道-技术培训-教材
Ⅳ.U173.9

中国版本图书馆 CIP 数据核字（2008）第 094980 号

中国标准出版社出版发行
北京复兴门外三里河北街 16 号
邮政编码：100045

网址 www.spc.net.cn
电话：68523946　68517548
中国标准出版社秦皇岛印刷厂印刷
各地新华书店经销

*

开本 787×1092　1/16　印张 34.5　字数 797 千字
2008 年 7 月第一版　2017 年 2 月第四次印刷

*

定价 75.00 元

序

随着国家改革开放和经济社会的发展，作为五大运输工具之一的压力管道得到广泛应用，为国民经济发展、提高人民群众生活水平起到重要作用。2003年3月11日国务院颁布《特种设备安全监察条例》，以国家法规的形式把压力管道纳入特种设备的管理范畴。2004年7月1日公布施行的《国务院对确需保留的行政审批项目设定行政许可的决定》（国务院令第412号）对压力管道的设计、安装、使用、检验单位和人员资格设定了行政许可制度。从此，压力管道全过程的安全监察均有了较完善的法规依据，为规范压力管道安全管理、预防和减少事故的发生提供了坚实的基础和良好的环境。

总结以往经验教训，压力管道事故原因可以归结为人的不安全行为和压力管道不安全状况或两者共同作用的结果。压力管道作业人员是安全管理和操作的行为主体，其业务水平、操作技能等直接影响到压力管道的安全运行，是可能造成事故的重要因素。因此，国家质检总局颁布了《压力管道安全管理人员和操作人员考核大纲》，规定压力管道作业人员必须具备的基本条件，应掌握的基础、专业（安全）知识和操作技能，以满足安全管理和操作的要求。

《压力管道作业人员培训教材》是压力管道作业人员培训考核创新工作的尝试。首次将公用管道和工业管道作业人员应掌握的基础知识、专业（安全）知识融合一起，解决不同类别级别管道作业人员无统一培训教材的问题，方便作业人员学习、培训和考核工作；同时又针对具体管道类别的安全管理人员和操作人员作业特点，从管理和操作角度分别予以详细讲解。教材还根据压力管道安全管理要求和目前实际工作需要，探索性地介绍了压力管道在线检验人员应具备的基础和专业知识以及实际检验技能和检验报告编制等内容。该书的出版，将有助于提高压力管道作业人员持证上岗率，促进压力管道使用环节规范管理，对压力管道作业人员培训考核工作的开展将起到积极的推进作用。

国家质检总局特种设备安全监察局副局长

宋继红

2008 年 6 月 25 日

前　言

压力管道应用极为广泛，它与国民经济和人民群众生活息息相关，同时也具有危及人民群众生命安全的可能，一旦发生事故，将给国家和人民群众生命财产造成重大损失。为此，国家在1996年把压力管道列入国家强制管理的范围，2003年3月11日国务院颁布《特种设备安全监察条例》，为规范压力管道的安全管理奠定基础。压力管道实施全过程的安全监察，即从设计、制造、安装、使用、检验检测、修理和改造等环节均作出具体规定。在使用环节，使用单位负有安全管理的主体责任，必须按照国家有关规定，办理压力管道使用手续；必须按照国家技术规范要求进行定期检验；必须选择经培训考核合格，持《特种设备操作人员资格证》的人员进行相应的作业。此举对压力管道的安全，起到了极大的保障作用，但也需要压力管道的安全管理人员、操作人员和检验人员必须掌握相应的各项技能，经过考核才能上岗，从而保证安全管理、操作和检验的质量，进一步保证压力管道的安全。

本教材适用于工业和公用管道安全管理人员、操作人员和在线检验人员培训考核使用。根据国家质检总局《特种设备作业人员监督管理办法》、《压力管道安全管理人员和操作人员考核大纲》的要求，对工业管道和公用管道的作业人员应具备的基础知识、专业知识和操作技能进行详细的讲解，以提高相关人员业务水平和实际操作技能，达到相关规定的要求。

本书由三篇组成。

第一篇从第一章至第三章，面对压力管道安全管理人员，主要论述和介绍了压力管道安全管理人员应当具备的基础知识、安全知识、法规知识和练习题。对安全管理人员在实际工作中遇到管道元件特别是阀门的选用问题，提供了选用的参考。

第二篇从第四章至第七章，面对压力管道操作人员，主要论述和介绍了压力管道操作人员应当掌握的基础知识、专业知识、法规知识、操作技能和练习题。重点对压力管道及输送介质的危险性(危险源)，管道故障或事故形式、处理和预防、事故应急救援预案的编制以及事故发生后人员自救等内容进行了详细的描述，特别是现场操作可能出现的突发性故障和事故的判断和处理均有较强的实用性。

第三篇从第八章至第十二章，面对压力管道在线检验人员，主要论述和介绍了压力管道在线检验人员应当掌握的安全知识、法规知识，工业管道在线检验、公用管道在线检验等检验工作的内容、程序要求和实际操作技能以及安全防护知识和部分练习题。

本书由广西壮族自治区质量技术监督局特种设备处和国家质检总局事故调查处理中心联合组织编写。初稿形成后，由国家质检总局特种设备安全监察局管道处修长征处长和广西壮族自治区质量技术监督局特种设备监察处石国怀处长进行了审定，并由国家质检总局特种设备安全监察局宋继红副局长亲自为本书作序，在此表示衷心的感谢。在本书编写过程中，得到了国家质检总局特种设备安全监察局和中国特种设备检测研究院许多同志和专家的指导帮助，在此一并表示感谢。

由于编者的水平和资料收集有限，所引用标准更新换代较快，难免存在疏漏和不足之处，恳请广大读者提出宝贵意见和建议，以便以后修改完善。

编 者

2008 年 6 月

编 委 会 名 单

目　　录

第二篇　压力管道操作人员

第三篇　压力管道在线检验人员

概　　述

一、压力管道安全管理历史

在1996年之前，压力管道安全管理工作主要是由行业或企业按照国家标准和行业标准要求进行设计、制造、安装、检验(检修)和使用的管理，主要有以下两方面的安全管理主体以及相关标准：

1. 行业管理

石油、化工、冶金、建设、电力和机械等主管部门设立安全管理机构，制定相应行业规定和标准，为企业安全管理工作提供指导和安全技术依据。

a. 设计管理依据——主要有：GB 50251《输气(油)管道工程设计规范》、GB 50028《城镇燃气设计规范》、GBJ 16《建筑设计防火规范》、GB 50160《石油化工企业设计防火规范》、HG/T 20695《化工管道设计规范》、SHJ 40《石油化工企业蒸汽伴管及夹套管设计规范》等，从压力管道安全管理源头规范压力管道的管理工作。

b. 制造管理依据——主要有：GB/T 8163《输送流体用无缝钢管》、GB/T 3091《低压流体输送用焊接钢管》、GB/T 9711《石油天然气工业　输送钢管交货技术条件》、GB 15558《燃气用埋地聚乙烯(PE)管道系统》、GB/T 12221《金属阀门　结构长度》、GB/T 12224《钢制阀门　一般要求》、GB/T 13927《通用阀门　压力试验》、JB/T 3595《电站阀门技术条件》、GB/T 12459《钢制对焊无缝管件》、HGJ 528《钢制有缝对焊管件》、HGJ 66《钢制管法兰技术条件》等，对组成管道的管子、阀门、管件等的制造规定最低要求。

c. 安装管理依据——主要有：GB 50235《工业管道工程施工及验收规范(金属管道篇)》、GB 50236《现场设备、工业管道焊接工程施工及验收规范》、GB 50184《工业金属管道工程质量检验评定标准》、SHJ 501《石油化工剧毒、易燃、可燃介质管道工程施工及验收规范》、CJJ 33《城镇燃气输配工程施工及验收规范》、CJJ 28《城市供热管网工程施工及验收规范》、CJJ 63《聚乙烯燃气管道工程技术规程》等，规定管道安装工程的质量要求和评定的标准。

d. 检验(检修)管理依据——主要有：《化工企业压力管道检验规程》(化生发[1995]968号)、SHS 01005《工业管道维护检修规程》、CJJ 51《城镇燃气管网抢修和维护技术规程》等，为管道的连续运行，规定日常维护、定期检验的基本要求。

e. 使用管理依据——主要有：GB 4962《氢气使用安全技术规程》、GB 6222《工业企业煤气安全规程》、《化工企业压力管道管理规定》(化生发[1995]968号)、CJJ 51《城镇燃气管网抢修和维护技术规程》等，从整体上对管道安全使用的管理提供部门规章依据。

2. 企业自律行为的管理

没有主管部门或行业管理部门的企业，一般是参照相关行业规定、标准进行管道的设计、制造、安装、检验(检修)和使用的管理,属于企业自律行为,即国家没有强制性的规定,当管道安全管理工作与企业利益冲突时,往往会以牺牲安全生产为代价,而保全企业利益。总体来说,行业管理和企业自律管理在特定的经济体制下,对预防和减少压力管道事故,规范企业安全管理行为,发挥了积极作用。

随着国家改革开发、社会经济的高速发展,压力管道使用越来越广泛,为提高人民群众生活水平和国家经济发展起到重大作用,同时,改革开放后的多种经济实体并存和竞争,以及经营企业追求经济效益最大化,忽略安全投入和管理工作,使压力管道事故频发,给人民群众生命安全、财产造成重大损失。

1991 年 8 月 24 日 7 时 03 分,山东省莱芜化肥厂合成塔一段出口至中置废热锅炉入口处的碳钢异径管突然爆裂。异径管爆裂后,大量氢氮气外泄着火,将合成车间的变换、精炬、合成集中控制室内的仪器、仪表等烧毁。事故造成正在操作室上班的 7 名操作工被烧伤,其中 6 人死亡,1 人重度烧伤,直接经济损失 189 万元。

1995 年 1 月 3 日 17 时 53 分,山东省济南市街道煤气管道发生破裂,煤气泄漏导致爆炸,约 2.2 公里长的路面遭到不同程度的破坏,13 人死亡,48 人受伤,事故直接经济损失 429.1 万元。

据不完全统计, 1994 年 3 月至 1995 年 3 月,吉林、辽宁、河北三省发生的 5 起压力管道事故死亡 57 人、伤 149 人、可统计的直接经济损失达 3533 多万元;沈阳市 1993 年仅管道煤气泄漏事故就发生 214 起;给人民群众生命财产安全造成重大损失,压力管道安全形势非常严峻。

在当时管道安全事故频发情况下,原国家劳动部作为全国劳动安全综合管理部门,根据《劳动法》及“违反《劳动法》行政处罚办法”中的“防止劳动过程中的事故,减少职业危害”,“用人单位压力管道……特种设备未进行定期检验或安全认证的,应责令改正,并可处 10 000 元以下罚款”等有关法律法规的规定,对劳动者的不安全行为和设备的不安全因素进行监察,并于 1996 年 4 月 23 日颁布《压力管道安全管理与监察规定》(劳部发[1996]140 号),对压力管道的设计、制造、安装、使用和检验检测实施全过程的强制性管理,从此压力管道安全监察有了政府综合管理的规章。

二、压力管道安全监察的现状

随着社会主义市场经济体制的建立,原有的法规规范在监察范围、工作机制等方面已不能适应当前工作的需要。国家质检总局及时将制定《特种设备安全监察条例》列入议事日程,在党中央、国务院领导同志的重视下,在国务院法制办、中央编办及有关部门的支持下,仅用一年零三个月的时间,就经国务院第 68 次常务会议审议原则通过。2003 年 3 月 11 日朱镕基同志签署发布了《特种设备安全监察条例》,该条例规定压力管道属于特种设备,国家实施强制性管理,从而提升压力管道安全监察法律法规依据效力。

《特种设备安全监察条例》是一部全面规范特种设备生产、使用及其安全监察的行政法规,它界定了特种设备的定义和范围,确定了特种设备安全监察的两项基本制度即行政许可制度和监督检查制度,体现了特种设备安全监督方式境内外统一和由一个政府部门统一监管的原则,明确了特种设备生产、使用单位、检验检测机构、安全监督管理部门和地方人民政府各自的安全责任，提出了在社会主义市场经济条件下特种设备安全监察工作改革创新的方向。《特种设备安全监察条例》的颁布，是特种设备安全监察法制建设中的一个新的里程碑，对于确保特种设备安全、促进经济发展有着重要意义，标志着特种设备安全监察工作进入了一个新的发展时期。

目前，压力管道安全管理的法规依据有两个：一是《特种设备安全监察条例》；二是国务院 2004 年 7 月 1 日颁布实施的《国务院对确需保留的行政审批项目设定行政许可的决定》（国务院令第 412 号），该决定设定了压力管道的设计、安装、使用、检验单位和人员资格认定的行政许可要求。压力管道安全管理的专业规章、技术规程有约 14 个，这些规章规程基本覆盖压力管道从设计、制造、安装、使用和检验检测等环节管理要求，具有较强的可操作性，为压力管道安全监察、减少和预防事故奠定坚实的基础。

由于压力管道国家强制安全监察时间比较晚，相应的法律法规、技术规程和标准不尽完善，社会和企业对压力管道作为涉及生命安全、危险性较大的特种设备认识不足，压力管道安全意识不强，管理水平落后，近年压力管道事故频发，给国家和人民群众生命财产造成重大损失。因此，大力宣传压力管道安全知识，提高人们安全防范意识和管理水平，是目前安全工作急需解决的问题。

三、压力管道安全监察

压力管道是特种设备的一个种类，是生产、生活中广泛使用的可能引起燃爆或中毒等危险性较大的特种设备。中华人民共和国《特种设备安全监察条例》所称的特种设备是指涉及生命安全、危险性较大的锅炉、压力容器、压力管道、电梯、起重机械、客运索道、大型游乐设施等设备。

国家为保障人民生命、财产安全，建立了特种设备（压力管道）安全监察制度，设立压力管道安全监督管理部门。压力管道安全监察是指政府行政机关为实现压力管道安全目的而从事有关压力管道的决策、组织、管理、控制和监督检查等活动。具有强制性，以防止压力管道事故的发生，确保压力管道安全经济运行。

压力管道安全监察是安全生产管理工作的一部分，它与特种设备安全管理工作有着共同的目的，即防止压力管道事故，保证压力管道安全经济运行。但是，压力管道安全监察活动有其特殊性，即它是为了公众安全从国家整体利益出发以政府的名义并利用行政权力进行的活动。

我国安全生产管理实行的是综合监督管理与专项安全监察相结合的工作体制，国务院负责安全生产监督管理的部门，对全国安全生产工作实施综合监督管理；而国家质检总局是国务院特种设备安全监督管理部门，对特种设备实行专项安全监察。

压力管道与其他特种设备一样，实施全过程安全监察，即从设计、制造、安装、使用、检验检测、修理和改造等环节作出具体规定，并督促检查企业安全生产责任落实情况。政府对压力管道综合管理主要从两方面体现，一是执行行政许可即市场准入制度，二是实施监督检查制度。

1. 行政许可制度

国务院颁布的《特种设备安全监察条例》（国务院令第 373 号）和《国务院对确需保留的

行政审批项目设定行政许可的决定》(国务院令第 412 号)设定了压力管道的设计、制造、安装、使用、检验单位和人员资格认定等行政许可项目,规定企业或有关单位从事压力管道相关活动必须取得许可。

(1) 压力管道设计单位资格许可制度

压力管道设计许可依据——《国务院对确需保留的行政审批项目设定行政许可的决定》(国务院令第 412 号)、《关于实施〈特种设备安全监察条例〉若干问题的意见》以及《压力容器压力管道设计单位资格许可与管理规则》。

设计单位资格许可——必须经质监部门许可,颁发《特种设备设计许可证》后,方可从事相应级别的设计活动。所允许设计的类别级别为:GA1 级、GA2 级、GB1 级、GB2 级、GC1 级、GC2 级等 6 个级别。

设计单位审批人员资格许可——必须经评审机构考核,颁发《压力管道设计审批员证书》,并在质监部门备案后方可从事设计审批活动。

(2) 压力管道制造单位资格许可制度

压力管道制造许可依据——《特种设备安全监察条例》、《关于实施〈特种设备安全监察条例〉若干问题的意见》以及《压力管道元件制造许可规则》。

制造单位须经质监部门许可,颁发《特种设备制造许可证》后方可从事相应品种的制造活动,并在元件上标注"安全标志"标志。

压力管道制造许可主要是指压力管道元件的制造许可,压力管道元件制造许可项目共有 26 个品种,覆盖管道组成件、安全保护装置和附属设施。许可分为 A、B 两个级别,实行分级管理制度,A 级由国家质检总局负责审查和批准,B 级由省级质监部门负责审查和批准。

(3) 压力管道安装单位资格许可与安装前告知制度

压力管道安装许可依据——《国务院对确需保留的行政审批项目设定行政许可的决定》(国务院令第 412 号)、《关于实施〈特种设备安全监察条例〉若干问题的意见》、《压力管道安装安全质量监督检验规则》以及《压力管道安装单位资格认可实施细则》。

安装单位资格许可——必须经质监部门许可,颁发《特种设备安装许可证》后方可从事相应级别的安装活动。所允许安装的类别级别为:GA1 级、GA2 级、GB1 级、GB2 级、GC1 级、GC2 级、GC3 级等 7 个级别。

压力管道安装前的告知(备案)——压力管道安装前,建设单位填写《特种设备安装、改造、维修告知书》或《压力管道安装安全质量监督检验申报书》。跨省的长输管道向总局监察机构告知、跨市的长输管道向省级监察机构告知、其他类别管道由省级或省级授权的市级监察机构接受告知。接受安装告知(备案)的监察机构向建设单位明确监督检验机构,授权有资格的检验单位进行监检,并发出《监督检验通知》。

(4) 压力管道使用登记许可制度

压力管道使用许可依据——《国务院对确需保留的行政审批项目设定行政许可的决定》(国务院令第 412 号)、《关于实施〈特种设备安全监察条例〉若干问题的意见》以及《压力管道使用登记管理规则(试行)》。

压力管道使用许可——新安装的管道在投入使用前或使用后 30 个工作日内,以及在用压力管道在全面检验完成后30个工作日内，由使用单位提交下列资料，向登记机构办理使用登记手续：

——新安装的管道：使用登记申请书、注册登记汇总表、安装质量证明文件、竣工图、监督检验报告、管理制度、事故预案、管理人员和操作人员名单，必要时的《重要管道登记表》；

——在用管道：使用登记申请书、注册登记汇总表、在用检验报告、安全保护装置校验报告、管理制度、事故预案、管理人员和操作人员名单，必要时的《重要管道登记表》。

压力管道使用登记分为登记注册和登记发证两种形式。对于安全状况等级为1级和2级的压力管道，即进行“登记注册”并发放“使用登记证”。并在登记汇总表右上角盖“准予登记发证”章；对于安全状况等级为3级的压力管道和安全评定或者风险评估结论为可以使用的压力管道，只进行“登记注册”，不发放“使用登记证”，这种情况在登记汇总表右上角盖“准予登记注册”章。此类压力管道应当严格在限制条件下监督使用。

安全状况未确定，但通过在线检验合格，使用单位提供压力管道使用注册登记汇总表、在线检验报告、压力管道使用安全管理制度、事故预防方案（包括应急措施和救援方案）、管理人员和操作人员名单等资料，可向安全监察机构办理登记注册，但不发放使用证，此类压力管道应当严格在限制条件下监督使用。在6年内完成全面检验或者安全评定，核定安全状况等级，换发使用登记证。

（5）压力管道检验许可制度

——《特种设备安全监察条例》第二十八条规定：特种设备使用单位应当按照安全技术规范的定期检验要求，在安全检验合格有效期届满前1个月向特种设备检验检测机构提出定期检验要求。检验检测机构接到定期检验要求后，应当按照安全技术规范的要求及时进行检验。未经定期检验或者检验不合格的特种设备，不得继续使用。

——《国务院对确需保留的行政审批项目设定行政许可的决定》规定：压力管道的设计、安装、使用、检验单位和人员资格认定执行许可制度，由质检总局、县级以上地方人民政府质量技术监督部门实施。

——《在用工业管道检验规程（试行）》规定：在用工业管道每年应进行在线检验；按压力管道安全状况等级，3～6年应进行全面检验。在线检验工作由使用单位进行，使用单位也可将在线检验工作委托给具有压力管道检验资格的单位，从事在线检验工作的检验人员须经专业培训，并经质监考核，取得资格证后方可从事检验工作；全面检验单位资格必须经国家质检总局核准，方可从事相应项目的检验工作，从事全面检验的人员必须按《锅炉压力容器压力管道及特种设备检验人员资格考核规则》考试合格，取得相应资格证书。

——《压力管道安装安全质量监督检验规则》规定：新建、改建、扩建的压力管道（含附属设施及安全保护装置，下同）安装过程必须经国家质检总局核准的检验机构进行安全质量监督检验，未进行安装检验或检验不合格的压力管道工程不能投入使用。

2. 压力管道监督检查制度

（1）执法检查制度。特种设备安全监察人员应当加强对特种设备生产、使用单位和检验检测机构进行现场执法检查，查处各类违法行为，督促企业消除安全隐患。

（2）事故调查处理制度。特种设备发生事故，事故单位应当及时向质量技术监督部门和其他有关部门报告，并按照有关规定在当地政府的组织下，由质量技术监督部门等对事故进行调查、提出处理意见。

(3) 安全责任追究制度。特种设备生产单位、使用单位、检验检测机构、安全监督管理部门以及各级政府的相关人员，要认真履行安全职责，对失职、渎职并导致事故者，依法追究相应责任。

(4) 安全状况公布制度。国家质量监督检验检疫总局和省、自治区、直辖市质量技术监督局应当定期向社会公布特种设备安全状况，包括在用特种设备数量和特种设备事故的情况、特点、原因分析以及防范对策等。

四、压力管道定义及分类

1. 压力管道的定义

《特种设备安全监察条例》对压力管道的定义：是指利用一定的压力，用于输送气体或者液体的管状设备，其范围规定为最高工作压力大于或者等于 0.1 MPa(表压)的气体、液化气体、蒸汽介质或者可燃、易爆、有毒、有腐蚀性、最高工作温度高于或者等于标准沸点的液体介质，且公称直径大于 25 mm 的管道。

从上述定义来看，必须同时具备三个条件才作为压力管道列入强制管理范畴。特别注意的是：不是可燃易爆、无毒、无腐蚀性液体介质，温度必须高于或者等于标准沸点才具备介质条件，否则不列入强制管理范围。

2. 压力管道分类分级

《压力管道安全管理与监察规定》按压力管道的用途，分为长输管道、工业管道和公用管道。

——长输管道(GA 类)：系指产地、储存库、使用单位间的用于输送商品介质的管道。具体分为 GA1 级、GA2 级共 2 个级别，6 个品种；

——工业管道(GC 类)：系指企业、事业单位所属的用于输送工艺管道、公用工程及其他辅助管道。具体分为 GC1 级、GC2 级、GC3 级共 3 个级别，10 个品种；

——公用管道(GB 类)：系指城市或乡镇范围内的用于公用事业或民用的燃气管道和热力管道。具体分为 GB1 级、GB2 级共 2 个级别，无品种。

对压力管道进行分类和分级，就是对不同管道具体使用情况、危险程度以及管理要求，有针对性地提出不同的具体规定，以合理进行资源的投入，达到经济与安全运行目的。

五、压力管道使用单位安全生产主体责任

企业在生产经营活动中，必须对本企业特种设备安全质量负全面责任，企业法定代表人就是第一责任人。《特种设备安全监察条例》对特种设备使用单位的安全义务作了详细规定，特种设备使用单位应当严格执行法律、法规的规定，确保特种设备安全运行。使用单位主体责任主要包括：

1. 严格执行有关法律、法规和安全技术规范的规定，做到“三落实，两有证，一检验”，保证特种设备的安全使用：

——落实机构：按规定设置安全管理机构；

——落实人员：配备专职(或兼职)安全管理人员或者聘用安全管理人员；

——落实制度：建立健全使用安全管理制度、岗位安全责任制度和安全操作规程，并将安全责任落实到企业法人、管理负责人和相关作业人员；

——设备有使用证：使用符合安全技术规范要求的特种设备，按《条例》规定申报注册登记，登记标志应当置于或者附着于特种设备的显著位置，建立特种设备安全技术档案；

——作业人员有操作证：对作业人员进行必要的培训，熟知管理制度，掌握操作规程，确保持证上岗、按章作业；

——定期检验：要按规定主动向检验检测机构申报定期检验，不使用未经定期检验或检验不合格的设备。

2. 对特种设备进行维修保养和定期检查，及时发现和消除事故隐患，保证在用特种设备始终处于安全状态；对出现故障或者发生异常情况的特种设备，应及时进行全面检查，消除事故隐患；对存在严重事故隐患，无改造、维修价值或者超过安全技术规范规定使用年限的特种设备，应当及时予以报废，并办理注销手续。

3. 制定特种设备事故应急救援预案，并适时演练；对列入重大危险源的特种设备和其他易发生事故的重点监控设备，应落实有效监控措施。

4. 建立事故报告制度，保证事故发生后立即报告安全监察机构及相关部门，同时及时采取救援措施防止发生灾害，并积极配合事故调查处理工作。

5. 应当有保证特种设备安全运行的投入。

压力管道事故原因可以归结为人的不安全行为和压力管道设备的不安全状态，压力管道安全监察就是监督企业识别、控制、排除人的不安全行为和压力管道的不安全状态，以达到安全使用目的。

压力管道安全管理人员、操作人员和在线检验人员业务水平，直接影响到企业安全管理工作。企业安全管理工作水平对人的不安全因素和物的不安全状态产生重大影响，是压力管道事故的根本原因；国家对企业实施压力管道强制安全监察，就是督促检查企业落实安全生产主体责任、提高安全生产管理水平，排除人和物的事故隐患，预防和减少事故的发生。

第一篇

压力管道安全管理人员

第一章　安全管理人员基础知识

第一节　常 用 术 语

管道——由管道组成件、管道支承件和安全保护装置（附属设施）组装成的系统或装置。以实现流体输送、储存、分配、混合、计量、排放、控制等功能。

压力管道——是指利用一定的压力，用于输送气体或者液体的管状设备，其范围规定为最高工作压力大于或者等于 0.1 MPa（表压）的气体、液化气体、蒸汽介质或者可燃、易爆、有毒、有腐蚀性、最高工作温度高于或者等于标准沸点的液体介质，且公称直径大于 25 mm 的管道。

在用压力管道——已经投入使用的压力管道。

设计压力——压力管道系统的设计压力是指正常操作或运行过程中，由压力和温度构成的最苛刻条件下管道可能承受的最高压力。

设计温度——压力管道系统的设计温度是指正常操作或运行过程中，由压力和温度构成的最苛刻条件下管道可能承受的最高或最低温度。

最高工作压力——管道在正常运行或操作条件下出现的最高压力。最高工作压力必须小于或等于设计压力，才能确保管道安全使用。

最高工作温度——管道在正常运行或操作条件下出现的最高温度。最高工作温度必须小于或等于设计温度，才能确保管道安全使用。

公称直径（DN）—— 用标准的尺寸系列表示管子、管件、阀门等口径的名义内直径。它仅与制造尺寸有关且引用方便的一个圆整数值，是一种通用的规格标记。

公称压力（PN）—— 管子、管件、阀门等在规定温度范围内，以标准规定的系列压力等级表示的工作压力。它是与管道元件机械强度有关的设计给定压力。

应力——应力就是在外力的作用下，物体（或材料）单位面积上的内力。

热应力——管道在温度变化时发生的长度变化在管道上产生的应力，一般不考虑沿壁厚方向引起的温差应力。

剧毒流体——相当于现行国家标准《职业性接触毒物危害程度分级》中Ⅰ级危害程度的毒物。如有极少量这类物质泄漏到环境中，被人吸入或与人类接触，即使迅速治疗，也能对人体造成严重的和难以治疗的伤害的物质。

有毒流体——这类物质泄漏到环境中，被人吸入或与人体接触，如治疗及时不至于对人体造成不易恢复的危害。相当于现行国家标准《职业性接触毒物危害程度分级》中Ⅱ级及以下危害程度的毒物。

有腐蚀液体——指能灼伤人体组织并对材料造成损坏的液体，如硝酸、硫酸等。

闪点——指液体挥发的蒸汽与空气混合物可被点燃（闪燃）的最低温度，如乙醚

(－45℃)、石油(－32℃～－7℃)等。

可燃气体——指与空气混合达到一定浓度,遇明火产生爆炸的气体。

可燃液体——指闪点高于45℃的液体,如－35号轻柴油、重柴油、变压器油、甘油。

易燃液体——指闪点低于45℃的液体,如原油、汽油、乙醚、煤油等。

易爆液体——指闪点低于环境温度的液体。

管道绝热——保温与保冷的统称。保温是为减少管道向周围环境散热,而在管道外表面采取的包覆措施;保冷是为减少周围环境热量传入管道及内部介质,而在管道外表面采取的包覆措施。

管道伴热——为防止管道内介质因温度降低而凝结或黏度升高等,在管道外或管道内采取的间接加热方法。

管道热补偿——利用管道自身几何形状或活动支承结构或设置补偿器等,以满足管道热胀、冷缩和位移要求。

管道自然补偿——利用管道自身几何形状或活动支承结构,以满足管道热胀、冷缩和位移要求。

管道补偿器——设置在管道上以吸收管道热胀、冷缩产生的位移。

单线图——将每条管道按照轴测投影的方法绘制,画成以单线表示的管道空视图。

第二节　压力管道基本结构和组成

压力管道主要用于输送介质(包括气体、液体和浆体),某些管道还可作为介质的储存和热交换等。基本工作原理是利用介质本身的压力,或者外界的动力,使输送的介质从开始端流向终点。

压力管道的结构和组成视管道的用途和功能而有所不同,一般由管道组成件、管道支承件、安全装置和附属设施等三大部分构成,如图1.2.1所示。

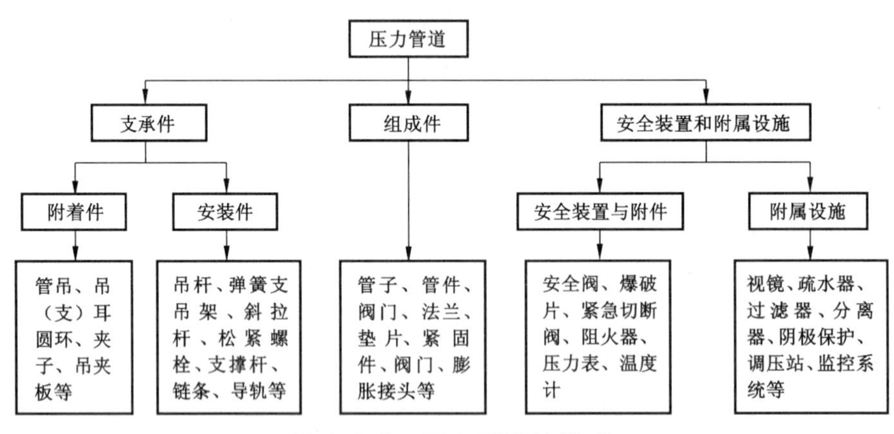

图1.2.1　压力管道的组成

1. 管道组成件:包括管子、管件、阀门、法兰、垫片、紧固件、阀门、膨胀节及波纹管、疏水器等。

——管子是压力管道的基本组成部分,主要分为无缝钢管、有缝钢管、金属管、非金属管等。

——管件是将管子连接起来的元件，使管子变径、改变介质流向等作用，主要分为无缝管件、有缝管件、锻制管件、铸造管件、金属管件和非金属管件。包括直通、三通、四通、弯头、异径管、金属波纹膨胀节、PE 管件等。

——法兰、垫片用于管道组成件可拆连接点处相邻元件间的连接，主要分为钢制法兰、铸铁法兰、非金属材料法兰、石棉橡胶垫片、橡胶密封圈、金属环垫片、石墨复合垫片、缠绕式垫片等。

——阀门是控制或调节介质流动量的压力管道元件，主要分为闸阀、球阀、蝶阀、截止阀、止回阀、安全阀、调压阀、非金属材料壳体阀门和特种阀门等。

——膨胀节及波纹管是消除（吸收）管道系统冷热变形所产生的应力，主要分为：金属波纹膨胀节、非金属材料膨胀节、金属波纹管等。

2. 管道支承件是承受管道和介质重量、或者兼顾管道位移的元件，又可分为安装件和附着件。

——安装件包括吊杆、弹簧支吊架、斜拉杆、松紧螺栓、支撑杆、链条、导轨等；

——附着件包括管吊、吊（支）耳、圆环、夹子、吊夹夹板等。

3. 安全保护装置和附属设施是预警、泄压、控制等保障管道安全运行，或者预防外界对管道破坏的装置。

——安全装置和附件包括安全阀、减压阀、压力表、温度计、爆破片和紧急切断阀等。

——附属设施包括视镜、过滤器、分离器、阴极保护、压气站、泵站、阀站、调压站、监控系统等。图 1.2.2 是一个虚拟的工业压力管道单线图（轴测图）。

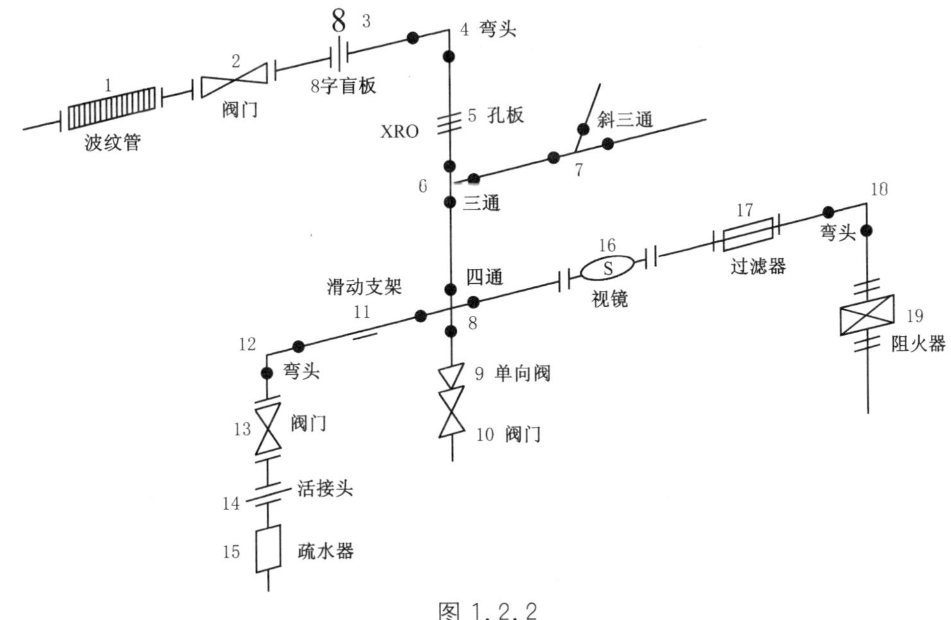

图 1.2.2

第三节　管子、阀门、管件、法兰、安全保护装置、支吊架、隔热材料、附属设施等压力管道元件的选用

一、压力管道元件选用的基本要求

完成特定功能的压力管道系统是由各管道元件组成，即压力管道元件是管道系统的基本单元，这些管道单元的质量以及合理的选用直接影响到压力管道系统的安全和正常运行。为此，国务院颁布的《特种设备安全监察条例》设定了压力管道元件制造市场准入制度，以规范压力管道元件制造单位质量行为，从源头杜绝假冒伪劣产品进入市场，预防和减少由于管道元件质量不符合要求而引起的压力管道事故。

因此，压力管道设计、安装和使用单位等，在选用压力管道元件时必须选择具有压力管道元件制造资格单位生产的管道元件，这是国家法规规定公民和组织的法律责任。

列入制造许可范围的压力管道元件参见国家质量监督检验检疫总局颁布的TSG D2001—2006《压力管道元件制造许可规则》规定。

二、材料选用基本原则

在进行压力管道设计时，管径经计算确定以后，就要选择管道元件的材料。压力管道常用元件材料的使用是根据所输送介质的操作条件（如压力、温度）及其在该条件下的介质特性决定的。

材料选择不当，会造成浪费或埋下事故隐患。如可以用普通材料的管子，却选用了较昂贵材料的管子，就增加了不必要的基建投资。该用耐酸不锈钢的场合用了碳钢就会直接影响压力管道的正常运行，甚至留下祸根。所以在选择材料时，要求设计人员首先要了解管道元件的种类、规格、性能、使用范围，最好还要调查该管道元件在其他类似的压力管道的应用情况，再根据以下的原则确定管道元件的材料。

1. 优先选用的材料

在选用管道材料时，一般先考虑采用金属材料，金属材料不适用时，再考虑非金属材料。金属材料优先选择钢制材料，后考虑选用有色金属材料。在钢制材料中，先考虑采用碳钢，不适用时再选用不锈钢。如管子在确定碳钢材料后，先考虑焊接钢管，不适用时再选用无缝钢管。

2. 介质压力的影响

输送介质的压力越高，壁厚就越厚，对材料的要求一般也越高。介质压力在1.6 MPa以上时，可选用无缝或有色金属管道元件。压力很高时，如在合成氨、尿素和甲醇生产中，有的管子介质压力高达32 MPa，一般选用材料为20钢或15MnV的高压无缝钢管。在真空设备上的管子及压力大于10 MPa时的氧气管子，一般采用铜管和黄铜管。

介质压力在1.6 MPa以下时，可考虑采用焊接、铸铁或非金属管道元件。其中铸铁管

道元件承受介质的压力不得大于 1.0 MPa。非金属管道元件所能承受的介质压力，与非金属材料的品种有关，如硬聚氯乙烯管子，使用压力小于或等于 1.6 MPa；增强聚丙烯管子，使用压力小于或等于 1.0 MPa；ABS 管子，使用压力小于或等于 0.6 MPa。

一般确定管道元件材料后，根据材料温度允许承受的以标准规定的系列压力等级表示的工作压力，选定管道元件的公称压力。

3. 介质温度的影响

不同的材料，适用于不同的温度范围。表 1.3.1 为常用金属材料使用温度范围。在满足介质压力、化学性能等条件下，根据材料经济使用情况，选择使用温度范围内适宜的材料。如压力为 1.8 MPa 的蒸汽，当温度小于等于 250℃时，一般采用 Q235 碳素钢无缝钢管；当温度在 351℃～400℃范围时，一般选用 20 优质碳素钢无缝钢管。

表 1.3.1　常用金属材料使用温度范围

材料牌号	使用温度范围/℃	材料牌号	使用温度范围/℃
Q235AF	0～250	纯钛	≤350
Q235A	0～350	铝	−268～150
20R	−20～475	铜、黄铜	−196～200
20g	−20～475	纯铝	≤120
16MnR	−14～475	硬铝	≤140
16Mn	−40～475	灰铸铁	≤250
0.5Mo	≤520	球墨铸铁	≤350
Cr18Ni9	−196～700	12CrMo	≤525
15CrMo	≤550	12CrMoV	≤575
00Cr19Ni10	≤400	00Cr1Ti12Mo2	≤450

4. 介质化学性质的影响

输送不同介质，采用不同的管道元件材料。有的介质呈中性，一般对材料要求不高，可选用普通碳钢管；有的介质呈酸性或碱性，就要选择耐酸或耐碱的管材。强酸强碱与弱酸弱碱对材料要求也不一样，同样的酸或碱，浓度不同对材料要求也有区别。如输送水及水蒸气，采用碳钢材料的管子就可以了。如在尿素装置中，输送二氧化碳的管子，一般采用不锈钢管，因为二氧化碳遇水形成碳酸，碳酸对一般钢管有腐蚀作用。如发烟硫酸可选用碳钢材料，稀硫酸就不得用碳钢管子，因为稀硫酸和碳钢能起化学反应，对碳钢有腐蚀，可采用硬铝管等。表 1.3.2 为常用介质与合金材料组合易产生腐蚀的情况表。

表 1.3.2 介质与合金材料组合易产生腐蚀表

合金	介质		
碳钢和低合金钢	硫酸(H_2SO_4)	盐酸(HCl)	
	乙胺	醋酸	海水
	NH_4Cl 水溶液	$FeCl_3$ 水溶液	HCN 水溶液
	铬酸 H_2CrO_4	磷酸(H_3PO_4)	工业及海洋大气
	碳酸钾(K_2CO_3)	硫化氢(H_2S)	氢氧化钠(钾)(OH^-)
	无水液氨	液态锌	红色发烟硝酸(HNO_3)
	$HNO_3+H_2SO_4$	CO_2+H_2O	$NaOH+NaSiO_3$ 水溶液
	CO_2+H_2O	NO_3(NH_4NO_3,$NaNO_3$……)	
铝合金	NaCl	$NaCl+H_2O$	$HgCl_2$
	KCl	$NaCl+NaHCO_3$	汞,铋,钠,锌,锡
	$CaCl_2$	海水	镓,锑
	$MgCl_2$	醋酸+汞盐	水和水蒸气
	H_2S(湿)	氯化物水溶液	
(铬-镍)奥氏体不锈钢	Cl^-,Br^-,I^-,F^-	氯化物+蒸汽	海水,热海水
	NaCl,NaBr,NaI,NaF	浓缩锅炉水	二氯乙烷
	$MgCl_2$,$CoCl_2$,$BaCl_2$	热氯化钠	海洋大气
	$CaCl_2$,$ZnCl_2$,LiCl	硫胺饱和溶	热浓碱
	CH_3COONa	酸式亚硫酸钠	明矾水溶液
	$H_2SO_4+CuSO_4$	湿润空气(RH90%)	液邻二氯笨
	$NaClO_3$	湿的 $MgCl_2$ 绝缘物	过氯化钠
	NaCl	体液(汗和血清)	氯乙醇$+H_2O$
	H_2S	粗苏打和硫化物纸浆	H_2S+氯化物水溶液
	H_2SO_4	严重污染的工业大气	
	NaOH		
	25%~50% NaCl 水溶液	NaOH+硫化物水溶液	
镍及镍基合金	$NaNO_3$	$HgCl_2$	浓 NaOH 水溶液
	$Hg(NO_3)_2$	$MgSO_4$	高温水(>350℃)
	熔融 NaOH	$Hg(CN)_2$	
	水蒸气$+SO_2$	$MgSiF_6$	
	缩锅炉水(260℃~427℃)	硫磺(>260℃)	
	硅氢氟酸、氯苯、汞、铬酸、磺化油、液态铅	HCN+不纯物	
		水蒸气(>427℃)	

5. 管子本身功能的影响

有些管子除需具备输送介质的功能外,还要具有吸震的功能、吸收热胀冷缩的功能,在工作状况下,能经常移动的功能。如民用液化石油气、氧气、乙炔气在灌瓶的部位,管子常采用高压钢丝编织胶管,而不能使用移动不方便的硬质钢管。

6. 压力降的影响

材料对介质流动存在阻力,使介质从始点到终点存在不同的压力,即产生了压力降,从而影响物料的流量。所以在压力管道工程设计中,一般要根据生产规模进行物料衡算、能量衡算和设备计算，初步确定物料流量后，计算出管道内径，通过对初步选定的材料压力降的计算，看选用的材料是否符合要求。如此反复进行复核，最终确定管道内径和管道材料，以满足生产工艺要求。

三、管道元件的DN(公称尺寸)、PN(公称压力)和等级系列

1. 按国家标准GB/T 1047—2005《管道元件　DN(公称尺寸)的定义和选用》规定，DN(公称尺寸)的定义为：用于管道系统元件的字母和数字组合的尺寸标识。它由字母DN和后跟无因次的整数数字组成。这个数字与端部连接件的孔径或外径(用mm表示)等特征尺寸直接相关，除另有规定外，字母DN后面的数字不代表测量值，也不用于计算。

优先选用的DN(公称尺寸)数值(系列)见表1.3.3。

值得注意的是：国家标准GB/T 1047—2005已代替原国家标准GB/T 1047—1995，新标准是在原标准的基础上，对标准名称、范围和定义的文字内容进行修改，所以新标准“DN”与原标准“公称通径”含义等同，也与我国工程界习惯称为“公称直径”的含义相同。

2. 按国家标准GB/T 1048—2005《管道元件　PN(公称压力)的定义和选用》规定，PN(公称压力)的定义为：与管道系统元件的力学性能和尺寸特性相关、用于参考的字母和数字组合的标识。它由字母PN和后跟无因次的数字组成。

PN(公称压力)数值(系列)从表1.3.4中选择。

值得注意的是：PN后跟的数字不代表测量值，不应用于计算目的，除非有关标准中另有规定；除与相关标准有关联外，术语PN不具有意义；具有相同PN和DN数值的所有管道元件同与其相配的法兰应具有相同的配合尺寸。

3. DN(公称尺寸)的具体应用

根据国家标准GB/T 1047—2005对DN(公称尺寸)定义：“采用DN标识系统的那些标准，应给出DN与管道元件的尺寸的关系”的要求，与DN有关的标准，应规定它们尺寸的关系。如行业标准HG 20592—1997《钢制管法兰型式、参数》规定了目前常用的钢管外径与DN的关系。该标准包括A(俗称英制管)、B(俗称公制管)两个系列：A系列为国际通用系列，B系列为国内沿用系列，分别对应DN(公称尺寸)。为方便管道元件的选用，其公称通径(DN)与钢管外径关系按表1.3.5规定选取。

表1.3.3　优先选用的DN数值

DN6	DN100	DN700	DN2200
DN8	DN125	DN800	DN2400
DN10	DN150	DN900	DN2600
DN15	DN200	DN1000	DN2800
DN20	DN250	DN1100	DN3000
DN25	DN300	DN1200	DN3200
DN32	DN350	DN1400	DN3400
DN40	DN400	DN1500	DN3600
DN50	DN450	DN1600	DN3800
DN65	DN500	DN1800	DN4000
DN80	DN600	DN2000	

表 1.3.4 PN数值

DIN系列	ANSI系列	DIN系列	ANSI系列
PN2.5	PN20	PN25	PN150
PN6	PN50	PN40	PN260
PN10	PN100	PN63	PN420
PN16	PN110		

表 1.3.5 公称通径与钢管外径(HG 20592—1997)

DN	钢管外径/mm		DN	钢管外径/mm		DN	钢管外径/mm	
	A	B		A	B		A	B
10	17.2	14	125	139.7	133	700	711	720
15	21.3	18	150	168.3	159	800	813	820
20	26.9	25	200	219.1	219	900	914	920
25	33.7	32	250	273	273	1 000	1 016	1 020
32	42.4	38	300	323.9	3.25	1 200	1 219	1 220
40	48.3	45	350	355.6	377	1 400	1 422	1 420
50	60.3	57	400	406.4	426	1 600	1 626	1 620
65	76.1	76	450	457	480	1 800	1 829	1 820
80	88.9	89	500	508	530	2 000	2 032	2 020
100	114.3	108	600	610	630			
注：由于该行业标准在国家标准 GB/T 1047—2005 之前，DN 范围有所差别。								

四、管子的选用

管子是压力管道主要元件，直接影响管道系统安全使用和基建成本，在选用管子时既要满足质量和工艺要求，也要符合经济合理原则，在此基础上参照国家标准或行业标准，选择符合设计要求并与标准一致的管子，达到安全和降低基建成本目的。一般管子的选用是依据设计给定的公称通径、公称压力，对照标准确定钢管外径和公称压力等级。

确定管道设计压力(公称压力)、管子外径(公称通径)和设计温度后，根据管道类型和用途，选择使用材料的标准。表 1.3.6 为常用管道的类型、选材和用途一览表。

表 1.3.6 常用管道的类型、选材和用途一览表

序号	管道类型		选用材料	一般用途	标准号
1	无缝钢管	中低压用	普通碳素钢、优质碳素钢、低合金钢、合金结构钢	输送对碳钢无腐蚀或腐蚀速度很小的各种流体	GB/T 8163—1999 GB/T 3082—1984 GB 9948—2006
		高压用	20、15MnV 等	合成氨、尿素、甲醇生产中大量使用	GB 6479—2000
		不锈钢	1Cr18Ni9Ti 等	液碱、丁醛、丁醇、液氮、硝酸、硝铵溶液的输送	

续表 1.3.6

序号	管道类型		选用材料	一般用途	标准号
2	焊接钢管	水煤气输送钢管	Q235	适用于输送水、压缩空气、煤气、乏汽，冷凝水和采暖系统的管路	GB/T 3091—2001
		螺旋缝电焊钢管	Q235、16Mn 等		SY 5036—1983
		不锈钢焊接钢管	1Cr18Ni9Ti 等		HG 20537.3～20537.4—1992
3	金属软管	钎焊不锈钢软管	1Cr18Ni9Ti	一般适用于输送带有腐蚀性气体	
		P2 型耐压软管	低碳镀锌钢带	一般用于输送中性的液体、气体及混合物	
		P3 型吸尘管	低碳镀锌钢带	一般用于通风、吸尘的管道	
		PM1 型耐压管	低碳镀锌钢带	一般用于输送中性液体	
4	有色金属	铜管和黄铜管	T2、T3、T4、TUP、TU1、TU2、H68、H62	适用于一般工业部门，用作机器和真空设备上的管路及压力小于 10 MPa 时的氧气管路	GB/T 1527—2006 GB/T 1528—1997
		铅及其合金管	纯铅、Pb4、Pb5、铅锑合金（硬铅）、PbSb4、PbSb6、PbSb8	适用于化学、染料、制药及其他工业部门作耐酸材料的管道，如输送 15%～65%的硫酸、干或湿的二氧化硫、60%的氢氟酸、浓度小于 80%的醋酸、铅管的最高使用温度为 200℃，但温度高于 140℃时，不宜在压力下使用	GB/T 1472—2005
		铝及其合金	L2、L3、工业纯铝	铝管用于输送脂肪酸、硫化氢及二氧化碳，铝管最高使用温度 200℃，温度高于 160℃时，不宜在压力下使用，铝管还可以用于输送浓硝酸、醋酸、蚁酸、硫的化合物及硫酸盐。不能用于盐酸、碱液，特别是含氯离子的化合物。铝管不可用对铝有腐蚀的碳酸镁、含碱玻璃棉保温	GB/T 6893—2000 GB/T 4436—1995
5	纤维缠绕玻璃钢管	承插胶粘直管、对接直管和O形环承插连接直管	玻璃钢	一般用在公称压力 0.6 MPa～1.6 MPa、公称直径大于50 mm 的管道上	HG JS34—1991
		玻璃钢管	玻璃钢	低压接触成型直管使用压力小于等于 0.6 MPa，长丝缠绕直管，使用压力小于等于 1.6 MPa	

续表 1.3.6

序号	管道类型	选用材料	一般用途	标准号
6	聚乙烯(PE管)	聚乙烯	具有轻质高强、耐腐蚀性好、致密性好、价格低等特点。主要用于燃气管道的埋地管道部分	GB 15558.1—2003
7	增强聚丙烯管	聚丙烯	具有轻质高强、耐腐蚀性好、致密性好、价格低等特点。使用温度为120℃,使用压力为小于等于1.0 MPa	HG 20539—1992
8	玻璃管增强聚氯乙烯复合管	玻璃、聚氯乙烯	一般用于公称直径15 mm～400 mm,PN小于等于1.6 MPa的管道上	HG 20520—1992
9	玻璃钢增强聚氯乙烯复合管	玻璃钢、聚氯乙烯	使用压力小于等于1.6 MPa	HG 1J 515—1987
10	钢衬改性聚丙烯复合管	钢、聚丙烯	使用压力可大于1.6 MPa	
11	钢衬聚四氟乙烯推压管	钢、聚四氟乙烯	使用压力可大于1.6 MPa	HG/T 21562—1994
12	钢衬高性能聚乙烯管	钢、聚乙烯	具有耐腐蚀、耐磨损等特点	
13	钢喷涂聚乙烯管	钢、聚乙烯	使用压力小于等于0.6 MPa	
14	钢衬橡胶管	钢、橡胶	使用压力可大于1.6 MPa	HG 21501—1993
15	钢衬玻璃管	钢、玻璃	使用压力可大于1.6 MPa	
16	搪玻璃管	钢、瓷釉	使用压力小于0.6 MPa	HG/T 2130—1991
17	硬聚氯乙烯管	聚氯乙烯	使用压力小于等于1.6 MPa	GB/T 4219—1996
18	ABS管	ABS	使用压力小于等于0.6 MPa	
19	耐酸陶瓷管	陶瓷	使用压力小于等于0.6 MPa	
20	聚丙烯管	聚丙烯	一般用于化工防腐蚀管道上	SG 246—1981
21	氟塑料管	聚四氟乙烯	耐腐蚀,且耐负压	
22	输水、吸水胶管	橡胶	a. 夹套输水胶管,输送常温水和一般中性液体,公称压力小于等于0.7 MPa b. 纤维缠绕输水胶管,输送常温水,工作压力小于等于1.0 MPa c. 吸水胶管,适用于常温水和一般中性液体	HG 2184—1981
23	夹布输气管	橡胶	一般适用输送压缩空气和惰性气体用	

续表 1.3.6

序号	管道类型	选用材料	一般用途	标准号
24	输油、吸油胶管	耐油橡胶	a. 夹布吸油胶管，适用于输送40℃以下的汽油、煤油、柴油、机油、润滑油及其他矿物油类。工作压力小于等于 1.0 MPa b. 吸油胶管，适用于抽吸40℃以下的汽油、煤油、柴油以及其他矿物油类	
25	输酸、吸酸胶管	耐酸胶	a. 夹布输稀酸(碱)胶管，适用于输送浓度在 40%以下的稀酸(碱)溶液(硝酸除外) b. 吸稀酸(碱)胶管，适用于抽吸浓度在 40%以下的稀酸(碱)溶液(硝酸除外) c. 吸浓硫酸管，适用于抽吸浓度在 95%以下的浓硫酸及40%以下的硝酸	
26	蒸汽胶管	合成胶	a. 夹布蒸汽胶首，适用于输送压力小于等于 0.4 MPa 的饱和蒸汽或温度小于等于 150℃的热水 b. 钢丝编织蒸汽胶管、供输送压力小于等于 1.0 MPa 的饱和蒸汽	
27	耐磨吸引胶管	合成胶	适用于输送含固体颗粒的液体和气体	
28	合成树脂复合排吸压力软管	合成树脂	适用于输送或抽吸燃料油、变压器油、润滑油以及化学药品、有机溶剂	

五、阀门的种类和选用

1. 阀门型号编制方法

阀门型号编制方法目前主要是按照行业标准 JB/T 308—2004《阀门　型号编制方法》规定，适用于通用闸阀、截止阀、节流阀、蝶阀、球阀、隔膜阀、旋塞阀、止回阀、安全阀、减压阀、蒸汽疏水阀、排污阀、柱塞阀的型号编制。

(1) 阀门型号的组成

阀门型号按顺序由阀门类型、驱动方式、连接形式、结构形式、密封面材料或衬里材料类型、压力代号或工作温度下的工作压力、阀体材料七部分组成。如下图所示。

类型代号	驱动方式代号	连接形式代号	结构形式代号	密封面或衬里材料代号	-	压力或工作压力代号	阀体材料代号

(2) 类型代号

阀门类型代号用汉语拼音字母表示，阀门类型与代号对应如表 1.3.7 所示。

表 1.3.7 阀门类型与代号

阀门类型	代号	阀门类型	代号
弹簧载荷安全阀	A	排污阀	P
蝶阀	D	球阀	Q
隔膜阀	G	蒸汽疏水阀	S
杠杆式安全阀	GA	柱塞阀	U
止回阀和底阀	H	旋塞阀	X
截止阀	J	减压阀	Y
节流阀	L	闸阀	Z

当阀门还有其他功能或带有其他特异结构时，在阀门类型代号前再加注一个汉语拼音字母，如表 1.3.8 所示。

表 1.3.8

第二功能作用名称	代号	第二功能作用名称	代号
保温型	B	排渣型	P
低温型	D	快速型	Q
防火型	F	(阀杆密封)波纹管型	W
缓闭型	H		
注：低温型指允许使用温度低于－46℃以下的阀门。			

(3) 驱动方式代号

驱动方式代号用阿拉伯数字表示，驱动方式与代号对应关系如表 1.3.9 所示。

表 1.3.9 驱动方式代号

驱动方式	代号	驱动方式	代号
电磁动	0	锥齿轮	5
电磁-液动	1	气动	6
电-液动	2	液动	7
蜗轮	3	气-液动	8
正齿轮	4	电动	9
注：代号 1、代号 2 及代号 8 是用在阀门启闭时，需有两种动力源同时对阀门进行操作。			

安全阀、减压阀、疏水阀、手轮直接连接阀杆操作结构形式的阀门，本代号省略，不表示；对于气动或液动机构操作的阀门：常开式用 6K、7K 表示，常闭式用 6B、7B 表示；防爆电动装置的阀门用 9B 表示。

（4）连接形式代号

阀门连接端的连接形式代号用阿拉伯数字表示，连接形式与对应代号如表 1.3.10 所示。

表 1.3.10　连接形式代号

连接形式	代号	连接形式	代号
内螺纹	1	对　夹	7
外螺纹	2	卡　箍	8
法兰式	4	卡　套	9
焊接式	6		

各种连接形式的具体结构、采用标准或方式（如：法兰面形式及密封方式、焊接形式、螺纹形式及标准等），不在连接代号后加符号表示，应在产品的图样、说明书或订货合同等文件中予以详细说明。

（5）阀门结构形式代号

阀门结构形式代号用阿拉伯数字表示，不同的阀门（类型）有不同的结构形式，闸阀、截止阀、节流阀、球阀、蝶阀、旋塞阀、止回阀、安全阀、隔膜阀、减压阀、蒸汽疏水阀、排污阀的结构形式与代号对应如表 1.3.11 所示。

表 1.3.11　阀门结构形式代号

<table>
<tr><td colspan="5">闸　　阀</td></tr>
<tr><td colspan="4">结　构　形　式</td><td>代号</td></tr>
<tr><td rowspan="5">阀杆升降式（明杆）</td><td rowspan="3">楔式闸板</td><td colspan="2">弹性闸板</td><td>0</td></tr>
<tr><td rowspan="8">刚性闸板</td><td>单闸板</td><td>1</td></tr>
<tr><td>双闸板</td><td>2</td></tr>
<tr><td rowspan="2">平行式闸板</td><td>单闸板</td><td>3</td></tr>
<tr><td>双闸板</td><td>4</td></tr>
<tr><td rowspan="4">阀杆非升降式（暗杆）</td><td rowspan="2">楔式闸板</td><td>单闸板</td><td>5</td></tr>
<tr><td>双闸板</td><td>6</td></tr>
<tr><td rowspan="2">平行式闸板</td><td>单闸板</td><td>7</td></tr>
<tr><td>双闸板</td><td>8</td></tr>
</table>

续表 1.3.11

截止阀、节流阀					
结构形式		代号	结构形式		代号
阀瓣非平衡式	直通流道	1	阀瓣平衡式	直通流遭	6
	Z 形流道	2		角式流道	7
	三通流道	3			
	角式流道	4			
	直流流道	5			

球阀					
结构形式		代号	结构形式		代号
浮动球	直通流道	1	固定球	直通流道	7
	Y 形三通流道	2		四通流道	6
	L 形三通流道	4		T 形三通流道	8
	T 形三通流道	5		L 形三通流道	9
				半球直通	0

蝶阀					
结构形式		代号	结构形式		代号
密封型	单偏心	0	非密封型	单偏心	5
	中心垂直板	1		中心垂直板	6
	双偏心	2		双偏心	7
	三偏心	3		三偏心	8
	连杆机构	4		连杆机构	9

旋塞阀					
结构形式		代号	结构形式		代号
填料密封	直通流道	3	油密封	直通流道	7
	T 形三通流道	4		T 形三通流道	8
	四通流道	5			

止回阀					
结构形式		代号	结构形式		代号
升降式阀瓣	直通流道	1	旋启式阀瓣	单瓣结构	4
	立式结构	2		多瓣结构	5
	角式流道	3		双瓣结构	6
			蝶形止回式		7

续表 1.3.11

<table>
<tr><td colspan="6">安　全　阀</td></tr>
<tr><td colspan="2">结构形式</td><td>代号</td><td colspan="2">结构形式</td><td>代号</td></tr>
<tr><td rowspan="4">弹簧载荷弹簧封闭结构</td><td>带散热片全启式</td><td>0</td><td rowspan="3">弹簧载荷弹簧不封闭且带扳手结构</td><td>微启式、双联阀</td><td>3</td></tr>
<tr><td>微启式</td><td>1</td><td>微启式</td><td>7</td></tr>
<tr><td>全启式</td><td>2</td><td>全启式</td><td>8</td></tr>
<tr><td>带扳手全启式</td><td>4</td><td rowspan="2">带控制机构全启式</td><td rowspan="2"></td><td rowspan="2">6</td></tr>
<tr><td rowspan="2">杠杆式</td><td>单杠杆</td><td>2</td></tr>
<tr><td>双杠杆</td><td>4</td><td>脉冲式</td><td></td><td>9</td></tr>
<tr><td colspan="6">隔　膜　阀</td></tr>
<tr><td colspan="2">结构形式</td><td>代号</td><td colspan="2">结构形式</td><td>代号</td></tr>
<tr><td colspan="2">屋脊流道</td><td>1</td><td colspan="2">直通流道</td><td>6</td></tr>
<tr><td colspan="2">直通流道</td><td>5</td><td colspan="2">Y 形角式流道</td><td>8</td></tr>
<tr><td colspan="6">减　压　阀</td></tr>
<tr><td colspan="2">结构形式</td><td>代号</td><td colspan="2">结构形式</td><td>代号</td></tr>
<tr><td colspan="2">薄膜式</td><td>1</td><td colspan="2">波纹管式</td><td>4</td></tr>
<tr><td colspan="2">弹簧薄膜式</td><td>2</td><td colspan="2">杠杆式</td><td>5</td></tr>
<tr><td colspan="2">活塞式</td><td>3</td><td colspan="2"></td><td></td></tr>
<tr><td colspan="6">蒸汽疏水阀</td></tr>
<tr><td colspan="2">结构形式</td><td>代号</td><td colspan="2">结构形式</td><td>代号</td></tr>
<tr><td colspan="2">浮球式</td><td>1</td><td colspan="2">蒸汽压力式或膜盒式</td><td>6</td></tr>
<tr><td colspan="2">浮桶式</td><td>3</td><td colspan="2">双金属片式</td><td>7</td></tr>
<tr><td colspan="2">液体或固体膨胀式</td><td>4</td><td colspan="2">脉冲式</td><td>8</td></tr>
<tr><td colspan="2">钟形浮子式</td><td>5</td><td colspan="2">圆盘热动力式</td><td>9</td></tr>
<tr><td colspan="6">排　污　阀</td></tr>
<tr><td colspan="2">结构形式</td><td>代号</td><td colspan="2">结构形式</td><td>代号</td></tr>
<tr><td rowspan="4">液面连接排放</td><td>截止型直能式</td><td>1</td><td rowspan="4">液底间断排放</td><td>截止型直流式</td><td>5</td></tr>
<tr><td>截止型角式</td><td>2</td><td>截止型直通式</td><td>6</td></tr>
<tr><td></td><td></td><td>截止型角式</td><td>7</td></tr>
<tr><td></td><td></td><td>浮动闸板型直通式</td><td>8</td></tr>
</table>

(6) 密封面或衬里材料代号

除隔膜阀外，当密封副的密封面材料不同时，以硬度低的材料表示。阀座密封面或衬里材料代号按表 1.3.12 规定的字母表示。

表 1.3.12　密封面或衬里材料代号

密封面或衬里材料	代号	密封面或衬里材料	代号
锡基轴承合金(巴氏合金)	B	尼龙塑料	N
搪瓷	C	渗硼钢	P
渗氮钢	D	衬铅	Q
氟塑料	F	奥氏体不锈钢	R
陶瓷	G	塑料	S
Cr13 系不锈钢	H	铜合金	T
衬胶	J	橡胶	X
蒙乃尔合金	M	硬质合金	Y

隔膜阀以阀体表面材料代号表示;阀门密封副材料均为阀门的本体材料时,密封面材料代号用“W”表示。

(7) 压力代号

阀门使用的压力级符合 GB/T 1048 的规定时,采用 GB/T 1048 标准 10 倍的兆帕单位(MPa)数值表示。如:采用标准为 PN2.5 时,表示为 25。

当介质最高温度超过 425℃时,标注最高工作温度下的工作压力代号。

公称压力小于等于 1.6 MPa 的灰铸铁阀门以及公称压力大于等于 2.5 MPa 的碳素钢阀门的阀体材料代号在型号编制时予以省略。

(8) 阀体材料代号

阀体材料代号按表 1.3.13 规定字母表示。

表 1.3.13　阀体材料代号

阀　体　材　料	代号	阀　体　材　料	代号
碳钢	C	铬镍钼系不锈钢	R
Cr13 系不锈钢	H	塑料	S
铬钼系钢	I	铜及铜合金	T
可锻铸铁	K	钛及钛合金	Ti
铝合金	L	铬钼钒钢	V
铬镍系不锈钢	P	灰铸铁	Z
球墨铸铁	Q		
注:CF3、CF8、CF3M、CF8M 等材料牌号可直接标注在阀体上。			

2. 阀门命名规则

阀门型号中连接形式为“法兰”的,下列结构形式的阀门,“阀座密封面材料”在命名中均予省略。

(1) 闸阀的“明杆”、“弹性”、“刚性”和“单闸板”(即代号为 0、1、3、5、7)。

(2) 截止阀、节流阀的“直通式”(即代号为 1、6)。

（3）球阀的“浮动球”、“固定球”的“直通式”（即代号为1、7）。

（4）蝶阀的“垂直板式”（即代号为1、6）。

（5）隔膜阀的“屋脊式”（即代号为1）。

（6）旋塞阀的“填料”的“直通式”（即代号为3）。

（7）止回阀的“直通式”和“单瓣式”（即代号为1、4）。

（8）安全阀的“不封闭式”（即代号为3、7、8）。

3. 阀门型号和名称编制方法示例

（1）电动、法兰连接、明杆楔式双闸板，阀座密封面材料由阀体直接加工，公称压力（PN）0.1 MPa、阀体材料为灰铸铁的闸阀。型号为Z942W-1电动楔式双闸板闸阀。

（2）手动、外螺纹连接、浮动直通式，阀座密封面材料为氟塑料、公称压力（PN）4.0 MPa、阀体材料为1Cr18Ni9Ti的球阀。型号为Q21F-40P外螺纹球阀。

（3）气动常开式、法兰连接、屋脊式结构并衬胶、公称压力（PN）0.6 MPa、阀体材料为灰铸铁的隔膜阀，型号为$G6_K41J$-6气动常开式衬胶隔膜阀。

（4）液动、法兰连接、垂直板式、阀座密封面材料为铸铜、阀瓣密封面材料为橡胶、公称压力（PN）0.25 MPa、阀体材料为灰铸铁的蝶阀，型号为D741X-2.5液动蝶阀。

（5）电动驱动对接焊连接、直通式、阀座密封面材料为堆焊硬质合金、工作温度540℃时工作压力17.0 MPa、阀体材料铬钼钒钢的截止阀，型号为J961Y-P_{54}170V电动焊接截止阀。

4. 通用阀门的标志

（1）标志内容

通用阀门的标志一般应标记在阀体、法兰或标牌上。

国家标准GB/T 12220—1989《通用阀门　标志》规定了通用阀门必须使用的和可选择使用的标志内容按表1.3.14规定。

注：阀体上的公称压力铸字标志值等于10倍的兆帕（MPa）数，设置在公称通径数值的下方时，其前不冠以代号“PN”。

表1.3.14　阀门的标志

项目	标　　志	项目	标　　志
1	公称通径（DN）	11	标准号
2	公称压力（PN）	12	熔炼炉号
3	受压部件材料代号	13	内件材料代号
4	制造厂名或商标	14	工位号
5	介质流向的箭头	15	衬里材料代号
6	密封环（垫）代号	16	质量和试验标记
7	极限温度（℃）	17	检验人员印记
8	螺纹代号	18	制造年、月
9	极限压力	19	流动特性
10	生产厂编号		

(2) 标记方法

① 公称通径大于或等于 50 mm 阀门的标志:

a. 表 1.3.14 中 1～4 项是必须使用的标志,应标记在阀体上。

b. 表 1.3.14 中 5 和 6 项只有当某类阀门标准中有此规定时才是必须使用的标志,它们应分别标记在阀体及法兰上。

c. 如果各类阀门标准中没有特殊规定,则表 1.3.14 中 7～19 项是按需选择使用的标志。当需要时,可标记在阀体或标牌上。

② 公称通径小于 50mm 阀门的标志:

a. 表 1.3.14 中 1～4 项是必须使用的标志。标记在阀体上还是标牌上,由产品设计者规定。

b. 表 1.3.14 中 5～19 项标志的要求与公称通径大于或等于 50 mm 阀门的相同。

5. 阀门的选用

阀门是控制管道内介质流动,调节介质的压力、流量等参数,分离、混合或分配介质等功能的非常重要的管道元件。阀门使用的正确与否,关系到管道系统的安全和工艺过程的实现。同时,阀门也是易损件,需要经常更换,因此,压力管道安全管理人员必须掌握阀门基本知识,正确选用符合要求的阀门。

(1) 阀门选用的一般步骤

① 根据介质特性、工作压力和温度,选用阀体材料。常用阀体材料选用见表 1.3.15。

表 1.3.15 常用阀体材料选用

材料		代号	常用工况		主要介质
类别	材料牌号		PN/MPa	t/℃	
灰铸铁	HT200 HT250	Z	≤1.6 氨≤2.5	≤200 氨≥－40	水、蒸汽、油类等
可锻铸铁	KTH300-06 KTB350-04	K	≤2.5	≤300 氨≥－40	水、蒸汽、油类等
球墨铸铁	QT400-18	Q	≤4.0	≤350	水、蒸汽、油类等
高硅铸铁	NSTSi-15	G	≤0.6	≤120	硝酸等腐蚀性介质
优质碳素钢	ZG25	C	≤16	≤450	水、蒸汽、油类等
	25、35、40		≤32	≤200	氨、氮、氢气等
铬钼合金钢	15CrMo、ZG20CrMo	I	P_{54}^{10}	540	蒸汽等
	Cr5Mo、ZGCr5Mo		≤16	≤550	油类
铬钼钒合金钢	12Cr1MoV、15Cr1MoV、ZG15Cr1MoV	V	P_{57}^{14}	570	蒸汽类

续表 1.3.15

材料		代号	常用工况		主要介质
类别	材料牌号		PN/MPa	t/℃	
镍铬钛耐酸钢	1Cr18Ni9Ti、ZG1Cr18Ni9Ti	P	≤6.4	≤200	硝酸等腐蚀介质
				−100～−196	乙烯等低温介质
				≤600	高温蒸汽、气体等
镍铬钼钛耐酸钢	Cr18Ni12Mo2Ti ZGCr18Ni12Mo2Ti	R	≤20	≤200	尿素、醋酸等
铜合金	HSi80-3	T	≤1.6	≤250	水、蒸汽、气体等

② 根据阀体材料、介质的工作压力及温度确定阀门的公称压力级别。应注意的是:阀门的公称压力是指阀门在基准温度下允许的最大工作压力。当实际工作温度超过基准温度时,阀门原来允许的最大工作压力便有所下降,因此在选用时,必须特别注意。阀门的工作温度和相应的最大工作压力变化见表 1.3.16～表 1.3.19。

表 1.3.16 钢制阀门的压力-温度等级

钢号		基准温度/℃	工作温度 t/℃												
10、20、25、ZG200、ZG250		200	250	300	350	400	425	435	445	455					
15CrMo、ZG20CrMo		200	320	450	490	500	510	515	525	535	545				
12Cr1MoV、15CrMo1V、ZG20CrMoV、ZG15Cr1Mo1V		200	320	450	510	520	530	540	550	560	570				
1Cr5Mo、ZG1Cr5Mo		200	325	390	430	450	470	490	500	510	520	530	540	550	
1Cr18Ni9Ti、ZG1Cr18Ni9Ti、1Cr18Ni12Mo2Ti、ZG1Cr18Ni12Mo2Ti		200	300	400	480	520	560	590	610	630	640	660	675	690	700
PN/MPa	p_s/MPa	最大工作压力 p_{max}/MPa													
0.1	0.2	0.10	0.09	0.08	0.07	0.06	0.06	0.05	0.05						
0.25	0.4	0.25	0.22	0.20	0.18	0.16	0.14	0.12	0.11	0.10	0.09	0.08	0.07	0.06	0.06
0.4	0.6	0.40	0.36	0.32	0.28	0.25	0.22	0.20	0.18	0.16	0.14	0.12	0.11	0.10	0.09
0.6	0.9	0.60	0.56	0.50	0.45	0.40	0.36	0.32	0.28	0.25	0.22	0.20	0.18	0.16	0.14
1.0	1.5	1.0	0.90	0.80	0.70	0.64	0.56	0.50	0.45	0.40	0.36	0.32	0.28	0.25	0.22
1.6	2.4	1.6	1.4	1.25	1.10	1.0	0.90	0.80	0.70	0.64	0.56	0.50	0.45	0.40	0.36
2.5	3.8	2.5	2.2	2.0	1.80	1.60	1.40	1.25	1.10	1.0	0.90	0.80	0.70	0.64	0.56

续表 1.3.16

PN/MPa	p_s/MPa	最大工作压力 p_{max}/MPa													
4.0	6.0	4.0	3.6	3.2	2.8	2.5	2.2	2.0	1.8	1.6	1.4	1.25	1.1	1.0	0.9
6.4	9.6	6.4	5.6	5.0	4.5	4.0	3.6	3.2	2.8	2.5	2.2	2.0	1.8	1.6	1.4
10.0	15.0	10.0	9.0	8.0	7.1	6.4	5.6	5.0	4.5	4.0	3.6	3.2	2.8	2.5	2.2
16.0	24.0	16.0	14.0	12.5	11.2	10.0	9.0	8.0	7.1	6.4	5.6	5.0	4.5	4.0	3.6
20.0	30.0	20.0	18.0	16.0	14.0	12.5	11.2	10.0	9.0	8.0	7.1	6.4	5.6	5.0	4.5

表 1.3.17　灰铸铁阀门的压力-温度等级(GB/T 17241.7)

公称压力 PN/MPa(bar)	材料牌号	试验压力 p_t/MPa(bar)	在下列温度下的最大允许工作压力 p_{max}/MPa(bar)			
			120℃	200℃	250℃	300℃
0.25(2.5)	HT20-40	0.4(4)	0.25(2.5)	0.2(2)	0.18(1.8)	0.15(1.5)
0.6(6)		0.9(9)	0.6(6)	0.49(4.9)	0.44(4.4)	0.35(3.5)
1.0(10)		1.5(15)	1.0(10)	0.78(7.8)	0.69(6.9)	0.59(5.9)
1.6(16)		2.4(24)	1.6(16)	1.27(12.7)	1.09(10.9)	0.98(9.8)
2.5(25)	HT25-47	3.8(38)	2.5(25)	2.0(20)	1.75(17.5)	1.5(15)

表 1.3.18　球墨铸铁阀门的压力-温度等级(GB/T 12232)

公称压力 PN/MPa(bar)	最高温度/℃					
	−30～120	150	200	250	300	350
	最大允许工作压力/MPa(bar)					
1.6(16)	1.60(16.0)	1.52(15.2)	1.44(14.4)	1.28(12.8)	1.12(11.2)	0.88(8.8)
2.5(25)	2.50(25.0)	2.38(23.8)	2.25(22.5)	2.00(20.0)	1.75(17.5)	1.38(13.8)
4.0(40)	4.00(40.0)	3.80(38.0)	3.60(36.0)	3.20(32.0)	2.80(28.0)	2.20(22.0)

表 1.3.19　可锻铸铁阀门的压力-温度等级

公称压力 PN/MPa	试验压力(用低于100℃的水)/MPa	介质工作温度/℃			
		至 120	200	250	300
		最大工作压力/MPa			
0.1	0.2	0.1	0.1	0.1	0.1
0.25	0.4	0.25	0.25	0.2	0.2
0.4	0.6	0.4	0.38	0.36	0.32
0.6	0.9	0.6	0.55	0.5	0.5
1.0	1.5	1.0	0.9	0.8	0.8
1.6	2.4	1.6	1.5	1.4	1.3
2.5	3.8	2.5	2.3	2.1	2.0
4.0	6.0	4.0	3.6	3.4	3.2

③ 根据公称压力、介质特性和温度选择密封面材料，常用密封面材料见表 1.3.20。

表 1.3.20 常用密封面材料选用

材料		代号	常用工况		适用阀类
			PN/MPa	t/℃	
橡胶		X	≤0.1	≤60	截止阀、隔膜阀、蝶阀、上回阀等
尼龙		N	≤32	≤80	球阀、截止阀等
聚四氟乙烯塑料		F	≤6.4	≤150	球阀、截止阀、旋塞阀、闸阀等
巴氏合金		B	≤2.5	−70～150	氨用截止阀
铜合金	QSn6-6-3、HMn58-2-2	T	≤1.6	≤200	闸阀、截止阀、止回阀、旋塞阀等
不锈钢	2Cr13、3Cr13、TDCr-2、TD-CrMn	H	≤3.2	≤450	中、高压阀门
渗碳钢	38CrMoAlA	D	P_{54}^{10}	540	电站闸阀，一般情况下不使用
硬质合金	WC、TiC TDCoCr-1 TDCoCr-2	Y	按阀体材料确定		高温、超高压阀
			按阀体材料确定		高压、超高压阀 高温、低温阀
在本体上加工	铸铁	W	≤1.6	≤100	气、油类用闸阀、截止阀等
	优质碳素钢		≤4	≤200	油类用阀门
	1Cr18Ni9Ti、Cr18Ni12Mo2Ti		≤32	≤450	酸类等腐蚀性介质用阀门

④ 根据管道的管径计算值确定合适的阀门公称通径（公称尺寸）。公称通径是指阀门与管道连接处的名义直径，是管路系统中所有管路附件用数字表示的尺寸。公称通径是供参考的一个方便的圆整数，与加工尺寸仅呈不严格的关系。公称通径以字母“DN”后面紧跟一个数字标志。公称通径（公称尺寸）的数值应符合相应的国家标准 GB/T 1047—2005《管道元件 DN（公称尺寸）的定义和选用》。阀门的公称通径系列见表 1.3.3。

一般情况下阀门的公称通径与管子的公称直径是一样的，但当阀体采用焊接结构或者与之相连接的管道为用标准钢管法兰连接的情况下，阀门的实际通道直径并不等于公称通径 DN 的尺寸。例如，采用 $\phi 54\times 3$ mm 的无缝钢管时，阀门的公称通径为 DN50，但实际内径则为 48 mm。这种情况在高压化工、石油用锻钢阀门上是比较普遍的。

⑤ 根据阀门的用途和生产工艺条件要求，选择阀门的驱动方式（见表 1.3.9）。

⑥ 根据管道的连接方法和阀门的公称通径，选择阀门的连接方式（见表 1.3.10）。

⑦ 根据阀门的公称压力、介质特性和工作温度，以及公称通径等选择阀门的类别、结构型式和型号。

阀门的工作条件取决于很多因素，其中主要有介质特性、工作压力、工作温度、参数波动情况、安装位置、检修周期和开闭状态等。

一般情况，阀门工作温度和工作压力越高，工作条件就越差，为保证阀门正常使用，要求阀门在高参数时有足够的强度、抗氧化性及热稳定性。密封面材料在高压时有很好的耐冲击性。阀门在低温、超低温时，要求材料应有足够的抗冲击韧性。在腐蚀介质中工作时，要求与介质接触的各部件有足够的抗化学作用的稳定性。

阀门的检修周期对阀门的使用寿命有很大的影响。应按时检查修理和及时更换零件(如密封圈、填料和垫片)，做好维护保养工作。

(2) 常用阀门的选用

① 闸阀(GB/T 12232—2005、GB/T 12234—2007、GB/T 14173—1993、JB/T 5298—1991)

闸阀的闸板由阀杆带动，沿阀座密封面作升降运动，接通或切断流体的通路。闸阀流动阻力小、启闭省力、密封可靠性高、生产成本低，使用较广。

闸阀按阀杆上螺纹位置分为明杆式和暗杆式两类。从闸板的结构特点又可分为楔式、平行式两类。楔式闸阀的密封面与阀杆中心线成一角度，并大多制成单闸板；平行式闸阀的密封面与阀杆中心线平行，并大多制成双闸板。

闸阀的密封性能较截止阀好，流体阻力小，具有一定的调节性能。明杆式尚可根据阀杆升降高低调节启闭程度，缺点是结构较截止阀复杂，密封面易磨损，不宜修理。闸阀适于制成大口径的阀门，除适用于蒸汽、油品等介质外，还适用于含有粒状固体及黏度较大的介质，并适用于作放空阀和低真空系统阀门。

弹性闸阀不易在受热后被卡住。适用于蒸汽、高温油品及油气等介质，及开关频繁的部位，不宜用于易结焦的介质。

楔式单闸板闸阀较弹性闸阀结构简单，在较高温度下密封性能不如弹性或双闸板闸阀好，适用于易结焦的高温介质。

楔式闸阀中双闸板式密封性好，密封面磨损后易修理，其零部件比其他型式多。适用于蒸汽、油品和对密封面磨损较大的介质，或开关频繁部位，不宜用于易结焦的介质。工作压力大于 0.1 MPa 的氧气管道严禁采用闸阀。

② 截止阀(GB/T 12233—2006、GB/T 12235—2007、JB/T 7245、JB/T 7747)

截止阀是向下闭合式阀门，阀瓣由阀杆带动，沿阀座中心作升降运动。截止阀与闸阀相比，其调节性能好，密封性能差，结构简单，制造维修方便，流体阻力较大，价格便宜。适用于蒸汽等介质，不宜用于黏度大含有颗粒易沉淀的介质，也不宜作放空阀及低真空系统的阀门。

③ 止回阀(GB/T 12233—2006、GB/T 12235—2007、GB/T 12236—1989、GB/T 13932—1992)

止回阀按结构可分为升降式和旋启式两种。升降式止回阀较旋启式止回阀的密封性好，流体阻力大，卧式的宜装在水平管线上。立式的应装在垂直管线上；旋启式止回阀，不宜制成小口径阀门，它可装在水平、垂直或倾斜的管线上，如装在垂直管线上，介质流向应由下至上。止回阀一般适用于清净介质，不宜用于含固体颗粒和黏度较大的介质。

④ 球阀(GB/T 12237—2007、GB/T 15185—1994、JB/T 7745)

球阀的结构简单，开关迅速，操作方便，体积小、质量轻、零部件少，流体阻力小，结构比闸阀、截止阀简单，密封面比旋塞阀易加工且不易擦伤。适用于低温、高压及黏度大的介质，一般不能作调节流量用。

⑤ 蝶阀(GB/T 12238—1989、JB/T 5299、JB/T 8692、JB/T 8527)

蝶阀与相同公称压力等级的平行式闸板阀比较，其尺寸小、质量轻、开闭迅速、具有一定的调节性能，适合制成较大口径阀门，用于温度小于 80℃、压力小于 1.0 MPa 的原油、油品及水等介质。

⑥ 隔膜阀(GB/T 12239—1989)

隔膜阀的启闭是一块橡胶隔膜，夹于阀体与阀盖之间。隔膜中间突出部分固定在阀杆上，阀体内衬有橡胶，由于介质不进入阀盖内腔，因此无需填料箱。隔膜阀结构简单，密封性能好，便于维修，流体阻力小，适用于温度小于 200℃、压力小于 1.0 MPa 的油品、水、酸性介质和含悬浮物的介质，不适用于有机溶剂和强氧化剂的介质。

⑦ 旋塞阀(GB/T 12240—1989)

旋塞阀的结构简单，开关迅速，操作方便，流体阻力小，零部件少，质量轻。适用于温度较低、黏度较大的介质和要求开关迅速的部位，一般不适用于蒸汽和温度较高的介质。

⑧ 柱塞阀

柱塞与密封圈间采用过盈配合，通过调节阀盖上连接螺栓的压紧力，使密封圈上所产生的径向分力大于流体的压力，从而保证了密封性，杜绝了外泄漏。柱塞阀是国际上近代发展的新颖结构阀门，具有结构紧凑、启闭灵活、寿命长、维修方便等特点。

⑨ 减压阀(GB/T 12244—2006、GB/T 12246—2006)

减压阀是通过启闭件的节流，将进口的高压介质降低至某个需要的出口压力，在进口压力及流量变动时，能自动保持出口压力基本不变的自动阀门。

减压阀的选用应注意：

a. 减压阀的选用，系根据工艺确定减压阀流量，阀前、阀后的压力及阀前流体温度等条件来确定阀孔面积，并按此选择减压阀的尺寸及规格。

b. 在设计中，减压阀组不应设置在靠近移动设备或容易受冲击的地方，应设置在振动较小，周围较空之处，以便于检修。

c. 蒸汽系统的减压阀组前应设置排凝液疏水阀，为防止长距离输送的蒸汽管道中夹带一些渣物，应在切断阀(闸阀)之前，设置管道过滤器。

d. 阀组前后应装设压力表，以便于调节时观察。阀组后应设置安全阀，当压力超过时能起泄压和报警作用，保证压力稳定。

减压阀均装在水平管道上，为防止膜片活塞式减压阀产生严重液击，应将减压阀底螺栓改装排水阀(闸阀 DN20 或 DN25)。在投入运行时应放尽减压阀底存水。波纹管减压阀的波纹管应向下安装，用于空气减压时需将阀门反向安装。

⑩ 疏水阀

疏水阀(也称阻汽排水阀、疏水器)的作用是自动排泄蒸汽管道和设备中不断产生的凝结水、空气及其他不可凝性气体，又同时阻止蒸汽的逸出。它是保证各种加热工艺设备所需温度和热量并能正常工作的一种节能产品。疏水阀必须根据进出口的最大压差和最大排水量进行选用，疏水阀一般按工作原理分为：

a. 热动力型。利用蒸汽、凝结水通过启闭件(阀片或阀瓣)时的不同流速引起被启闭件隔开的压力室和进口处的压力差来启闭疏水阀。这类疏水阀处理凝结水的灵敏度较高，启闭件小，惯性也小，开关速度迅速。

b. 热静力型。利用蒸汽和凝结水的不同温度引起温度敏感元件动作，从而控制启闭件工作。其温度敏感元件受温度变化在开关启闭件时有滞后现象，对低于饱和温度一定温差的凝结水和空气可同时排放出去，可装在用汽设备上部单纯作排空气阀使用。

c. 机械型疏水阀。依靠浮子（球状或桶状）随凝结水液位升降的动作实现阻汽排水作用。小口径阀的灵敏度较大口径的高，浮球式灵敏度高于浮桶式疏水阀。

六、管件的种类和选用

管件是将管子连接起来的元件，使管子变径、改变介质流向或调节流量等作用，管件按功能分为直通、异径管三通、四通、弯头、金属波纹膨胀节、PE 管件等。按制造方法或制造的材料分为无缝管件、有缝管件、锻制管件、铸造管件、金属管件和非金属管件等。

管件选用的基本要求和原则与上述相同，即压力级别（公称压力）、公称尺寸、材质和介质等要与管材要求相符或高于其要求。

1. 直通、异径管

直通、异径管的作用是改变原管道直径即变更管道输送流量，或者使管道元件（主要是管子）与其他管道元件起过渡连接的作用。直通有等径和变径（异径管）两种，异径管又可分为同心和偏心。直通用公称直径（DN）表示，如 DN100；异径管表示为 DN100×50。

2. 三通、四通

三通、四通起到改变介质流向或调节流量的作用。三通一般有两种，三个口直径相等的为等直径三通；两端直径相同，但汇流端直径与其他两个直径不同称为异径三通。表示方法如下：对于等径三通，比如“T3”三通则表示外径是 3 英寸的等径三通。对于异径三通，比如“T4×4×3.5”表示同径为 4 英寸异径为 3.5 英寸的异径三通。

四通一般也有两种，四个口直径相等的为等直径四通；两端直径相同，另两端（汇流端）直径相同，但两组直径不同称为异径四通。

3. 弯头

弯头起到改变介质流向的作用。弯头的分类方法有三种，一是按它的曲率半径来分，可分为长半径弯头和短半径弯头。长半径弯头指它的曲率半径等于 1.5 倍的管子外径，即 $R=1.5D$。短半径弯头指它的曲率半径等于管子外径，即 $R=D$。式中的 D 为弯头直径，R 为曲率半径。二是按材料等级来分，按标准大约有：Sch5s、Sch10s、Sch10、Sch20、Sch30、Sch40s、STD、Sch40、Sch60、Sch80s、XS；Sch80、Sch100、Sch120、Sch140、Sch160、XXS，其中最常用的是 STD 和 XS 两种。三是常用的方法，即按弯头的角度分，有 45°弯头、90°弯头和 180°弯头。表示方法：如“LR STD 90°8”，表示长半径，压力等级为 STD，90°的 8"弯头；又如，“SRXS 45°4”表示短半径，压力等级为 XS，45°的 4"弯头。

4. 非金属管件

在压力管道上常用的非金属管件主要是聚乙烯（PE）管件。包括直通（套筒）、端堵、异径管、三通、四通、弯头，钢塑过渡接头等。各 PE 管件所起的作用与金属管件一致。PE 管件主要是以电溶形式连接。

聚乙烯（PE）管材根据生产工艺的不同可分为低密度聚乙烯（LDPE）、中密度聚乙烯

(MDPE)和高密度聚乙烯(HDPE);按标准尺寸比(即公称外径与壁厚之比):SDR11、SDR13.6、SDR17、SDR21、SDR26系列;根据聚乙烯管的长期静液压强度(MRS),将聚乙烯管材料分为PE32、PE40、PE63、PE80和PE100五个等级,目前国际上使用量最大的管材树脂的MRS值为8.0MPa(PE80级)。

5. 管件的选用

要根据相应的国家标准或行业标准进行选用,下面以国家标准GB/T 12459—2005为例,说明选用要求。

(1) 国家标准GB/T 12459《钢制对焊无缝管件》,适用于公称尺寸为DN15～DN800的碳钢、合金钢和不锈钢对焊无缝管件的符号和代号、材料、制造、检验、试验与标志等要求。

(2) 成品管件可采用低应力钢印、喷涂、雕刻或标签等方式进行标志,只要管件规格许可,都应在管件上直接标志。每批成品管件都应附有产品质量合格证书,合格证书内容包括:制造商名称及制造日期、质量检验员签名及检验日期和质量检验部门的公章、产品名称及规格和制造标准编号、原材料的化学成分和机械性能、规定的检验与试验结果等。

(3) 管件的标志包括制造商名称或商标、公称尺寸(包括外径系列)、壁厚等级(或壁厚值)、材料牌号、产品代号、标准编号等,组合顺序如下:

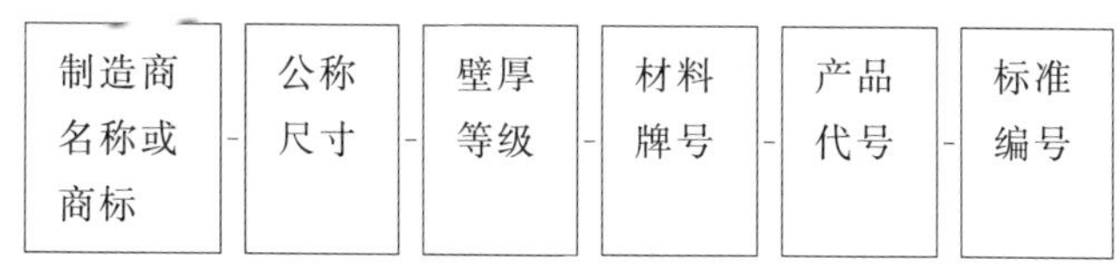

① 制造商名称或商标:管件生产厂家名称或注册商标。

② 公称尺寸:管件的尺寸标注有Ⅰ(英制管)和Ⅱ(公制管)两个系列,包括长半径弯头(见表1.3.21～表1.3.22)、长半径异径弯头、短半径弯头(见表1.3.23)、异径接头、等径三通和四通(见表1.3.24)、异径三通和四通、管帽和翻边短节等(相关尺寸请查阅标准)。

③ 壁厚等级:工程上一般用管件表号“Sch”表示壁厚等级,是管件设计压力与设计温度下材料许用应力的比值乘以1000并经圆整后的数值,方便管件的选用。

④ 材料牌号:所用材料标准规定的材料牌号,按相关材料标准规定。

⑤ 产品代号:对焊无缝管件的种类和代号见表1.3.25。

⑥ 标准号:管件生产所依据的标准。如“GB/T 12459”等。

当管件规格不能进行完整标志时,可逆上述顺序依次省略识别标志或用标签标志。

(4) 管件标注示例

例1:公称尺寸DN100、外径为Ⅰ系列、壁厚等级Sch40、材料牌号为15CrMo的90°短半径弯头的标志为:

制造商名称或商标　DN100-Sch40-15CrMo　90E(S)　GB/T 12459

例2:公称尺寸DN100×80、外径为Ⅱ系列、壁厚等级Sch80、材料牌号为16Mn的同心异径接头的标志为:

制造商名称或商标　DN100×80　Ⅱ-Sch80-16Mn　R(C)　GB/T 12459

例3:公称尺寸DN150、外径为Ⅰ系列、壁厚为4.5mm、材料牌号为0Cr18Ni9的90°长半径弯头的标志为:

制造商名称或商标　DN150-4.5-0Cr18Ni9　90E(L)　GB/T 12459

表 1.3.21　长半径弯头尺寸　　单位为毫米

公称尺寸 DN	坡口处外径 D		中心至端面	
	Ⅰ系列	Ⅱ系列	90°弯头 A	45°弯头 B
15	21.3	18	38	16
20	26.9	25	38	19
25	33.7	32	38	22
32	42.4	38	48	25
40	48.3	45	57	29
50	60.3	57	76	35
65	73.0	76	95	44
80	88.9	89	114	51
90	101.6	—	133	57
100	114.3	108	152	64
125	141.3	133	190	79
150	168.3	159	229	95
200	219.1	219	305	127
250	273.0	273	381	159
300	323.9	325	457	190
350	355.6	377	533	222
400	406.4	426	610	254
450	457	480	686	286
500	508	530	762	318
550	559	—	838	343
600	610	630	914	381
650	660	—	991	406
700	711	720	1 067	438
750	762	—	1 143	470
800	813	820	1 219	502

注：A——90°弯头一端面中心至另一端面的距离；
B——45°弯头中心至端面的距离。

表 1.3.22　长半径 180°弯头尺寸　　单位为毫米

公称尺寸 DN	坡口处外径 D		中心至中心 O	背部至端面 K	
	Ⅰ系列	Ⅱ系列		Ⅰ系列	Ⅱ系列
15	21.3	18	76	48	47
20[a]	26.9	25	76	51	51
25	33.7	32	76	56	54
32	42.4	38	95	70	67
40	48.3	45	114	83	80

续表 1.3.22　　单位为毫米

公称尺寸 DN	坡口处外径 D		中心至中心 O	背部至端面 K	
	Ⅰ系列	Ⅱ系列		Ⅰ系列	Ⅱ系列
50	60.3	57	152	106	105
65	73.0	76	190	132	133
80	88.9	89	229	159	159
90	101.6	—	267	184	—
100	114.3	108	305	210	206
125	141.3	133	381	262	257
150	168.3	159	457	313	308
200	219.1	219	610	414	414
250	273.0	273	762	518	518
300	323.9	325	914	619	620
350	355.6	377	1 067	711	722
400	406.4	426	1 219	813	823
450	457	480	1 372	914	925
500	508	530	1 524	1 016	1 026
550	559	—	1 676	1 118	—
600	610	630	1 829	1 219	1 229

注：*K*——长半径 180°弯头端面到顶部(背部)的距离；

O——长半径 180°弯头一端面中心至另一端面中心的距离。

[a] DN 20 管件，由制造商自定，*O* 和 *K* 的值可分别为 57 mm 和 43 mm。

表 1.3.23　短半径弯头尺寸　　单位为毫米

公称尺寸 DN	坡口处外径 D		中心至端面 A
	Ⅰ系列	Ⅱ系列	
25	33.7	32	25
32	42.4	38	32
40	48.3	45	38
50	60.3	57	51
65	73.0	76	64
80	88.9	89	76
90	101.6	—	89
100	114.3	108	102
125	141.3	133	127
150	168.3	159	152
200	219.1	219	203
250	273.0	273	254
300	323.9	325	305
350	355.6	377	356
400	406.4	426	406
450	457	480	457
500	508	530	508
550	559	—	559
600	610	630	610

续表 1.3.23　　单位为毫米

公称尺寸 DN	坡口处外径 D		中心至中心 O	背部至端面 K	
	Ⅰ系列	Ⅱ系列		Ⅰ系列	Ⅱ系列
25	33.7	32	51	41	41
32	42.4	38	64	52	51
40	48.3	45	76	62	61
50	60.3	57	102	81	79
65	73.0	76	127	100	102
80	88.9	89	152	121	121
90	101.6	—	178	140	—
100	114.3	108	203	159	156
125	141.3	133	254	197	194
150	168.3	159	305	237	232
200	219.1	219	406	313	313
250	273.0	273	508	391	391
300	323.9	325	610	467	467
350	355.6	377	711	533	544
400	406.4	426	813	610	619
450	457	480	914	686	697
500	508	530	1 016	762	773
550	559	—	1 118	838	—
600	610	630	1 219	914	925

注：*A*——短半径 90°弯头一端面中心至另一端面的距离；
K——短半径 180°弯头端面到顶部(背部)的距离；
O——短半径 180°弯头一端面中心至另一端面中心的距离。

表 1.3.24　等径三通和四通尺寸　　单位为毫米

公称尺寸 DN	坡口处外径 D		中心至端面	
	Ⅰ系列	Ⅱ系列	管程 C	出口[a,b] M
15	21.3	18	25	25
20	26.9	25	29	29
25	33.7	32	38	38
32	42.4	38	48	48
40	48.3	45	57	57
50	60.3	57	64	64
65	73.0	76	76	76
80	88.9	89	86	86
90	101.6	—	95	95
100	114.3	108	105	105
125	141.3	133	124	124
150	168.3	159	143	143
200	219.1	219	178	178
250	273.0	273	216	216
300	323.9	325	254	254

续表 1.3.24　　单位为毫米

公称尺寸 DN	坡口处外径 D		中心至端面	
	Ⅰ系列	Ⅱ系列	管程 C	出口[a,b] M
350	355.6	377	279	279
400	406.4	426	305	305
450	457	480	343	343
500	508	530	381	381
550	559	—	419	419
600	610	630	432	432
650	660	—	495	495
700	711	720	521	521
750	762	—	559	559
800	813	820	597	597

注：*C*——分支出口轴心线至中心体端面的距离；
M——本体中心线至支管端面的距离。

a　DN 650 及其以上的三通和四通，推荐但并不要求采用出口尺寸 *M*。

b　尺寸适用于 DN 600 及其以下的四通。

表 1.3.25　管件的种类和代号

品　　种	类　　别	代　　号
45°弯头	长半径	45E(L)
90°弯头	长半径	90E(L)
	短半径	90E(S)
	长半径异径	90E(L)R
180°弯头	长半径	180E(L)
	短半径	180E(S)
异径接头（大小头）	同　心	R(C)
	偏　心	R(E)
三　通	等　径	T(S)
	异　径	T(R)
四　通	等　径	CR(S)
	异　径	CR(R)
管　帽		C
翻边短节	长　型	SE(L)
	短　型	SE(S)

七、管法兰、密封组件的种类和选用

法兰和密封组件是为了满足生产工艺要求，或者制造、安装、检修的方便而采用的一种管道连接形式。为使连接接头能安全运行并获得满意的密封效果，选用时要对管法兰的结构型式、密封面形式、垫片的材料和结构形式，紧固件的材料和尺寸全面地进行综合考虑，正确选用。

1. 法兰的类型

法兰一般分为 6 种类型。

(1) 平焊法兰。法兰与设备或管道采用平面角焊缝的形式连成一整体，平焊法兰根据其结构的差异可进一步分为板式平焊法兰、带颈平焊法兰和带颈承插平焊法兰 3 种。

① 板式平焊法兰(图 1.3.1)。

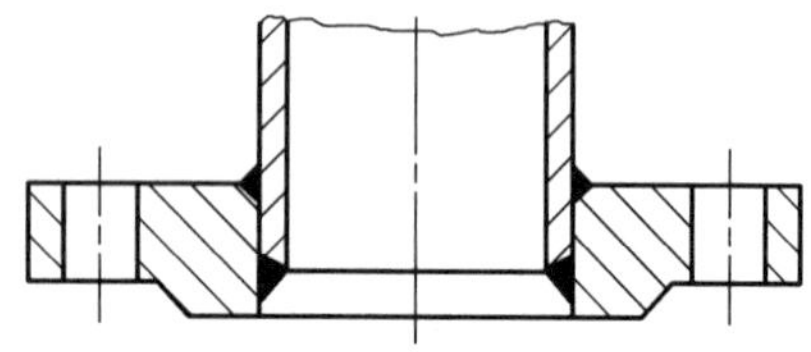

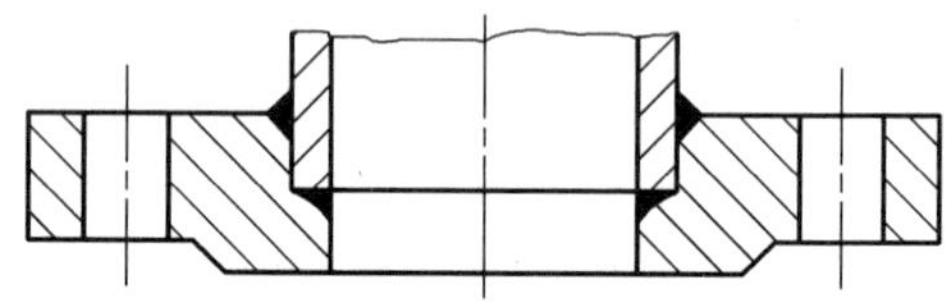

图 1.3.1　板式平焊法兰结构示意图

② 带颈平焊法兰(图 1.3.2)。

③ 带颈承插平焊法兰(图 1.3.3)。

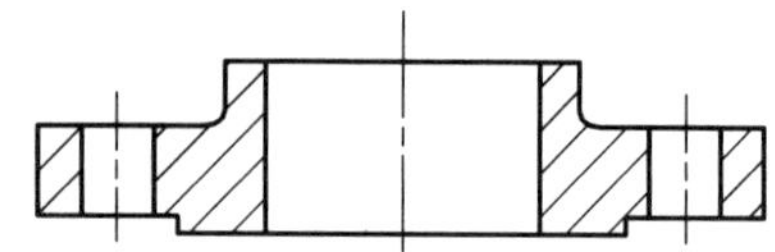

图 1.3.2　带颈平焊法兰结构示意图　　图 1.3.3　带颈承插平焊法兰结构示意图

(2) 整体法兰。法兰与设备或管道不可拆地固定在一起时，称为整体法兰，如图 1.3.4 所示。

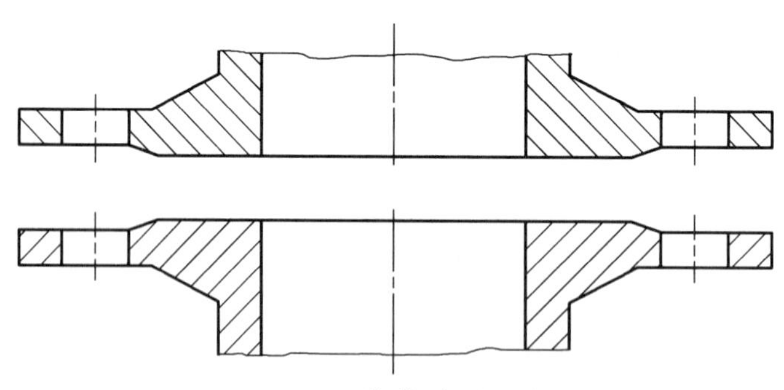

图 1.3.4　整体法兰示意图

(3) 对焊法兰。法兰与管道采用对接环焊缝的形式连成一整体，所形成的焊缝可以进行无损探伤检验，焊缝质量有保证，如图 1.3.5 所示。

(4) 螺纹法兰。螺纹法兰的特点是法兰与管壁通过螺纹进行连接，两者之间既有一定连接，又不完全形成一个整体。这种法兰对管壁产生的附加应力较小，如图 1.3.6 所示。

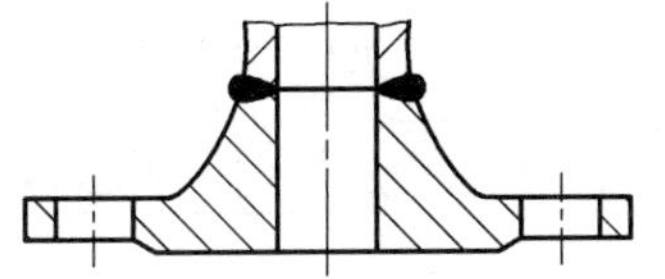

图 1.3.5　对焊法兰结构示意图

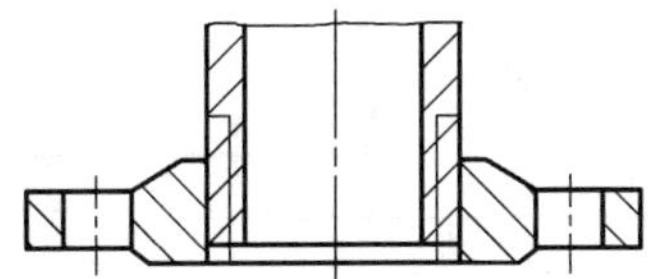

图 1.3.6　螺纹法兰结构示意图

(5) 松套法兰。松套法兰的特点是法兰和设备或管道不直接连成一体，而是把法兰盘套在设备或管道的外面，这种结构法兰无需焊接，一般只能适用于压力较低的场合，如图 1.3.7 所示。

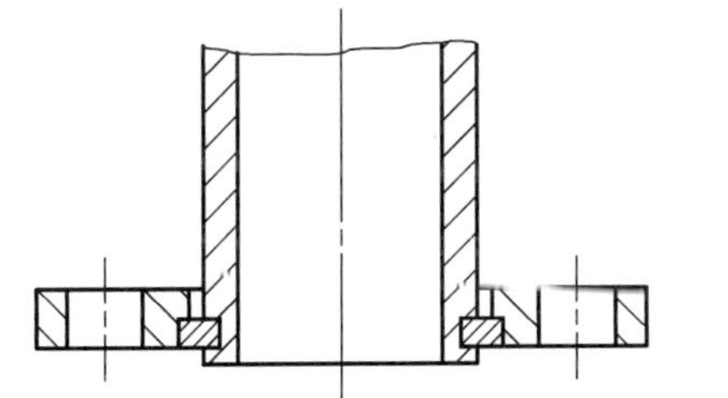

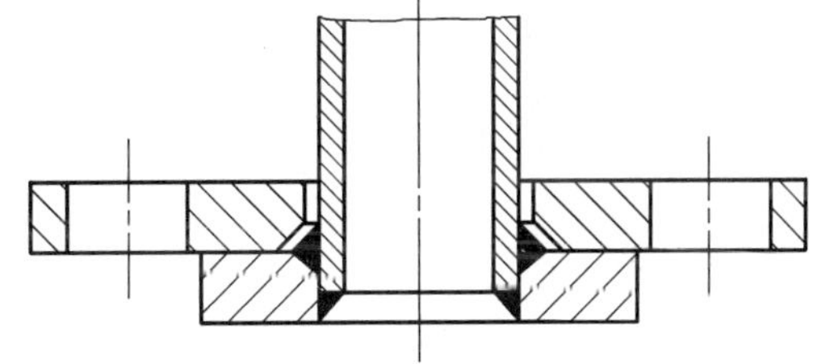

图 1.3.7　松套法兰结构示意图

(6) 法兰盖。与同种规格型号法兰连接，形成切断密封形式，又称为盲板法兰，在法兰盖上开孔，则可形成异径法兰连接，达到变径的目的。

2. 法兰密封面形式

法兰的密封性能与法兰压紧垫片的密封面形式有直接的关系。密封面形式主要根据工艺条件(温度、压力、流体介质的性质)、密封口径以及准备采用的垫片情况进行选择。密封面的几何尺寸和表面加工的质量要求必须与相应的垫片相配合。

(1) 按照国家标准 GB/T 9112—2000《钢制管法兰　类型与参数》各种类型的平面法兰密封面、突面法兰密封面、凹凸面法兰密封面、榫槽面法兰密封面、环连接面法兰密封面型式见表 1.3.26。

表 1.3.26　密封面型式与代号

<table>
<tr><td colspan="2">密封面型式</td><td colspan="2">代号</td></tr>
<tr><td colspan="2">平面</td><td colspan="2">FF</td></tr>
<tr><td colspan="2">突面</td><td colspan="2">RF</td></tr>
<tr><td rowspan="2">凹凸面</td><td>凸面</td><td rowspan="2">MF</td><td>M</td></tr>
<tr><td>凹面</td><td>F</td></tr>
<tr><td rowspan="2">榫槽面</td><td>榫面</td><td rowspan="2">TG</td><td>T</td></tr>
<tr><td>槽面</td><td>G</td></tr>
<tr><td colspan="2">环连接面</td><td colspan="2">RJ</td></tr>
</table>

（2）密封面型式示意图：

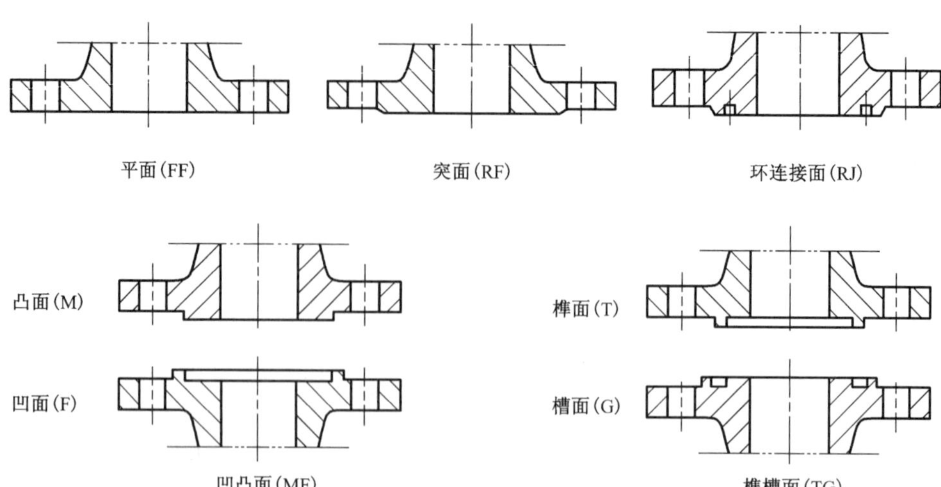

3. 法兰标记方法

法兰应按公称通径、公称压力、密封面型式代号、螺纹特性代号或配用的钢管系列代号（配用公制管代号为“系列Ⅱ”，配用英制管不标记）及标准编号进行标记。举例如下：

（1）突面带颈螺纹钢制管法兰标记

公称通径 80 mm、公称压力 5.0 MPa(50bar)的突面带颈螺纹钢制管法兰（60°圆锥管螺纹）：法兰 DN80-PN50 RF(NPT)GB/T 9114—2000

公称通径 80mm、公称压力 1.0MPa(50bar)的突面带颈螺纹钢制管法兰（55°圆锥管螺纹）：法兰 DN80-PN10 RF(Rp)GB/T 9114—2000

（2）平面、突面对焊钢制管法兰标记

公称通径 100 mm、公称压力 2.5 MPa(25bar)的平面对焊钢制管法兰（配用米制管）：法兰 DN100-PN25 FF（系列Ⅱ）GB/T 9115.1—2000

公称通径 100 mm、公称压力 2.5 MPa(25bar)的突面对焊钢制管法兰（配用英制管）：法兰 DN100-PN25 RFGB/T 9115.1—2000

（3）凹凸面对焊钢制管法兰标记

公称通径 100 mm、公称压力 2.5 MPa(25bar)的凹凸面对焊钢制管法兰（配用米制管）：法兰 DN100-PN25 M（系列Ⅱ）GB/T 9115.2—2000

公称通径 100 mm、公称压力 2.5 MPa(25bar)的凹凸面对焊钢制管法兰（配用英制管）：法兰 DN100-PN25 F GB/T 9115.2—2000

（4）榫槽面对焊钢制管法兰标记

公称通径 100 mm、公称压力 2.5 MPa(25bar)的榫槽面对焊钢制管法兰（配用米制管）：法兰 DN100-PN25 T（系列Ⅱ）GB/T 9115.3—2000

公称通径 100 mm、公称压力 2.5 MPa(25bar)的榫槽面对焊钢制管法兰（配用英制管）：法兰 DN100-PN25 G GB/T 9115.3—2000

（5）环连接面对焊钢制管法兰标记

公称通径 100 mm、公称压力 2.5 MPa(25bar)的环连接对焊钢制管法兰（配用米制管）：

法兰 DN100-PN25 RJ(系列Ⅱ)GB/T 9115.4—2000

(6) 平面、突面对焊钢制管法兰盖标记

公称通径 100 mm、公称压力 2.5 MPa(25bar)的平面对焊钢制管法兰盖:法兰 DN100-PN25 FF GB/T 9123.1—2000

公称通径 100 mm、公称压力 2.5 MPa(25bar)的突面对焊钢制管法兰盖:法兰 DN100-PN25 RF GB/T 9123.1—2000

4. 垫片

垫片一般分为非金属平垫片、金属包覆垫片、缠绕式垫片、金属环垫片、齿形组合垫片等,分别对应国家或行业有关标准,以下以 HG 20606—1997《钢制管法兰用非金属平垫片》为例说明非金属平垫片的类型、代号、使用范围及标记方法。

(1) 非金属平垫片的材料和使用条件,见表 1.3.27。

表 1.3.27

<table>
<tr><th rowspan="2">类别</th><th rowspan="2" colspan="2">名　　称</th><th rowspan="2">代号</th><th colspan="2">使用条件</th></tr>
<tr><th>压力等级/MPa</th><th>温度/℃</th></tr>
<tr><td rowspan="6">橡胶</td><td colspan="2">天然橡胶</td><td>NR</td><td>≤1.6</td><td>−50～+90</td></tr>
<tr><td colspan="2">氯丁橡胶</td><td>CR</td><td>≤1.6</td><td>−40～+100</td></tr>
<tr><td colspan="2">丁腈橡胶</td><td>NBR</td><td>≤1.6</td><td>−30～+110</td></tr>
<tr><td colspan="2">丁苯橡胶</td><td>SBR</td><td>≤1.6</td><td>−30～+100</td></tr>
<tr><td colspan="2">乙丙橡胶</td><td>EPDM</td><td>≤1.6</td><td>−40～+130</td></tr>
<tr><td colspan="2">氟橡胶</td><td>Viton</td><td>≤1.6</td><td>−50～+200</td></tr>
<tr><td rowspan="3">石棉橡胶</td><td rowspan="2" colspan="2">石棉橡胶板</td><td>XB350</td><td>≤2.5</td><td>≤300</td></tr>
<tr><td>XB450</td><td colspan="2"></td></tr>
<tr><td colspan="2">耐油石棉橡胶板</td><td>NY400</td><td colspan="2">$p\times t\leqslant 650$ (p——MPa,t——℃)</td></tr>
<tr><td rowspan="2">合成纤维橡胶</td><td rowspan="2">合成纤维的橡胶压制板</td><td>无机</td><td rowspan="2"></td><td rowspan="2">≤4.0</td><td>−40～+290</td></tr>
<tr><td>有机</td><td>−40～+200</td></tr>
<tr><td>聚四氟乙烯</td><td colspan="2">改性或填充的聚四氟乙烯板</td><td></td><td>≤4.0</td><td>−196～+260</td></tr>
</table>

(2) 不同密封面法兰用垫片的公称压力范围,见表 1.3.28。

表 1.3.28

密封面型式(代号)	公称压力 PN/MPa(bar)
全平面(FF)	0.25～1.6(2.5～16)
突面(RF)	0.25～4.0(2.5～40)
凹凸面(MFM)	1.0～4.0(10～40)
榫槽面(TG)	1.0～4.0(10～40)

(3) 标记方法示例。标记内容一般包括标准号、“垫片”、法兰密封面类型、公称尺寸、公称压力和材料代号等,如下例:

公称通径 100 mm、公称压力 2.5 MPa(25bar)的突面法兰用 304 不锈钢包边的 XB450 石棉橡胶板垫片,其标记为:

HG 20606 垫片 RF-E 100-2.5 XB450/304

公称通径 200 mm、公称压力 1.0 MPa(10bar)的突面法兰用 Garlock 公司的 G3510 填充聚四氟乙烯垫片,其标记为:

HG 20606 垫片 RF 200-1.0 G3510

公称通径 500 mm、公称压力 0.6 MPa(6bar)的全平面法兰用乙丙橡胶垫片,其标记为:

HG 20606 垫片 FF 500-0.6 EPDM

5. 紧固件

紧固件一般分为:六角头螺栓、等长双头螺栓、全螺纹螺栓和螺母。

(1) 按国家标准 GB/T 1237—2000《紧固件标记方法》规定,紧固件标记由标准号、紧固件名称、螺纹代号(螺纹特征代码、公称直径、公称长度和螺距)、性能等级组成。

螺纹特征代码:普通螺纹特征代码为 M,梯形螺纹特征代码为 Tr,管螺纹特征代码为 Rc、Rp、R 等。

普通螺纹代号:粗牙普通螺纹用“特征代码(M)”和“公称尺寸”表示;细牙普通螺纹用“特征代码(M)”和“公称尺寸×螺距”表示。

标记示例:

细牙普通螺纹,公称直径 16 mm,公称长度 120 mm,螺距为 1.5 mm,表示为:

M16×120×1.5(注:螺距在某些情况下可以不标,下同)

螺纹规格 M 16、公称长度 80 mm、性能等级 8.8 级的六角头螺栓,其标记为:

GB/T 5782 螺栓 M16×80 8.8 级

螺纹规格 M30×2、公称长度 160 mm、材料牌号为 35CrMoA 的双头螺柱,其标记为:

HG 20613 双头螺柱 M30×2×160 35CrMoA

螺纹规格为 M24、公称长度 120 mm、材料牌号为 25Cr2MoVA 的全螺纹螺柱,其标记为:

HG 20613 全螺纹螺柱 M24×120 25Cr2MoVA

螺纹规格为 M12、性能等级 8 级的 1 型六角螺母,其标记为:

GB/T 6170 螺母 M12 8 级

(2) 使用规定

① 商品级六角螺栓的使用条件应符合下列各条要求:PN≤1.6 MPa(16bar);非剧烈循环场合;配用非金属软垫片;介质为非易燃、易爆及毒性危害程度较大的场合。

② 商品级双头螺柱及螺母的使用条件应符合下列各条要求:PN≤4.0MPa(40bar);配用非金属软垫片;非剧烈循环场合。

③ 除上述外,应选用专用级螺柱(双头螺柱或全螺纹螺柱)和专用级螺母。缠绕垫、金属包覆垫、齿形组合垫、金属环垫等半金属或金属垫片应使用 35CrMoA 或 25Cr2MoVA 等高强度螺柱(双头螺柱或全螺纹螺柱)。

④ 高温、剧烈循环场合或 PN≥16.0 MPa 的高压条件下应选用全螺纹螺柱。

⑤ 按紧固件的型式、产品等级、采用的性能等级和材料牌号，确定其使用的公称压力和工作温度范围，并应符合相关标准的规定。

6. 管法兰、密封组件的选用

管法兰、密封组件的公称压力系列、公称尺寸系列（见本教材或有关国家标准）、材质等应与管子、阀门、设备要求一致，一般情况下法兰、垫片、紧固件的选用在工程设计的施工图中已给出，即管段表或材料表。表 1.3.29 为 HG 20614—1997 标准的法兰、垫片、紧固件选配参考表。

八、安全保护装置、支吊架、隔热材料、附属设施的种类和选用

1. 安全保护装置种类和选用

安全保护装置起到保护和监视管道安全运行的作用。在管道系统中如果操作参数的波动有可能超过规定范围，或者管道出现紧急情况时进行应急处理，均需要在管道中安装安全保护装置。安全保护装置及附件一般包括爆破片、安全阀、紧急切断阀、减压阀、调压器、压力表和温度计等。

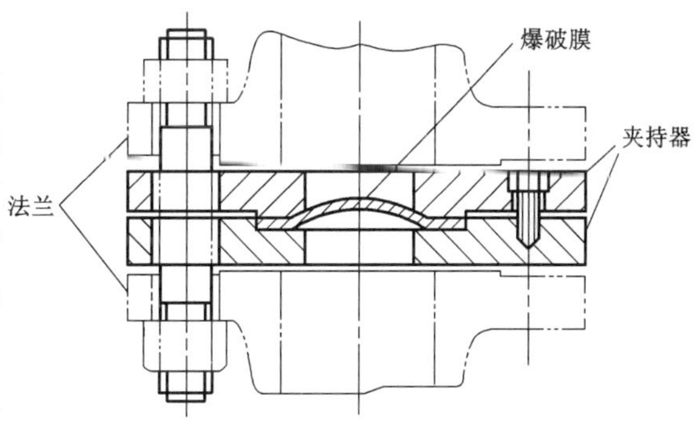

图 1.3.8　金属或非金属爆破膜

（1）爆破片

当压力管道输送易燃易爆介质，或者因为物料的黏度高，腐蚀性强，容易聚合、结晶等，使得安全阀不能可靠地工作时，应当装设爆破片。爆破片（见图 1.3.8）是一片金属或非金属的膜片，由夹持器夹紧在法兰中，当管道压力超过最大工作压力，达到爆破片的爆破压力时，爆破片破裂使管道内的气体迅速泄放，从而保护压力管道系统。

爆破片的爆破迅速，惰性小，结构简单，价格便宜，但爆破后必须停止生产，更换爆破片后才能继续操作。因此，预定的爆破压力要比最大工作压力高一些。爆破片的设计爆破压力不得大于压力管道的设计压力，且爆破片的最小设计爆破压力不应小于压力管道最高工作压力的 1.05 倍。

爆破片装置应进行定期更换，对超过最大设计爆破压力而未爆破的爆破片应立即更换；在苛刻条件下使用的爆破片装置应每年更换；一般爆破片装置应在 2～3 年内更换（制造单位明确可延长使用寿命的除外）；并且要求爆破片在动作时不允许产生碎片。对输送易燃介质或毒性程度为极度危害、高度危害或中度危害介质的压力管道，应在爆破片的排出口装设导管，将排放介质引至安全地点，并进行妥善处理，不得直接排入大气。

爆破片的排放能力，必须大于或等于压力管道的安全泄放量。

表 1.3.29　法兰、垫片、紧固件选配表

垫片型式	使用压力/MPa	密封面型式	密封面表面粗糙度	法兰型式	垫片最高使用温度	紧固件型式	紧固件性能等级或材料牌号				
							200℃	250℃	300℃	500℃	550℃
橡胶垫片	≤1.6	突面、凹凸面、榫槽面、全平面	密纹水线或 Ra6.3～12.5	各种型式	200	六角螺栓、双头螺柱、全螺纹螺柱	8.8 级 35CrMoA 25Cr2MoVA				
石棉橡胶板垫片	≤2.5	突面、凹凸面、榫槽面、全平面	密纹水线或 Ra6.3～12.5	各种型式	300	六角螺栓、双头螺柱、全螺纹螺柱		8.8 级 35CrMoA 25Cr2MoVA	35CrMoA 25Cr2MoVA		
合成纤维橡胶垫片	≤4.0	突面、凹凸面、榫槽面、全平面	密纹水线或 Ra6.3～12.5	各种型式	290	六角螺栓、双头螺柱、全螺纹螺柱		同上	同上		
聚四氟乙烯垫片(改性或填充)	≤4.0	突面、凹凸面、榫槽面、全平面	密纹水线或 Ra6.3～12.5	各种型式	260	六角螺栓、双头螺柱、全螺纹螺柱		同上	同上		
柔性石墨复合垫	1.0～6.3	突面、凹凸面、榫槽面	密纹水线或 Ra6.3～12.5	各种型式	650(450)	六角螺栓、双头螺柱、全螺纹螺柱		同上		35CrMoA 25Cr2MoVA	25Cr2MoVA
聚四氟乙烯包覆	0.6～4.0	突面	密纹水线或 Ra6.3～12.5	各种型式	150(200)	六角螺栓、双头螺柱、全螺纹螺柱	8.8 级 35CrMoA 25Cr2MoVA				
缠绕垫	1.6～16.0	突面、凹凸面、榫槽面	Ra3.2～6.3	带颈平焊法兰、带颈对焊法兰、整体法兰、承插焊法兰	650	双头螺柱、全螺纹螺柱				35CrMoA 25Cr2MoVA	25Cr2MoVA
金属包覆垫	2.5～10.0	突面	Ra1.6～3.2(碳钢) Ra0.8～1.6(不锈钢)	带颈对焊法兰、整体法兰、法兰盖	500	双头螺柱、全螺纹螺柱				同上	
齿形组合垫	1.6～25	突面、凹凸面	Ra3.2～6.3	带颈对焊法兰、整体法兰	650	双头螺柱、全螺纹螺柱				同上	25Cr2MoVA
金属环垫	6.3～25	环连接面	Ra0.8～1.6(碳钢、铬钼钢)	带颈对焊法兰、整体法兰	600	双头螺柱、全螺纹螺柱				同上	同上

(2) 安全阀

安全阀是用在管道系统受压元件上作为超压保护装置。当被保护的管道设备内介质压力异常升高达到规定数值时，安全阀自动开启，释放管道系统介质压力，以防止压力继续升高，起到保护管道安全运行作用，当管道系统压力降低到某一规定值时，安全阀自动关闭。

① 安全阀有按动作原理、动作特性、开启高度、有无背压平衡机构和阀瓣加载方式等进行分类。其基本类型及特点见表 1.3.30。

表 1.3.30 安全阀类型

<table>
<tr><th>分类方法</th><th colspan="2">类　型</th><th>说　明</th></tr>
<tr><td rowspan="3">按动作原理</td><td colspan="2">直接载荷式</td><td>直接用机械载荷来克服阀瓣下介质作用力</td></tr>
<tr><td rowspan="2">非直接载荷式</td><td>先导式</td><td>用导阀来驱动或控制主阀</td></tr>
<tr><td>带补充载荷式</td><td>在达到整定压力前始终保持一增强密封的附加力，该力由外部能源提供并在达到整定压力时释放</td></tr>
<tr><td rowspan="2">按动作特性</td><td colspan="2">比例作用式</td><td>开启高度随压力升高而逐渐变化</td></tr>
<tr><td colspan="2">两段作用式
(突跳动作式)</td><td>开启的最初阶段开高随压力升高而逐渐增加，而后急速地开启到规定高度</td></tr>
<tr><td rowspan="3">按开启高度</td><td colspan="2">微启式</td><td>开启高度为流道直径的 1/40～1/20</td></tr>
<tr><td colspan="2">全启式</td><td>开启高度等于或大于流道直径的 1/4</td></tr>
<tr><td colspan="2">中启式</td><td>开启高度介于微启式和全启式之间</td></tr>
<tr><td rowspan="2">按有无背压平衡机构</td><td colspan="2">背压平衡式</td><td>利用波纹管、活塞或膜片等元件，使阀门开启前背压对阀瓣的作用力得到平衡</td></tr>
<tr><td colspan="2">常规式</td><td>无背压平衡元件</td></tr>
<tr><td rowspan="4">按阀瓣加载方式</td><td colspan="2">重锤式</td><td>利用重锤直接加载</td></tr>
<tr><td colspan="2">杠杆重锤式</td><td>利用重锤通过杠杆加载</td></tr>
<tr><td colspan="2">弹簧式</td><td>利用弹簧加载</td></tr>
<tr><td colspan="2">气室式</td><td>利用压缩空气加载</td></tr>
</table>

② 弹簧式安全阀是利用弹簧加载阀瓣方式的一种压力管道上常用的安全保护装置。弹簧式安全阀如图 1.3.9 所示，是由阀座 5、阀瓣 4、顶杆 3、弹簧 2、调节螺栓 1 等零件组成，依靠弹簧力将阀瓣与阀座紧闭。当压力管道内的压力高于安全阀的开启压力(弹簧力)时，阀门自动开启，压力管道内的物料得以释放，压力下降；当压力管道内的压力小于安全阀的开启压力(弹簧力)时，安全阀又自动关闭，从而保护了压力管道安全运行。拧动安全阀上的调节螺栓，可以改变弹簧力的大小，从而有效地控制安全阀的开启压力。弹簧式安全阀应有防止随便拧动调整螺栓的铅封装置。为了避免安全阀不必要的泄放，通常预定安全阀的开启压力应略高于压力管道的工作压力。当压力管道上安装多个安全阀时，其中一个安全阀的开启压力不应大于压力管道的设计压力，其余安全阀的开启压力可适当提高，但不得超过设计压力的 1.05 倍。

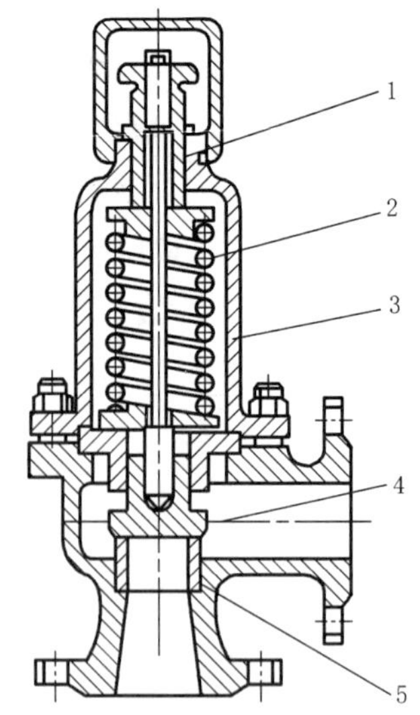

1—调节螺栓；2—弹簧；
3—顶杆；4—阀瓣；5—阀座

图 1.3.9　弹簧式安全阀

③ 安全阀的选用

a. 确定安全阀公称压力。安全阀的公称压力应根据阀门材料、工作温度和最大工作压力选用，在同一公称压力下，当工作温度提高时，其最大工作压力相应降低。

b. 确定工作压力级。安全阀的整定压力(即开启压力)可通过弹簧预紧缩量进行调节，但每一根弹簧都只能在一定的开启压力范围内工作，超出该范围就要另换弹簧。同一公称压力弹簧设计的开启压力调整范围可划分为不同的工作压力级。选用安全阀时，应根据所需开启压力值，确定阀门工作压力级。表 1.3.31 为安全阀选用参考。

表 1.3.31　安全阀选用参考

使用条件	安全阀类型
液体介质	比例作用式安全阀
气体介质且必需的排量较大	两段作用全启式安全阀
必需的排量是变化的	必需排量较大时，用几个两段作用式安全阀，其总排量等于最大必需排量；必需排量较小时，用比例作用式安全阀
背压为大气压，背压为固定值，或者相对于整定压力而言，背压变化量较小	常规式安全阀
附加背压(静背压)是变化的，且相对于整定压力而言变化量较大	背压平衡式安全阀
要求反应迅速	直接载荷式安全阀
必需排量很大，或者口径和压力都较大，密封要求很高	先导式安全阀
密封要求高，整定压力和密封压力很接近	带补充载荷式安全阀
移动或有振动的受压设备	弹簧式安全阀

c. 安全阀适用于清洁、无颗粒、低黏度的流体。

d. 全启式安全阀适用于排放气体、蒸汽或者液体介质，微启式安全阀一般适用于排放液体介质，排放有毒或者可燃性介质时必须选用封闭式安全阀。

(3) 紧急切断阀

紧急切断阀是在管道运行中，如遇到突发故障或可能发生灾难性事件时，紧急切断介质来源，以避免或减少事故的发生。如易燃易爆介质、有毒介质泄漏或发生火灾时，在人员无法接近管道进行处理时，通过远程操作关闭紧急切断阀，切断泄漏源，以达到安全的目的。紧急切断阀种类较多，按实现切断自动化程度分为远程人工操作(或称半自动式)和全自动操作；按动力源可分为手动式、气压式、液压式和电磁感应式。

半自动式或手动式一般是使用液(气)压传动原理，当发生介质泄漏时，由操作人员在一定距离外通过打开或关闭压力供给阀门，使紧急切断阀关闭而起到阻止介质流动的作用。全自动式紧急切断阀是与其配合使用的电子感应元件组成，当介质泄漏、管道内压力、温度升高时，电子感应元件给出一个信号，防爆电磁铁动作，关闭紧急切断阀，实现切断泄漏介质的目的。例如，当液化石油气储配站压力管道出现泄漏时，在泄漏点周围液化气浓度达到泄漏探测仪预先设定的报警值时，泄漏探测仪发出信号，通过防爆电线向紧急切断阀发出信号，使电磁控制机构线圈瞬时通电，电磁铁吸合控制元件，紧急切断阀在弹簧作用下快速关闭，切断气源。

(4) 减压阀

减压阀是一种自动阀门，是调节阀的一种。它是通过启闭件的节流，将进口的高压介质降低至某个需要的出口压力，在进口压力及流量变动时，能自动保持出口压力基本不变的阀门。对稳定和保护压力管道安全运行起到重要作用。

① 减压阀作用与类型。减压阀按动作原理分直接作用式减压阀和先导式减压阀。我国大量生产和使用的都是直接作用式减压阀。

a. 直接作用式。是用压缩弹簧、重物或重力以及压缩空气加载，通过膜片、活塞或波纹管直接进行压力控制的阀门。这种阀门结构简单、耐用。在比较恶劣的工况下，只要维护得当，使用寿命也能很长。直接作用式减压阀的压力调节不如先导式精确，但造价低，在一些不需很精确的场合应用极广。

常用的直接作用式减压阀按结构型式可分为弹簧薄膜式、活塞式、波纹管式及杠杆式。

弹簧薄膜式减压阀是采用膜片作敏感元件来带动阀瓣运动的。它的灵敏度较高，因为它没有活塞的摩擦力，但膜片的耐久性差，温度也不宜过高。适用于温度和压力不高的一般气体介质管道上。

活塞式减压阀是采用活塞作敏感元件来带动阀瓣运动的。活塞式减压阀由于活塞在气缸中摩擦力较大，因此灵敏度比薄膜式减压阀差，制造工艺较严格。适用于承受温度、压力较高的以蒸汽和空气等为介质的管道和设备上。

波纹管式减压阀是采用波纹管作敏感元件来带动阀瓣运动的。波纹管式减压阀调节范围大，适用于工作温度小于或等于 200℃、介质参数不高的蒸汽和空气等洁净介质，特别适用于减至低压蒸汽的供暖系统上，但不能作污浊液体的减压，更不能用于含有固体颗粒介质的管道上。因此，宜在波纹管减压阀前加过滤器。在选用减压阀时，应注意不得超过减压阀的减压范围，并保证在合理情况下使用。

杠杆式减压阀是采用重物或重力杠杆作敏感元件来带动阀瓣运动的。这种减压阀型式结构简单、耐用，但不精确，目前较少采用。

b. 先导式。是由主阀和导阀组成，出口压力的变化通过导阀放大，控制主阀动作。在此类阀中，导阀的作用是辅助控制主阀或者完全控制主阀。导阀本身可以是一个小型的直接作用式减压阀，此类阀门精确的控制方式取决于它的特定结构。而实质上，导阀工作的目的是以维持预定压力下的流量的方法来调节主阀的开启量。先导式减压阀的压力控制非常精确，且结构紧凑，对于功能相同的减压阀来说，通常先导式比直接作用式结构小得多。在这种形式中，导阀和主阀可以是整体的，也可以是适用于远距离压力信号控制的单独装置。它还能作远距离开关控制。由于先导式减压阀结构复杂，因此需要经常保养及清洁的工作条件，常在阀门入口处装过滤器。

常用的先导式减压阀按结构型式分有先导活塞式减压阀、先导波纹管式减压阀和先导薄膜式减压阀。

先导活塞式减压阀适用于各种压力、各种口径、各种温度的蒸汽、空气和气体介质。若用不锈耐酸钢制造，可适用于各种腐蚀性介质。先导波纹管式减压阀，适用于低压、中小口径的蒸汽、空气等介质。先导薄膜式减压阀适用于中压、低压、中小口径的蒸汽或水等介质。

② 减压阀的选用。

a. 减压阀的选用是根据工艺确定减压阀流量，阀前、阀后的压力及阀前流体温度等条件来确定阀孔面积，并按此选择减压阀的尺寸及规格。

b. 在设计中，减压阀组不应设置在靠近移动设备或容易受冲击的地方，应设置在振动较小，周围较空之处，以便于检修。

c. 蒸汽系统的减压阀组前应设置排凝液疏水阀，为防止长距离输送的蒸汽管道中夹带一些渣物，应在切断阀(闸阀)之前，设置管道过滤器。

d. 阀组前后应装设压力表，以便于调节时观察。阀组后应设置安全阀，当压力超过时能起泄压和报警作用，保证压力稳定。

减压阀均装在水平管道上，为防止膜片活塞式减压阀产生严重液击，应将减压阀底螺栓改装排水阀(闸阀 DN20 或 DN25)，在投入运行时放尽减压阀底存水。波纹管减压阀的波纹管应向下安装，用于空气减压时需将阀门反向安装。

减压阀进口压力的波动应控制在进口压力给定值的 80%～105%，如超过该范围，减压阀的性能会受影响。

(5) 调压器

调压器一般是用于城市燃气管网中的调压箱、区域调压箱、高压调压站、城市门站、超高压调压站内，其主要作用是调节和稳定管网系统压力，并且控制输气系统燃气流量，以保护系统、避免出口压力过高或过低。调压器按结构和调节机理通常分为直接作用式和间接作用式两种。

① 直接作用式调压器是由测量元件(薄膜)、传动部件(阀杆)和调节机构(阀门)组成(见图 1.3.10)。当出口后的用气量增加或进口压力降低时，出口压力就下降，这时由导压管反映的压力使作用在薄膜下侧的力小于膜上重块(或弹簧)的力，薄膜下降，阀瓣也随着阀

杆下移，使阀门开大，燃气流量增加，出口压力恢复到原来给定的数值。反之，当出口后的用气量减少或进口压力升高时，阀门关小，流量降低，仍使出口压力得到恢复。出口压力值可用调节重块的重量或弹簧力来给定。小型液化石油气减压阀和用户调压器都是直接作用式的。

② 间接作用式调压器的工作原理见图 1.3.11。它由主调压器、指挥器和排气阀组成。当出口压力 p_2 低于给定值时，指挥器的薄膜就下降，使指挥器阀门开启，经节流后压力为 p_3 的燃气补充到主调压器的膜下空间。由于 p_3 大于 p_2，使主调压器阀门开大，流量增加，p_2 恢复到给定值。反之，当 p_2 超过给定值时，指挥器薄膜上升，使阀门关闭。同时，由于作用在排气阀薄膜下侧的力使排气阀开启，一部分压力为 p_3 的燃气排入大气，使主调压器薄膜下侧的力减小，又由于 p_2 偏大，故使主调压器的阀门关小，p_2 也即恢复到给定值。燃气储配站、区域调压站和大型用户专用调压站，基本上都采用间接作用式调压器。

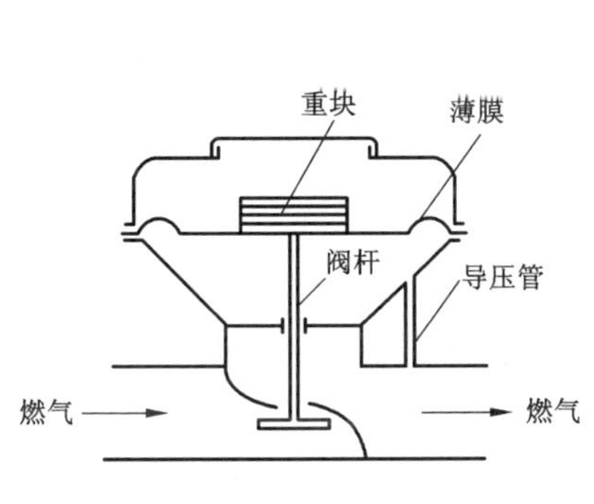

图 1.3.10　直接作用式调压器

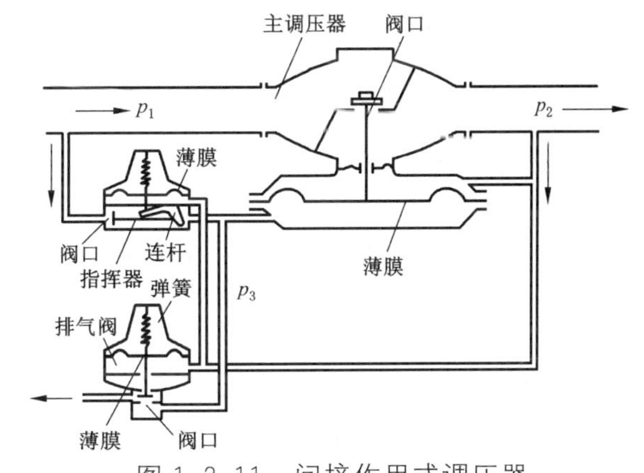

图 1.3.11　间接作用式调压器

(6) 压力表

压力表是一种常见的计量器具，它能直观地显示出管道系统各环节的压力变化和介质流程中的条件形成，监视生产运行过程中的安全动向，并通过自动连锁或传感装置，构筑了一道迅速可靠的安全保障，为防范管道事故起到重要作用。

压力表按其测量精确度，可分为精密压力表、一般压力表。精密压力表的测量精确度等级分别为 0.1、0.16、0.25、0.4 级；一般压力表的测量精确度等级分别为 1.0 级、1.6 级、2.5 级、4.0 级。

压力表按其指示压力的基准不同，分为一般压力表、绝对压力表、差压表。一般压力表以大气压力为基准；绝压表以绝对压力零位为基准；差压表测量两个被测压力之差。

压力表按其测量范围，分为真空表、压力真空表、微压表、低压表、中压表及高压表。真空表用于测量小于大气压力的压力值；压力真空表用于测量小于和大于大气压力的压力值；微压表用于测量小于 60 000 Pa 的压力值；低压表用于测量 0 MPa～6 MPa 压力值；中压表用于测量 10 MPa～60 MPa 压力值；高压表用于测量 100 MPa 以上压力值。

压力表选用要求如下：

a. 压力表的最大量程(表盘上刻度极限值)应与管道设备的工作压力相适应。压力表的量程一般为管道设备工作压力的 1.5～3 倍，最好取 2 倍。若选用的压力表量程过大，由于同样精度的压力表，量程越大，允许误差的绝对值和肉眼观察的偏差就越大，则会影响压力读数的准确性；反之，若选用的压力表量程过小，设备的工作压力等于或接近压力表的刻度极限，则会使压力表中的弹性元件长期处于最大的变形状态，易产生永久变形，引起压力表的误差增大和使用寿命降低。另外，压力表的量程过小，万一超压运行，指针越过最大量程接近零位，而使操作人员产生错觉，造成更大的事故。因此，压力表的使用压力范围，应不超过刻度极限的60%～70%。

b. 工作用压力表的精度是以允许误差占表盘刻度极限值的百分数来表示的。精度等级一般都标在表盘上，选用压力表时，应根据设备的压力等级和实际工作需要来确定精度。

c. 表盘直径为了使操作人员能准确地看清压力值，压力表的表盘直径不应过小，如果压力表装得较高或离岗位较远，表盘直径应增大。

d. 压力表用于测量的介质如果有腐蚀性，那么一定要根据腐蚀性介质的具体温度、浓度等参数来选用不同的弹性元件材料，否则达不到预期的目的。

e. 日常重视使用维护，定期进行检查、清洗并做好使用情况记录。

f. 压力表一般检定周期为半年。强制检定是保障压力表技术性能可靠、量值传递准确、有效保证管道设备安全的重要措施。

(7) 温度计

温度计是一种能直观地显示出管道系统各环节的温度变化，监视生产运行过程中的安全动向，并可通过自动连锁或传感装置，构筑了一道连锁保护装置，为防范管道事故起到重要作用。

常用的温度计有热电偶温度计和热电阻温度计。热电偶温度计由热电偶、毫伏测量仪表(动圈仪表或电位差计等)以及连接热电偶和测量仪表的导线(铜线及补偿导线)组成。热电偶是由两根不同的导体或半导体材料焊接或绞接而成。焊接的一端称为热电偶的热端(或工作端)，与导线连接的一端称为冷端。把热电偶的热端插入需要测温的生产设备中，冷端置于生产设备的外面。如果两端所处的温度不同(比如，热端温度为t，冷端温度为t_0)，则在热电偶的回路中便会产生热电势E。该热电势E与热电偶两端的温度t和t_0均有关。如果保持t_0不变，则热电势E便只与t有关。换言之，在热电偶材料已定的情况下，其热电势E只是被测温度t的函数，用动圈仪表或电位差计测得E的数据后，便可知道被测温度的大小。

热电阻温度计是根据导体或半导体的阻值随温度变化的性质，将电阻值的变化用显示仪表反映出来，以达到测温的目的。热电阻温度计是由热电阻、显示仪表(带不平衡电桥或平衡电桥)以及连线组成。

2. 支吊架

在管道安装工程中，支架是不可缺的构件，它对管道有承重、导向和固定作用或者限位和防振功能。管道支吊装置按其作用来分有固定支架、活动支架及弹簧支、吊架。

(1) 固定支架

将管子固定在支架上，不允许发生任何方向的位移，这种支架称为固定支架。固定支架的作用是为了均匀分配补偿器之间管道的热伸长，保证管道在支架上不发生移动。固定支架受力较为复杂，除了承受管道重量外；还承受着管道轴向压力的反力、热胀冷缩的水平推动力及活动支架的水平摩擦力。

① U形螺栓式固定支架，适用于不保温管道，如图1.3.12所示。

② 单面挡板固定支架，适用于推力 $p \leqslant 50$ kN 的室外管道，如图1.3.13所示。

③ 双面挡板固定支架，适用于推力 50 kN $< p \leqslant 200$ kN 的室外管道，如图1.3.14所示。

④ 墙上、柱上固定架，适用于管径较小的室内管道，如图1.3.15所示。

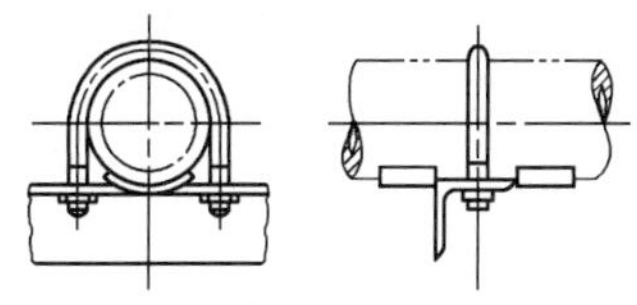

图1.3.12

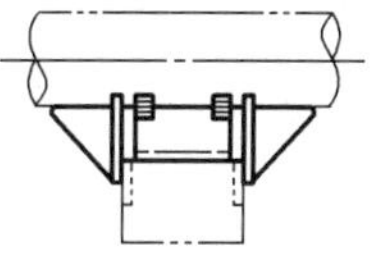

图1.3.13

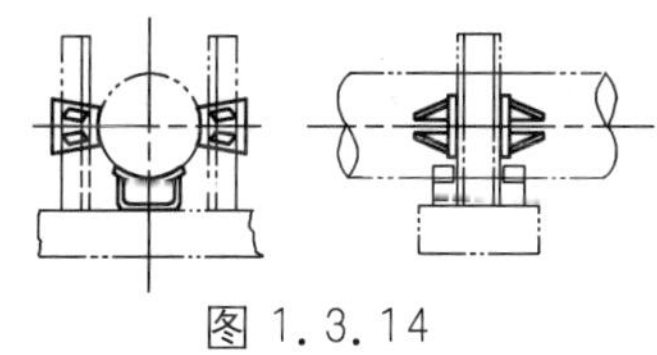

图1.3.14

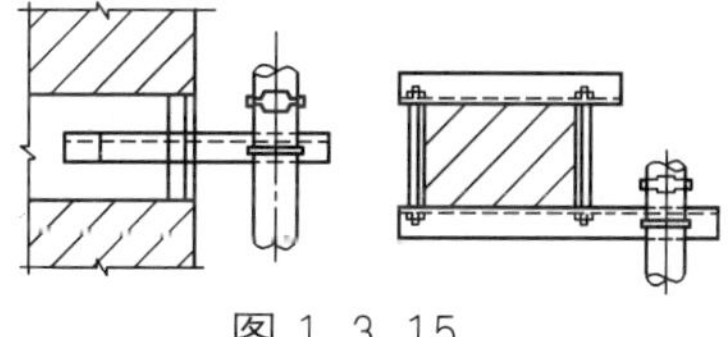

图1.3.15

（2）活动支架

将管子敷设在支架上，当管子热胀冷缩时可与支架发生相对位移，这种支架称为活动支架。活动支架分为滑动支架、滚动支架和导向支架。

① 滑动支架。滑动支架是指管子与支架间相对运动为滑动。滑动支架摩擦力较大，但制作简单，应用广泛。

滑动支架又分U形螺栓固定的低滑动支架，适用于热伸长量较小的室内不保温管道，如图1.3.16所示；弧形板低滑动支架，适用于热伸长量较大的室内不保温管道，如图1.3.17所示；高滑动支架，适用于保温及保冷管道，滑托高度为100 mm～150 mm，管道与滑托焊接，滑托可在支架上滑动，如图1.3.18所示。

② 滚动支架。滚动支架是在管道滑托与支架之间加入滚柱或滚珠，使管子与支架间相对运动为滚动运动，从而使滑动摩擦力变为滚动摩擦力，这种支架称为滚动支架。由于滚动摩擦力小于滑动摩擦力，摩擦阻力小，适用于管径较大、介质温度较高、且无横向位移的管道；缺点是结构复杂，如图1.3.19所示。

③ 导向支架。在管道有轴向位移的支架两侧加装型钢挡块，使管道在作轴向运动时不致偏离管道的轴线，这种支架称为导向支架，适用于管道作轴向位移而不偏离管轴线的管道上。做法是在滑托两侧各焊上一段角钢，如图1.3.20所示。

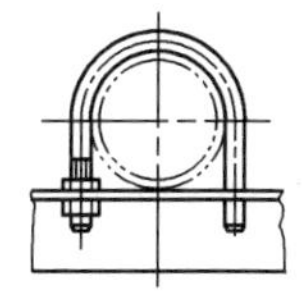

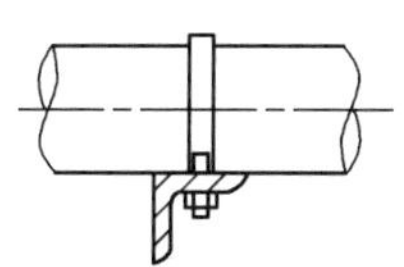

图1.3.16

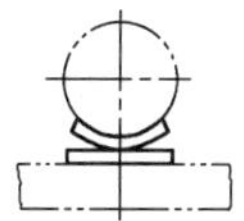

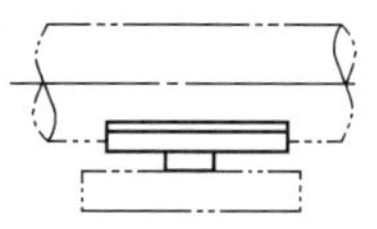

图1.3.17

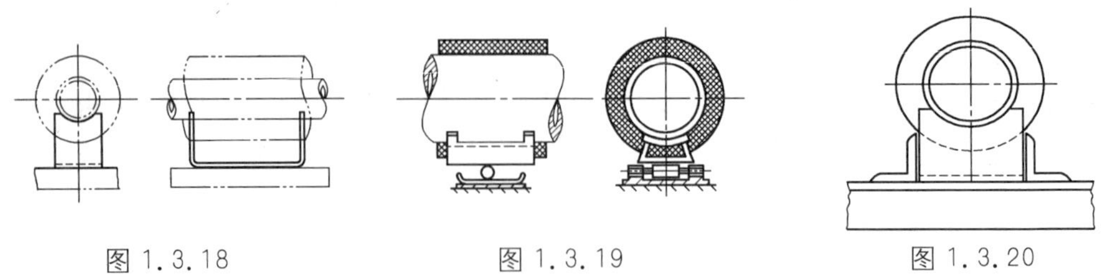

图 1.3.18　　图 1.3.19　　图 1.3.20

（3）吊架

将管道用型钢构件吊在空中，这种型钢构件称为吊架。吊架有刚性吊架及弹簧吊架，刚性吊架用于无垂直位移的管道，弹簧吊架用于有垂直位移的管道。吊架又分为普通扁钢吊卡、普通双合吊卡和弹簧吊架。

① 普通扁钢吊卡适用于管径较小无伸缩性或伸缩性很小的管道。它由支承结构、吊杆、卡箍组成，如图 1.3.21 所示。

② 普通双合吊卡，适用于管径较小无伸缩性或伸缩性很小的管道。它由支承结构、吊杆、卡箍组成，如图 1.3.22 所示。

③ 弹簧吊架，用于有垂直位移或振动较大的管道上，由卡箍、吊杆、弹簧、支承结构组成，如图 1.3.23 所示。

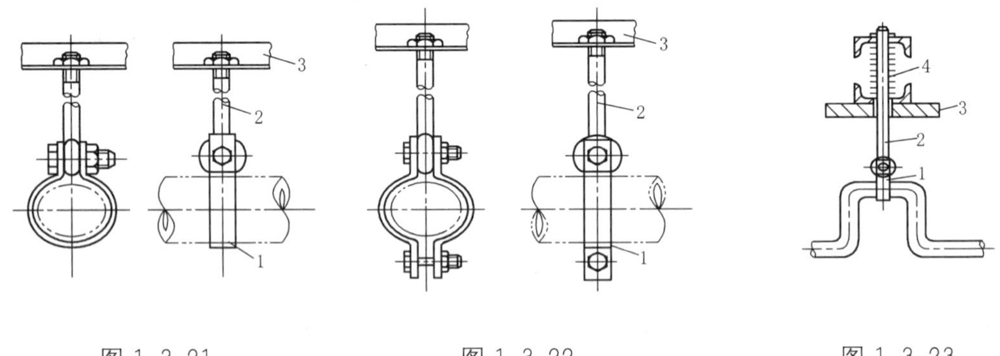

图 1.3.21　　图 1.3.22　　图 1.3.23

3. 隔热材料

使用隔热材料对管道进行绝热（保温和保冷）处理，是为了防止管道介质温度向周围环境散发或吸收热量，以保证介质符合工艺要求。

隔热材料应具有密度小、导热系数小、化学性能稳定、对管道没有腐蚀，并且能长期在工作温度下运行等性能，选用的隔热材料，其性能必须符合现行国家、行业等标准。选用原则如下：

（1）绝热层材料应选择能提供具有随温度变化的导热系数方程式或图表的产品。对于松散或可压缩的绝热材料，应提供在使用密度下的导热系数方程式或图表的产品。

（2）保温材料在平均温度低于 350℃时，导热系数不得大于 0.12 W/(m・℃)，保冷材料在平均温度低于 27℃时，导热系数应不大于 0.064 W/(m・℃)。

（3）保温硬质材料密度一般不得大于 300 kg/m³；软质材料及半硬质制品密度不得大

于 200 kg/m³；保冷材料密度不得大于 200 kg/m³。

(4) 耐振动硬质材料抗压强度不得小于 0.4 MPa；用于保冷的硬质材料抗压强度不得小于 0.15 MPa。

(5) 吸水率要小。保温材料的质量含水率不得大于 7.5%；保冷材料的质量含水率不得大于 1%。用于直埋管道上的保温材料，含水率应小于 3%。

(6) 绝热层材料应选择能提供具有允许使用温度和不燃性、难燃性、可燃性性能检测证明的产品；对保冷材料尚需提供吸湿性、吸水性、增水性检测证明。对硬质绝热材料尚需提供材料的线膨胀或收缩率数据。

4. 附属设施

附属设施包括视镜、过滤器、阻火器、疏水器、凝水器、分离器、阴极保护、调压站（箱、柜）、泵站、阀站、监控系统等。

(1) 视镜

视镜多用于排液或受槽前的回流、冷却水等液体管路上以观察液体流动情况。视镜按其材料分可分为：钢制视镜、不锈钢视镜、铝制视镜、硬聚氯乙烯视镜、耐酸酚醛塑料视镜、玻璃管视镜等。同一种材料又可分为直通视镜、三通视镜等。常见的视镜有：钢制直通视镜、不锈钢直通视镜、钢制直通异径视镜、铝制直通视镜、硬聚氯乙烯直通视镜、钢制衬胶直通视镜、钢制三通视镜、不锈钢制三通视镜、硬聚氯乙烯三通视镜、耐酸酚醛塑料三通视镜、玻璃管视镜、螺纹连接浮球视镜、法兰连接浮球视镜、角式窥视镜、双面窥视镜等。

视镜系根据输送介质的化学性质、物理状态及工艺对视镜功能的要求来选用。视镜的材料基本上和管子材料相同。如碳钢管采用钢制视镜，不锈钢管子采用不锈钢视镜，硬聚氯乙烯管子采用硬聚氯乙烯视镜，需要变径的可采用异径视镜，需要多面窥视的可采用双面视镜，需要它代替三通功能的可选用三通视镜。视镜的操作压力小于等于 0.25 MPa，钢制的视镜操作压力小于等于 0.6 MPa。

(2) 过滤器

管道过滤器多用于泵、仪表（如流量计）、疏水阀前的液体管道上。

过滤器按其形状可分为 Y 形过滤器、直角式过滤器、锥形过滤器、筒形过滤器。其种类有管螺纹连接 Y 形过滤器、法兰连接 Y 形过滤器、钢制直角式过滤器、低温钢直角式过滤器、不锈钢制直角式过滤器、中低压管路用锥形过滤器、高压用锥形过滤器。

选用过滤器一般根据介质的性质和温度、压力来选用适当的过滤器。

过滤器承受的压力等级有：1.0 MPa、1.6 MPa、2.5 MPa、4.0 MPa、6.3 MPa、10 MPa，一般比管子内介质的压力高一个档次。

(3) 阻火器

阻火器是一种防止火焰蔓延的安全装置，通常安装在易燃易爆气体管路上，当某一段管道发生事故时，不至于影响另一段的管道和设备。

阻火器一般按阻火器内的填料来分类。其种类有碳素钢壳体镀锌铁丝网阻火器、不锈钢壳体不锈钢丝网阻火器、钢制砾石阻火器、碳钢壳体铜丝网阻火器、波形散热片式阻火器、铸铝壳体铜丝网阻火器等。

阻火器的壳体要能承受介质的压力和允许的温度，还要能耐介质的腐蚀，填料要有一定强度，且不能和介质起化学反应，阻火器主要是根据介质的化学性质、温度、压力来选用合适的阻火器。

一般介质，使用压力小于等于 1.0 MPa，温度小于 80℃时均采用碳钢镀锌铁丝网阻火器。特殊的介质如乙炔气管道，特别是压力大于 0.15 MPa 的高压乙炔气管道上，采用特殊的阻火器，工作压力允许达到 2.5MPa，制造要求就较高。

(4) 疏水器

疏水器（也称疏水阀、阻汽排水阀）的作用是自动排泄蒸汽管道和设备中不断产生的凝结水、空气及其他不可凝性气体，又同时阻止蒸汽的逸出。它是保证各种加热工艺设备所需温度和热量并能正常工作的一种节能产品。

① 疏水器按工作原理分为以下几种类型：

a. 热动力型。利用蒸汽、凝结水通过启闭件（阀片或阀瓣）时的不同流速引起被启闭件隔开的压力室和进口处的压力差来启闭疏水阀。这类疏水阀处理凝结水的灵敏度较高，启闭件小，惯性也小，开关速度迅速（如微孔式根本没有内件）。其主要品种及性能如下。

——圆盘式疏水阀。结构简单、造价低，间断排水有噪声，允许最小过冷度为 6℃～8℃，有一定的漏气量，排空气性能不佳，耐液击，在冷冻及过热蒸汽场合适用范围较广。

——脉冲式疏水阀。结构简单，能连续排水，但有较大的漏气量，背压允许度较低，适用于回转干燥滚筒的虹吸管排水，能排除一定量的冷热空气，最小过冷度为 6℃～8℃。

——迷宫式或微孔式疏水阀。利用凝结水通过迷宫式通道的多节膨胀降压或通过微孔的一次膨胀所产生的二次蒸汽来阻止或减少蒸汽的泄漏。结构简单能连续排水、空气。微孔式适用于小排量，迷宫式适用于特大排量，但都不能适应压力流量变化较大的情况。

b. 热静力型。利用蒸汽和凝结水的不同温度引起温度敏感元件动作，从而控制启闭件工作。其温度敏感元件受温度变化在开关启闭件时有滞后现象，对低于饱和温度一定温差的凝结水和空气可同时排放出去，可装在用汽管道设备上部单纯作排空气阀使用。主要品种及性能如下：

——液体膨胀式疏水阀。结构复杂，灵敏度不高，能排除 60℃～100℃的低温水，也能排除空气，适用于要求伴热温度较低的伴热管线排凝及采暖用管线。

——蒸汽压力式或平衡压力式疏水阀。结构简单，动作灵敏，可连续排水、空气，性能良好，过冷度 3℃～20℃，漏气量小，抗污垢及抗液击性差，应用范围广，可作为蒸汽系统的排空气阀。

——波纹管式疏水阀。结构简单，动作灵敏，能连续排水，过冷度 20℃左右，抗污垢及抗液击性差、广泛用做采暖系统疏水阀，也可作为蒸汽系统排空气阀。

——双金属片疏水阀。动作灵敏度不高，能连续排水，排水性能好，过冷度较大且可调节，从低压到高压都适用，最高使用压力可达 2 MPa，最高使用温度可达 550℃，抗污垢抗液击性强，可作为蒸汽系统排空气阀。

c. 机械型。依靠浮子（球状或桶状）随凝结水液位升降的动作实现阻汽排水作用。小口径阀的灵敏度较大口径的高，浮球式灵敏度高于浮桶式疏水阀。

自由浮球式疏水阀，根据浮力原理使阀体内浮球随水位变化，浮球升降运动，达到阀门启闭排水阻汽作用。启动时，阀内温度低，双金属片凹面朝上，保持排气口开启，使空气自动排出，实现快速启动。当冷凝水进入时，阀内液面升高，当液面达到一定高度时，浮球因浮力上升，空气和冷凝水同时排出，根据凝结水位浮球自动升降调节阀座孔的开度，连续排放凝结水。当凝结水停止时，浮球封闭阀座孔。由于阀座孔总是在凝结水位以下，所以极少漏汽，从而起到排水阻汽作用。

——自由浮球式疏水阀。结构简单，灵敏度高，能连续排水，漏汽量小；一般结构不能自动排除空气，可附加热静力型排空气阀；可排饱和水，抗液击、抗污垢能力差，可设计成大口径及大排量的疏水阀，但制造工艺复杂。

——杠杆浮球式疏水阀。特点与自由浮球式相同。但结构较复杂，灵敏度略低，体积小，制造工艺简单。

——浮桶式疏水阀。制造工艺简单，灵敏度不高，间断排水，不能排除空气，可排出饱和水，抗液击、抗污垢性比浮球式强。但体积比浮球式大，有逐渐被倒吊桶式代替趋势。

倒吊桶式疏水阀与浮桶式相比，灵敏度高，体积小，漏汽量也小。可在工作开始和中间排除一定量的冷热空气。

② 疏水阀的选用

疏水阀必须根据进出口的最大压差和最大排水量进行选用。选取疏水阀时，应选择符合国家标准和CVA标准的优质节能疏水阀。这种疏水阀在阀门代号S前都冠以C字代号，其使用寿命大于或等于8 000 h，漏汽率都小于或等于3%。

在凝结水一经形成后，必须立即排除的情况下，不宜选用脉冲式和波纹管式疏水阀（因两者均要求一定的过冷度，约5℃～17℃），而应选用浮球式疏水阀。

在凝结水负荷变动到低于额定最大排水量的15%时，不应选用脉冲式疏水阀。因它在低负荷下，将引起部分新鲜蒸汽的泄漏损失。

（5）凝水器

凝水器（也称凝水缸）的作用是自动或手动排泄湿燃气管道中不断产生的凝结水，又同时阻止燃气的逸出。燃气凝水器按制作材料可分为钢制凝水器和聚乙烯（PE）凝水器；按结构也可分为整体式（如PE凝水器）和组件式。凝水器的基本结构是由连接燃气管道的短管及两端部、储水室、排水管、挡板等组成，其排水管底部伸长到储水室的冷凝水下面。

自动式凝水器是当储水室中的冷凝水达到一定量（高度）时，自动打开排水管出口，冷凝水依靠在其上的燃气压力排放到管道外面，当储水室的冷凝水排放下降到一定高度时，排放管关闭，停止冷凝水的排放。手动凝水器是在排水管上部安装有阀门，当打开阀门时冷凝水在燃气压力作用下通过阀门排放到管道外。选择凝水器要根据燃气湿度、管道坡度、管道材料、环境因素以及安全经济综合考虑。

（6）分离器

管道输送的介质在很大程度上影响着生产和安全，一方面，压力管道在运行一段时间后，由于输送的介质或多或少均带有一定量的杂质，如果不及时清除极易造成管道堵塞、磨损、腐蚀等，严重影响管道安全使用和寿命；另一方面，由于生产工艺的需要，必须保证工艺介质有一定的浓度，即要清除不需要的介质。因此，在管道上增加分离器，将管道输送介质中不同成分分离出来，或者排除介质中的杂质，以满足生产工艺的要求。分离器按功能分为汽水分离器、油水分离器和特殊杂质分离器等。

汽水分离器适用于去除蒸汽和压缩空气系统中夹带的液体介质。工作原理：大量含水的蒸汽进入汽水分离器，并在其中以离心向下倾斜式运动。夹带的水分由于速度的降低而被分离出来。被分离出来的液体流入下部经疏水阀排出体外，干燥清洁的蒸汽从分离器出口排出。汽水分离器必须安装于水平管道上，排水口垂直向下，所有口径的汽水分离器均带安装支架，可减小管道承载。为确保被分离的液体迅速排放，应在汽水分离器底部的排水口连接合适的一套疏水阀组合。

(7) 阴极保护装置

阴极保护装置一般是用在埋地管道上，起到保护管道不受电化学腐蚀的作用。埋于地下的公用钢管，由于不同种金属的接触、新旧管道(件)连接、土质差异、周围介质不同均可形成电偶电池和浓差电池，使它们发生腐蚀；地下杂散电流、地下金属件所受应力不同以及埋地管道内介质过高的温度都会加速金属的腐蚀；由于土壤水分、氧气、腐殖质含量不同以及埋地管道本身的材质和覆盖层好坏不同其腐蚀速率会有所不同。阴极保护原理是：将电位较负的一种金属(如铝、镁、锌及其合金等)连接在被保护的金属管道上，使两者在电解质中构成一个大电池，牺牲阳极电位负被腐蚀，金属管道得到阴极电流而减弱或停止了腐蚀。根据产生原电池的电流方式，阴极保护又分为牺牲阳极法和外加电流阴极保护。相关内容见第一章第十一节“埋地公用管道的防护及检测技术”。

(8) 调压站

调压站是城市燃气输配管网的另一个重要设施。调压站有两个功能：一是将输气管网的压力调节到下一级管网或用户需要的压力；二是保持调节后的压力稳定。

调压站按用途分为区域调压站，专用调压站和箱式调压装置，分别用于区域性用气调压；工业、公用事业用户专用调压；少量居民用户，小型工业、公用事业用户调压(楼栋调压)。

调压站通常由调压器、阀门、过滤器、安全装置、旁通管及测量仪表等组成。

① 调压器。燃气输配管网的压力工况是利用调压器来控制的。所有调压器均是将较高的压力降至较低的压力。调压器是一个降压稳压装置，是调压站(箱、柜)的核心设备。

调压器的主要作用是调节和稳定系统压力，并且控制输气系统燃气流量，保护系统以免出口压力过高或过低。根据压力等级、调压精度、附属配置等不同功能，分有楼栋调压箱、区域调压箱、高压调压站、城市门站、超高压调压站等。

若调压器后的燃气压力为被调参数，则这种调压器为后压调压器。若调压器前的压力为被调参数，则这种调压器为前压调压器。城市燃气输配管网通常多用后压调压器调节燃气压力。

② 阀门。调压室进口及出口处设置的阀门，主要作用是当调压器、过滤器检修或发生事故时切断燃气。在调压室之外的进出口管道上亦应设置切断阀门，此阀门是常开的(但要求它必须随时可以关断)，并和调压室相隔一定的距离，以便当调压室发生事故时，不必靠近调压室即可关闭阀门，避免事故蔓延和扩大。

③ 过滤器。在燃气中含有固体悬浮物很容易积存在调压器和安全阀内，破坏调压器和安全阀的正常工作。因此，有必要在调压器入口处安装过滤器，以清除燃气中的固体悬浮物。

过滤器前后应设置压差计，根据测得的压降可以判断过滤器的工作情况。在正常工作情况下，燃气通过过滤器的压降不得超过 10 kPa，压降过大时应清洗。

④ 安全装置。当负荷为零而调压器阀口关闭不严，以及调压器中薄膜破裂或调节系统失灵时，调压站出口压力会突然增高，它会危及设备的正常工作，甚至会对公共安全造成危害。因此调压站必须设安全装置。

防止出口压力过高的安全装置有安全阀、监视器装置和调压器并联装置。

⑤ 旁通管。为了保证在调压站维修时不间断供气，故在调压室内设有旁通管。燃气通过旁通管供给用户时，管网的压力和流量由调节旁通管上的阀门来实现。对于高压调压装置，为便于调节，通常在旁通管上设置两个阀门。

选择旁通管的管径时，要根据燃气最低的进口压力和需要的出口压力以及管网的最大负荷进行计算。旁通管的管径通常比调压器的出口管的管径小 2～3 号。

⑥ 测量仪表。通常调压器的入口安装指示式压力计，出口安装自记式压力计，自动记录调压器出口瞬时压力，以便监视调压器的工作状况。

第四节　管道组成件的压力等级

见第三节“管道元件的 DN(公称尺寸)、PN(公称压力)和等级系列”。保留本节是为了与《压力管道安全管理人员和操作人员考核大纲》的顺序对应。

第五节　管道识图基础知识

一、管道识图基础术语

1. 管道施工图。表示施工对象(管道工程)的全部尺寸、用料、结构、构造以及施工要求等，用于指导施工用的图样。包括设计说明、管道(设备)布置图或轴测图、工艺流程图、管道特性表、管段表、综合材料表等。

2. 管道轴测图。在一个图面上将每条管道按照轴测投影的方法绘制，画成以单线表示的管道空视图，简称“管道单线图”或“管道系统图”。其特点是在同一轴测图上同时反映管道的空间位置和管道本身的长、宽、高尺寸，帮助想象管线的布置情况，减少看正投影图的困难，弥补平、立面图的不足。轴测图有时也能代替立面图、剖面图或峻工图等，是管道施工图的重要图样之一。

3. 管道平面图。平面图是管道施工图中最基本的一个图样，它主要表示管线的走向、排列和各部分的尺寸，以及每根管子的坡度和坡向，管径和标高等具体数据。

4. 管道布置图(管道安装图或配管图)。包括平面图和剖面图，从管道布置图可了解厂房平面图概况、设备的平面布置、编号和名称、管路的平面布置、编号、规格和介质流向；管件、阀门的平面布置；管架的平面布置；厂房定位轴线尺寸、设备定位尺寸和管路的定位尺寸等。

5. 立面图和剖面图。立面图和剖面图主要表达管道设备的立面分布，管道垂直方向排列和走向，以及每路管线的编号、管径和标高等具体数据。

6. 工艺流程图。是以图形构件来描述的管道系统生产过程的图样。可以对管道设备的位号、建(构)筑物的名称及整个系统的仪表控制点(温度、压力、流量及分析的测点)、管道的规格、编号,输送的介质、流向以及主要控制阀门等有一个全面的了解。

二、管道平面图制图的原理、方法与识图

1. 管道平面图制图的原理

管道平面图制图采用正投影原理,即假想把某一需绘制的管道放在某一投影面上,让产生互相平行投射线的光源照射在管道上,使得管道在投影面上产生管道外轮廓内的"影子",这个"影子"图形称为正投影图或称正投影。在工程上只把"影子"图形的外轮廓线组成的图形作为正投影图。例如把某一水平管段放在水平投影面上,平行投射线垂直于水平投影面且对管道进行投影,在投影面上会得到正投影图,如图 1.5.1a)所示。如果仅画出"影子"图的外轮廓线,则外轮廓线组成的图为管道工程上的投影图,如图 1.5.1b)所示。

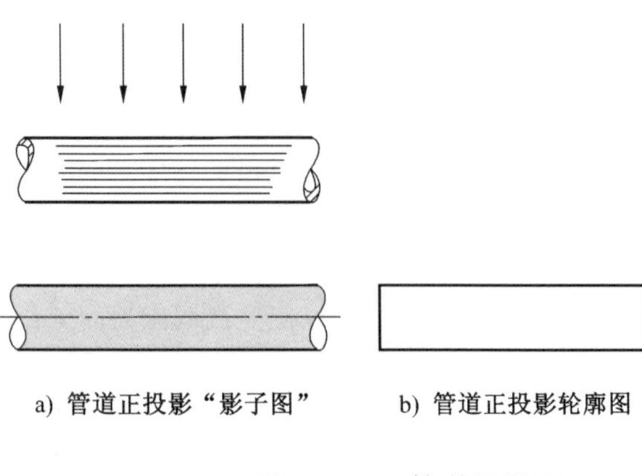

a) 管道正投影"影子图"　　b) 管道正投影轮廓图

图 1.5.1　管道投影图

按正投影原理绘制管道平面图时,应注意以下三个特点:

(1) 将投影的管道放在投射线和投影面之间,该管道称为被投影的物体;使被投影的管道在投影面上产生图形,由光源产生的光线称为投射线;产生图形的平面称为投影面。在管道工程制图投射线假想为观察者的"视线",观察者是以"正对着"管道去看的,故投影图也称视图。

(2) 管道投影的大小不受观察者与管道及管道与投影面之间距离长短的影响。

(3) 投射线(观察者的视线)与投影面垂直且各投射线互相平行。

2. 管道制图三个投影面和三面投影图

(1) 管道三个投影面

为反映管道在空间位置上的长、宽(直径)、高的位置尺寸,常需三个投影面。三个投影面分别为水平面、正面和侧面,三个平面互相垂直,如图 1.5.2 所示。

三个投影面中的水平面称为 H 平面,正面称为 V 平面,侧面称为 W 平面。H 平面与 V 平面相交线为 OX 轴,H 平面与 W 平面相交线为 OY 轴,V 平面与 W 平面相交线为 OZ 轴。在 H 平面上可以反映管道布置及管道本身的长、宽尺寸;在 V 平面上可以反映管道布置及管道本身的长、高尺寸;在 W 平面上可以反映管道布置及管道本身的高、宽尺寸。通过以上三个投影面上管道的投影图可知管道布置及管道本身的长、宽、高尺寸。

(2) 管道的三个投影图

管道分别在三个投影面上所得到的投影图称为三面投影图,如图 1.5.3 所示。

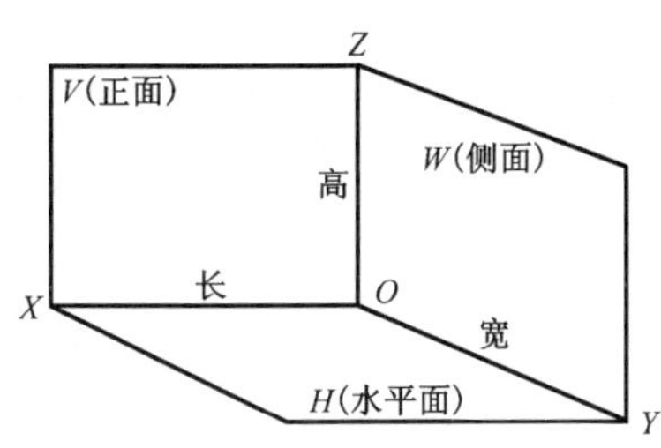

图 1.5.2　三个投影面

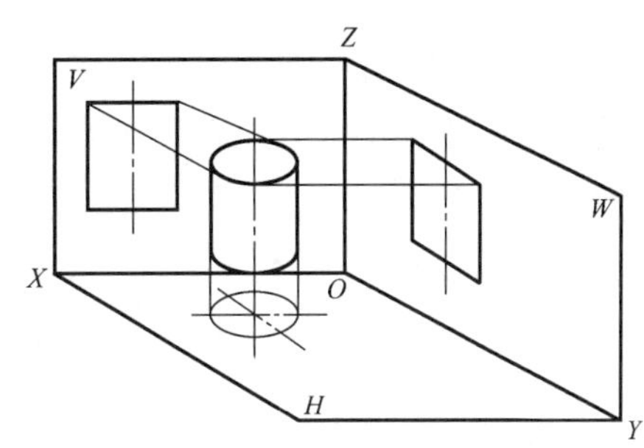

图 1.5.3　三面投影图

从图 1.5.3 可见，垂直于 H 平面的管道在 H 平面上的投影为圆，垂直于 H 平面的管道在 V 平面上的投影为矩形，垂直于 H 平面的管道在 W 平面上的投影为矩形。如果把图 1.5.3 的三个投影面中 V 平面正对观察者且垂直于水平面，把 H 平面从 OY 轴剪开向下 90°放置 V 平面位置，把 W 平面从 OZ 轴向后 90°放置 V 平面位置，则投影面上的三个正投影图可用图 1.5.4 表示，其中不再注明 H、Y、W 三个投影面。

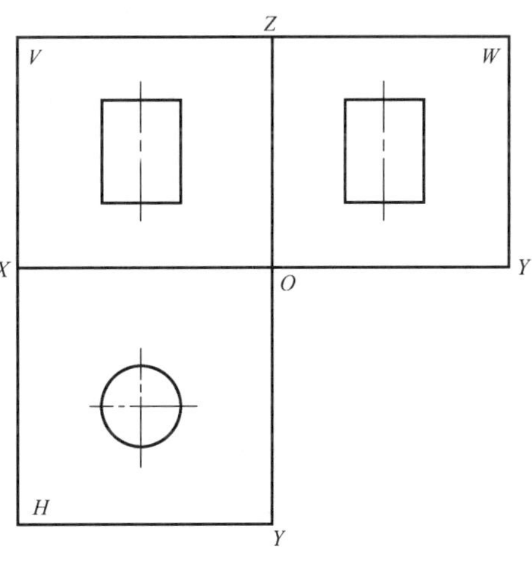

图 1.5.4　三面正投影图

如果把图 1.5.3 所示的管道标明管径 D 和高度 H，如图 1.5.5 所示，则图 1.5.4 上标明管径和高度的图变成了图 1.5.6 所示。

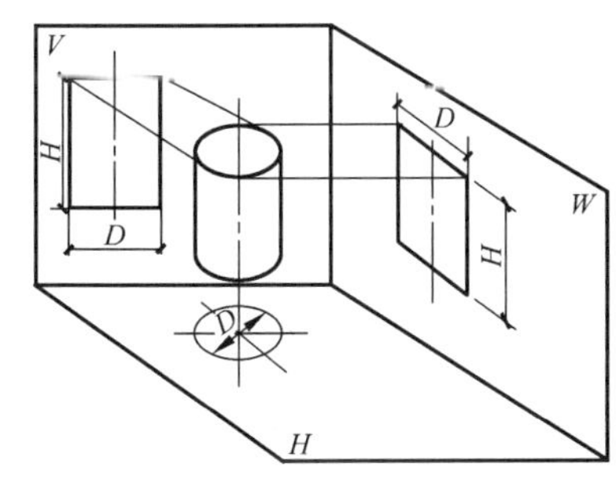

图 1.5.5　标明管径和高度后投影图

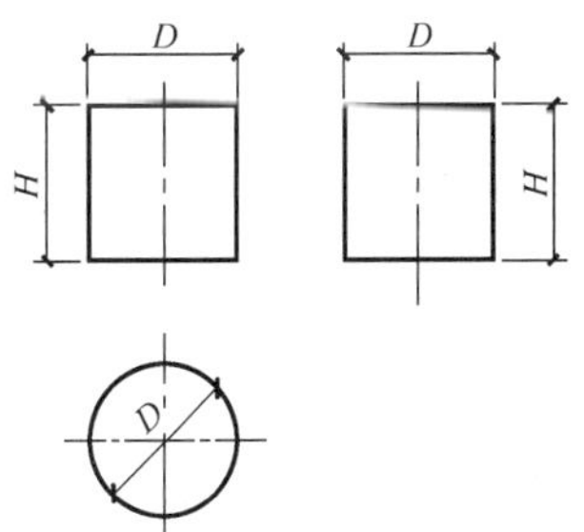

图 1.5.6　标明管径和高度后的投影图

通过图 1.5.5 和图 1.5.6 的分析，H 平面图能够看清管外径尺寸且与 V 平面上的矩形长相等，也与 W 平面上的矩形宽相等，但不能反映管段的高度；V 平面图能够反映管的高度且与 W 平面图上的矩形高相等，V 平面图上矩形图宽同圆管直径；W 平面图能够反映管的高度且与 W 平面上的矩形高相等，W 平面图上矩形宽同圆管直径。从中可以得出结论：

立面图（V 平面图）和平面图（H 平面图）的长度相等；

侧立面图(W 平面图)和平面图(H 平面图)的宽度相等；

立面图(V 平面图)和侧立面图(W 平面图)的高度相等。

垂直于水平面的直管段在平面图上反映管的直径，而在立面图上和侧立面图上能够反映管的直径和高度。

3. 管道平面图的制图方法

管道平面图的制图方法按管道本身在投影面上的表示分双线法和单线法两种。

(1) 管道平面图双线制图方法

管道在三个投影面上用两根线表示其轮廓线的制图方法，称为双线法，管子的内、外壁在视图中用虚线、粗实线表达，如果将内壁的虚线省略，就是管子的双线图，如图 1.5.7 和图 1.5.8 所示。左图为管道(弯管)的实形，右图为该管道(弯管)的三面投影图。

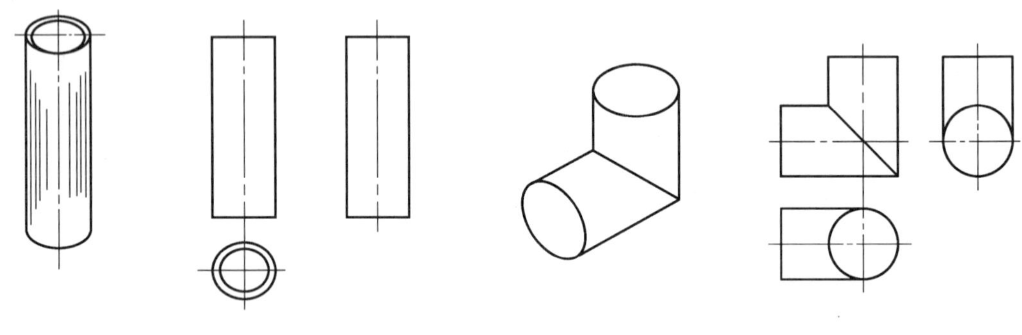

a) 实物管子　b) 实物管子的双线投影图

图 1.5.7　管道双线投影图

a) 90° 弯管实物　b) 90° 弯管双线投影图

图 1.5.8　用双线图表示 90°弯管

(2) 管道平面图单线制图方法

管道在三个投影面上用圆、圆心和一直线表示其轮廓线所构成的投影图的制图方法称为单线法，如图 1.5.9～图 1.5.12 所示。

在各图中，左图为管道(元件)的实形，右图为该管道(元件)的三面投影图，平面图用圆和圆心为一点表示，立面图和侧立面图各用一直线表示。

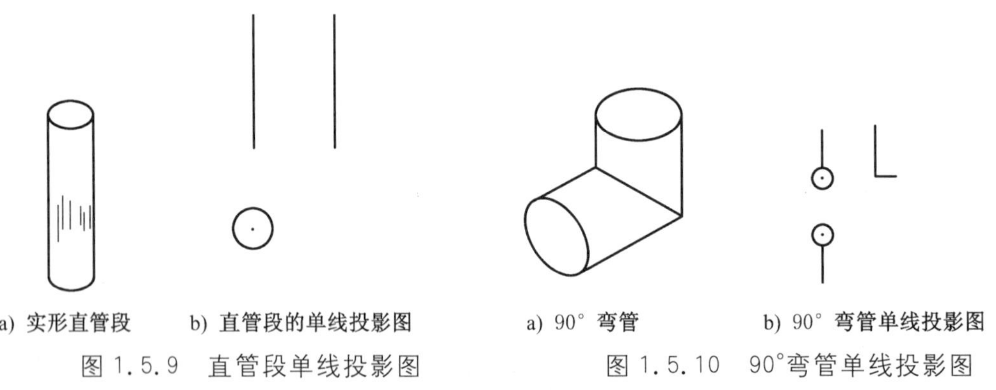

a) 实形直管段　b) 直管段的单线投影图

图 1.5.9　直管段单线投影图

a) 90° 弯管　b) 90° 弯管单线投影图

图 1.5.10　90°弯管单线投影图

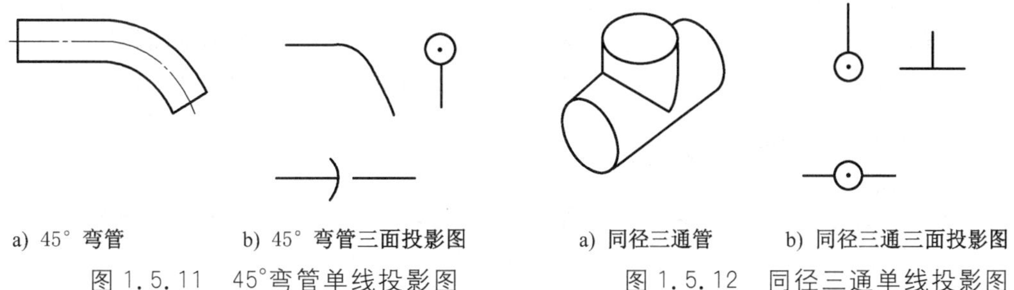

a) 45° 弯管　b) 45° 弯管三面投影图

图 1.5.11 45°弯管单线投影图

a) 同径三通管　b) 同径三通三面投影图

图 1.5.12 同径三通单线投影图

4. 管道平面图的识图方法

管道平面图一般由水平面平面图、立面平面图、侧立面平面图组成，平面图制图时分双线法和单线法，不管哪种制图方法，应把三个视图一起对应看，并遵循水平面平面图上的长与立面图上的长相等，水平面平面图上的宽与侧立面的宽相等；立面图上的高与侧立面图上的高相等的原则。

看双线法绘制的平面图时，先看水平面平面图，细看长和宽的尺寸（有的为管径），再看相对应的立面图，细看高和长的尺寸（有的为管径），后看相对应的侧立面图。细看高和宽的尺寸（有的为管径），特别注意管道的走向（如变向、变径等处）。

看单线法绘制的平面图时，先看水平面平面图，再看相对应的立面图、侧立面图，特别注意管道的走向处各图的表示，管道走向处各图的表示方法参见表 1.5.1。

表 1.5.1 管道走向处的表示方法

序号	图形（上为立面图、下为平面图）	说　明	序号	图形（上为立面图、下为平面图）	说　明
1		管线垂直于水平面，在立面上为一垂直线，平面图上为一圆且圆心为一点	3	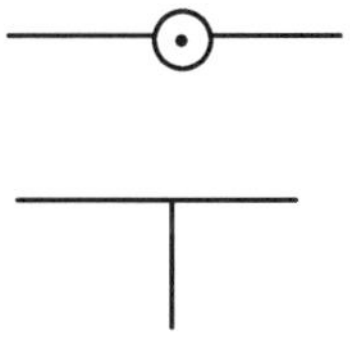	在水平面上为两条垂直相交的管线可以看到前管段的管端为圆，立面图上为一水平线不通过圆，圆心为点
2	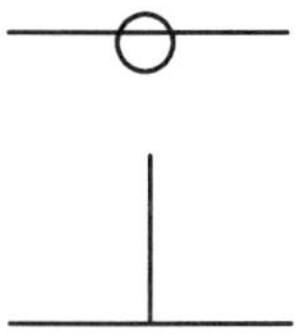	在水平面上为两条垂直相交的管线，在立面图中为一水平线且通过圆	4		在水平面上为 90°弯头，管线通过圆心，立面图上为 90°弯头，管线通过圆心

三、管道轴测图制图的原理、方法与识图

1. 管道轴测图制图的原理

管道轴测图也称“空视图”或“单线图”，是根据平行投影原理，利用三条相交的 OX、

OY、OZ 轴，将物体的长、宽、高三个方向的形状在一个投影面上同时反映出管道的空间位置和管道本身的长、宽、高尺寸。管道施工图中常用的轴测轴分为正等轴测轴和斜等轴测轴两种，在正等轴测轴上的投影图称正等轴测图，在斜等轴测轴上的投影图称斜等轴测图。

2. 正等轴测轴和正等轴测图

（1）正等轴测轴

管道正等轴测轴及走向如图 1.5.13 所示。由 OX、OY、OZ 三轴组成轴测投影面，它们的轴间角，$\angle XOY$、$\angle YOZ$、$\angle ZOX$ 均等于 120°，轴测轴 OX 和 OY 与水平线的夹角 $\angle XON$、$\angle YOM$ 称为轴倾角，轴倾角均为 30°。

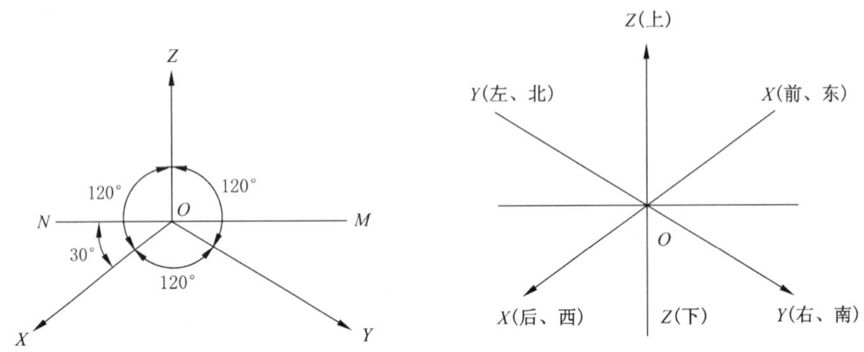

图 1.5.13　管道正等轴测轴及走向表示

（2）正等轴测图

画管道轴测图时，常把 X 轴定为前后（或东西）轴，Y 轴定为左右（或南北）轴，Z 轴定为上下轴。在这 6 个空间方向上，由于 3 个轴的简化变形系数都是 1，所以沿轴向的管线长度可以根据管道水平视图（俯视图）、立面视图和侧面视图上每段管子的实际长度，用圆规或直尺去直接量取，这样画出的轴测图称谓管道的正等测图，俗称 30°画法。

正等轴测图的画法遵循以下原则：

① 空间两管线互相平行，画在正等轴测图上也应平行。

② 管道等被投影物上的直线，画在正等轴测图上仍为直线；若平行于某一轴时，画其正等轴测图时，也应平行于它对应的轴测轴。

③ 轴测轴 OZ 应画成垂直位置，OX 轴与 OY 轴可以换位，应画成相互之间的交角均为 120°，轴测图的方向可以取相反的方向，画时轴测轴可向相反方向任意延长。

④ 凡不平行于轴测轴方向的直线可以添加平行于轴辅助线的方法，找出它与轴的关系，然后再把需要连接的端点连成线段。

⑤ 凡不平行于轴测投影面的圆，其轴测投影画成椭圆。

⑥ 正确选择轴测轴，可以按管道的前后或者东西走向取 OX 轴方向，左右或者北南走向取 OY 轴方向，高度走向取 OZ 轴方向。按所取比例沿轴按实长量取各轴向上的管线尺寸。

⑦ 管道轴测图一般用单线法表示。

（3）正等轴测图画法举例

① 单根管道正等轴测图画法。

某一管道视图如图 1.5.14a)所示，上为立面图，下为平面图。画正等轴测图时，选定轴测轴，该管线为前后走向，故其投影在 OX 轴上，取管线前端点的投影在轴上的 O 点处，在 OX 轴上量取视图上的管道长，即为该管道的正等轴测图，如图 1.5.14b)所示。

某一管道视图如图 1.5.15a)所示，平面图为左右走向，立面图为左右走向，侧立面图为一圆且圆心为点，显然它的走向在 OY 轴上且其长度在 OY 轴上示出，如图 1.5.15b)所示。

某一管道视图如图 1.5.16a)所示，管道呈垂直走向，平面图为一圆且圆心为一点，立面图为上下垂直向，则该管道正等轴测图上呈 OZ 轴走向且在 OZ 轴上表示它的长度，如图1.5.16b)所示。

通过单根管道正等轴测图的画法举例，可以归纳如下：

正等轴测轴由 OX、OY、OZ 三轴组成，互相相交 120°，OZ 轴垂直向上。前后或者东西管道走向在 OX 轴上，左右或者北南管道走向在 OY 轴上，垂直或者高度管道走向在 OZ 轴上。某单根管道前后左右上下走向的视图如图 1.5.17a)所示，其正等轴测图按上述画法如图 1.5.17b)所示。

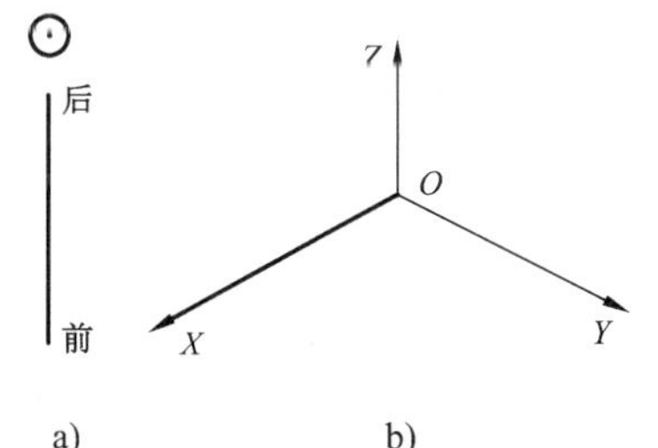

图 1.5.14　单根管道前后正等轴测图画法

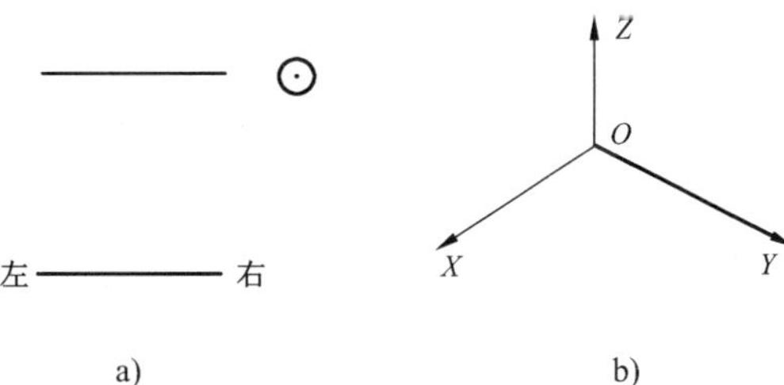

图 1.5.15　单根管道左右正等轴测图画法

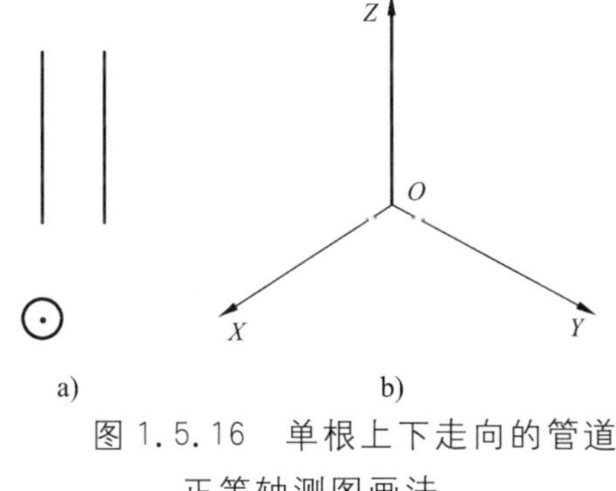

图 1.5.16　单根上下走向的管道正等轴测图画法

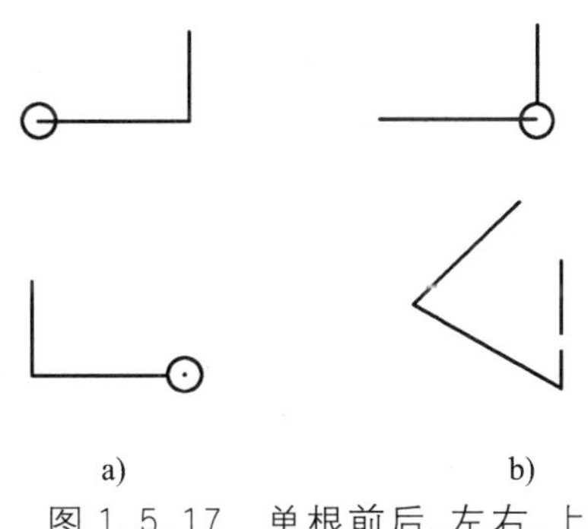

图 1.5.17　单根前后、左右、上下走向的管道正等轴测图画法

② 用单线正等轴测图表示 90°弯管。90°弯管的视图如图 1.5.18a)所示，呈上下左右走向，正等轴测图如图 1.5.18b)所示。

③ 用单线正等轴测图表示三通管。三通管视图如图 1.5.19a)所示，呈上下左右走向，则其正等轴测图如图 1.5.19b)所示。

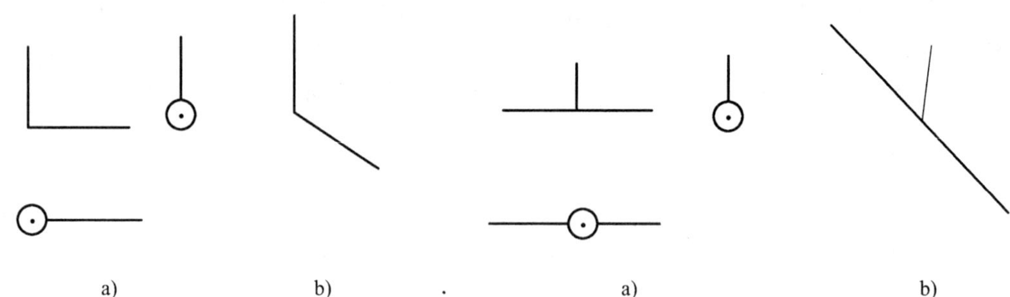

图 1.5.18　90°弯管正等轴测图　　　　图 1.5.19　三通管正等轴测图

④ 用单线正等轴测图表示四通管。四通管视图如图 1.5.20a)所示，呈上下、左右走向，则其正等轴测图如图 1.5.20b)所示。

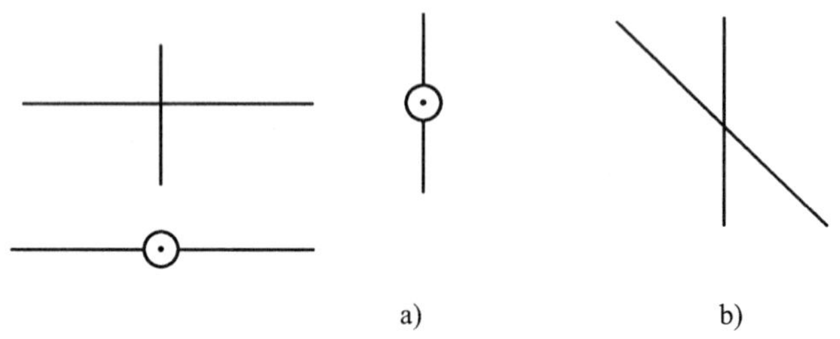

图 1.5.20　四通管正等轴测图

⑤ 多根管道正等轴测图画法。多根管道正等轴测图的画法完全同于单根管道正等轴测图的画法。如图 1.5.21～图 1.5.24 所示，各图左边为三视图，右边为正等轴测图。

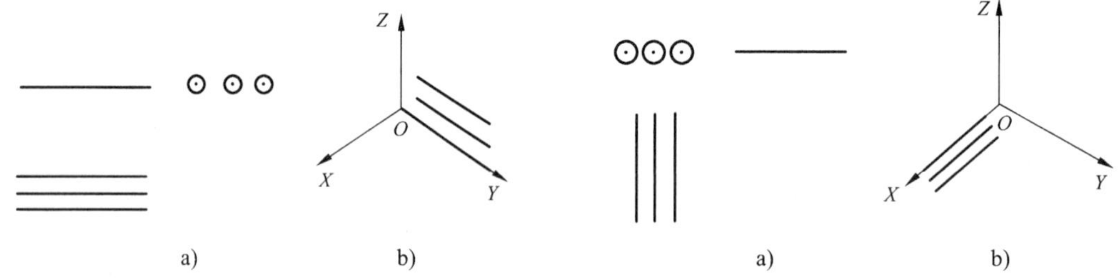

图 1.5.21　三根左右走向的正等轴测图画法　　图 1.5.22　三根前后走向的正等轴测图画法

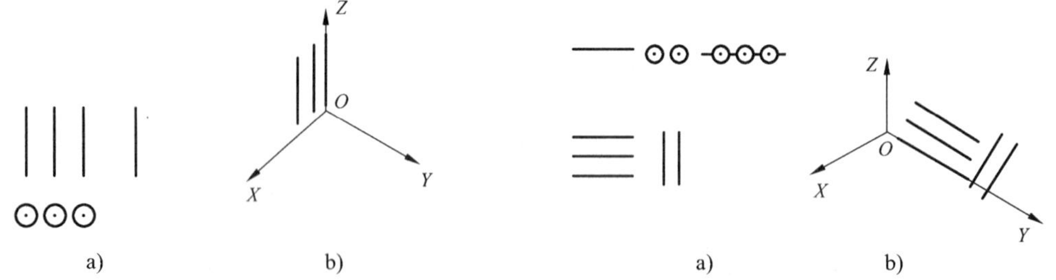

图 1.5.23　三根上下走向的正等轴测图画法　　图 1.5.24　五根不同走向的正等轴测图画法

⑥ 交叉管道的正等轴测图画法。若两管道交叉，其视图如图 1.5.25a)所示，其中一根是左右走向的水平管道，另一根是前后走向的水平管道，由于两根管道的标高不同，所以在

平面图上这两根管道所呈现的投影是交叉投影，其交叉角为 90°，故取其前后走向的管道与 OX 轴一致，取左右走向的管道与 OY 轴一致，取其投影交点作为两轴测轴的交点 O，标高高的或前面的管道画完整，而标高低的或后面的管道在交叉处用断开线表示，其正等轴测图如图 1.5.25b)所示。

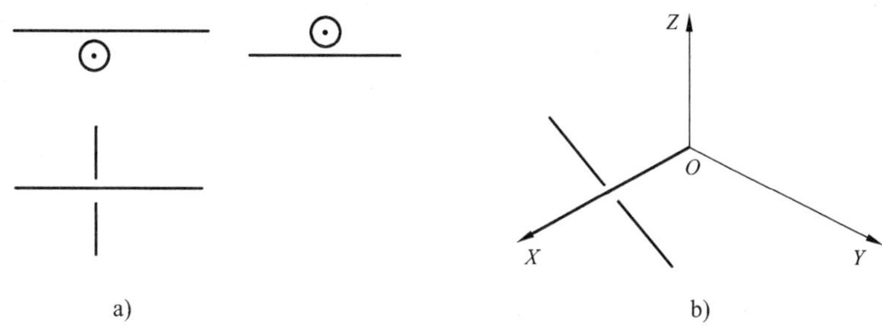

图 1.5.25 两根交叉管道的正等轴测图画法

⑦ 多根管道前后、左右、上下走向的正等轴测图画法

多根管道各管道均有前后、左右、上下走向，其视图如图 1.5.26a)所示，根据管道正等轴测图画法，画出其多根管道的正等轴测图，如图 1.5.26b)所示。

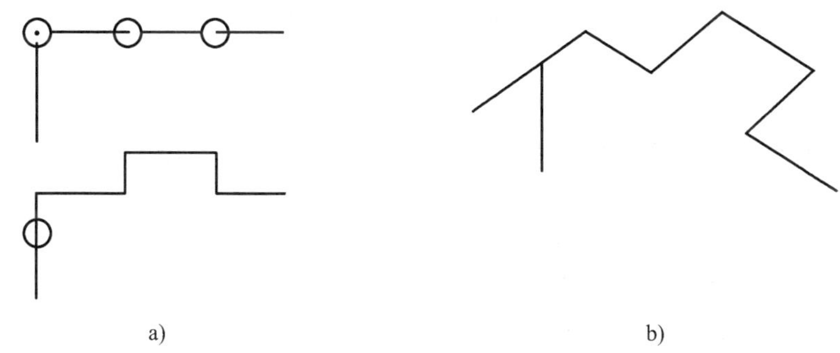

图 1.5.26 多根管道前后、左右、上下走向的正等轴测图画法

⑧ 某锅炉蒸汽分气缸进出管道视图如图 1.5.27a)，正等轴测图如图 1.5.27b)。

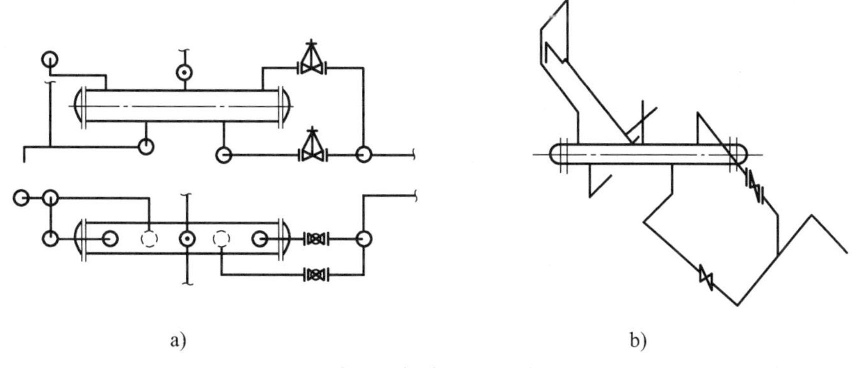

图 1.5.27 分气管道前后、左右、上下走向的正等轴测图画法

3. 斜等轴测轴和斜等轴测图

(1).斜等轴测轴。斜等轴测轴如图 1.5.28 所示。由 OX、OY、OZ 三轴组成轴测投影面,OZ 为垂直方向的轴,轴间角∠XOZ=90°,∠YOZ=∠XOY=135°。画管道的斜等测图时,常把 X 轴定为左右(东西)轴,Y 轴定为前后(南北)轴,Z 轴定为上下(垂直)轴,沿轴向或平行于轴向的管线长度可以根据管道的平、立(剖)面图上的实际长度(并非指实物的实际尺寸),用圆规或直尺直接量取,这样画出的轴测图,称为管道的斜等测图。俗称 45°画法。

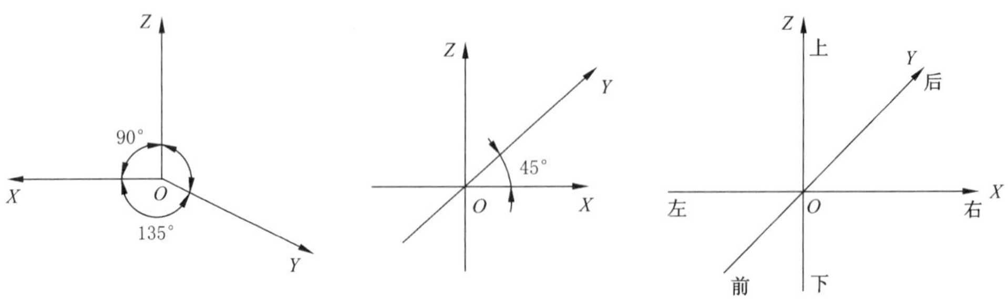

图 1.5.28 斜等轴测轴及走向表示

(2) 斜等轴测图的画法是:

① 空间两管线互相平行,画在斜等轴测图上也应平行。

② 管道等被投影物上的直线,画在斜等轴测图上仍然为直线;若平行于某一轴时,画其斜等轴测图时,也应平行于它对应的轴测轴。

③ 轴测轴 OZ 应画成垂直位置,OX 轴与 OY 轴可以换位。图 1.5.28 中的 OY 轴与 OX 轴成 135°且 OY 轴放在 OZ 轴的另一侧位置。

④ 轴测轴的方向可以取相反方向,画图时可以向相反方向任意延长。

⑤ 凡不平行于轴测轴方向的直线,可以添加平行于坐标轴辅助线的方法,找出它与轴测轴的有关点,然后把需要连接的端点连成线段。

⑥ 画平行于轴测轴 XOZ 圆的斜等轴测图时,只要找出圆心的轴测上的点后,按实形画圆即可。而当画平行于坐标面 XOY、YOZ 的圆的斜等轴测图时,其轴测投影图应为椭圆。

⑦ 正确选择轴测轴,可以按管道前后走向取 OY 轴方向,左右走向取 OX 轴方向,高度走向取 OZ 轴方向。按所取比例沿轴按实长量取各轴上的管线尺寸。特别牢记"左右 OX 轴向,前后 OY 轴向,高度 OZ 轴向。"

(3) 斜等轴测图画法举例如图 1.5.29~图 1.5.32 所示。

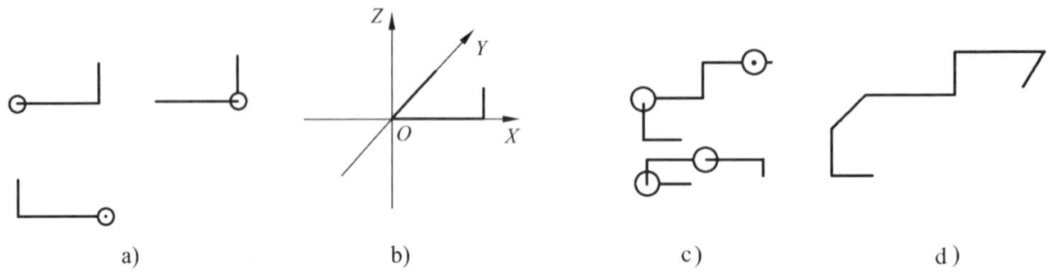

图 1.5.29 单根管道前后、左右、上下走向的斜等轴测图画法

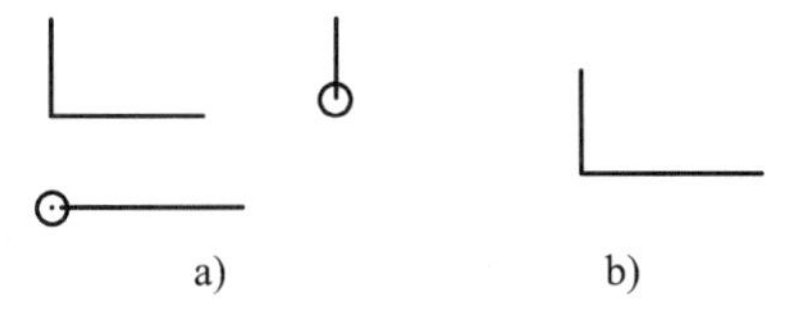

图 1.5.30　90°弯管斜等轴测图画法

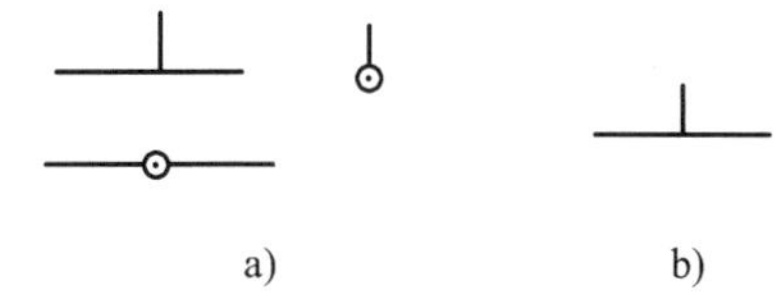

图 1.5.31　三通管斜等轴测图画法

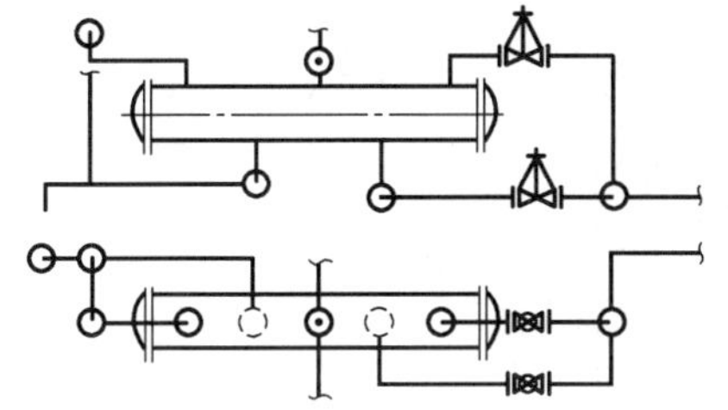

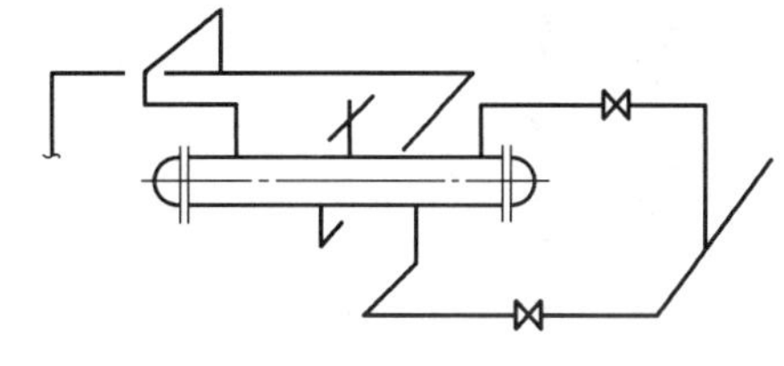

图 1.5.32　蒸汽分气缸管道斜等轴测图画法

4. 管道轴测图的识图方法

管道轴测图常用单线图表示，分正等轴测图和斜等轴测图两种。正等轴测图和斜等轴测图因轴测轴的位置不同，则管线的走向亦不同；另外正等轴测图和斜等轴测图都来源于平面视图，故称为“先有平面图，后有轴测图”。在识读管道轴测图时，应先读各平面视图。在水平面平面视图上，应看懂管线的走向与 *OX* 轴、*OY* 轴方向的对应关系，区分“前后”、“左右”；在立面图上，应看懂管线的走向与 *OY* 轴、*OX* 轴、*OZ* 轴方向的对应关系，区分“上下”、“左右”、“前后”；在侧立面图上同样应看懂管线的走向与 *OX* 轴、*OY* 轴、*OZ* 轴方向的对应关系，区分“上下”、“左右”、“前后”。在弄懂以上三面视图管线一一对应的关系后，再识读管道轴测图。识读时，重点看管线的“左右”、“前后”、“上下”与三面视图上的对应的“左右”、“前后”、“上下”的关系，特别注意管线的变向，把变向的图示弄清楚，再看沿各轴测轴方向各管线的长度尺寸。

四、管道布置图

管道布置图又称管道安装图或配管图，通常以带控制点工艺流程图、设备布置图、有关的设备图，以及土建图、自控仪表、电气专业等有关图样和资料作为依据，由工艺设计人员在设备布置图上添加管道和其他附件、自控仪表、电器等图形和图标而构成。管道布置图是指导设备和管道安装的技术资料，所以它的内容必须详尽，才能满足管道安装的要求。

1. 管道布置平面图

如图 1.5.33 所示，一般包括如下内容：

(1) 厂房(场地)平面图；

(2) 设备的平面布置、编号和名称；

(3) 管道的平面布置、编号、规格和介质流向箭头，有时还注出横管的标高；

(4) 管件、阀门的平面布置；

(5) 管架的平面布置；

(6) 厂房定位轴线尺寸、设备定位尺寸和管道的定位尺寸等。

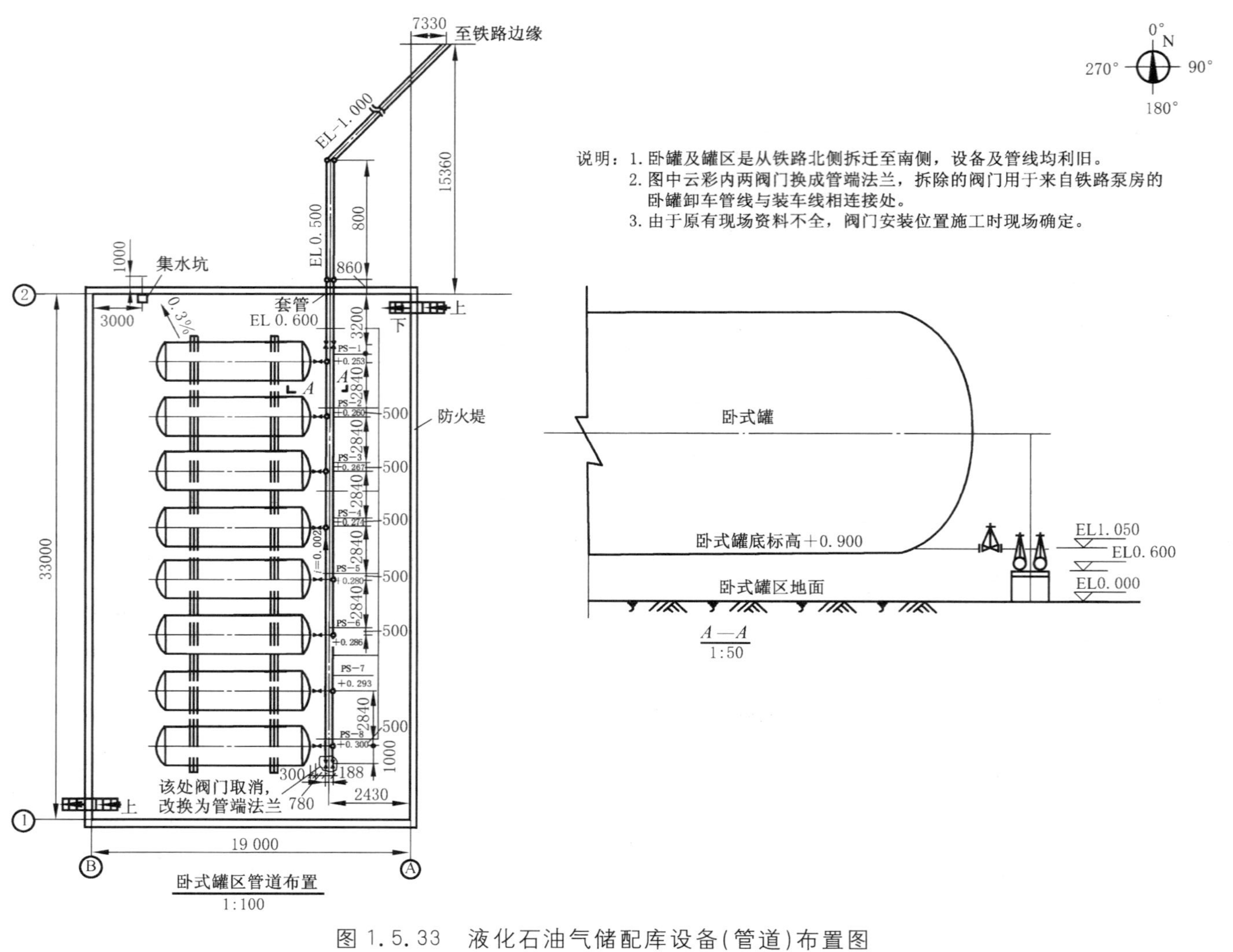

图 1.5.33　液化石油气储配库设备(管道)布置图

2. 管道布置空视图

管道布置图一般采用空视图，实际上就是由管道布置平面图和平面图上各条管段的轴侧图组成，空视图运用的一个基本方法就是用轴侧图的原理加上坐标来确定管线的走向、位置和尺寸。

管道布置空视图实例。完全在主方向上走的管段如图 1.5.34 所示。

图中管线 1 为由北向南，长度为：23 775 N－23 673 N＝102

管线 2 为由上向下，长度为：ϕEL103842－ϕEL101219＝2623

管线 3 为由西向东，长度为：14499E－13670E＝829

管线 4 为由下向上，长度为：ϕEL103232－ϕEL101219＝2013

管线 5 为由北向南，长度为：23 673 N－22 555 N＝1118

在管道布置空视图 1.5.35 中，管道的定位尺寸和形状尺寸除用坐标表示外，也有直接在管线上标注尺寸的。

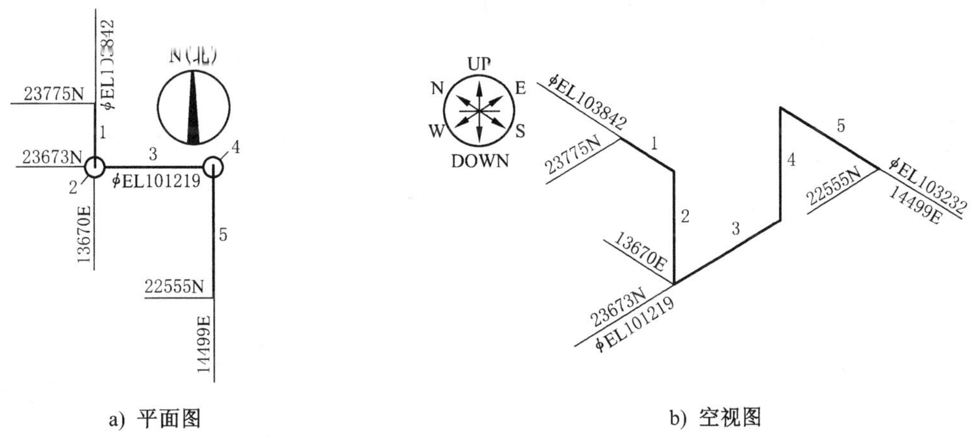

图 1.5.34

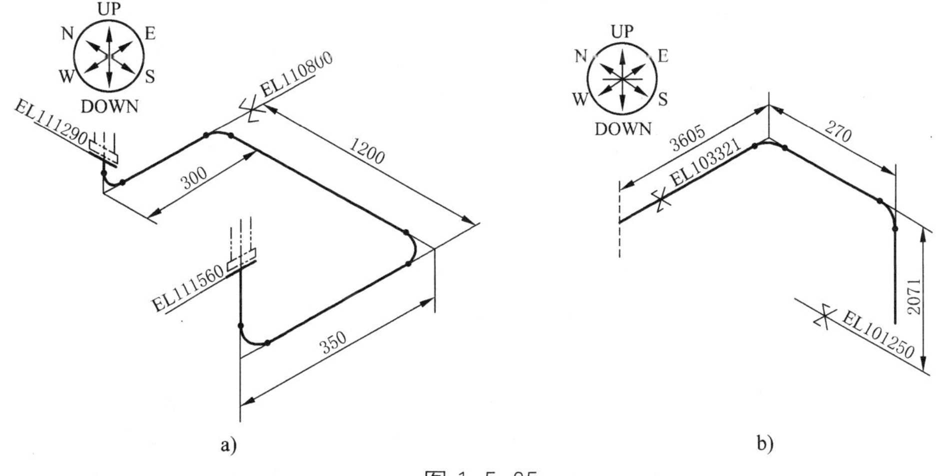

图 1.5.35

五、管道施工图

1. 管道施工图方位标记

管道施工图是用于指导施工用的图样，表示施工对象(管道工程)的全部尺寸、用料、结构、构造、施工要求以及管道位置等。方位标记是一种用来表示安装方位(位置)基准的图标，是所有管道施工图中应标注的重要内容。

管道平面图一般是以北向或接近北向的建筑轴线为零度方位基准(即所谓建筑北向)，其 90°、180°、270°分别表示东、南、西方向，如图 1.5.36 所示。

管道立面图、布置图、流程图和管道轴侧图等，一般以三个轴侧轴 OX、OY、OZ 分别表示管道前后(东西)、左右(南北)和上下走向，如图 1.5.37 所示。

该方位基准(方位标)一经确定，设计项目中所有必须表示方位的图样，如管口方位图、管段图、系统图等，均应以此方位为基准。无论是识图、测绘还是安装，都应十分注意方位标。方位标一般绘制在图纸的右上方或左上方。有些图样除方位标记外，还用风向玫瑰图表示工程所在地的常年风向频率和风速。

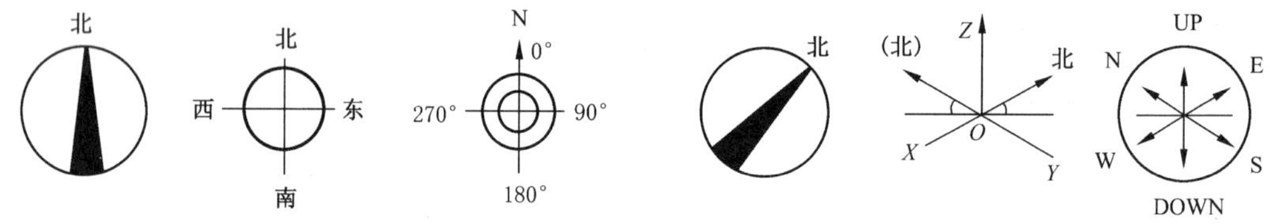

图 1.5.36　平面图用方位标记　　　图 1.5.37　空视图用方位标记

2. 管道施工图识读一般原则

管道施工图是管道施工阶段的主要图样，它的显著特点是示意性和附属性。管道施工图样包括管道施工的平面图(含布置图等)、轴测图、剖面图和详图。这些图样与安装位置图样紧密联系，构成了建筑内外管道施工图以及某些局部位置的管道施工图。不管何种管道施工图，其制图原理均遵循正投影制图方法，如管道施工平面图按平面正投影原理绘制，管道施工轴测图按轴测轴正投影原理绘制，管道施工剖面图按剖面正投影原理绘制等。利用平面正投影和轴测轴正投影绘制管道施工图可以反映各管道的方向、长宽高尺寸，这些图样与安装位置图样结合，还可反映各管道安装位置、安装尺寸及地形标高和方向。只有深刻理解上述的管道图制图的原理，掌握管道工程施工图制图的原理，才能看懂管道工程施工图样。

如上所述，管道工程施工图样是按正投影的方法和原理制成的，但为了清楚地反映管道安装的走向、长宽高尺寸、标高、坡度坡向、管道连接与安装方法等，管道工程施工图样的表示要求更加详细、具体且满足施工质量的要求，做到明晰、清楚、详细和实用。

各种管道施工图的识图方法，一般应遵循从整体到局部、从大到小、从粗到细的原则，将图样与文字对照看，各种图样对照看，以便逐步深入和逐步细化。识图过程是一个从平面到空间的过程，必须利用投影还原的方法，再现图纸上各种线条、符号所代表的管路、附件、器具、设备的空间位置及管路的走向。

识图顺序是首先看图纸目录，了解建设工程性质、设计单位、管道种类，搞清楚这套图纸一共有多少张，有哪几类图纸，以及图纸编号；其次是看施工说明书、材料表、设备表等一系列文字说明，然后按照流程图(原理图)、平面图、立(剖)面图、系统轴测图及详图的顺序，逐一详细阅读。由于图纸的复杂性和表示方法的不同，各种图纸之间相互补充，相互说明，所以看图过程不能死板地一张一张地看，而应该将内容相同的图样对照起来看。

对于每一张图纸，识图时首先看标题栏，了解图纸名称、比例、图号、图别以及设计人员，其次看图纸上所画的图样、文字说明和各种数据，弄清管线编号、管路走向、介质流向、坡度坡向、管径大小、连接方法、尺寸标高、施工要求；对于管路中的管子、管件、附件、支架、器具(设备)等应弄清楚材质、名称、种类、规格、型号、数量、参数等；同时还要弄清楚管路与建筑物、设备之间的相互依存关系和定位尺寸。

在有的管道工程施工图纸上，还有流程图，通过流程图的识读，可以帮助看懂平面图、轴测图和详图。在识图时，一定要牢记按流体流向，即流体从哪里来到哪里去看管道的走向，领悟管道规格、管件阀门规格与数量、设备型号与规格，安装的标高、坡度坡向等尺寸。各种图样按不同管线、不同用途的设备进行一一对应看，直到全部看懂。也可以先粗看掌握管道工程施工图样的概貌，后细看掌握管道工程施工图样中各种管道施工安装的详细部位和细节，只有通过“先粗后细”、“一一对应”、“按流向”识读管道工程施工图，才能掌握其识读方法。

六、常用管道元件图例符号

图例是一种用示意性的简单图形表示具体的管道元件等的象形符号，是绘制、识读管道图的基础。管道施工图中常用的管道元件图例符号见表 1.5.2。

表 1.5.2

名　称		连接形式	
		平焊、螺纹连接或承插焊法兰	对焊法兰
管子	单　线		
	双　线		
	空　视		
异径法兰	单　线	80×50	80×50
	双　线	500×350	500×350
	空　视	80×50	80×50

续表 1.5.2

名称		连接形式	
		平焊、螺纹连接或承插焊法兰	对焊法兰
法兰盖	单线		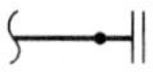
	双线		
	空视		
波形膨胀节	单线	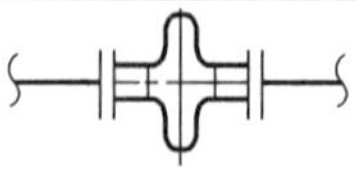	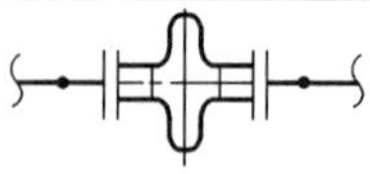
	双线		
	空视		
孔板法兰凸面	单线	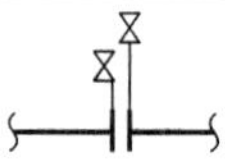	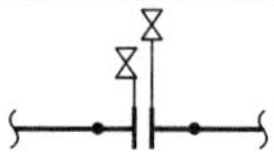
	双线		
	空视		

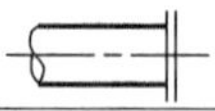

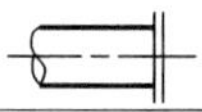

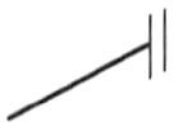

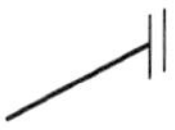

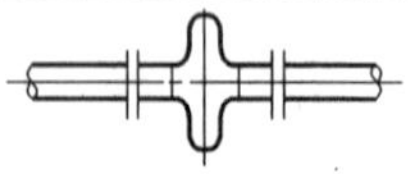

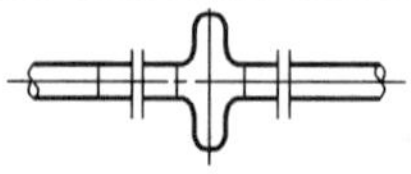

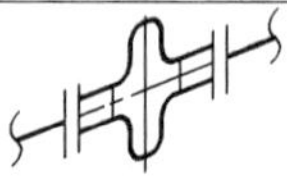

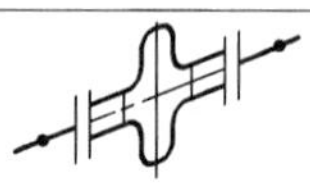

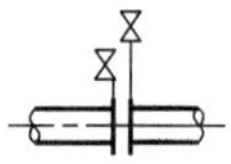

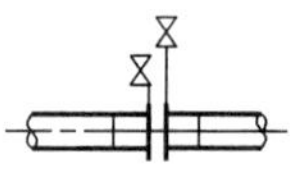

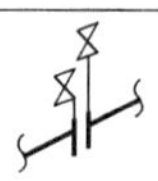

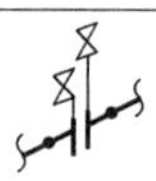

名称			连接形式				
			螺纹与承插	对焊		法兰	
				单线	双线	单线	双线
90°弯头	俯视	向下	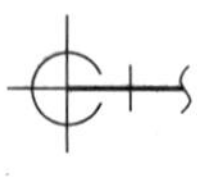	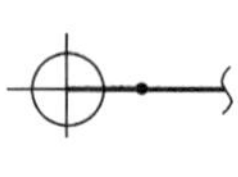	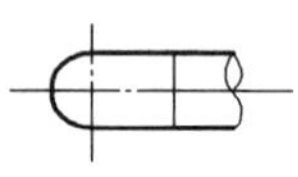	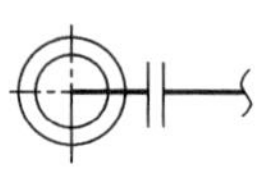	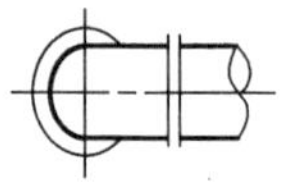
		向上					
	主视						
	空视						

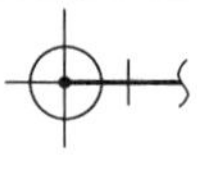

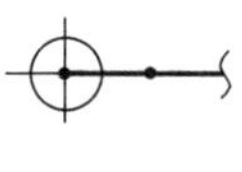

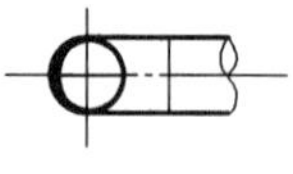

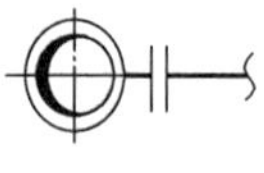

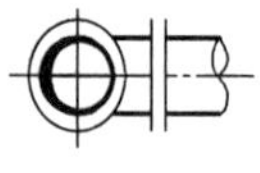

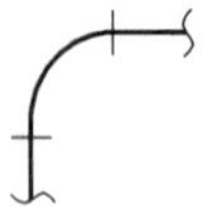

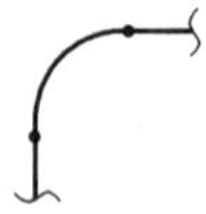

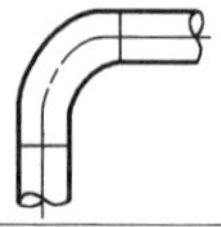

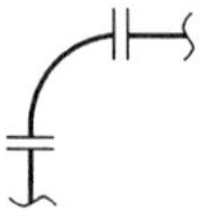

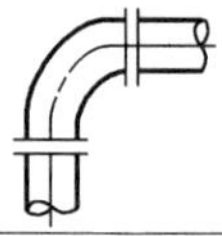

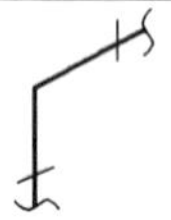

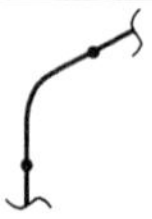

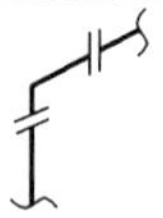

续表 1.5.2

名称		连接形式				
		螺纹与承插	对焊		法兰	
			单线	双线	单线	双线
45°弯头	俯视	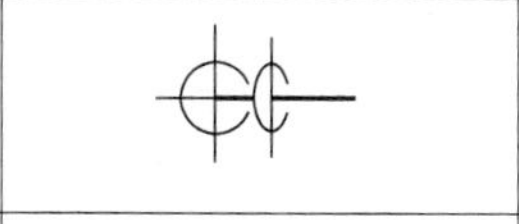	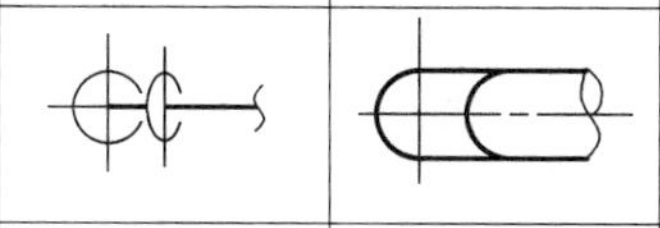		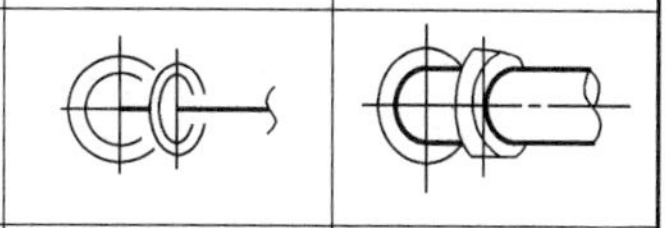	
	主视	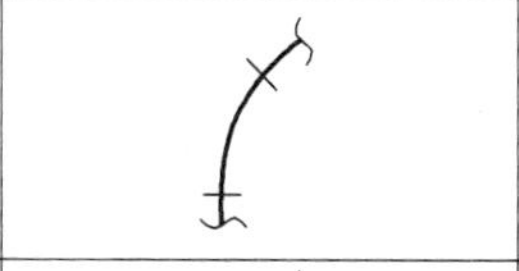	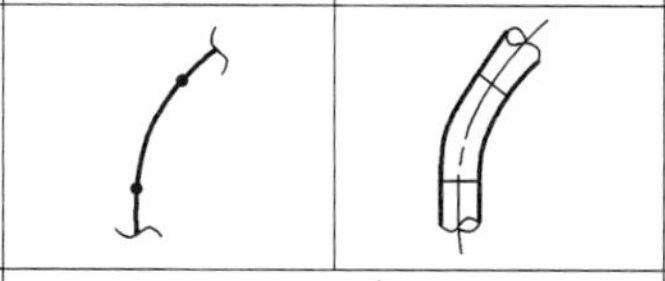		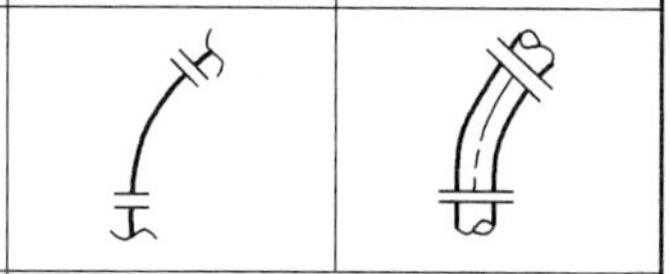	
	空视	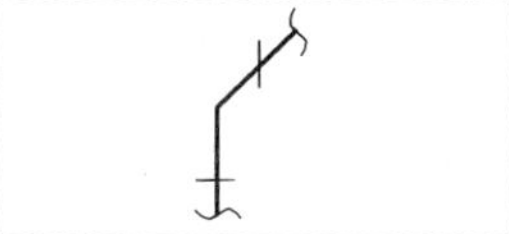	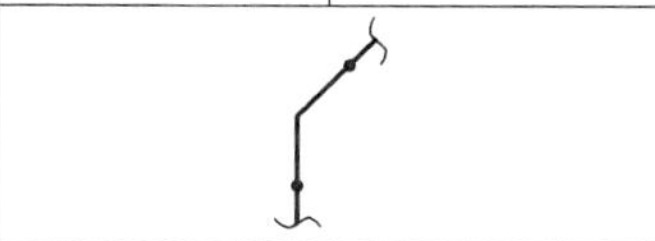		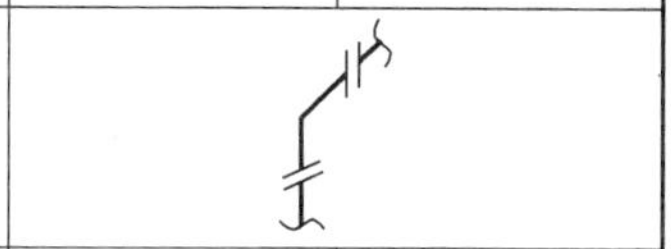	
三通	俯视	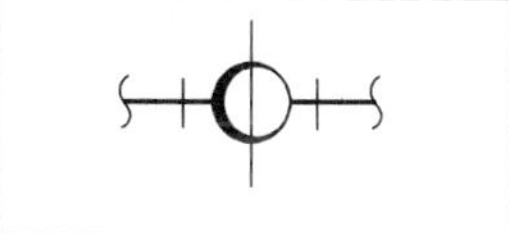	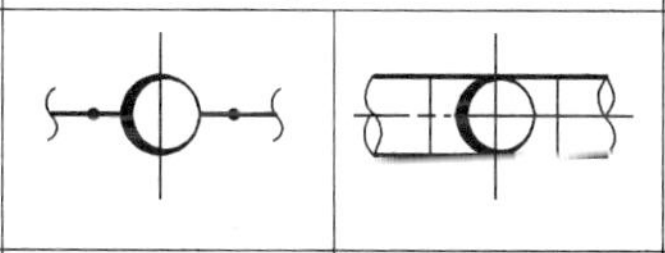		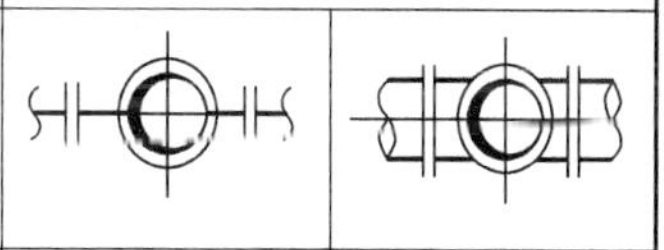	
	主视	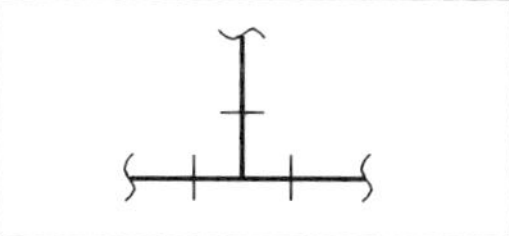	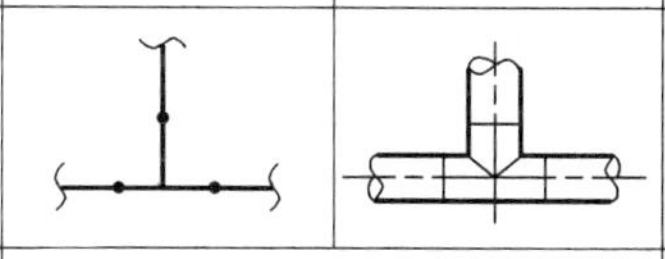		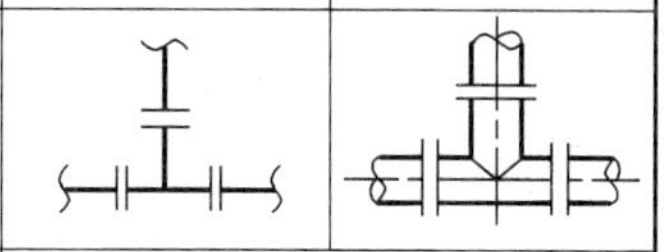	
	空视	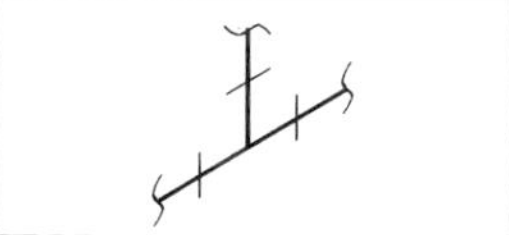	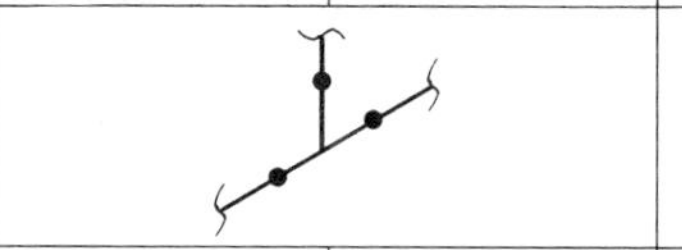		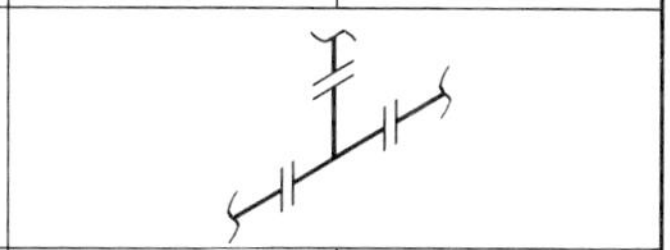	
斜接三通	俯视	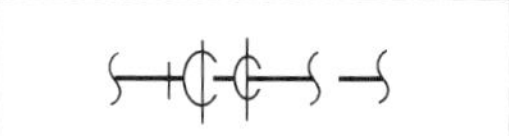	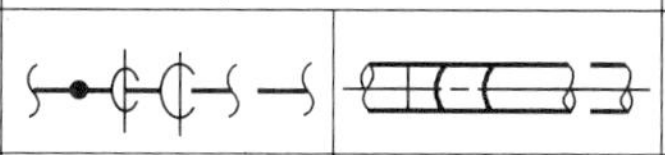		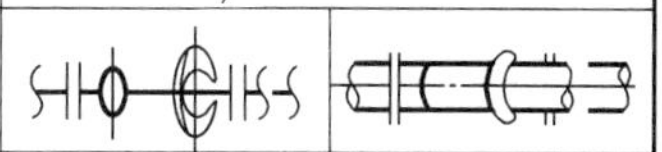	
	主视	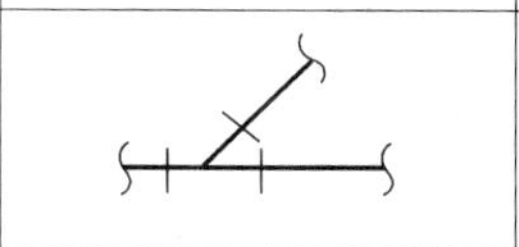	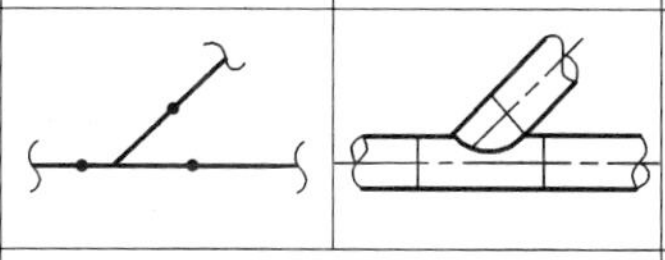		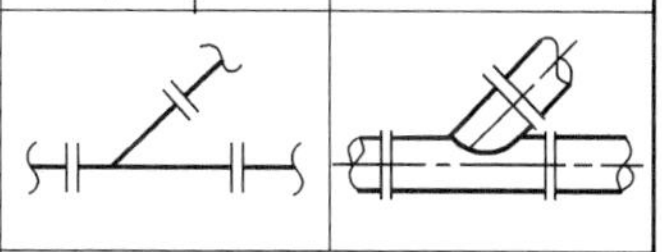	
	空视	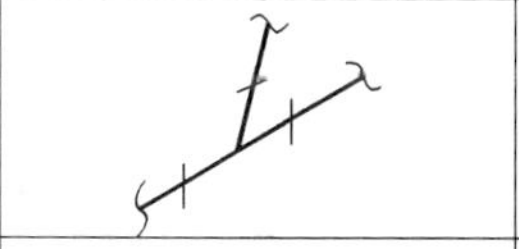	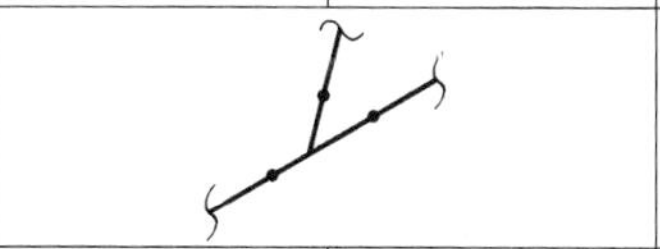		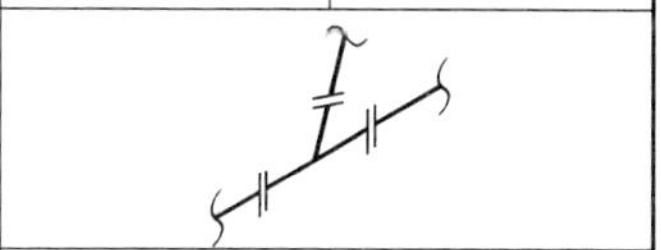	
四通	俯视	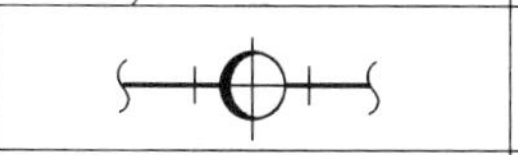	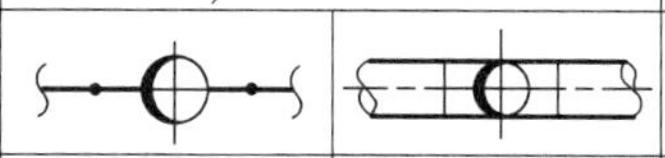		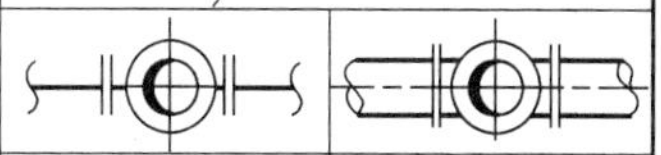	
	主视	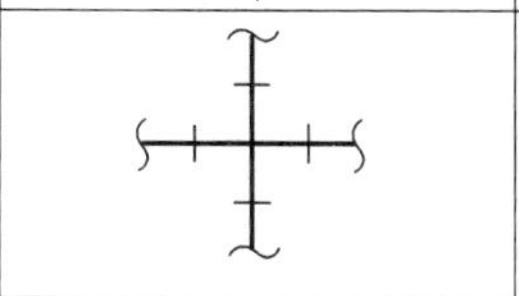	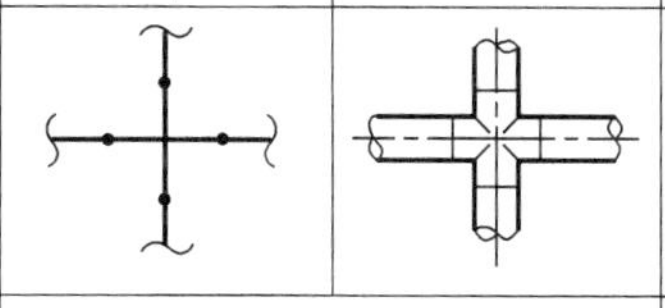		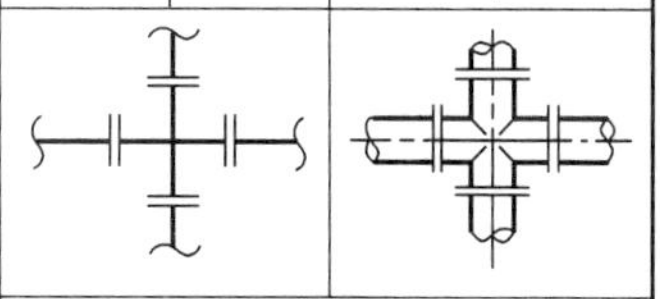	
	空视	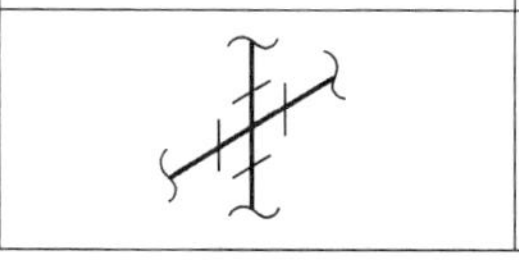	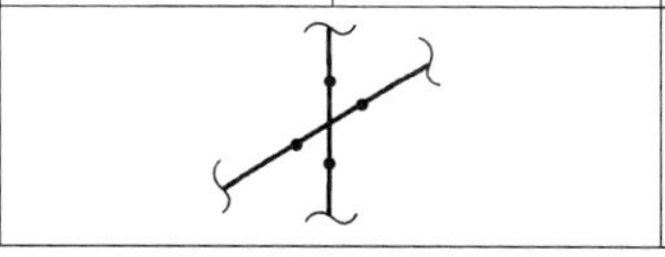		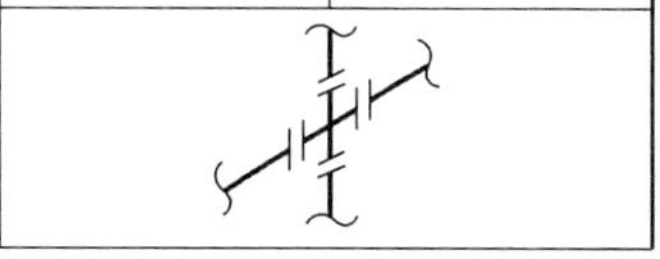	

续表 1.5.2

名称		螺纹与承插	对焊 单线	对焊 双线	法兰 单线	法兰 双线
U形弯头	俯视	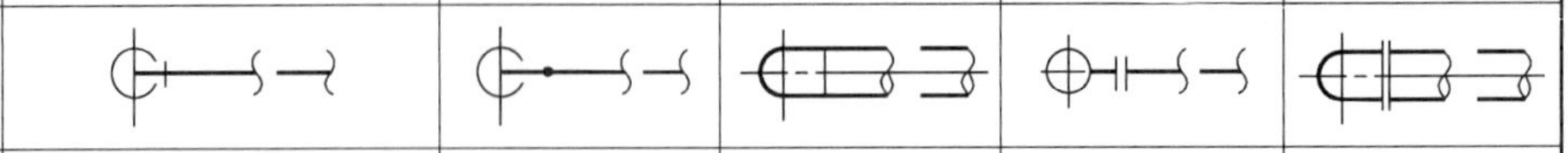				
	主视	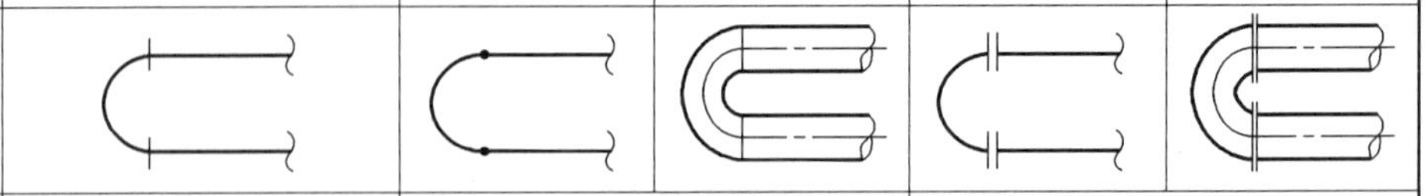				
	空视	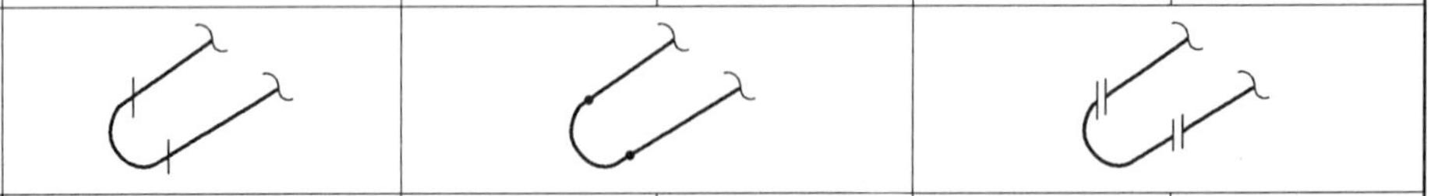				
同心异径管	俯视主视	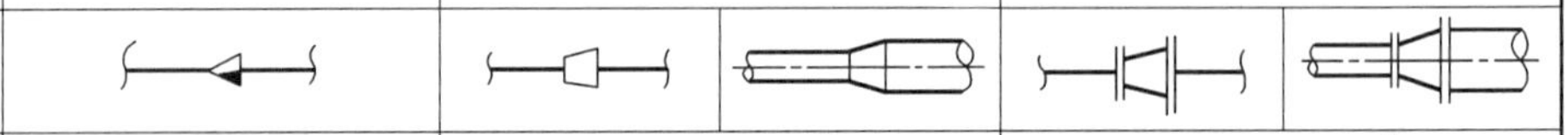				
	空视	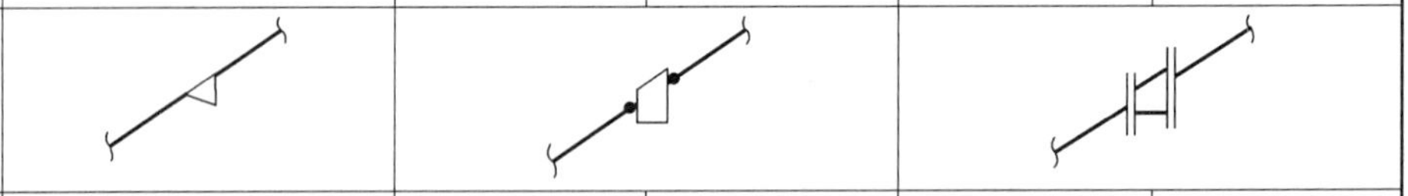				
偏心异径管	俯视	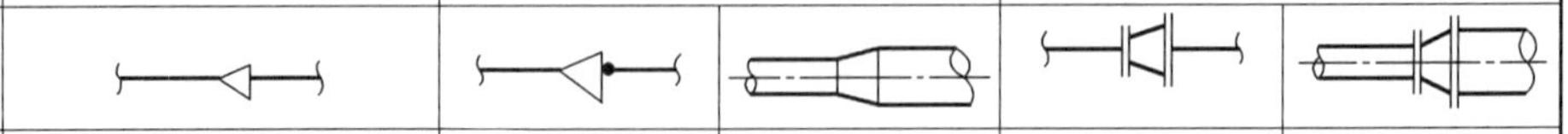				
	主视	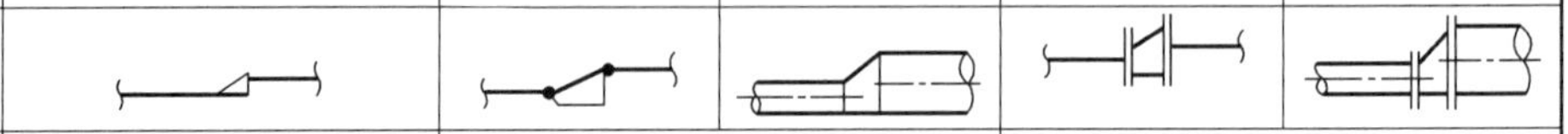				
	空视	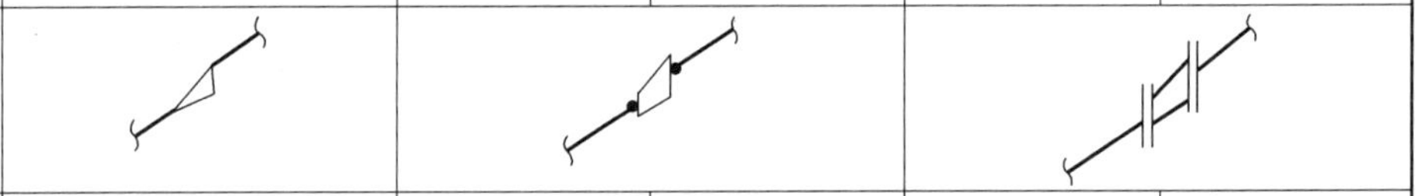				
焊制弯头	俯视		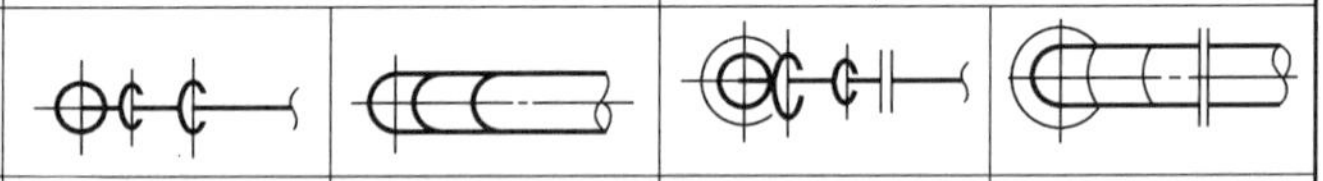			
	主视		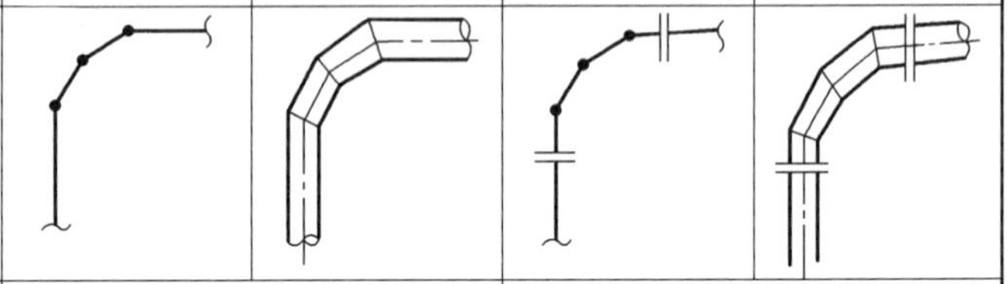			
	空视		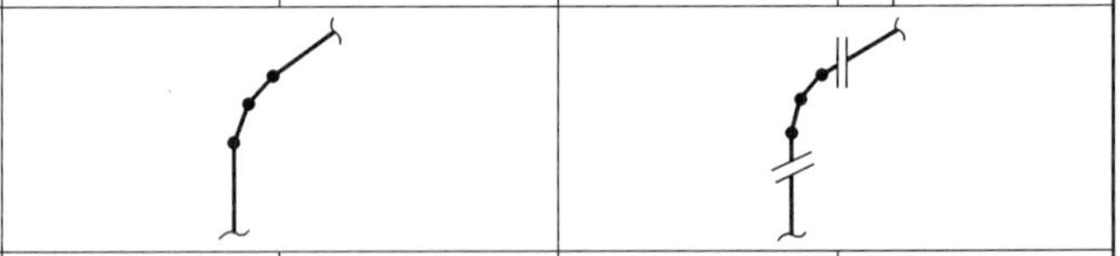			
碟形封头	俯视主视		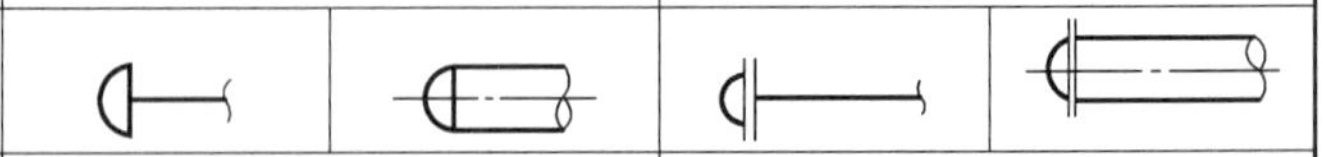			
	空视		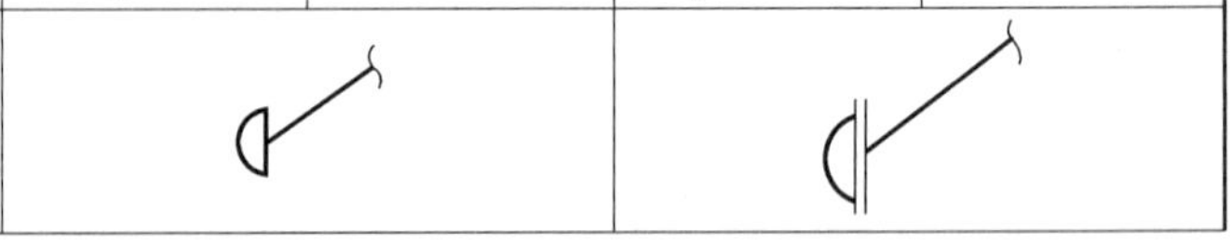			

续表 1.5.2

名　称	主　视	俯　视	侧　视	空视图	备　注
截止阀	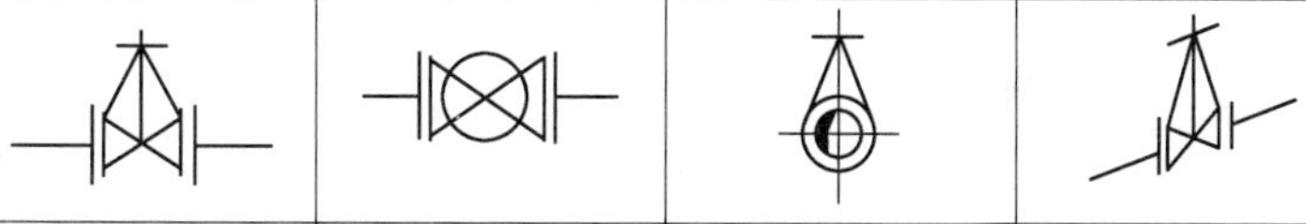				
闸　阀	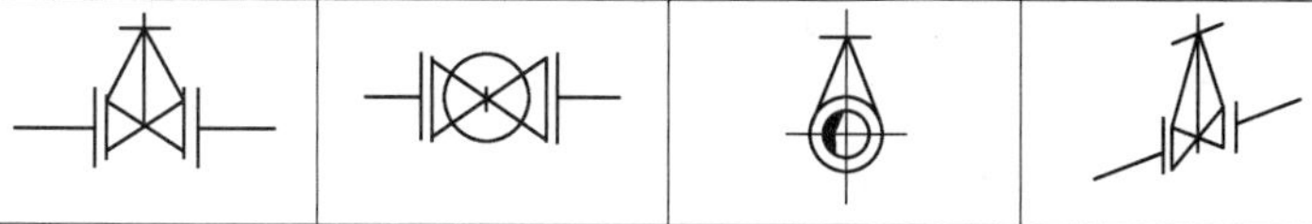				
旋塞阀					
三　通 旋塞阀					
四　通 旋塞阀	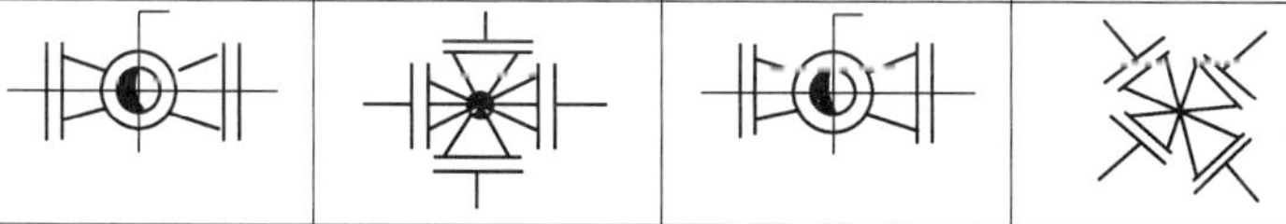				
直　流 截止阀	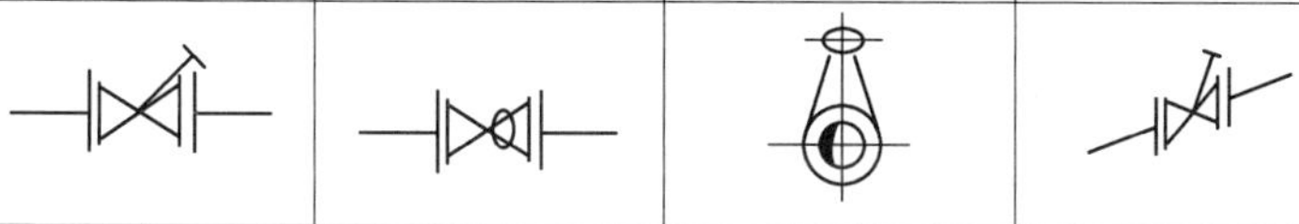				
节流阀	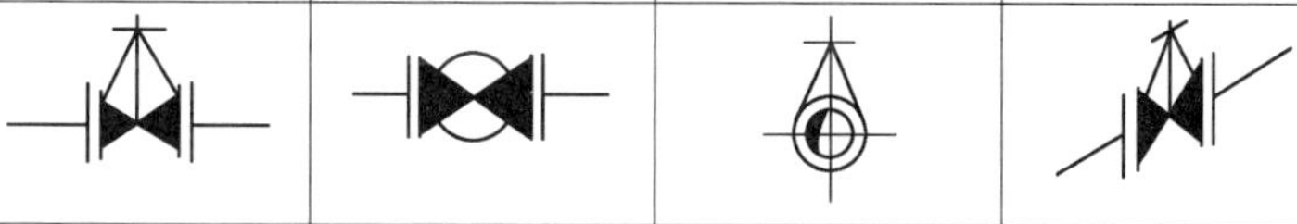				
球　阀	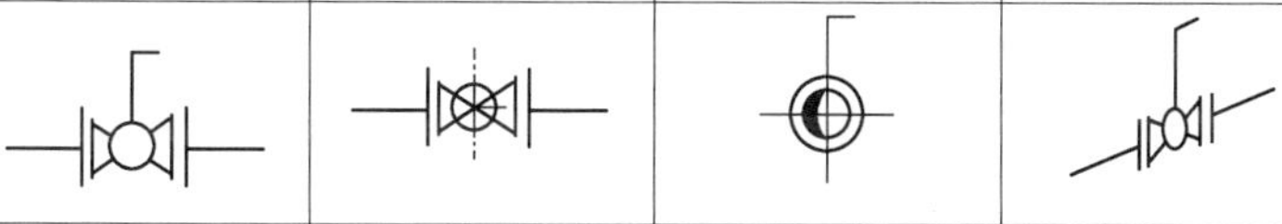				
角　式 截止阀	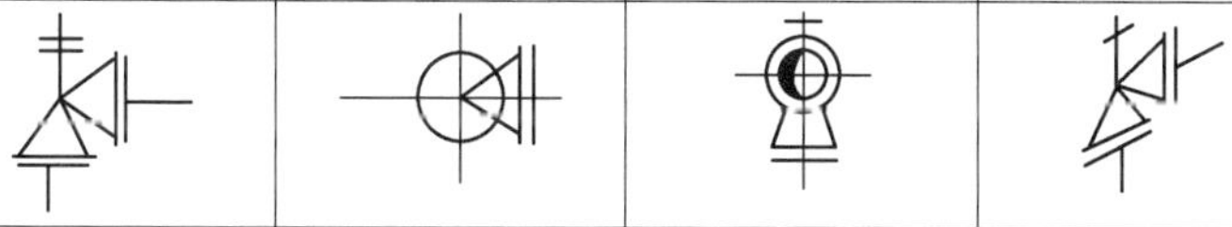				
蝶　阀	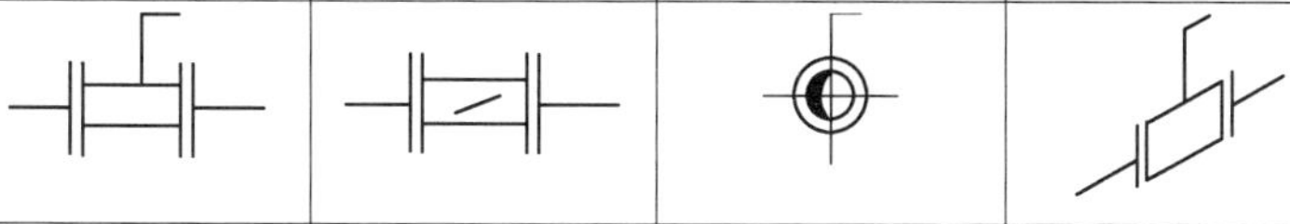				
膈膜阀	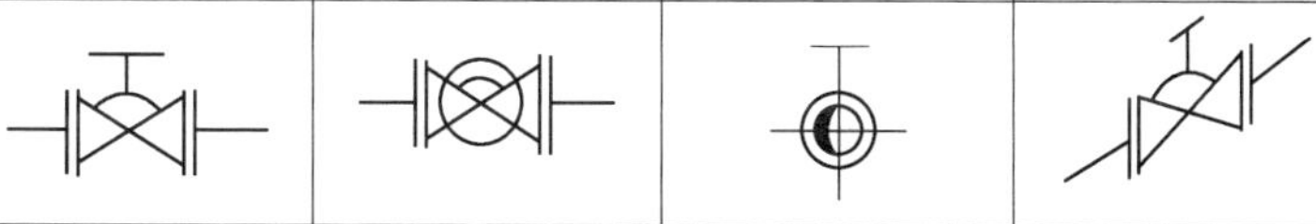				
减压阀	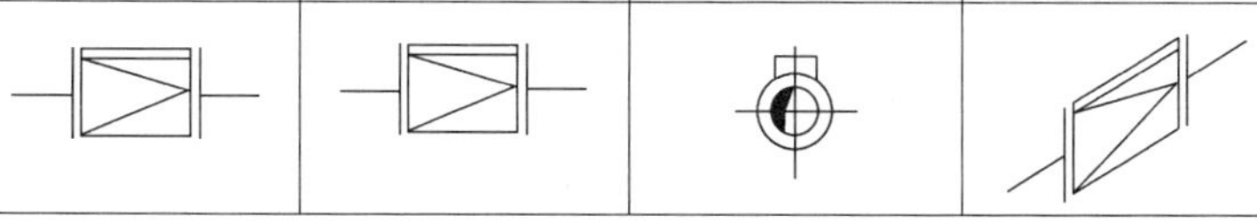				

续表 1.5.2

名　称		主　视	俯　视	侧　视	空视图	备　注
止回阀						
弹簧式安全阀						
底　阀						
锥形过滤器						
Y 形过滤器						
T 形过滤器						
疏水阀						
阻火器						
视　镜						
挠性软管						
伸缩性	波纹管式	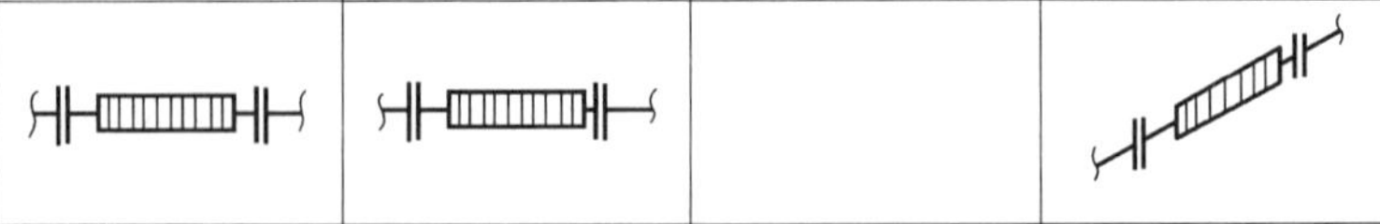				
	填函式					

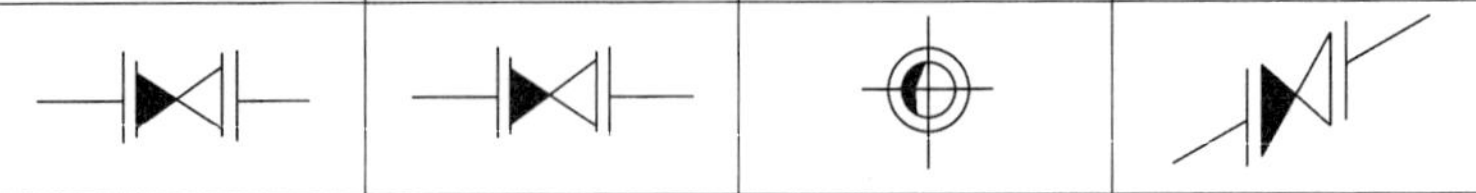

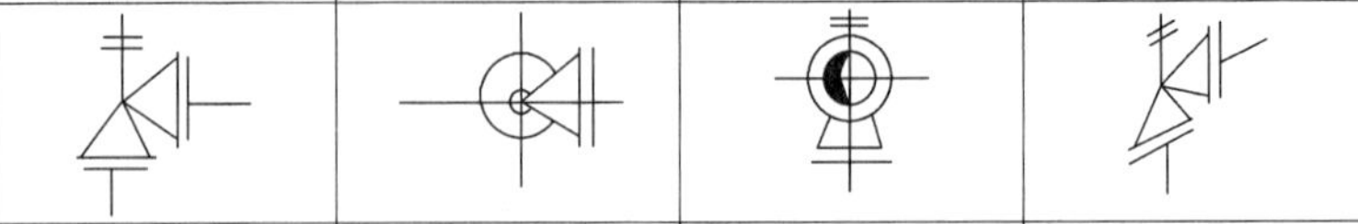

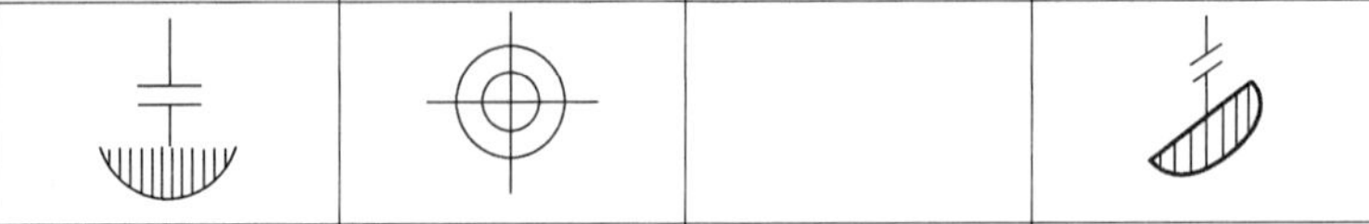

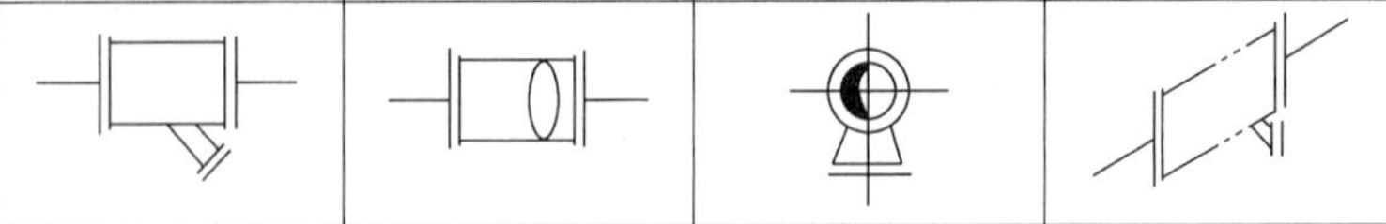

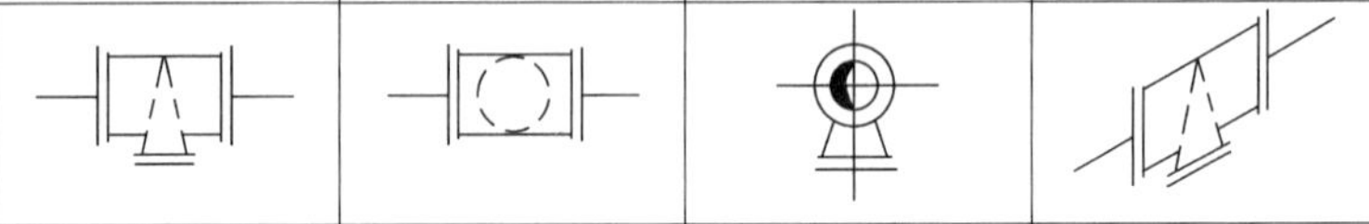

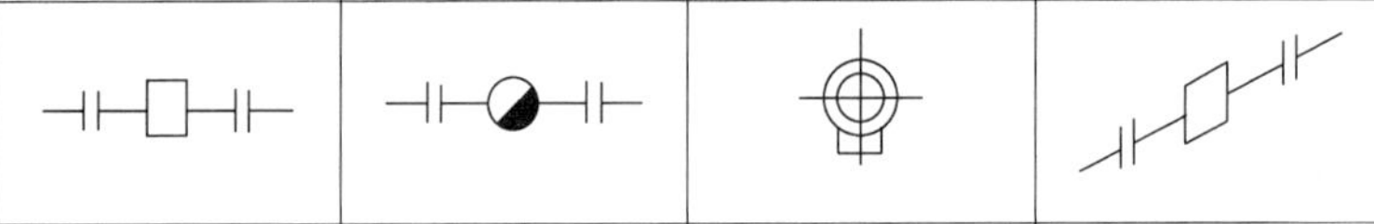

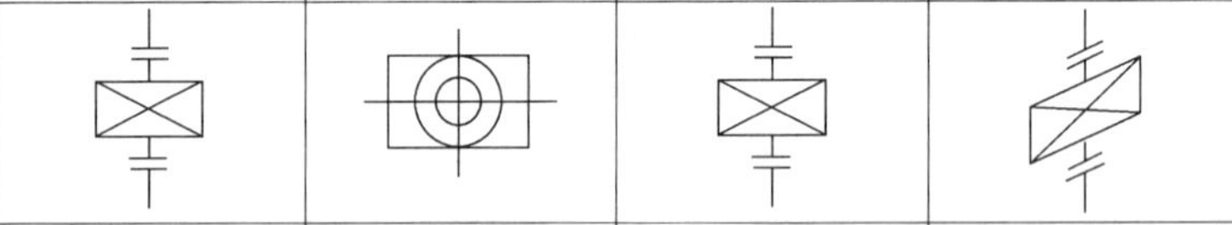

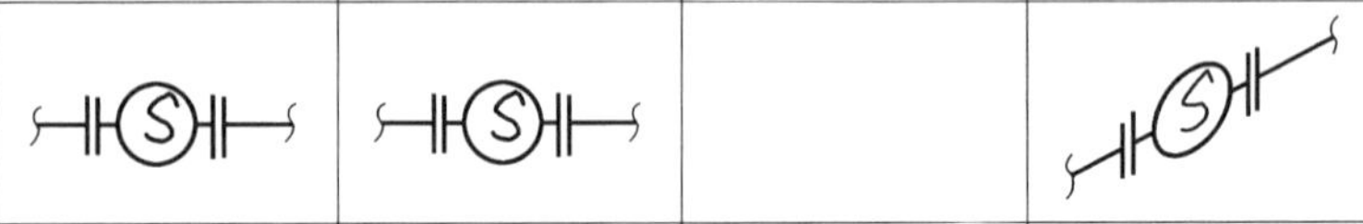

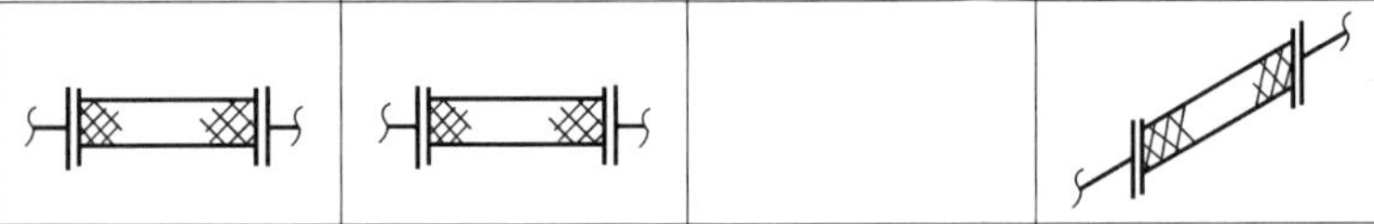

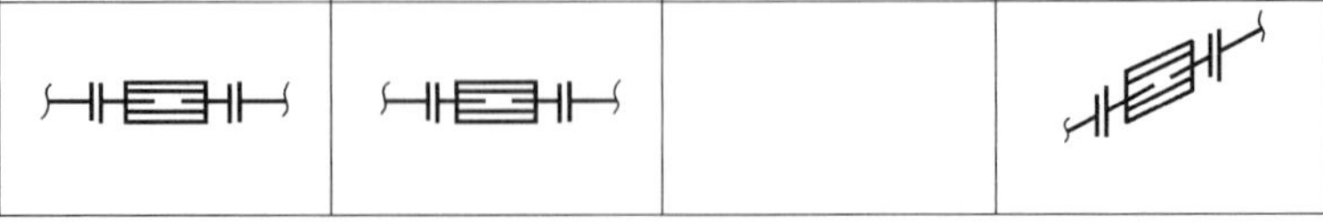

续表 1.5.2

名　称		主　视	俯　视	侧　视	空视图	备　注
挠性接头	一般					
	90°					
爆破板						
8 字形盲通板						图示为正常时通过的 8 字形盲通板如为正常时切断，则改为：
节流孔板		XRO	XRO		XRO	
		注：节流孔板 XRO 的“X”为孔板孔径（毫米）例 RO。				
双弹簧式安全阀						
漏　斗						
复　式过滤器						
临　时过滤器						

第六节　管道的伴热与热补偿

一、管道的伴热

在利用管道输送的介质中有些易凝结的介质，或者需要保持介质一定温度以满足工艺要求的介质，在管道输送过程中，由于外界因素温度逐渐降低，黏度逐渐增大，甚至会凝固影响生产。因此在输送这类介质时，除采取保温措施外，还需要在管道输送过程中进行加热，如在该物料管道附近加蒸汽等伴管，以维持介质一定的温度，确保介质输送和生产工艺要求。

1. 管道伴热类型

按伴热结构不同，伴热可分为伴管、夹套管和电热带三种类型。在加热保护管道的周围，如果有蒸汽管路或者有防火、防爆要求的介质，则应采用伴管或夹套管类型。如果加热保护系统周围无蒸汽管路，而且介质没有防火、防爆的要求，可用电热带保护。生产中用得比较多的是蒸汽伴管。

2. 伴热介质

压力管道选用的伴热介质即热载体有热水、水蒸气、联苯、联苯醚等。有些物料操作温度较低，要求载热体的温度也不高，可以选用热水或低压蒸汽作为载热体。如物料操作温度较高，则要求载热体的温度也较高，则可以采用水蒸气作为载热体。当物料操作温度很高，要求载热体的温度也很高时，采用水蒸气作为载热体伴热，经济上就不合理，提高水蒸气的饱和度，势必提高水蒸气的压力，生产中就不够安全，这时采用其他的载热体，如导热油伴热，在高温、低压下操作较为安全适用。

伴热通常采用蒸汽伴管。伴管的直径不宜太大，一般在 15 mm～70 mm 之间。当输送凝固点低于 50℃的物料时，则可采用压力为 0.3 MPa 的蒸汽伴管保温。当输送凝固点高于 50℃的物料时，可采用压力为 0.3 MPa～1.0 MPa 的单根或多根伴管保温。当输送凝固点等于或高于 150℃的物料时，应采用蒸汽夹套管加热。

3. 保温结构

带蒸汽伴管的物料管路，常采用软质保温材料，如超细玻璃棉毡等将其包裹保温。为提高加热效果，在伴管与物料管间应形成加热空间，使热空气易于产生对流传热，一般采用铁丝网作骨架，使之构成加热空间。物料管的壁与热空气接触面小于 180°的称为“自然加热角”；等于 180°的称为“半加热角”；管道的管壁完全被热空气包围的称为“全加热”。考虑安装方便，节约材料，通常采用前二者加热方法。实际生产中，当介质温度不高，在 50℃～80℃时，可采用“自然加热角”方式保温。温度较高时，最好采用“半加热角“结构，必要时，采用“全加热”或夹套管加热保温。

当输送物料为腐蚀性介质或热敏性强且易分解的介质时，应注意不能将伴热管紧贴于物料管管壁，应在伴管上焊一绝热板或在物料管和伴管之间衬垫一绝热片。

在蒸汽伴热设计中，压力管道中的输送介质为易燃、易爆、有毒等危险物料时，则在易泄漏的部位，如人孔、手孔、阀门、法兰等处不应采取绝热。在选用绝热材料时，最好选用导热系数小、耐振性能好、吸水率低、化学性质稳定的材料，绝热材料还要考虑价格低廉、施工方便。

二、管道热补偿

管道在运行中由于温度变化或与外界存在温差，均会出现热胀冷缩现象，如果此时管道位移不受到限制而能完全自由地伸缩，管道并不产生热应力，也就不会对管道产生破坏；如果管道热胀冷缩后位移受到限制而不能完全自由地伸缩，管道就会产生热应力，当热应力达到一定值时，管道就会受到破坏。因此，在实际管道设计中，一般管道运行温度高于或低于管道安装温度 32℃时，常常设置一些弯曲的管段或者可伸缩的装置以增加管道的柔性，消除或减少热应力，达到保证管道安全运行的目的。这些能消除或减少管道热应力的弯曲的管段和可伸缩的装置就称为补偿器。

根据补偿器的形成，可将其分为两类，一类是由于工艺需要在布置管道时自然形成的弯曲管段，称为自然补偿器；另一类是专门设置用于吸收管道热胀冷缩的弯曲管段或可伸缩装置，称为人工补偿。

1. 自然补偿器

由于自然补偿器是完全按照工艺设计需要在布置管道时自然形成的，减少工程成本，也不增加管道内介质流动阻力，因此管道系统中应尽量采用自然补偿器，只有在自然补偿器不能满足要求，或者自然补偿器布置受到限制时，才采用人工补偿器的方法。

自然补偿器有 L 形和 Z 形两种，如图 1.6.1 所示。管段中 90°～150°弯管称为 L 形补偿器；管段中两个 90°弯管称为 Z 形补偿器。

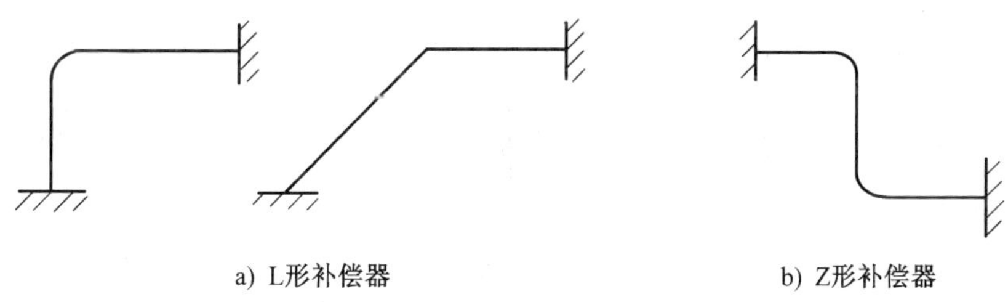

a) L形补偿器　　b) Z形补偿器

图 1.6.1

2. 人工补偿器

人工补偿器是在管道变形（位移）较大，自然补偿器不能满足要求时采取的一种人为的补救方法。人工补偿器有方形、波形、波纹形、球形及填料式等几种形式。

（1）方形补偿器

方形补偿器是由同一平面内 4 个 90°弯管构成的，依靠弯管变形来消除热应力及补偿热伸长，其材质与所在管道相同，其结构型式有 4 种，如图 1.6.2 所示。

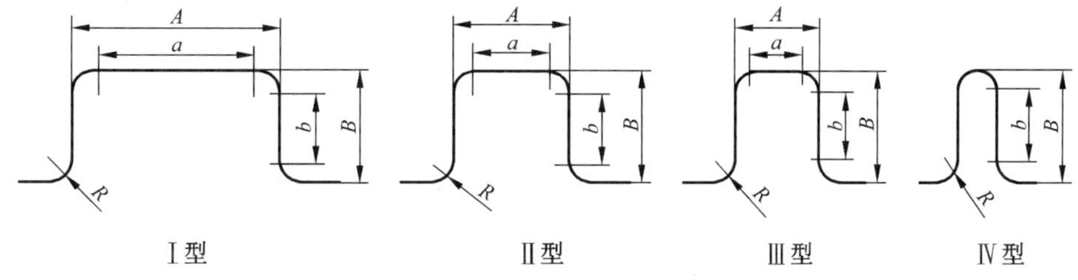

Ⅰ型，$a=2b$；Ⅱ型，$a=b$；Ⅲ型，$a=0.5b$；Ⅳ型，$a=0$

图 1.6.2　方形补偿器结构型式示意图

（2）波形补偿器

波形补偿器是利用金属薄板压制并拼焊而成的，根据需要有一波形、二波形、三波形等。常用的波形补偿器补偿波形状有下列 4 种形式，如图 1.6.3 所示。

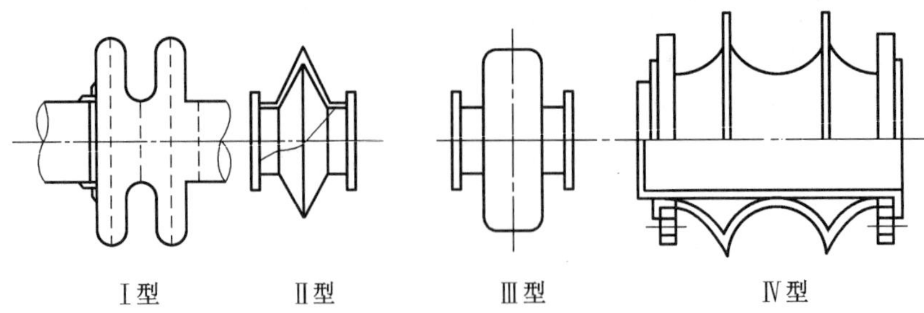

图 1.6.3　波形补偿器结构示意图

(3) 波纹形补偿器

波纹形补偿器的原理和构造与波形补偿器相似，是用薄金属板冲压焊接而成的。波纹形补偿器一般采用不锈钢或合金钢材质制作，适用于有腐蚀介质及较小管径管道使用。它的断面形状有 U 形、S 形、Ω 形，如图 1.6.4 所示。

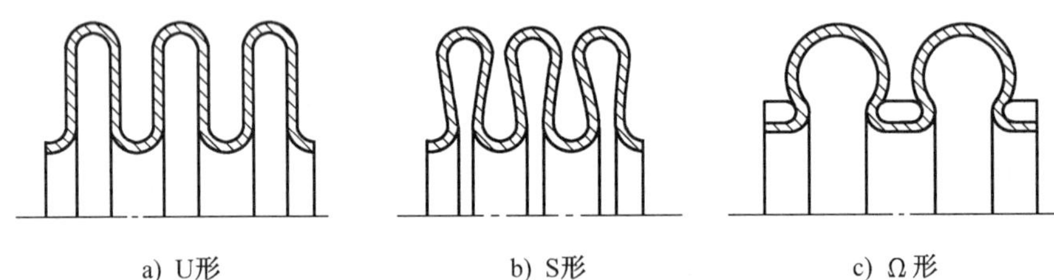

图 1.6.4　波纹管断面形状示意图

按波纹管的作用方式来分，可分为自由型和压力平衡型两种。

自由型波纹管补偿器主要用来补偿管道轴向伸缩，不宜承受横向力，自由型又分为有冷凝液排出口和无冷凝液排出口两种，如图 1.6.5 所示。

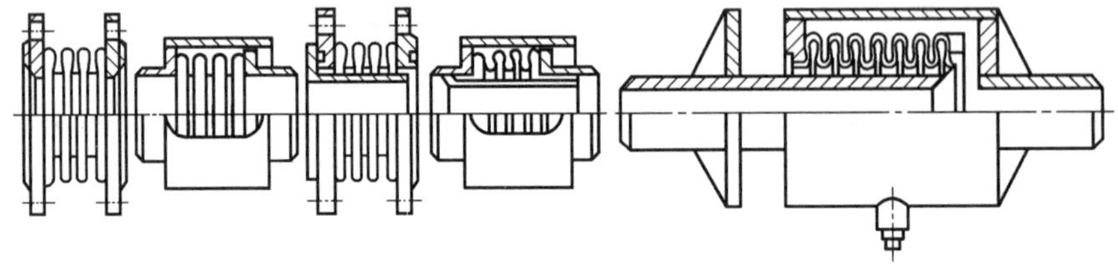

图 1.6.5　自由型波纹管补偿器

压力平衡式波纹管补偿器有角向及横向两种。角向波纹管补偿器用于管道转弯处，横向波纹管补偿器用于有横向位移的管道上，如图 1.6.6 所示。

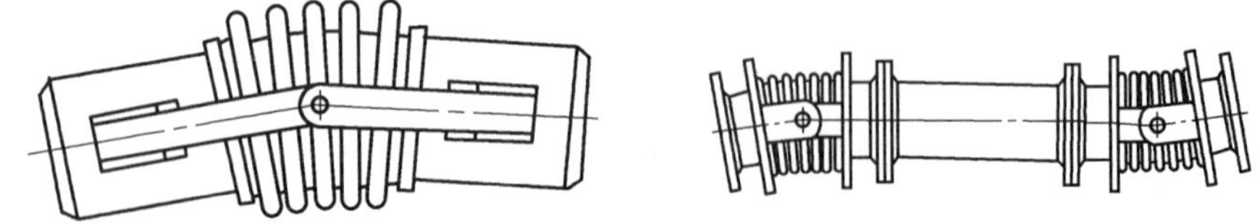

图 1.6.6　压力平衡型波纹管补偿器

(4) 球形补偿器

球形补偿器是利用球体管接头随机转弯运动来补偿管道的热伸长而消热应力的。

第七节　管道的防护技术

压力管道在使用过程中由于内部因素和外部环境以及两者的共同作用，造成压力管道非正常的破坏，严重影响管道正常运行，甚至引起管道泄漏、爆炸等严重后果。压力管道防护技术就是在压力管道设计、制造、安装、材料选用以及使用过程等方面采取防护措施，确保压力管道在设计寿命期限内安全运行。

压力管道在运行中可能产生腐蚀、疲劳、蠕变、低温脆断和材质劣化等破坏形式，其中腐蚀破坏是最主要和最普遍的破坏形式。腐蚀是指由于管道内部受到物料及管道外部环境介质的化学或电化学作用，或者两者的共同作用，而使管道材料出现力学性能降低、穿孔、裂纹等管道变质破坏的总称。本教材主要介绍两种分类方法，以及相应的防护技术。

一、腐蚀分类

1. 按腐蚀作用过程分类

(1) 化学腐蚀

材料与周围的氧气、二氧化硫、硫化氢、氯气等气体或汽油、润滑油等非电解质直接接触发生的纯化学反应使其腐蚀，叫做化学腐蚀。这种腐蚀是在没有电解液存在的情况下进行的，所以称为“干腐蚀”。

(2) 电化学腐蚀

金属电化学腐蚀是指金属表面与离子导电的介质发生化学作用而产生的破坏。电化学腐蚀与化学腐蚀的区别在于电化学腐蚀发生时，金属表面存在隔离的阴极和阳极，有微小的电流存在于两极之间，形成腐蚀微电池，而单纯的化学腐蚀则不形成微电池。

两种不同金属置于电解液中，它们之间就存在电位差。如果把它们互相接触或用导线接通，就会形成一个原电池。这两种金属之间的电位差就会驱动电子由电位低的金属阳极流向电位高的金属阴极。与此同时，在金属与电解液的界面发生电化学反应，电位较低的金属表面发生的是以氧化为主的反应，而在电位较高的金属表面发生的是以还原为主的反应。在电解液中，离子在电场的作用下，正离子向阴极迁移，负离子向阳极迁移，起到传递电荷的作用。电化学腐蚀是在有电解液存在的情况下进行的，所以也称“湿腐蚀”。其腐蚀原理见图 1.7.1。

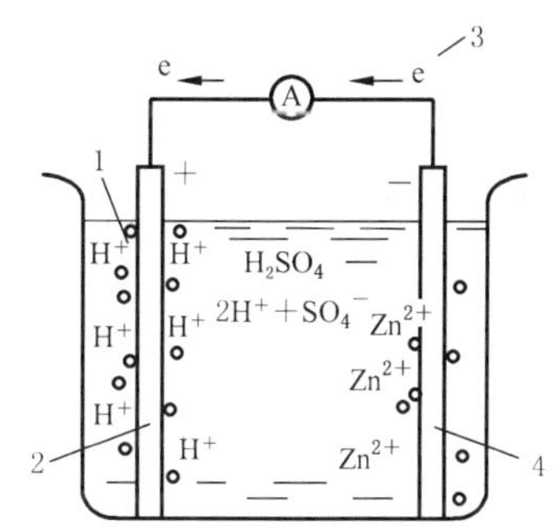

1—氢气泡；2—铜棒(阴极)；
3—电子；4—锌棒(阳极)

图 1.7.1　电化学腐蚀原理图

发生电化学腐蚀必须同时具备三个条件，即存在腐蚀电解液、不同电位的金属或非金属导体，并形成电连接。

① 腐蚀电解液

这里所说的电解液是指凝聚在金属表面或浸泡金属的含有某些杂质的具有导电性的液体，例如含有氯化物、硫酸盐等的水膜或液体。电解液在腐蚀电池中起离子导电作用。

② 不同腐蚀电位的金属或非金属导体存在。这里所说的腐蚀电位是指金属在海水中测得的真实电位，非金属导体主要指碳素纤维复合材料和石墨制品。不同腐蚀电位的金属或非金属导体是电化学腐蚀主体。

③ 电连接

这里所说的电连接是指将两种不同金属直接接触或用其他导体连接，构成腐蚀电池的电子导电支路。即使同种金属材料含有杂质、构件焊接、冷热加工、超负荷运行都会使影响区的电位与其他区域出现差异，而发生电偶腐蚀现象。

(3) 物理腐蚀

材料由于单纯的物理溶解作用所引起的破坏称为物理腐蚀。例如许多金属在高温熔盐、熔碱及液体金属中均可发生物理腐蚀。

2. 按腐蚀环境和破坏形式分类

材料腐蚀环境和破坏形式是多种多样的，但总的可以归为如下几类。

(1) 均匀腐蚀

均匀腐蚀也叫全面腐蚀，这是在管道较大面积上产生的程度基本相同的腐蚀。管道内壁表面遭受输送物料的全面腐蚀；管道外壁裸露表面(或有涂料但已全面失效)遭受大气锈蚀。

遭受全面腐蚀的管道，壁厚逐渐减薄，最后破坏。从工程的角度看，全面腐蚀并不是威胁很大的腐蚀形态，因为管道设计时可考虑足够的腐蚀裕度。但应注意的是，在管道使用过程中，腐蚀速度往往因环境恶化(如超温、加进腐蚀性成分等)而加剧，因此定期检验是十分必要的，通过定点测厚，掌握壁厚减薄的情况。可是在实际工程中不进行定期检验的情况颇多，管道因壁厚腐蚀减薄而发生事故的事例屡见不鲜。

(2) 局部腐蚀

腐蚀破坏集中于某些区域，其他区域腐蚀相对较轻。一般情况下，发生的腐蚀以局部腐蚀为主，均匀腐蚀也常伴有局部腐蚀。局部腐蚀往往难于觉察，一些严重的事故恰恰就是因此造成的。

① 电偶腐蚀

电偶腐蚀是电化学腐蚀的典型例子，即在有电解液存在的条件下不同电极电位的金属互相接触，在接触面的局部产生的腐蚀。电位较负的金属溶解速度快，而电位较正的溶解速度反而较慢。

② 缝隙腐蚀

当管道输送的物料为电解质溶液时，在管道内表面的缝隙处，如法兰垫片处、单面焊未焊透处等，均会产生缝隙腐蚀。

产生缝隙腐蚀的缝隙宽度，必须能使介质进入缝隙而又使这些介质处于滞留状态，因此腐蚀常常发生在缝隙口宽度在 0.2 mm 或更小的场合。纤维类的垫片、盘根等，能使电解质溶液在靠近金属表面处完全滞留，因此容易产生严重缝隙腐蚀。

缝隙腐蚀的机理，一般认为是浓差腐蚀电池的原理，即缝隙内和周围溶液之间氧浓度或金属离子浓摩存在差异造成的。

一些钝性金属如不锈钢、铝、钛等，容易产生缝隙腐蚀。我们常常看到一些设备、管道连接（焊接）处、垫片下、螺帽、铆钉下流淌有铁锈，这就是缝隙腐蚀现象。

③ 点腐蚀

在金属表面的局部出现向深处发展的腐蚀小孔，而其他部位却不腐蚀或腐蚀很轻微，这种腐蚀形态称为点腐蚀，一般蚀孔直径等于或小于深度，也称为孔蚀。点腐蚀是管道最具破坏性的和隐藏的腐蚀形态之一，它常常使管道在整个失重还很小的情况下就穿孔而产生泄漏。

具有自钝化特性的金属和合金，例如不锈钢、铝及铝合金、钛及钛合金以及碳钢的表面存在有氧化皮或锈层的情况下在含氯离子的介质中容易出现点腐蚀。

在有盐雾存在的沿海，金属构件的迎风面发生点腐蚀极为突出。

④ 晶间腐蚀

腐蚀沿着金属、合金的晶粒边界或它的邻近区域发展，晶粒本身腐蚀很轻微，这种腐蚀称为晶间腐蚀。

金属是由晶粒组成的，金属加工（焊接）过程必然使稳定的结晶点阵受到一定程度的破坏，错位的晶粒界面就像缝隙那样容易发生腐蚀。金属尤其是合金，它们在高温状态下，晶粒因约束力减少而活泼起来，组成合金的各种金属晶粒之间以及它们与杂质之间形成电位差，也会引起腐蚀。所以，晶间腐蚀是一种由组织电化学不均匀性引起的局部腐蚀。这种腐蚀使晶粒间的结合力大大削弱，甚至使金属构件的机械强度完全丧失。

⑤ 磨损腐蚀

如果介质的运动速度大或构件与构件的相对运动速度大，会导致构件的局部遭受严重的腐蚀损坏，这种局部腐蚀称为磨损。由高速流体引起的磨损，其表现的特殊形式主要有湍流腐蚀和空泡腐蚀两种，冲刷腐蚀是高速流体的机械破坏与电化学腐蚀双重作用对金属的共同破坏的结果。输送高速流动的固态粒料、液体、气体的管道弯头内腐蚀减薄是其典型例子。磨损腐蚀的一种特殊形态是磨振腐蚀，它是两个以上构件承受一定的荷载、相互反复振动摩擦引起的破坏，例如两个以上部件相互摩擦、振动使表面形成划道、麻点、坑洼等。

⑥ 保温层、涂层破损处的局部腐蚀

蒸汽管道在保温层破损处由于局部温度降低，发生冷凝现象，从而造成冷凝液腐蚀，即露点腐蚀。同时由于保温层、涂层破损，管道直接与大气中腐蚀介质发生化学反应，造成管道局部腐蚀。这种腐蚀形式约占管道腐蚀的 80%，主要是由于管道在使用中维护保养不到位造成，它的防护技术要求将在下一节重点介绍。

⑦ 应力腐蚀

应力腐蚀是在一定拉应力和腐蚀介质的共同作用下引起金属材料的破坏。应力腐蚀必须有两个条件：一是施加于管道的拉应力超过材料允许的值或是管道焊接、冷加工产生的残余应力；二是存在有腐蚀介质。常见引起应力腐蚀的金属与介质组合见表 1.7.1。

表 1.7.1　常见引起应力腐蚀的金属与介质组合

管道金属	腐蚀性介质
碳钢与低合金钢	NaOH 溶液、硝酸盐溶液、HCN 溶液、H_2S 水溶液、$CO+CO_2+H_2O$ 系统煤气液或焦炉气液、($CH_4+H_2+CO_2+HCN+H_2S+NH_3+H_2O$)、农用液氨($NH_3$)
奥氏体不锈钢	NaOH 溶液、含 Cl 水溶液、H_2S 水溶液、高温水及水蒸气、海水、连多硫酸($H_2S_xO_6$)、二氯乙烷
铁素体铬不锈钢	NaOH 溶液、海水、H_2S 水溶液、高温水、硝酸、硫酸、NaCl 溶液

图 1.7.2 是一幅典型的钢材拉伸试验应力-应变图，横轴代表钢材在拉应力作用下伸长即应变，竖轴代表施加的应力。曲线从 $O \sim A$，应力与应变成正比例，A 点称为钢材的比例极限。过了 A 点，应力与应变的正比例关系不再存在了。$A \sim B$ 点，应力增加不大，应变却增加许多，这种现象被称为材料的屈服，B 点称为屈服点，对应应力称为屈服应力。过了 B 点，材料成塑性伸长，到达 C 点，材料开始应变硬化，应力增大，伸长量增加，D 点达到最大值，D 点的应力称为极限应力。超过这点，它继续伸长，而应力值却随之减少，到达 E 点，材料发生断裂破坏。在结构设计中，为使结构在加载时伸长，卸载后回弹至原状，不留下残余伸长量，要求结构中的最大应力低于比例极限，一般取 A 点应力值的 60%作钢结构设计容许应力。

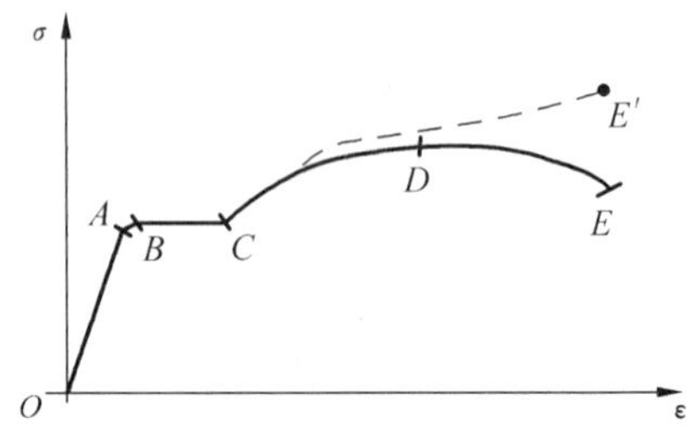

图 1.7.2　钢材应力-应变图

如果我们在结构设计时，钢材强度取值超过 A 点值，或者在使用时超载，使材料出现塑性变形，其内部和表面会出现微裂纹，在环境的作用下就会发生腐蚀，这就是所谓的应力腐蚀。除了上述两个主要因素外，加工缺陷和加工工艺引起的裂纹或构件使用中出现应力集中、使用温度超高或冶金制造质量不好也会引起应力腐蚀。

⑧ 氢腐蚀

氢腐蚀是指钢暴露在高温、高压的氢气环境中，氢原子在管道设备表面或渗入钢内部与不稳定的碳化物发生反应生成甲烷，使钢脱碳，机械强度受到永久性的破坏。在钢内部生成的甲烷无法外溢而集聚在钢内部形成巨大的局部压力，从而发展为严重的鼓包开裂。

钢材发生氢腐蚀有两个阶段即氢脆阶段和氢浸蚀阶段。刚开始时，钢内部吸附的氢并未与钢材的组分发生任何化学变化，也没有改变钢材的组织状态，只是钢材吸附了氢，钢材变脆了，韧性降低了，此阶段称为氢脆阶段(暂时的氢脆是可逆的)；当浸入到钢材内部的氢与钢材中不稳定的碳化物发生反应生成甲烷使钢材脱碳、鼓包、开裂到钢材的强度和韧性大大降低，这个阶段称为氢浸蚀阶段(产生永久脆化，不可逆)。

钢材发生氢腐蚀的原因有许多，所选择的钢材本身防止氢渗入的性能不好、选择金属镀覆工艺不当使氢渗入或“消氢”工艺不完善是其主要原因。

⑨ 疲劳腐蚀

金属结构在环境腐蚀介质和外力的频繁反复作用下局部发生裂纹、断口破坏称为疲劳腐蚀。一般产生疲劳腐蚀主要有三个方面原因：一是管道机械振动，位移受到限制，产生振动应力；二是管道系统介质速度变化、温差等产生热应力造成流体介质自激振动；三是风载荷等自然因素使管道承受交变应力。

(3) 高温氧化和热腐蚀

高温氧化是金属在高温环境中其表面与气体间的化学反应过程。这个过程使构件的表面金属转变为金属与气体的化合物，通常情况下多是金属氧化物。氧化物的不断剥落和生成导致金属构件减薄直至破坏。

由于燃烧产物和气体中的杂质在金属表面沉积，沉积物与金属表面发生反应使金属逐步破坏，这种腐蚀称为热腐蚀。

(4) 细菌、微生物腐蚀

细菌本身并不直接腐蚀金属，而是细菌的生命活动间接地使金属发生电化学腐蚀。细菌腐蚀的显著特征就是在金属表面有粘泥的沉积，另一个特征是腐蚀部位总带有孔蚀的迹象。常见的腐蚀性细菌有喜氧菌和厌氧菌两大类。喜氧菌有铁细菌和硫氧化细菌。厌氧菌有硫酸根还原菌，硫酸根还原菌有氧或无氧都能生存。

冷却水塔及其管道、埋地管道以及海洋港口设施、船舶水线以下部分如果不加防护通常都会有生物、微生物、藻类依附在上面，它们的分泌物使细菌大量繁殖，导致腐蚀发生。

二、管道腐蚀防护技术

管道在使用的腐蚀是不可避免的，但人们根据腐蚀环境合理选择材料，合理设计结构，通过合理的工艺条件设计和采用合理的加工工艺以及金属镀覆、非金属覆盖、介质处理、添加缓蚀剂、规范的油漆涂料施工和采用阴极保护、阳极保护等科学的防护措施，可以大大延缓腐蚀进程，减少管道事故发生和经济损失。本节重点介绍油漆涂料施工技术。

1. 合理选材

我们在制造产品选用材料时除了应掌握它们的理化力学性能、使用范围外，还应了解它们在特定环境条件下(温度、压力、介质及其流速)的耐蚀性能。根据不同的介质使用条件，选用合适的耐蚀金属或非金属材料。如何合理选材主要是设计人员的工作，故本教材不作赘述。

2. 合理设计结构

在进行管道结构设计时，除了要考虑结构受力、刚度、柔性、稳定性和经济性外，还应考虑如下几个问题：

(1) 尽量避免结构发生“缝隙腐蚀”。结构设计时应尽量避免能滞留腐蚀介质的缝隙存在，如管道焊接时焊缝要填满、避免出现未焊透，管法兰对接时垫片的内径要尽量和管道内径相一致等，防止缝隙内滞留腐蚀介质。

(2) 尽量避免发生“电偶腐蚀”

尽量采用同种材料，避免电位相差较大的不同金属接触使用，如果无法避免，就应在它们之间采用电位接近的材料过渡或采用隔离绝缘措施。

(3) 防止发生“疲劳腐蚀”

处于腐蚀介质和交变荷载条件下的管道，设计强度应留有充分余量，使管道材料一直处于弹性受力阶段。

(4) 避免发生“磨蚀冲刷腐蚀”

要避免流体通道断面的不连续变化或急剧变化、避免流动方向的急剧变化、避免严重的湍流和涡流，减少固体夹带和降低流速。

(5) 减少“应力腐蚀”

在设计时尽量避免使用会产生应力腐蚀的金属；管道制造和安装时应尽量避免应力集中或采用有效的加工工艺消除残余应力。

(6) 避免“高温氧化和热腐蚀”

设计制造或安装时，严格按技术规范进行绝热和防腐蚀，尽量避免形成温差或局部高温区。

3. 管件预制和管道安装、焊接要求

合理选择金属件切割、弯管、滚压、焊接、热处理和管道组装工艺。避免在加工制造和安装过程中产生不同形式的腐蚀倾向，使管道在使用中因腐蚀而提前报废。

(1) 对于要求抗应力腐蚀、抗疲劳腐蚀较高的管件，应尽可能选用真空冶炼、真空重熔、真空热处理、多向锻造、喷丸、闪光焊或电子束焊加工的高强钢件，因为一般高强钢(抗拉强度大于 1 300 MPa)抗应力腐蚀、抗疲劳腐蚀和断裂韧性性能都比较低。

(2) 采用推挤、锻打、机加工、焊接和热处理过的部件表面均存在残余拉应力，所以应对那些关键表面进行喷丸、滚轧等方法处理，使其处于受压状态。

(3) 管道组装时尽量合理使用垫衬，以减少铆接、螺栓紧固、冲压、热压和强力矫形造成表面存在的残余拉应力。对存在的残余应力，能进行热处理的应尽量采用，以消除残余应力。

(4) 焊接不规范对造成应力腐蚀破坏影响很大，特别是对奥氏体不锈钢、低合金高强度钢等，因此对这些材料的焊接要进行焊接工艺评定，合格后方可施焊。

管道如在应力腐蚀破裂敏感介质中工作，则焊缝应进行消除应力的热处理。对于碳钢和一般低合金钢，通常采用退火热处理，即在 650℃保持 2 h。

对于在含湿硫化氢介质中应用的正火的低合金高强度钢，由于对硫裂十分敏感，因此应要求焊接时进行焊前预热，焊后进行高温回火热处理，保证小于等于 200 HB。

对铬镍奥氏体不锈钢焊缝进行热处理时，切忌在 500℃～850℃的温度范围内长时间加热，否则会因碳化物析出而造成品间腐蚀。具体的热处理方案要根据具体情况确定。

4. 合理选用表面防护层

金属或非金属管道自始至终和周围环境接触，化学腐蚀和电化学腐蚀就会单独或相伴发生。这就需要我们根据腐蚀形式和腐蚀环境选用合适的防护措施使腐蚀延迟或减缓，延长管道的使用寿命。管道表面防护层主要有金属镀层和非金属涂层，一般使用较多的是非金属涂层，表 1.7.2 是非金属涂层防护的几种方法。

表 1.7.2　非金属涂层

化学转化涂膜	氧化处理	有机涂层	涂料
	钝化处理		塑料
	磷化处理		橡胶
	阳极化处理		防锈油

(1) 化学转化涂膜

化学转化涂膜又分金属的氧化膜、钝化膜、磷化膜和阳极化膜。

① 金属的氧化膜

采用人工方法将金属管道表面进行化学氧化或电化学氧化，可以在表面获得比天然氧化膜厚得多的氧化膜层，它能更有效地防止金属管道表面腐蚀和机械磨损，并可作装饰性加工。

采用氧化处理的钢铁零件表面将生成一层厚度约为 0.5 μm～1.5 μm 的致密氧化膜，氧化处理俗称"发蓝"。氧化膜的耐蚀性能比基体要好但并不强。氧化膜的颜色依材料不同而异，碳钢、低合金钢为黑色，铸铁、硅钢为暗金黄色至浅棕色，铸钢为暗褐色，合金钢依合金元素不同可呈深蓝色、紫色至褐色。金属的氧化膜工艺和药剂等请参考有关资料。

② 金属的钝化膜

某些金属如经锻造、铸造、焊接、热处理过的奥氏体不锈钢(如 1Cr18Ni9Ti、1Cr18Ni9 等)和马氏体不锈钢(如 1Cr13、2Cr13、Cr17Ni2 等)表面会产生氧化皮，这层氧化皮是活态的。我们将这层皮及表面铁质酸洗掉，再用一定的溶液对它进行表面钝化。钝化后的表面形成一层钝化薄膜，从而提高了不锈钢的抗腐蚀性能。

③ 金属的磷化膜

将金属件置于磷酸盐溶液中，在一定的工艺条件下获得一种磷酸盐保护层的方法叫磷酸盐处理，简称磷化。

一些比较重要的黑色金属件，在浸涂防锈油或喷涂油漆前对其表面进行磷化，能有效提高油漆与基层的附着力和抗腐蚀性能。

④ 阳极化膜

这里所指的金属阳极化处理主要是指铝及铝合金阳极化处理。

(2) 有机涂层和衬里

有机涂层分油漆涂料层、防锈油，有机衬里分塑料、橡胶衬里。

① 油漆涂料

油漆涂料层是使用最普遍的有机涂层，在下节重点介绍。

② 防锈油

防锈油是在矿物油或合成油中加入油溶性缓蚀剂和其他添加剂而成的防锈封存用材料。它分为液体防锈油、稀释型防锈油和防锈膜三种。精细的金属垫片、阀门、管件在安装前若长期在仓库堆放会发生腐蚀，存储前可在这些工件表面涂抹防锈油防腐。

③ 塑料

聚氯乙烯、过氯乙烯一类油漆涂层其实就是塑料涂层。另外，在设备内部施衬软聚氯乙烯、聚乙烯、聚丙烯、聚四氟乙烯塑料衬里在防腐工程中运用十分普遍。

④ 橡胶

氯磺化聚乙烯、氯化橡胶、聚硫橡胶涂料属于橡胶这一类。另外，在设备内部施衬天然橡胶、合成橡胶衬里在防腐工程中运用也十分普遍。

5. 电化学防护技术

利用外部阴极电流使金属电位向负的方向移动，使腐蚀原电池的作用减弱或完全停止，从而达到减缓或停止金属腐蚀的目的，这种技术称为电化学保护技术。

电化学保护分为阳极保护（钝化）和阴极保护。阴极保护又分为牺牲阳极法和外加电流阴极保护。

（1）牺牲阳极法是将电位较负的一种金属（如铝、镁、锌及其合金等）连接在被保护的金属管道上，使两者在电解质中构成一个大电池，牺牲阳极电位负被腐蚀，金属管道得到阴极电流而减弱了或停止了腐蚀，图 1.7.3 为牺牲阳极法保护地下管线略图。

（2）外加电源法是把电解质中的金属管道和一直流电流的负极相连，直流电源的正极和一外加的辅助阳极（耐阳极腐蚀的材料如石墨等）相连电路接通后，金属管道获得阴极电流而被保护。

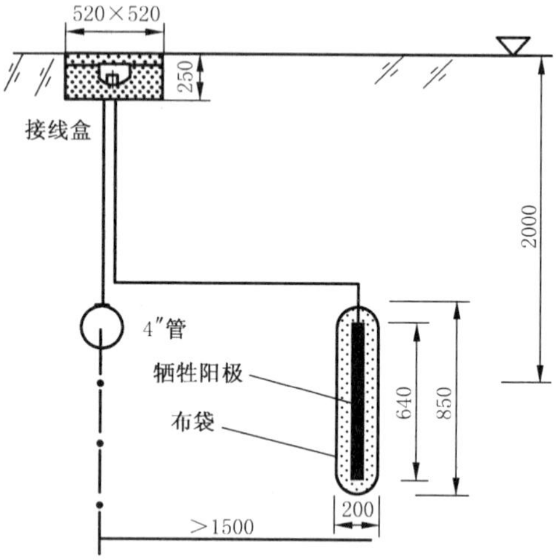

图 1.7.3　牺牲阳极法保护地下管线略图

三、油漆涂料防腐蚀

目前防治化学腐蚀的主要方法是在管道设备的表面涂刷涂料、镀覆比基体更耐腐蚀的镀层，使之和腐蚀介质相隔离，达到防护目的。对于电化学腐蚀，我们也可以在它的表面涂刷涂料或衬或砌其他防腐材料；使基体和电解质相隔离，使之形不成腐蚀原电池，从而达到防护目的。金属的防护方法多种多样，涂料防腐方法是最常用的一种。

管道内外防腐层在其使用寿命期内能否正常使用，与表面处理、涂料品种、涂层结构、干膜厚度密切相关。防腐在设计和管道施工中一般由相应的专业技术人员完成，但由于设计、施工和选材等方面的缺陷，以及管道在使用中大气环境的影响等，造成涂层破损而产生管道的腐蚀。所以，管道管理人员进行管道防腐涂层的维护是一项重要工作。以下介绍防腐涂层施工技术和步骤。

1. 表面处理

涂覆于金属管道表面的防腐、防水涂料对表面都有一定的处理要求。基本就是“干净、干燥、稳定”，表面处理的好坏将直接影响到涂层的质量和使用寿命。金属的表面处理要根据油漆的配套要求、金属表面的腐蚀程度和现场的施工条件来决定采用何种处理方法。金属表面处理有手工除锈、动力工具除锈、喷砂除锈、化学除锈、钝化磷化、酸洗钝化磷化综合处理等方法。本节只介绍手工除锈、动力工具除锈方法。

(1) 表面腐蚀程度和除锈等级

在选择金属表面处理方法前，首先应确认其腐蚀程度。SH 3022—1999 标准将钢材表面的锈蚀等级分为 A、B、C、D 四级，它们的区分标准为：

A 级：无锈蚀；

B 级(轻锈)：已发生锈蚀，且部分氧化皮开始剥落；

C 级(中锈)：氧化皮已因腐蚀而剥落或可以刮除，除锈后能见到少量点蚀；

D 级(重锈)：氧化皮已因腐蚀而全部剥离，呈片状锈层或凸起锈斑，除锈后出现成遍麻点或成遍麻坑。

手工和动力工具除锈等级如下：

St2 级——除锈后的管道表面应无可见的油脂和污垢，并且没有附着不牢的氧化皮、铁锈和油漆涂层等附着物；

St3 级——除锈后的管道表面应无可见的油脂和污垢，并且没有附着不牢的氧化皮、铁锈和油漆涂层，底材显露部分的表面具有金属光泽。

(2) 手工除锈

对于那些表面只有灰尘浮锈的旧油漆面，可用砂纸人工打磨打毛；对于那些锈蚀严重而又不能采用喷砂除锈的，可用刮刀、铲、锤、钢丝刷、锉刀、砂布砂纸等手工工具人工除锈。处于易燃、易爆区，人工除锈使用的金属工具必须是与除锈表面打不起火花的铜质或钨钢质的。

(3) 动力工具除锈

对于那些未生锈又有完整氧化皮的金属表面可用电动、风动除锈机打磨除尘；对大面积锈蚀的旧油漆面又不能采用喷砂除锈的，可先用锤、铲、刮刀人工除锈后，再用电动或风动除锈机打磨除锈。动力工具除锈效力高，但质量上要引起重视，因为高速旋转的钢丝轮会在打磨表面留下光亮的金属印迹，如果检查不仔细，会误认为已经打磨出金属光泽，其实，有些附着力稍微牢靠的铁锈、氧化皮甚至附着不牢的油漆都没有除掉。

(4) 表面处理后的保护

经表面处理过的金属表面处于活化状态，在空气湿度大或有腐蚀气体存在的条件下很容易再度生锈。所以，应尽快涂刷底漆。一般来说，空气湿度低于 85%时，表面处理 4 h 以内应涂刷底漆，空气湿度大于 85%时，表面处理 2 h 以内应涂刷底漆，空气湿度大于 90%时，应立即连续涂刷两遍底漆，空气湿度大于 95%时，应停止表面处理工作。

管道表面处理后未能立即采取涂底漆等措施时要妥善保护，以防再度生锈和污染。如发现锈迹或污染，应重新进行表面处理。

2. 油漆涂料对除锈等级的要求

管道的表面处理与它所处环境、除锈程度有关外，还与油漆涂料有关。表 1.7.3 是几种常用油漆涂料要求的表面处理等级。

表 1.7.3　常用油漆涂料要求的表面处理等级

底漆种类	除锈等级		
	强腐蚀	中等腐蚀	弱腐蚀
酚醛树脂底漆	Sa2.5	St3	St3
沥青底漆	Sa2 或 St3	St3	St3
醇酸树脂底漆	Sa2.5	St3	St3
过氯乙烯底漆	Sa2.5	Sa2.5	St3
乙烯磷化底漆	Sa2.5	Sa2.5	Sa2
环氧沥青底漆	Sa2.5	St3	St3
环氧树脂底漆	Sa2.5	Sa2.5	St2
聚氨酯防腐底漆	Sa2.5	Sa2.5	St2
有机硅耐热底漆	—	Sa2.5	Sa2.5
高氯化聚乙烯底漆	Sa2.5	Sa2	St3
氯磺化聚乙烯底漆	Sa2.5	Sa2.5	St3
丙烯酸树脂底漆	Sa2	Sa2	St2
玻璃鳞片底漆	Sa2	Sa2	—
氯化橡胶底漆	Sa2.5	Sa2	St3
无机富锌底漆	Sa2.5	Sa2.5	Sa2.5

3. 油漆涂料的选择

凡用于管道的防腐材料质量必须符合国家标准或行业标准，且具有出厂合格证、质量检验报告。涂料应在规定的有效期内使用，过期涂料必须经检验合格后方可使用。对于新型防腐涂料，必须有省部级技术鉴定部门报告，并经小面积试用确认后方可大面积推广使用。

（1）油漆涂料的分类与命名

原石油化工部曾按表 1.7.4 和表 1.7.5 的内容、方法制定过油漆涂料产品分类命名规定，国内生产的绝大部分油漆涂料产品都是按这些规定进行分类命名的。但随着用途广泛和性能优良的新产品以及技术保密的专利产品的上市，许多企业便突破上述规定自行对其产品进行分类命名，有的甚至在其产品型号前冠以企业拼音字头。在收集、整理、编辑附录时，为方便选用油漆产品，这些企业自行命名的产品型号就难于回避。这样，附录所列型号就有些五花八门。所以，用户在选用油漆涂料时，不但要选型号，更重要的是要看油漆涂料的主要组成、性能是否适合用途。

表 1.7.4　油漆涂料成膜物质的分类编号

代号	成膜物质类别	代号	成膜物质类别	代号	成膜物质类别
Y	油性漆类	T	天然树脂漆类	F	酚醛树脂漆类
L	沥青漆类	C	醇酸树脂漆类	A	氨基树脂漆类
Q	硝基纤维漆类	M	纤维酯、纤维醚漆类	X	乙烯漆类
B	丙烯酸漆类	Z	聚酯漆类	H	环氧树脂漆类
S	聚氨酯漆类	W	元素有机硅漆类	J	橡胶漆类
G	过氯乙烯漆类	E	其他		

表 1.7.5　油漆涂料的基本名称及代号

代号	基本名称	代号	基本名称	代号	基本名称
00	清　油	20	铅笔漆	51	耐碱漆
01	清　漆	22	木器漆	52	防腐漆
02	厚　漆	23	罐头漆	53	防锈漆
03	调和漆	30	浸渍绝缘漆	54	耐油漆
04	磁　漆	31	覆盖绝缘漆	55	耐水漆
05	粉末涂料	32	绝缘(烘、磁)漆	60	防火漆
06	底　漆	33	粘合绝缘漆	61	耐热漆
07	腻　子	34	漆包线漆	62	变色漆
08	水性漆	35	硅钢片漆	67	隔热漆
09	大　漆	36	电容器漆	80	地板漆
12	乳胶漆	37	电阻漆	81	渔网漆
13	其他水溶性漆	38	半导体漆	82	锅炉漆
14	透明漆	40	防污漆、防蛆漆	83	烟囱漆
15	斑纹漆	41	水线漆	84	黑板漆
16	锤纹漆	42	甲板漆	85	调色漆
17	皱纹漆	43	船壳漆	86	标志漆、道路划线漆
18	裂纹漆	44	船底漆	98	胶液
19	晶纹漆	50	耐酸漆	99	其他

油漆涂料全名＝油漆涂料颜色＋成膜物质名称＋基本名称，对于有专业用途的，需在成膜物质后面加以阐明。

例：

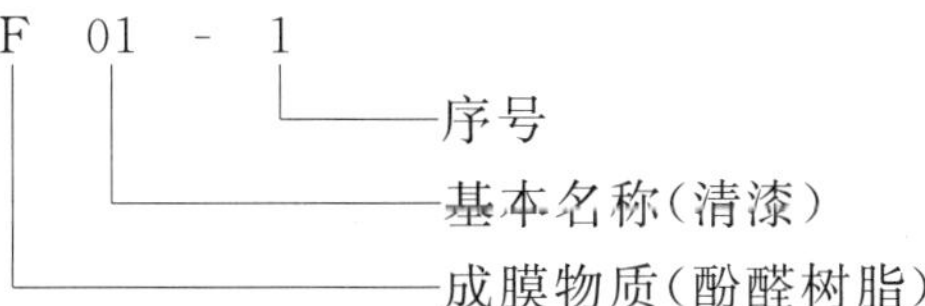

常用油漆涂料稀释剂主要组成与用途见表 1.7.6。

表 1.7.6　常用油漆涂料稀释剂主要组成与用途

序号	名　称	牌号	主要组成	用　途
1	硝基漆稀释剂	X-1	酯、酮、醇苯类溶剂	主要作为硝基清漆、磁漆、底漆稀释剂，也可作热塑型丙烯酸漆稀释剂
2	过氧乙烯漆稀释剂	X-3	酯、酮、醇苯类溶剂	主要作为过氯乙烯漆稀释剂，也可作热塑型丙烯酸漆的稀释剂
3	丙烯酸漆稀释剂	X-5	酯、酮、醇苯类溶剂	主要作为丙烯酸漆稀释剂，也可稀释硝基漆
4	环氧树脂漆稀释剂	X-7	二甲苯、丁醇	作为环氧树脂漆的稀释剂
5	缩醛漆稀释剂	X-9	醇、酯、苯类	作为聚乙烯醇罐燃的稀释剂

(2) 根据腐蚀环境选择防腐涂料

在选择油漆涂料时，首先要了解该地区的腐蚀强度，再根据腐蚀强度选择油漆涂料。腐蚀环境按表 1.7.7 分强、中、弱三个腐蚀区划分，对应选择油漆涂料厚度按表 1.7.8。

表 1.7.7　腐蚀环境区域划分

腐蚀程度	区　　域
强腐蚀区	1. 地处海边和海域； 2. 有强烈日光照射和附近有烟气污染； 3. 常年空气相对湿度在 70%以上的场所、有酸碱盐雾经常或周期性出现且有可能在金属表面凝结的场所、有酸碱盐滴溅的场所等
中腐蚀区	1. 有弱酸、弱碱、高温高湿的场所； 2. 有日光照射和烟气污染但不太强烈的场所； 3. 近海的场所
弱腐蚀区	1. 离海较远，空气相对湿度绝大部分时间在 70%以下的场所； 2. 有空气污染，但不严重或仅受风向影响

表 1.7.8　不同用途的防腐蚀涂层干膜厚度　　μm

腐蚀程度	涂层干膜总厚度		重要部位或维修困难部位
	室　内	室　外	
强腐蚀	≥200	≥250	增加 1～2 道
中等腐蚀	≥150	≥200	
弱腐蚀	≥100	≥120	

(3) 根据环境腐蚀等级选择油漆涂料品种、组成。根据腐蚀环境选用相互结合良好的涂料底漆、中间漆、面漆品种，具体见表 1.7.9 和表 1.7.10。

表 1.7.9　常用涂料的耐腐蚀性能和用途

性能和用途		涂料种类											
		酚醛树脂涂料	沥青涂料	醇酸树脂涂料	过氯乙烯涂料	烯树脂涂料	环氧树脂涂料	聚氨酯涂料	元素有机硅涂料	橡胶涂料	无机富锌涂料	丙烯酸树脂	不饱和树脂
一般防腐		√	√	√	△	△	△	△	△	△	△	△	△
耐化工大气		○	√	○	√	√	√	√	○	√	√	√	△
耐无机酸	酸性气体	○	○	○	√	√	√	○	○	√	○	√	√
	酸雾	×	○	×	√	√	○	○	×	√	○	○	√
耐有机酸雾及飞溅		×	√	×	×	○	○	○	×	○	○	○	√
耐碱		×	○	×	√	√	√	○	√	√	×	○	√
耐盐类		√	○	○	√	√	√	√	○	√	√	√	√

续表 1.7.9

性能和用途		涂料种类											
		酚醛树脂涂料	沥青涂料	醇酸树脂涂料	过氯乙烯涂料	烯树脂涂料	环氧树脂涂料	聚氨酯涂料	元素有机硅涂料	橡胶涂料	无机富锌涂料	丙烯酸树脂	不饱和树脂
耐油	汽油、煤油等	√	×	○	√	√	√	√	×	○	√	×	×
	机油	√	×	○	√	×	√	√	○	×	√	×	×
耐溶剂	烃类溶剂	√	×	○	×	×	√	√	○	×	○	×	×
	脂、酮类溶剂	×	×	×	×	×	○	×	×	×	○	×	×
	氯化溶剂	×	×	×	×	×	○	○	×	×	×	×	×
耐潮湿		√	√	×	√	√	√	√	√	√	√	√	√
耐水		√	√	○	√	√	√	√	√	√	√	√	√
耐温/℃	常温	√	√	√	√	√	√	√	△	√	√	√	√
	≤100	√	×	√	×	×	√	√	△	×	√	○	√
	101～200	×	×	×	×	×	√	×	△	×	√	×	×
	201～350	×	×	×	×	×	√	×	√	×	√	×	×
	315～500	×	×	×	×	×	×	×	√	×	○	×	×
耐候性		○	×	√	√	√	×	√	√	√	√	√	√
附着力		√	○	√	×	○	√	√	○	√	√	√	√

注：表中“√”表示性能优良，推荐选用；“○”表示性能一般，可以选用；“×”表示性能差，不宜选用；“△”表示价格高，慎用。

表 1.7.10　耐高温涂料的选用

耐温度/℃	涂料名称
≤250	环氧型高温涂料
300～450	有机硅耐热涂料
>90～<400	保温管道、设备可选用无机富锌底漆

（4）在碱性环境中，不宜采用生漆、漆酚漆、酚醛漆、醇酸漆和呋喃树脂漆；在室外环境中，不宜采用生漆、漆酚漆、酚醛漆和沥青漆；在酸碱环境中，富锌漆只能作底漆。

4. 油漆涂料防腐蚀一般要求

（1）施工前应按原管道设计图纸或上述要求，确定除锈等级、油漆涂料品种、涂层遍数和干膜厚度等。

（2）所用的油漆涂料必须有合格证、有效期、生产厂推荐的施工工艺、配合比等质量证明。凡油漆涂料达不到质量标准的一律不允许使用。过期油漆涂料应按规定进行检验，符合规定方可使用。不同厂家、不同品种的防腐涂料，不宜掺和使用，如掺和使用，要经试验确定。防腐涂料和稀释剂在储存、运输及固化过程中，不得与酸、碱及水接触，并应防尘、防曝晒、严禁烟火。

(3) 涂刷油漆前应仔细检查表面处理是否达到要求。通过自检认为合格后通知管理部门、质检部门到现场进行确认合格才填写隐蔽工程记录，刷底漆。每刷一遍涂料层质检人员均要测厚、外观检查确认。

(4) 油漆涂料调配，应做到性能适应，配比正确，搅拌均匀，稠度适宜，不准随意增加稀释剂，涂料中的稀释剂分非活性与活性两种。

“非活性”稀释剂如丙酮、无水乙醇、二甲苯、汽油等，它们仅仅起稀释涂料的作用，不参与涂膜的固化反应，在涂膜固化过程中挥发跑了。生产厂已按试验确定的比例将稀释剂加入到了涂料中，施工时一般不需要再增加，只是在高温、干燥天气的情况下稀释剂容易挥发，涂料黏度过大不易涂刷时可以适当添加 3%～5%的量，加入过多，会使涂料中的成膜物质含量降低，会导致漆膜气孔增多，使漆膜的抗渗性能、耐蚀性能、韧性下降。

“活性”稀释剂如正丁基缩水甘油醚、苯基缩水甘油醚等它们参与涂膜的固化反应，生产厂已按试验确定的比例将其加入到了涂料中，这种涂料被称为无溶剂涂料。施工时随便加入有机溶剂会破坏涂层，使其漆膜的抗渗性能、耐蚀性能和强度降低。现场所备稀释剂主要用于洗刷施工用具。

(5) 施工环境温度不应低于 5℃，相对湿度不应大于 85%；通风良好，环境清洁，不许在雨雾、结露、风沙天气进行露天施工。

(6) 涂料施工时，应先试涂。使用涂料时，应搅拌均匀，如有结皮或其他杂物，必须过滤清除后，方可使用。使用容易沉底的铁红底漆、富锌底漆、重防腐涂料等双组分或多组分涂料应采用电动搅拌器搅拌均匀。

(7) 基层表面如有凹凸不平、焊缝波纹及非圆弧拐角处，先刷底漆，在底漆上刮与涂料配套的腻子。腻子干透后，应打磨平整，擦拭干净，然后进行中间漆、面漆施工。

(8) 涂层的施工方法，可采用刷涂、滚涂、空气喷涂或高压无空气喷涂。重防腐涂料优先采用高压无气喷涂，也可采用刮涂方法等。

刷涂时，层间应纵横交错，每层宜往复进行(快干漆除外)，涂匀为止；空气喷涂时，喷嘴与被喷涂表面的距离应为 250 mm～350 mm，并成 70°～80°的角度。压缩空气压力应为 0.3 MPa～0.55 MPa；高压无空气喷涂时，压力宜为 11.8 MPa～16.7 MPa，喷嘴与被喷涂物表面的距离不得小于 400 mm。

第八节　压力管道常见缺陷、失效形式及缺陷处理要求

压力管道存在的缺陷是引起管道失效的主要原因，及时发现管道存在的缺陷，采取相应的预防和处理措施，能有效减缓缺陷的发展，延长管道使用寿命，起到减少和预防管道事故发生的作用。

压力管道缺陷是指可能影响压力管道正常运行，或者造成管道失效的诸多因素的组合。本教材只对常见压力管道缺陷、失效形式及处理方法作简单介绍。

常见的管道缺陷按生成阶段分为原始缺陷和使用缺陷(或称后续缺陷);按缺陷的位置可分为表面缺陷和内部缺陷等。

一、原始缺陷

原始缺陷指管道在设计、制造及安装过程中存在选材、结构、元件制作和焊接不符合要求,且未得到纠正,管道投入使用后在操作条件和特定环境相互作用下出现的缺陷。

原始缺陷主要是在管道投入运行前产生,故缺陷的处理也在相关环节进行。

1. 材料选择不当

(1) 选择的材料与输送介质、使用环境等不相容,造成管道腐蚀破坏。失效形式及缺陷处理要求见本章第三节“材料选用基本原则”。

(2) 选择的材料强度、温度或者在使用温度条件下的强度不能满足管道使用要求,造成管道韧性破坏。韧性破坏是管道在使用压力下产生的应力(薄膜应力)达到或超过材料的强度极限,而使管道断裂的一种失效形式。此外,材料使用温度不符合要求,即材料使用在冷脆转变温度下,产生韧性状态变为脆性状态,引起脆性破坏。

2. 设计结构不合理,使管道位移受到限制、产生振动和冲刷磨损等。在温差较大环境中运行的管道,如果没有考虑热胀冷缩,使其位移受到限制,就会产生二次应力,使管道破裂而失效;支吊架等布置不合理,管道产生振动,使管道特别是连接部位出现裂纹、疲劳等,在综合因素作用下使管道破坏失效;管道弯头、三通四通、阀门等结构设计不合理,在输送介质方向突变处产生冲刷磨损,降低管道使用寿命甚至引起管道事故。

3. 现场管道元件制作产生的缺陷

在管件切割、卷制等制作过程中,由于工艺的不合理,出现残余应力和裂纹,在管道使用条件下产生应力腐蚀、裂纹扩展,使管道泄漏、脆性破裂而失效。根据元件材料和制作工艺要求,进行切割、卷制后的热处理,消除残余应力;对表面裂纹进行打磨,消除应力集中。

4. 焊接残余应力。焊接是对焊件进行局部不均匀的加热,使焊缝金属熔化,冷却后使焊件连接起来,由于焊件的厚度、刚度以及其他约束条件又对其在加热和冷却过程的膨胀和收缩起阻碍作用,在焊接后使焊件内部产生内应力(主要是残余应力),当残余应力超过一定值时焊件就会出现裂纹,或者管道使用时在残余应力与腐蚀介质相互作用下产生应力腐蚀,造成管道腐蚀破坏和脆性破坏而失效。

焊接残余应力的预防和消除目前主要是采取焊前预热和焊后热处理的方法。

5. 焊接缺陷

焊接缺陷可分为焊缝表面缺陷和焊缝内部缺陷,其缺陷的形状基本一致,表面缺陷通过宏观(或借助显微镜)和焊缝表面无损检测检查发现,内部缺陷主要通过无损检测发现。

(1) 裂纹

裂纹按其产生部位不同可分为纵向裂纹、横向裂纹、根部裂纹、弧坑裂纹、熔合区裂纹和热影响区裂纹等;按其产生的温度和时间不同又可分为热裂纹(包括结晶裂纹和热影响区液化裂纹等)、冷裂纹(包括氢致裂纹和层状撕裂等)以及再热裂纹。

① 热裂纹

热裂纹一般是指高温下所产生的裂纹所以又叫高温裂纹，它的产生原因是由于焊接熔池在结晶过程中存在着偏析现象，偏析出的物质多为低熔点共晶和杂质，它们在结晶过程中以液态间层存在。由于熔点低往往最后结晶凝固，强度极低，当焊接拉力足够大时，会将液态间层拉开或在凝固后不久被拉断而形成裂纹。

防止措施：

——限制钢材及焊材中易偏析元素和有害杂质的含量，减少硫、磷等元素含量及降低含碳量；

——调节焊缝金属化学成分，改善焊缝组织，细化焊缝晶粒，以提高塑性、减少或分散偏析程度，控制低熔点共晶的有害影响；

——提高焊条和焊剂的碱度，以降低焊缝中杂质含量，改善偏析程度；

——控制焊接规范，适当提高焊缝形状系数，采用多层多道焊法，避免中心线偏析，防止中心线裂纹；

——采取各种降低焊接应力的工艺措施；

——断弧时采用收弧板，填满弧坑；

——采用尽量小的焊接线能量，防止液化裂纹产生。

② 冷裂纹

冷裂纹是在冷却过程中或冷却至室温以后所产生的裂纹。冷裂纹可以在焊接后立即出现，也可以延至几小时、几天、几周甚至更长时间以后发生，又称为延迟裂纹或氢致裂纹。冷裂纹一般在焊接低合金高强度钢、中碳钢、合金钢等易淬火钢时容易发生，主要由于氢的作用而引起。而低碳钢、奥氏体不锈钢焊接时遇到较少。

形成冷裂纹的基本条件是焊接接头形成淬硬组织、扩散氢的存在和浓集、存在较大的焊接拉伸应力。

防止措施：

——选用碱性低氢焊条和碱性焊剂，减少焊缝中的扩散氢含量；

——焊条和焊剂应严格按规定要求进行烘干，随用随取；

——选择合理的焊接规范和线能量，如焊前预热，控制层间温度、缓冷等；

——焊后立即进行消氢处理，使氢充分逸出焊接接头；

——焊后及时进行热处理，改善其韧性；

——提高钢材质量，减少钢材中层状夹杂物，防止层状撕裂；

——采用降低焊接应力的各种工艺措施等。

(2) 未焊透

焊缝金属与母材之间，未被电弧(或火焰)熔化而留下的空隙称为未焊透。

未焊透产生原因是接头的坡口角度小，间隙过小或钝边过大；管子厚薄不均，错边量过大；焊接电流或焊炬火焰能率过小，或焊速过大等都容易形成未焊透。

防止措施：

控制接头坡口尺寸，管道单面焊双面成型的接头，其装配间隙应为焊条直径，并有合适的钝边，管子对口应严格控制错边量，壁厚不同的管子应按要求进行加工成缓坡形。

(3) 边缘及层间未熔合

焊缝金属与母材之间，焊缝金属之间彼此没有完全熔合在一起的现象称为未熔合。

出现原因是热能过小；焊条、焊丝或焊炬火焰偏于坡口一侧，或焊条偏心，偏弧使电弧偏于一侧，使母材或前一层焊缝金属未得到充分熔化就被填充金属敷盖而造成。当母材坡口或前一层焊缝表面有铁锈或污物，焊接时由于温度不够，未能将其熔化而盖上填充金属，也会形成边缘及层间未熔合。

防止措施：

焊条和焊炬的角度要合适，运条要适当，要注意观察坡口两侧熔化情况；选用稍大的焊接电流和火焰能率。适当控制焊速，使热量增加足以熔化母材或前一层焊缝金属；发现焊条偏心或偏弧，应及时调整角度，使电弧处于正确方向；仔细清理坡口和焊缝上的脏物。

(4) 夹渣

夹杂在焊缝中的非金属夹杂物称为夹渣。产生原因是坡口角度过小，焊接电流过小，熔渣黏度大等，将使熔渣浮不到表面而引起夹渣；焊条药皮块状脱落未被熔化；多层多道焊，熔渣没有清理干净而残留在焊缝中；气焊时焊炬火焰能率不够，焊前工件清理不好，采用氧化焰，或摆动幅度小没有将熔渣拨出等，均会引起夹渣。

防止措施：

适当调整焊接电流，使熔池达到一定温度，让熔渣充分浮出；采用良好工艺性能的焊条；仔细清理母材上的脏物或前一层(道)上的溶渣；焊接过程中始终要保持清晰的熔池，熔渣和液态金属良好分离；气焊时应选用合适的焊嘴和火焰能率；并采用中性焰，焊接时仔细操作将熔渣拨出熔池。

(5) 气孔

气孔是由于焊接熔池在高温时吸收了过多的气体，冷却时气体来不及逸出而残留在焊缝金属内而形成的。形成气孔的气体来自大气，溶解于母材、焊丝和焊条钢芯中的气体、焊条药皮或焊剂熔化时产生的气体、焊丝和母材上的油、锈等脏物在受热后分解产生的气体以及各种冶金反应所产生的气体。熔化焊中，氢、一氧化碳是产生气孔的主要气体。

焊接过程中一切导致产生大量气体的因素都是产生气孔的原因，主要有以下两方面原因：

① 焊接材料方面：焊条或焊剂受潮，或未按规定进行烘干；焊条药皮变质，脱落，或因烘干温度过高而使药皮中部分成分变质失效；焊芯锈蚀，焊丝清理不干净，焊剂中混入污物等均易产生气孔。

② 焊接工艺方面：手工电弧焊时，采用过大的电流造成焊条药皮发红而失去保护效果，使用碱性低氢焊条焊接时电弧拉得过长；埋弧焊时使用过高的电弧电压，或网路压力波动太大；手工钨极氩弧焊时氩气纯度低，保护不良；气焊时火焰成分不对，焊炬摆动幅度过小，熔池得不到充分搅伴，气体排不出来，或焊速过快，焊丝填加不均匀等都易形成气孔。

防止措施：

不使用药皮脱落、开裂、变质、药皮偏心、焊芯锈蚀的焊条。各种焊条、焊剂都应按规定要求进行烘干。焊接坡口两侧应按要求清理干净；要选用合适的焊接电流、电弧电压和焊接速度；碱性焊条施焊时应短弧操作，焊条在施焊中发现偏心应及时转动和调整倾斜角度；氩弧焊时，要严格按规定标准选择氩气纯度；气焊时，应选用中性焰并熟练操作。

（6）咬边

焊缝边缘母材上被电弧烧熔的凹槽称为咬边。

手工电弧焊产生咬边主要原因是焊接时电流过大，电弧过长，焊条角度及运条不当所致；埋弧自动焊时，焊速过快，熔宽下降，易形成咬边；气焊时若火焰能率过大，焊嘴倾斜角度不当，焊嘴和焊丝摆动不当等都易产生咬边。

防止措施：

手工电弧焊时应选择合适的电流、电弧长度，焊条操作角度要合适；焊条运条摆动时在坡口边缘稍作停留稍慢一些，而中间略快一些；自动焊时焊接速度要适当；气焊时火焰能率要适当，焊嘴与焊丝摆动要适宜。

（7）背面凹陷（内凹）

根部焊缝低于母材表面的现象称为内凹，手工电弧焊单面焊双面成型管子仰焊，常产生这种缺陷。仰焊时，由于熔池在高温时的表面张力小，使铁水在自重作用下下坠，产生凹陷。

防止措施：

应选择合理的焊接坡口，其角度和组装间隙不宜过大，钝边不宜过小；焊接电流应适中，施焊过程调整好焊接电流，严格控制好熔池形状和大小，操作时要注意两侧稳弧。

（8）焊瘤

正常焊缝外多余的金属瘤称为焊瘤，这种缺陷的产生原因是由于熔池温度过高，液态金属凝固较慢在自重下外流而形成的。

防止措施：

立焊、仰焊时应严格控制熔池温度，不使其过高，尽量采用短弧焊；焊条摆动中间宜快，两侧稍慢些；坡口间的组装间隙不宜过大，焊接电流选择要适当，不宜过大；当熔池温度过高过大时应灭弧，待熔池温度稍下降后再引弧焊接。

（9）弧坑

弧坑是指焊缝收尾处产生的下陷。产生的原因主要是熄弧时没有再次引弧把其填满，或因电流过大，埋弧焊时没有分两步按下“停止”按钮。

防止措施：

手工焊时收弧时焊条需在熔池处作短时间停留或作几次点焊，使足够的填充金属填满熔池；薄壁管焊接时要正确选择焊接电流；自动焊时要分两步按“停止”按钮，即先停止送丝后切断电源。

（10）电弧擦伤

由于焊条或焊钳不慎与工件接触，或地线与工件接触不良，引起电弧，而使工件表面留下的伤痕。电弧擦伤一般不被人们注意，但是它的危害极大。由于电弧擦伤处快速冷却，硬度很高，有脆化作用。在易淬火钢和低温钢中，可能成为发生脆性破坏的起源点；不锈钢有电弧擦伤，会降低耐腐蚀性能。所以，在施焊过程中，不得在坡口以外的地方引弧，管件与地线接触一定要良好，发现电弧擦伤，必须打磨，并视深度予以补焊。

(11) 焊缝尺寸不符要求

包括焊缝成型粗劣、焊缝高低不平、焊缝加强高低差超过标准。由于坡口角度不当或装配间隙不均匀、焊接规范选择不当、运条速度、焊条角度不当或操作不熟练所引起。

防止措施：

坡口角度要合适，装配间隙要均匀，选择正确的焊接规范，手工焊时焊工要熟练掌握运条，焊接速度，焊条角度，才能获得均匀美观的外观成型。

(12) 夹钨

手工钨极氩弧焊中，用接触引弧或因钨极强烈的发热，端部熔化、蒸发，而使钨过渡到焊缝并残留在焊缝内而形成夹钨。当焊接电流过大超过极限电流值或钨极直径太小，使钨极强烈地蒸发，端部熔化；氩气保护不良引起钨极烧损；焊接时，钨极触及熔池或焊丝而产生飞溅等，都会引起焊缝夹钨。

防止措施：

应根据工件厚度相应选择焊接电流和钨棒直径；使用符合标准要求纯度的氩气；施焊时，尽量采用高频引弧，接触引弧时速度要快，不影响操作情况下尽量采用短弧，增加保护效果；操作要仔细，避免钨极触及熔池和焊丝，并按时修磨钨棒端部。

二、扩展缺陷

扩展缺陷(也称后续缺陷)是指管道在使用过程中出现的缺陷，包括管道在设计、制造及安装过程存在不超标缺陷，但在使用中由于介质、环境等使用条件共同作用下产生的缺陷。后续缺陷主要有管道腐蚀、缺陷扩展等形式。详见本章第七节“管道的防护技术”。

三、焊接缺陷合格标准及常见处理方法

1. 压力管道焊接质量要求主要依据国家有关规定和标准，并符合设计的要求，一般管道焊接质量和检查要求是根据 GB 50235—1997《工业金属管道施工及验收规范》以及 GB 50236—1998《现场设备、工业管道焊接工程施工及验收规范》等。

表 1.8.1 为 GB 50236 焊缝质量分级和合格标准。

表 1.8.1　焊缝质量分级和合格标准

检验项目	缺陷名称	质量分级			
		Ⅰ	Ⅱ	Ⅲ	Ⅳ
焊缝外观检查	裂纹	不允许			
	表面气孔	不允许		每 50 mm 焊缝内允许直径≤0.3 δ。且≤2 mm 的气孔 2 个，孔间距≥6 倍孔径	每 50 mm 焊缝长度内允许直径≤0.4 δ，且≤3 mm 的气孔 2 个，孔间距≥6 倍孔径

续表 1.8.1

<table>
<tr><th rowspan="2">检验项目</th><th rowspan="2" colspan="2">缺陷名称</th><th colspan="4">质　量　分　级</th></tr>
<tr><th>Ⅰ</th><th>Ⅱ</th><th>Ⅲ</th><th>Ⅳ</th></tr>
<tr><td rowspan="8">焊缝外观检查</td><td colspan="2">表面夹渣</td><td colspan="2">不允许</td><td>深≤0.1 δ，长≤0.3 δ，且≤10 mm</td><td>深≤0.2 δ，长≤0.5 δ，且≤20 mm</td></tr>
<tr><td colspan="2">咬边</td><td colspan="2">不允许</td><td>≤0.05 δ，且≤0.5 mm 连续长度≤100 mm，且焊缝两侧咬边总长≤10%焊缝全长</td><td>≤0.1 δ，且≤1 mm 长度不限</td></tr>
<tr><td colspan="2">未焊透</td><td colspan="2">不允许</td><td>不加垫单面允许值≤0.15 δ，且≤1.5 mm 缺陷总长在 6 δ 焊缝长度内不超过 δ</td><td>≤0.28 δ，且≤2.0 mm 每 100 mm 焊缝内缺陷总长≤25 mm</td></tr>
<tr><td colspan="2" rowspan="2">根部收缩</td><td rowspan="2">不允许</td><td>≤0.2+0.028 δ，且≤0.5 mm</td><td>≤0.2+0.02 δ 且≤1 mm</td><td>≤0.2+0.04 δ，且≤2 mm</td></tr>
<tr><td>长度不限</td><td>长度不限</td><td>长度不限</td></tr>
<tr><td colspan="2">角焊缝厚度不足</td><td colspan="2">不允许</td><td>≤0.3+0.05 δ，且≤1 mm，每 100 mm 焊缝长度内缺陷总长度≤25 mm</td><td>≤0.3+0.05 δ，且≤2 mm，每 100 mm 焊缝长度内缺陷总长度≤25 mm</td></tr>
<tr><td colspan="2">角焊缝焊脚不对称</td><td colspan="2">差值≤1+0.1 a</td><td>差值≤2+0.15 a</td><td>差值≤2+0.2 a</td></tr>
<tr><td colspan="2">余高</td><td colspan="2">≤1+0.1 b，且最大为 3 mm</td><td>≤1+0.2 b，且最大为 5 mm</td><td>≤1+0.2 b，且最大为 5 mm</td></tr>
<tr><td rowspan="7">对接焊缝内部质量检验</td><td rowspan="6">射线照相检验</td><td>碳素钢和合金钢</td><td>GB/T 3323 的Ⅰ级</td><td>GB/T 3323 的Ⅱ级</td><td>GB/T 3323 的Ⅲ级</td><td rowspan="5">不要求</td></tr>
<tr><td rowspan="2">铝及铝合金</td><td colspan="2">GB 50236 附录 E 的</td><td rowspan="2">GB 50236 附录 E 的Ⅲ级</td></tr>
<tr><td>Ⅰ级</td><td>Ⅱ级</td></tr>
<tr><td>铜及铜合金</td><td>GB/T 3323 的Ⅰ级</td><td>GB/T 3323 的Ⅱ级</td><td>GB/T 3323 的Ⅲ级</td></tr>
<tr><td>镍及镍合金</td><td>GB/T 3323 的Ⅰ级</td><td>GB/T 3323 的Ⅱ级</td><td>GB/T 3323 的Ⅲ级</td></tr>
<tr><td>工业纯钛</td><td colspan="2">GB 50236 附录 F 的合格级</td><td colspan="2">不要求</td></tr>
<tr><td colspan="2">超声波检验</td><td colspan="2">GB/T 11345 的Ⅰ级</td><td>GB/T 11345 的Ⅱ级</td><td>不要求</td></tr>
<tr><td colspan="7">注：表中 a—设计焊缝厚度；b—焊缝宽度；δ—母材厚度；附录 E、附录 F 在 GB 50236 标准中。</td></tr>
</table>

2. 常见缺陷处理原则

（1）宏观检查和表面检测（磁粉探伤和渗透探伤）检出的管道、管件表面、焊缝表面的裂纹、重皮、褶叠及严重变形等不允许存在，必须先进行打磨消除，磨削部位应修整并平滑过渡，当打磨深度超过管壁厚度的10%时，还应进行补焊处理。

(2) 管道和管件腐蚀(减薄)面积较大，或磨削部位不能采取补焊等方法处理的，测厚值减薄10%或0.5 mm以上时，需经评定后决定是否可用。

(3) 管道焊缝射线探伤和超声波探伤检测的裂纹不允许存在，未熔合、未焊透、条状夹渣需经评定后确定是否需消除。

(4) 承受交变应力的管道及振动较严重的管道，对接焊缝的咬边及表面凹陷允许存在的限度为：深度不大于0.5 mm，长度不大于焊缝全长的10%，且小于100 mm。

(5) 中高压管道对接焊缝的错边量应小于壁厚的20%，且不大于3 mm。

第九节　无损检测基础知识和检验方法

无损检测是指借助先进的技术和检验设备，在不损坏所检测的试件(工件)的前提下，对试件内部及表面的结构、状态进行检查和验证的活动。

随着现代工业的发展，对产品质量和结构安全性，使用可靠性提出了越来越高的要求，由于无损检测技术具有不破坏试件，检测灵敏度高等优点，所以其应用日益广泛，目前，无损检测技术不仅应用于特种设备的制造检验和在用检验，而且在国内许多行业和部门，例如机械、冶金、石油、天然气、石化、化工、航空航天、船舶、铁道、电力、核工业、兵器、建筑等行业都得到广泛应用。

无损检测方法有：射线检测(简称RT)、超声波检测(简称UT)、磁粉检测(简称MT)、渗透检测(简称PT)等，是应用较广泛的探测缺陷的方法，称为四大常规探伤方法。到目前为止，这四种方法仍是特种设备制造质量检验和在用检验最常用的无损检测方法。其中RT和UT主要用于探测试件内部缺陷，MT和PT主要用于探测试件表面缺陷。其他用于特种设备的无损检测方法还有涡流检测(简称ET)、声发射检测(简称AE)等。

一、射线检测

射线检测最主要的应用是探测试件内部的宏观几何缺陷。按照不同特征(例如使用的射线种类、记录的器材、工艺和技术特点等)可将射线检测分为许多种不同的方法。

射线的种类很多，其中易于穿透物质的有X射线、γ射线、中子射线三种。这三种射线都被用于无损检测，其中X射线和γ射线广泛用于特种设备焊缝和其他工业产品、结构材料的缺陷检测，而中子射线仅用于一些特殊场合。

射线照相法是指用X射线或γ射线穿透试件，以胶片作为记录信息的器材的无损的检测方法，该方法是最基本的，应用最广泛的一种射线检测方法。

1. 射线照相基本原理

X射线和γ射线都是波长极短的电磁波，具有极强的物体穿透性，在穿透试件过程中，如果是相同的单一材料(没有缺陷)，即射线通过相同路径(厚度)的试件时衰减一致，在感光材料(胶片)面上反映的就是相同黑白对比度；反之，如果材料有缺陷，射线衰减不同，在感光材料面上反映的黑白对比就有差别，以此判断试件的缺陷性质和形状等。

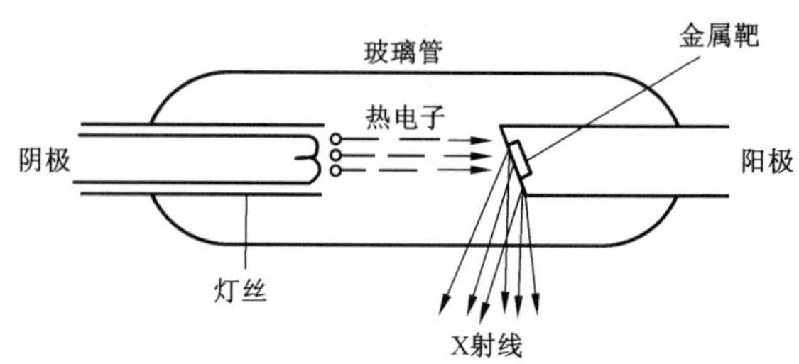

图 1.9.1　X 射线发生原理图

X 射线是从 X 射线管中产生的，X 射线管是一种两极电子管，X 射线发生原理如图 1.9.1 所示。将阴极灯丝通电，使之白炽，电子就在真空中放出，如果两极之间加几十千伏以至几百千伏的电压(叫做管电压)时，电子就从阴极向阳极方向加速飞行，获得很大的动能，当这些高速电子撞击阳极时，与阳极金属原子的核外库仑场作用，发生韧致幅射而放出 X 射线。电子的动能一部分转变为 X 射线，其中大部分都转变为热能。受电子撞击的地方，即产生 X 射线的地方叫做焦点。电子是从阴极移向阳极，而电流则相反，是从阳极向阴极流动的。这个电流叫做管电流，要调节管电流，只要调节灯丝加热电流即可，管电压的调节是靠调整 X 射线装置主变压器的初级电压来实现的。

γ 射线是从放射性同位素的原子核中放射出来的，一般常用的同位素有 ^{60}Co(钴)、^{137}Cs(铯)、^{192}Ir(铱)等。因 γ 射线源体积小，不需要外电源等，具有狭窄场地、高空、水下作业、可全景曝光等特点，已成为射线探伤的重要组成部分。

2. 射线照相工艺

一般把被检的物体安放在离 X 射线装置或 γ 射线装置 50 cm～1 m 的位置处，把胶片盒紧贴在试样背后，让射线照射适当的时间(几分钟至几十分钟)进行曝光。把曝光后的胶片在暗室中进行显影、定影、水洗和干燥。将干燥的底片放在观片灯的显示屏上观察，根据底片的黑度和图像来判断存在缺陷的种类、大小和数量，随后按通行的标准对缺陷进行评定和分级。

按射线源、工件和胶片之间的相互位置关系，透照方式分为纵缝透照法、环缝外透法、环缝内透法、双壁单影法和双壁双影法五种，见图 1.9.2。其中双壁单影法用于大口径管子焊缝；双壁双影法用于 ϕ 89 以下管子对接环焊缝。

3. 照相规范的确定

要得到一张好的射线照相底片，除了合理的选择透照方式外，还必须选择好透照规范，使小缺陷能够在底片上尽可能明显地辨别出来，即照相要达到高灵敏度，为了达到这一目的，除了选择质量好的细颗粒胶片外，还要取得好的射线照相对比度和清晰度。

射线照相对比度是指射线底片上有缺陷部分与无缺陷部分的黑度差；射线照相清晰度是指底片上图像的清晰程度。故照相规范的选择要注意以下几点：

(1) 透照方式选择和 K 值控制

无法进入内部的小直径管道只能采用双壁透照外，大直径管道的焊缝照相采用单壁透照，透照时即可以把射线源放在外面而把胶片贴在内壁(称为外透法)，也可以把射线源放在里面而胶片贴在外面(称为内透法)，外透法的优点是操作比较方便，内透法的优点是透照厚度差小，在满足透照厚度比 K 值的情况下，一次透照长度较大。

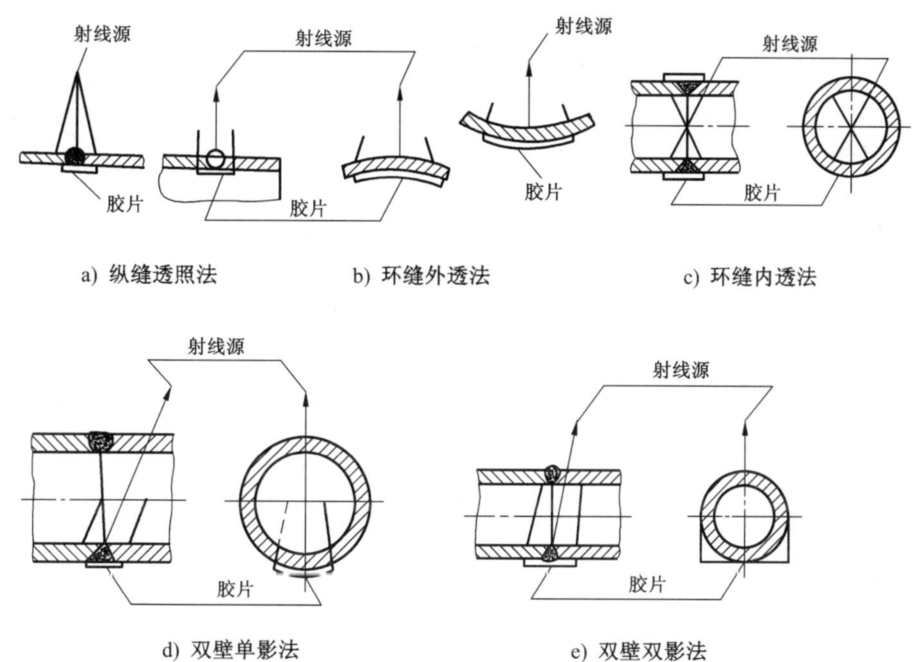

图 1.9.2　焊缝透照方式示意图

透照厚度比 K 值是指射线照射试件厚度与试件厚度的比值，标准规定，锅炉压力容器焊缝射线照相，纵缝的 K 值不得大于 1.03，环缝的 K 值不得大于 1.1。

（2）射线源的选择

愈是使用低能量的射线，材料的吸收系数（μ 值）就愈大，从而可以得到底片上有缺陷部分与无缺陷部分的黑度差（ΔD）较大的缺陷图像。为了达到这一目的，要尽可能降低管电压，在采用 γ 射线源的时候，则要选择波长较长的射线源，但是由于降低管电压，射线穿透力比较小，因而不能得到黑度足够的底片。所以，降低管电压也是有一定限度的，应在能穿透检测工件的前提下尽可能地降低 X 射线管电压。另外，选择射线源时，应选择小尺寸的射线源，这样，可以得到清晰度好的底片。

（3）透照距离的选择

焦距（射线源到胶片的距离）愈大，被检物体和胶片贴得愈紧，半影就愈小，在选择透照距离时，应将焦距选得大一些。但是由于射线的强度与焦距的平方成反比，所以不能把焦距选得过大，不然透照时，射线强度将不够，所以焦距的选择应在满足几何不清晰度要求的前提下合理选择，一般在透照中，焦距的选择大多在 600 mm～800 mm 之间。

（4）曝光量的选择

曝光量 E 为射线强度 I 与曝光时间 t 的乘积，曝光量的大小要能保证足够的底片黑度。如果管电压偏高，那么小的曝光量也能使底片达到规定黑度，但这样的底片灵敏度不够好，所以一般情况下 X 射线照相的曝光量选择 15 mA·min 以上。

（5）胶片、增感屏的选择与底片黑度控制

通常照相时是将厚度为 0.01 mm～0.03 mm 的铅箔增感屏与非增感型胶片一起使用，铅箔吸收射线；而放出二次电子，由于这种电子对胶片易于感光，因此用铅箔时感光度可提高 2～3 倍。而且由于铅箔吸收散乱射线，能使散射比 n 减小，从而提高底片的对比度。非增感型胶片有多种，低感光度的胶片有较大的 G 值，而且粒度细，其底片对比度 ΔD（黑度差）也大，底片黑度一般规定为 1.2 D～3.5 D 的范围内，黑度 D 值增大，胶片 G 值也增大，因此一般来说，应使底片黑度 D 大些，但黑度大于 3.5 D 观片灯有时就不容易看清了，所以底片黑度也不宜太大。

（6）象质计（透度计）的应用

为了评定底片的灵敏度，需要采用象质计，象质计是用来检查透照技术和胶片处理质量的。衡量该质量的数值是象质指数，它等于底片上能识别出的最细钢丝的线编号。我国标准规定使用粗细不同的几根金属丝等距离排列做成的线型象质计，用底片上必须显示的最小钢丝直径与相应的象质指数来表示照相的灵敏度。所谓射线照相的灵敏度是射线照相能发现最小缺陷的能力。

（7）底片评定

评片是射线照相最后一道工序，也是最重要的一道工序。通过观片灯观察底片，首先应评定底片本身质量是否合格。在底片合格的前提下，再对底片上的缺陷进行定性、定量和定位，对照标准评出工件质量等级，写出探伤报告。

对底片的质量要求包括：

——底片的黑度应在规定范围内，影像清晰，反差适中，灵敏度符合标准要求。标准规定的 X 射线底片黑度为 1.2 D～3.5 D，γ 射线底片黑度为 1.5 D～3.5 D，灵敏度应能识别标准规定的象质指数。

——标记齐全，摆放正确。必须摆放标记有设备号、焊缝号、底片号、中心标记和边缘标记等标记应距焊缝边缘 5 mm。

——在评定区内无影响评定的伪缺陷。底片上产生的伪缺陷有：划伤、水迹、折痕、压痕、静电感光、显影斑纹、霉点等。

4. 射线的安全防护

（1）射线的危害

射线具有生物效应，超辐射剂量可能引起放射性损伤，破坏人体的正常组织出现病理反应。辐射具有积累作用，超辐射剂量照射是致癌因素之一，并且可能殃及下一代，造成婴儿畸形和发育不全等。由于射线具有危害性，所以在射线照相中，防护是很重要的。

（2）辐射剂量及单位

辐射剂量是指材料或生物组织所吸收的电离辐射量，它包括照射量[单位库仑每千克(C/kg)]、吸收剂量[新单位戈瑞(Gy)、旧单位拉德(rad)]、剂量当量[新单位希沃特(Sv)、旧单位雷姆(rem)]。

我国对职业放射性工作人员剂量当量限值作了规定：从事放射性的人员年剂量当量限值为 50 mSv。

（3）射线防护方法

射线防护，就是在尽可能的条件下采取各种措施，在保证完成射线探伤任务的同时，使操作人员接受的剂量当量不超过限值，并且应尽可能的降低操作人员和其他人员的吸收剂量。主要的防护措施有以下三种：屏蔽防护、距离防护和时间防护。

——屏蔽防护就是在射线源与操作人员及其他邻近人员之间加上有效合理的屏蔽物来降低辐射的方法。屏蔽防护应用很广泛，如射线探伤机体衬铅，现场使用流动铅房和建立固定曝光室等都是屏蔽防护。

——距离防护是用增大射线源距离的办法来防止射线伤害的防护方法。因为射线强度 P 与距离 R 的平方成反比，所以在没有屏蔽物或屏蔽物厚度不够时，用增大射线源距离的办法也能达到防护的目的。尤其是在野外进行射线探伤时，距离防护更是一种简便易行的方法。

——时间防护就是减少操作人员与射线接触的时间，以减少射线损伤的防护方法。因为人体吸收射线量是与人接触射线的时间成正比的。

以上三种防护方法，各有其优缺点，在实际探伤中，可根据当时的条件选择。为了得到更好的效果，往往是三种防护方法同时使用。

二、超声波检测

超声波是一种超过人耳听觉、频率大于 20 kHz 的声波。用于检测的超声波频率为 0.4 MHz～25 MHz 之间，其中常用的是 1 MHz～5 MHz。

1. 超声波检测的原理

超声波检测可以分为超声波探伤和超声波测厚，以及超声波测晶粒度、测应力等。在超声探伤中，有根据缺陷的回波和底面的回波进行判断的脉冲反射法；有根据缺陷的阴影来判断缺陷情况的穿透法，还有由被检物产生驻波来判断缺陷情况或者判断板厚的共振法。目前用得最多的方法是脉冲反射法。脉冲反射法在垂直探伤时用纵波，在斜入射探伤时用横波。把超声波射入被检物的一面，然后在同一面接收从缺陷处反射回来的回波，根据回波情况来判断缺陷的情况。脉冲反射法的纵波和横波探伤原理如下：

（1）垂直探伤法

垂直探伤法的原理如图 1.9.3 所示。当把脉冲振荡器发生的电压加到晶片上时，晶片振动，产生超声波脉冲。如果被检物是钢工件的话，超声波以 5 900 m/s 形的固定速度在钢工件内传播，超声碰到缺陷时，一部分从缺陷反射回到晶片，而另一部分未碰到缺陷的超声波继续前进，一直到被检物底面才反射回来。因此，缺陷处反射的超声波先回到晶片，底面反射后回到晶片。回到晶片上的超声波又反过来被转换成高频电压，通过接收、放大进入示波器，示波器将缺陷回波和底面回波显示在荧光屏。因此，在示波管上可以得到图 1.9.4 的图形，从这个图形上可以看出有没有缺陷、缺陷的位置及其大小。

对于脉冲反射式超声波探伤仪，荧光屏的时基线和激励脉冲是被同时触发的，即处于同步状态下工作。当探头被激励而向工件发射超声波时，激励脉冲也被馈致接收电路触发时基电路开始扫描，在时基线的始端出现一个很强的脉冲波，这个波称为“始波”，用 T 表示；当探头接收到底面反射回来的声波时，时基线上右边相应呈现一个表示底面反射的脉冲波，称为“底波”，用 B 表示。时基线由 T 扫描到 B 的时间正等于超声脉冲从探头到底面又返回探头的传播时间，因此，可以说从 T 到 B 之间的距离代表了工件的厚度。如果工件中有缺陷，探头接收到缺陷反射回来的声波时，时基线上相应呈现出一个代表缺陷的脉冲波，称为“缺陷波”或“伤波”，用 F 表示。显然，缺陷波所经时间短于底波所经时间，故缺陷波 F 应处于 T 与 B 之间。如果探伤仪的时基线良好，就可以利用 T、F、B 之间的距离关系，对缺陷定位。

另外，因缺陷回波高度 h_F 是随缺陷尺寸的增大而增高的。所以，可由缺陷回波高度 h_F 来估计缺陷大小。当缺陷很大时，可以移动探头，按显示缺陷的范围来求出缺陷的延伸尺寸。

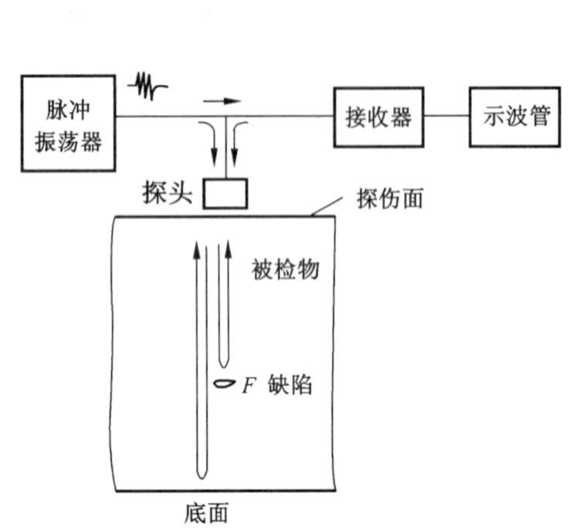

图 1.9.3 垂直探伤法原理图

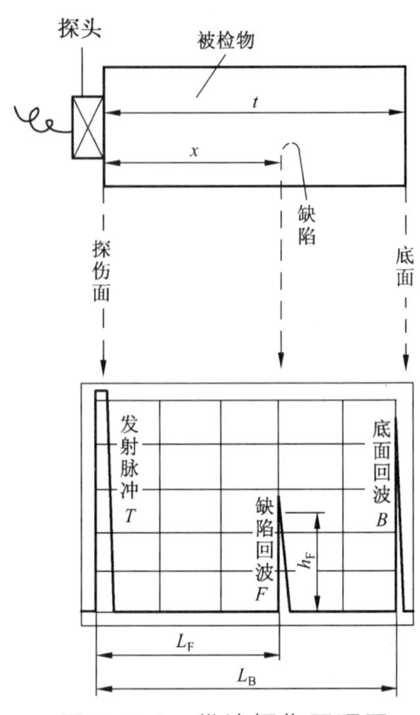

图 1.9.4 纵波探伤原理图

(2) 斜射探伤法

超声波的垂直入射纵波探伤和倾斜入射的横波探伤是超声波探伤中两种主要探伤方法。两种方法各有用途互为补充，纵波探伤主要能发现与探测面平行或稍有倾斜的缺陷，主要用于钢板、锻件、铸件的探伤，而斜射的横波探伤，主要能发现垂直于探测面或倾斜较大的缺陷，主要用于焊缝的探伤。

在斜射法探伤中，由于超声波在被检物中是斜向传播的，超声波是斜向射到底面，所以不会有底面回波。因此，不能再用底面回波调节来对缺陷进行定位。而要知道缺陷位置，需要用适当的标准试块来把示波管横坐标调整到适当状态。通常采用 CSK-1A 和横孔试块来进行调整。

在测定范围作了适当调整后，探测到缺陷时，从示波管上显示的探头到缺陷的距离 W 与缺陷位置的关系如图 1.9.5 所示。

从图中看出，横波探伤中的位置不仅决定于声程 W，还取决于折射角 θ，所以横波探

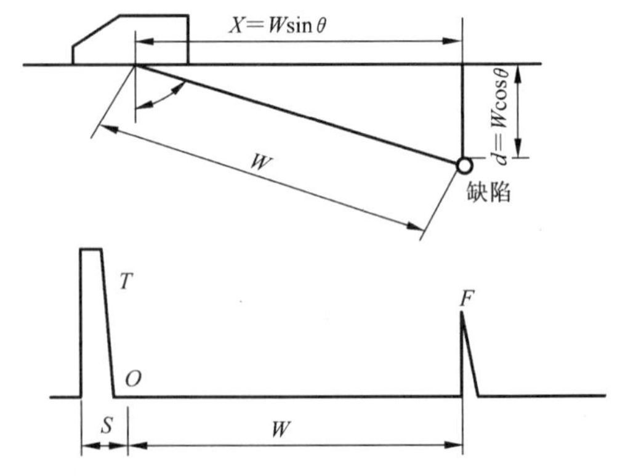

S—斜楔中的延迟；W—缺陷的声程；θ—折射角；
X—缺陷的水平距离；d—缺陷的垂直距离；
F—缺陷反射波；T—始波

图 1.9.5 斜射法探伤的几何关系

伤中扫描线的调节比纵波要复杂一些。对扫描线的调节，往往是横波探伤中一个重要的不可缺少的步骤。

2. 试块的用途

在无损检测技术中，常常采用与已知量相比较的方法来确定被检物的状况。例如在射线探伤中，是以透度计（象质计）的影像来作为比较的依据。超声探伤中是以试块作为比较的依据。试块上有各种已知的特征，例如特定的尺寸，规定的人工缺陷某一尺寸的平底孔、横通孔、凹槽等。用试块作为调节仪器、定量缺陷的参考依据，是超声探伤的一个特点。超声波探伤的发展，一直与试块的研制、使用分不开。

试块在超声探伤中的用途主要有三方面：

（1）确定合适的探伤方法。在超声探伤中，可以应用在某个部位有某种人工缺陷（平底孔、槽等）的试块来摸索探伤方法。在这种试块上摸到的探伤规律和方法，可应用到与试块同材质、同形式、同尺寸的工件探伤中去。

（2）确定探伤灵敏度和评价缺陷大小。对于不同种类，不同厚度、不同要求的工件，需要不同的探伤灵敏度。为了确定探伤时的灵敏度，就需要带有各种人工缺陷的试块，用人工缺陷的波高来表示探伤灵敏度，这是试块常用的一种方法。为了评价工件中某一深度处缺陷大小，用试块中同一深度各种尺寸的人工缺陷与之相比较，这就是探伤中应用的缺陷当量法。

（3）校验仪器和测试探头性能。通过试块可以测试仪器声或探头的性能，以及仪器和探头连接在一起的系统综合性能。

3. 超声波检测工艺要点

（1）探伤方法的分类

超声波探伤有多种分类方法：

① 超声波探伤按原理来分：有脉冲反射法、穿透法和共振法三种。目前用得最多的是脉冲反射法。

② 按超声波探伤图形的显示方式分，有 A 型显示、B 型显示、C 型显示等。目前用得最多的是 A 型显示探伤法。

③ 按超声波的波型来分，脉冲反射法大致可分为直射探伤法（纵波探伤法）、斜射探伤法（横波探伤法）、表面波探伤法和板波探伤法 4 种。用得较多的是纵波和横波探伤法。

④ 按探伤时使用的探头数目分：有单探头法、双探头法、多探头法 3 种，用得最多的是单探头法。

⑤ 按接触方法分类有直接接触法和水浸法两种。直接接触法的操作要领是，在探头和试件表面之间要涂布耦合剂，以消除空隙，让超声波能顺利地进入被检工件。耦合剂，可以用机油、水、甘油和水玻璃等。用水浸法时，探头和试件之间介有水层，超声通过水层传播，受表面状态影响不大，可以进行稳定的探伤。

（2）基本操作

超声脉冲 A 显示探伤操作要点叙述如下：

① 探伤时机选择。根据要达到的检测目的，选择最适当的探伤时机。例如，为减小粗

晶粒的影响，电渣焊焊缝应在正火处理后探伤，为估计锻造后可能产生的锻造缺陷，应在锻造全部完成后对锻件进行探伤。

② 探伤方法选择。根据工件情况，选定探伤方法。如对焊缝选择单斜探头接触法，对钢管选择聚焦探头水浸法，对轴类锻件探伤选用单探头垂直探伤法。

③ 探伤仪器的选择。根据探伤方法及工件情况，选定能满足工件探伤要求的探伤仪去探伤。

④ 探伤方向和扫查面的选定。进行超声波探伤时，探伤方向很重要，探伤方向应以能发现缺陷为准。应由缺陷的种类和方向来决定。如轧制钢板中，钢板内的缺陷是沿轧制方向伸展的，因此，采用纵波垂直探伤使超声波束垂直投射在缺陷上，这样缺陷回波最大；焊缝探伤时，应根据焊缝坡口型式和厚度选择扫查面，从一面两侧或是两面四侧探伤。

⑤ 频率的选择。根据工件的厚度和材料的晶粒大小，合理的选择探伤频率。例如对粗晶的探伤，不宜选用高频，因为高频衰减大，往往得不到足够的穿透力。

⑥ 晶片直径、折射角的选定。根据探伤的对象和目的，合理选用晶片尺寸和折射角。例如探测大厚度工件要选择大尺寸晶片；又例如，焊缝的单斜探头探伤主要用 45°～70°的折射角。在板厚大或没有余高时，用小折射角；板厚小或有余高时，用大折射角。

⑦ 探伤面修整。不合于探伤的探伤表面，必须进行适当的修整，以免不平整的探伤面影响探伤灵敏度和探伤结果。

⑧ 耦合剂和耦合方法的选择。为使探头发射的超声波传入试件，应使用合适的耦合剂。例如对粗糙表面进行探伤时，应选用黏性大的水玻璃或浆糊作耦合剂；手工探伤时，为保持耦合稳定，要用手或重物加上 10 N～20 N 的力；为使耦合稳定，在曲面上探伤时，探头可装上弧形导块。

⑨ 确定探伤灵敏度。用相应标准试块上的人工缺陷确定探伤灵敏度。

⑩ 进行粗探伤和精探伤。为了大概了解缺陷的有无和分布状态，以较高的灵敏度进行全面扫查，称为粗探伤。对粗探伤发现的缺陷进行定性、定量、定位，就是精探伤。

⑪ 写出检验报告。根据有关标准，对探伤结果进行分级、评定，写出检验报告。

三、磁粉检测

1. 磁粉检测原理

自然界有些物体具有吸引铁、钴、镍等物质的特性，我们把这些具有磁性的物体称为磁体。使原来不带磁性的物体变得具有磁性叫磁化，能够被磁化的材料称为磁性材料。磁体各处的磁性大小不同，在它的两端最强，这两端称为磁极。每一磁体都有一对磁极即 N 极和 S 极。它们具有不可分割的特性，即使把磁体分割成无数小磁体，每一个小磁体同样存在 N 极和 S 极。

铁磁性材料被磁化后，其内部产生很强的磁感应强度，磁力线密度增大几百倍到几千倍，如果材料中存在不连续性（包括缺陷造成的不连续性和结构、形状、材质等原因造成的不连续性），磁力线会发生畸变，部分磁力线有可能逸出材料表面，从空间穿过，形成漏磁场，漏磁场的局部磁极能够吸引铁磁物质。

从图 1.9.6 看出，试件中裂纹造成的不连续性使磁力线畸变，由于裂纹中空气介质的磁导率远远低于试件的磁导率，使磁力线受阻，一部分磁力线挤到缺陷的底部，一部分穿过裂纹，一部分排挤出工件的表面后再进入工件。如果这时在工件上撒上磁粉，漏磁场就会吸附磁粉，形成与缺陷形状相似的磁粉堆积，称其为磁痕，从而显示缺陷。当裂纹方向平行于磁力线的传播方向时，磁力线的传播不会受到影响，也不会产生磁痕，缺陷也就不能检出。

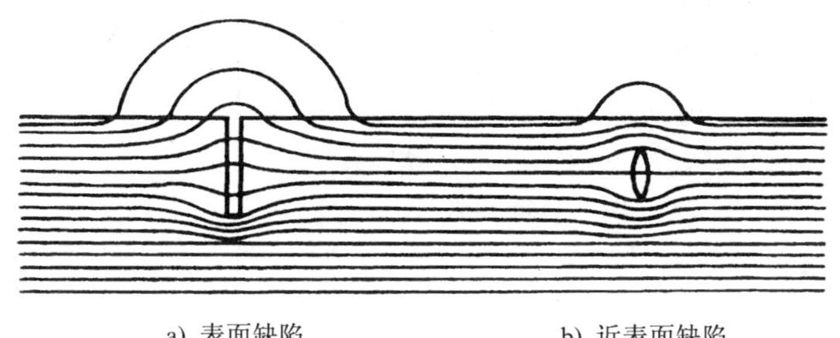

a) 表面缺陷　　b) 近表面缺陷

图 1.9.6　缺陷漏磁场

影响漏磁场的几个因素：

(1) 外加磁场强度越大，形成的漏磁场强度也越大。

(2) 在一定外加磁场强度下，材料的磁导率越高，工件越易被磁化，材料的磁感应强度越大，漏磁场强度也越大。

(3) 当缺陷的延伸方向与磁力线的方向成 90°时，由于缺陷阻挡磁力线穿过的面积最大，形成的漏磁场强度也最大。随着缺陷的方向与磁力线的方向从 90°逐渐减小（或增大）漏磁场强度明显下降；因此，磁粉探伤时，通常需要在两个（两次磁化磁力线的方向互相垂直）或多个方向上进行磁化。

(4) 随着缺陷的埋藏深度增加，溢出工件表面的磁力线迅速减少。缺陷的埋藏深度越大，漏磁场就越小。因此，磁粉探伤只能检测出铁磁材料制成的工件表面或近表面的裂纹及其他缺陷。

2. 磁粉检测设备器材

(1) 磁力探伤机分类。按设备体积和质量，磁力探伤机可分为固定式、移动式、携带式三类。

① 固定式探伤机

最常见的固定式探伤机为卧式湿法探伤机，设有放置工件的床身，可进行包括通电法、中心导体法、线圈法等多种磁化方式，配置了退磁装置和磁悬液搅拌喷洒装置和紫外线灯，最大磁化电流可达 12 kA，主要用于中小型工件探伤。

② 移动式探伤机

体积、质量中等，配有滚轮，可运至检验现场作业，能进行多种方式磁化，输出电流为 3 kA～6 kA。检验对象为不易搬运的大型工件。

③ 便携式探伤机

体积小、质量轻，适合野外和高空作业，多用于锅炉压力容器焊缝和大型工件局部探伤，最常使用的是电磁轭探伤机。

电磁轭探伤机是一个绕有线圈的U形铁芯，当线圈中通过电流，铁芯中产生大量磁力线，轭铁放在工件上，两极之间的工件局部被磁化，轭铁两极可做成活动式的，极间距和角度可调，磁化强度指标是磁轭能吸起的铁块重量，称作提升力，标准要求交流电磁轭的提升力至少44 N，直流电磁轭的提升力至少177 N。

（2）灵敏度试片

灵敏度试片用于检查磁粉探伤设备、磁粉、磁悬液的综合性能。灵敏度试片通常是由一侧刻有一定深度的直线和圆形细槽的薄铁片制成。A型试片是用100 μm厚的软磁材料制成，见图1.9.7。型号有1＃15/100、2＃30/100、3＃60/100三种。数字含义为：分子表示槽深多少微米、分母表示片厚多少微米。

使用时，将试片刻有人工槽的一侧与被检工件表面贴紧。然后对工件进行磁化并施加磁粉，如果磁化方法、规范选择得当，在试片表面上应能看到与人工刻槽相对应的清晰显示。

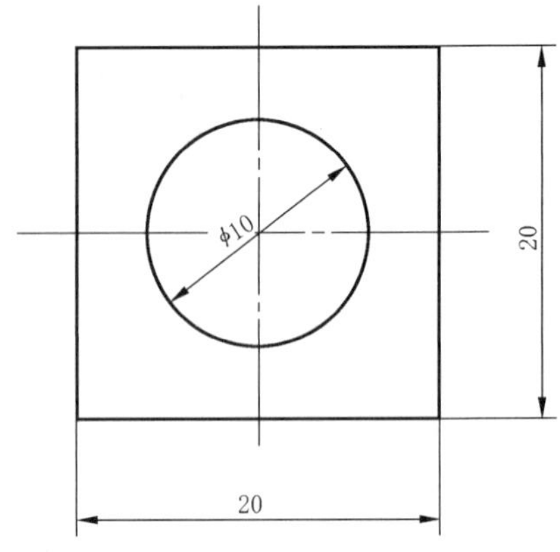

图1.9.7　A型灵敏度试片

（3）磁粉和磁悬液

磁粉是具有高磁导率和低剩磁的四氧化三铁或三氧化二铁粉末。湿法磁粉平均粒度为2 μm～10 μm，干法磁粉平均粒度不大于90 μm。按加入的染料可将磁粉分为荧光磁粉和非荧光磁粉，非荧光磁粉有黑、红、白几种不同颜色供选用。由于荧光磁粉的显示对比度比非荧光磁粉高得多，所以采用荧光磁粉进行检测具有磁痕观察容易、检测速度快、灵敏度高的优点。但荧光磁粉检测需一些附加条件：暗环境和黑光灯。

磁悬液是以水或煤油为分散介质，加入磁粉配成的悬浮液，配制浓度一般为：非荧光磁粉10 g/L～20 g/L，荧光磁粉1 g/L～3 g/L。

3. 磁粉检测工艺要点

（1）磁化方法

常用的磁化方法有：线圈法、磁轭法、轴向通电法、触头法、中心导体法、平行电缆法等，如图1.9.8所示。按磁力线方向分类：线圈法、磁轭法称为纵向磁化，其余称为周向磁化。实际工作中可根据试件的情况选择适当的磁化方法。

（2）磁粉探伤方法

磁粉探伤方法有多种分类方式。按检验时机可分为连续法和剩磁法。磁化、施加磁粉和观察同时进行的方法称为连续法；先磁化，后施加磁粉和检验的方法称为剩磁法，后者只适用于剩磁很大的硬磁材料。

按使用的电流种类可分为交流法、直流法两大类。交流电因有集肤效应，对表面缺陷检测灵敏度较高。

按施加磁粉的方法分类可分为湿法和干法，其中湿法采用磁悬液，干法则直接喷洒干粉。前者适宜检测表面光滑的工件上的细小缺陷，后者多用于粗糙表面。

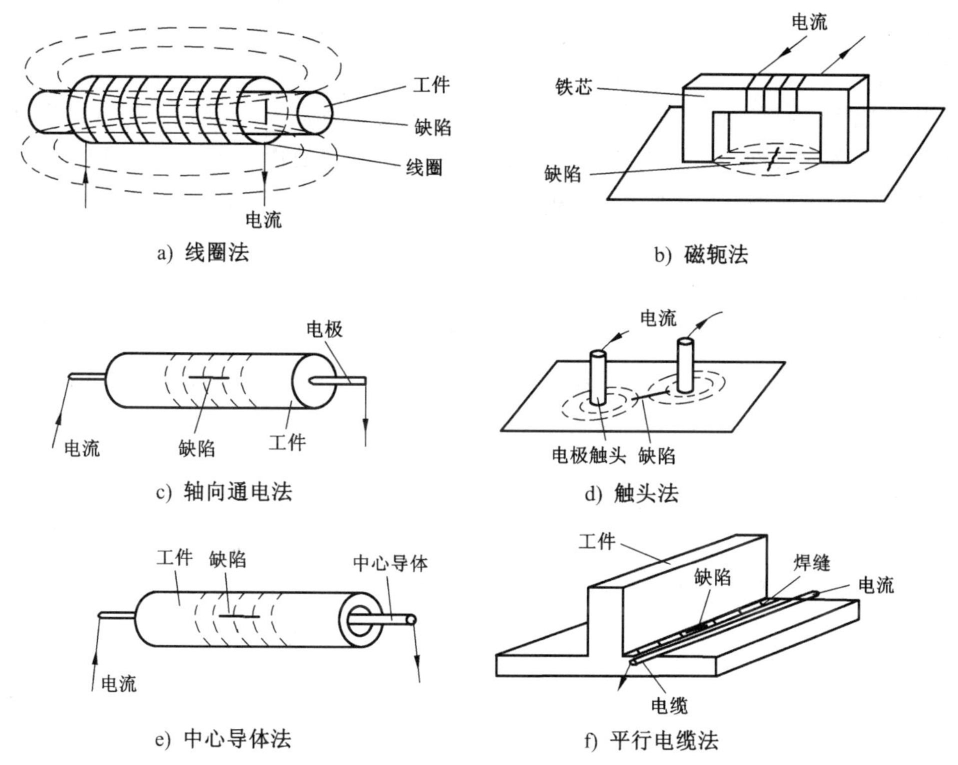

图 1.9.8　磁化方法示意图

(3) 磁粉探伤的一般程序

探伤操作包括以下几个步骤:预处理、磁化和施加磁粉、观察、记录以及后处理(包括退磁)等。

① 预处理

把试件表面的油脂、涂料以及铁锈等去掉,以免妨碍磁粉附着在缺陷上。用干磁粉时还应使试件表面干燥。组装的部件要一件一件地拆开后进行探伤。

② 磁化

选定适当的磁化方法和磁化电流值。然后接通电源,对试件进行磁化操作。

③ 施加磁粉

按所选的干法或湿法施加干粉或磁悬液。磁粉的喷撒时间,按连续法和剩磁法两种施加方式。连续法是在磁化工件的同时喷施磁粉,磁化一直延续到磁粉施加完成为止。而剩磁法则是在磁化工件之后才施加磁粉。

④ 磁痕的观察与判断

磁痕的观察是在施加磁粉后进行的,用非荧光磁粉探伤时,在光线明亮的地方,用自然的日光和灯光进行观察;而用荧光磁粉探伤时,则在暗室等暗处用紫外线灯进行观察。在磁粉探伤中,肉眼见到的磁粉堆集,简称磁痕。但不是所有的磁痕都是缺陷,形成磁痕的原因很多,所以对磁痕必须进行分析判断,把假磁痕排除掉,有时还需用其他探伤方法(如渗透探伤法)重新探伤进行验证。

为了记录磁粉痕迹,可采用照相或用透明胶带把磁痕粘下备查,这样的记录具有简便、直观的优点。

⑤ 后处理

探伤完成后,根据需要,应对工件进行退磁、除去磁粉和防锈的处理。进行退磁处理是因为剩磁可能造成工件运行受阻和加大了零件的磨损,尤其是转动部件经磁粉探伤后,更应进行退磁处理。退磁时,一边使磁场反向,一边降低磁场强度。

4. 磁粉检测的特点

磁粉检测的特点(优点和局限性)如下:

(1) 适宜铁磁材料探伤,不能用于非铁磁材料探伤。

(2) 可以检出表面和近表面缺陷,不能用于检查内部缺陷。可检出的缺陷埋藏深度与工件状况、缺陷状况以及工艺条件有关,一般为 1 mm～2 mm,较深者可达 3 mm～5 mm。

(3) 检测灵敏度很高,可以发现极细小的裂纹以及其他缺陷。

(4) 检测成本很低,速度快。

(5) 工件的形状和尺寸有时对探伤有影响,因其难以磁化而无法探伤。

四、渗透检测

1. 渗透检测的基本原理

渗透检测的原理是:零件表面被施涂含有荧光染料或着色染料的渗透液后,在毛细管作用下,经过一定时间,渗透液可以渗进表面开口的缺陷中,经去除零件表面多余的渗透液后,再在零件表面施涂显象剂;同样,在毛细管作用下,显象剂将吸引缺陷中保留的渗透液,渗透液回渗到显象剂中,在一定的光源下(紫外线光或白光),缺陷处的渗透液痕迹被显示(黄绿色荧光或鲜艳红色),从而探测出缺陷的形貌及分布状态。

渗透检测操作的基本步骤有以下四个:

(1) 渗透。首先将试件浸渍于渗透液中或者用喷雾器或刷子把渗透液涂在试件表面,如果试件表面有缺陷时,渗透液就渗入缺陷,这个过程叫渗透,见图 1.9.9 a)。

(2) 清洗。待渗透液充分地渗透到缺陷内之后,用水或清洗剂把试件表面的渗透液洗掉。这个过程叫清洗,见图 1.9.9 b)和图 1.9.9 c)。

(3) 显象。把显象剂喷洒或涂敷在试件表面上,使残留在缺陷中的渗透液吸出,表面上形成放大的黄绿色荧光或者红色的显示痕迹,这个过程叫作显象,见图 1.9.9 d)。

(4) 观察。荧光渗透液的显示痕迹在紫外线照射下呈黄绿色,着色渗透液的显示痕迹在自然光下呈红色。用肉眼观察就可以发现很细小的缺陷。这个过程叫观察,见图1.9.9 e)。

在渗透探伤中,除上述的基本步骤外,还有可能增加另外一些工序。例如,有时为了渗透容易进行,要进行预处理;使用某些种类显象剂时,要进行干燥处理;为了使渗透液容易洗掉,对某些渗透液要作乳化处理等。

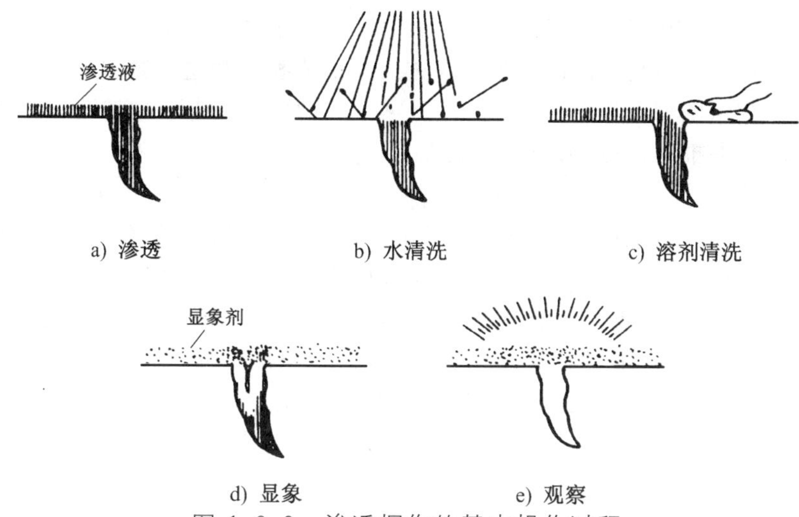

图 1.9.9　渗透探伤的基本操作过程

2. 渗透检测的分类

(1) 根据渗透液所含染料成分分类

根据渗透液所含染料成分，可分为荧光法、着色法两大类。渗透液内含有荧光物质，缺陷图像在紫外线下能激发荧光的为荧光法。渗透液内含有有色染料，缺陷图像在白光或日光下显色的为着色法。此外，还有一类渗透剂同时加入荧光和着色染料，缺陷图像在白光或日光下能显色，在紫外线下又激发出荧光。

(2) 根据渗透液去除方法分类

根据渗透液去除方法，可分为水洗型、后乳化型和溶剂去除型三大类。水洗型渗透法是渗透液内含有一定量的乳化剂，零件表面多余的渗透液可直接用水洗掉。有的渗透液虽不含乳化剂，但溶剂是水，即水基渗透液，零件表面多余的渗透液也可直接用水洗掉，它也属于水洗型渗透法。后乳化型渗透法和渗透液不能直接用水从零件表面洗掉，必须增加一道乳化工序，即零件表面上多余的渗透液要用乳化剂"乳化"后方能用水洗掉。溶剂去除型渗透法是用有机溶剂去除零件表面多余的渗透液。

按以上两种分类方法，可组合成六种渗透探伤方法：

① 水洗型荧光渗透探伤法；

② 后乳化型荧光渗透探伤法；

③ 溶剂去除型荧光渗透探伤法；

④ 水洗型着色渗透探伤法；

⑤ 后乳化型着色渗透探伤法；

⑥ 溶剂去除型着色渗透探伤法。

(3) 显象法的种类

在渗透探伤中，显象的方法有湿式显象法、快干式显象法、干式显象法和无显象剂式显象法四种。

① 湿式显象法

湿式显象法是把白色细粉末状的显象材料调匀在水中作为显象剂的一种方法。把试件浸渍在显象剂中或者用喷雾器把显象剂喷在试件上，当显象剂干燥时，在试件上就形成白色显象薄膜，由白色显象薄膜吸出缺陷中的渗透液而形成显示痕迹。这种方法适合于大批量工件的探伤，其中水洗型荧光渗透探伤法用得最多。但必须注意，缺陷显示痕迹是会扩散的，所以随着时间的推移，痕迹大小和形状会发生变化。

② 快干式显象法

快干式显象法是把白色细粉末状的显象材料调匀在高挥发性的有机溶剂中作为显象剂的一种方法。将显象剂喷涂到试件上，在试件表面快速形成白色显象薄膜，由白色显象薄膜吸出缺陷中的渗透液而形成显示痕迹。因这种显象方法，操作简单，在溶剂去除型荧光渗透探伤和着色渗透探伤法中用得最多。本方法与湿式显象法一样，随着时间的推移。缺陷显示痕迹会扩散，因此必须注意显示痕迹的大小和形状变化。

③ 干式显象法

干式显象法是直接使用干燥的白色显象粉末作为显象剂的一种方法。显像时，直接把白色显象粉末喷洒到试件表面，显象剂附着在试件表面上并从缺陷中吸出渗透液形成显示痕迹。用这种方法，缺陷部位附着的显象剂粒子全部附在渗透剂上，而没有渗透剂的部分就不附着显象剂。因此，显象痕迹不会随着时间的推移发生扩散而能显示出鲜明的图像。这种显象方法在后乳化型荧光渗透探伤和水洗型荧光渗透探伤中用得较多。而着色渗透撬伤法，因为显示痕迹的识别性能很差，所以不适于干式显象法。

④ 无显象剂式显象法

无显象剂式显象法是在清洗处理之后，不使用显象剂来形成缺陷显示痕迹的一种方法。它在用高辉度荧光渗透液水洗型荧光渗透探伤法中，或者在把试件加交变应力的同时作渗透探伤显示痕迹的方法中使用。这种方法与干式显象法一样，其缺陷显示痕迹是不会扩散的。

3. 各种渗透探伤方法的优缺点和应用选择

(1) 着色法只需在白光或日光下进行，在没有电源的场合下也能工作。荧光法需要配备黑光灯和暗室，无法在没有电源及暗室的场合下工作。

(2) 水洗着色法适于检查表面较粗糙的零件，操作简便，成本较低。该法灵敏度较低，不易发现微细缺陷。水基渗透液着色法适用于检查不能接触油类的特殊零件，但灵敏度很低。

(3) 后乳化型着色法具有较高灵敏度，适宜检查较精密零件，但对螺栓，有孔、槽零件，以及表面粗糙零件不适用。

(4) 溶剂去除型着色法应用较广，特别是使用喷罐，可简化操作，适宜于大型零件的局部检验。

(5) 水洗型荧光法成本较低，有明亮的荧光，易于水洗，检查速度快，适用于表面较粗糙零件，带有螺纹、键槽的零件及大批量小零件的检查。但灵敏度较低，宽而浅的缺陷容易漏检，光洁度高的零件重复检查效果差，水洗操作时容易过洗，荧光液容易被水污染。

(6) 后乳化型荧光法具有极明亮的荧光，对细小缺陷检验灵敏度高，能检出宽而浅的缺陷，重复检验效果好，但成本较高，因清洗困难，不适用有螺纹、键槽及盲孔零件的检查，也不适用于表面粗糙零件的检验。

(7) 溶剂去除型荧光法轻便，适用于局部检查，重复检查效果好，可用于无水源场所，灵敏度较高，成本亦较高。

4. 渗透探伤操作注意事项

(1) 预处理时，要在试件表面上造成充分的湿润条件，以便形成渗透液的薄膜。要充分除去试件表面油脂、涂料、锈蚀和水等影响渗透液渗透的障阻物。

(2) 要根据渗透液的种类，试件的材质、预计缺陷种类和大小以及渗透时的温度等来考虑确定适当的渗透时间。正常的渗透温度范围为 15℃～50℃，渗透时间不得少于 10 min。

(3) 清洗时，只需除去附着在试件表面的渗透液，不要过度清洗，不要使在缺陷中的渗透液流出，而要使其保留下来。采用溶剂清洗时，只能用蘸有溶剂的布或纸擦洗，且应沿一个方向擦拭，不得往复擦拭，不得用清洗剂直接冲洗。

(4) 干式显象前进行干燥时，要有合适的干燥温度，在尽可能短的时间里有效地完成干燥。

5. 渗透检测的安全管理

(1) 渗透探伤所用的探伤剂，几乎都是油类可燃性物质。喷罐式探伤剂有时是用强燃性的丙烷气充装的，使用这种探伤剂时，要特别注意防火，它是属于消防法规所规定的危险品，因此，必须遵守有关法规规定的储存和使用要求。

(2) 渗透探伤所用的探伤剂一般是无毒或低毒的，但是如果人体直接接触和吸收渗透液、清洗剂等，有时会感到不舒服，会出现头痛和恶心。尤其是在密封的容器内或室内探伤时，容易聚集挥发性的气体和有毒气体，所以必须充分地进行通风。关于有机溶剂的使用，应根据有机溶剂预防中毒的规则，限定工作环境有机溶剂的浓度。

(3) 在规定波长范围内的紫外线对眼睛和皮肤是无害的，但必须注意，如果长时间地直接照射眼睛和皮肤，有时会使眼睛疲劳和灼红皮肤，所以在探伤操作时，必须注意眼睛和皮肤的保护。

6. 渗透检测的特点

(1) 除了疏松多孔性材料外任何种类的材料，如钢铁材料、有色金属、陶瓷材料和塑料等材料的表面开口缺陷都可以用渗透探伤。

(2) 形状复杂的部件也可用渗透探伤，并一次操作就可大致做到全面检测。

(3) 同时存在几个方向的缺陷，用一次探伤操作就可完成检测，形状复杂的缺陷，也很容易观察出显示痕迹。

(4) 不需要大型的设备，携带式喷罐着色渗透探伤，不需水、电，十分便于现场使用。

(5) 试件表面光洁度影响大，探伤结果往往容易受操作人员技术的影响。

(6) 可以检出表面张口的缺陷，但对埋藏缺陷或闭合型的表面缺陷无法检出。

(7) 检测程序多，速度慢。

(8) 检测灵敏度比磁粉探伤低。

(9) 材料较贵、成本较高，有些材料易燃、有毒。

第十节　压力管道维护检修常识

压力管道在投入使用前，均经过设计、制造、安装、检验检测等过程，虽然各环节都有严格的质量控制、检验检测、工程监理和竣工验收等，但还是会存在一些不可避免的缺陷。在投入使用后经过一定时间的运行，由于原始缺陷、工作条件的变化、外界环境变化、未预见的施工问题、设备和材料性能的限制、设备和管道的磨蚀与老化等，如果不及时进行维护与检修或保养，就会使管道系统的性能减退，缺陷逐步扩大，过早地丧失管道功能，甚至会引起火灾、爆炸、中毒等人身伤亡事故，影响正常生产。

管道系统能否安全可靠运行，除依赖合理的设计和优良的施工外，投产后的良好维护与检修也是关键因素。管道系统的维护与检查，又称日常保养，是维护检修技术的重要组成部分，是发现和分析缺陷和故障的重要手段，也是及时发现管道事故隐患最好方法，为进行管道抢修和定期检验（全面检验）提供依据。管道系统多为连续运行，特别是流量较大的大型管道系统，一旦投入运行，很难停机，即便是停车检修，也应做到合理有计划进行。这就要求压力管道管理、维修等人员通过日常检查和检验掌握管道运行情况，及时发现管道故障，预先做好检修和检验计划和方案，确保有严格的安全措施，并保证检修的施工质量，延长管道的使用寿命。一般来说管道日常检查和定期检验是压力管道进行维护检修的主要依据。

一、工业管道的检修与维护保养

1. 管道系统的诊断

管道系统运行在各种外力、输送介质和周围环境因素的作用下，逐渐产生变形、磨损、腐蚀、泄漏和振动，从而影响管道系统的整体性能。管道系统的诊断就是在管道系统正常运行过程中，或基本不影响管道系统正常运行情况下，通过观察、测试来掌握系统的运行状况，判断可能产生故障的部位，预报信息，安排计划进行维修保养的一项综合技术，防患于压力管道事故发生前。管道系统的诊断方法如下。

（1）直接观察。通过现场观察，获得第一手资料，这种方法依赖于操作者的丰富经验，并借助于一定的仪器，常用于跑、冒、滴、漏的诊断。

（2）振动、噪声观测。通过观测发生异常的振动、噪声现象，预测其发生的部位和影响的范围。

（3）温度测量。通过对介质温度和保温层表面温度的测量，判断管道系统的运行情况和保温效果。

（4）压力测量。通过对介质压力的测量，判断管道系统的运行情况和管网有无泄漏。

（5）流量测量。通过对介质流量的测量，判断管道系统的运行情况和管网有无泄漏。

（6）应力应变测量，测定管子的疲劳状态等。

（7）管道壁厚测量。通过测厚仪测定管子的腐蚀、磨损量、减薄情况。

通过上述观察测量，随时掌握管道的运行情况和运行状态，预测可能产生故障的特点和部位，以便确定维护检修方案。

2. 管道系统的检查

做好管道系统定时定线的巡线检查及日常的维护管理，及时发现和预测可能出现的问题和故障并采取适当措施，使其得以消除或控制，以延长管道的使用寿命，保证安全生产。重点检查焊缝、阀件、法兰、垫片、补偿器、支吊架等。检查管道的工作压力、工作温度是否在允许值范围内，管道有无冻堵，管道的振动、噪声、防腐层、保温层等有无异常现象，有无跑、冒、滴、漏和破损情况，安全附件是否失效，埋设管道有无漏水、漏汽、漏液痕迹等。发现问题及时报告，进行检修或抢修。管道系统中经常性检查项目和检查方法见表 1.10.1。

表 1.10.1 经常性检查项目和检查方法

检查项目		检查方法	说明
设备操作记录		观察、对比、分析	了解设备运行状态
压力变化		察看仪表	1. 压力上升可能是污垢堆积造成阻力增加； 2. 压力突然下降可能是泄漏
温度变化		1. 触感； 2. 察看仪表	1. 注意设备外壁超温和局部过热现象； 2. 内部耐火层损坏引起壁温升高； 3. 流体出口温度变化可能是设备传热面结垢； 4. 对管式炉可用肉眼观察或借助于光学温度计测定炉管温度的变化
流量变化		察看仪表	开大阀门，流量仍不能增加时，可能是设备和管道堵塞
物料性质变化		1. 目视； 2. 物料组成分析	产品变色、混入杂质可能是设备内漏或锈蚀物剥落所致
外观检查	保温层	目视	1. 应无裂口、脱落等现象； 2. 外表防水层接口处不得有雨水侵入
	防腐层	目视	涂料剥落、损坏时要注意检查壁面腐蚀情况
	各部连接螺栓	1. 目视； 2. 用扳手检查	应无腐蚀、无松动
	主体、支架、附件	目视	应无腐蚀、无变形、接地良好
	基础	1. 目视； 2. 水平仪	应无下沉、倾斜、裂纹
内部音响		听音棒	1. 内件固定点脱落时常发生振动和异常音响； 2. 塔类设备内件松脱或堵塞时，可引起液面变化
外部泄漏		1. 嗅、听、目视； 2. 发泡剂(肥皂水等)； 3. 试纸或试剂； 4. 气体检测器； 5. 超声波泄漏探测器； 6. 红外线温度分布器	除检查设备主体及其焊缝外，还要特别注意法兰、接管口、密封、信号孔等处的泄漏情况
设备缺陷		声发射无损探伤技术	根据所发射声波的特点以及引起声发射的外部条件，能够检查出发声的地点，即缺陷所在部位。不但能了解缺陷的目前状态而且能了解缺陷的发展趋势。所以声发射技术可以对运行中的设备进行连续监视，在预测危险后停止运行，确保安全

3. 在用工业管道定期检验

在用工业管道定期检验是指管道设备运行一个周期后，在运行或停机状态下所进行的较为全面的检验（或检查）。管道定期检验是延长管道寿命、及时发现管道隐患和故障的重要手段，为管道维修和安全运行提供保障。

工业管道定期检验主要技术规范有：原化工部于1995年颁发的《化工企业压力管道检验规程》；中国石油化工总公司于1992年修订的《工业管道维护检修规程》；国家质量监督检验检疫总局2003年6月1日颁布实施的《在用工业管道检验规程》等。

国家质量监督检验检疫总局作为全国压力管道安全综合管理部门，所颁布实施的《在用工业管道检验规程》是工业管道检验、安全状况等级评定和缺陷处理的最基本要求，其他部门或行业制定的实施细则必须满足其要求。本节以国家质量监督检验检疫总局颁布实施的《在用工业管道检验规程》规定要求，介绍在用工业管道定期检验基本内容。

在用工业管道定期检验分为在线检验和全面检验。

(1) 在线检验

① 在线检验是在运行条件下对在用工业管道进行的检验，在线检验每年至少一次。

② 在线检验工作由使用单位进行，使用单位也可将在线检验工作委托给具有压力管道检验资格的单位。使用单位应制定在线检验管理制度，从事在线检验工作的检验人员须经专业培训考核，取得质量技术监督部门颁发的在线检验人员操作证方可从事相应工作。

③ 在线检验一般以宏观检查和安全保护装置检验为主，必要时进行测厚检查和电阻值测量。管道的下述部位一般为重点检查部位：

a. 压缩机、泵的出口部位；

b. 补偿器、三通、弯头（弯管）、大小头、支管连接及介质流动的死角等部位；

c. 支吊架损坏部位附近的管道组成件以及焊接接头；

d. 曾经出现过影响管道安全运行的问题的部位；

e. 处于生产流程要害部位的管段以及与重要装置或设备相连接的管段；

f. 工作条件苛刻及承受交变载荷的管段。

④ 宏观检查的主要检查项目和内容如下：

a. 泄漏检查。主要检查管子及其他组成件泄漏情况。

b. 绝热层、防腐层检查。主要检查管道绝热层有无破损、脱落、跑冷等情况；防腐层是否完好。

c. 振动检查。主要检查管道有无异常振动情况。

d. 位置与变形检查。管道位置是否符合安全技术规范和现行国家标准的要求；管道与管道、管道与相邻设备之间有无相互碰撞及摩擦情况；管道是否存在挠曲、下沉以及异常变形等。

e. 支吊架检查。支吊架是否脱落、变形、腐蚀损坏或焊接接头开裂；支架与管道接触处有无积水现象；恒力弹簧支吊架转体位移指示是否越限；变力弹簧支吊架是否异常变形、偏斜或失载；刚性支吊架状态是否异常；吊杆及连接配件是否损坏或异常；转导向支架间隙是否合适，有无卡涩现象；阻尼器、减振器位移是否异常，液压阻尼器液位是否正常；承载结构与支撑辅助钢结构是否明显变形，主要受力焊接接头是否有宏观裂纹。

f. 阀门检查。阀门表面是否存在腐蚀现象；阀体表面是否有裂纹、严重缩孔等缺陷；阀门连接螺栓是否松动；阀门操作是否灵活。

g. 法兰检查。法兰是否偏口，紧固件是否齐全并符合要求，有无松动和腐蚀现象；法兰面是否发生异常翘曲、变形。

h. 膨胀节检查。波纹管膨胀节表面有无划痕、凹痕、腐蚀穿孔、开裂等现象；波纹管波间距是否正常、有无失稳现象；铰链型膨胀节的铰链、销轴有无变形、脱落等损坏现象；拉杆式膨胀节的拉杆、螺栓、连接支座有无异常现象。

i. 阴极保护装置检查。对有阴极保护装置的管道应检查其保护装置是否完好。

j. 管道标识检查。检查管道标识是否符合现行国家标准的规定。

⑤ 对需重点管理的管道或有明显腐蚀和冲刷减薄的弯头、三通、管径突变部位及相邻直管部位应采取定点测厚或抽查的方式进行壁厚测定。

⑥ 对输送易燃、易爆介质的管道采取抽查的方式进行防静电接地电阻和法兰间的接触电阻值的测定。管道对地电阻不得大于 100 Ω，法兰间的接触电阻值应小于 0.03 Ω。

⑦ 安全保护装置的运行检查应符合下述要求：

a. 压力表

对压力表进行外观检查，并检查同一系统上的压力表读数是否一致。存在下述问题之一的压力表，应立即更换：

——超过校验有效期或铅封损坏；

——量程与其检测的压力范围不匹配；

——指示失灵、表内弹簧管泄漏或指针松动；

——刻度不清、表盘玻璃破裂；

——指针断裂或外壳腐蚀严重；

——压力表与管道间装设的三通旋塞或针形阀开启标记不清或锁紧装置损坏。

b. 测温仪表

对测温仪表进行外观检查。存在下述问题之一的测温仪表，应立即更换：

——超过校验有效期或铅封损坏；

——量程与其检测的温度范围不匹配。

c. 安全阀

对安全阀进行外观检查，重点检查是否在校验有效期、是否有泄漏及锈蚀情况。对杠杆式安全阀，检查防止重锤自由移动和杠杆越出的装置是否完好，对弹簧式安全阀，检查调整螺钉的铅封装置是否完好；对静重式安全阀，检查防止重片飞脱的装置是否完好。安全阀与排放口之间装设截断阀的，运行期间必须处于全开位置并加铅封。存在下述问题之一的安全阀，应立即更换：

——超过校验有效期或铅封损坏；

——安全阀泄漏；

——发现安全阀失灵或有故障时，应立即处置或停止运行。

d. 爆破片装置

对爆破片装置进行外观检查，检查爆破片装置的爆破片是否在规定的使用期限、安装方向是否正确、标定的爆破压力和温度是否符合运行要求、有无泄漏及其他异常现象、爆破片装置和管道间的截断阀是否处于全开状态和铅封是否完好。

如果爆破片装置存在下述问题之一，应立即更换：

——爆破片装置超过规定使用期限；

——爆破片装置安装方向错误；

——爆破片装置的爆破压力和温度不符合运行要求。

e. 爆破片装置和安全阀串联使用

爆破片装置和安全阀串联使用时，除应参照上述 c. 和 d. 分别对爆破片装置和安全阀进行检查外，对爆破片装置装在安全阀出口侧的，还应注意检查爆破片装置和安全阀之间所装的压力表和截断阀，二者之间不应积存压力，应能疏水或排气。对爆破片装置装在安全阀进口侧的，还应注意检查爆破片装置和安全阀之间所装的压力表有无压力指示，截断阀打开后有无气体漏出，以判定爆破片装置的完好情况。

（2）全面检验

① 按一定的检验周期在在用工业管道停车期间进行的较为全面的检验。安全状况等级为 1 级和 2 级的在用工业管道，其检验周期一般不超过 6 年；安全状况等级为 3 级的在用工业管道，其检验周期一般不超过 3 年。管道检验周期可根据具体情况适当延长或缩短。最长不得超过 9 年。

② 在用工业管道全面检验工作由已经获得质量技术监督部门资格认可的检验单位进行；取得在用压力管道自检资格的使用单位可以检验本单位自有的在用压力管道。

③ 从事全面检验工作的检验人员应按《锅炉压力容器压力管道及特种设备检验人员资格考核规则》的要求经考核合格，取得相应的检验人员资格证书（具备全面检验人员资格即具备在线检验人员资格）。

全面检验内容略。

4. 工业管道的检修维护

压力管道检修保养分为计划维修和非计划维修。计划维修是指根据管道正常运行时的日常诊断、检查以及定期检验发现的问题有计划的检修；非计划维修是指突发性的管道泄漏、故障、事故等，造成管道系统不能正常运行而进行的紧急抢修。

（1）维修的分类

管道系统就其维修的规模和性质分类，可分为日常维护、小修、中修、大修、抢修和技术改造。

① 日常维护

管道系统局部的、小量的修理，可以由操作人员或维修人员在正常运行条件下通过小修小改即可完成的项目。当为设备维护时，为了不影响生产运行，可以开启备用设备，然后再停机维护。如支、吊架螺栓的紧固、法兰盘螺栓的紧固、管道保温层的修整、压力表和安全阀更换等，都可以在管道系统正常运行条件下进行日常维护。

② 小修

管道系统局部的、小量的修理，但需在局部管网短时间停止运行条件下进行修理的项目。如更换法兰垫片和阀门，更换设备的易磨易损件等。

③ 中修

除小修项目外，尚应进行维修的其余项目，需要停止运行的时间较长，才能进行修理。如更换个别较大的管件或附件，安全阀的在线测试检查或修理，保温层的停车更换等。

④ 大修

除小修、中修项目外，尚应进行维修的其余项目，需要停止运行的时间更长，一般放在全厂停产检修期间统一安排维修。如采取焊接更换长度较长、管径较多的管道和附件，由管道事故或自然灾害（地震、水灾）引起的管道系统大范围破坏等。

⑤ 抢修

由不可预料的原因产生的突发性故障、泄漏和事故等，需要进行紧急处理的维修，以减少对周围环境造成的危害、降低停产所造成的经济损失。

⑥ 技术改造

技术改造是指整个系统或系统的局部所进行的新工艺、新设备和新材料代替旧工艺、旧设备和旧材料的技术进步过程。由于国内外科学技术的不断发展进步，管道系统要不断改进工艺并使用新材料，对设备进行必要的更新换代，以提高产品质量，增加产品品种，提高经济效益。由于技术改造要尽可能地利用可以利用的原有设备和设施，只是对其核心部分进行更新换代，而不同于新建工程，因此把技术改造列入维修范畴。

压力管道的技术改造一般指以下几个方面的技术变动。

a. 较大数量地更换原有管线。国外有的规定为管线长度 500 m 以上。

b. 改变公称直径。公称直径的变更将会导致介质的流速、流量、管道的应力、应变等一系列技术参数的变化。

c. 提高工作压力。有时工作压力的提高使管道的管理级别发生了变化。

d. 改变输送介质的化学成分。输送介质化学成分的变动使得原有管道系统的环境因素发生了变化。

e. 提高工作温度。工作温度是决定管道选材的根本因素，温度的变更会导致原有管道材料性能的劣化。

（2）维修改造的基本要求

① 进行重大维修、改造的压力管道，如改变管道结构、用途、操作参数、管径，更换较长管子等，由经质量技术监督部门认可的具有压力管道安装、维修改造许可资格的单位进行，并经由经质量技术监督部门认可的检验机构进行重大维修、改造的监督检验。

② 从事管道修理的使用单位必须具备一定的基本条件，应有完善的组织机构和质量保证体系，应具有与之相应的技术力量、工装设备和检测手段。重要工业管道的维修方案必须经企业技术负责人或总工程师批准。

③ 管道在修理或改造前，应进行必要的检查和检验，着重检查管道投运后的技术状况，使用中产生的缺陷，焊缝及应力集中部位的情况，承受交变载荷或频繁间歇操作的管段，低温、高温或强腐蚀介质的管道，设计及制造安装有问题的管道。

④ 对于缺陷严重、修理工作困难或修理后难以保证安全使用的管道应予以判废、限制条件使用或限期更换。

(3) 管道维修改造工作程序

管道维修改造工作程序如图 1.10.1 所示。

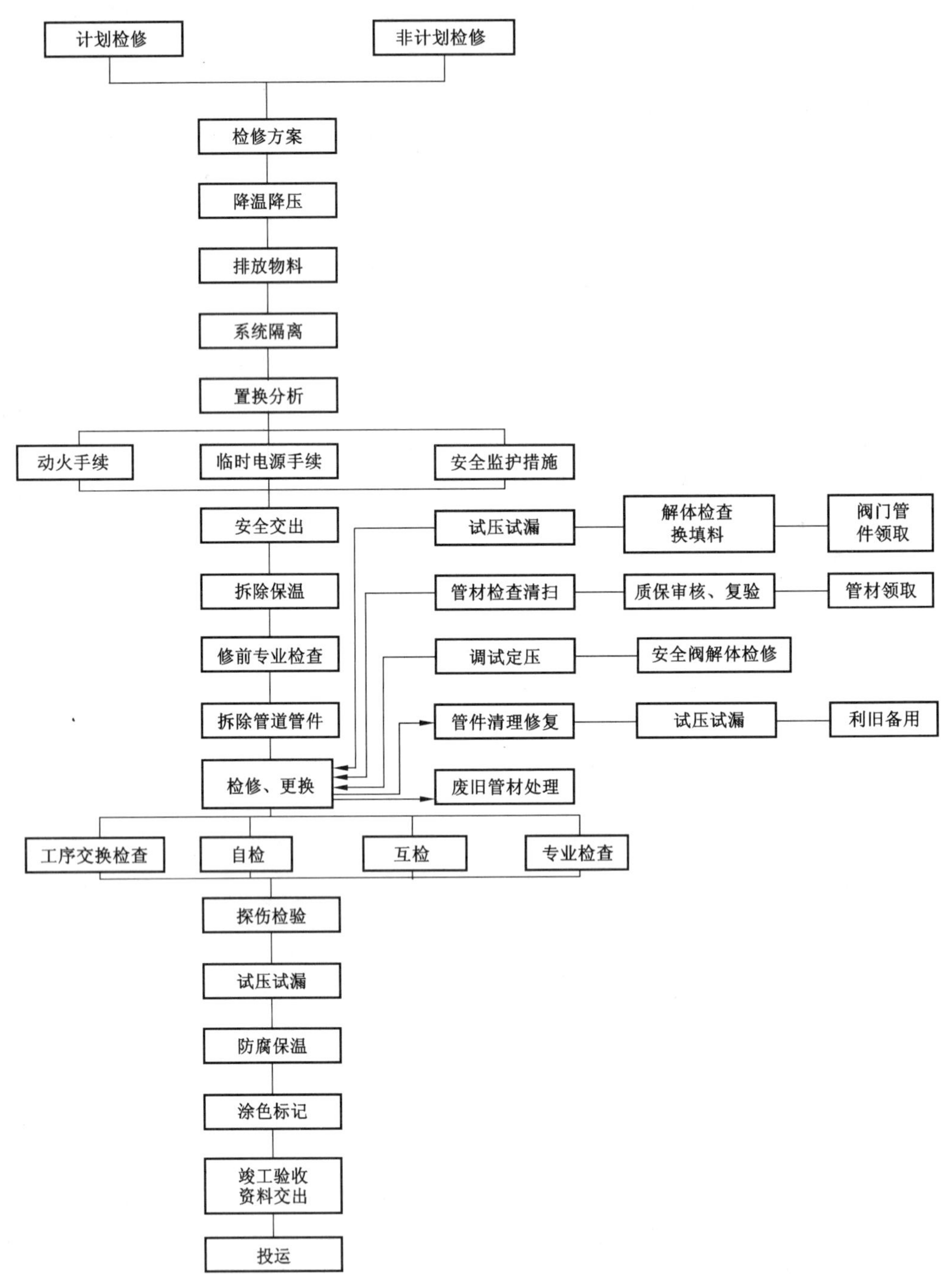

图 1.10.1　管道维修改造工作程序

① 维修改造前的准备

a. 管道系统降温、卸压、放料和置换。管道系统停车后，首先按操作规程把管道降温至

45℃以下，卸压至大气压，放料应尽可能彻底。介质为易燃、易爆、有害气体的管道，需用惰性气体进行置换。

b. 用盲板将待修管道与不修管道及设备断开。这种盲板应能承受系统的工作压力，否则应将截止阀和盲板之间的管道卸掉，以免因阀门内漏而压破盲板。不采用阀门切断法，以防止阀门可能渗漏或误操作。

c. 管道的清洗和吹扫。当管道输送的介质为易燃、易爆、有毒和酸碱等介质时，要使用蒸汽吹扫或用水冲洗，然后再用氮气或空气吹干（可燃气体和液体不能用空气而应用氮气），酸性液体可用弱碱洗涤、清水冲洗，强碱性介质用大量水冲洗。系统不宜夹带水分的一般用空气和氮气吹扫。

d. 气体的取样分析。吹扫完毕后，应在管道系统的末端以及各个死角部位取样分析，在确认易燃、易爆介质的浓度在爆炸下限以下时方可施工，一般置换气体的体积不小于被置换介质容积的 4 倍才允许动火，以确保安全。

e. 管道系统的维修前检查。管道维修前检查是对管道系统经过一定的运行周期后技术状况的专业调查，如腐蚀、应力、疲劳、环境情况的调查；力学性能、支撑结构、运行状况、紧固结构、安全附件的调查。尤其对易受冲刷、腐蚀、高温及受交变应力、曾经出现超温超压可能影响材料和结构强度，以蠕变率控制使用寿命、使用期限已接近设计寿命、可能引起氢蚀的部位和管段，必要时要做全面理化检验，包括化学成分、力学性能、硬度、冲击韧性和金相等，根据结果来对管道系统作出评估，以确定其综合技术状况。

检修前的准备工作除了把管道内的可燃、伤害性介质彻底清除，并对检修对象仔细检查外，还要查阅相关设计资料及管道的运行记录，了解管道系统介质的特性、安全技术要求，另外，还要准备好检修机具、材料、安全防护品等。

② 维修改造工程的技术措施

管道检修必须要有严密的技术措施，通过修前检查查明缺陷的性质、特征、范围和缺陷发生的原因。评定缺陷后确定修理方案，并经技术负责人批准，使用单位认可。检修现场要设置检修平面布置图、施工统筹网络图、施工进度表。工程质量要精益求精，认真执行相应的管道检修规程、规范和质量验收标准。要按照已确定的修理方案及工艺进行检修，以保证修理质量，否则可能人为地造成缺陷的扩大。

③ 维修改造的验收

管道检修项目必须经过自检、互检、工序交换检查和专业检验。杜绝不符合要求的施工蒙混过关。管道检修必须填写检修记录，格式要统一、重点要突出、责任要明确、归档后有查阅及利用价值。检修完毕交接验收资料参照管道安装竣工资料的内容要求齐全、完整。

管道维修改造完毕后，一般由使用单位组织验收，施工、技术、管理等部门签字，办理交接手续，并提出开车报告。

④ 管道交付使用前的安全检查

为了保证安全生产，检修后的压力管道在交付使用前，应组织专人进行一次安全检查，其内容主要有以下几个方面。

a. 管道的技术状态。管道是否已按工艺要求与其他设备、有关配管相连，检修用的临时盲板是否已拆除，各路阀门是否按要求处于相应启、闭状态，法兰垫片是否齐全，连接螺栓是否已均匀上紧，试验用水是否已排除干净。对于易燃易爆管道系统，是否已用惰性气体置换，排除了管道各个部位的空气，以保证管道的安全运行。

b. 安全附件。应齐全，无任何损伤，并且均已按规定进行过校检，铅封完整。

c. 检修现场。应拆除检修时的一切临时设施，做到检修场地清，工完料净，没有任何杂物和垃圾。

5. 工业管道维护保养要求与方法

(1) 维护保养要求

压力管道维护保养工作是延长压力管道使用周期的基础。维护保养一般可分为日常维护保养和停车维护保养。主要内容就是经常性的维护保养措施。

① 要经常检查压力管道的防腐保温措施，保证其完好无损，要避免对管道表面不必要的碰撞，保持管道表面的光洁，从而减少各种电离、化学腐蚀。

② 阀门的操作机构要经常除锈上油并配置保护塑料套管，定期进行活动，保证其开关灵活。

③ 安全阀、压力表要经常擦试，确保其灵活、准确，并按时进行检查和校验。

④ 要定期检查紧固螺栓完好状况，做到齐全、不锈蚀、丝扣完整、联接可靠。

⑤ 压力管道因外界因素产生较大振动时，应采取隔断振源、加强支承等减振措施。发现摩擦等情况应及时采取措施。

⑥ 静电跨接、接地装置要保持良好完整，及时消除缺陷，防止故障的发生。

⑦ 停用的压力管道应排除内部的腐蚀性介质，并进行置换、清洗和干燥，必要时作隋性气体保护，外表面应涂刷防腐油漆，防止环境因素腐蚀。对有保温层的管道要注意保温层下的防腐和支座处的防腐。

⑧ 禁止将管道及支架作电焊的零线和起重工具的锚点、撬抬重物的支撑点。

⑨ 及时消除跑、冒、滴、漏隐患。

⑩ 管道的底部和弯曲处是系统的薄弱环节，这些地方最易发生腐蚀和磨损，因此必须经常对这些部位进行检查，以便在发生某种损坏之前，采取修理和更换措施。

⑪ 对高温管道，在开工升温过程中需对管道法兰联接螺栓进行热紧；对低温管道，在降温过程中需进行冷紧。

以上内容应写入管道操作规程，并严格地加以执行。

压力管道日常检查及保养项目内容见表 1.10.2。

表 1.10.2　压力管道日常检查及保养项目

检查项目	检查方法	检查内容	问题的危害	保养方法和措施
压力表	目测校验	1. 表面玻璃是否破碎； 2. 指示是否灵敏； 3. 导压管是否畅通； 4. 铅封是否完好	因指示不正确可能造成超压	定期检验和检修
电偶温度计	目测校验	温度指示是否准确	超温会产生管道材料应力腐蚀、蠕变等	定期校验和检修

续表 1.10.2

检查项目	检查方法	检查内容	问题的危害	保养方法和措施
安全阀	目测	1. 有无异物卡在阀芯和弹簧中间； 2. 调整螺丝有无松动； 3. 弹簧及其他零件有无破损，是否漏气； 4. 铅封是否完好； 5. 隔断阀铅封是否完好	1. 漏气； 2. 在超压时因安全阀不能起跳造成管道事故	停车或泄压时进行校验
爆破片	目测	1. 膜片是否存在缺陷； 2. 导管是否畅通	同上	1. 注意安装前的检验 2. 按规定定期更换
管道支架	目测、耳听、手摸	1. 支架是否松动； 2. 管道有无振动； 3. 支架是否损坏	管道因磨损和疲劳而断裂管道应力增大	把紧螺栓或加固
管架基础	目测	1. 基础是否下沉； 2. 基础有无裂纹	基础损坏，使管道承受附加应力，威胁安全生产	1. 定期观察基础下沉情况，采取针对性措施； 2. 测定裂纹是否继续扩大
绝热层	目测表面温度计	1. 主材料是否损伤脱落、受潮、失效； 2. 防潮层是否破坏、失效； 3. 外护层是否损伤、脱落	1. 产生管道热损失； 2. 腐蚀； 3. 保温结构失去保护，过早破坏	1. 更换保温材料 2. 损坏要及时修复
阀门填料	目测	有无泄漏	影响环境卫生、文明生产和安全	装填料和紧密封函时要严格按技术要求办
螺栓	目测	1. 是否锈蚀； 2. 是否松动	1. 造成螺杆、丝扣腐蚀； 2. 造成泄漏	1. 涂防锈油 2. 把紧螺栓

(2) 压力管道常见泄漏检查方法与合格标准(见表 1.10.3)

表 1.10.3　常见泄漏检查方法与合格标准

序号	管道名称	检查方法	合格标准
1	所有管道、法兰、阀门、丝堵、活接、补偿器	用眼睛观察	不结焦、不冒烟、无渗透、无漏痕、无结垢
2	瓦斯、氨、氯、液态烃等易燃易爆或有毒气体	肥皂水试漏； 精密试纸试漏	无气泡； 不变色

续表 1.10.3

序号	管道名称	检查方法	合格标准
3	氧气、氮气、空气系统	用宽 10 mm、长 100 mm 薄纸条试漏	无吹动现象
4	蒸汽系统	用肉眼观察	不漏汽、无水垢
5	氢气系统	高温部位关灯检查； 低温部位用宽 10 mm、长 100 mm 薄纸条试漏	无火苗； 无吹动现象

(3) 工业管道维护保养方法

① 工业管道大部分是在厂房、车间等露天情况下使用，同时受到生产环境、气候(大气)及管道输送介质的影响，管道表面防腐层、绝热层会出现脱落、破损等现象，致使管道元件腐蚀减薄，或者严重影响输送介质参数改变，甚至造成管道穿孔泄漏，引起事故的发生。因此，在发现管道出现上述问题时应采取措施，及时补救，以延长管道寿命，保证管道使用效率，确保管道正常运行。

管道表面防腐层、绝热层出现脱落、破损的维护保养方法见本章第七节“油漆涂料防腐蚀”相关内容。

② 安全阀的调整与维护

安全阀在安装前应进行水压试验和气密性试验，合格后才能进行调整校正。校正、调整分两步进行。一是在气体试验台上，通过调节施加在阀瓣上的载荷来初步确定安全阀的开启压力(杠杆式安全阀调节重锤位置，弹簧式安全阀调节弹簧压缩量)。安全阀的开启压力一般应为最高工作压力的 1.05～1.10 倍。对压力较低的管道系统，可调节到比工作压力高一个大气压，但不得超过设计压力。二是在管道上，通过调整安全阀调节圈与阀瓣的间隙，来精确地确定排放压力和回座压力。如在开启压力下仅有泄漏声而不起跳或虽起跳但压力下降后有剧烈振动和“蜂鸣”声，则是间隙偏大。如果是回座压力过低，则是间隙过小。校正调整后的安全阀应进行铅封。

要使安全阀动作灵敏可靠且密封性能良好，必须加强日常维护检查。安全阀应经常保持清洁，防止阀体弹簧等被油垢脏物粘满或被锈蚀，还应经常检查全阀的铅封是否完好，温度过低时有无冻结的可能性，检查安全阀是否有泄漏。发现安全阀有渗漏迹象时，应及时进行更换或检修，禁止用增加载荷的方法(例如加大弹簧的压缩量或增加重锤对阀瓣的力矩等)来减除阀的泄漏。

为了防止安全阀的阀瓣和阀座被气体中的油垢、水垢或结晶物等粘住或堵塞，用于空气、水蒸气以及带有黏性物质而排放时又不会造成危害的其他气体的安全阀，应定期做手提排气试验，试验时应缓慢操作，轻轻地将提升扳手(弹簧式安全阀)或重锤慢慢举起，听见阀内有气体排出声时即慢慢放下，不允许将提升扳手或重锤迅速提起又突然放下，以免阀瓣在阀座上剧烈振动，冲击损坏密封面。排气试验后，如发现安全阀有泄漏声，则可能是阀瓣倾斜，可以重复进行一次试验。安全阀手提排气试验的间隔期限可以根据气体的洁净程度来确定。

安全阀必须实行定期检验，包括清洗、研磨试验和调整校正。按有关标准和规定，安全阀要定期检验，每年至少检验一次。定期检验工作包括清洗、研磨、试验、校正和铅封。

③ 压力表的维护

在压力容器运行中，应加强对压力表的及时维护和检查。压力管道的操作人员对压力表的维护应做好以下几点工作：

a. 压力表应保持洁净，表盘上的玻璃要明亮清晰，使表盘内指针指示的压力值能清楚易见，表盘玻璃破碎或表盘刻度模糊不清的压力表应停止使用。

b. 压力表的连接管要定期清洗，以免堵塞，特别是对用于较多的油垢或其他黏性物质的气体的压力表连接管。要经常检查压力表指针的转动与波动是否正常，检查连接管上的旋塞是否处于全开状态。

c. 压力表必须定期校验，每年至少经计量部门校验一次。校验完毕应认真填写校验记录和校验合格证并加以铅封，在表盘上注明下次校验日期。如果在正常运行中发现压力表指示不正常或有其他可疑迹象时应立即校验校正。已经超过有效使用期限的压力表不应继续使用。

④ 积垢的清理

管道的内表面接触各种不同的工艺介质，极易黏结、淤积、沉积各种物料，甚至造成管道的堵塞。目前常用的除垢方法有机械清洗、化学清洗和高压水冲洗。

a. 机械清洗法。包括使用简单工具的手工清洗，能够清除所有污垢，尤其是化学非溶性积垢，如砂、焦化物及某些硅酸盐等，对管道的金属材料没有腐蚀性，但其效率远远低于化学清洗法。手工机械除垢具有最大的优点就是其灵活性，因此在距离较短、管径较大的某些难以清除的积垢情况下，仍被采用。除了一些简单的工具以外，还可采用加长钻杆的钻头、管式冲水钻、铰锥式刀头或铣轮刀头等工具来清理管道内坚硬的积垢。有些场合可采用喷砂法进行清除工作。

b. 化学清洗法。是一种利用化学溶液与管道内壁的污垢作用而除垢的方法。这种方法具有很高的效率，尤其适用于管道系统的清洗。因为它可在系统密闭的状态下操作，因此应用极为广泛。但化学清洗的专业技术性强，稍有不慎，不仅得不到预想的效果，而且还可能损坏管道，甚至造成事故。

清洗所用的化学试剂可为酸性或碱性，视积垢的性质而定。清洗铁锈时，可使用浓度为8%～15%的硫酸。清洗水垢时，可使用浓度为5%～10%的盐酸或浓度为2%的氢氧化钠溶液。泥沙、机油等可使用磷酸氢钠液或碳酸氢钠液。高效金属清洗剂可在常温下代替汽油、煤油等有机溶剂清除管道表面的油垢，而且清洗速度快、去污力强、使用方便、安全可靠，清洗后数天内金属壁面可不生锈。

用对管道有腐蚀性的化学清洗剂进行清洗时，清洗后应使用清水反复冲洗，直至排出水呈中性为止。此外，为防止清洗过程中产生的腐蚀作用，可在溶液中加入少量的缓蚀剂(不超过1%的浓度)。

对于奥氏体不锈钢管道，在清理工作表面的水垢时，往往使用柠檬酸等有机酸，而不用盐酸，以防氯离子引起应力腐蚀。

化学清洗方法通常分为循环和浸渍两种，而以循环法最为常用。为了增加清洗效果，可轮流从两个方向进行。清水冲洗时，同样从两个方向轮流操作。为了提高浸渍法的清洗效果和速度，可适当增加溶液浓度及温度，酸液浓度可达15%，温度可在60℃左右。

c. 高压水射流清洗。是一种用高压水流冲击力除垢的方法，可用于管道内壁、管束的外空间等积垢的清理。清洗用的水经高压泵加压后由喷枪高速喷出，压力最高可达270 MPa，速度为音速的2.5倍，几乎可以剥离任何表面的顽垢，产生极佳的清洗效果，除垢率可达95%。在水流中加入细石英砂的夹砂射流，可进一步提高水流的冲刷力。如果管道内具有遇油变软的污垢，也可先用油类浸泡，然后再用高压水冲洗。

高压水射流冲洗法效率高，不污染环境，因此目前也和化学清洗法一样得到广泛应用。

⑤ 壁厚减薄的修理

管道经过一段时间的运行，最常见的缺陷，就是局部管壁减薄。因腐蚀凹陷及介质冲刷所造成的局部壁厚减薄可视情节轻重采用补焊或局部换管处理。补焊焊材应与母材相适应。换管的材料必须与原有管材相配，即材料相同，强度级别、焊接性能相近，并据此确定焊接前后的热处理工艺。担任焊接的焊工必须持有相应资格的焊工证。全面性壁厚减薄的管道，如果减薄量超过设计的腐蚀余量，就会因强度不够而存在安全隐患，当测出的实际壁厚普遍小于管道允许的最小壁厚时，管道应降压使用或作报废处理。

⑥ 裂纹的修理

管道管壁上形成的裂纹大致分为表面裂纹、穿透裂缝两类，其修理方法不相同。

a. 表面裂纹。未穿透管壁的浅表裂纹称为表面裂纹，一般因各种应力、疲劳、材料自身的缺陷及焊接产生的缺陷而造成。若裂纹深度小于壁厚的10%，且不大于1 mm时，可用砂轮把裂纹磨掉，但打磨的剩余壁厚应以满足强度要求为原则，打磨处应与管壁表面圆滑过渡。若裂纹深度不超过壁厚的40%，修理时可在裂纹的深度范围内铲出坡口，然后补焊。补焊前做表面探伤确认裂纹是否全部铲除。补焊的焊条应与母材适应，焊接热处理的技术要求应参照有关规范或进行必要的工艺试验以制定具体的施工方案和工艺。裂纹的两端应钻小孔，以防裂纹的扩展。补焊的裂纹较长时，应采用间隔分段焊接，以降低焊接应力和变形。若裂纹深度超过壁厚的40%，则应在整个壁厚范围开出坡口再作补焊，即按穿透裂缝处理。

b. 穿透裂纹。采用补焊时，补焊前应注意其两端是否钻了止裂孔，而且孔的直径要稍大于裂纹的宽度。裂纹两边须用錾子加工出坡口，坡口的形式视管道的壁厚而定：壁厚小于12 mm时，可采用单面坡口；壁厚大于12 mm时，应采用双面坡口。施焊时，长度小于100 mm的裂纹可一次焊完，补焊长裂纹时，应注意补偿收缩和降低内应力，建议从裂缝两端向中间分段焊接，并采用多层焊。

应力集中的部位或裂纹较宽的场合，应该局部更换管段。切割的管段长度至少比裂纹长50 mm～100 mm，而且应不短于250 mm，以免焊接后管段两端焊缝彼此有热影响，切口的边缘均应加工出坡口。

⑦ 其他缺陷的修理

a. 焊缝的未熔合、未焊透、超标（表面凹凸不平、尺寸超高等）、气孔、夹渣等可进行打磨、铲除并补焊。气孔等体积性缺陷若经长期使用仍不发展的可不予修理。

b. 高压管道的螺栓、螺母的局部毛刺、伤痕可作修磨，但当伤痕累计超过一圈螺纹时，应按规定更换。

c. 管道法兰、阀门等密封面出现划痕时，可用切削刀加工或研磨，予以消除。

二、公用管道的检修与维护保养

1. 采暖管道的检修维护

（1）管子漏水或漏汽的维修

当发现采暖管道有漏水或漏汽的现象时，首先应查出漏水或漏汽的部位之后，再根据管子漏水或漏汽的实际情况，来确定维修方法。

对于管子因局部受腐蚀而漏水或漏汽时，可用补焊方法维修。对水暖管道或室外气温较低不允许停止运行的情况，可用打卡子的方法维修干管，也可用关闭局部（有漏水或漏汽）的主管上下截断阀门，局部停运后采用补焊方法进行维修。管子腐蚀损坏情况严重，为避免在运行期间需要换管，一般应在进入采暖期前进行全面检修和换管。汽暖管道在关闭阀门后，管道中的冷凝水会沿管子的坡向流走，然后再补焊漏汽部位。水暖管道在关闭阀门后，需打开近处的泄水阀和放气管或采取其他措施，将水排净后进行补焊。

（2）接口处漏水或漏汽的维修

① 管扣漏。一般指管箍、弯头、三通等螺纹连接处漏，漏的原因是安装时管扣较松，运行一段时间后，麻丝和管扣都受到腐蚀，腐蚀较轻时，虽然可以继续使用，但需多缠一些麻丝，腐蚀严重的管子，应在关闭控制阀门的条件下，进行换管解决。

② 活接头、接头螺母漏。原因多数是密封垫被腐蚀变硬或变质，以及受外力的作用（如管道的热胀冷缩、人为振动等）而造成。这种情况可以紧一紧活接头或接头螺母，如果不见效果，就把活接头或接头螺母拆开，进行换垫处理。换垫时，一定要将原来的旧垫残余清理干净，防止换上新垫因接触不良而继续漏水或漏汽。活接头垫一般是用石棉橡胶板制作，也可用耐热橡胶板制作。接头螺母垫一般是用麻丝或细石棉绳缠垫。

③ 螺丝短管漏。如果是由于短管丝扣不严而漏，可按前述管扣漏的维修方法进行处理；如果是产生裂缝，应将短管拆下，重新换短管；如若丝扣断在散热器补心里，先用锯条伸入断在补心里的管中，在左右两边各锯一道锯口，锯时要小心，不要锯伤补心的内螺纹，然后用尖口錾子把断在散热器中的螺丝短管丝扣部分剔下来。剔时要注意不要伤了补心的内螺纹，不要使铁渣落入散热器接口中，已落入的应清理出去。如若螺丝短管拧不进散热器补心时，可用与散热器补心的内螺纹相应的丝锥重新套一下丝扣。

④ 长丝漏。一般常发生在根母处。漏的原因可能有三种情况：一是因为受外力作用使长丝损坏；二是安装时根母装的或松或紧，根母松时，填料未被压紧会漏，根母紧时，填料被挤出来也会漏；三是根母长丝间产生滑扣现象。如果是根母装得松紧不当，只要重新换填料调整松紧即可，如果是长丝损坏或滑扣，则需把挂有长丝头的管子拆下来，换上新的长丝即可。

⑤ 法兰盘漏。如果是安装时螺栓拧得不紧，过一段时间法兰盘垫圈被管道中介质腐蚀，或者受到外力作用，就会漏水或漏汽。维修时先用拧紧螺栓方法处理，如果不起作用，就要拆开法兰盘换垫，换垫时要把旧垫用锯条彻底清理干净，重新上新垫拧紧螺栓即可。

（3）常用热水供暖系统的常见故障与排除方法（见表 1.10.4）

表 1.10.4　常用热水供暖系统的常见故障与排除方法

现　象	产　生　原　因	排　除　方　法
采用双管系统时，多层建筑上层的散热器过热，下层过冷	上层流量过大	关小上层散热器阀门
异程系统末端不热	1. 前面阀门开大、流量过多； 2. 干管末端空气阻塞	1. 关小前面立管的阀门； 2. 排除集气罐内空气
下行上给式上层散热器不热	1. 空气未排除； 2. 循环泵出力不足； 3. 膨胀水箱缺水，系统上部脱空	1. 检查散热器上的放气阀或管路上的放气阀，并排除空气； 2. 检查循环泵，调整或更换水泵； 3. 修复膨胀水箱补水装置
局部散热器不热	1. 管内被污物堵塞； 2. 进水管坡向错误，造成积气； 3. 阀门开关失灵； 4. 集气罐存气太多，阻塞管路； 5. 管路接法不佳(如 T 形三通，接连 2 个 90°弯头)，造成水流不畅、积气	1. 在管线上转弯处与阀门前摸其温度、敲打听声，必要时拆开修理； 2. 改止坡向； 3. 拆开修理； 4. 检查集气罐后边的管线及设备，如果全是冷的，可能是气阻，应排除空气； 5. 改变管路接法，不用 T 形三通，2 个 90°弯头改 2 个 135°弯头
上行下给单管系统，上层过热，下层不热	1. 上层散热器面积过大，散热太多，水温温降太大； 2. 循环泵出力不足	1. 适当减少上层暖气片面积，或加设跨越管，加装三通调节阀； 2. 检查循环水泵，调整或更换水泵
暖风机不热	1. 进水管坡向错误造成积气； 2. 管内、阀门或孔板堵塞； 3. 加热器内堵塞； 4. 供水温度不符合要求	1. 校正坡向； 2. 消除污物或检修阀门； 3. 清洗加热器； 4. 调节水温
暖风机散热不符合产品性能要求	1. 风量太小； 2. 循环水量太小； 3. 加热器不符合要求或局部堵塞	1. 校正叶轮转向，检查转速是否符合要求，皮带有无滑动； 2. 调整水量； 3. 更换或检修
空气加热器回水温度过高或过低	1. 循环水量过大或过小； 2. 风量太大或太小； 3. 加热器面积太大或太小	1. 减小或增大水量，检查管线与阀门孔板有无堵塞，检修或更换孔板，调整阀门； 2. 调整风机转速； 3. 改变水量或更换设备
总回水温度过高	1. 热负荷小，循环水量太大； 2. 外线循环管阀门未关； 3. 送水温度过高	1. 调整总进、回水阀门，增加阻力，减少水量； 2. 关闭循环管阀门； 3. 降低送水温度

续表 1.10.4

现　象	产　生　原　因	排　除　方　法
总回水温度过低	1. 送水温度过低； 2. 循环水量太少； 3. 外线大量漏水； 4. 管道热量损失过大； 5. 采暖房间丢失水量多	1. 提高送水温度； 2. 检查水泵是否反转，管线、孔板、阀门等是否堵塞，或阀门未完全打开，清除系统内的污物及沉渣； 3. 检查补给水箱、确定是否漏水，然后查修外线漏水部分； 4. 由于水渗漏将保温层损坏，或因地面水流入地沟内浸泡管子，故应检查附件接口及地沟的状况，然后修理或采取措施； 5. 加强管理、严防丢水

2. 热力管网的检修维护

热力管网一般是指以热电厂，区域锅炉房或热交换站为热源，将蒸汽或热水送往用户的管道工程。当以蒸汽为热煤介质时，热网的压力一般小于或等于1.6 MPa，温度低于或等于350℃，当以热水为热媒介质时，热网的压力一般小于或等于2.5 MPa，温度低于或等于200℃。因此，热力管道多数属中、低压管道范畴。我国热力管网绝大多数为枝状管网。一处出现故障进行修理时至少要影响故障点以后的用户，甚至影响全系统。

(1) 蒸汽管网除按照一般管道进行日常巡视外，应特别注意管网的疏水、排水和排气问题。蒸汽管道的运行疏水一般是由疏水器自动完成，热水管道的排气可由自动排气阀完成或手动排气阀完成。在运行中应加强蒸汽管道的疏水和热水管道的排气这些装置的检查。

(2) 管网的漏汽在巡视中很容易发现，管道如产生漏汽，有管道局部腐蚀、焊缝开裂、密封失效、阀件损坏等多种原因，查明原因后应及时维修。

(3) 由于热力管道温度较高，多在100℃以上，受着热应力的作用，管道在停送介质时，因温度变化，产生热胀冷缩的应力很大，必须由补偿器来消除，因此在维修施工中，要注意检查和观察补偿器在开始运行和停止运行时，其膨胀量和收缩量是否一致，检查补偿器两端的导向支架，导向限位块的间隙，有无发生摩擦和卡死现象，检查固定支架在热应力作用下，是否发生扭曲、变形和松动。

(4) 在热力入口处，装有各种控制阀门和指示仪表，该处应经常巡视，对运行参数必要时每班应作出记录，有减压装置的系统，应详细检查减压阀和安全阀的运行状态是否正常，减压阀的阀前、阀后压力是否符合要求，安全阀是否在校验期内，动作是否灵敏。

(5) 凝结水箱的运行情况，可以反映出蒸汽、凝结水系统的运行情况，在开式凝结水系统中，如果凝结水箱的排汽管出现大量排汽，甚至排汽时还有响声，说明系统中的疏水器泄漏量大，或疏水器的旁通管的阀门关闭不严，需要进行检查和维修。在闭式凝结水系统中，若二次蒸发器的安全阀发生动作，或安全水封的出水口产生水汽时，也是由于疏水器失灵或发生窜汽造成的，应调整、检修疏水器及有关阀门。

(6) 疏水器的检查和校验方法如下。

① 疏水器是蒸汽管网的重要设施，其工作是否正常关系到运行的稳定性和能耗。每班

都应对疏水器进行巡回检查，查看疏水器的工作情况，每半个月到一个月应进行一次全面检查。检查采用听、摸、看的方法，听就是用听棒顶在疏水器的壳体上听浮筒、吊筒、浮球、阀片动作的声音；摸就是用手摸凝结水管道的表面温度，太热则有窜气现象，不热则说明系统不通，疏水器可能失灵；看就是打开疏水装置的检验阀门，看疏水器的排水情况，疏水器只要是动作灵活、间断动作，有凝结水排出，即可认为是正常运行。

② 每半年或一年应对疏水器校验一次，校验顺序如下。

a. 拆开疏水器大盖，检查浮筒、吊桶、浮球、阀件、阀孔、杠杆、止回阀、阀片等部件，有无损坏、磨损、堵塞，如发现损坏、磨损、堵塞应及时进行修理、清洗、研磨或更换。

b. 修理完毕，组装后应进行水压试验，检查疏水器的强度和密封性能。

c. 安装疏水器到校验台上，进行模拟试验，使疏水器在选定的工况下运行，检查疏水量和泄漏量，并根据校验情况，调整浮筒、吊桶或浮球的配重或阀片的重量等，使疏水器能正常工作。

(7) “水击”是蒸汽、凝结水管道运行中破坏力最大的一种故障，轻则振坏保温层、垫片、灼伤工作人员；重则振松管道支架，顶坏阀门，甚至使管道破裂。“水击”是在蒸汽管中凝结水排除不掉，或者在凝结水管中窜进大量蒸汽所致。蒸汽以高速流动，带动积水撞击管壁或附件，蒸汽的速度往往在 20 m/s 以上，产生的撞击力足以破坏管道和附件。“水击”可能是由设计上的缺陷和运行中操作不当引起的。为了避免或减少“水击”现象的发生，除按每 100～150 延长米设置疏水装置外，可在各种局部节流部件(如阀门、弯头、节流孔板等)介质流动方向的前侧加装一些疏水装置，或两者适当的结合。在运行中阀门开启速度应缓慢，经常检查疏水装置的运行情况是否正常，避免蒸汽窜入凝结水管。热力管道的其他常见故障与消除方法见表 1.10.5。

表 1.10.5　蒸汽管道故障与消除方法

管道故障	现象	原因	防止和消除方法
破裂	滴水、漏汽(气)、保温层局部潮湿发出嘶嘶声的音响，用户介质供应不足，或压力下降等	1. 管子制造质量不合格或管材选择不当； 2. 焊缝质量不良； 3. 支架下沉使管道过度挠曲弯形； 4. 管道内水由于结冰而胀裂管壁； 5. 蒸汽管道送汽时未预热，或预热时疏水不良，使管壁上半部和下半部产生不同的应力； 6. 热力管道两固定支架间未装补偿器，或补偿器未起作用； 7. 管道坡降不良，凝结水排不出去，造成汽水冲击	1. 拆除破裂的管道，安装质量合格的管子，按介质工作参数选择管材； 2. 修补或切除重焊，焊缝质量要符合焊接规程的要求； 3. 修理破裂管道前，先修复支架，应定期检查支架工作情况； 4. 保持保温层完整；直接埋地的管道铺设在冻层以下；在冰冻季节停止使用的管道要全部放净管内存水；管道最低点装自动放水装置或定期放水； 5. 送汽时应遵守操作规程，进行管道预热并启动疏水装置，排出管内存水，管道应分段安装合适的疏水阀； 6. 在热力管道两固定支架间装热伸长的补偿器；管道在滑动支架上应能自由滑动； 7. 调整管道坡度；管道最低点装排水装置；按较低流速选择管径

续表 1.10.5

管道故障	现象	原因	防止和消除方法
堵塞	介质输送不到，压力降落很大，管道上相邻两点的压力和温度突变	1. 管内有水垢、泥沙等沉淀物聚集； 2. 管道安装或检查时将杂物或密封填料等落入管内	1. 定期清洗管道，清除管内杂质； 2. 找出堵塞物位置，清除堵塞物

3. 燃气管道检查与维护

(1) 进入燃气场所进行检查和维修作业时，应符合以下规定。

① 先检查有无燃气泄漏，在确认安全后方可实施检查与维修。

② 涉及可能存在燃气的场所，如地下调压室、阀井、检查井等，必须穿戴好防护用具，系好安全带，并设置专人监护，作业人员轮换操作。

③ 进行维护检修，应采取防爆措施或使用防爆工具，严禁使用能产生火花的铁器等工具进行敲击作业。

(2) 地下燃气管道巡线检查应包括下列内容。

① 管道安全保护距离内不应有土壤塌陷、滑坡、下沉、人工取土、堆积垃圾或重物、管道裸露、种植深根植物及搭建建(构)筑物等。

② 管道沿线不应有燃气异味、水面冒泡、树草枯萎和积雪表面有黄斑等异常现象或燃气泄出声响等。

③ 不应有因其他工程施工而造成管道损坏、管道悬空等，施工单位应向城镇燃气主管部门申请现场安全监护。

④ 不应有燃气管道附件丢失或损坏。

⑤ 应定期向周围单位和住户询问燃气管道有无异常情况。

⑥ 在巡查中发现问题，应及时上报并采取有效的处理措施。

(3) 地下燃气管道检查应符合下列规定。

① 泄漏检查可采用仪器检测或地面钻孔检查，可沿管道方向或从管道附近的阀井、窨井或地沟等地下构筑物检测。

② 对设有电保护装置的管道，应定期做测试检查。

③ 运行中的管道第一次发现腐蚀漏气点后，应对该管道选点检查其防腐及腐蚀情况，针对实测情况制定运行、维护方案；管道使用 20 年后，应对其进行评估，确定继续使用年限，制定检测周期，并应加强巡视和泄漏检查。

(4) 阀门的运行、维护应符合下列规定。

① 应定期检查阀门，应无燃气泄漏、损坏等现象，阀井应无积水、塌陷，无妨碍阀门操作的堆积物等。

② 阀门应定期进行启闭操作和维护保养。

③ 无法启闭或关闭不严的阀门，应及时维修或更换。

(5) 凝水器的运行、维护应符合下列规定。

① 凝水器应定期排放积水，排放时不得空放燃气；在道路上作业时，应设作业标志。

② 凝水器护盖、排水装置应定期检查，应无泄漏、腐蚀和堵塞，无妨碍排水作业的堆积物。

③ 凝水器排出的污水不得随地排放，并应收集处理。

(6) 补偿器接口应定期进行严密性检查及补偿量调整。

(7) 埋地燃气管道防腐、泄漏检测与处理见本节和本章第十一节相关内容。

三、压力管道泄漏分析与处理

1. 管道泄漏分析

管道系统泄漏分内漏和外漏两种类型。内漏是夹套管、阀门等在管道系统内部产生的泄漏，从管网外表很难察觉，一般可通过管网的运行状态或物料性质的变化来分析；外漏是指管内的介质漏至大气，也就是由管外部能够检测到的泄漏。

管道泄漏不仅浪费资源、能源和污染环境，影响管网的输送能力，特别是易燃、易爆、有毒介质的外漏，严重威胁管道内流体的正常输送和人身安全，甚至造成重大事故及停车、停产。公用管道的泄漏，也会造成停止供热、停气等后果，给用户带来不便。因此，妥善处理泄漏问题，是管网安全运行的一大关键。

管道泄漏多发生在连接件及其管段上，连接法兰、连接螺纹、阀门体及填料上发生的泄漏，属于管道连接件泄漏，而在管段上的泄漏，则多发生在焊口、流体转向的弯头、三通及蚀孔等部位。

(1) 管段泄漏

① 焊缝缺陷引起的管道泄漏。在焊接过程中由于人为的因素及其他自然因素的影响，在焊缝成形过程中不可避免地存在着各种缺陷，如裂纹、未焊透、未熔合、夹渣、气孔等，焊缝上发生的泄漏现象，很大一部分是由焊接过程中所遗留下的焊接缺陷，在管道使用过程中由于使用条件如交变应力、振动等的影响，使缺陷扩展，以致引起管道泄漏。因此，管道工程施工必须严格执行相关规范及工艺措施，认真对待，尽量减少缺陷的产生。

② 腐蚀引起的管道泄漏。有些管道系统在腐蚀介质、环境因素及应力等的作用下造成管道的腐蚀，如应力腐蚀、氢腐蚀、点腐蚀、晶间腐蚀及大面积的均匀腐蚀等，使管壁变薄，造成管子局部穿孔发生泄漏。

③ 冲刷引起管道泄漏。由于高速运动的流体在改变方向时，对管壁产生较大的冲刷力，使管壁逐渐变薄，这种过程就像滴水穿石一样，最终造成管道穿孔而泄漏。如蒸汽管道的弯头处常发生冲刷引起的管道泄漏。

④ 振动引起的管道泄漏。强烈的机械振动或流体的气锤、水锤的冲击作用，使管材承受交变载荷产生疲劳裂纹，导致泄漏。凡是经常振动的管道，发生泄漏的比率要比正常管道大得多。振动能使法兰的连接螺栓松动，垫片上的密封比压下降，还会使管道焊缝内的缺陷扩展，最终导致严重的泄漏事故。因此要消除或隔离振源，才能有效消除振动。

⑤ 冻裂引起的管道泄漏。因管子内的水冻胀将管子冻裂，或因管子周围的土产生冻胀使管子移位而造成管子泄漏。

对于地下铺设的管道，防止冻坏的方法是使其安装深度在冻土层以下；对于架设在地面上的管线,加设保温层、加蒸汽伴热或使管线内介质处于流动状态,可以有效地防止结冻。

⑥ 外力作用引起的管道泄漏。因外部静载荷或冲击载荷超过管子的允许限度而使管子泄漏,如管道在道路下埋设较浅,在车辆冲击、振动载荷作用下则产生泄漏。

⑦ 管材本身缺陷引起的管道泄漏。由于管材存在细小的砂眼、裂缝,初期不明显,经过一段时间运行后,缺陷扩大,产生泄漏。

(2) 法兰泄漏

管道法兰密封面泄漏的主要原因与防止措施见表 1.10.6。

表 1.10.6 管道法兰密封面泄漏的主要原因与防止措施

泄漏原因	泄漏状况说明	防止措施
对高温、高压的结构选择不当	即使正确施工,紧固很好,也仍然泄漏不止或由于热应力等经常发生泄漏	要重新研究法兰、垫圈、螺栓等的结构和材料等
由于管系的热应力等异常应力而引起的法兰或螺栓的损伤	如破损就会发生泄漏,但即使不破损,垫圈压面的变化,也常常发生泄漏	要重新研究管系的挠性,必要时增加挠性
法兰、垫圈、螺栓的热膨胀不均	即使结构等均良好,但法兰部位有温度梯度时,也往往发生泄漏	缓和法兰部位的温度梯度,可降低垫圈系数
法兰刚性不足,垫圈配合面的缺陷	法兰变形,不能得到均匀而适当的垫圈压面	提高法兰的刚性,可降低垫圈系数
法兰平行性不好,中心偏差	安装不当或机械损伤而使垫圈不贴合处泄漏	重点加工垫圈配合面,或更换法兰,校正法兰的平行性和中心线
螺栓强度不足、松动和腐蚀	在高温情况下,有强度不足(蠕变)的情况;由于振动、热变化、应力缓和而松动;多数是来自外部的腐蚀	重新研究螺栓材料及其尺寸,增大螺栓尺寸,使热变化均匀,经常紧固螺栓,更换新螺栓
垫圈承压力不足、受腐蚀、变质或材料缺陷	由各种综合情况而引起;或由于流体的作用而腐蚀,或随使用时间的增加而变质	紧固螺栓,考虑材料及形状,改变尺寸或更换新垫圈

(3) 阀门泄漏

管路上阀门是不可缺少的主要控制元件,由于受到输送介质温度、压力、冲刷、腐蚀的作用及阀门生产制作中存在的内部缺陷,阀门在使用过程中不可避免地会发生泄漏,而且泄漏可能发生在阀门的任何部位。

① 连接法兰及压盖法兰的泄漏。

② 焊接过程中可能遗留下各种焊接缺陷,在使用过程中扩展而发生泄漏。

③ 丝扣连接中的丝扣泄漏。

④ 阀门在生产过程中的铸造缺陷以及腐蚀介质的输送、流体介质的冲刷造成的阀体的泄漏。

⑤ 由于填料老化等因素造成的填料泄漏,在无法更换填料的情况下,可以采用“管道注剂式带压密封技术”,当把密封注剂注射到阀门填料部位后,立刻能达到止住泄漏的目的,同时又能起到阀门填料一样的自润滑功能及长期密封的效果。

2. 泄漏的排除

（1）检查管道泄漏的方法

检漏的方法很多，作为确定管网运行中的泄漏性故障来说，通常采用的方法有：嗅、听、目视、用发泡剂（如肥皂液等）、用试纸或试剂、用气体检测器、用超声波泄漏探测器、用红外线温度测试仪等。

① 目视检查应首先对压力、流量等变化情况进行监视，在目视检查的同时，还可配合耳听、鼻嗅，从泄漏处的响声、气味就可进一步判断泄漏的部位。

② 肥皂水等检漏液适用于正压气体管道的检漏，不适用于真空管道。

③ 试纸或试剂检漏适用于管内介质与试纸的浸渍液起化学反应并能使试纸或试剂明显显示因泄漏而产生的变化。

④ 当管道输送的介质为可燃或剧毒性气体时，可在管道附近设置气体检漏器查漏，并可实现自动监测。此外还有超声波检漏仪、半导体检漏仪等，均可对不同的介质进行检漏。

（2）排除泄漏的措施

管道泄漏时，一般情况下应立即停止运行，按正规方法进行修理。

① 如果管壁的泄漏由腐蚀穿孔而致，而且经测定，邻近的其他部位壁厚尚无明显的减薄，可采用补焊方法。如果管道内的介质为低压和非易燃易爆的（如水、蒸汽、空气等），可在运行过程中实施补焊。

② 对于应力腐蚀开裂引起的泄漏，或是管内介质是高压和可燃性的情况，不得在运行中修补，必须停止运行，仔细检查原因，以便采取妥善的措施加以处理。

除上述方法外，针对管道泄漏的各种情况，可分别采取下述方法恢复管道的密封效能：对穿透的裂缝和腐蚀穿孔进行补焊；更换泄漏部分管段；打卡子或做管箍等；更换各密封部位失效的填料；更换或修复变质或损坏的密封垫；对不平整的法兰密封面进行加工或更换法兰；采用可靠的密封胶（如厌氧胶等），并注意密封面的清理和均匀涂抹；均匀上紧密封部位连接螺栓；带压堵漏等。

四、管道带压堵漏密封技术

修理管道泄漏的传统方法是补焊和换件，但均需短时停车，对流程生产很难做到。对易燃易爆介质通常是不允许的。一些临时性的补救措施，如打卡子、加箍等只能用于管道内部介质为非易燃、易爆、介质无毒和工作压力较低的场合。那些规格较大的管道及管件，更难在有压力的情况下堵漏。注剂式带压密封技术也称带压堵漏，是 20 世纪 70 年代中期发展起来的先进的设备维修技术，主要用于流程工业各类装置和系统、公用和长输管道上，可以在保证生产、运行连续的情况下把泄漏部位密封止漏，避免停车损失。带压堵漏操作简便、安全、迅速、经济，且社会效益较高。我国在 20 世纪 80 年代初期，由航空和石化工业先后在引进国外技术的基础上进一步开发研究，逐步发展了这一先进技术，并且在石油、化工、电力、冶金等行业得到广泛的应用，取得了较好的经济效益。

1. 夹具（卡箍）堵漏法

该方法就是在管道泄漏的地方，用如图 1.10.2 所示的管卡，垫上橡胶板、石棉绳等软质垫料，按如图 1.10.3 所示方法箍紧即可，此法可用于低压的液体和气体管道。

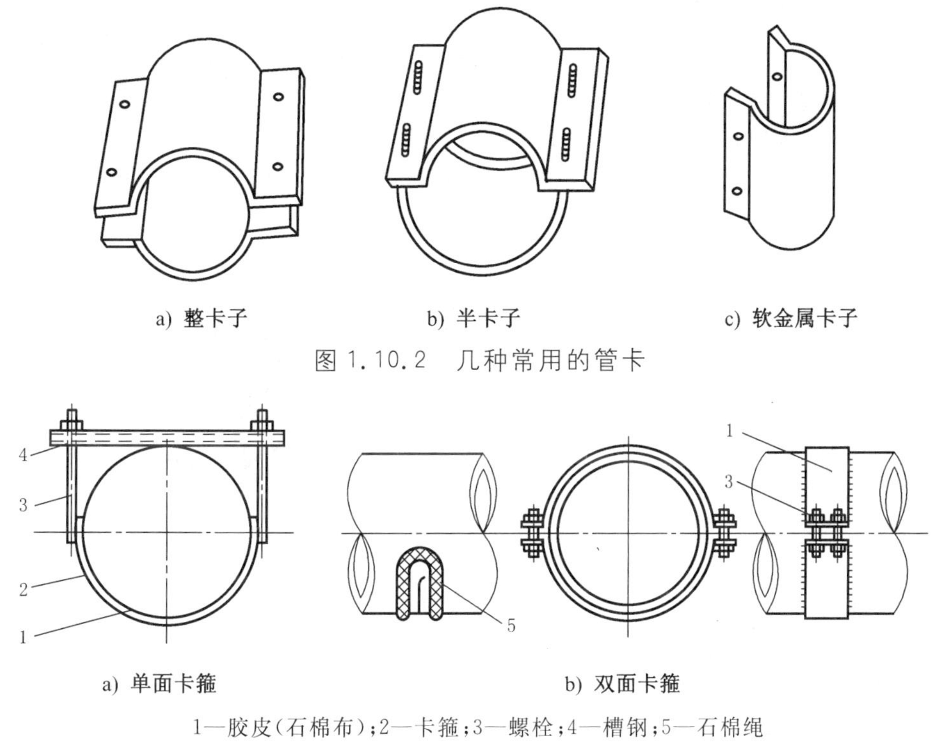

a) 整卡子　　b) 半卡子　　c) 软金属卡子

图 1.10.2　几种常用的管卡

a) 单面卡箍　　b) 双面卡箍

1—胶皮(石棉布)；2—卡箍；3—螺栓；4—槽钢；5—石棉绳

图 1.10.3　管道打卡箍方法

2. 注剂式带压堵漏法

注剂式带压密封技术的基本原理是：密封注剂在人为外力的作用下，被强行注射到夹具与泄漏部位部分外表面所形成的密封空腔内，迅速地弥补各种复杂的泄漏缺陷，在注剂压力远远大于泄漏介质压力的条件下，泄漏被强行止住，密封注剂自身能够维持住一定的工作密封比压，并在短时间内由塑性体转变为弹性体，形成一个坚硬的、富有弹性的新的密封结构，达到重新密封的目的。注剂式带压堵漏过程如图 1.10.4 所示。

带压堵漏工作既然是一项不停产状态下的设备维修技术，在作业过程中必须遵循严格的安全操作规程，其操作人员必须经过系统的专门培训，取得压力管道带压堵漏操作人员资格证方可操作，以起到安全保证作用。

(1) 带压堵漏作业的一般要求：

① 毒性极大介质的泄漏，不能进行这种作业，必须考虑操作人员的安全问题。

② 不允许对管道、设备等受压元件器壁因裂纹而产生的泄漏点进行带压堵漏，因为消除泄漏并不能保证裂纹的扩展。

③ 管道腐蚀、冲刷减薄状况不清的泄漏点，如果仅按表面泄漏状况来处理，则可能出现此堵彼又漏的状况，并且容易把泄漏部位管壁压瘪，造成加剧泄漏的事故。如管壁厚度减到计算值以下时，堵漏可作为短期运行的临时应急措施处理，但必须采取保证安全的其他措施。

④ 由于介质泄漏，使螺栓承受高于原设计使用温度的泄漏点不能带压堵漏作业。

⑤ 一个泄漏点的当量直径大于 10 mm，泄漏特别严重，带压堵漏非常困难，特别在压力高、介质易燃易爆或腐蚀、毒性都比较大的情况。

⑥ 应用带压堵漏技术的单位必须严格带压堵漏的管理。带压堵漏工作必须有组织有领导地进行，应配备必要的检测仪器及完善的堵漏设备和工具，必须设技术负责人，负责组织堵漏技术的现场操作、夹具设计及安全措施的判定工作。专业技术人员和施工操作人员要到泄漏现场详细调查和勘测，提出具体施工方案，制定有效的操作要求和防护措施，报主管部门审批后，才能进行施工。在施工中使用单位安全部门应派人进行现场监督。

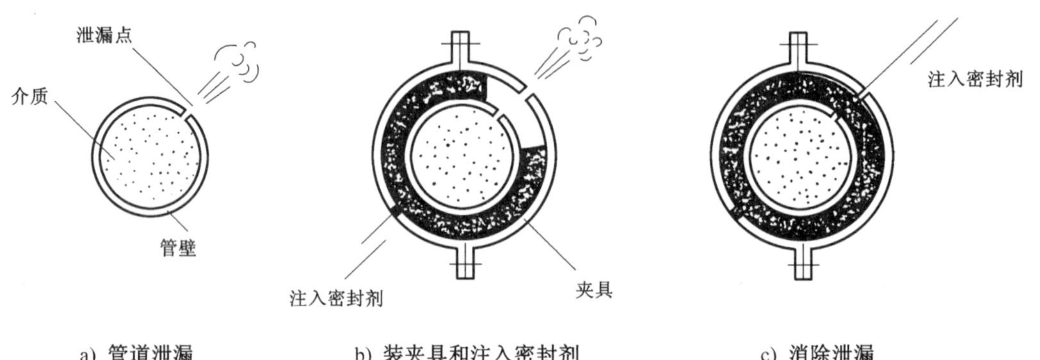

图 1.10.4　注剂式带压堵漏过程示意图

(2) 注剂式带压密封技术机具。包括夹具、接头、注剂旋塞阀、高压注剂枪、快装接头、高压输油管、压力表、回油尾部接头、手动液压油泵等。

① 高压注剂枪是注剂式带压密封技术的专用器具。它的作用是将动力油管输入的压力油或螺旋力，通过枪的柱塞而转变成注射密封注剂的强大挤压推力，强行把枪前部剂料腔内的密封注剂注射到夹具与泄漏部位部分外表面所形成的密封空腔内，直到泄漏停止。

② 手动液压油泵是“注剂式带压密封技术”的动力之源。它所输出的液压油经高压输油管进入高压注剂枪油缸尾部，推动柱塞向前移动，同时把剂料腔内的密封注剂注射到夹具与泄漏部位部分外表面所形成的密封空腔内，直到泄漏停止。

③ 注剂旋塞阀是将高压注剂枪连接到夹具上的特殊阀门接头。它的作用是排放泄漏介质、切断泄漏介质、切断注剂通道。

④ 夹具是加装在泄漏缺陷的外部与泄漏部位的部分外表面共同组成新的密封空腔的金属构件。可以说在注剂式带压密封技术应用中，相当大的工作量是围绕着夹具的构思、设计、制作来进行的，也是用户较难掌握的一项技术。夹具一般用钢板制造，除包容密封剂外，还须承受泄漏介质和注射密封剂的压力。既要有密封保证，又要有强度保证。

设计制造夹具的准则如下：

——设计制作夹具的形状必须能与泄漏部位的外部形状良好地吻合。夹具与泄漏部位外表面接触部分的间隙应有严格限制，以防止塑性极好的密封注剂外溢。

——夹具要承受带压密封作业时的注剂压力和泄漏介质压力，并在夹具与泄漏部位外表面所形成的密封空腔内要保证足够的密封比压。作业时不允许有任何破坏现象出现，因此夹具要有足够强度；另外，为了避免夹具产生变形和位移，夹具要有足够的刚度。

——夹具要有合适的密封空腔。夹具与泄漏部位之间必须有一个封闭的密封空腔，以便于注射和包容密封注剂，维持足够的止住泄漏的密封比压。密封空腔的宽度应当超过泄漏缺陷的实际尺寸 20 mm～40 mm，密封空腔的高度，即形成新密封结构的密封注剂的厚度，一般应在 6 mm～15 mm 之间，特殊情况还可以加厚。

——注剂孔开设。为了把高压注剂枪连接在夹具上，并通过高压注剂枪把密封注剂注射到泄漏区域内，夹具上应设有带有内螺纹的注剂孔，注剂孔的数量和分布以能顺利地使密封注剂注满整个密封空腔为宜，一般夹具上至少应设有两个以上注剂孔。

——合理分块。夹具应当是分块结构的，安装在泄漏部位上后再连成刚性整体，形成一个封闭的密封空腔。根据夹具的大小，并结合泄漏部位的具体情况，夹具可以设计成 2 等份、3 等份或更多的份数。泄漏的设备、管道、阀门等外形尺寸常常很大，而泄漏缺陷只是一个点或处在某一小区域内，因此夹具通常设计成局部式的。

——材料及制作工艺。夹具所用的材料根据泄漏介质的化学性质及操作工艺参数来选择。夹具的加工工艺可以采用铸造、车削、铣削、铆焊、锻造等方式。夹具可以根据使用单位情况，逐步实现标准化、系列化，以便于选用和制造。

⑤ 密封注剂。在带压密封作业过程中，密封注剂一经注射到夹具与泄漏部位外表面所形成的密封空腔内，便与泄漏介质直接接触，迅速固化而进行堵漏。密封注剂的各项性能直接涉及注剂式带压密封技术的使用范围，其优劣也直接影响到新的密封结构的使用寿命。

从目前国内外密封注剂的生产和使用情况来看，大约有 30 多个品种，可大致分为两类。一类是热固化密封注剂，其基础材料是高分子合成橡胶以及固化剂，耐水、耐酸、耐碱、耐化学介质、耐高温的各种辅助剂等，这类密封注剂的显著特点之一是只有达到一定的温度以上，才能完成密封注剂由塑性体转变为弹性体的固化过程，常温下则为棒状固体。另一类是非热固化密封注剂，它的基础材料根据密封注剂的性能要求，可以是高分子合成树脂、油品、石墨、塑料以及其他无机材料等，固化机理多为反应型及高温碳化型或单纯填充型，可以适用于常温、低温及超高温场合的带压密封作业要求，其产品也多制成棒状固体或双组分的腻状材料。

密封注剂的选用原则大致有三个方面内容，按泄漏介质的化学性能选用；按泄漏介质的温度选用；按密封注剂的销售价格选用。

——温度高于 600℃以上的泄漏介质，应选用以碳质原料或石墨类材料为主要基料配制成的非热固化密封注剂。

——温度在 90℃～600℃的泄漏介质，应选用热固化密封注剂。

——温度在 230℃以下的强溶解性泄漏介质，应选用以聚四氟乙烯为主要基料配制而成的非热固化密封注剂。

——温度高于－10℃的泄漏介质，应选用固化机理为反应型的非热固化密封注剂。

——温度低于－20℃的泄漏介质，一般都难以完成固化过程，应选用以硅橡胶为主要基料配制成的非热固化密封注剂。

3. 带压焊接堵漏

对于管道内介质为低压和非易燃易爆（如蒸汽、空气等）且连续生产的装置，经常会出现跑冒滴漏的情况，如果采用停产检修堵漏，往往是不可取的。而在不影响生产、不中断运行的前提下，进行带压焊接堵漏处理，对于确保装置和管网的安全、稳定、长周期、满负荷运行，减少因停产、排放系统物料的经济损失，具有重大的意义。

（1）带压焊接堵漏的常用方法

① 短管引压焊接堵漏

泄漏缺陷中较多一类情况是管道的压力表、排放导淋管及其他引出管根部断裂或焊缝出现的砂眼、裂缝所造成的泄漏，这种泄漏状态往往表现为介质向外直喷，垂直方向喷射压力较大而水平方向相应较小。根据这个特点，可在原来的断管外加焊一段直径稍大的短管，再在焊接好的短管上装上阀门，以达到切断泄漏的目的。短管上应事先焊好以断管的根部连接主管道外径为贴合面的马鞍形加强圈，以使焊接引压管更为可靠和容易。阀门以闸板阀为最理想，便于更好引压。这种方法处理时间短、操作简单，可适用于中、高压和非易燃易爆介质管道的泄漏故障。

② 螺母焊接堵漏

对一些压力较低、泄漏点较小的管道因点腐蚀造成泄漏的部位，可采用螺母焊接堵漏的方法，即在管道表面漏点处焊上规格合适的螺母，然后拧上螺栓，最后再焊死，达到堵漏的目的。这种方法用料简单、影响面小，且无其他车工、管工、钳工交叉作业。

③ 挤压焊接堵漏

对于那些泄漏量不大，内部介质压力不高，泄漏处管道又具有一定壁厚的情况，用挤压堵漏的方法。用铜质防焊榔头、凿子，将漏点周围金属材料锤打，挤进漏缝，用冲击力使管材金属塑性变形，以达到堵漏的目的。如挤压后再辅以粘接其效果就更佳。这种方法较为实用。

④ 直接焊接堵漏

对于有些泄漏量不大、压力较低、非易燃易爆介质管道有一定的金属厚度或位置又不容许加辅助手段的泄漏点，可采用直接焊接的方法，它主要是通过与挤压法交替使用，边堆焊、边挤压，逐渐缩小漏点，最终达到堵漏的目的。

（2）带压焊接堵漏的针对性技术措施

带压焊接堵漏在操作时应考虑具体的技术和环境条件，考虑现场的压力、温度、工艺介质、管材因素，采取相应的有针对性的技术措施：

① 焊接管材、板材的材料与原有管道的材料相匹配，焊接材料与原有管材相对应。

② 在焊接堵漏时，考虑到泄漏介质在焊接过程中对焊条的敏感作用，打底焊条可采用易操作、焊接性能较好的材料，而中间层及盖面焊条则必须按规范要求选用。

③ 在直接焊接过程中，可加大焊接电流，使得电弧喷和作用大于介质泄漏压力，再辅之以挤压，逐层焊接收口，以达到消除泄漏。

（3）带压焊接堵漏具有较多不安全因素，稍有不慎，便会导致其他设备或人身伤害事故的发生，为此，必须在施工前制定周密的实施方案，包括可靠的安全措施，在施工中认真地加以执行。除此以外，注意以下几个方面的问题：

① 在处理管道泄漏之前，要事先进行测厚，掌握泄漏点附近管壁的厚度，以确保作业过程中的安全。

② 在高中压管道堵漏焊接时，应采用小电流，而且电流的方向应偏向新增短管的加强板，避免在泄漏管的管壁产生过大的熔深。

③ 高温运行的管道补焊时其熔深必然会增加，需要进一步控制焊接电流，一般可比常温调低10%左右。

④ 带压焊接堵漏的方法只能是一种临时性的应急措施，许多泄漏故障还须通过其他手段或者必要的停车检修来处理，而且即使采取了带压焊接堵漏，在系统或装置大修或停车检修时，应将堵漏部分用新管加以更新，以确保下一个检修周期的安全运行。

4. 金属涂层堵漏技术

在管道表面掉备金属层，采用热喷涂法喷涂耐蚀金属涂层（如喷铝、喷铅等），在工业上已获得较好的应用，镍磷化学涂技术则已有了广泛的应用。

化学镀镍磷合金就是以金属镍盐和还原剂在同一溶液中进行氧化还原反应，在管道表面沉析出金属涂层的一种技术。所得镀层为含有一定数量的非晶态镍磷合金，因其有超级防腐作用而被称为“金属玻璃”。涂层含磷量随溶液成分和操作条件的不同，可在3%～14%之间调节变化。由于该镀层比纯镍有更高的抗腐蚀特性，在大多数介质中，其耐蚀性能远优于不锈钢，因此可广泛应用于设备和管道作为抗蚀材料。

化学镀镍磷工艺包括机械喷砂除锈、化学除油、电解清洗、浸酸活化、水清洗、化学镀镍、钝化和热处理等过程。为了使化学镀能在较快速度下进行并且能获得满意的效果，管道基体必须通过一定浓度的酸溶液的浸泡活化，才能施镀。镀液的温度越高，镀速则越快，但温度太高，溶液会因稳定性下降而导致分解，因此要防止溶液局部过热。镀后热处理能增加镀层的附着力，同时能保持镀层的抗腐蚀能力。

化学镀镍磷合金工艺要掌握镀覆面积与镀液的比例关系，过量会使镀液补充量太大而导致分析。镀层含磷量与镀层的抗腐蚀性能有很大关系，例如含磷1%～2%的镀层耐碱腐蚀，含磷较高时在硫化氢加二氧化碳加盐水等许多腐蚀介质中都有良好的抗腐蚀性能。

为进一步改善镀层性能，可在施镀后对镀层作钝化热处理，使镀层表面生成一层致密而稳定的钝化膜，镀层孔隙得到有效封闭，从而使镀层耐蚀性能显著提高。

镍磷涂层与其他金属涂层一样，均属于阴极性涂层，涂层的致密性至关重要，而致密性又与具体配方、工艺、镀层厚度直接有关，所以如果控制不当就可能产生不致密性或者洞孔，这样涂层在电解质环境中非但起不到防护效果，反而可能产生严重的加速腐蚀，为此镍磷镀层质量检测就成为现场应用前的重要关口，使用前应该进行严格检验。

5. PE管开孔与更换技术（略）

五、压力管道检修维护安全技术

管道维修往往与生产运行中的各种设备及容器连接在一起，并且由于输有毒、送易燃易爆、腐蚀等介质，稍有不慎就会发生事故，因此，管道维修前、维修过程及运行前的处理必须严格按规定和维修方案执行，避免检修维护发生安全事故。

1. 维修前处理的步骤与方法

（1）停车、降温、卸压。关闭管道进口阀，停机、停泵，压力降至常压时，缓缓打开管道排放阀并注意余压。

（2）隔离、切断。切断与管道有关的电源，取下开关保险，并挂上警告牌；设备上的物料管线(包括惰性气、蒸汽管线)切断出入口阀门或卸下进口一节管线;将设备与管线之间阀门一侧装上盲板,并挂上明显标志。

(3) 排除管道内介质。视管道内介质情况(特性),可采取自然排放、回收等将管道内残留介质排放干净,必要时可采取水、蒸汽、惰性气体等加排放管道内残留介质。同时注意易燃易爆、有毒、腐蚀等排放介质安全和环保问题。

(4) 清洗。管道内残留酸、碱物质可用水稀释排放掉,可溶物用水冲洗,有机物可用蒸汽吹扫或热水蒸煮,对黏胶状物用能溶解黏胶状物的洗涤剂洗除。

(5) 置换。管道内易燃易爆和有害气体,一般可用"加水排气"法压出,也可直接用惰性气体(氮气、二氧化碳等)或低压饱和蒸汽进行吹扫置换(用惰性气置换,惰性气含氧量应小于1%),吹扫开始压力逐渐加大至0.2MPa,维持2h,然后压力增至小于0.5MPa。对于易燃易爆介质的管道严禁用空气(含氧)进行置换。若需进入管道内部检修,置换后,还须再用空气进行置换。

(6) 气体取样分析。易燃易爆介质含量(浓度):小于爆炸下限,大于爆炸上限;工作场所空气中有毒物质允许浓度及工作场所空气中粉尘允许浓度不得超过GBZ 2—2002《工作场所有害因素职业接触限值》的规定。

2. 维修中的安全措施

压力管道是生产工艺设备的组成部分,它的维修必然涉及相关的其他设备,如锅炉、压力容器、调压站、储存库等,因此,在维修中的安全措施也应考虑这些设备安全问题。另外还有用电、动火等均要符合有关规定和维修方案的要求。除此之外还要注意以下问题。

(1) 存在易燃易爆、有毒介质的场所,要定时进行检测,当有害介质浓度超过标准要求时,要立即采取措施,停止相关人员维修作业并撤离现场,待处理完毕并经检测符合要求后方可继续进行作业。

(2) 由于管道敷设的复杂与特殊性,往往给检查、维修操作带来难度,易造成安全生产事故。高空作业的检修者应佩戴有急救绳的安全带,指定专人监护,监护人应站在能够观察检修者的位置,时刻注意观察,并抓住急救绳的一端,随时准备救护。

(3) 工作场所有可燃气体时,携带式安全灯的灯泡必须有带玻璃壳的保护罩,导线采用绝缘良好的橡皮或聚氯乙烯护套线,并不许有伤痕;手提式安全灯电压不得超过36V,在潮湿场所,金属管道及支吊架结构物等危险处不得超过12V或采用以电池为电源的手提式防爆安全灯。

(4) 进行动火作业除办理有关手续、采取相应措施外,还要注意实际操作时环境、风向等因素。当高空动火如焊接、电动打磨时,要特别注意火源扩散到防火警戒区外存在易燃易爆介质的场所。

(5) 用于维修或维修设备放置的脚手架要牢固,并在每次维修作业开始前进行检查,作业时有专人监护。

(6) 在检修过程中如果由于某种原因,不能进行连续工作时,需采取必要的安全措施。当中断时间在24h以内时,可能由于气体泄漏,管道系统情况发生变化,应在恢复检修前重新进行分析检查;当中断时间在24h以上时,需重新办理手续,经全面分析检查合格后,才能恢复检修。

第十一节　埋地公用管道的防护及检测技术

埋地公用管道腐蚀机理、腐蚀形式、防腐蚀方法、常用涂层涂料防护施工方法等参见本章第七节，本节重点介绍埋地公用管道电化学防护及检测技术。

埋于地下的公用钢管，由于不同种金属的接触、新旧管道(件)连接、土质差异、周围介质不同均可形成电偶电池和浓差电池，使它们发生腐蚀；地下杂散电流、地下金属件所受应力不同以及埋地管道内介质过高的温度都会加速金属的腐蚀；由于土壤水分、氧气、腐殖质含量不同以及埋地管道本身的材质和覆盖层好坏不同其腐蚀速率会有所不同。为延长地下钢管使用寿命，必须对它们进行联合保护，即覆盖层(涂层涂料)和电化学保护。电化学保护分阴极保护和阳极保护，阴极保护又分为外加电流阴极保护和牺牲阳极。

一、外加电流阴极保护

1. 保护原理

电流阴极保护系统是直流电源(自控防腐仪)的负极用电缆与被保护体接通，正极与辅助阳极接通，辅助阳极与它周围的电解质接触，便形成一个电回路。直流电源向被保护体输送阴极电流，使之阴极极化并达到一定的保护电位，从而达到阴极保护目的。

外加电流阴极保护系统一般包括直流电源(自控防腐仪)、辅助阳极、参比电极、被保护体(阴极汇流体系)、检测监控系统和电缆。被保护的埋地管道与钢结构分区域分段用镀锌扁钢并联焊接形成阴极汇流体系。地下钢管道的电位是否处于保护范围，埋于被保护对象附近的各参比电极探头将向无人值守的电脑传输检测数据。这些数据经电脑存储、处理后即可输出打印。安装有远程监控、调控系统的还可适时调整自控防腐仪的输出电压和电流密度，确保被保护对象的电位达到保护范围。图 1.11.1 为外加电流阴极保护原理图。

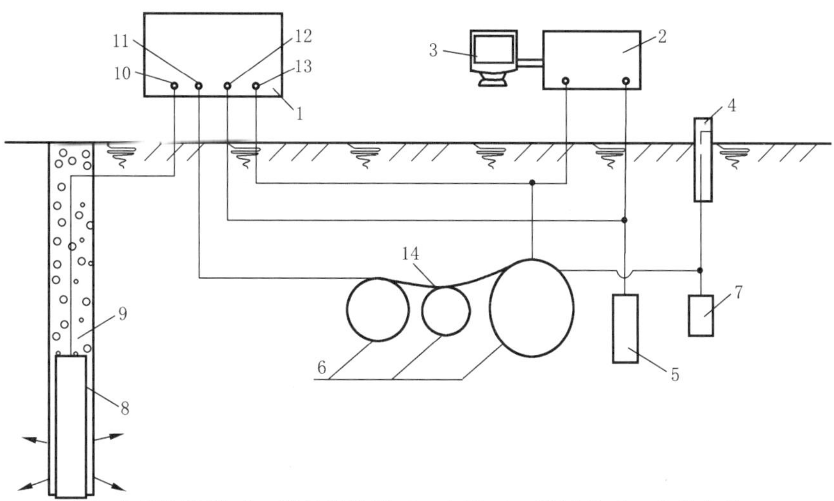

1—自控防腐仪；2—信号调理器；3—电脑；4—测试桩；5—参比电极；6—被保护的地下管道；7—检查片；8—辅助阳极；9—阳极井；10—阳极接头；11—阴极接头；12—参比电极接头；13—零位接头；14—扁钢连接阴极汇流点

图 1.11.1　外加电流阴极保护原理图

2. 外加电流阴极保护指标

(1) 保护电流密度

保护电流密度是外加电流阴极保护三个主要参数之一。保护电流密度大小与被保护对象的材质、是否有防腐涂层以及涂层的好坏程度、腐蚀介质及其流速、温度、保护电路的电阻等因素有关。所以,保护电流密度一般都由试验方法测得,表 1.11.1 可供参考。保护电流密度初期比较高,等到阴极极化以后,保护电流密度会逐步降低,并达到基本稳定。

表 1.11.1 初期保护电流密度值

环境介质	管道、钢结构表面状况	保护电流密度/(mA/m^2)
静止海水	裸 钢	100～200
静止海水	有涂层(完好)	3～20
静止海水	旧涂层	20～100
流动海水	裸 钢	100～300
流动海水	有涂层(完好)	5～30
流动海水	旧涂层	30～200
流动淡海水	裸 钢	70～100
污染海水	裸 钢	150～300
淡 水	裸 钢	50～100
淡 水	有涂层(完好)	0.05～0.6
淡 水	旧涂层	0.5～8
工业循环水(60℃～65℃)	裸 钢	100～200
工业循环水(80℃～85℃)	裸 钢	200～230
土 壤	裸 钢	10～80
土 壤	塑料、沥青特加强级防腐层	0.01～0.05
土 壤	沥青加强级防腐层	0.3～7
土 壤	旧沥青玻璃布防腐层	3～17

(2) 总保护电流

只有求出总保护电流才能知道自控防腐仪需输出多大量的直流电,才能计算出需要多少台自控防腐仪。总保护电流一般由设计单位给出。

(3) 保护电位

保护电位是指能够使被保护体停止腐蚀的电位值。最小保护电位和最大保护电位是保护电位的主要参数。进行外加电流阴极保护的管道、钢结构、设备实行保护后,离辅助阳极近的部分保护电位最高,离辅助阳极最远的部分保护电位最小。最大保护电位和最小保护电位必须限定在一个范围之内,过高会使被保护对象发生“过保护”,使之表面“析氢”,会导致高强钢“氢脆”,而且浪费电能;过低会使被保护对象“欠保护”,达不到保护效果。

埋地管道、钢结构的保护电位见表 1.11.2,也可以在外加电流阴极保护系统运行一段时间后，关断电源，测量被保护体表面在关断电源瞬间的电位与之后 4 h 电位之间的衰退值不小于 100 mV。

表 1.11.2 部分金属材料在不同环境中的阴极保护电位（相对于 Cu /$CuSO_4$）

材质及腐蚀环境		自腐蚀电位（近似值）/mV	最小保护电位/mV	最大保护电位/mV
钢铁	通气环境，土壤中<40℃	−650～−400	−850	−1 300
	通气环境，土壤中>60℃	−800～−500	−950	−1 500
	不通气环境中	−800～650	−950	−1 500
	砂土中，电阻>500MΩ	−500～−300	−750	−1 050
	在混凝土中	−600～−100	−750	−1 300
铅	土壤、淡水中	−500～ 400	−650	−1 700
铝	在淡水中	−1 000～−500	−800	−1 100
	在盐水中	−1 000～500	−900	−1 100

3. 辅助阳极

(1) 对辅助阳极的性能要求

辅助阳极在外加电流阴极保护体系中的功能是把保护电流通过电解质输送到被保护体上，辅助阳极便时刻处在电解状态下，对辅助阳极有如下基本要求：

① 导电性能好；

② 排流量大；

③ 耐腐蚀、消耗量小、寿命长；

④ 具有一定的机械强度、耐磨、耐冲击震动；

⑤ 容易加工、便于安装；

⑥ 材料易得且价格便宜。

表 1.11.3 列出了几种辅助阳极的性能；表 1.11.4 为常用埋地辅助阳极材料及性能。

表 1.11.3 几种辅助阳极的性能

辅助阳极	密度/(g/cm^3)	工作电流密度/(mA/m^2)	消耗率/(kg/A・a)	备 注
高硅铬铁	7.0	50	0.1～0.6	含 Fe 0.14～0.16，Si 0.04
磁性氧化铁	5.8	100	≤0.005	含 Fe_3O_4 0.92，Si 0.04，Al_2O_3、CaO 各 0.01
铅银合金	11.3	300	0.025	含 Ag 0.01～0.02 Sb 0.05～0.06
Pt 复合阳极（Ti 基、Nb 基或 Ta 基）	21.5	1 000	0.006	Pt/Ti 阳极最高极化电压≤8 V，其他两种≤40V。 析氧时，工作电流密度为 200 mA/m^2
金属氧化物阳极（Ti 基）	—	600	0.006	—

表 1.11.4　常用埋地辅助阳极材料及性能

阳极材料	消耗量/(kg/A·a)	推荐电流密度/(mA/cm²)		
		淡水	土壤	
			有填料	无填料
高硅铸铁	0.25～1.0	12	6	6
高硅铬铸铁	0.1～0.6	—	1～2	—
碳素钢	6.8～9.1	—	0.5	—
铸　铁	4.5～6.8	—	0.5	—
石　墨	0.05～0.2	0.25	1	—

(2) 辅助阳极的布置

辅助阳极的布置应满足被保护对象各处保护电位均匀分布的要求，其布置方法分近阳极和远阳极两种，采用何种布置方法只能根据现场实际情况确定。采用近阳极布置时应设置屏遮层或屏遮筒；阳极埋设的位置与深度还应考虑其放电不要伤及人畜和不易被人畜破坏；没有防护措施的地方，阳极放电引起的地电位梯度不应大于 5 V/m；阳极的使用寿命一般要达到 20 年。

(3) 辅助阳极质量计算

辅助阳极的质量

$$G = K \cdot gi \cdot \tau \cdot I$$

式中：G——辅助阳极总质量，kg；

K——安全系数，一般取 1.5；

gi——阳极消耗率，(kg/A·a)；

I——总保护电流量，A；

τ——要求阳极的使用寿命，年。

(4) 辅助阳极的电缆连接

辅助阳极的电缆连接接头，应保证水密绝缘性能良好，它和水的绝缘电阻不应小于 100 MΩ，其耐用年限应与阳极一致。

(5) 辅助阳极填包料的密度和电阻率

为避免埋于土壤中的辅助阳极发生“气阻”，一般都采用煤焦、石油焦或石墨作填包料。碳素填包料具有良好的导电性，能降低阳极与土壤之间的电阻，它由颗粒组成，有利于阳极电解气体的排出。表 1.11.5 列出了碳素填包料的容重与电阻率。

表 1.11.5　碳素填包料的容重与电阻率

填包料材料		容重/(kg/m³)	电阻率/Ω·cm		
			干	湿	夯实
焦炭渣	烧结焦炭渣	650～800	0.55	0.15	0.45
	烧结石油焦颗粒	700～1 100			

续表 1.11.5

填包料材料		容重/(kg/m³)	电阻率/Ω·cm		
			干	湿	夯实
石墨渣	天然石墨颗粒	1 100～1 300	1.5	0.2	1.2
	人造石墨颗粒				

4. 参比电极

为全面监测阴极保护系统运行状况，在保护范围内选择有代表性的多个阴极点，安装极化小、稳定性好、不易损害、使用周期长并能消除土壤 IR 降的参比电极探头，其位置不得靠近辅助阳极。海水、淡水、土壤可选用 Cu/饱和 $CuSO_4$ 或 Zn 合金作参比电极探头。参比电极探头用电缆和电位监测仪、电脑连接，对阴极保护系统实施电位检测，并将信息反馈给直流电源(自控防腐仪)，对其输出的电压、电流实施远程监管、监控。

5. 检查片与腐蚀速率

(1) 埋地检查片

为评估实施阴极保护的埋地管道、钢结构保护效果，在参比电极与被保护对象之间埋设有保护和没有保护两组钢质检查片来检测、对比它们的腐蚀速率。检查片材质同埋地管道与钢结构，其规格为 100 mm×50 mm×5 mm。检查片的加工、脱脂、称重、面积计算、制备记录执行石油部 SYJ29“检查片制备”相关规定。

(2) 检查片的埋设

其中一组检查片埋在距被保护对象约 300 mm 的地方，用导线将它和被保护对象与测试桩的测试点相接。另一组自腐蚀检查片埋设在离被保护对象约 1.5 m 距离的地方，不与被保护对象相连接，见图 1.11.2。

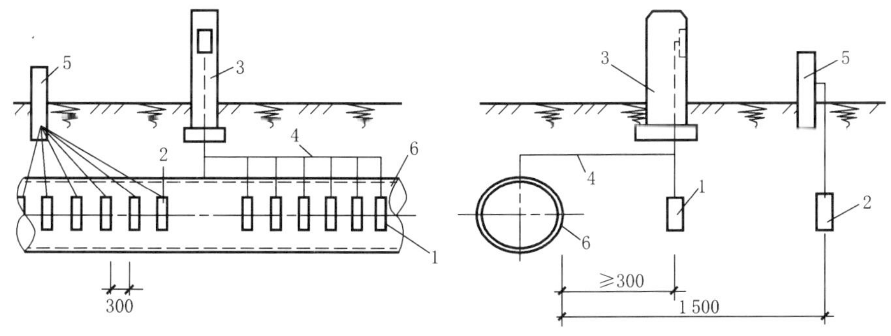

1—受保护的检查片；2—自腐蚀检查片；3—检测桩；4—导线；
5—自腐蚀片的标桩；6—被保护体

图 1.11.2 检查片埋设示意图

检查片应垂直于地面埋设，中心与被保护对象中心处于同一标高。各导线连接应作防腐绝缘处理，检查片应按编号顺序排列。

埋设时注意不损伤检查片和导线。埋设检查片时应作如下记录：日期，埋设点编号、土壤剖面、土壤电阻率、杂散电流情况，检查片数量及编号、埋设位置、埋设深度、方位、排列顺

(2) 一般要求

① 牺牲阳极的设计寿命应和被保护体的使用寿命相匹配，一般为 15～20 年，临时性的牺牲阳极的设计寿命应满足用户要求，一般为 2 年；

② 被保护体应进行涂料防腐防水，涂层的电阻不得小于 10 000 Ω，否则不宜采用牺牲阳极；

③ 土壤电阻率大于 100 Ω·m 时，不宜采用牺牲阳极；

④ 所有被保护体应在适当部位设置绝缘接头或绝缘法兰，以防保护电流超出保护范围。阴极保护电位参见表 1.11.2。

(3) 对牺牲阳极材料的性能要求

① 要有足够的负电位，而且要求很稳定；

② 工作中阳极极化要小，溶解均匀，产物易脱落；

③ 必须有很高的电流效率，即实际电容量和理论电容量的百分比数要大；

④ 电化学当量高，即单位重量的电容量大；

⑤ 腐蚀产物无毒，不污染环境；

⑥ 材料来源广，加工容易；

⑦ 材料价格便宜。

一般来说，纯金属作为牺牲阳极材料都存在某些不足，达不到上述这些要求，有针对性地添加一些别的金属元素，就可大大改善某些性能缺陷。某些杂质含量，对牺牲阳极材料的性能也会有影响，所以在制造牺牲阳极材料时应对杂质加以限制。

2. 牺牲阳极的种类与应用

根据不同使用环境和用途，选用不同种类、不同规格的阳极。一般来说，棒状镁阳极(D形和梯形截面)用于土壤中，带状镁、锌阳极用于高电阻率的土壤，淡水及空间狭窄的环境；镯式锌合金阳极用于水下或海底管道上；半球形镁阳极用于低电阻率的水中或大型水下构筑物；块、板状阳极多用于船壳、水下构筑物、容器内保护。

(1) 通常根据环境的电阻率选择牺牲阳极的种类，见表 1.11.7；再根据保护电流大小选择阳极的规格，见表 1.11.8。

表 1.11.7　土壤和水中牺牲阳极选择的原则

土　壤　中		水　　中	
可选阳极种类	电阻率/Ω·m	可选阳极种类	电阻率/Ω·m
镁	40～60	铝	<150
镁(−1.5V)	<40	锌	<500
镁(−1.5V)，锌	<15	镁	>500
锌或 Al-Zn-In-Si	<5(含 Cl^-)	带状镁阳极	>100
		镁(−1.7V)	60～100

表 1.11.8 常用镁、铝、锌合金的规格性能

阳极种类	规格/mm	质量/kg	有效电量/A·a	发生电流/A	阳极寿命/a	用途、形式
铝合金	90×75/95×1 000	20	5.3	1	5	海中设施，形式为棒形阳极
	125×110/130×1 250	49.6	12	1.3	10	
	235×210/270×500	78.2	20.4	1	20	
	47×33/47×1 000	5.1	1.4	1.5	0.9	低电阻土壤中设施，形式为棒形阳极
	60×40/60×1 000	8.1	2.1	1.7	1.2	
	75×61/75×2 000	27.4	7.2	3	2.4	
	20×100×200	1.1	0.29	0.3	0.9	船体外壳、热交换器、形式为板式阳极
	40×100×200	2	0.53	0.3	1.7	
	30×150×300	3.5	0.92	0.4	2.3	
锌合金	35×35×100	6.8	0.6	1.5	0.4	船体外壳，为棒形或板式阳极
	50×50×1 000	14.8	1.3	1.7	0.8	
	100×100×500	30.3	2.7	1.2	2.2	
	20×100×200	2.4	0.2	0.3	0.7	
	30×150×300	8.1	0.7	0.4	1.8	
镁合金	89×89×650	8.3	1.1	随电阻率及填充料而变		D形截面阳极
	130×145×545	15.2	2.1			
	202×212×614	45.4	6.3			
	ϕ19×1 000	0.5	0.07	0.021(2 000Ω·cm)		高电阻水中、土壤中、锅炉温水中，形式为探针形
	ϕ25×800	0.68	0.1	0.021(2 000Ω·cm)		
	ϕ33.4×1 000	1.53	1 500A·h/m			
	10×19(断面)线	0.33/m	330A·h/m	3mA/m～10mA/m，3a～10a(4 000Ω·cm～15 000Ω·cm)		

(2) 阳极的安装要求

a. 阳极地床。为保证牺牲阳极在土壤中性能稳定，阳极四周需适当填充化学填包料，其作用是阳极不直接与土壤接触而是与填料接触，这改善了阳极的工作环境；降低阳极接地电阻，增加阳极输出电流；填料的化学成分有利于阳极产物的溶解，不结痂，减少不必要的阳极极化，维持阳极地床的长期湿润。化学填包料的基本要求是：电阻率低，渗透性好，不易流失，保湿性好。牺牲阳极填包料最好是用棉布袋装填，填包料的厚度应在各个方向均保持5 cm～10 cm。常用牺牲阳极填包料的化学配方见表 1.11.9。

表 1.11.9　常用牺牲阳极填包料的化学配方

阳极类型	填包料配方/%(质量)				适用条件
	石膏粉 ($CaSO_4 \cdot 2H_2O$)	工业硫酸钠	工业硫酸镁	膨润土	
镁阳极	50	0	0	50	≤20Ω·m
	25	0	25	50	≤20Ω·m
	75	5	0	20	>20Ω·m
	15	15	20	50	>20Ω·m
	15	0	35	50	>20Ω·m
锌阳极	50	5	0	45	
	75	5	0	20	

b. 土壤中阳极地床的布置。土壤中牺牲阳极可采用单支或成组布置,阳极可采用立式或水平式埋设。阳极埋设位置一般距离阴极保护对象边沿 3 m～5 m,最小不宜小于0.3 m,埋设深度以阳极顶部距地面不小于 1 m 为宜,冰冻地区,必须埋设在冻土以下。成组埋设时,每件间距以 2 m～3 m 为宜。

在地下水位低于 3 m 的地区,阳极埋设深度应增加。对于江河湖泊地带,阳极应埋设在河床(湖底)的安全部位,以防洪水冲刷和挖泥清淤时损坏。

在城市和管网区,牺牲阳极和被保护对象之间不应有其他金属构筑物、电缆、管道。

埋地管道的牺牲阳极组,其间距每千米不应少于 1～2 组,对于城市管道和站内管网以 200 m～300 m 一组为宜。牺牲阳极间距越小对保护电流的均匀分布越有利。

c. 水中环境。水中的金属构筑物主要指码头及其栈桥、平台和船舶。牺牲阳极的安装方式主要是焊接、螺栓固定和钢丝绳悬吊。

d. 容器内。容器内部牺牲阳极一般都均布在平面和球面上,但要注意照顾边角位置的电流分布和介质流向。安装可采用焊接、螺栓固定。例如,埋地储罐内部的牺牲阳极就焊接在罐底板内侧,冷换设备贴在封头内侧。

三、埋地管道检测技术

1. 概述

管道是一种输送气体、液体等运输工具,比铁路、公路、海运、民用航空运输具有很大的优势,近年来发展迅速,取得很好经济效益。管道作为介质输送一个单独系统有其特殊性,如管道连续运行,埋地敷设等,据有关数据显示,埋地管道系统在运行中发生的故障有 80%是由于管道严重腐蚀穿孔引起泄漏,这就要我们在管道故障发生前进行有效检测与维护,及时发现管道缺陷,采取有效措施,减少经济损失和事故发生。

为了达到对管道状况有全面准确的了解,防止管道事故的发生,长期以来人们为此研究开发了许多方法和技术,使管道检测水平不断提高。埋地管道检测可分为管道外检测和管道内检测两大类。所谓外检测是将检测设备放在管道外部来了解有关管道的情况,例如对管道的防腐层和地下埋深状况的探测；而内检测是指将检测器放在管道内，通过管道中的介质在检测器上的皮碗前后形成的压差使之在管道中随介质运动，检则器将管道情况信息采集并存储起来，然后，利用计算机对记录到的管道信息进行分析，从而了解管道的状况。该方法可用于检测管道的变形、腐蚀和缺陷等。

早期人们采用水压或气密性试验方法对管道进行检测，该方法只能证明水压或气密性试验时管道是否能承受试验压力或有无泄漏情况，但难以确定管道不能承受压力部位或具体泄漏位置，也不能提供管道的详细信息，并且试验需要停输进行，检测成本较大。而利用智能检测器进行检测，是在不停输的情况下检测管道状况，不仅成本低而且可靠性高。

目前常用的内检测器主要有基于超声波原理的检测器和基于漏磁原理的检测器两种。前者是用超声波直接测量管道壁厚，从而发现管道由于腐蚀等原因导致的壁厚变化；而后者是通过检测器上的磁铁将经过的那段管道磁化，磁力线在管壁中通过，如当管道上有缺陷时，该缺陷所在之处的磁通量发生泄漏。检测器根据这一原理将管道上各处磁通量泄漏情况记录下来，经分析后可确定管道状况。埋地管道检验内容和方法非常多，本教材只简单介绍埋地管道外检测方法的防腐层、泄漏点、外腐蚀程度以及内检测方法的内腐蚀情况的检测。

2. 地下管道外防腐状况检测技术

对防腐层完整性检测尤其是对防腐层破损点的精确定位，检出大、中破损点并重新进行修补，确保土壤跟管道的有效绝缘，提高阴极保护的效果，是地下管道外防腐状况检测的目的。埋地钢管外防腐层检测的内容主要有以下两个方面：

——防腐层破损点大小的确定以及破损点的精确定位。利用电磁波传输特性及原理。

——防腐层绝缘电阻的检测，这关系到阴极保护方法的选择，保护距离的确定以及保护电流密度的设计。见本节“地下管道外防腐层绝缘电阻检测技术”。

埋地管道一般都由防腐层加阴极保护组成联合保护系统，防腐层和阴极保护起着一种互补作用，防腐层的完整性有利于阴极保护作用的充分发挥，而防腐层的破损失效，会使保护电流流失，保护距离缩短，保护效果降低，甚至失效。按照中华人民共和国石油天然气行业 SY/T 5919—1994 的标准，埋地钢管阴极保护电位应控制在－1.5V～－0.85V 之间，超出这个范围不是造成阳极溶解就是造成阴极剥离。

（1）防腐层检测原理及电磁波传输特性

① 检测原理。当一定形状的导体(管线)被加入电流以后，随着电流的传输，在其周围将会产生感应磁场，若在管线上加载的是交变电流信号，则磁场也将会是交变磁场，即：变化的电场，激发感应磁场，变化磁场又激发感应电场，由此产生的磁场分为一次场、二次场。电流方向与磁场传播的方向遵循右手定则，即成 90°。当人们用一磁棒线圈组成的探头及一定的电子线路组成的接收器，在单根管线上方转动探头方向会观察到这一现象。

a. 探头在管线上方与管线走向垂直且与磁力线地平面平行时磁力线通过线圈，线圈磁化将产生感应电流，信号强，如图 1.11.3 所示。

b. 探头在管线上方且与磁力线地平面垂直，磁力线不能穿过线圈，不产生感应电流，信号弱，如图 1.11.4 所示。

c. 探头在地面上与管道走向平行，无论在管道正上方还是在远离管道的其他位置均不能产生感应电流，信号弱，如图 1.11.5 所示。

d. 当土壤介电常数分布均匀时，探头在载流管道周围接收管道上磁场信号的强度，在保持方向、角度不变的前提下，就管道走向方向离管道轴线中心线而言，遵循等半径等磁位。

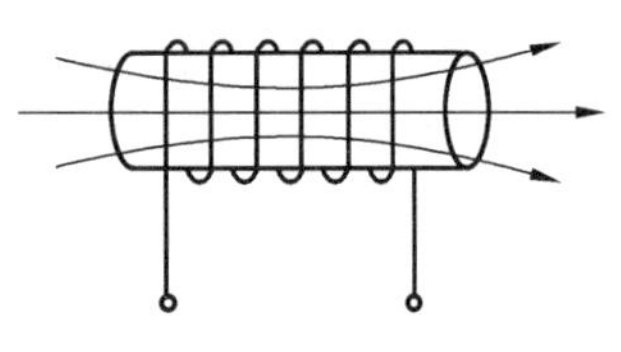

图 1.11.3　磁力线穿过线圈示意图

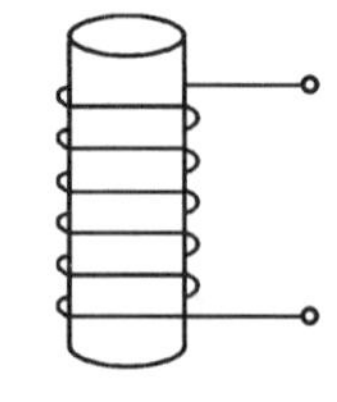

图 1.11.4　磁力线不穿过线圈示意图

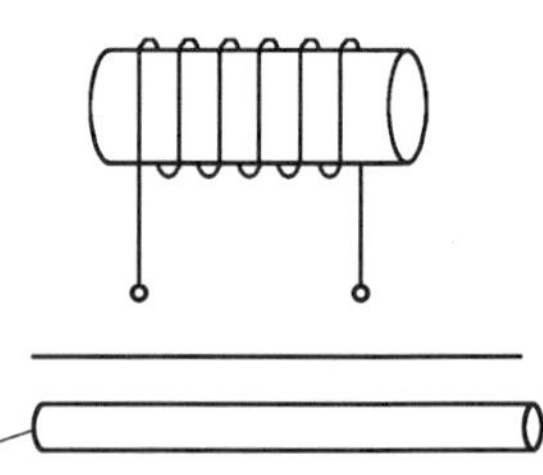

图 1.11.5　探头平行于管道、磁力线不穿过线圈示意图

② 电磁波传输特性。

a. 电磁波产生主要有以下方式：

——直接连接施加：即用一根导线直接连接在金属管道本体上，这对焊接连接的钢质防腐管道比较适用。

——充电法施加：即将一信号源发射线接管道上方的土中，另一接地线在远离管道的大地上接地，这对未防腐的钢管，已防腐但防腐层已失去功能，或连续破损的管道可以采用，但需频繁地移动发射机。

——感应法施加：一种没有外部接线的发射机，内部由若干平行绕制的线圈组成，通电以后发射机直立线圈与地下管道平行时，对地下管线激发，接收机可收到来自管线的信号；发射机平卧对地管线不激发，接收机收不到管线上的信号，此种发射接收方式可不受有无露出地面管道等条件的限制，检测时发射接收可像接力赛一样，同步向前移动，确保总是在最佳探测距离之内，此为感应法施加信号。

——夹钳法施加：使用专用地下管线仪配备的夹钳、夹套在管线上，通过夹钳上的感应线圈把信号直接加到管线上。此法用于直径较小且有出露点的金属管线。

b. 若管线上存在其他设施，柱形分布的等磁位梯度就会发生变化，通常扩散的方式有：

——柱面扩散：这在正常管道电缆上可以测到，即为线电流。

——球面扩散：这在管道沿线有弯头，球形体的部位或点状破损处周围可以测到。

——平面扩散：这在管道沿线存在长方体的设施周围或多根平行客道的上方可以测到。

——不规则扩散：这在阀门、支管、卡子、焊瘤等地方，按物体的形状不同呈不规则的扩散。

c. 电磁波的衰耗特性：

当用一发射装置（发射机）向管线施加某一特定频率的交变电流信号时，信号沿管线传输，将以下列方式衰减：

——算术级数衰减：即按 10、9、8、7、6、5、4、3、2、1 速度示值缓慢下降，此种衰减速度在防腐层完好，土壤介电常数、管道埋深、管径壁厚等分布均匀时无分支管线可以测到。

——几何级数衰减：即按 16、8、4、2、1 示值下降，此种衰减速度在管道三通处或处于中等状态的防腐层管道上可以测到。

——指数级数衰减：即按 1 000、100、10、1 的速度下降，这种衰减速度很快，在防腐层已老化、失效、未防腐的钢管、铸铁管且又处于潮湿地段，无论发射机功率加多大，接收机增益提多高，一次性测试距离只有数百米甚至只有几十米。

——其他数量级衰减：此种衰减是不规则的，如防腐层破损处，按破损大小不同而不同；管道变深处，土壤介电常数变化处，水旱交接处，防腐层变薄老化处。

d. 电磁波信号传输的条件：

——电磁波在管线中传输的影响因素主要有：管材的导电率、防腐层的状况、管道沿线土壤介电常数、管道埋深等。

——有信号源。信号可以通过直连法、感应法或夹钳法施加到管道。

——信号源电流在管道中流动。若有信号源的施加，还不能满足测试条件，必须与大地构成回路才能测试地下管道。构成回路的方式：管道与大地分布电容；管道防腐层破损处。对于高度绝缘的短接，城市煤气管道在发射信号末端的预留支管，探测信号都是非常微弱的。

——测量的设备用两套接收装置分别接收磁场信号和漏电信号，由磁场信号来确定管道的位置、走向、深度；由漏电信号的强弱，用电位差方法来确定防腐层破损点的大小，这两套接收装置的名称分别叫探测仪和检测仪，又叫探管仪和检漏仪，整套仪器的名称为地下管道外防腐状况检测仪。

（2）地下管道检测仪的使用

埋地管道检测仪主要包括发射机、探管仪、检测仪及其他附件。可进行管道的位置、走向、深度、防腐层破损点的大小和位置确定。目前检测仪均具备以下功能：

——仪器采用平面化设计，键盘操作，提高了野外使用的可靠性；

——采用全新数字滤波技术，可设定漏点的范围，自动记录漏点的个数，并精确显示漏点距离；

——仪器具有峰值和零值两种探测方式，可自动转换。发射机电池电压不足及关机前，自动向接收机发出提示信号，关机时的数值自动保存。

——仪器自动测出管道的对地电阻，输出信号调制报警信号，使仪器抗干扰性进一步加强。发射机输出功率随着检测距离增加而自动调节，检测完毕发射机自动关机，节能效果显著。

① 发射机的使用。发射机的作用主要是向地下管道发送某一特定的交变电流信号，建立起单线—大地回路的地下管线检测场，供两套接收机接收。通过探管仪接收磁场信号，来确定管道的位置、走向和深度；通过检测仪接收到的管道沿线地表的电位分布状况用电位差的方法来确定破损的具体位置，比较出破损点的大小。

发射机面板上可以观察的电参数分别是功率（W）、电压（V）、电流（mA）和电阻（Ω），调节这些参数使之阻抗匹配。发射机的使用包括发射机接管道线地点选择、接地方式选择，功率、信号及模式选择等。具体要求根据产品使用说明。

② 探管仪使用。探管仪用于探测管线的位置、走向、深度，与计距仪配合使用测量管线的长度。

a. 管道位置探测。管道位置探测采取峰值法探测和零值法探测。

——选择峰值法探测时，将探头平行于大地，以发射机接线点为圆心，20 m 为半径做环形探测，边走边转动探头角度，以防管道走向与探头角度平行时收不到信号，当接收机收到由小变大的信号时，放慢检测速度，示值达到 1 000 mV 时，窗 E1 中显示无穷大，在此调节增益继续做球形探查信号最大点管线位置。

——选择零值法探测时，将探头垂直于大地平面围绕发射机接线点 20 m 做环形探测时，接收机信号将有大小大的变化，小点即为管线位置，发射机接地线的磁场应视为一根管线，如果接地点太远，环形探测时围绕发射机的距离成 π 倍增大，应根据探测的需要选择接地点与管线的距离，接地线打得越远，探的距离越长，当发现有两根以上管线无法判断哪一根是目标管线时，有可能是接地棒打在另一根管线上，应重新选择发射机发射或接地地点。

b. 管道走向的探测。管线走向的探测有如下几种方法：

——两点一线法：管道位置探出以后，发射机接线点与管线信号定位点的连线即为管线的走向。这对单根直管道是适用的。

——探头转向法：管道位置探出以后，探测人员以此位置为中心，将探头角度转到与探杆平行一致，然后以此点做环形探查，探头转到音响示值最小的角度就是管道走向。

——一步一扫法：此法采用最小法探测，每探到一处最小点，向前进一步站于其上，再向前一步，探出一最小点，再站于其上，如此循环多次，最后将一个个最小点连线就是管线的走向，因此也称多点连线法。此法对管道拐弯处和管道蛇形铺设地段比较适用。

c. 管道深度的探测。管道深度的探测采用 45°法。管位探到以后在其正上方作一记号（A 点），将探头转到 45°角的方位，再与管道走向垂直方向平面移动，当移到最小信号值时，再作一记号（B 点），如图 1.11.6 所示，由图中得知，地平面两信号之间的距离即为管道的埋土深度。

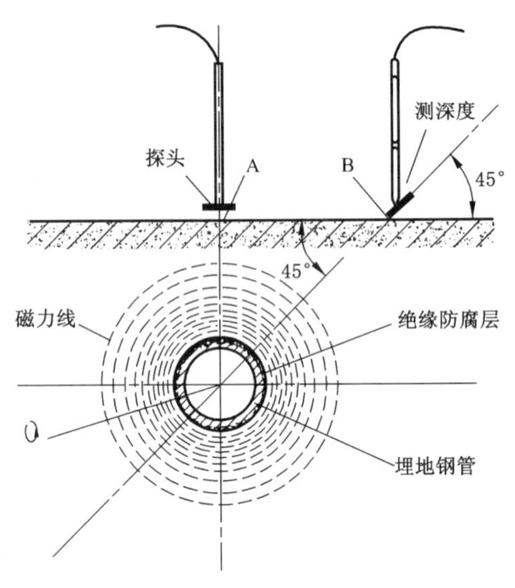

图 1.11.6　管道 45°法探测图

③ 检测仪的使用。检测仪用于检测地下管线外防腐层漏蚀点的位置、大小、数量。

a. 漏点处的电辐射分布。当地下管线被加入交变电流信号后，若在管道上存在防腐层破损，该信号电流就会在防腐层破损处泄漏入大地，在地底下的等电位分布是以破损点为中心呈立体球形分布（图 1.11.7），这用接地探针可以探到这一现象。当此信号到达地表以后，则以破损点正上方为中心呈平面圆形分布（图 1.11.8），其周围电位分布呈等距离等电位，若两名检测人员站在离中心点等距离位置，接收机示值为零，即称为等距回零法，这种电位用万用表也可以测到。这是点状破损处泄漏电位在地表的分布特征。

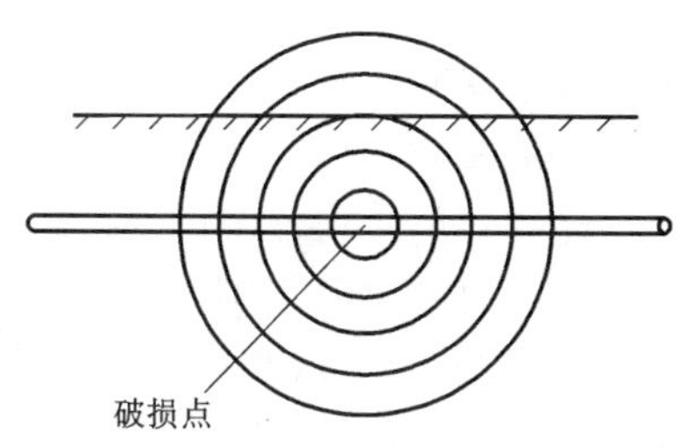

图 1.11.7　地下破损点电位梯度立面分布图

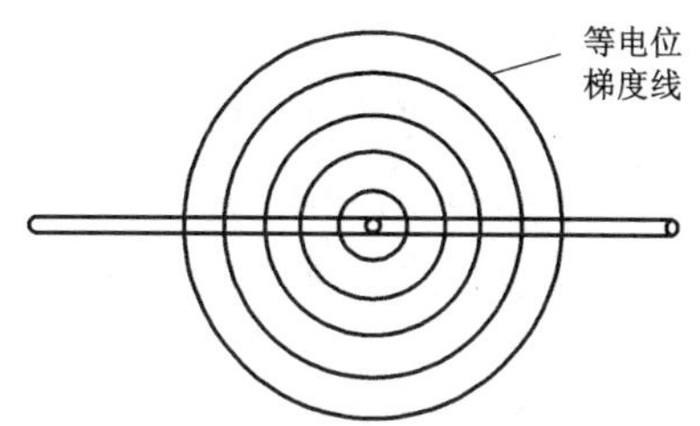

图 1.11.8　地表等电位梯度平面分布图

b. 检测仪的使用及漏点的确定验证。漏点的定位及验证有如下几种方法：

——移动参比法：此法为纵向法检漏。采用纵向法检漏时，前面的检测人员持探管仪探管，后面的人持检测仪检漏，当前面的人走到漏点附近时，检漏仪接收机示值由小变大，继续前进，示值又由大变小，后面的人走到这一点时，示值有同样的反应，就可初步确定示值最大点就是破损点。

——等距回零法：采用等距回零法进行验证时，方法是以漏点为中心，两检测人员位置与漏点位置距离相等时，检漏仪示值为零，说明漏点定位准确。这是点状破损具有的特征。如果两名检测人员距漏点中心等距离，示值不能回零，说明一边存在小漏点或者有连续大小不等的破损点。

——固定电位比较验证法：采用此法验证时，一人持接收机在管线一侧 4 m～5 m 处原地不动，此人的人体感应电位是固定的，一般为大地零电位；另一人保持 4 m～5 m 距离，沿管道正上方与管线走向作平行移动，示值有由小到大，再由大到小的变化，最大点就是防腐层破损点，即漏点。

——电流方向法：该法是以破损处泄漏电流进入大地后，由于 IR 下降的存在会以破损点为中心，电位逐步衰减，在地表可以测到这种现象。采用这一方法确定破损点时，是在假定管道上方土壤介质分布均匀的情况下测到的数值。因此，地面不平要修正不平高度，干湿不一要刮去地表干土，介质不一要拾去地表乱砖水泥块等杂物，这样测得的数值才具有可比性。将数值较低的一方为电流传导的方向，确定破损点时还需与管位结合起来。

——接地探针法：该法在检测时，由两名检测人员各用一根粗铁丝边走边插入土中，接收土中的漏电信号。移动参比法确定漏点时，存在着两人均在移动，鞋的绝缘程度、两人与大地的人体电容以及与土壤的接触回路状况都在变化之中，两位人体的感应变化引起接收机示值的变化难以确定，采用某一端固定电位比较法验证时，也会存在两人与管道走向夹角的变化，引起一些数值变化，此外，空中的杂散电流、发动机电弧也会在瞬间引起接收机示值的微小变化；管道上防腐层破损处的泄漏电流流入大地以后，在破损处与无破损的地方土壤会形成电位差，当两位检测人员各用一根接探针（粗铁丝）插入土中，立即通过直接传导加入体电容感应的方式，将这一电位差通过仪器放大显示在示值窗口中，当检测人员通过上述四种方法还是难以精确点时，可以采用此法。

3. 地下管道外防腐层绝缘电阻检测技术

（1）防腐层绝缘电阻检测的目的和意义

防腐层是金属管道免遭腐蚀破坏的第一道屏障，防腐层的技术状态，不仅决定了其自身对管道的防腐保护能力，而且对管道阴极保护的效果或成败具有极其重要的影响。因此，通过检测技术手段测量和评价管道防腐层的技术状态，正愈来愈受到重视。

目前，我国现行的防腐层检测方法主要有地面防腐层缺陷检测法（即上述利用防腐层检测仪进行漏点的检测）和防腐层绝缘电阻测试。二者在功能和目的上截然不同。

地面防腐层缺陷检测法是我国于20世纪70年代开始开发使用的，由于定位准确、操作简便而很快普及起来，至今仍在管道防腐层漏点检侧中具有重要地位。但是，该方法只解决了防腐层缺陷点的确定问题，难以或不能对防腐层总体技术状态作出评价。

通过测量防腐层的绝缘电阻判断防腐层的技术状态，是目前流行的管道防腐层检测方法。该方法简便易行，准确度较高，可准确快速地实现一段、一条或整个管网管道防腐层总体技术状态的测量和评价。

（2）防腐层绝缘电阻检测基本要求

管道防腐层绝缘电阻是指单位面积的防腐层电阻，其数值大小由防腐层漏敷的数目和大小所决定，因此它是衡量防腐层绝缘质量优劣的综合参数，其单位为$\Omega \cdot m^2$。这里所说的防腐层漏敷的内容包括：破损、针孔、老化、开裂、剥离。防腐层绝缘电阻数值越高，则认为防腐层绝缘质量越好。我国行业标准SY/T 0087—1995《钢质管道及储罐腐蚀与防护调查方法》及SY/T 5919—1994《埋地钢质管道干线电法保护技术管理规程》中均按防腐层绝缘电阻对防腐层技术等级进行了划分（见表1.11.10），后者更规定了不同技术等级的防腐层应采取的维护方式（见表1.11.11）。所以能够准确定量地检测防腐层绝缘电阻，就可以真实地反映埋地管道的防腐层绝缘技术状态，从而为防腐层管理和维护提供决策依据。

表1.11.10　管道防腐层技术等级划分标准

内　容	绝缘电阻/$\Omega \cdot m^2$				
	>10 000	5 000～10 000	3 000～5 000	1 000～3 000	<1 000
等　级	一级（优）	二级（良）	三级（可）	四级（差）	五级（劣）
损坏或老化程度	基本无损坏或老化	损坏或老化轻微	损坏或老化较轻	损坏较重或局部严重	损坏或老化严重

表1.11.11　不同等级防腐采取的维护措施

序　号	防腐层面电阻/$\Omega \cdot m^2$	技术等级	对防腐层采取的措施
1	<1 000	5	大修
2	1 000～3 000	4	1. 加密测点进行小区段测试； 2. 对加密测点测出的<1 000$\Omega \cdot m^2$段进行维修
3	3 000～5 000	3	每年进行检漏和修补
4	5 000～10 000	2	每三年为一个周期（每年三分之一）进行检漏修补作业
5	>10 000	1	暂不维修和补漏

（3）防腐层绝缘电阻检测和评价的基本要点

管道防腐层绝缘电阻的检测和评价是一项系统性工程，检测是手段，用以收集需要的数据或资料，评价是结果，将检测收集到的数据进行比较、分析，作出结论。这一过程的要点是：

① 保证测量数据或资料准确、精确、可靠；

② 合理确定“测量间距”即“样本”的大小；

③ 在一个评价体系中保持测量间距即样本的一致。

上述三个要点，也是对防腐层绝缘电阻检测中使用的仪器和测量、评价方法的要求。

目前，管道防腐层绝缘电阻的检测有直流法、交变电流法、变频选频法等多种方法，其中我国自行开发的变频选频法测量管道防腐层绝缘电阻技术能够全面满足上述防腐层绝缘电阻检测和评价的要求和条件，结果准确可靠，可以为决策提供真实信息，是我国目前测量管道长度最长、数据最多，且经大量工程实践证明为可行、有效的检测方法，已列入我国行业标准。

(4) 防腐层绝缘电阻检测主要方法

① 变频选频法。当高频电信号通过埋地管道传输时，理论上可视为单线—大地回路，这是一个十分复杂的不平衡网络。反映这个网络特性的参数很多，都是分布参数，而且往往是变量。管道防腐层绝缘电阻就是这一网络一次参数之一，其数值为电信号沿管道纵向传输时，任一微段对地电位与该段泄漏电流密度之比。

② 多频管中电流法(多频法)。当检测信号电流从管道某一点传入后，电流沿管道传输并随距离增加而有规律的衰减，通过对电流衰减的评价，查出防腐层破损位置、大小和老化等状况。

4. 涂层针孔缺陷的检漏原理及方法

涂层针孔缺陷的检漏是管道防腐层高压电火花检测技术的一种，这一方法易于操作，反应直观，工作效率高，且对涂层本身没有破坏，属于无损检测这一范畴。

电火花检漏仪亦称涂层针孔检测仪，它是用来检测埋地管道、金属储罐、船体等金属表面防腐蚀涂层施工的针孔缺陷以及老化腐蚀所形成的微孔、气隙点。它已成为石油化工和城市埋地管道工程建设质量检验评定的专业工具之一，这类仪器的工作原理基本相同，只是在内部线路、外形、可靠性等方面不尽相同。根据目前防腐蚀涂层的规范和要求，这类仪器的研制逐渐趋向交直流两用；高压输出连续可调；电压显示为数显；运用防腐蚀层以及输出高压范围更宽，并实现针孔漏点的计数、打标新功能。

(1) 涂层针孔缺陷的检漏原理

金属表面防腐蚀绝缘涂层过薄、漏铁微孔处的电阻值和气隙密度都很小，当检漏仪的高压探极经过针孔缺陷处时，形成气隙击穿产生电火花放电，同时给检漏仪的报警电路产生一个脉冲电信号，驱动检漏电路声光报警。

(2) 仪器结构

电火花检漏仪一般由主机、高压枪、探极等部分组成。主机内置集成信号处理控制线路，声光报警电路，内置直流蓄电池组等。高压枪为高压电子发生器，探极分毛刷探极和弹簧探极，可分别适应不同金属防护工件表面的检漏，亦可根据工件的特点自行配制不同的探极。

(3) 使用方法

① 电源检查。打开主机电源，液晶表头显示检漏仪内储电池组电压，电压指示灯点亮，液晶表头显示电压应大于 6.0V(A 型仪器)或 8.4V(B 型仪器)，否则应及时充电方可使用。

② 主机充电。主机内高能蓄电池充电时，将交流220V电源插头插入后面板充电插座，前面板的电源开关指示灯和充电指示灯同时发光，仪器即实行快速智能充电，充足自停(充电时间为3 h左右)，充足一次可供仪器用8 h左右。

③ 检测时。将高压枪的多芯插头插入主机高压输出插座，插接必须良好。

④ 把高压枪的接地线接到被测防护绝缘层的导电体上。

⑤ 用毛刷探头检漏时，将毛刷探头螺杆旋入高压枪顶端的连接孔；用弹簧探头检漏时，将探头钩旋入高压枪顶端连接孔，连接器套在探头钩上，弹簧套在被测管道表面，且试拉一下，使弹簧能沿管道表面顺利滑动。

⑥ 根据防护层厚度选择合适的测试电压，也可根据各行业提供的检测标准自行选择检测电压。检测者打开电源开关，戴上高压手套，按住高压枪输出按钮，仪器内微电脑自动变换，电源电压指示灯熄灭，输出高压指示灯点亮，液晶表头显示转换为输出高压值，调节高压输出旋钮，使液晶显示值为所需的高压值(每次使用完毕后，输出调节旋钮应调到最小)。松开高压输出按钮，仪器处于待工作状态。

⑦ 试把毛刷探头(或探头钩)靠近或碰触被测物导电体，能看到放电火花，并有声光报警，探头离开被测物体时声光报警相应消失，说明仪器工作正常，即可开始检漏。

⑧ 检测完毕，关闭仪器电源，探头必须与高压枪的地线直接短路放电，仪器应恢复到开机前的状态。

(4) 注意事项

① 检测过程中，检测人员应戴上绝缘手套，任何人不得接触探极和被测物，以防触电击伤。

② 用弹簧探极检漏时，探极不能拉伸过长，防止失去弹性。

③ 野外使用时，机内高能蓄电池电压不得低于：A型为5.5V；B型为8.0V。否则应停止使用，立即充电，以防因过放电而损坏电池。

④ 被测防护层表面应保持干燥，如表面沾有导电尘，要用清水冲净并干燥后进行检测。

5. 地下输气管道泄漏点检测

气体泄漏不像水泄漏、油泄漏那样直观、明显，有其特有的隐蔽性，尤其是微量渗漏更是难以发现。燃气泄漏以后，会沿着一定的通道，到处乱窜，范围增大。尤其是液化石油气，由于其比重是空气的1.5～2倍，泄漏以后滞留或沿着低洼处像水一样流动，造成地面检测漏点与实际漏点的位置不符，给开挖抢修带来误导，留下极大安全隐患。

目前，对燃气的测漏，直接用气敏仪对漏点的精确定位效果总是不尽人意，同时也不能靠机械或人工开挖直接来查漏点，比如在北方地区管线均在冰冻层以下，埋深一般在1.5 m～2 m，最深处为3 m以上，用开挖寻漏的方法来找漏点，工作量大，效率低。因此，采用科学方法、良好设备寻漏、定位具有很大的现实意义。

(1) 对燃气查漏定位应考虑的相关因素

埋地管道泄漏点的定位情况比较复杂，影响准确定位因素也多，要根据具体情况选择泄漏点定位方法。各种泄漏规律与下面因素有关。

① 输送燃气的成分。这一因素涉及选用何种气敏探头的仪器检测，目前检测燃气的探头可分为两种类型，一类为广谱探头，即可燃性气体气敏探头，这类探头报警范围比较宽，接

触多种气体均能报警，如腐烂动植物的尸体产生的沼气会产生误报警；另一类为专用探头，这类探头选择性比较强，但气源转换需更换设备，一般城市燃气管道选用专用探头，干扰源少时用广谱探头。

② 输送燃气比重。这一因素涉及探测最佳方位，比重小于空气的燃气泄漏后会向上冒、跑，须用漏斗状收集器检测，反之，泄漏后会下沉滞留，则要用带吸气泵探头收集检测。如液化石油气，可挖坑检测，亦可用专用探管伸到相邻泵、阀或窨井底部吸入式检漏。

③ 燃气分子的体积大小与引力。输送气体泄漏以后，有的向上飘，有的往下沉。如果是人工煤气，其主要成分为氢，氢的游离、穿透能力都很强，能透过水泥沥青路面、冰冻的地表等地面物质，如果气体分子大就不能有这样的穿透力，或分子虽小但分子间引力大，有粘滞性，同样不能穿透上述物质。如液化石油气泄漏后会滞留在土壤或孔洞、裂缝中，很大的范围内都有燃气存在。

④ 漏点周围的环境。

——土壤含水量、孔隙度，这关系到泄漏后燃气能否顺利穿透。

——地表风向，这关系到气敏仪探头的收集朝向。

——管道周围的腐蚀因素，如有无输变电接地装置、电气化铁路、水旱交接、应力腐蚀等存在，如有应做重点检查。

——植物生长形态，一般在较大泄漏点周围，植物生长会受不同程度的影响。

⑤ 管内压力。连续运行的高、中压管线的查漏要比间断运行的低压管线容易得多，后者由于间断运行往往探头探到气体报警是以前的滞留气体，一旦挖开，让出通道，气体扩散，就不会再报警，这些情况，在城市入户管段以前的低压管网查漏尤其突出。如某市一段约300 m的燃气管道呈负压状态，在下雨后，地表水从管道穿孔处流入管中，数千户居民无气用，迫使燃气公司每日几次从排水口处抽水来勉强维持用户供气，这种情况下查漏效果不明显，要采取辅助措施。

⑥ 延时性。燃气泄漏渗透到地面有一定延时性，经验表明，正常情况下，燃气一般从1 m深度充分到达地表约需5 h左右，如加压检漏，就需选择最佳检测时段。

⑦ 防腐层腐蚀状况。钢质防腐管道的穿孔泄漏处大多存在于防腐层腐蚀严重处，用仪器可在地表测到该处的泄漏电流。

⑧ 管道的定位、定深。燃气的泄漏一般是沿着管道周围回填的疏松土壤窜流，若是漏点周围土壤介质分布均匀，会以漏点为圆心向周围扩散，在地表分布呈平面圆形，漏点中心的浓度会比周围大，结合探管，能把检漏范围由面缩小为线，结合管线定深有助于决定加压后确定较好的延时探测时间。

(2) 对燃气探漏仪器的一般要求

① 用手持式可伸缩探杆，多角度旋转探头，可方便地对地上、地下的可燃性气体检测。

② 检漏仪要能根据外界环境变化，通过调整增益，设定报警临界点，从而能提高查漏精度。

③ 仪器最好要配吸气泵，吸入式检漏，这样灵敏度有保证，而且反应速度快。

④ 仪器配置应具有良好的循环、通风过滤系统，尽可能避免探头产生惰性(俗称“探头中毒”)，以延长仪器的使用寿命，增强可靠性。

⑤ 要能适合各种场合检漏，如配耐磨橡胶吸盘，有一定抗风能力；配软吸管，可在特定场合检漏；配专用耳机，能在噪声环境下检漏，还应能过滤防尘等。

⑥ 仪器要进行三防设计且重量轻，体积小，操作简便，便于携带，能适合野外使用。

⑦ 提供仪器的厂家要跟踪服务，提供技术支持，保修仪器，维持仪器的可靠性。

(3) 燃气泄漏、冒跑的一般规律及探漏方法

燃气从地下管道泄漏以后，会因燃气的种类不同、比重不同、周围环境不同向不同的方向冒跑。

① 泥土地面。一般指天然气、煤气管道埋设在地下且泄漏点周围土壤介质分布均匀，地表层无太密实的路面，地下管道腐蚀穿孔处泄漏的气体能够扩散到地表，在地表面分布范围成圆形，其中间的浓度将会最大。

该泄漏用可调节浓度大小的气敏检测仪直接在地面检测，浓度最大点与管线定位一致点为泄漏点。

② 冰泥沥青路面。气体泄漏后会沿着管道周围的裂缝、空隙、疏松土壤窜流，不能穿透漏点上方的地表，在地面探测不到，而在远离泄漏点的地面裂缝中才能探到。此种情况需钻孔探漏。

③ 公共管沟。包括专业管道沟、电缆沟和与裂缝相通的排水沟，泄漏气体会沿着这些通道窜到很远的地方。此种泄漏需用风机从管沟的泄漏点的一边吹风，另一边放风，保证管沟内的泄漏气体向另一边冒跑。用示踪探头从风机一端伸进管沟，示踪探头与泄漏气体接触处即为泄漏点。或用钻孔法配以气敏探测仪在地面检测，在泄漏点的下风气敏仪会报警，在上风不报警，泄漏点位置就在报警与不报警两孔之间，在此进一步加密测点，即可精确定点。

以上第①、②条适用于煤气、天然气，第③条适用于液化石油气。

(4) 其他检漏方法的选择

我国燃气管线大多埋于水泥、沥青路面、田野、丘陵等多种地表下，管网压力又分高、中、低，管材规格多，这就决定了检漏方法的复杂性，检漏手段的多样性。除了优选以上方法，在受到某种条件限制时，还可辅以其他方法作参考。

① 压力法。关闭两端阀门，压力下降，说明该段存在泄漏。

a. 水压法：低压管网有时容易处于负压，外来自来水、大水漫灌路面，地下水位高时，这些外界水就可能从泄漏点返流管中，这种情况可加水查漏，用查水漏的方法查气漏就方便得多。

b. 检漏液法：施工未复土的管道加压以后在接头、焊缝、阀门处涂以检漏液，若有泄漏，在泄漏处检漏液会鼓起泡沫，变大。

c. 听音法：埋土较浅的管道，加压后可用听音仪在地表听音，即可找到泄漏点。

d. 相关法：用相关仪的两只传感器，置于被查管道的两端，通过相关仪的微机处理，就可探到泄漏点的位置。此法对操作人员要求高且仪器价格太昂贵，一般很少采用。

② 氢气示踪法。氢气的分子具有体积小、质量轻、游离向上的特点，能够穿透水泥沥青路面、结实的地表层、冰冻的土壤等物质。在输送液化石油气和天然气的管道中加入微量的氢气，然后再用氢检漏仪(氢敏探头)在地面探测，就可准确找到泄漏点，该方法对较小的管

线更为适用，应用于查找人工煤气含有大量氢的泄漏点。

③ 加臭法。人类对某些气体特别敏感，如四氢噻吩、硫醇、乙硫醇等，十亿分之一的浓度，人就可以闻到，在某些可燃气体中加入微量的泄漏识别气体，也是很适用的，此法已在城镇燃气及液化石油气中广泛应用。

④ 利用排水器的排水量判断、检查。燃气管道的排水器须按期进行排水，若发现水量骤增，情况异常时，应考虑有可能为地下水渗入排水器，由此推出燃气管道可能破损泄漏，须进一步开挖检查。

此外，还有流量法、比重法、训练动物闻味等方法作相关参考，如果多种检测方法得到的结果相同，相近，证明泄漏定点的精度有了保证。

对于地下钢质防腐输气管道泄漏点的精确定位，通过先检查涂层缺陷，再在缺陷处钻孔作重点检测的方法是可行适用的，它为燃气管道气体泄漏点的精确定位开辟了一个新途径。针对不同的输送气体选用合适的仪器以及正确的检测方法，结合多种因素，作相关分析，气体泄漏点还是比较容易检测出来的。

第十二节　压力管道的工艺流程

在工业生产、民众生活中涉及许多流体输送问题，如工厂为实现生产工艺的要求，在车间或设备之间通过管道交换流体介质；用管道进行流体输送以实现采暖供热、燃气供应、空气调节等，以满足人民群众生活需要。利用压力管道将流体输送并分配到各相关设备，或者从各接受点将流体收集起来输送到指定点的过程称为压力管道工艺流程。

各类工程的压力管道输配系统有不同工艺流程，装置及系统布置各有不同。本节简单介绍常见压力管道输配系统工艺流程的形式及装置，以说明压力管道工艺过程情况。相关知识请查阅专业书籍。

一、压缩空气输配系统

压缩空气输配系统是利用空气压缩机提供的动力，使空气介质通过管道，从开始端的大气入口经压缩机压缩后，通过储存净化等处理，最后流向终点供设备使用，以满足生产要求的工艺流程。压缩空气输配系统由压缩空气站、室外压缩空气管道、车间入口装置及车间内部压缩空气管道等四部分组成。压缩空气站是压缩空气的气源，一般压缩空气站设有空气压缩机、后冷却器、储气罐和干燥装置，这些设备均通过管道相联接，并输送到车间的设备，形成压缩空气输配系统的工艺流程。

1. 压缩空气输配系统的工艺流程

(1) 空气站的压缩机通过管道和空气过滤器吸入大气并压缩，从压缩机出口送出具有一定压力的压缩空气。

(2) 由于空气压缩后温度升高，从压缩机出来的压缩空气被送到冷却器进行冷却。如需要多级压缩，可采取压缩→冷却→再压缩→再冷却的循环形式，以得到满足工艺要求或规定压力的压缩空气。

(3) 设置储气罐的功能是储存和稳定压力。生产中各设备或工序使用压缩空气情况有所不同，如全部设备同时使用与少数设备使用流量差别也较大，当压缩机出口压力和流量一定时，压缩空气就难以保证设备使用要求。增加储气罐能很好解决这些问题，满足生产需要。

(4) 某些场所或设备对压缩空气有特殊要求，如压缩空气质量符合某一标准、参数或干燥度等，在管道输送至车间或设备前就要进行相应处理，比如除油除脂、干燥等，就要增加相应设备，达到压缩空气质量要求。

(5) 从空气站输出的压缩空气利用管道输送或分配到各车间供设备使用。根据设备对压缩空气的压力、流量要求，通过管道材料和结构、介质流动等特性，确定管道的结构布置，选择公称直径以及管道元件。

2. 压缩空气工艺流程有下列不同形式

(1) 如工厂各用户（车间）要求的压缩空气压力相同，则集中供应一种压力的压缩空气，各用户不需减压即可直接使用，此种压缩空气输配系统最简单。如工厂各用户要求供不同压力的压缩空气，此时压缩空气站可按最高压力的压缩空气供应，在各车间入口处按不同压力要求进行减压，以满足不同用户的要求。如工厂各用户需要的压力悬殊过大，则可按不同压力分别输送压缩空气，此种系统最复杂，投资最大。

(2) 如工厂所有用户都对压缩空气质量(干燥度、含油量等指标)有一定要求，则可以在压缩空气站内集中设置干燥及净化装置，全厂供应单一的净化压缩空气。如工厂只有个别用户对压缩空气质量有要求，而大多数用户仅要求供应普通的压缩空气，则可集中供应普通的压缩空气，而在个别用户的入口处，装置小型干燥净化设备，以满足其对压缩空气的质量要求。如工厂内对压缩空气有不同质量要求的用户数量相当时，则可在压缩空气站内设置干燥净化装置，分设压缩空气管道系统，向不同的用户分别供应质量不同的压缩空气。

(3) 对于一些特殊用户，可根据其负荷特点选择压缩空气管道系统。如锻工车间以压缩空气为动力的锻锤、铸工车间气力送砂的风泵和大型造型机都是一种间断的用气设备，其瞬时压缩空气的最大消耗量和小时平均消耗量相差悬殊，其负荷曲线波动很大。为了不影响其他车间用气设备的工作，一般应采用单独一根压缩空气管道供气。如果上述车间距压缩空气站较远时，则应在用气设备附近(车间外面)装置贮气罐，以缓冲压缩空气的高峰负荷，保持压力稳定。

二、氧气输配系统

氧气输配系统按氧气压力不同，可分为下列三种：

——低压氧气管道系统，氧气压力 PN≤1.6 MPa；

——中压氧气管道系统，氧气压力 PN = 1.6 MPa～3.0 MPa；

——高压氧气管道系统，氧气压力 PN＞10 MPa。

1. 低压氧气管道系统如图 1.12.1 所示。低压氧气输配系统是利用从分馏塔 1 出来的氧气压力直接送至用户[见图 1.12.1a)]。在氧气消耗量不均衡的情况下，为了均衡氧气瞬间停歇以及氧气产量与用量的不平衡，在分馏塔出口之后设置低压储气罐[见图 1.12.1b)]。

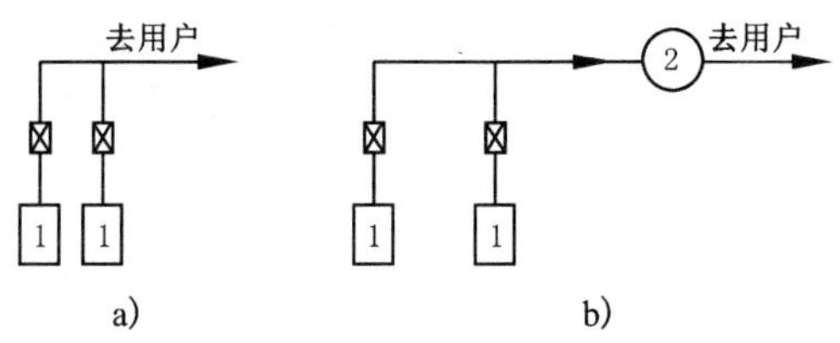

1—分馏塔;2—低压储气罐

图 1.12.1 低压氧气管道系统

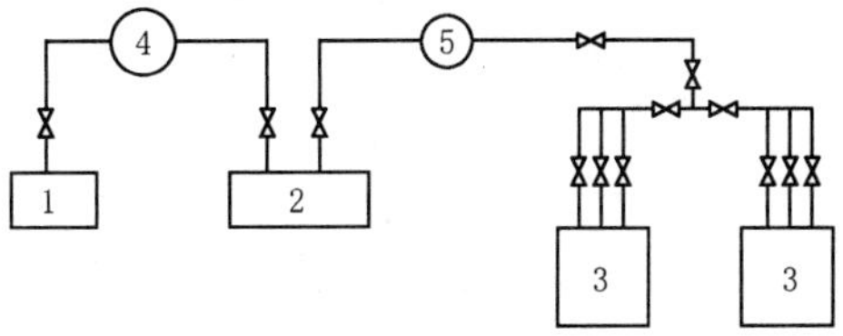

1—分馏塔;2—氧气机;3—充装台

4—低压储气罐;5—气水分离器

图 1.12.2 高压氧气管道系统

2. 高压氧气管道系统如图 1.12.2 所示,用于专供高压充瓶用氧的系统。氧气加压后的压力为 15 MPa,采用的氧气机一般为活塞式。由于充瓶操作制度是间歇的,故用低压储气器 4 作为平衡容器,充气台一般设两组,轮换使用。

3. 中压氧气管道系统(见图 1.12.3)为大中型工厂常用。当各用户的用氧量连续均匀时,此时活塞式氧气机 4 以等于用户用氧压力工作。在分馏塔与氧气机之间配置湿式贮气柜 2 或缓冲罐 3。贮气柜的作用是当分馏塔出来的氧气在蓄冷器参与和空气切换,三通阀放空停止送氧时,作为调节贮存器;当分馏塔出来的氧气不参与和空气切换,但为了减除活塞式氧气机吸气脉动动作引起气流在管路中产生脉冲,用缓冲罐作缓冲。

当各用户使用氧气制度是连续的,周期性出现高峰低谷负荷,此时氧气机也是以等于用户用氧压力工作,湿式贮气柜 2 的作用是当低谷负荷时,停止一台或几台氧气机工作,分馏塔产氧量进人贮气器贮存;到高峰负荷时,由贮气器补充供氧,氧气机全部工作。

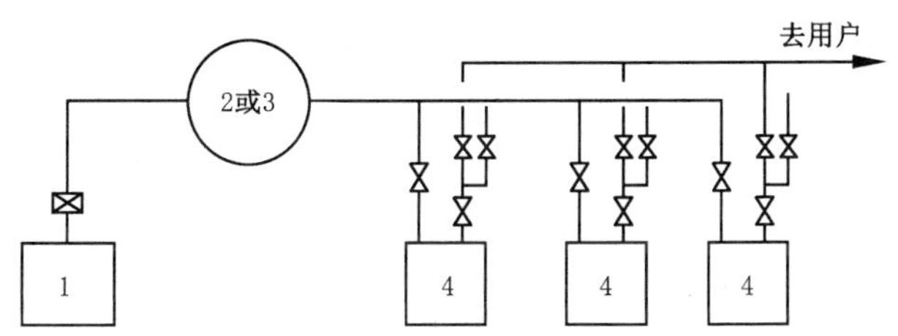

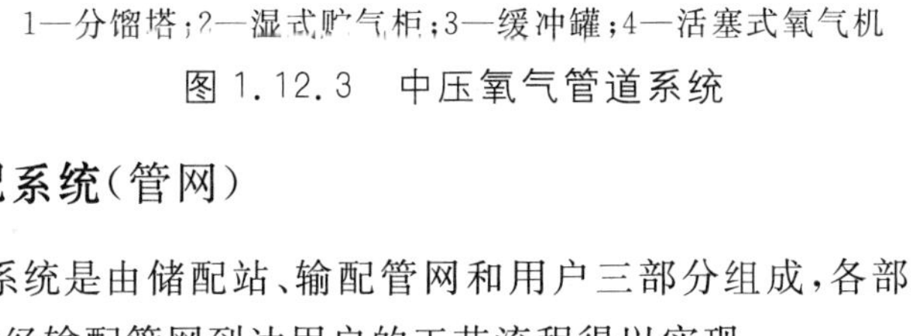

1—分馏塔;2—湿式贮气柜;3—缓冲罐;4—活塞式氧气机

图 1.12.3 中压氧气管道系统

三、燃气输配系统(管网)

城市燃气输配系统是由储配站、输配管网和用户三部分组成,各部分之间通过管道连接,使燃气从储配站经输配管网到达用户的工艺流程得以实现。

1. 输配管网的形式

输配管网又由主管网、庭院管网和室内管道三部分组成。主管网功能是将储配站的燃气通过管道输送到各集中供气点(如庭院管网、区域或工业用户);庭院管网接收主管网的燃气,在其区域内再分配到集中住宅前的调压装置,用户引入管(立管)将燃气从调压装置引入室内燃气管道总阀门并将燃气分配到各燃气用具。

(1) 燃气输配管网按输气压力分级。不同压力等级,对管道材质、安装质量、检验标准和运行管理的要求也不同。我国城市燃气管网按 GB 50028—2006《城镇燃气设计规范》的规定压力分级如下(表 1.12.1)：

表 1.12.1

名　　称		压力/MPa
高压燃气管道	A	$2.5<p\leqslant 4.0$
	B	$1.6<p\leqslant 2.5$
次高压燃气管道	A	$0.8<p\leqslant 1.6$
	B	$0.4<p\leqslant 0.8$
中压燃气管道	A	$0.2<p\leqslant 0.4$
	B	$0.01\leqslant p\leqslant 0.2$
低压燃气管道		$p<0.01$

居民和小型公共建筑用户一般直接由低压管道供气。中压和次高压管道必须通过区域调压室或用户专用调压室才能给城市分配管网中的低压和中压管道供气，或给工厂、大型公共建筑用户及锅炉房供气。一般由城市高压管道构成大城市燃气输配管网的外环环网，是大城市燃气供应工程的主动脉。高压燃气必须通过调压才能送入次高压或中压管道，送入高压贮气罐以及工艺需要高压燃气的大型工厂。

各级压力管网的干管，特别是中压以上管道，应连成环状管网。分期建设的，初建时也可以是半环形或枝状管网，但应逐步构成环状管网。

(2) 城市燃气输配管网根据所采用的压力级制不同，可分为：

① 一级系统，仅用低压或中压或次高压一个压力等级的管网。

② 二级系统，由低、中压两级或低、次高压两级管网组成。

③ 三级系统，由低、中(或次高)、高三级压力管网组成。

④ 多级系统，由低、中、次高和高压，甚至更高压力的多级压力管网组成。

低压一级管网系统是从气源厂送出的燃气先进入储气罐，然后经稳压器进入低压管网。一般用气量较小，供气范围为 2 km～3 km 的城镇和地区，可以选用低压一级系统。

中压或次高压一级管网系统燃气自气源厂(或天然气长输管线)送入城市燃气储配站(或天然气门站、配气站)，经加压(或调压)送入中压或次高压输气干管，再由输气干管输入配气管网，最后经调压器调至低压后进入用户。

2. 燃气输配管网其他设施

(1) 储配站。储配站是城市燃气输配管网的一个重要设施，具有三个功能。一是储存必要的燃气量用以调峰；二是使多种燃气进行混合，保证用气组分均衡；三是将燃气加压以保证管网和燃气用具有足够的压力。

低压储存中压输送储配站工艺流程见图 1.12.4。送入储配站的燃气首先进入低压储气罐，然后由储气罐引出至压缩机加压至中压，再经流量计计量后送入城市中压管网。

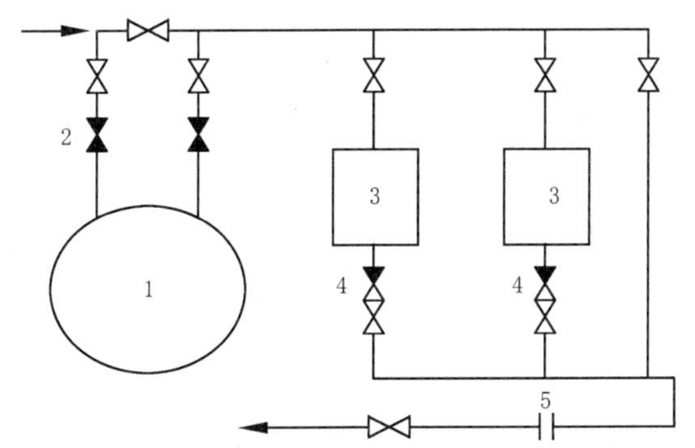

1—低压湿式储气罐;2—水封阀门;3—压缩机;4—止回阀;5—流量计

图 1.12.4　低压储存中压输送工艺流程

(2) 调压站。调压站是城市燃气输配管网的另一个重要设施。调压站有两个功能:一是将输气管网的压力调节到下一级管网或用户需要的压力;二是保持调节后的压力稳定。

调压站按用途分为区域调压站,专用调压站和箱式调压装置,分别用于区域性用气调压;工业、公用事业用户专用调压;少量居民用户,小型工业、公用事业用用户调压(楼栋调压)。

调压站通常由调压器、阀门、过滤器、安全装置、旁通管及测量仪表等组成。

① 调压器。燃气输配管网的压力工况是利用调压器来控制的。所有调压器均是将较高的压力降至较低的压力。调压器是一个降压稳压装置,是调压站的核心设备。

若调压器后的燃气压力为被调参数,则这种调压器为后压调压器。若调压器前的压力为被调参数,则这种调压器为前压调压器。城市燃气输配管网通常多用后压调压器调节燃气压力。

② 阀门。调压室进口及出口处设置的阀门,主要作用是当调压器、过滤器检修或发生事故时切断燃气。在调压室之外的进出口管道上亦应设置切断阀门,此阀门是常开的(但要求它必须随时可以关断),并和调压室相隔一定的距离,以便当调压室发生事故时,不必靠近调压室即可关闭阀门,避免事故蔓延和扩大。燃气输配管网常用的阀门有闸阀、旋塞、截止阀、球阀、蝶阀等。

③ 过滤器。在燃气中含有固体悬浮物很容易积存在调压器和安全阀内,破坏调压器和安全阀的正常工作。因此,有必要在调压器入口处安装过滤器,以清除燃气中的固体悬浮物。

过滤器前后应设置压差计,根据测得的压降可以判断过滤器的工作情况。在正常工作情况下,燃气通过过滤器的压降不得超过 10 kPa,压降过大时应清洗。

④ 安全装置。当负荷为零而调压器阀口关闭不严,以及调压器中薄膜破裂或调节系统失灵时,调压站出口压力会突然增高,它会危及设备的正常工作,甚至会对公共安全造成危害。因此调压站必须设安全装置。防止出口压力过高的安全装置有安全阀、监视器装置和调压器并联装置。

⑤ 旁通管。为了保证在调压站维修时不间断供气,故在调压室内设有旁通管。燃气通过旁通管供给用户。管网的压力和流量由调节旁通管上的阀门来实现。对于高压调压装置,为便于调节,通常在旁通管上设置两个阀门。

选择旁通管的管径时，要根据燃气最低的进口压力和需要的出口压力以及管网的最大负荷进行计算。旁通管的管径通常比调压器的出口管的管径小2～3号。

⑥ 测量仪表。通常调压器的入口安装指示式压力计，出口安装自记式压力计，自动记录调压器出口瞬时压力，以便监视调压器的工作状况。

此外，为了改善管网水力工况，随着燃气管网用气量改变应使调压室出口压力相应变化，可在调压室内设置孔板或凸轮装置。当调压室产生较大的噪声时，必须有消声装置。

第十三节　管道材料的力学性能、工艺性能和强度基础知识

一、管道材料的分类

管道材料主要有金属材料、非金属材料和复合材料三大类。金属材料。金属材料是最重要的管道材料，包括金属和以金属为基的合金。工业上把金属和其合金分两大部分：黑色金属，铁和以铁为基的合金（钢、铸铁和铁合金）；有色金属，黑色金属以外的所有金属及其合金。黑色金属的工程性能比较优越，价格也比较便宜，是最重要的工程金属材料，在压力管道工程用材中最为广泛。

压力管道是由管道组成件、支承件、附属设施组成的一个系统，以实现流体输送、储存、分配、混合、计量、排放、控制等功能。管子是压力管道的基本组成元素。

压力管道用管子按材料分为三大类：金属材料管子，非金属材料管和复合材料管。

1. 金属管子

可分为无缝钢管、焊接钢管、金属软管和有色金属管。

① 无缝钢管

无缝钢管是一种具有中空截面、周边没有接缝的圆形或异形钢材，是用钢锭或实心管坯经穿孔制成毛管，然后经热轧、冷轧或冷拔制成。无缝钢管的规格用：外径×壁厚（mm）表示。根据制造工艺不同，又分为热轧（挤压）无缝钢管和冷拔（轧）无缝钢管两种。但是，不是所有无缝钢管都能用在压力管道上，要根据管道系统操作压力、温度、输送介质特性等，对应选择按相关标准生产的管子。压力管道常用的无缝钢管主要有：

——GB/T 8163《输送流体用无缝钢管》。主要用于工程及大型设备上输送流体管道。代表材质（牌号）为20、Q345等。

——GB 3087《低中压锅炉用无缝钢管》。主要用于工业锅炉及生活锅炉输送低中压流体的管道。代表材质为10、20号钢。

——GB 5310《高压锅炉用无缝钢管》。主要用于电站及核电站锅炉上耐高温、高压的输送流体集箱及管道。代表材质为20G、12Cr1MoVG、15CrMoG等。

——GB 6479《高压化肥设备用无缝钢管》。主要用于化肥设备上输送高温高压流体管道。代表材质为20、16Mn、12CrMo、12Cr2Mo等。

——GB 9948《石油裂化用无缝钢管》。主要用于石油冶炼厂的锅炉、热交换器及其输

送流体管道。其代表材质为20、12CrMo、1Cr5Mo、1Cr19Ni11Nb等。

——GB/T 14976《流体输送用不锈钢无缝钢管》。主要用于输送腐蚀性介质的管道。

——GB 18248《气瓶用无缝钢管》。主要用于制作各种燃气、液压气瓶。

——GB/T 18984《低温管道用无缝钢管》。适用于－45℃级～－100℃级低温压力容器、管道以及低温热交换器管道用无缝钢管。

② 焊接钢管

焊接钢管是由卷成管形的钢板以对缝或螺旋缝焊接而成。因其焊接形式的不同分为直缝焊管和螺旋焊管两种。焊接钢管生产工艺简单，生产效率高，品种规格多，设备投资少等优点，但其一般强度低于无缝钢管。按焊接工艺又分为螺旋缝埋弧焊钢管、直缝埋弧焊钢管、直缝高频焊钢管；按制作工艺又分低压流体输送用焊接钢管、螺旋缝电焊钢管、直接卷焊钢管、电焊管等。压力管道常用焊接钢管主要有：

——GB/T 3091《低压流体输送用焊接钢管》。主要用于输送水、煤气、空气、油和取暖热水或蒸汽等一般较低压力流体和其他用途管。其代表材质Q 235 A级钢。

——GB/T 12771《流体输送用不锈钢焊接钢管》。主要用于输送低压腐蚀性介质。

——GB/T 9711《石油天然气工业　输送钢管交货技术条件》。适用于在石油天然气工业中用于输送可燃流体和非可燃流体(包括水)的非合金钢和合金钢(不包括不锈钢)无缝钢管和焊接钢管。

——SY/T 5037《低压流体输送管道用螺旋缝埋弧焊钢管》。是以热轧钢带卷作管坯，经常温螺旋成型，采用双面自动埋弧焊或单面焊法制成的用于水、煤气、空气和蒸汽等一般低压流体输送用埋弧焊钢管。

——SY/T 5038《普通流体输送管道用螺旋缝高频焊钢管》。是以热轧钢带卷作管坯，经常温螺旋成型，采用高频搭接焊法焊接的用于承压流体输送的螺旋缝高频焊钢管。主要用于铺设输送石油、天然气等的管线。

③ 金属软管

金属软管主要是用在管道特殊的连接部位，实现柔软性和密封性。金属软管主要由波纹管、网套和接头(法兰)组成，波纹管是由极薄壁的无缝或纵焊缝不锈钢管经塑性加工成型，具有良好的柔软性和抗疲劳性，容易吸收变形和循环载荷，在管道系统中有补偿大位移的能力。网套是金属软管主要受压部件，同时起到保护波纹管作用，根据使用情况或受压情况可以是一层或多层不锈钢丝或钢带纺织而成。

膨胀节也是金属软管的一种，在管系中能补偿管道的冷热变形，机械变形，吸收各种机械振动，起到降低管道变形应力和提高管道使用寿命的作用。膨胀节习惯上也叫波纹管补偿器、伸缩节，属于一种补偿元件。可吸收管道轴向、横向和角向的位移，用于在管道、设备及系统的加热位移、机械位移吸收振动、降低噪声等。

金属软管具有较好的柔软性和密封性、耐腐蚀、抗振性好、适用范围广、安装方便、使用寿命长等优点。主要用于冶金、石油、化工、电力、造纸等诸多行业领域。

金属软管生产标准主要有：GB/T 14525—1993《波纹金属软管通用技术条件》；GB/T 12777—1999《金属波纹管膨胀节通用技术条件》；YB/T 5307—2006《S型钎焊不锈钢金属软管》。

④ 有色金属管

a. 铜管和黄铜管。适用于一般工业部门，用作机器和真空设备上的管路及压力小于10 MPa时的氧气管路。铜管和黄铜管系列：T2、T3、T4、TUP、TU1、TU2、H68、H62。生产标准为：GB/T 1527、GB/T 1528。

b. 铅及其合金管。适用于化学、染料、制药及其他工业部门作耐酸材料的管道，如输送15%～65%的硫酸、干或湿的二氧化硫、60%的氢氟酸、浓度小于80%的醋酸等。铅管的最高使用温度为200℃，但温度高于140℃时，不宜在压力下使用。铅及其合金管系列有：纯铅、Pb4、Pb5、PbSb4、PbSb6、PbSb8、铅锑合金（硬铅），生产标准为GB/T 1472。

c. 铝及其合金。铝及铝合金管是由工业纯铝或铝合金经拉制或挤压制造成形，主要有L2、L3工业纯铝。铝管用于输送脂肪酸、硫化氢及二氧化碳，铝管最高使用温度200℃，温度高于160℃时，不宜在压力下使用，铝管还可以用于输送浓硝酸、醋酸、蚁酸、硫的化合物及硫酸盐。不能用于盐酸、碱液，特别是含氯离子的化合物。铝管不可用对铝有腐蚀的碳酸镁、含碱玻璃棉保温。生产标准为GB/T 6893、GB/T 4436。

2. 非金属材料管子

作为管道材料的主要有高分子材料。高分子材料为有机合成材料，亦称聚合物。它具有较高的强度，良好的塑性，较强的耐腐蚀性能，很好的绝缘性，以及重量轻等优良性能，在工程上是发展最快的一类新型结构材料。如城市燃气用埋地聚乙烯（PE管）管材管件等。

（1）高分子材料种类很多，工程上通常根据机械性能和使用状态将其分为三类：

① 塑料。主要指强度、韧性和耐腐蚀性较好的、可作为输送中低压与腐蚀性介质的工程塑料，分热塑料和热固性塑料两种。

② 橡胶。通常指经硫化处理的、弹性特别优良的聚合物，有通用橡胶和特种橡胶两种。

③ 合成纤维。指由单体聚合而成的、强度很高的聚合物，通过机械处理所获得的纤维材料。

（2）非金属材料管子要根据管道输送介质的压力、温度和介质特性以及生产标准规定的适用范围选择。一般常用非金属材料管子有如下几种：

① 塑料管。塑料管一般是以塑料树脂为原料、加入稳定剂、润滑剂等，以塑的方法在制管机内经挤压加工而成。由于它具有质轻、耐腐蚀、外形美观、无不良气味、加工容易、施工方便等特点，在工程中获得了越来越广泛的应用。

塑料管有热塑性塑料管和热固性塑料管两大类。热塑性塑料管采用的主要树脂有聚氯乙烯树脂（PVC）、聚乙烯树脂（PE）、聚丙烯树脂（PP）、聚苯乙烯树脂（PS）、丁二烯-苯乙烯树脂（ABS）、聚丁烯树脂（PB）等；热固性塑料采用的主要树脂有不饱和聚酯树脂、环氧树脂、酚醛树脂等。

聚乙烯管（PE管）具有轻质高强、耐腐蚀性好、致密性好，寿命长（50年）、价格低等特点而得到广泛应用。作为压力管道主要用于燃气管道的埋地管道部分和气体管道、工业耐腐蚀管道、输送液体、气体、食用介质等用途上。分高压（低密度）聚乙烯与低压（高密度）聚乙烯两种。前者性质较软，机械强度及熔点较低；后者密度较高，刚性较大，机械强度及熔点较高。

② 橡胶管。主要有夹布输气管、蒸汽胶管、输油、吸油胶管和输酸、吸酸胶管等。

a. 夹布输气管。主要材料是橡胶，一般适用于输送压力小于等于0.6 MPa的压缩空气和惰性气体。

b. 蒸汽胶管。夹布蒸汽胶管适用于输送压力小于等于 0.4 MPa 的饱和蒸汽或温度小于等于 150℃的热水。钢丝纺织的蒸汽胶管适用于输送压力小于等于 1.0 MPa 的饱和蒸汽。

c. 输油、吸油胶管。主要材料是耐油橡胶。输油、吸油胶管适用于输送 40℃以下的汽油、煤油、柴油、机油、润滑油及其他矿物油类，工作压力小于等于 1.0 MPa。

③ 纤维缠绕玻璃钢管。主要材料是玻璃钢，一般用于公称压力 0.6 MPa～1.6 MPa。

3. 复合材料管

复合材料是两种或两种以上不同材料的组合材料，其性能是它的组成材料所不具备的。复合材料可以由不同种类的材料复合组成，它在强度、刚度和耐蚀性方面比单纯的金属和聚合物都优越，是一类特殊的工程材料，具有广阔的发展前景。

钢塑复合管以热浸镀锌钢管作基体，经粉末熔融喷涂技术在内壁(需要时外壁亦可)涂敷塑料而成，性能优异。与镀锌管相比，具有抗腐蚀、不生锈、不积垢、光滑流畅、清洁无毒，使用寿命长等优点。据测试，钢塑复合管的使用寿命为镀锌管的三倍以上。与塑料管相比，具有机械强度高，耐压、耐热性好等优点。由于基体是钢管，所以不存在脆化、老化问题。可广泛应用于煤气、化工管道等流体输送及取暖工程，是镀锌管的升级换代产品。

涂敷钢管是在大口径螺旋焊管和高频焊管基础上涂敷塑料而成，最大管口直径达 1 200 mm，可根据不同的需要涂敷聚氯乙烯(PVC)、聚乙烯(PE)、环氧树脂(EPOZY)等各种不同性能的塑料涂层，附着力好，抗腐蚀性强，可耐强酸、强碱及其他化学腐蚀，无毒、不锈蚀、耐磨、耐冲击、耐渗透性强，管道表面光滑，不粘附任何物质，能降低输送时的阻力，提高流量及输送效率，减少输送压力损失。涂层中无溶剂，无可渗出物质，因而不会污染所输送的介质，从而保证流体的纯洁度和卫生性，在－40℃～＋80℃范围可冷热循环交替使用，不老化、不龟裂，因而可以在寒冷地带等苛刻的环境下使用。

铝塑复合管作为一种新型管材，生产工艺是将聚乙烯处于高温熔融状态，铝管处于加热状态，在铝和聚乙烯之间再加入一层粘接剂，形成聚乙烯、粘接剂、铝管、粘接剂、聚乙烯五层结构。铝塑复合管防老化性能好，冷脆温度底，防紫外线，在无高热和强紫外线辐射条件下，使用寿命在 50 年以上。它适用于供暖用管、工业用管、公共事业用管等。

压力管道常用的复合材料管主要有：钢衬高性能聚乙烯管、钢衬聚四氟乙烯管、钢衬改性聚丙烯复合管、玻璃钢增强聚氯乙烯复合管、钢衬橡胶管、钢衬玻璃管、铝塑复合管等。

二、金属管道材料的性能

金属材料是现代工业、农业、国防以及科学技术各个领域应用最广泛的工程材料，这不仅是由于其来源丰富，生产工艺简单、成熟，而且还因为它具有优良的性能。通常所指的金属材料的性能包括以下两个方面：

——使用性能。即为了保证金属材料能正常工作，材料所应具备的性能，主要有力学性能(强度、硬度、刚度、塑性、韧性等)，物理性能(密度、熔点、导热性、热膨胀性等)，化学性能(耐蚀性、热稳定性等)。使用性能决定了材料的应用范围，使用安全可靠性和使用寿命。

——工艺性能。即金属材料在被制成产品的过程中适应各种冷、热加工的性能，例如铸造、焊接、热处理、压力加工、切削加工等方面的性能。工艺性能对制造成本、生成效率、产品质量有重要影响。

金属管道材料是压力管道最常用的材料，本节主要介绍金属材料的力学性能和工艺性能。

1. 金属材料力学性能

金属材料在加工和使用过程中都要承受不同形式外力的作用，当外力达到或超过。某一限度时，材料就会发生变形以致断裂。材料在外力作用下所表现的一些性能称为材料的力学性能。压力管道金属材料的力学性能指标主要有强度、硬度、塑性、韧性等。这些性能指标可以通过力学性能试验测定。

(1) 强度

金属的强度是指金属抵抗永久变形和断裂的能力。材料强度指标可以通过拉伸试验测出。把一定尺寸和形状的金属试样(见图 1.13.1)装夹在试验机上，然后对试样逐渐施加拉伸载荷，直至把试样拉断为止。根据试样在拉伸过程中承受的载荷和产生的变形量之间的关系，可绘出该金属的拉伸曲线(见图 1.13.2)。在拉伸曲线上可以得到该材料强度性能的一些数据。如图 1.13.2 所示的曲线，其纵坐标是载荷 p 或应力 σ，横坐标是伸长量 Δl（也可换算为应变 ε）。所以曲线称为 p-Δl 曲线或 σ-ε 曲线。图中曲线 A 是低碳钢的拉伸曲线，分析曲线 A，可以将拉伸过程分为四个阶段：

① 弹性阶段。即曲线的 $O\sim e$ 段。在此段若加载不超过 e 点的应力值，卸载后试件的变形可全部消失，故 e 点的应力值为材料只产生弹性变形时应力的最高值，称为弹性极限，用 σ_e 表示。曲线的 $O\sim e'$ 段为直线，在此段内应力与应变成正比，即材料符合虎克定律，该段称为线弹性阶段，该段中应力的最高值，即 e' 对应的应力值，称为比例极限，用 σ_P 表示。

② 屈服阶段。此段又称为流动阶段，即曲线的 s 点及其后的一段，有微小颤动的水平线，s 点称作屈服点，s 点之后的一段水平线表明应力不再增加，但应变却继续增大，材料已失去抵抗继续变形的能力，这一阶段里材料的变形主要是塑性变形，此时的应力称为屈服点或屈服强度，用 σ_s 表示，单位为 MPa。在屈服阶段，材料内部晶格间发生滑移，滑移线大致与轴线成 45°。

③ 强化阶段。即曲线的 $s\sim b$ 段。当变形超过屈服阶段后，材料又恢复了对继续变形的抵抗能力，即欲使试件继续变形，必须增加应力值，这种现象称为加工硬化现象，材料因此得到强化，曲线的最高点 b 点所对应的拉力 P_b 是拉伸过程中试样承受的最大载荷值，相应的应力即为材料的抗拉强度，用 σ_b 表示，单位为 MPa。

④ 颈缩阶段。即曲线的 $b\sim k$ 段。应力达到抗拉强度 σ_b 后，试件的某一局部开始变细，出现所谓颈缩现象。由于颈缩部分的横截面急剧减小，因而使试件继续变形所需的载荷也减少，曲线明显下降，到达 k 点时试件被拉断。

抗拉强度 σ_b，屈服强度 σ_s 是评价材料强度性能的两个主要指标。一般金属材料构件都是在弹性状态下工作的，不允许发生塑性变形，所以材料设计中应采用 σ_s 作为强度指标，并加上适当的安全系数。但由于抗拉强度 σ_b 测定较方便，数据也较准确，所以设计中也经常采用 σ_b，但需使用较大的安全系数。强度指标一般以 σ_s 作为强度指标时，安全系数取 1.5～

2.0;采用 σ_b 作为强度指标时,安全系数取 2.0～5.0。

图 1.13.2 中曲线 B 为中碳钢的拉伸曲线,曲线 C 为高碳钢的拉伸曲线,可以看出,随着含碳量的增加,材料抗拉强度增大。有些材料,例如高碳钢、铸铁、以及大多数合金钢,屈服现象不明显,对这些材料,工程上规定试件发生某一微量塑性变形时的应力作为该材料的屈服点,例如以材料塑性伸长 0.2%作为屈服点,其屈服强度用 $\sigma_{0.2}$ 表示。

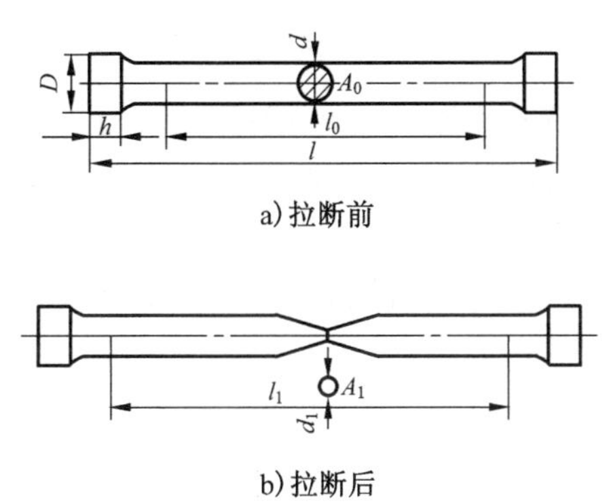

图 1.13.1 钢的标准拉伸试棒

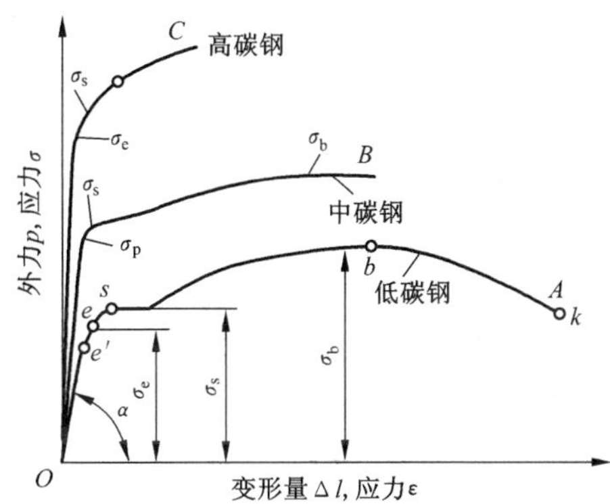

图 1.13.2 退火低碳、中碳和高碳钢的拉伸曲线

(2) 塑性

塑性是指材料在载荷作用下断裂前发生不可逆永久变形的能力。评定材料塑性的指标通常用伸长率和断面收缩率。

伸长率 δ 可用下式确定:

$$\delta=[(L_1-L_0)/L_0]\times100\%$$

式中:L_0——试件原标距长度;

L_1——拉断后试件的标距长度。

在材料手册中常常看到 δ_5 和 δ_{10} 两种符号,它们分别表示用 $L_0=5\ d$ 和 $L_0=10\ d$(d 为试件直径)两种不同长度试件测定的伸长率。同一材料的 δ_5 和 δ_{10} 是不同的,δ_5 值较大而 δ_{10} 值较小,所以相同符号的伸长率才能互相比较。

断面收缩率 ψ 可用下式求得:

$$\psi=[(A_0-A_1)/A_0]\times100\%$$

式中:A_0——试件原来的截面积;

A_1——试件拉断后颈缩处的截面积。

断面收缩率不受试件标距长度的影响,因此能更可靠地反映材料的塑性。

对必须承受强烈变形的材料,塑性指标具有重要意义。塑性优良的材料冷压成型的性能好。此外,重要的受力元件要求具有一定塑性,因为塑性指标较高的材料制成的元件不容易发生脆性破坏,在破坏前元件将出现较大的塑性变形,与脆性材料相比有较大的安全性。塑性良好的低碳钢和低合金钢的 δ_5 值在 25%以上。

伸长率和断面收缩率还表明材料在静载和缓慢拉伸状态下的韧性。在很多情况下,具有高收缩率的材料往往可承受较高的冲击吸收功。

对材料塑性的要求是有一定限度的,并不是越大越好,单纯追求塑性会限制材料强度使用水平的提高，造成产品粗大笨重，浪费材料和使用寿命不长。

(3) 硬度

硬度是材料抵抗局部塑性变形或表面损伤的能力。硬度与强度有一定关系，一般情况下，硬度较高的材料其强度也较高，所以可以通过测试硬度来估算材料强度。此外，硬度较高的材料耐磨性较好。

工程上常用的硬度试验方法有以下几种：

① 布氏硬度 HB

布氏硬度试验方法是把规定直径的淬火钢球(或硬质合金球)以一定的试验力 F 压入所测材料表面，保持规定时间后，测量表面压痕直径 d，由 d 计算出压痕表面积 A，布氏硬度值 $HB=F/A$。

按照压头种类，布氏硬度值有两种不同表示符号。淬火钢球作压头测得的硬度值用 HBS 表示，硬质合金作压头测得的硬度值用 HBW 表示。

布氏硬度试验方法主要用于硬度较低的一些材料，例如经退火、正火、调质处理的钢材以及铸铁、非铁金属等。

② 洛氏硬度 HR

洛氏硬度是采用测量压痕深度来确定硬度值的试验方法。为了满足从软到硬各种材料的硬度测定，按照压头种类和总试验力的大小组成三种洛氏硬度标度，分别用 HRA，HRB，HRC 表示。其中 HRB 使用的是钢球压头，用于测量非铁金属，退火或正火钢等；HRA 和 HRC 使用 120°金钢石圆锥体压头，用于测量淬火钢、硬质合金、渗碳层等。

洛氏硬度试验适用范围广，操作简便迅速，而且压痕较小，故在钢铁热处理质量检查中应用最多。

③ 维氏硬度 HV

维氏硬度主要用于测量金属的表面硬度。它采用正棱角锥体金刚石压头，在一定试验力下在试件表面压出正方形压痕，测量压痕两对角线平均长度来确定硬度值。

采用较低的试验力可以使维氏硬度试验的压痕非常小，这样就可以测出很小一点区域的硬度值，甚至可以测出金相组织中不同相的硬度。焊接性能试验中的最高硬度试验就是用维氏硬度来测定焊缝、熔合线和热影响区硬度的。

④ 里氏硬度 HL

里氏硬度的测量原理是：当材料被一个小冲击体撞击时，较硬的材料使冲击体产生的反弹速度大于较软者。里氏硬度计采用一个装有碳化钨球的冲击测头，在一定的试验力作用下冲击试样表面，利用电磁感应原理中速度与电压成正比的关系，测量出冲击测头距试样表面 1 mm 处的冲击速度和回跳速度。里氏硬度值 HL 以冲击测头回跳速度 VB 与冲击速度 VA 之比来表示。

里氏硬度计体积小，重量轻，操作简便，在任何方向上均可测试，所以特别适合现场使用；由于测量获得的信号是电压值，电脑处理十分方便，测量后可立即读出硬度值，并能即时换算为布、洛、维等各种硬度值。

(4) 冲击韧性

冲击韧性是指材料在外加冲击载荷作用下断裂时消耗能量大小的特性。材料的冲击韧性通常是在摆锤式冲击试验机上测定的，摆锤冲断试样所作的功称为冲击吸收功，以 A_k 表示，若试样断口处截面积为 S_N，则冲击韧性 $\alpha_k = A_k/S_N$。试样的缺口型式有夏比 U 形和夏比 V 形两种，其冲击韧性分别用 α_{ku} 和 α_{kv} 表示。V 形缺口根部半径小，对冲击更敏感，在特种设备材料的冲击试验中应用较多。

试样受到摆锤的突然打击而断裂时，其断裂过程是一个裂纹发生和发展过程，在裂纹发展过程中，如果塑性变形能够产生在断裂的前面，就将能阻止裂纹的扩展，而裂纹的继续发展就需消耗更多的能量。因此，冲击韧性的高低，取决于材料有无迅速塑性变形的能力。冲击韧性高的材料一般都有较高的塑性，但塑性指标较高的材料却不一定都有较高的冲击韧性，这是因为在静载荷下能够缓慢塑性变形的材料，在冲击载荷下不一定能迅速发生塑性变形。在材料的各项机械性能指标中，冲击韧性是对材料的化学成分、冶金质量、组织状态、内部缺陷以及试验温度等比较敏感的一个质量指标，同时也是衡量材料脆性转变和断裂特性的重要指标。

2. 金属材料工艺性能

钢材在加工过程中表现出来的适应能力称为工艺性能。主要包括铸造性能、切削加工性能、压力加工性能及焊接性能。

(1) 铸造性能

钢材在液态铸造成型时所具有的性能称为铸造性能、如流动性、收缩性及偏析趋势等，都是衡量铸造性能优劣的主要内容。

(2) 切削加工性能

钢材在承受切削加工时所表现的性能称为切削加工性能。主要用切削速度、加工表面粗糙度和刀具耐用度来衡量。

(3) 压力加工性能

钢材在冷、热状态下进行压力加工时，具有可塑性，即形状容易改变而不至破裂的能力，为压力加工性能。低碳钢的压力加工性能良好，可用冲压、挤压、冷镦等高效率的压力加工方法生产管道元件等。

(4) 焊接性能

是指钢材在一定的焊接工艺条件下(包括焊接方法、焊接材料、焊接工艺参数和结构形式等)，能否获得优质接头的难易程度和该焊接接头能否在使用条件下，可靠运行。说得通俗些，就是钢材是否容易进行焊接加工。这包括两方面的内容，一个是焊接时是否要采取一些特殊的措施，另一个是焊接后产品能否在使用条件下安全运行；即一是材料的结合性能，二是使用性能。

应该指出的是，钢材以至于金属材料的焊接性能不是一成不变的。在不同的焊接工艺条件下，金属的焊接性能也是不同的。如中碳钢，如果按照低碳钢的焊接工艺条件进行焊接则可能出现裂纹等缺陷，如果采用预热、保持层间温度以及合理选择焊条、焊接层次及焊接顺序等措施，中碳钢也能获得满意的接头。再例如铝及铝合金，在用气焊焊接时，接头质量可能不太理想，但如果采用钨极氩弧焊或熔化极氩弧焊，接头质量将会大大改善。

习　题　一

一、选择题(将正确答案的代号填入括号内)

1. 压力管道是指利用一定的压力,用于输送气体或者液体的管状设备,其范围规定为最高工作压力大于或者等于(　　)MPa 的气体、液化气体、蒸汽介质或者可燃、易爆、有毒、有腐蚀性、最高工作温度高于或者等于标准沸点的液体介质,且公称直径大于(　　)mm 的管道。

A(1.0); B(0.1); C(15); D(25); E(0.01); F(50)

2. 压力管道在正常运行或操作条件下出现的最高工作压力,任何情况下必须(　　)设计压力,才能确保管道安全使用。

A(小于); B(大于); C(小于或等于); D(大于或等于)

3. 可燃液体挥发的蒸汽与空气混合物可被点燃的最低温度叫(　　)。

A(沸点); B(燃点); C(闪点); D(溶点)

4. 现行国家标准 GB 5044—1985《职业性接触毒物危害程度分级》中(　　)的毒物,是指有极少量这类物质泄漏到环境中,被人吸入或与人类接触,即使迅速治疗,也能对人体造成严重的和难以治疗的伤害的物质。

A(剧毒流体); B(有毒流体); C(腐蚀流体); D(高度危害)

5. 压力管道的结构和组成视管道的用途和功能而有所不同,一般由(　　)三大部分构成。

A(管道组成件); B(管道支承件); C(安全装置和设施); D(管道安装件)

6. 压力管道常用元件材料的使用是根据所输送介质的操作(　　)及其在该条件下的介质特性决定的。

A(环境); B(温度); C(压力); D(流量)

7. 20 g 碳素钢使用温度范围(　　)℃。

A(0～350); B(0～475); C(－20～0); D(－20～475)

8. HG 20592—1997《钢制管法兰型式、参数》规定了目前常用的钢管外径与 DN 的关系,该标准包括(　　)和(　　)两个系列。

A(英制管); B(公制管); C(英寸管); D(厘米管)

9. 阀体材料为灰铸铁(HT 200)的阀门,适用于压力小于(　　)MPa,温度小于(　　)℃介质的管道。

A(0.8); B(1.6); C(2.5); D(200); E(300); F(450)

10. 管道元件实物上标注的“PN16”表示(　　　);“16”表示(　　)MPa。

A(公称直径); B(公称压力); C(工作压力); D(16); E(1.6); F(0.16)

11. 突面法兰密封面型式代号为(　　　)。

A(FF); B(MF); C(RF); D(TG)

12. 石棉橡胶垫片适用于密封面型式为( )的法兰。

A(突面); B(凹凸面); C(全平面); D(榫槽面)

13. 安全保护装置及附件一般包括( )等。

A(压力表); B(安全阀); C(爆破片); D(阴极保护装置)

14. 安全阀按开启高度分为微启式、中启式和全启式,全启式安全阀适用于排放气体、蒸汽或者( )介质,微启式安全阀一般适用于排放液体介质,排放有毒或者可燃性介质时必须选用封闭式安全阀。

A(流体); B(液体); C(液化气); D(浆体)

15. 调压站是城市燃气输配管网的重要设施,调压站通常由( )、阀门、过滤器、安全装置、旁通管及测量仪表等组成。

A(安全阀); B(调节阀); C(调压器); D(压缩机)

16. 压力表按其测量精确度,可分为精密压力表、一般压力表。精密压力表的测量精确度等级分别为( )级。

A(0.1); B(0.16); C(0.25); D(0.4)

17. 管道支吊装置按其作用分有( )。

A(焊接支架); B(固定支架); C(活动支架); D(弹簧支、吊架)

18. 城市燃气的调压站通常由( )、阀门、过滤器、安全装置、旁通管及测量仪表等组成。

A(压缩机); B(烃泵); C(连锁装置); D(调压器)

19. 管道单线图(正等测图)上 3 个轴测轴之间的轴间角都是( )度。

A(45); B(90); C(120); D(180)

20. 画管道平面图时,管段由西向北在图面上是( )方向;画管道单线图时,管段由西向北在图面上是( )Y 轴;

A(水平); B(平行); C(垂直); D(轴侧)

21. 管道轴测图(单线图)特点是在同一轴测图上同时反映管道的( )和管道本身的长、宽、高尺寸。

A(三视图); B(空间位置); C(前后左右方向); D(轴侧方向)

22. 管道在三个投影面上用圆、圆心和一直线表示其轮廓线所构成的投影图的制图方法称为( )法。

A(单线); B(双线); C(正等轴侧); D(斜等轴侧)

23. 管道正等轴测轴的轴间角均等于( )度,轴测轴 OX 和 OY 与水平线的夹角称为轴倾角,轴倾角均为( )度。

A(30); B(45); C(90); D(120)

24. 画管道的正等测图时,常把 X 轴定为( )轴,Y 轴定为( )轴,Z 轴定为上下轴;画管道的斜等测图时,常把 X 轴定为( )轴,Y 轴定为( )轴,Z 轴定为上下轴。

A(前后); B(左右); C(上下); D(建北)

25. 一般管道运行温度高于或低于管道安装温度( )℃时,常常设置一些弯曲的管段或者可伸缩的装置以增加管道的柔性。

A(15)；　B(32)；　C(50)；　D(100)

26. 波形补偿器属于(　　)热补偿。

A(管子)；　B(自然)；　C(方形)；　D(人工)

27. 在电化学腐蚀中,电位较低的阳极表面发生(　　)反应;电位较高的阴极表面发生(　　)反应。

A(聚合反应)；　B(还原反应)；　C(氧化反应)；　D(分解反应)

28. 与碳钢或低合金钢易产生应力腐蚀的介质主要有(　　)等。

A(H_2O 水介质)；　B(NaOH 溶液)；　C(H_2S 水溶液)；　D(硝酸盐溶液)；　E(硫酸)

29. 酚醛树脂底漆的除锈要求为(　　)级。

A(St1)；　B(St2)；　C(St2.5)；　D(St3)

30. 管道油漆施工环境温度不应低于(　　)℃,相对湿度不应大于(　　)%;并且要通风良好,环境清洁,不许在雨雾、结露、风沙天气进行露天施工。

A(5)；　B(10)；　C(50)；　D(85)

31. 管道元件表面、焊缝表面的裂纹、重皮、褶迭及严重变形等不允许存在,必须先进行打磨消除,磨削部位应修整并平滑过渡,当打磨深度超过管壁厚度的(　　)%时,还应进行补焊处理等。

A(5)；　B(10)；　C(20)；　D(50)

32. 管道表面缺陷通常用(　　)和(　　)进行检查;管道内部缺陷通常用(　　)和(　　)进行检查。

A(磁粉检测)；　B(渗透检测)；　C(超声波检测)；　D(射线检测)

33. 渗透检测操作的基本步骤有(　　)。

A(除锈)；　B(打磨)；　C(渗透、清洗)；　D(显象、观察)

34. 在用工业管道定期检验分为(　　)和(　　)。

A(年度检验)；　B(外观检验)；　C(全面检验)；　D(在线检验)

35. 工业管道积垢的清理方法有(　　)方法。

A(水清洗)；　B(机械清洗)；　C(排污清洗)；　D(化学清洗)

36. 埋地燃气管道泄漏检查可采用(　　)和(　　)方法,可沿管道方向或从管道附近的阀井、窨井或地沟等地下构筑物进行检测。

A(开挖)；　B(灌水)；　C(仪器检测)；　D(地面钻孔检查)

37. 管道带压堵漏一般常用方法有(　　)等。

A(夹具堵漏法)；　B(注剂式堵漏法)；　C(焊接堵漏法)；　D(金属涂层堵漏法)

38. 埋地燃气管道电化学保护分阴极保护和阳极保护,阴极保护又分为外加电流(　　)和(　　)。

A(油漆涂料)；　B(保护层)；　C(阴极保护)；　D(牺牲阳极)

39. 埋地燃气管道外加电流阴极保护系统一般包括自控防腐仪、(　　)、(　　)、被保护体(阴极汇流体系)、检测监控系统和电缆。

A(牺牲阳极)；　B(辅助阳极)；　C(参比电极)；　D(保护阴极)

40. 碳钢在海水中电位序为－0.4，镁合金(6％Al，3％Zn，0.5％Mn)在海水中电位序为－1.2，两种金属在海水电解质中成为原电池后，碳钢表面发生(　　)反应，镁合金表面发生(　　)反应而被逐步牺牲。

A(分解)；　B(聚合)；　C(还原)；　D(氧化)

41. 行业标准 SY/T 5919—1994 规定，埋地钢管阴极保护电位应控制在(　　)V 之间，超出这个范围不是造成阳极溶解就是造成阴极剥离。

A(0.85～1.5)；　B(－0.15～－1.5)；　C(＋0.85～＋1.5)；　D(－0.85～－1.5)

42. 目前埋地管道检测仪主要包括发射机、探管仪、检测仪及其他附件。可进行管道的位置、走向、(　　)、防腐层破损点的大小和(　　)确定。

A(绝缘层)；　B(深度)；　C(位置)；　D(腐蚀点)

43. 管道防腐层绝缘电阻是指单位面积的防腐层电阻。行业标准 SY/T 5919 规定绝缘电阻(　　)Ω 为二级(良)绝缘层。

A(5 000)；　B(5 000～10 000)；　C(1 000～4 000)；　D(500～1 000)

44.《城镇燃气设计规范》规定，压力(　　)MPa 为高压管道；(　　) MPa 为次高压管道；(　　)MPa 为中压管道；低压管道压力小于(　　) MPa。

A($1.6<p\leqslant4.0$)；　B($0.4<p\leqslant1.60$)；　C($0.01\leqslant p\leqslant0.4$)；　D($p<0.01$)

45. 金属材料的性能包括使用性能和工艺性能。使用性能又分为(　　)性能、(　　)性能和(　　)性能。使用性能决定了材料的应用范围，使用安全可靠性和使用寿命。

A(热加工)；　B(焊接)；　C(力学)；　D(物理)；　E(化学)

46. 焊接钢管按焊接工艺分为螺旋缝埋弧焊钢管、(　　)钢管、直缝高频焊钢管。

A(直缝埋弧焊)；　B(有缝埋弧焊)；　C(无缝埋弧焊)；　D(对接高频焊)

47. 管道用高分子材料种类很多，根据机械性能和使用状态将其分为塑料、(　　)、合成纤维。

A(聚乙烯)；　B(聚氯乙烯)；　C(橡胶)；　D(蒸汽胶管)

48. 聚乙烯管材管件(PE 管)属于塑料管，作为压力管道主要用于燃气管道的(　　)部分和气体管道、工业耐腐蚀管道、输送液体、气体、食用介质等用途上。

A(地面管道)；　B(埋地管道)；　C(架空管道)；　D(管沟敷设管道)

49. 管件是将管子连接起来，使管子变径、改变介质流向或调节流量等作用。按制造的材料分为(　　)和(　　)等。

A(无缝管件)；　B(有缝管件)；　C(金属管件)；　D(非金属管件)

50. 弯头的分类方法有三种，按弯头的角度分为一般有(　　)、90°和 180°弯头。

A(25°)；　B(35°)；　C(45°)；　D(60°)

二、判断题(正确的画“√”，错误的画“×”)

1. 管道单线图就是将每条管道按照轴测投影的方法绘制，画成以单线表示的管道空视图。(　　)

2. 管道保温是为减少管道向周围环境散热，而在管道外表面采取的包覆措施；管道保冷是为减少周围环境热量传入管道及内部介质，而在管道外表面采取的包覆措施。(　　)

3. 安全装置和附件包括阀门、减压阀、压力表、温度计、爆破片和紧急切断阀等。(　　)

4.《特种设备安全监察条例》设定了压力管道元件制造市场准入制度,是指制造单位必须取得制造许可证,方可制造和销售压力管道元件。(　　)

5. 按国家标准 GB/T 1047—2005《管道元件 DN(公称尺寸)的定义和选用》规定,DN 的定义为:用于管道系统元件的字母和数字组合的尺寸标识。(　　)

6. 国家标准 GB/T 8162《结构用无缝钢管》适用于中低压液体输送用管道使用。(　　)

7. 密封面材料为"巴氏合金"的阀门适用于氨介质的截止阀。(　　)

8. 管件按制造方法分为无缝管件、有缝管件、锻制管件、铸造管件、金属管件和非金属管件等。(　　)

9. 平焊法兰可分为板式平焊法兰、带颈平焊法兰、带颈承插平焊法兰和对焊法兰。(　　)

10. 减压阀是通过启闭件的节流,将进口的高压介质降低至某个需要的出口压力,在进口压力及流量变动时,能自动保持出口压力基本不变的阀门。(　　)

11. 阀门是控制(启闭)或调节介质流动量的压力管道元件。(　　)

12. 闸阀与截止阀相比,其调节性能好,密封性能差,结构简单,制造维修方便,流体阻力较大,价格便宜。(　　)

13. 球阀的结构简单,开关迅速,操作方便,一般作为调节流量用。(　　)

14. 管道活动支架可分为滑动吊架、滚动支架、导向支架。(　　)

15. 使用隔热材料对管道进行绝热是为了防止管道介质温度向周围环境散发或吸收热量。(　　)

16. 管道过滤器的选用一般比管子内介质的压力高一个档次。(　　)

17. 调压器主要作用是调节和稳定管网系统压力,并且控制输气系统燃气流量,以保护系统、避免出口压力过高或过低。(　　)

18. 图样上的管道元件、附件等都用图例符号表示,这些图线和图例只能表示管线及其附件等安装位置,而不能反映安装的具体尺寸和要求。(　　)

19. 以单线表示的管道流程图简称"单线图"。(　　)

20. 将投影的管道放在投射线和投影面之间,该管道称为被投影的物体。(　　)

21. 管道三面投影图(三视图)既描述管道长、宽、高又反映管道空间位置。(　　)

22. 看单线法绘制的平面图顺序是先看立面图,再看相对应的平面图和侧立面图。(　　)

23. 正等轴测图和斜等轴测图因轴测轴的位置不同,则管线的走向亦不同。(　　)

24. 识读管道施工图时一般应遵循从整体到局部、从大到小、从粗到细的原则,将图样与文字对照看,各种图样对照看,以便逐步深入和逐步细化。(　　)

25. 管道按伴热结构不同通常可分为伴管、夹套管和电热带三种类型。(　　)

26. 化学腐蚀与电化学腐蚀的机理一致。(　　)

27. 管道在使用中产生腐蚀是不可避免的。(　　)

28. 沥青涂料一般适用于温度为 100℃以下的管道。(　　)

29. 管道原始缺陷是指管道使用前发现的或未发现的缺陷。(　　)

30. 管道和管件腐蚀(减薄)面积较大,或磨削部位不能采取补焊等方法处理的,壁厚值减薄 20%或 1.5 mm 以上时,需经评定后决定是否可用。(　　)

31. 射线防护方法主要有三种:屏蔽防护、距离防护和时间防护。(　　)

32. 超声波探伤方法可用于管道元件壁厚的测量。(　　)

33. 在线检验是在运行条件下对在用工业管道进行的检验,每年至少二次。(　　)

34. 工业管道的重大维修、改造是指改变管道结构、用途、操作参数、管径,更换较长管子等。(　　)

35. 压力管道日常检查和定期检验是压力管道进行维护检修的重要依据。(　　)

36. 城镇热力管道的"水击"是指蒸汽管中凝结水排除不掉,或者在凝结水管中窜进大量蒸汽所致。(　　)

37. 管子上的泄漏多发生在焊口、流体转向的弯头、三通及蚀孔等部位。(　　)

38. 带压焊接堵漏方法适用于所有压力管道。(　　)

39. 埋地燃气管道外加电流阴极保护系统辅助阳极的功能是把保护电流通过电解质输送到管道上。(　　)

40. 埋地燃气管道外加电流阴极保护系统的参比电极主要作用是对阴极保护系统实施电位检测。(　　)

41. 埋地管道阴极保护方法的牺牲阳极间距越小对保护电流的均匀分布越有利。(　　)

42. 埋地钢管外防腐层检测的内容主要有二种:破损点大小及破损点的精确定位;防腐层绝缘电阻的检测。(　　)

43. 埋地钢管外防腐层检测探头(线圈)在管道上方与管道走向垂直且与地平面平行时,管道产生感应电流最弱,由此产生的二次磁场也最弱。(　　)

44. 埋地钢管防腐层的绝缘电阻检测方法简便易行,准确度较高,可准确快速地实现一段、一条或整个管网管道防腐层总体技术状态的测量和评价。(　　)

45. 涂层针孔缺陷的检漏是管道防腐层高压电火花检测技术的一种,适用于在用埋地钢管道。(　　)

46. 利用压力管道将流体输送并分配到各相关设备,或者从各接受点将流体收集起来输送到指定点的过程称为压力管道工艺流程。(　　)

47. 城镇燃气管道与液化石油气储配站管道介质输送的工艺流程一致。(　　)

48. 城市燃气用埋地聚乙烯(PE 管)管材管件属于复合材料。(　　)

49. 压力管道用管子或管件按材料分为金属材料、焊接材料、非金属材料和复合材料。(　　)

50. GB/T 3091《低压流体输送用焊接钢管》适用于水、污水、燃气、空气、采暖蒸汽等低压流体输送用和其他结构用的直缝焊接钢管。(　　)

51. 金属软管主要由波纹管、网套和接头(法兰)组成,网套是金属软管主要受压部件。(　　)

52. 城市燃气用埋地聚乙烯(PE 管)属于高分子非金属材料。(　　)

53. 聚乙烯管按生产工艺(即公称外径与壁厚之比)的不同可分为:SDR11、SDR13.6、SDR17、SDR21、SDR26 系列(　　)。

54. 阴极保护装置一般是用在埋地管道上，起到保护管道不受环境腐蚀的作用。（　　）

三、简答题

1. 管道的功能是什么？

2. 按照行业标准 JB/T 308—2004《阀门　型号编制方法》规定，简述阀门型号由几部分组成？

3. 简述国家标准 GB/T 12220—1989《通用阀门　标志》公称通径大于或等于 50 mm 阀门必须在阀体上标注的内容。

4. 简述 J41F-1.6C 阀门代号各部分所代表的含义。

5. 法兰一般分为哪 6 种类型？

6. 管道系统设置安全保护装置的目的是什么？

7. 简述弹簧式安全阀自动保护过程。

8. 工业管道和公用管道附属设施一般包括哪些？

9. 管道施工图通常包括哪些内容？

10. 已知下列条件，请绘出管道平面图和单线图（正等轴测图）。

（1）管段 1 由西向北 10 米；

（2）管段 2 接管段 1 垂直向下 5 米；

（3）管段 3 接管段 2 向东偏南 30 度走 10 米；

（4）管段 4 接管段 3 向上 5 米；

（5）管段 5 接管段 4 由北向南上 10 米。

11. 管道发生应力腐蚀必须具备哪些条件？

12. 简述牺牲阳极法保护地下管线的基本构成。

13. 简述 SH 3022 标准将钢材表面的锈蚀分为哪四个等级。

14. 简述中腐蚀区通常有哪些场所？

15. 压力管道常见原始缺陷产生的形式有几种？

16. 管道焊接表面缺陷通常有哪几种？

17. 简述磁粉检测发现管道表面缺陷的原理。

18. 射线照相法对底片的质量要求包括哪几方面？

19. 压力管道维护检修的目的是什么？

20. 工业管道经常性检查项目有哪些内容？

21. 简述城镇热力管道疏水器的检查方法。

22. 城镇燃气管道巡线检查是及时发现事故的重要手段，一般检查的内容包括哪些？

23. 管道检漏的方法很多，日常检查常采用的方法有嗅、听、目视、用发泡剂等。请简述这些方法的过程和要求。

24. 为避免检修维护发生安全事故，特别是对输送有毒、易燃易爆、腐蚀等介质的管道，维修前应采取哪些处理方法和步骤？

25. 管道外加电流阴极保护系统的检查片的定期检查有什么要求？

26. 简述埋地管道内检测与外检测区别及优势。

27. 埋地输气管道泄漏点的定位情况比较复杂,影响准确定位因素也多,如何根据具体情况选择泄漏点定位方法。

28. 简述液化石油气储配站汽车罐车卸车工艺流程。

29. 简述燃气输配管网储配站的基本功能。

第二章　压力管道安全管理人员安全知识

第一节　压力管道的分类分级方法和安全监察范围

一、管道的分类分级

管道的用途广泛，品种繁多，不同的特性和不同领域使用的管道，其分类方法也不同。根据管道承受内压的不同可以分为真空管道、中低压管道、高压管道、超高压管道；根据输送介质的不同分为蒸汽管道、燃气管道、工艺管道等，其中工艺管道又以所输送介质的名称命名为各种管道；按材料分有合金钢管道、不锈钢管道、碳钢管道、有色金属管道、非金属管道和复合材料管道等，如复合材料管道又有金属复合管道、非金属复合管道、金属与非金属复合管道等。管道的分类见图 2.1.1 所示。

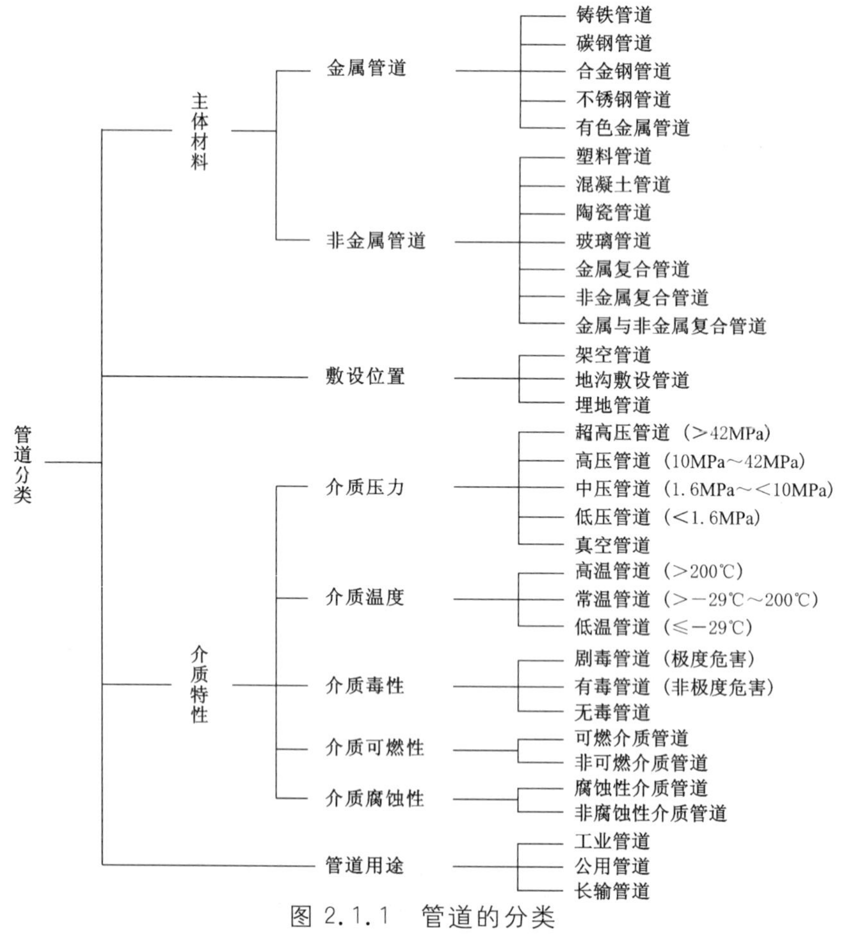

图 2.1.1　管道的分类

从设计或施工要求、安全管理的不同角度出发，由于压力管道所处环境不同，组成结构千差万别，若用同样的高标准要求所有压力管道，难免有不合理的情况出现。譬如，不管具体情况一律以最苛刻的条件制定压力管道的选材、制造、安装、质量检验标准，势必在很多场合造成人力、物力、财力和资源的严重浪费；反之，均以普通要求制定标准，一些条件苛刻的管道的安全性就得不到保证。因此，有关部门和行业根据不同情况分别对所辖的压力管道进行分类管理。

1. 中国石油化工总公司颁布的SH 3501—2001《石油化工剧毒、可燃介质管道工程施工及验收规范》考虑了设计压力和介质特性，将石油化工管道分为三级(表2.1.1)。

表2.1.1 管道分级(按SH 3501—2001)

管道级别		适用范围
SHA		1. 毒性程度为极度危害介质管道(苯管道除外)； 2. 毒性程度为高度危害介质的丙烯腈、光气、二硫化碳、氟化氢管道； 3. 设计压力等于或大于10 MPa的SHB级介质管道
SHB	SHBⅠ	1. 毒性程度为极度危害介质的苯管道； 2. 毒性程度为高度危害介质管道(丙烯腈、光气、二硫化碳、氟化氢管道除外)； 3. 甲类、乙类可燃气体和甲A类液化烃、甲B类可燃液体介质管道； 4. 乙A类可燃液体介质管道
	SHBⅡ	1. 乙B类可燃液体介质管道； 2. 丙类可燃液体介质管道

在该标准的附录中对剧毒、可燃等特性的物料列出了详细清单。

剧毒介质是指被人吸入或与人体接触时，进入人体的量小于或等于4g即会引起肌体严重损伤或致死，即使迅速采取治疗措施也不能恢复健康的物质。

常用剧毒介质分极度危害和高度危害两个级别。

极度危害介质有：汞及其化合物、砷及其无机化合物、氯乙烯、铬酸盐、重铬酸盐、黄磷、铍及其化合物、硫磷、羰基镍、八氟异丁酸、锰及其无机化合物、氰化物。

高度危害介质有：三硝基甲苯、铅及其化合物、二硫化碳、氯、丙烯腈、四氯化碳、硫化氢、甲醛、苯胺、氟化氢、五氯酚及其钠盐、镉及其化合物、敌百虫、氯丙烯、钡及其化合物、溴甲烷、硫酸二甲酯、金属镍、甲苯二异氰酸脂、环氧氯丙烷、砷化氢、敌敌畏、光气、氯丁二烯、一氧化碳、硝基苯、苯。

2. 原化工部1995年颁布的《化工企业压力管道管理规定》中，对管道工作压力、工作温度和介质特性也有充分考虑，危害愈大，管理愈严。管道分级见表2.1.2。

表2.1.2 管道分级

管道材料	工作温度/℃	工作压力Pw/MPa			
		A	B	C	D
碳素钢	≤370	≥10.0	4.0～10.0	1.6～4.0	≤1.6
合金钢和不锈钢	≤450	≥4.0	1.6～4.0	≤1.6	—
有色金属	设计温度范围	≥4.0	1.6～4.0	≤1.6	—

(1) 对输送 GB 5044《职业性接触毒物危害程度分级》中定为极度或高度危害毒性介质的管道,输送易燃可燃介质工作温度大于 450℃的合金钢及不锈钢管道、工作温度大于 370℃的碳素钢管道,不管工作压力大小均列为 A 级管道。

(2) 对输送甲类火灾危险气体(爆炸下限小于 10%)介质的管道比表列规定等级提升二级。

(3) 对输送 GB 5044 中定为中度危害毒性介质、乙类火灾危险气体(爆炸下限大于等于 10%)、闪点小于 28℃的易燃液体介质的管道和设计腐蚀速率大于 0.25 mm/a 的管道级别要提升一级。

(4) 同一介质按其特性(如闪点与爆炸下限)分列不同管道级别时,应以较高级为准。混合介质,以其中危害程度最大的介质为分级依据。

3. 中国石化总公司 2004 年修订的(SHS 01005—2004)《工业管道维护检修规程》按最高工作压力分级见表 2.1.3。同时也综合考虑设计压力、设计温度、介质等因素分为 GC1 级、GC2 级、GC3 级 (与《在用工业管道定期检验规程》分级规定一致)。

表 2.1.3　管道分级

类别名称	公称压力/MPa	类别名称	公称压力/MPa
真空管道 低压管道	p<标准大气压 $0 \leqslant p < 1.6$	中压管道 高压管道	$1.6 \leqslant p < 10$ $p \geqslant 10$

4. 上述三种分类方法在一定的范围内是比较合理和科学,起到了规范管理的作用,但由于这些分类方法均是在针对具体的行业、管道系统和特定条件,带有一定的局限性。因此,作为政府特种设备安全综合管理部门的国家质量监督检验检疫总局,从全国压力管道安全管理的角度,综合了合理和科学的分类方法,颁布相关规章规定了压力管道分类分级的方法。

(1) 在《压力管道安全管理与监察规定》中将压力管道分为工业管道、公用管道和长输管道三类。

工业管道(GC 类)——系指企业、事业单位所属的用于输送工艺介质的工艺管道、公用工程管道及其他辅助管道。

公用管道(GB 类)——系指城市或乡镇范围内的用于公用事业或民用的燃气管道和热力管道。

长输管道(GA 类)——系指产地、储存库、使用单位间的用于输送商品介质的管道。

(2) 在《压力容器压力管道设计单位资格许可与管理规则》和《压力管道安装单位资格认可实施细则》中,将工业管道分为 GC1 级、GC2 级和 GC3 级,将公用管道分为 GB1 级、GB2 级,把长输管道分为 GA1 级、GA2 级、GA3 级,共三大类 8 个级别。

这样全面考虑压力管道的工作压力、工作温度、材料和介质特性,对设计、安装、检验、运行、检修提出不同的要求。事故危害性越大,管理越严,可以大大减少发生安全事故的危险性,是一种经济合理、科学先进的管理原则。

二、压力管道安全监察范围

国务院颁布的《特种设备安全监察条例》对压力管道的定义：是指利用一定的压力，用于输送气体或者液体的管状设备，其范围规定为最高工作压力大于或者等于 0.1 MPa（表压）的气体、液化气体、蒸汽介质或者可燃、易爆、有毒、有腐蚀性、最高工作温度高于或者等于标准沸点的液体介质，且公称直径大于 25 mm 的管道。

从上述定义来看，必须同时具备三个条件才作为压力管道列入强制管理范畴。特别注意的是：不是可燃易爆、无毒、无腐蚀性液体介质，温度必须高于或者等于标准沸点才具备介质条件，否则不列入强制管理范围。对压力管道进行分类和分级，就是对不同压力管道具体使用情况、危险程度，以及管理要求，有针对性的提出不同的具体规定，以合理进行资源的投入，达到经济与安全运行目的。

压力管道与设备的划分：管道与设备焊接连接的第一道环向焊缝；螺纹连接的第一个接头；法兰连接的第一个法兰密封面；专用连接的第一个密封面。

受监察的压力管道现行分类分级的方法有两种。即《压力容器压力管道设计单位资格许可与管理规则》和《压力管道安装单位资格认可实施细则》中的管道分类和分级。前一种的分类分级是将长输管道定为 GA 类并分成 GA1 级、GA2 级，将公用管道定为 GB 类并分成 GB1 级和 GB2 级，而工业管道被定为 GC 类并分成 GC1 级、GC2 级。后一种的分类方法与前一种相同，对长输管道和公用管道的分级也相同，区别是将前一种分级方法中的 GC2 级中的一部分管道划分为 GC3 级。按上述要求的压力管道设计和安装分类分级与对比如表 2.1.4 所示。

国家质量监督检验检疫总局公布的《特种设备目录》对压力管道按用途分类进行细化：长输管道分为输油管道和输气管道；公用管道分为燃气管道和热力管道；工业管道分为制冷管道、动力管道和工艺管道。

表 2.1.4　压力管道分类分级

类别	级别	按设计划分的管道	按安装划分的管道
GA	GA1	1. 输送有毒、可燃、易爆气体介质，设计压力 $p>1.6$ MPa 的管道； 2. 输送有毒、可燃、易爆液体介质，输送距离≥200 km，且公称直径 DN≥300 mm 的管道； 3. 输送浆体介质，输送距离>50 km，且管道公称直径 DN≥150 mm 的管道	同左
	GA2	1. 输送有毒、可燃、易爆气体介质，设计压力 $p\leqslant 1.6$ MPa 的管道； 2. GA 1(2)范围以外的长输管道； 3. GA 1(3)范围以外的长输管道	同左
GB	GB1	燃气管道	同左
	GB2	热力管道	同左

续表 2.1.4

<table>
<tr><th>类别</th><th>级别</th><th>按设计划分的管道</th><th>按安装划分的管道</th></tr>
<tr><td rowspan="3">GC</td><td>GC1</td><td>1. 输送按 GB 5044《职业性接触毒物危害程度分级》中，毒性程度为极度危害介质的管道；
2. 输送按 GB 50160《石油化工企业设计防火规范》及 GBJ 16《建筑设计防火规范》中规定的火灾危险性为甲、乙类可燃气体或甲类可燃液体介质且设计压力 $p \geq 4.0$ MPa 的管道；
3. 输送可燃流体介质、有毒流体介质，设计压力 $p \geq 4.0$ MPa 的管道；
4. 输送流体介质且设计压力 $p \geq 10.0$ MPa 的管道</td><td>同左</td></tr>
<tr><td>GC2</td><td>1. 输送按 GB 50160《石油化工企业设计防火规范》及 GBJ 16《建筑设计防火规范》中规定的火灾危险性为甲、乙类可燃气体或甲类可燃液体介质且设计压力 $p<4.0$ MPa 的管道；
2. 输送可燃流体介质、有毒流体介质，设计压力 $p<4.0$ MPa，且设计温度≥400℃的管道；
3. 输送非可燃流体介质、有毒流体介质，设计压力 $p<10.0$ MPa，且设计温度≥400℃的管道；
4. 输送流体介质，设计压力 $p<10$ MPa，且设计温度<400 ℃的管道</td><td>同左</td></tr>
<tr><td>GC3</td><td>无此级别</td><td>1. 输送可燃流体介质、有毒流体介质，设计压力 $p<1.0$ MPa，且设计温度 < 400℃ 的管道；
2. 输送非可燃流体介质、无毒性流体介质，设计压力 $p<4.0$ MPa，且设计温度<400℃的管道</td></tr>
</table>

第二节　压力管道介质的分类、危害程度和火灾危险性划分

介质对管道输送的安全运行起着至关重要的作用，对介质进行分类有利于管道安全管理，提高管道使用寿命和经济效益。介质按流体的物态分，可分为气体、液体、液化气体和浆体；而按危害性质可分为火灾危险性、爆炸性、毒性、腐蚀性。

一、介质的分类

1. 按介质在一定环境温度和压力下的物态形式，把介质分为永久气体、高压液化气体和低压液化气体。

(1) 临界温度小于－10℃的为永久气体。如空气、氧气、氢气、甲烷、煤气、天然气等；

(2) 临界温度大于或等于－10℃，且小于或等于70℃的为高压液化气体。如乙烷、乙烯、氟乙烯、氯化氢、二氧化碳、一氧化二氮等；

(3) 临界温度大于70℃的为低压液化气体。如氯、氨、硫化氢、溴化氢、二氧化硫、二氧化氮、氯乙烯、氯乙烷、甲胺、乙胺等。

临界温度是物质处于临界状态时的温度。就是对物质加压使气体液化所允许的最高温度，在这温度以上不管加多大的压力也不能使物质液化，即在此温度以上物质只处于气体状态。

介质按危险性分为以下三类。

——易燃气体：指在常温常压下遇明火、高温即会发生着火或爆炸，燃烧时其蒸气对人畜具有一定的刺激毒害作用。

——不燃气体：指无毒、不燃气体，包括助燃气体，但高浓度时有窒息作用。助燃气体有强烈的氧化作用，遇油脂能发生着火或爆炸。

——有毒气体：对人畜有强烈的毒害、窒息、灼伤、刺激作用，其中有些还具有易燃、氧化、腐蚀等性质。

2. 按国家标准GB 50316—2000《工业金属管道设计规范》将流体介质分类为A1、A2、B、C、D五类。

A1类——是指剧毒流体，在输送过程中如有极少量的流体泄漏到环境中被人吸入或与人体接触时，能造成严重中毒，脱离接触后不能治愈。相当于国家标准GB 5044《职业性接触毒物危害程度分级》中Ⅰ级(极度危害)的毒物。

A2类——是指有毒流体，接触此类流体后会有不同程度的中毒，脱离接触后可治愈。相当于国家标准GB 5044《职业性接触毒物危害程度分级》中Ⅱ级(高度、中度、轻度危害)的毒物。

B类——是指这些流体在环境或操作条件下是一种气体或可闪蒸产生气体的液体，这些流体能点燃并在空气中连续燃烧。

C类——指不包括D类流体的不可燃、无毒的流体。

D类——是指不可燃、无毒、设计压力小于或等于1.0 MPa和设计温度高于－20℃～186℃之间的流体。

二、介质危害程度划分

职业性接触毒物危害程度系指人在生产中接触以原料、成品、半成品、中间体、反应副产物和杂质等形式存在，并在操作时可经呼吸道、皮肤或经口进入人体而对健康产生危害的物质。按GB 5044《职业性接触毒物危害程度分级》分级规定，根据毒物经人吸入或人体接触后产生中毒后果所允许的最高浓度，将危害程度分极度危害、高度危害、中度危害和轻度危害共四级(见表 2.2.1)。

表 2.2.1　职业性接触毒物危害程度分级依据(GB 5044)

指　　标		分　　级			
		Ⅰ (极度危害)	Ⅱ (高度危害)	Ⅲ (中度危害)	Ⅳ (轻度危害)
急性毒性	吸入 LC_{50},mg/m^3	<200	200—	2 000—	>20 000
	经皮 LD_{50},mg/kg	<100	100—	500—	>2 500
	经口 LD_{50},mg/kg	<25	25—	500—	>5 000
急性中毒患病状况		生产中易发生中毒,后果严重	生产中可发生中毒,预后良好	偶可发生中毒	迄今未见急性中毒,但有急性影响
慢性中毒患病状况		患病率高(≥5%)	患病率较高(<5%)或症状发生率高(≥20%)	偶有中毒病例发生或症状发生率较高(≥10%)	无慢性中毒而有慢性影响
慢性中毒后果		脱离接触后,继续进展或不能治愈	脱离接触后,可基本治愈	脱离接触后,可恢复,不致严重后果	脱离接触后,自行恢复,无不良后果
致癌性		人体致癌物	可疑人体致癌物	实验动物致癌物	无致癌性
最高容许浓度 mg/m^3		<0.1	0.1—	1.0—	>10

依据表 2.2.1 分级标准分级原则是急性毒性、急性中毒发病状况、慢性中毒发病状况、慢性中毒后果、致癌性和最高容许浓度等六项分级指标,对我国接触的 56 种常见毒物的危害程度进行分级,见表 2.2.2。

对表 2.2.2 未列出同一毒物的其他行业的危害程度,可依据车间空气中毒物浓度、中毒患病率、拼接触时间的长短划定级别。接触多种毒物时,以危害程度最大的毒物的级别为准。

表 2.2.2　职业性接触毒物危害程度分级及行业举例(GB 5044)

级　别	毒物名称	行　业　举　例
Ⅰ级 (极度危害)	汞及其化合物	汞冶炼、汞齐法生产氯碱
	苯	含苯粘合剂的生产和使用(制皮鞋)
	砷及其无机化合物	砷矿开采和冶炼、含砷金属矿(铜、锡)的开采和冶炼
	氯乙烯	聚氯乙烯树脂生产
	铬酸盐、重铬酸盐	铬酸盐和重铬酸盐生产
	黄磷	黄磷生产
	铍及其化合物	铍冶炼、铍化合物的制造
	对硫磷	生产及贮运
	羰基镍	羰基镍制造
	八氟异丁烯	二氟一氯甲烷裂解及其残液处理

续表 2.2.2

级　别	毒物名称	行　业　举　例
Ⅰ级 (极度危害)	氯甲醚	双氯甲醚、一氯甲醚生产、离子交换树脂制造
	锰及其无机化合物	锰矿开采和冶炼、锰铁和锰钢冶炼、高锰焊条制造
	氰化物	氰化钠制造、有机玻璃制造
Ⅱ级 (高度危害)	三硝基甲苯	三硝基甲苯制造和军火加工生产
	铅及其化合物	铅的冶炼、蓄电池制造
	二硫化碳	二硫化碳制造、粘胶纤维制造
	氯	液氯烧碱生产、食盐电解
	丙烯腈	丙烯腈制造、聚丙烯腈制造
	四氯化碳	四氯化碳制造
	硫化氢	硫化染料的制造
	甲醛	酚醛和尿醛树脂生产
	苯胺	苯胺生产
	氟化氢	电解铝、氢氟酸制造
	五氟酚及其钠盐	五氟酚、五氯酚钠生产
Ⅲ级 (中度危害)	二甲苯	喷漆
	三氯乙烯	三氯乙烯制造、金属清洗
	二甲基甲酰胺	二甲基甲酰胺制造、顺丁橡胶的合成
	六氟丙烯	六氟丙烯制造
	苯酚	酚醛树脂生产、苯酚生产
	氮氧化物	硝酸制造
Ⅳ级 (轻度危害)	溶剂汽油	橡胶制品(轮胎、胶鞋等)生产
	丙酮	丙酮生产
	氢氧化钠	烧碱生产、造纸
	四氟乙烯	聚全氟乙丙烯生产
	氨	氨制造、氨肥生产

三、火灾危险性划分

火灾危险性是从介质可燃、易爆角度进行分类，包括气体、液体和液化气体。国家标准GB 50160《石油化工企业设计防火规范》及GBJ 16《建筑设计防火规范》将火灾危险性介质分为甲、乙、丙类可燃气体、液化烃和可燃液体。

1. 可燃气体的火灾危险性分类。

甲类——指可燃气体与空气混合物的爆炸下限＜10%时，遇火发生闪燃或爆炸的气体。

乙类——指可燃气体与空气混合物的爆炸下限≥10%时，遇火发生闪燃或爆炸的气体。

可燃气体与空气混合在一定体积比范围内才具备燃烧或爆炸的条件称为爆炸极限，其最大值与最小值称为爆炸上限和爆炸下限。常见可燃气体及爆炸范围见表 2.2.3。

表 2.2.3　常见可燃气体及爆炸范围(GB 50160)

可燃气体	助燃气体	爆炸范围，体积/%		可燃气体	助燃气体	爆炸范围，体积/%	
		下限	上限			下限	上限
氢	空气	4.0	74.5	甲烷	空气	5.0	15.0
氢	氧	4.0	94.0	甲烷	氧	5.0	60
一氧化碳	空气	12.5	74.0	乙烷	空气	3.0	12.4
一氧化碳	氧	15.5	93.9	乙烷	氧	4.1	50.0
氨	空气	15.0	27.0	丙烷	空气	2.2	9.5
氨	氧	14.0	79.0	丙烷	氧	2.3	45.0
乙炔	空气	2.5	80.0	液化石油气(混合物)	空气	1.5	15.0
乙炔	氧	2.3	93.0				

在表 2.2.3 中属于甲类火灾危险性介质有：氢、乙炔、甲烷、乙烷、丙烷和液化石油气(混合物)等；属于乙类火灾危险性介质有：一氧化碳、氨等。

2. 液化烃、可燃液体的火灾危险性分类规定见表 2.2.4。

表 2.2.4　液化烃、可燃液体的火灾危险性分类(GB 50160)

类别		名称	特征
甲	A	液化烃	15℃时的蒸气压力＞0.1 MPa 的烃类液体及其他类似的液体
	B	可燃液体	甲 A 类以外，闪点＜28℃
乙	A		闪点≥28℃～≤45℃
	B		闪点＞45℃～＜60℃
丙	A		闪点≥60℃～≤120℃
	B		闪点＞120℃

液体的闪点是指液体挥发的蒸汽与空气混合物可被点燃(闪燃)的最低温度。如乙醚(－45℃)、石油(－32℃～－7℃)等。

操作温度超过其闪点的乙类液体，应视为甲 B 类液体；操作温度超过其闪点的丙类液体，应视为乙 A 类液体。

3. 国家标准 GB 50160《石油化工企业设计防火规范》只涉及与石油化工有关的火灾危险性为甲、乙类的介质，还有一些属于火灾危险性为甲、乙类介质如氧化剂、油燃气和生产过程中的物料等在 GB 50160 标准中没有的，因此，还需要引用国家标准 GBJ 16《建筑设计防火规范》来分类。生产中的火灾危险性分类及举例见表 2.2.5。

表 2.2.5　生产中的火灾危险性分类及举例(GBJ 16)

类别	火灾危险性特征	特　　征
甲	1. 闪点＜28℃的液体	1. 闪点＜28℃的油品和有机溶剂的提炼，二硫化碳的粗馏及精馏工段，青霉素提炼，非纳西汀的烃化及精馏，皂素的抽提，冰片精制，农药乐果的生产，磺化法制糖精，氯乙醇、环氧乙烷、环氧丙烷生产，苯酚的碳化与蒸馏，焦化厂吡啶生产，甲醇、乙醇、丙酮、丁酮异丙醇、醋酸乙酯和苯的合成与精制
	2. 爆炸下限＜10%的气体	2. 乙炔站，氢气站，碳化铝，石油气体分馏，乙烯聚合、燃气的净化、乙基苯和苯乙烯生产，化肥厂氢氮压缩等
	3. 常温下能自行分解或在空气中氧化即能导致迅速自燃或爆炸的物质	3. 硝化棉生产，赛璐璐生产，三乙基铝生产，染化厂某些能自行分解的重氮化合物生产，甲胺与丙烯腈生产
	4. 常温受到水或空气中水蒸汽的作用，能产生气体并引起燃烧或爆炸的物质	4. 钠、钾加工，聚乙烯厂的一氯二乙基铝部位，三氯化磷生产，五氧化磷生产等
	5. 遇酸、受热、撞击、摩擦、催化及其遇有机物或硫磺等易燃的无机物、极易引起燃烧或爆炸的强氧化剂	5. 氯酸钠、氯酸钾生产，过氧化氢、过氧化钠、过氧化钾和次氯酸钙生产
	6. 受撞击、摩擦或与氧化剂、有机物接触时能引起燃烧或爆炸的物质	6. 赤磷制备、五硫化二磷生产
	7. 在密闭设备内操作温度等于或超过物质本身自燃点的生产	7. 洗涤剂厂石蜡裂解部位，冰醋酸裂解生产
乙	1. 闪点≥28℃～＜60℃的液体	1. 闪点≥28℃～＜60℃的油品有机溶剂的提炼，回收、洗涤部位及其泵房，松节油或松香蒸馏生产，醋酸酐精馏，已内胺、甲酚、氯丙醇、环氧氯丙烷生产，松针油精制
	2. 爆炸下限≥10%的气体	2. 一氧化碳压缩及净化，氨压缩、发生炉煤气或鼓风炉煤气净化
	3. 不属于甲类的氧化剂	3. 发烟硫酸或发烟硝酸浓缩，高锰酸钾与重铬酸钠的生产
	4. 不属于甲类的化学易燃危险固体	4. 樟脑或松香提炼，硫磺回收，焦化厂精萘生产
	5. 助燃气体	5. 氧气站，空分站

四、腐蚀性划分

介质腐蚀性是指能灼伤人体组织(皮肤接触在4h内可见坏死现象),并对金属等物品造成损坏的固体或液体(温度在55℃时,对20号钢的表面均匀年腐蚀率超过6.25mm的固体或液体)。其散发的粉尘、烟雾、蒸气强烈刺激眼睛和呼吸道,吸入会中毒。腐蚀介质按化学性质分为以下三类。

1.酸性腐蚀品。具有强烈腐蚀性,挥发的蒸气,能刺激眼睛、黏膜,吸入会中毒;对输送管道或储存器具有强腐蚀作用,特别是对金属管道造成腐蚀破坏。大部分酸性腐蚀介质受热或遇水会放出有毒的烟雾。有些无机酸性腐蚀介质具有较强的氧化性,接触可燃物时易燃烧,有些有机酸性腐蚀品具有易燃性。如硝酸、发烟硝酸、硫酸、亚硫酸、盐酸、硝基盐酸、溴酸、一氯化硫等。

酸性腐蚀又可分为:一级无机酸性腐蚀品;一级有机酸性腐蚀品;二级无机酸性腐蚀品;二级有机酸性腐蚀品。

一级酸性腐蚀品危险性较大。它能使动物皮肤在3 min内出现可见坏死现象,并能在3 min～60 min出现可见坏死现象的同时产生有毒蒸气。

二级酸性腐蚀品危险性较小。它能使动物皮肤在4 h内出现可见坏死现象,并在55℃时对钢或铝的表面年腐蚀率超过6.25 mm。

2.碱性腐蚀品。碱性腐蚀品与酸性腐蚀品一样,造成人员伤害和输送管道或储存器腐蚀破坏。有些有机碱性腐蚀介质具有可燃性,个别还有还原性。如氢氧化钠、氢氧化钠溶液、氢氧化钾、氢氧化锂、氧化钠、氧化钾、硫氢化钙等。

碱性腐蚀品又可分为:一级碱性腐蚀品和二级碱性腐蚀品。

一级碱性腐蚀品危险性较大。它能使动物皮肤在3 min内出现可见坏死现象,并能在3 min～60 min出现可见坏死现象的同时产生有毒蒸气。

二级碱性腐蚀品危险性较小。它能使动物皮肤在4 h内出现可见坏死现象,并在55℃时对钢或铝的表面年腐蚀率超过6.25 mm。

3.其他腐蚀品。具有强烈腐蚀性,通常与皮肤接触4 h内出现可见坏死现象,或在55℃时对钢或铝的表面年腐蚀率超过6.25 mm。如亚氯酸钠溶液、氟化铬、氟化氢铵 、氟化氢钠、氟化氢钾、二氯乙醛等。

第三节　管道介质的主要物理化学特性及对安全使用的影响

压力管道输送介质的物理化学特性对管道安全运行起着至关重要作用。输送介质的高温高压、易燃易爆、有毒、腐蚀等物理化学特性是管道使用寿命和安全运行重要影响因素。针对管道输送具体介质特性,在使用中采取应对措施能消除或减少管道事故发生,延长管道寿命。管道介质的物理化学特性广泛,本节只介绍与管道安全运行有关特性和影响。

一、介质物理化学特性基本常识

压力管道输送的介质一般都是流体，在一定温度、压力等条件下均以气体、液体或液化气体的形式存在，具有流体的物理化学共性。介质的主要物理化学特性如密度、沸点、闪点、蒸汽压、临界温度、临界压力、爆炸极限、可燃性等，这些特性对管道安全运行影响很大。多数管道输送的介质还具有爆炸、易燃、毒害、腐蚀特性，在管道运行过程中出现破坏或泄漏就可能引起燃烧、爆炸，某些介质还有强腐蚀性，使管道腐蚀减薄，全面或局部强度降低，引起管道泄漏或物理性爆炸而导致人身伤亡和财产损失等事故。

1. 液体的饱和状态和临界状态

(1) 饱和状态。液体在密闭的容器(空间)内，液体表面的蒸汽分子飞离液面到上部空间，一定时间后飞离液面的分子数与返回液面的分子数恰好相等时，也就是液体处在气液两相动态平衡状态时，称为饱和状态。

在饱和状态下的液体称为饱和液体，其密度称为饱和液体密度；在饱和液体界面上的蒸汽称为饱和蒸汽，其密度与压力分别称为饱和蒸汽密度和饱和蒸汽压力(简称蒸汽压)。蒸汽压大小与液体温度有关，一定的温度对应唯一的蒸汽压。

(2) 临界状态。液体在饱和状态下，如果温度继续上升到某一数值(即临界温度)时，饱和液体密度与饱和蒸汽密度就会相等，液体与蒸汽就没有了区别，气、液两相的界面就会消失，液体不再以两种状态存在，这种状态称为临界状态。描述临界状态的常数主要有临界温度、临界压力和临界密度。

临界温度——使液体全部蒸发成气体的温度。在此温度以下对其施加压力才能使介质液化；在此温度以上不管对其施加多大的压力都不能使其液化；

临界压力——气体在临界温度下，使其液化所需要的最低压力称为临界压力；

临界密度——气体在临界温度和临界压力下的密度称为临界密度。

2. 可燃烧性

燃烧是指物质发生强烈的氧化反应，同时发出光和热的现象称为燃烧。它具有发光、放热、生成新物质三个特性，如氧气与乙炔发生化学反应生成二氧化碳和水蒸汽，反应过程中发光并放热，就称为燃烧。照明电灯虽然发出热和光，但没有发生生成新物质的化学反应，就不能称为燃烧。燃烧的形式多种多样，但最常见、最普遍的燃烧现象就是可燃物在空气或氧气中的燃烧。

物质燃烧过程的发生和发展，必须具备以下三个必要条件，即：可燃物、氧化剂和温度(引火源)。只有这三个条件同时具备，才可能发生燃烧现象，无论缺少哪一个条件，燃烧都不能发生。

(1) 可燃物：凡是能与空气中的氧或其他氧化剂起燃烧化学反应的物质称为可燃物。可燃物按其物理状态分为气体可燃物、液体可燃物和固体可燃物三种类别。可燃烧物质大多是含碳和氢的化合物，某些金属如镁、铝、钙等在某些条件下也可以燃烧，还有许多物质如肼、臭氧等在高温下可以通过自己的分解而放出光和热。

(2) 氧化剂：帮助和支持可燃物燃烧的物质，即能与可燃物发生氧化反应的物质称为氧化剂。燃烧过程中的氧化剂主要是空气中游离的氧，另外如氟、氯等也可以作为燃烧反应的氧化剂。

(3) 温度(引火源)：是指供给可燃物与氧或助燃剂发生燃烧反应能量来源。常见的是热能，其他还有化学能、电能、机械能等转变的热能。

但是，并不是上述三个条件同时存在，就一定会发生燃烧现象，三个因素还必须相互作用并具备燃烧的充分条件：①一定的可燃物浓度；②一定的氧气含量；③一定的点火能量；④未受抑制的链式反应。前三个条件同时存在，相互作用，燃烧即会发生。而对于有焰燃烧，除以上三个条件，燃烧过程中存在未受抑制的游离基(自由基)，形成链式反应，使燃烧能够持续下去，亦是燃烧的充分条件之一。

3. 爆炸

由于物质急剧氧化或分解反应，从一种状态转变为另一种物态，在瞬间以机械功的形式放出大量能量的现象称为爆炸。爆炸时由于压力急剧增加而对设备和周围环境产生破坏作用。常见的爆炸主要分为物理爆炸和化学爆炸。爆炸是燃烧的特殊形式。

(1) 物理爆炸。由于液体变成蒸气或者气体迅速膨胀，压力急速增加，并大大超过介质储存设备或管道的极限压力而发生的爆炸。物理爆炸特征是爆炸前后物质的性质和化学成分均未改变。

(2) 化学爆炸：因物质本身起化学反应，产生大量气体和高温而发生的爆炸。如可燃气体、液体蒸气等与空气混合物的爆炸等。化学爆炸特征是爆炸前后物质的性质和化学成分均发生根本改变。如压力管道输送可燃介质泄漏后与空气混合达到该介质爆炸极限，遇火就会发生爆炸。

4. 爆炸极限

爆炸是燃烧的特殊形式，也应符合必要条件和充分条件，爆炸极限是指可燃气体与空气混合在一定体积比(浓度)范围内才具备燃烧或爆炸的条件，其最大值与最小值称为爆炸上限和爆炸下限。常见可燃气体爆炸极限范围见表 2.2.3。

5. 闪燃与闪点

在液体(固体)表面上能产生足够的可燃蒸气，遇火能产生一闪即灭的火焰的燃烧现象称为闪燃。在规定的试验条件下，液体(固体)表面能产生闪燃的最低温度称为闪点。闪点的意义非常重要，它是液体介质火灾危险性分类和管道设计布置和选材的重要依据，闪点越低，管道泄漏引起火灾的危险性越大。常见可燃液体介质的闪点见表 2.3.1。

6. 自燃和自燃点

在通常条件下，一般可燃物质和空气接触都会发生缓慢的氧化过程，但速度很慢，析出的热量也很少，同时不断向四周环境散热，不能像燃烧那样发出光。如果温度升高或其他条件改变，氧化过程就会加快，析出的热量增多，不能全部散发掉就积累起来，使温度逐步升高。当到达这种物质自行燃烧的温度时，就会自行燃烧起来，这就是自燃。使某种物质受热发生自燃的最低温度就是该物质的自燃点，也叫自燃温度。

表 2.3.1　常见可燃液体介质的闪点

名　称	闪点/℃	名　称	闪点/℃	名　称	闪点/℃
乙醚	−45	乙基氯	−43	乙烯醚	−30
乙基溴	−25	乙胺	−18	乙烯基酸	−17.8
乙二胺	33.9	二硫化碳	−45	二氯甲烷	−14
乙醛	−17	乙腈	5.5	乙醇	14
二甲胺	−6.2	二氯乙烯	14	二氯丙烷	15
二氯乙烷	21	丁烯	−80	丁烷	−10
丁二烯	41	飞机汽油	−44	煤油	18
天然汽油	−50	反二氯乙烯	6.0	丙烯腈	−5
原油	−35	甲乙醚	−37	苯	−14
氯乙烯	−43	氯丙烯	−32	氯溴丙	−17.7
氯丁烷	−9	氰氢酸	−17.5	溴乙烷	−25
溴丙烯	−1.5	松节油	32		

在自燃温度时，可燃物质与空气接触，不需要明火的作用就能发生燃烧。自燃点不是一个固定不变的数值，它主要取决于氧化时所析出的热量和向外导热的情况。可见，同一种可燃物质，由于氧化条件不同以及受不同因素的影响，有不同的自燃点。

自燃点与闪点不同之处，主要是不需引火，而后者则需要外部火源引燃。所有石油产品的自燃点均较常温要高很多，如处于高温状态的油品一旦从管道、接头、法兰等处漏出热油，并与空气相遇往往也会自燃引起火灾。在各类油品中，油品愈轻，其闪点愈低，而自燃点却愈高。

7. 毒害性

毒害性是指人在生产中接触以原料、成品、半成品、中间体、反应副产物和杂质等形式存在，并在操作时可经呼吸道、皮肤或经口进入人体而对健康产生危害的物质。根据毒物经人吸入或人体接触后产生中毒后果所允许的最高浓度，将毒害性介质按危害程度分极度危害（Ⅰ级）、高度危害（Ⅱ级）、中度危害（Ⅲ级）和轻度危害（Ⅳ级）共四级（见表 2.2.1）。

二、常用介质的物理化学特性

1. 常用压缩气体的特性

(1) 氧气(O_2)：无色无味，在标准状态下密度为 1.429 kg/m^3，对空气的比重为 1.105，在−182.98℃时变为天蓝色透明液体，在−218.4℃时变为蓝色固体结晶。临界温度为−118.37℃，临界压力为 50.14 标准大气压。氧微溶于水。

氧的化学性质活泼，易和其他物质生成氧化物，即发生氧化反应释放热量。氧气助燃，若与可燃气体（如 H_2、C_2H_2、CH_4、CO 等）按一定比例混合，即成为可爆性的混合气体，一旦有火源或引爆条件就能引起爆炸。与各种油脂与压缩氧气接触也可自燃。

(2) 氢气(H_2):氢是无色、无嗅、无味和无毒的可燃、窒息性气体,可使肺缺氧,当空气中各种窒息性气体的浓度达50%时,生物就会出现明显的症状,浓度达到75%时,即可使人致死。氢的分子量为2.015 8,是最轻的气体。它黏度最小,导热系数最高,化学性质极活泼,是一种强的还原剂,可与许多物质进行不同程度的化学反应,生成各种类型的氢化物。

其渗透性和扩散性强(扩散系数为0.63 cm^2/s,约为甲烷的三倍),当钢暴露在一定温度和压力的氢气中时,其晶格中的原子氢在微观孔隙中与碳反应生成甲烷,随着甲烷生成量的增加,钢的微观孔隙就扩展成裂纹,使钢发生氢脆损坏。同时,在氢气的生产、贮送和使用过程中都易造成泄漏。氢在空气、氧气中的爆炸极限很宽,在空气中为4.0%~74.5%,在氧气中为4.0%~94%。氢的燃烧性能好,氢氧焰可达3 400 K的高温,纯净氢气的火焰无色,氢气燃烧只生成水,不污染环境,所以被称为“清洁的氢能”。氢气的着火温度:在空气中为585℃;在氧气中为560℃。它的着火能级仅0.019毫焦(mJ),比烷烃要低一个数量级以上,甚至化纤织物摩擦产生的静电也比氢的着火能级大几倍,所以氢很容易着火。因此,在氢的生产中应采取措施,尽量减少和消除静电的积聚以及产生火源的条件。

(3) 氮气(N_2):氮气在自然界中分布很广,空气中占78%,是一种窒息性气体,常温下氮气是无色无味的气体,标准状况下密度为1.251 kg/m^3,对空气的比重为0.967,在−165.3℃为无色液体。在−210.1℃时凝结为雪状固体。常温下化学性质不活泼,故在工业上,常用N_2作为安全防爆防火置换或气密性试验气体。

(4) 一氧化碳(CO):一氧化碳是含碳物质在燃烧不完全时的产物,无色无嗅,比空气略轻。它是工业生产中广泛存在的一种无色剧毒可燃气体。在标准状态下密度为1.25 kg/m^3,与空气的比重为0.967。在常压下熔点为−205℃;沸点为−192℃。石油化工生产中如合成氨、甲醇、甲醛及炼油和各种加热炉等装置均有一氧化碳产生。

一氧化碳的爆炸极限:在空气中为12.5%~74%;在氧气中为15.5%~93.9%。在日光作用下,一氧化碳与氯气能化合成光气。

一氧化碳的毒性作用在于对血红蛋白有很强的结合能力,比氧与血红蛋白的结合能力大200~300倍。所以若一氧化碳经肺泡进入血液后,便很快与血红蛋自结合生成碳氧血红蛋白,使血液失去荷氧作用,使人因缺氧中毒,在工业生产中,常以急性中毒方式出现。重度中毒者迅速进入昏迷状态,出现阵发性抽搐,血压下降,体温升高,并引发肺炎、脑水肿及心肌损害,若抢救不及时有生命危险。空气中一氧化碳的最高容许浓度为30 mg/m^3。

(5) 甲烷(CH_4):甲烷系碳氢化合物的一种。呈气态,无色、无嗅,密度为0.716 7 kg/m^3,对空气的比重为0.55,熔点为−182.5℃,沸点为−161.5℃,临界温度−82.6℃、临界压力4.59 MPa。闪点−188℃、引燃温度538℃。在空气中的爆炸极限为5.0%~15%,在氧气中的爆炸极限为5.0%~61%。

甲烷是一种碳氢化合物,它与空气或氧气混合达到一定浓度就会形成爆炸性气体。甲烷的化学性质比较稳定,一般条件下不与氧气发生反应,也不与浓酸、浓碱溶液及氧化剂反应,但与氯气只要在日光照射或加热时就能发生反应,与氟化氢混合能发生自燃。

甲烷对人基本无毒,但浓度过高时,使空气中氧含量明显降低,使人窒息。当空气中甲烷达25%~30%时,可引起头痛、头晕、乏力、注意力不集中、呼吸和心跳加速、供给失调。

若不及时脱离,可致窒息死亡。皮肤接触液化本品,可致冻伤。

2. 常用液化气体的特性

(1) 二氧化碳(CO_2):又称碳酸气或碳酸酐,是一种无色无嗅,有酸味的无毒性的窒息性气体。在标准状况下,其密度为 1.977 kg/m^3,对空气的比重为 1.529,溶于水则生成碳酸。CO_2 能压缩液化成液体,液态时密度为 1.101 kg/L[-37℃],沸点为-78.5℃。液态 CO_2 若凝成固体则称为干冰,其密度为 1.56 kg/L,熔点-56.6℃[5.2 大气压]。CO_2 是合成氨工业的副产品,又是合成尿素的原料。大气中 CO_2 的正常含量约为 0.04%。人体呼出气中 CO_2 约 4.2%。燃料燃烧时可产生大量 CO_2 气体。由于它比空气重,故 CO_2 气体常存在于空气不流动的地方,且多沉积于底层,如不通风的贮藏蔬菜的地窖、矿井等。低浓度的 CO_2 无毒,但高浓度的 CO_2 对有机体有毒性,有刺激和麻醉作用。如果空气中 CO_2 含量超过 6%时,对人有致命的危险。浓度更高时,人若吸入可于数秒至数分钟内迅速倒下,若不及时抢救就会致死。

(2) 氯(Cl_2):氯是一种草绿色带有刺激性嗅味的剧毒气体。在标准状态下,其密度为 3.214 kg/m^3。对空气比重为 2.49,沸点-34.6℃,熔点-102℃。常温下在 6~8 个大气压或在-35℃~-40℃时的常压下可液化为黄绿色透明的液体(常温下比重是水的 1.4 倍),液氯密度和温度变化有关。在一定温度下,容器内同时存在液态和气态,氯蒸气压随温度变化而变化。在 0℃时,1 L 液氯可汽化成 450 L 以上气态氯并吸收大量热,因此在贮液罐中常因液氯气化而降温,贮器表面出现结霜现象。

氯是活泼的化学元素,容易和其他化学元素结合,如遇水生成盐酸及次氯酸。盐酸对钢材有很强的腐蚀性,直接影响管道的使用寿命。

氯的用途很广,但毒性很大。它对人的呼吸道和皮肤以及人体其他器官伤害很大。氯气被吸入后与呼吸道黏膜接触,部分与水作用最终形成盐酸和新生态氧。盐酸对黏膜有刺激和烧灼作用,引起炎性水肿、充血与坏死。新生态氧对组织有强烈的氧化作用,并在氧化过程中可能生成臭氧,对组织细胞原浆产生毒害作用。呼吸黏膜末梢感受器受刺激,还可造成平滑肌痉挛,加剧通气障碍,导致缺氧。当吸入高浓度氯气时,会引起迷走神经反射性心跳停止而出现"电击样"死亡。

(3) 氨(NH_3):氨是一种无色有刺激性嗅味的气体,在标准状态下,密度为0.77 kg/m^3,对空气比重为 0.597,沸点-33.4℃,熔点-77.7℃。氨在空气中爆炸极限为 15%~27%;氨在氧气中的爆炸极限为 14%~79%;氨和氯接触能发生低温自燃,并生成不稳定极易爆炸的氯化氮(NCl_3)。这就是氨和氯接触引起爆炸的原因。

氨在合成氨、尿素、硝胺和染料工业中广泛存在。使用氨水、冷藏库的冷冻剂等都有接触氨的机会。氨极易溶于水,呈碱性,1%水溶液的 pH 值为 11.7 左右。氨属有毒类介质,对人的危害主要是上呼吸道的刺激和腐蚀作用。直接接触高浓度氨时,接触部位可引起碱性化学灼伤,组织呈溶解性坏死。氨还可引起呼吸道深部及肺泡的损伤,发生化学性支气管炎、肺炎和肺水肿。吸入高浓度氨后,可使中枢神经系统兴奋增强,引起痉挛,并可通过三叉神经末梢的反射作用引起心脏停搏和呼吸停止。眼内溅入浓氨可使眼结膜充血水肿、角膜溃疡、晶体混浊,甚至角膜穿孔。车间空气中氨的最高容许浓度为 30 mg/m^3。

(4) 硫化氢(H_2S):硫化氢是一种具有恶臭气味的有害气体。大气中含有 10×10^{-6} 时即可察觉。硫化氢气体主要产生于天然气净化、炼焦,人造纤维,石油精炼、煤气制造和造纸等生产过程中。空气中硫化氢含量≥1 mg/L 时,可使人立即中毒,继而痉挛、失去知觉而迅速死亡。急性中毒的后遗症是头痛、智力降低;慢性中毒症状是眼球酸痛、有灼烧感、肿胀畏光等,并引起气管炎和头痛。此外,硫化氢进入大气后,有可能与空气中氧作用生成二氧化硫,增大了大气中二氧化硫的浓度。

硫化氢也是一种可燃性气体,在空气中的爆炸极限 4%~44%。燃烧时呈蓝色火焰,形成水和二氧化碳,与空气混合达到爆炸极限遇火发生强烈爆炸。此外,硫化氢与金属材料应力共同作用,易发生材料应力腐蚀,对金属材料危害极大。

(5) 氯化氢(HCl):是一种无色具有剧烈刺激性的气体。在空气中呈白色烟雾,易溶于水成为盐酸。HCl 是石油化工生产的原料之一。聚氯乙烯就是乙炔(C_2H_2)与 HCl 反应而生成的。

HCl 对眼和呼吸道黏膜有强烈的刺激作用,被人吸入后能引起呼吸道炎性水肿、充血和坏死,并对皮肤有刺激作用,可出现丘疹、水泡和烧伤。长期接触高浓度 HCl 烟雾,可造成慢性气管炎。胃肠道功能障碍以及牙齿损坏。当空气中 HCl 的浓度在 7.5 mg/m^3~15 mg/m^3 时,会使人感到不舒服。车间空气中 HCl 的最高容许浓度为 15mg/m^3。

(6) 二氧化硫(SO_2):又称硫酸酐,是无色有刺激性气体。密度 2.927 kg/m^3,在常温下加压到 4 个表压即能液化成无色液体,液体相对密度 1.434(常温下),溶点−76.1℃,沸点−10℃,溶于水,且部分变成亚硫酸,也溶于乙醇和乙醚。气态 SO_2 是制造三氧化硫、硫酸等的原料;液态 SO_2,是良好的有机溶剂,用于精制各种润滑油和用作冷冻剂等。属有毒介质,高浓度 SO_2 可作用于深部呼吸道而引起肺水肿,严重时可突然发生反射性声门痉挛而窒息。车间空气中 SO_2 的最高容许浓度是 15 mg/m^3。

(7) 乙烷(C_2H_6):乙烷是一种无色、无嗅、无味的可燃性气体。临界温度为 32.28℃,临界压力为 4.879 MPa;爆炸极限(20℃,0.101 3 MPa 下,体积含量)在空气中为 3%~12.4%,在氧气中为 4.1%~50.0%;液体密度(沸点,0.101 3 MPa 下)为 546.87 kg/m^3,气体密度(沸点,0.099 MPa 下)为 2.06 kg/m^3。乙烷稍重于空气,不溶于水。与空气或氧气适当体积比混合后点燃,会发生猛烈的爆炸。通常情况下,很稳定,不会被高锰酸钾所氧化,跟强酸强碱也不起反应。乙烷能跟卤素起取代反应。

(8) 乙烯(C_2H_4):乙烯是一种无色、无嗅,稍有甜香气味的可燃性气体。临界温度为 9.21℃,临界压力为 5.031 8 MPa;爆炸极限(20℃,0.101 3 MPa 下,体积含量)在空气中为 3.1%~32%,在氧气中为 3%~80%;在标准状态下,其密度为 1.261 kg/m^3,在大气压下的沸点为−103.71℃,熔点为−169.11℃。

乙烯的化学性质活泼,与氯气混合,在日光下能发生燃烧和爆炸。它与空气和氧气的混合,都能形成爆鸣性气体。乙烯不易溶解于水,有微弱的极性,而易溶于非极性或弱极性有机溶剂如苯、乙醚、氯仿等中。乙烯可与氢、卤素、水、卤化氢发生加成反应。在催化剂作用下,乙烯能聚合成高分子化合物——聚乙烯。聚乙烯无毒,化学稳定性好,耐低温,并有绝缘和防辐射性能。

乙烯属于低毒物质,但它具有较强的麻醉作用。对眼、鼻、咽喉及呼吸道黏膜有轻微的刺激作用，与乙烯脱离数小时后，症状即可消失。

(9) 丙烷(C_3H_6)：丙烷临界温度 96.8℃、压力 4.20 MPa，爆炸极限(20℃，0.101 3 MPa 下，体积含量)在空气中 2.2%～9.5%、在氧气中 2.3%～45%。丙烷性质不活泼，常温下与甲烷、乙烷、丁烷一样为气体。

在一般情况下，与大多数强酸、强碱、强氧化剂等不起反应。但在一定条件下，如高温或有催化剂存在时，也可以和一些试剂反应。跟卤素能起取代反应。在空气里点火能燃烧、丙烷的膨胀系数是水的 16 倍，因此，丙烷在储存容器时，应留有足够的空间。

3. 城镇燃气特性

城镇燃气是指从城市、乡镇或居民点中的地区性气源点，通过输配系统供给居民生活、商业、工业企业生产、采暖通风和空调等各类用户公用性质的，且符合有关标准燃气质量要求的可燃气体。城镇燃气一般包括天然气、人工煤气和液化石油气。

(1) 天然气

天然气一般是指埋藏在地下的古生物经过亿万年的高温和高压等作用而形成的可燃气体。从天然气井开采出来的天然气通过脱除天然气中的水分、硫化氢、二氧化碳等处理后，大多以管道形式输送供给城市生活、工农业生产所需的能源。为方便输送，还可将天然气压缩到压力大于或等于 10 MPa 且不大于 25 MPa 的气态天然气，称“压缩天然气(CNG)”；或者降低天然气温度使其液化，称“液化天然气 (LNG)”等，以方便天然气的输送。

天然气是一种无色无味无毒、热值高、燃烧稳定、洁净环保的优质能源。天然气其主要成分为甲烷(CH_4)，热值约为 39.6 MJ/m^3 是一种主要由甲烷组成的气态化石燃料。它主要存在于油田和天然气田，也有少量出于煤层。

当非化石的有机物质经过厌氧腐烂时，会产生富含甲烷的气体，这种气体就被称作生物气(沼气)。生物气的来源地包括森林和草地间的沼泽、垃圾填埋场、下水道中的淤泥、粪肥，由细菌的厌氧分解而产生。

天然气应用领域非常广泛，除了能供应城市、乡镇居民生活需要外，还可广泛作为发电、石油化工、机械制造、玻璃陶瓷、汽车、集中空调的燃料或原料。

天然气是较为安全的燃气之一，它不含一氧化碳，也比空气轻，一旦泄漏，立即会向上扩散，不易积聚形成爆炸性气体，安全性较高。采用天然气作为能源，可减少煤和石油的用量，因而大大改善环境污染问题；天然气作为一种清洁能源，能减少二氧化硫和粉尘排放量近 100%，减少二氧化碳排放量 60%和氮氧化合物排放量 50%，并有助于减少酸雨形成，舒缓地球温室效应，从根本上改善环境质量。其优点有：

① 绿色环保：天然气是一种洁净环保的优质能源，几乎不含硫、粉尘和其他有害物质，燃烧时产生二氧化碳少于其他化石燃料，造成温室效应较低，因而能从根本上改善环境质量。

② 经济实惠：天然气与人工煤气相比，同比热值价格相当，并且天然气清洁干净，能延长灶具的使用寿命，也有利于用户减少维修费用的支出。天然气是洁净燃气，供应稳定，能够改善空气质量，因而能为该地区经济发展提供新的动力，带动经济繁荣及改善环境。

③ 安全可靠：天然气无毒、易散发，密度小于空气，不宜积聚成爆炸性气体，是较为安全

的燃气。

④ 改善生活：随着家庭使用安全、可靠的天然气，改善家居环境，提高生活质量。

由于天然气具有上述优点，现代城市规划优先考虑把天然气作为城市居民和生产用气。

（2）人工煤气

人工煤气又简称为煤气。人工煤气是以固体、液体或气体（包括煤、重油、轻油、液体石油气、天然气等）为原料经转化制得的，一般指以煤为原料经加工而制得的含有可燃组分如氢气、一氧化碳、甲烷等的混合气体。

煤气的种类很多，根据加工方法、煤气性质和用途不同，其名称各异。煤气化得到的是水煤气、半水煤气、空气煤气（或称发生炉煤气）等，这些煤气的发热值较低，故又可总称为低热值煤气。煤干馏方法中焦化得到的气体称为焦炉煤气，焦炉煤气属于中热值煤气，可供城市居民用燃料，是通常所称城市煤气的一种。能用作城市煤气的还有用煤气化方法（如用鲁奇煤气化炉）所得煤气及液化石油气和天然气等。煤气中的一氧化碳和氢气是重要化工原料，可用于合成氨、合成甲醇等。

近几年来，在我国许多城市都陆续相继抛弃了生产、运行成本高昂、环境污染严重的人工煤气，有条件的均使用绿色环保、经济实惠、相对安全可靠的天然气，暂时没有条件的，很多均采取转向为液化石油气混空气的称之为人工制造天然气的新气源。随着我国经济社会发展，人民生活水平提高，环境意识的增强，不久的将来城市人工煤气将逐步被淘汰。

（3）液化石油气

液化石油气是一种低碳数的烃类混合物。其组成主要有乙烷、乙烯、丙烷、丙烯、丁烷、丁烯及少量的戊烷、戊烯等。它在常温常压下为气体，只有在加压和降低温度条件下，才变为液体，故称为液化石油气。

液化石油气无色透明、具有烃类的特殊味道，在常温常压下呈气态，在气态下比空气重2倍左右，容易在地面低洼处积聚。液化石油气的饱和蒸气压随温度升高而急剧增加，其膨胀系数也较大，一般为水的10倍以上，气化后体积膨胀250～300倍左右。液化石油气的闪点、沸点都很低，都在0℃以下。它的爆炸范围较宽，一般在1.5%～12%（体积）。

液化石油气的爆炸速度为2 000 m/s～3 000 m/s，火焰温度可达2 000℃，闪点在0℃以下，最小引燃能量为0.2 mJ～0.3 mJ。由于它比空气重。容易停滞和积聚在地面的空间，坑、沟、下水道和墙角等低洼处，一时不易被风吹散，与空气混合形成爆炸性物质，遇火源便可爆炸。液化石油气的热值很高，液体低发热值可达45 980 kJ/kg，气体低发热值为91 960 kJ/m^3～108 680 kJ/m^3，是一种很好的燃料，在城镇燃气中得到广泛应用。但是，如果使用不当或出现泄漏，在城市、乡镇人员密集处一旦发生爆炸着火事故，也会造成严重的后果。

液化石油气的理化常数见表2.3.2。

表 2.3.2 液化石油气的理化常数

项目＼名称	丙烷	丙烯	正丁烷	异丁烷	丁烯	异丁烯
分子式	C_3H_8	C_3H_6	C_4H_{10}	C_4H_{10}	C_4H_8	C_4H_8
分子量	44.09	42.08	58.12	58.12	56.08	56.10
相对密度(气态,0.101 325 MPa)	1.553	1.48	2.09	2.09	2.006	2.006
沸点/℃	−42.07	−47.7	−0.50	−10.2	−6.3	−6.9
闪点/℃	−104	−108	−60	−82	−80	−77
自燃点/℃	493	458	405	462	443	465
爆炸极限/%	2.1～9.5	2.0～11.7	1.5～8.5	1.8～8.4	1.6～10.0	1.8～9.6
燃烧热值/(kJ/md)	2 217.8	2 049.1	1 187.7	2 856.6	2 538.8	2 705.3
气化潜热/kJ/kg	426.4	437.2	385.4	367.0	402.5	393.5
临界温度/℃	96.8	91.9	152	135	140.4	144.7
临界压力/MPa	4.2	4.54	3.76	3.0	3.94	3.94
临界密度/(kg/m³)	228	232	225	221	234	235
着火温度/℃	510	455	490	490	445	445
最小引燃能量/mJ	0.26	0.28	0.25			

4. 蒸汽的基本知识

(1) 水的三态变化

水在常温下是无色无嗅透明的液体,具有一定的体积,但没有固定的形状。水随温度的变化,可以变成蒸汽,也可以变成冰。水在 0℃以下,液态可变成固态,这种固态称为冰或雪。如果温度高于 0℃,固态会变成液态,即变成水。如果再不断加热,水便开始沸腾,液态又会变成汽态,称为蒸汽。反映水和水蒸气性质的基本参数是温度、压力,比容、比热、焓等。

压力严格讲指的是压强,即单位承载面积上受到的液体或气体的压力。液体内部某一点的压力 p,取决于液面上气(汽)体的压力及所在点距液面的高度,即液体内某一点的压力等于液面气压与液柱压力之和。值得注意的是,在液体内部某一点,对各个方向的压力都是相等的。

比容是单位质量的水或水蒸气所占据的体积,即 m^3/kg。水在不同温度和压力下的体积变化很小,因而水的比容随温度和压力的变化幅度不大,但水变化成水蒸气时,体积要增大几百倍甚至上千倍,比容变化十分显著;水蒸气的比容因温度及压力的不同也要发生显著变化。

比热是单位质量或体积的物质温度升高 1℃所需要的热量,即 kJ/(kg·℃)或 kJ/(m^3·℃)。不同物质的比热不同,同一物质在不同状态、不同温度下的比热也不同。平常说到比热,往往是某种物质在某一温度范围内平均比热的概念。另外,比热的大小通常与加热过程的特点有关,同一种物质在定压情况下加热或定容情况下加热,比热是不相同的,前者叫定压比热,后者叫定容比热。

焓又称热函,是单位质量的工质(水或水蒸气)在加热过程中吸收的总能量,单位是

kJ/kg，工质在受热过程中，温度、压力、比容都可能变化，工质温度的变化体现了工质内能的增加，工质压力、比容的变化体现了工质压力能的增加。工质的焓是其内能与压力能的总和。

(2) 液态的汽化

物质(包括水)从液态转变为汽态的过程称为汽化。液体的汽化有两种形式：蒸发和沸腾。

① 蒸发

蒸发是指液体表面上进行的汽化过程。各种液体在任何温度下，蒸发都可以进行。它是由于液体表面总有一些能量较高的分子，克服了临近分子的引力而脱离液体，送入液体外的空间而引起的。液体温度越高，能量较大的液体分子就越多，蒸发也越快。在蒸发过程中，由于能量较大的分子逸出液面，液体内部分子的平均动能必然减少，液体温度就会降低。要维持液体的温度不变，就必须对液体加热。

② 沸腾

沸腾是液体表面和内部同时进行剧烈的汽化现象。液体沸腾时，在液体内部产生大量汽泡，汽泡上升到液面，破裂而放出大量的蒸汽。工业或群众生活上所用的蒸汽都是以沸腾方式而获得的。液体在沸腾时，虽然对液体继续加热，而液体的温度仍然始终保持不变，且液体和蒸汽的温度相同。液体沸腾时的温度叫做沸点，用符号 zf 表示。

液体的沸点随液体所承受的压力而改变，液体的压力越高，沸点也越高，反之，沸点越低。它们互相之间成对应关系。例如水的沸点，在压力等于 0.1 MPa 时为 99.63℃；压力等于 0.5 MPa 时为 158.1℃。

(3) 饱和状态

当液体在有限空间的密闭空间内汽化时，不仅液体表面有液体分子蒸发到空间去，而空间蒸汽分子也会撞击到液体表面回到液体中去。当液面上空的蒸汽分子密度达到一定程度时，在单位时间内逸出液面与回到液面的蒸汽分子数相等，蒸汽与液体的物量保持不变，汽、液两相便处于平衡状态。这种处于两相相互平衡的状态称为饱和状态。这时的蒸汽和液体的压力称为饱和压力，用符号 Ps 表示。而它们的温度称为饱和温度即沸点。

处于饱和状态的蒸汽称为饱和蒸汽。处于饱和状态的液体称为饱和液体。饱和蒸汽与饱和液体的混合物称为湿饱和蒸汽，简称为湿蒸汽。相反地，不含有饱和液体的饱和蒸汽又称为干饱和蒸汽，简称为干蒸汽。这种状态也称为水的“临界状态”，反映临界状态的参数主要有临界温度、临界压力和临界密度。

如果蒸汽的温度高于其压力所对应的饱和温度时，则这种蒸汽称为过热蒸汽。过热蒸汽的温度和其压力所对应的饱和温度之差，称为过热蒸汽的过热度。

如果液体的温度低于其所对应的饱和温度时，则这种液体称为未饱和液体。

(4) 水蒸气爆炸

水与蒸汽在饱和状态(即水与蒸汽共存状态)，水的饱和温度取决于水面上的气压，对敞口的盛水器皿加热，水在 100℃就汽化逸出，水的温度不会超过 100℃。在密闭的容器(如管道)水的温度才会超过 100℃，承压且温度超过 100℃的水，不论是否达到饱和状态，一旦该容器破裂，器内液面上的压力瞬即下降为大气压力，与大气压力相对应的饱和温度是

100℃，原工作压力下高于100℃的饱和水此时成了极不稳定、在大气压力下难于存在的“过饱和水”，其中的一部分即瞬时汽化，体积骤然膨胀许多倍，在容器周围空间形成爆炸。计算表明这样的爆炸主要是由水的瞬时汽化形成的，原来水面之上水蒸气的膨胀仅是次要因素，所以通常称作“水蒸气爆炸”，属于物理型爆炸的范围。

三、管道输送介质对安全使用的影响

压力管道输送的介质与工业生产和人民群体生活息息相关，如氮肥厂合成氨装置，各设备之间用管道输送氮、氨介质，通过各生产工艺环节，最终实现产品的生产；又如我国的西气东输工程，利用管道把西部开采出来的天然气等原油产品送到沿途和东部地区，以满足生产和人民群众生活需要等。同时管道输送的介质大部分又是具有易燃易爆、腐蚀和毒性等特性，在管道输送过程中如有泄漏或故障，极易造成燃烧和爆炸事故，严重影响国民经济发展与人民群众生活。因此，掌握介质及对管道安全运行的影响，采取预防和应急措施能极大减少管道事故的发生、提高管道的使用寿命。

管道输送介质品种繁多，各有不同的物理化学特性，差别也比较大，对管道安全也有不同的影响。但可从介质易燃易爆、腐蚀和有毒的共性，从管道介质泄漏以及引起的后果，主要有以下几种影响。

1. 蒸汽压的影响

液体或液化气体在密闭的管道内，由于介质蒸发会产生蒸汽压力，随着介质温度升高蒸汽压力也增大，一定温度下的介质对应特定的蒸汽压力。因此，管道受压情况在实际使用中存在两方面的影响：一方面管道是利用介质本身的压力，或者外界的动力，使输送的介质从开始端流向终点，实现介质输送目的，即管道要承受给定的压力。另一方面由于工艺变化、环境影响等因素，管道在运行中或多或少出现温度变化（升高）现象，使介质压力升高，额外增加管道承受的压力。这种情况一般在管道设计中已给予考虑，即增大管道强度解决。

但是，管道作为一系统与其他设备联接，由于设备故障或者人为的误操作，致使管道介质温度大幅度增加，造成压力成倍提高，这种意外增加的压力远远超过管道所能承受的范围，致使管道破裂或爆炸。如液体氨温度在40℃时蒸汽压为1.53 MPa，当温度在60℃时蒸汽压为2.57 MPa，而且随着温度增高蒸汽压上升幅度更大。如果输送的是易燃易爆、有毒或腐蚀性介质，还有可能再次发生闪燃、二次爆炸，给人民群众生命财产安全带来更大损失。

为预防液体介质温度意外升高导致蒸汽压超过管道强度造成的破坏，一般采取在液相管道上设置安全阀、爆破片、水封等安全保护装置，同时严格执行操作和工艺规程，防止人为的误操作出现事故。

2. 介质腐蚀性的影响

很多介质如氢氧化钠溶液、硝酸盐溶液、硫化氢水溶液、高温水及水蒸气、海水、硝酸、硫酸等溶液，以及环境空气存在的氧、二氧化碳、杂质以及工业、生活废气、水等，对金属管道内外表面有强腐蚀作用，使管道全面或局部腐蚀减薄，减少管道壁厚，降低使用强度使其不能承受介质压力而遭受破坏。有些腐蚀介质在管道受力的情况下还产生应力腐蚀，出现表面裂纹或穿透性裂纹，使介质泄漏引起严重后果。介质对金属管道材料影响主要有下述形式。

(1) 全面腐蚀。管道内表面与输送的腐蚀介质以及管道外表面与周围的氧气、二氧化硫、硫化氢、氯气等气体或汽油、润滑油等非电解质直接接触发生的纯化学反应使其腐蚀,即化学腐蚀。全面腐蚀的管道,壁厚逐渐减薄,最后破坏。全面腐蚀并不是威胁很大的腐蚀形态,因为管道设计时考虑了足够的腐蚀裕度,正确选材避免介质与材料不相容情况。

(2) 缝隙腐蚀。当管道输送的介质为电解质溶液时,在管道内表面的缝隙处,如法兰垫片处、单面焊未焊透处等,并使电解质溶液在靠近金属表面处完全滞留,均会产生缝隙腐蚀。

一些钝性金属如不锈钢、铝、钛等,容易产生缝隙腐蚀。我们常常看到管道连接(焊接)处、垫片下、螺帽、铆钉下流淌有铁锈,这就是缝隙腐蚀现象。

(3) 点腐蚀。在金属表面的局部出现向深处发展的腐蚀小孔,而其他部位却不腐蚀或腐蚀很轻微,这种腐蚀形态称为点腐蚀。例如不锈钢、铝及铝合金、钛及钛合金以及碳钢的表面存在有氧化皮或锈层的情况下在含氯离子的介质中容易出现点腐蚀。

点腐蚀是管道最具破坏性的和隐藏的腐蚀形态之一,而且通常测厚检验难以发现,在没有预兆的情况下就穿孔而产生泄漏。具有自钝化特性的金属和合金,在有盐雾存在的沿海,裸露的管道迎风面发生点腐蚀极为突出。

(4) 晶间腐蚀。金属管道加工(焊接)过程必然使稳定的结晶点阵受到一定程度的破坏,错位的晶粒界面就像缝隙那样容易发生腐蚀。所以,晶间腐蚀是一种由组织电化学不均匀性引起的局部腐蚀。这种腐蚀使晶粒间的结合力大大削弱,甚至使管道材料的机械强度完全丧失,使管道强度降低而爆裂。

(5) 应力腐蚀。管道在使用时超载,使材料出现塑性变形,或者管道焊接、冷加工产生的残余应力,其内部和表面会出现微裂纹,在腐蚀介质的作用下就会发生应力腐蚀破坏。应力腐蚀是所有管道腐蚀中危害性最大的一种,往往在没有先兆的情况下突然发生,造成预测不到的破坏。

应力腐蚀形式主要有:碱性溶液中产生的氢脆。如氢氧化钠浓度在5%以上时碳钢几乎都可能产生氢脆;不锈钢在氯离子介质中的应力腐蚀;流化物介质产生的应力腐蚀;碳钢在 CO-CO_2-H_2O 环境中的应力腐蚀;奥氏体不锈钢在高温水中的应力腐蚀等。

值得注意的是在管道使用阶段经常出现超压运行,或者经常进行管道的超压试验均会使材料出现塑性变形,增加应力腐蚀可能性,应特别给予重视。

(6) 氢损伤。在高温、高压的氢气环境中,氢原子在管道设备表面或渗入钢内部与不稳定的碳化物发生反应生成甲烷,使钢脱碳,机械强度受到永久性的破坏。在钢内部生成的甲烷无法外溢而集聚在钢内部形成巨大的局部压力,从而发展为严重的鼓包开裂。

钢材发生氢腐蚀的原因有许多,所选择的钢材本身防止氢渗入的性能不好、选择金属镀覆工艺不当使氢渗入或"消氢"工艺不完善是其主要原因。

(7) 高温氧化腐蚀。高温氧化是金属在高温环境中其表面与气体间的化学反应过程。这个过程使管道表面金属转变为金属与气体的化合物,通常情况下多是金属氧化物。氧化物的不断剥落和生成导致金属构件减薄直至破坏。

3. 介质易燃易爆性的影响

管道输送的一般是气体、液体或液化气体介质,它们作为某种物态形式有其共性,如压缩性、温度、蒸汽压、沸点和密度等，但有很多气体和液化气体是易燃易爆、有毒介质，符合一定条件时遇着火源都能燃烧或爆炸，有的甚至只需极微小能量就可燃爆。

易燃易爆介质比不燃或难燃介质在管道输送过程中更具危险性。如运行中出现泄漏、故障等情况时处理不当，就会出现闪燃或爆炸事故，造成人员伤亡和环境污染严重后果。因此，对输送易燃易爆特性介质的压力管道，其设计、制造、安装、检验和使用均有特殊要求。如 GB 50316—2000《工业金属管道设计规范》中将流体按其危险性、毒害性和腐蚀性等分为 A1、A2、B、C、D 五类，类别不同其设计要求就不一样，越危险的介质设计要求越高。又如压力管道的安装，国家标准 GB 50236《现场设备、工业金属管道施工验收规范》对输送一般介质管道与输送易燃易爆、有毒和腐蚀管道的无损检测、密封试验要求也有很大差别，以确保输送危险性较大的管道安全运行。

输送易燃易爆介质管道出现泄漏或者停用后再启用时，管道就有可能混入空气、氧气等助燃介质，当混合浓度达到爆炸或燃烧范围时，有一定的引爆能量就能引起管道化学爆炸，后果比物理爆炸更严重。

4. 气体、液化气体可缩性和膨胀性的影响

管道要把介质从始端送到终端就必须具备一定的压力（压差），即要对气体或液化气体进行压缩，压力越高管道承受的应力就越大，出现泄漏或物理爆炸的危险性也增大。一些液体或液化气管道，在温度突然增高到介质临界温度时，介质迅速膨胀，压力突然升高，造成管道破裂爆炸。

第四节　工业管道识别色、识别符号和安全标识

在工厂企业特别是一些化工企业，我们往往看到管廊管架上密密麻麻、纵横交错的管道，这些管道有的输送生产需要的工艺介质，有的是作为动力或燃料供应，有的输送易燃易爆、毒害和腐蚀性很大的介质。如果这些纵横交错的管道没有唯一识别方法，或者互相之间不能区分，当管道发生故障或事故时就难以有针对性采取措施及时解决，同时也不利于管道的安全管理。因此，国家颁布了 GB 7231—2003《工业管道基本识别色、识别符号和安全标识》等标准，对不同类别或危险程度的介质规定了识别颜色、识别符号和安全标识，以规范管道的安全管理及紧急情况的处理。本节主要介绍该标准有关规定、内容和标识方法。

一、工业管道识别色

1. 识别色。用于识别工业管道内物质种类的颜色。标准给出了八种基本识别色，对应八类基本物质。见表 2.4.1。

2. 基本识别色标识方法

工业管道基本识别色标识从以下五种方法中选择：

(1) 在管道全长上标识；

(2) 在管道上以宽为 150 mm 的色环标识；

(3) 在管道上以长方形的识别色标牌标识；

(4) 在管道上以带箭头的长方形识别色标牌标识；

(5) 在管道上以系挂的识别色标牌标识。

基本识别色标识方法应用举例见图 2.4.1。并符合以下要求：

表 2.4.1　八种基本识别色

物质种类	基本识别色	色样	颜色标准编号
水	艳绿	艳绿	G03
水蒸气	大红	大红	R03
空气	淡灰	淡灰	B03
气体	中黄	中黄	Y07
酸或碱	紫	紫	P02
可燃液体	棕	棕	YR05
其他液体	黑		
氧	淡蓝	淡蓝	PB06

——采用上述(2)、(3)、(4)、(5)方法标识时，两个标识之间的最小距离应为 10 m；

——采用上述(3)、(4)、(5)方法标识时，最小尺寸应以能清楚观察识别色来确定；

——采用上述(2)、(2)、(4)、(5)基本识别色标识方法时，其标识的场所应包括所有管道的起点、终点、交叉点、转弯处、阀门和穿墙两侧等的管道上和其他需要标识的部位。

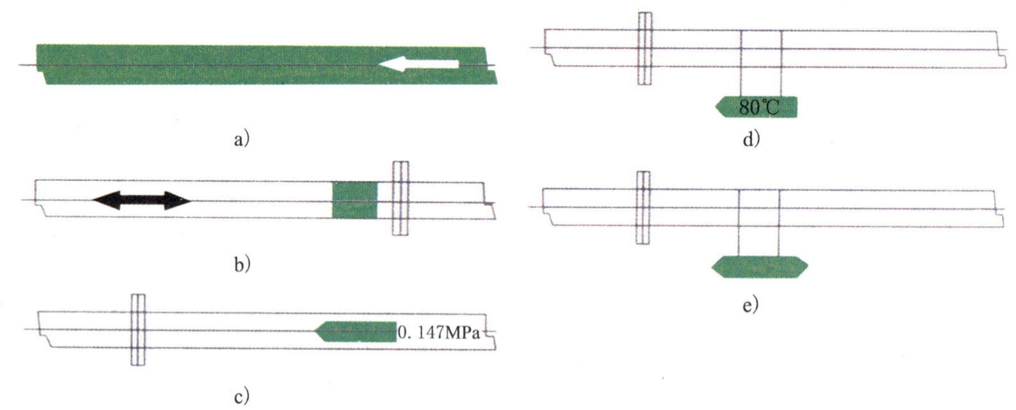

图 2.4.1　基本识别色和流向、压力和温度等标识方法参考图

二、工业管道识别符号

识别符号用以识别工业管道内物质名称和状态的记号。工业管道的识别符号由物质名称、流向和主要工艺参数等组成，其标识应符合以下要求：识别符号应用举例见图 2.4.1。

1. 物质名称的标识

(1) 物质全称。例如：氮气、硫酸、甲醇等；

(2) 物质化学分子式。例如：N_2、H_2OH、CO_2 等。

2. 物质流向的标识

(1) 管道内物质的流向用箭头表示[图 2.4.1a)]，如果管道内物质流向是双向的，则以双箭头表示[图 2.4.1b)]；

(2) 当基本识别色的标识方法采用有方向(箭头)标识时，其标识的指向就作为表示管道内物质的流向；如管道内物质的流向是双向的，其标识的指向应做成双向。

3. 物质压力、温度、流速等主要工艺参数的标识，使用方可按需自行确定使用。

4. 上述的标识符号中的字母、数字的最小字体，以及表示物质流向的箭头最小外形尺寸，应以能清楚观察识别符号确定。

三、工业管道安全标识

安全标识是指表示工业管道内物质为“危险化学品”的危险性标识，称危险标识。管道内的介质凡属于国家标准 GB 13690《常用危险化学品的分类及标志》所列的危险化学品，其管道应设置危险标识。

危险标识是在管道上涂 150 mm 宽的黄色，在黄色两侧各涂 25 mm 宽黑色的色环或色带(见图 2.4.2)，安全色范围应符合国家标准 GB 2893《安全色》规定。

危险标识应标注在基本识别色的标识上或附近。

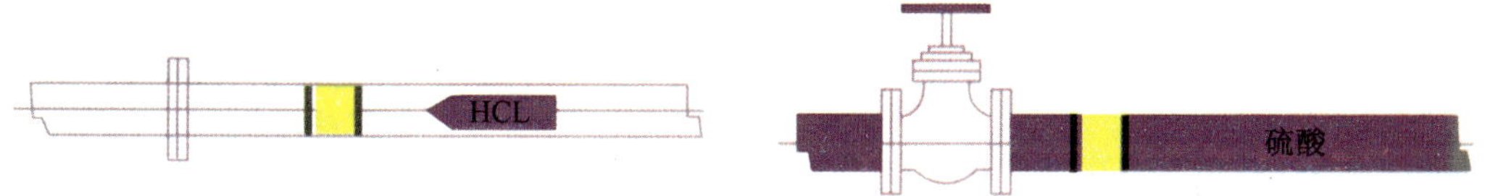

图 2.4.2　危险化学品和物质名称标识方法示例图

第五节　压力管道的安全使用管理

一、压力管道安全使用基本要求

压力管道安全运行是由许多因素决定的。为此，国家质量监督检验检疫总局根据法律、法规的要求，制定了压力管道设计、制造、安装、使用和检验检测等环节安全管理有关规章、技术规范，压力管道使用单位作为安全生产的责任主体，在压力管道安全管理的每个环节，必须严格遵守规定、切实履行安全生产责任，把好管道工程质量关，建立和完善使用管理制度，确保压力管道处于安全状态。压力管道在使用前应符合以下要求。

1. 新建、扩建、改建压力管道工程，在使用前必须符合以下要求：

(1) 压力管道的设计应按《压力容器压力管道设计单位资格许可与管理规则》要求，由取得相应设计类别、级别的《特种设备设计许可证》的单位进行设计。

(2) 压力管道的安装应按《压力管道安装单位资格认可实施细则》和《压力管道安装安全质量监督检验规则》要求，由取得相应安装类别、级别的施工单位进行安装。在压力管道施工前，建设单位或使用单位应提供以下资料，向所在地质量技术监督部门特种设备安全监察机构办理安装告知手续：

①《特种设备安装、改造、维修告知书》；

② 设计、安装资格证明，有关压力管道设计文件；

③ 施工组织设计或施工方案；

④ 现场质量管理机构及质量管理人员、特种设备作业人员一览表；

⑤ 施工机具、设备等资源一览表；

⑥ 接受告知的安全监察机构要求的其他资料或证明。

(3) 压力管道安装过程实施全过程的监督检验。按照《压力管道安装安全质量监督检验规则》规定，建设(使用)单位、安装单位等，应接受经国家质量监督检验检疫总局核准的，具有相应监督检验项目的特种设备检验机构对压力管道安装全过程的监督检查，落实检验单位的监督检验意见。监督检验单位完成监督检验工作后，出具《压力管道安装安全质量监督检验报告》，作为安装安全质量证明。

(4) 建设或使用单位，应按本单位质量管理工作的要求，以及相关国家、行业施工验收标准规定，实施、参与安装过程检查和竣工验收工作，对不符合国家法律法规、安全技术规范和标准要求的，坚决拒绝验收，直到整改合格为止。通过管道工程验收的，应按设计或相应标准要求，在验收材料上签字盖章，收集有关工程质量证明材料或安装质量证明书，并连同下述安装监督检验文件，建立压力管道技术档案，妥善保管。

监督检验档案应包括以下内容：

① 监督检验档案封面，注明工程名称、建设、设计、安装、监理、检测单位名称、开工日期及档案编号；

② 档案目录；

③ 申报压力管道监督检验的有关资料，包括《压力管道安装安全质量监督检验申报书》，施工图设计文件审查意见，安装合同、监理合同、检测合同、防腐合同的编号及日期等；

④ 监督检验大纲或监督检验计划；

⑤ 受监督检验单位的资格及有关人员资格审查记录；

⑥ 监督检验记录，包括监督检验交底会议记录、《监督检验意见通知书》及整改报告、历次监督检验记录；

⑦ 管道强度试验、严密性试验和安全保护装置及密封性能测试记录；

⑧ 行政处罚决定及相关资料；

⑨ 安全质量事故报告；

⑩《压力管道安装安全质量监督检验报告》。

(5) 使用注册登记。工业管道和公用管道在投入使用前或者投入使用后 30 日内，向直辖市或者设区的市的特种设备安全监督管理部门登记，取得《特种设备使用登记证》或者在注册登记汇总表加盖“准予登记注册”章后，方可使用。

(6) 压力管道安全管理、操作人员按《特种设备作业人员监督管理办法》和《压力管道安全管理人员和操作人员考核大纲》规定进行培训考核，取得相应级别《特种设备作业人员证》才能进行压力管道的安全管理和操作工作。

(7) 压力管道在正式运行前，使用单位根据实际情况建立安全管理机构，配置安全管理人员，制定安全管理制度、岗位责任制度、事故应急预案、安全操作规程或工艺规程，加强压力管道安全使用的管理。

2. 在用压力管道基本要求。由于国家对压力管道强制管理的时间不长，考虑到历史原因和管理的过渡问题，对在用压力管道使用管理采取了尊重历史、合乎使用的原则，由使用单位按《压力管道使用登记管理规则》和《在用工业管道定期检验规程》要求，进行在线检验或全面检验后，向质量技术监督部门提供以下资料，办理注册登记手续，取得《特种设备使用登记证》或者在注册登记汇总表加盖"准予登记注册"章后，方可继续使用。

(1) 压力管道使用申请书；

(2) 压力管道使用注册登记汇总表；

(3) 压力管道使用单位的安全管理制度、预防事故方案（包括应急措施和救援方案）、管理和操作人员名单；

(4) 压力管道单线图；

(5)《在用压力管道检验报告》(含在线检验)；

(6) 安全附件（安全阀、压力表等)校验报告。

压力管道在线检验由使用单位或使用单位委托的特种设备检验检测机构进行。使用单位进行在线检验的，必须有两名以上持有《特种设备作业人员证》(在线检验人员项目)人员，按《在用工业管道定期检验规程》等检验技术规范要求内容(项目)进行，出具《在用压力管道检验报告》(在线检验报告)。

二、压力管道使用单位职责

企业在生产经营活动中，必须对本企业特种设备安全质量负全面责任，企业法定代表人就是第一责任人。《特种设备安全监察条例》对特种设备使用单位的安全义务作了详细规定，特种设备使用单位应当严格执行法律、法规的规定，确保特种设备安全运行。使用单位主体责任主要包括：

1. 严格执行有关法律、法规和安全技术规范的规定，做到"三落实，两有证，一检验"，保证特种设备的安全使用：

(1) 落实机构。压力管道使用单位应按规定设置安全管理机构。公用管道运营商、石油化工企业、输送易燃易爆、有毒等危险化学品介质企业，有条件的应设置专业安全管理部门，没有条件的必须有兼管的安全管理部门；输送其他介质的压力管道使用单位，视具体情况设立专管或兼管的安全管理部门。

(2) 落实人员。企业应指定与压力管道相关专业技术人员负责企业压力管道安全管理，安全管理人员经专业培训，取得质量技术监督部门颁发的《压力管道安全管理人员资格证书》方可从事压力管道安全管理工作。压力管道使用单位应在单位最高管理层指定一名管理人员具体负责安全管理协调工作，并对企业法定代表人负责。

(3) 落实制度。使用单位要建立健全压力管道使用安全管理制度、岗位安全责任制度和安全操作规程，并将安全责任落实到企业法人、管理负责人和相关作业人员。安全管理制度至少应包括：压力管道使用登记管理制度、压力管道的技术档案管理制度、作业人员培训考核持证上岗制度、巡线检查制度、压力管道标识管理制度、压力管道的日常维护保养制度、压力管道安全操作规程、压力管道安装改造和维修管理制度、压力管道的定期检验制度、安全保护装置检查检验制度、压力管道事故报告制度、事故应急救援预案等。公用管道使用单位还必须制定公共安全教育计划并组织实施，以使用户、居民和相关作业人员了解压力管道安全知识，提高公共安全意识。所有安全管理制度、操作规程或安全工艺必须按企业质量管理要求颁布实施。

(4) 设备有使用证：使用符合安全技术规范要求的特种设备，按《压力管道使用登记管理规则》规定申报注册登记，登记标志应当置于或者附着于特种设备的显著位置，建立压力管道安全技术档案；

(5) 作业人员有操作证：对作业人员进行必要的培训，熟知管理制度，掌握操作规程，确保持证上岗、按章作业；

(6) 定期检验：要按检验技术规范要求的检验周期，主动向检验检测机构申报定期检验，不使用未经定期检验或检验不合格的设备。

2. 对压力管道新建、扩建、修理和改造管理制度以及定期保养和检查要求。压力管道一般修理、改造时，其修理改造方案要由单位技术负责人批准；需要进行重大修理、改造时，要向当地压力管道使用登记管理部门申报，并由有资格的单位进行修理、改造工作。定期保养和检查，及时发现和消除事故隐患，保证在用压力管道始终处于安全状态；对出现故障或者发生异常情况的压力管道，应及时进行全面检查，消除事故隐患；对存在严重事故隐患，无改造、维修价值或者超过安全技术规范规定的使用年限的压力管道，应当及时予以报废，并办理注销手续。

3. 制定压力管道事故应急救援预案，并适时演练。对列入重大危险源的压力管道和其他易发生事故的重点监控设备，应落实有效监控措施。

4. 建立事故处置报告制度，保证事故发生后立即报告安全监察机构及相关部门，同时及时采取救援措施防止发生灾害，并积极配合事故调查处理工作。

5. 应当有保证特种设备安全运行的投入。一是设备维护、修理改选和更新的投入，二是管理和操作人员培训和知识更新投入。

压力管道安全管理人员、操作人员和在线检验人员业务水平，直接影响到企业安全管理工作。企业安全管理工作水平对人的不安全因素和物的不安全状态产生重大影响，是压力管道事故的根本原因。国家对企业实施压力管道强制安全监察，就是督促检查企业落实安全生产主体责任，提高安全生产管理水平，排除人和物的事故隐患，预防和减少事故的发生。

三、压力管道安全管理人员职责

压力管道安全管理人员对企业法人或法人代表负责，直接管理压力管道日常安全运行工作，责任重大，因此，必须具有一定的专业知识和管理水平，认真负责的工作态度，同时按规定经专业培训，取得《压力管道安全管理人员资格证书》。压力管道安全管理人员必须由企业管理者任命，并明确和履行下列职责：

(1) 贯彻执行国家有关压力管道的法规、标准、制度。熟练掌握国家有关压力管道法律、法规、技术规范和标准要求并贯彻执行；就压力管道安全运行状况定期向企业管理者提出意见和建议；发现企业或个人有违返国家规定，特别是存在重大安全隐患，并且在企业内部得不到彻底解决时，有权越级向主管部门或政府安全生产管理部门反映直到隐患消除。

(2) 建立、健全压力管道的技术档案,办理压力管道的使用证。编写压力管道技术档案和压力管道使用管理制度,并负责组织实施。

(3) 编制压力管道安全管理的规章制度。根据本企业压力管道使用的实际情况,对影响压力管道安全运行的环节编制管理制度;指导和审核压力管道安全操作规程或安全使用工艺规程编制;督促检查压力管道安全管理制度落实与执行情况。

(4) 参与压力管道的安装、修理改造、验收及试车工作。对压力管道的安装、修理改造过程进行日常安全检查,对检查不符合项提出整改意见,并对检验结果确认合格后方可进入下一工序;参与压力管道安装、修理改造、竣工验收及试车运行工作。

(5) 制定压力管道的检验、检修、改造和报废等工作计划并负责实施。按照国家有关压力管道定期(含在线)检验、检修、改造和报废等技术规范要求的期限,在每年底作出下一年检验等工作具体计划,并组织实施。

(6) 组织压力管道操作人员的安全技术教育培训和资格考核工作,确保作业人员持证上岗。定期检查作业人员执行安全操作规程和制度情况,及时发现和制止违章操作行为。

(7) 组织或参与事故应急救援预案编制和演练,对压力管道事故或故障进行分析,总结经验教训,提出预防措施和建议。

(8) 负责有关压力管道信息的统计上报。按主管部门和压力管道综合管理部门要求,上报有关压力管道安全运行状况、使用登记情况、在用压力管道检验情况、计算机管理以及数据库信息等。

四、压力管道安全管理制度

压力管道使用单位要根据国家有关法律法规、技术规范、标准要求,编制适合本单位压力管道安全管理要求的安全管理制度和操作规程,以规范企业安全行为。压力管道事故原因可以归结为人的不安全行为和压力管道设备的不安全状态,压力管道安全管理制度就是通过识别人和物的不安全因素,并以文件形式对这些因素加以控制的行为准则。

由于压力管道的安全监察和管理是一项新开展的工作,为便于规范企业压力管道的安全管理制度的编制,本节提供压力管道使用单位安全管理制度建立的基本要求和内容,给各单位参考。在管理制度制定后,应由法人或单位负责人签发强制执行。

1. 压力管道使用登记管理制度

压力管道使用单位必须按《特种设备安全监察条例》规定:在投入使用前或者投入使用后 30 日内,向直辖市或者设区的市的特种设备安全监督管理部门登记,取得《特种设备使用登记证》或者在注册登记汇总表加盖“准予登记注册”章后,方可使用。登记标志应当置于或者附着于该特种设备的显著位置。使用登记范围按《条例》规定的属于压力管道监察范围的压力管道。办理使用登记手续时,应按照《压力管道使用登记规则》的要求,提供以下资料或证明材料。

(1) 新建、改建、扩建工程的压力管道在投入使用前,使用单位应携带下列资料向安全监察机构申请使用登记:

① 压力管道使用申请书;

② 压力管道使用注册登记汇总表;

③ 压力管道安装竣工图(单线图);

④ 压力管道安装质量证明书;

⑤ 监督检验单位出具的《压力管道安装安全质量监督检验报告》;

⑥ 压力管道使用单位的安全管理制度、预防事故方案(包括应急措施和救援方案)、管理和操作人员名单。

(2) 在用的压力管道在规定期限内,使用单位应携带下列资料向安全监察机构申请使用登记:

① 压力管道使用申请书;

② 压力管道使用注册登记汇总表;

③ 压力管道使用单位的安全管理制度、预防事故方案(包括应急措施和救援方案)、管理和操作人员名单;

④ 压力管道单线图;

⑤《在用压力管道检验报告》;

⑥ 安全附件(安全阀、压力表等)校验报告。

对于新建、改建、扩建工程的压力管道,必须经特种设备检验检测进行安装监检,并出具《压力管道安装安全质量监督检验报告》,确定安全状况等级Ⅲ以上后,方可办理注册登记,发给压力管道使用登记证。

对于在用的压力管道,在规定期限内,由使用单位或委托的检验单位进行在线检验,并出具在线检验报告,提供上述资料即可办理使用登记手续,但不发放使用登记证。即在规定期限内,可不要求进行全面检验,但企业应制订全面检验计划,限期明确安全状态。

2. 压力管道的技术档案管理制度

压力管道的技术档案是安全管理、使用、检验、维修压力管道的重要依据,是预防和消除压力管道事故,确保安全运行重要保障。凡符合《特种设备安全监察条例》管辖范围内的所有压力管道,都必须建立技术档案。压力管道的技术档案内容主要包括:

(1) 压力管道的使用登记证;

(2) 压力管道使用登记汇总表;

(3) 原始设计资料(包括压力管道的设计计算书、系统图、平面布置图、工艺流程图、轴侧图等);

(4) 管道制造安装资料(包括压力管道竣工图、竣工验收资料、管道材质证明书、管道元件明细表和出厂合格证和质量证明、管道安装工艺文件、压力管道安装质量证明书及监督检验报告等)。

(5) 使用资料

① 压力管道的运行记录(包括生产周期、累计运行时间、主要工艺参数、工作压力、工作温度波动范围等);

② 管道的定期检验报告;

③ 管道变更记录(包括修理和改造记录);

④ 安全附件校验、修理和更换记录;

⑤ 管道事故记录和事故分析报告;

⑥ 其他技术资料和记录。

使用单位应按本单位相关档案管理制度，对压力管道技术资料的存放条件、查阅、保存等作出规定，确保压力管道技术档案的完整性和可追溯性。

3. 作业人员培训考核、持证上岗制度

压力管道的不安全状况主要表现在物的不安全因素和人的不安全行为，因此，提高作业人员业务水平，选择具备相应条件人员进行设备操作，对预防事故的发生起到至关重要的作用。根据《特种设备作业人员监督管理办法》(质检总局令第 70 号)和《关于加强压力管道安全监察工作的意见》(国质检特[2006]148 号)规定，使用单位应对压力管道作业人员、管理人员和在线检验人员进行培训考核，取得《特种设备作业人员证》，方可从事相应的作业或者管理工作；或者应当聘(雇)用取得《特种设备作业人员证》的人员从事相关管理和作业工作，并对作业人员进行严格管理。因此，使用单位应对上述要求作出具体规定。

(1) 规定作业、安全管理人员安全教育和培训，持证上岗要求，保证特种设备作业人员具备必要的特种设备安全作业知识、作业技能和及时进行知识更新；

(2) 建立持证作业、管理或在线检验人员管理档案；

(3) 规定压力管道的安全管理人员应当具备以下条件：

① 年龄在 18 周岁(含 18 周岁)以上，60 周岁(含 60 周岁)以下；

② 身体健康，能够胜任本岗位工作；

③ 具有相关的压力管道安全管理知识和技术知识；

④ 工业管道、公用管道安全管理人员应当具有中专(含中专)以上文化程度，并且具有 2 年(含 2 年)以上从事相关工作的经历。

(4) 规定压力管道操作人员应当具备以下条件：

① 年龄在 18 周岁(含 18 周岁)以上，60 周岁(含 60 周岁)以下；

② 身体健康，能够胜任本岗位工作；

③ 具有相关的压力管道安全技术知识和操作技能；

④ 工业管道Ⅰ-3、Ⅰ-2 级操作人员应当具有初中(含初中)以上文化程度，工业管道Ⅰ-1 级操作人员应当具有高中(含高中)以上文化程度，在本岗位从事相关操作实习半年(含半年)以上；

⑤ 公用管道操作人员应当具有初中(含初中)以上文化程度，在本岗位从事相关操作实习 1 年(含 1 年)以上；

(5) 作业人员应当遵守以下规定：

① 作业时随身携带证件，并自觉接受用人单位的安全管理和质量技术监督部门的监督检查；

② 积极参加特种设备安全教育和安全技术培训；

③ 严格执行特种设备操作规程和有关安全规章制度；

④ 拒绝违章指挥；

⑤ 发现事故隐患或者不安全因素应当立即向现场管理人员和单位有关负责人报告；

⑥ 其他有关规定。

(6) 单位和个人不得非法印制、伪造、涂改、倒卖、出租或者出借《特种设备作业人员证》。

(7) 其他企业要求的管理规定。

4. 巡线检查制度

为使压力管道正常运行,及时发现管道故障或事故隐患,采取应急处理措施,做到有计划、有步骤排除影响管道安全运行因素,使用单位应制定巡线检查制度,明确检查的时间和内容。操作人员应严格执行巡回检查制度作好巡回检查记录,发现异常情况应及时汇报和处理。巡回检查的内容应包括:

(1) 各项工艺操作指标参数、运行情况、系统平衡情况;

(2) 管道接头、阀门及管件密封情况,是否存在泄漏;

(3) 保温层、防腐层和保护层是否完好;

(4) 管道振动情况;

(5) 管道支吊架是否完好;

(6) 管道之间、管道和相邻构件的摩擦情况;

(7)阀门等操作机构润滑是否良好;

(8) 安全阀、压力表、爆破片等安全保护装置的运行、完好状态;

(9) 静电跨接、静电接地、抗腐蚀阴极保护装置是否完好;

(10) 是否存在其他缺陷。

使用单位应针对检查内容制作统一表格,每次检查均填写检查日期(时间)、检查人员和负责人签字确认。检查记录妥善保管,并可作为管道安全运行的证明向相关方提供。

5. 压力管道标识管理制度

对压力管道(输送危险品)进行标识是国家有关法规、规章和标准的要求,如国务院颁布的《危险化学品安全管理条例》、国家标准《工业管道基本识别色、识别符号和安全标识》等的要求,同时也是企业识别危险源、有针对性进行强化管理的必然。例如:管道发生危险物质泄漏时,能快速通过管道识别色,判断出泄漏介质特性,采取相应堵漏措施,并根据识别色,快速切断介质泄漏的源头。又如:对管道阀门进行标识,当阀门发生故障或泄漏时,根据其标识的唯一性,能快速、准确查阅阀门档案资料,帮助查找泄漏或故障原因,及时消除安全隐患。通过上述例子,对压力管道进行标识的意义是不言而喻。近年来国家为加强危险源的管理,把识别危险源作为一项重要工作加以强化。因此,使用单位必须制定压力管道标识管理制度。

建立压力管道标识管理制度必须考虑以下几个因素:

(1) 压力管道标识的制订和管理。使用单位应明确压力管道识别管理的部门,规定相关人员职责。如制订、批准、实施和监督等,并在识别管理制度中明确。

(2) 标识方法的选择。压力管道的识别可以有多种方法,如对管道输送介质的识别、对压力管道(管件、阀门、安全装置等)位置的识别、对重点监控部位的识别等。标识方法要根据企业管道使用具体情况确定,可以选择单个或多个方法进行识别。

(3) 标识的形式和内容。选定标识方法后,针对标识方法的要求,确定标识形式和内容。如:对重点监控部位的标识,可选择喷涂(或字)、挂标牌、设置危险警告标志等形式。其内容可根据危害程度、危险源名称、可能造成的后果等用文字或符号表示。

(4) 标识的应用。压力管道标识应用范围广泛，可用作事故隐患标识、事故应急救援方案确定的证据、也可用于企业日常压力管道安全管理的依据。要根据企业具体情况，在标识管理制度中予以明确标识的应用。如：在事故应急救援预案中引用压力管道物质识别色的规定，对不同危害程度的介质起动不同级别的应急救援预案。

(5) 标识的维护。压力管道标识一般采取喷涂(或字)、挂标牌、设置危险标志等形式，由于受到自然和客观条件的影响，在标识使用一定时间后会出现退色、字迹不清、脱落等情况。所以要规定标识完好情况检查要求，并定期进行维护。

6. 压力管道的日常维护保养制度

压力管道的日常维护保养是保证管道安全运行和延长使用寿命的重要基础。压力管道的操作人员必须认真做好压力管道的日常维护保养工作。日常维护保养制度应明确维护保养责任人、维修保养时间、记录以及有关人员签字确认等。其主要内容如下：

(1) 检查压力管道的防护措施，保证其完好无损，减少管道表面腐蚀；

(2) 阀门的操作机构要经常除锈上油，定期进行操作，保证其操纵灵活；

(3) 安全阀和压力表要经常擦拭，确保其灵敏准确，并按时进行校验；

(4) 定期检查紧固螺栓的完好状况，做到齐全、不锈蚀、丝扣完整、联结可靠；

(5) 注意管道的振动情况，发现异常振动应采取隔断振源，加强支撑等减振措施，发现摩擦应及时采取措施；

(6) 静电跨接、接地装置要保持良好完整，发现损坏及时修复；

(7) 停用的压力管道应排除内部介质，并进行置换、清洗和干燥，必要时作惰性气体保护；外表面应进行油漆防护，有保温的管道注意保温材料完好；

(8) 检查管道和支架接触处等容易发生腐蚀和磨损的部位，发现问题及时采取措施；

(9) 及时消除管道系统存在的跑、冒、滴、漏现象；

(10) 对高温管道，在开工升温过程中需对管道法兰联结螺栓进行热紧；对低温管道，在降温过程中进行冷紧；

(11) 禁止将管道及支架作为电焊零线和其他工具的锚点、撬抬重物的支撑点；

(12) 配合压力管道检验人员对管道进行定期检验；

(13) 对生产流程的重要部位的压力管道、穿越公路、桥梁、铁路、河流、居民点的压力管道、输送易燃、易爆、有毒和腐蚀性介质的压力管道、工作条件苛刻的管道、存在交变载荷的管道应重点进行维护和检查；

(14) 当操作中遇到下列情况时，应立即采取紧急措施并及时报告有关管理部门和管理人员：

① 介质压力、温度超过允许的范围且采取措施后仍不见效；

② 管道及组成件发生裂纹、鼓瘪变形、泄漏；

③ 压力管道发生冻堵；

④ 压力管道发生异常振动、响声，危及安全运行；

⑤ 安全保护装置失效；

⑥ 发生火灾事故且直接威胁正常安全运行；

⑦ 压力管道的阀门及监控装置失灵，危及安全运行。

7. 压力管道安全操作规程

压力管道的使用单位应根据压力管道的生产工艺和技术性能，分别制定压力管道的安全操作规程或操作工艺。安全操作规程至少应包括：

（1）操作工艺控制指标，包括最高工作压力、最高或最低操作温度；

（2）压力及温度波动控制范围，介质成分，尤其是腐蚀性或爆炸极限等介质成分的控制值；

（3）岗位操作法，开停车的操作程序和有关注意事项；

（4）运行中重点检查的部位和项目；

（5）运行中可能出现的异常现象的判断和处理办法、报告程序和防范措施；

（6）停用时的封存和保养方法。

8. 压力管道安装、改造和维修管理制度

压力管道安装、改造和维修的安全质量直接影响管道安全使用和寿命，关系到是否能从源头杜绝压力管道事故隐患。压力管道使用单位必须制订压力管道安装、改造和维修管理制度，以保障其质量符合国家有关规定和标准要求。管理制度应明确以下内容：

（1）安装、改造和重大维修的基本要求：

① 在安装、改造和重大维修工作实施前，必须按照《压力管道安装安全质量监督检验规则》的规定及时向压力管道监察部门办理告知（备案）手续，接受质量监督检验；

② 项目报建审批及备案手续必须齐全；

③ 按规定参与组织设计交底和施工图审查；

④ 对压力管道安装、改造和重大维修施工进行必要的管理，包括设置管理机构，配备专职、兼职管理人员，建立质量管理体系，明确安全质量管理责任等内容；

⑤ 所选择的设计单位、监理单位、压力管道安装单位、检测单位、防腐单位和相应的材料、元件、附属设施制造单位必须具备相应的资格，并提供证明材料；

⑥ 采购的材料、元件、附属设施和设备必须符合设计文件及质量要求。

（2）一般维修的基本要求：

① 压力管道的一般维修必须具备一定的技术力量、设备和检测手段；

② 有符合要求的一般维修质量管理制度和施工组织设计（施工方案）；

③ 一般维修方案要由单位技术负责人批准；

④ 需要采购更换压力管道元件时，必须选择有相应制造资格单位生产的产品，质量证明文件齐全。

（3）重大维修一般是指：

① 较大数量的更换原有管线（国外有规定更换 599 m 以上）；

② 改变管道公称直径，公称直径的改变将导致介质流速、流量，管道的应力等技术参数变化；

③ 提高工作压力；

④ 提高工作温度；

⑤ 改变输送介质；

⑥ 管道控制系统的变更等。

(4) 压力管道的维修必须做到：

① 结构合理，保证管系的强度能满足最高工作压力的要求；

② 管道的补焊、更换管段、管及热处理等技术要求，应按现行的技术规范，制定施工方案和工艺要求、必要时进行强度校核；

③ 维修的焊接必须作焊接工艺评定，焊接材料必须符合规范要求。

(5) 管道维修前的安全要求：

① 管道系统的降温、卸压、放料和置换：管道系统停车后，应按操作规程把管道温度降至45℃以下，卸压至大气压，放料应彻底。介质为易燃、易爆和有害气体的管道，应采用惰性气体进行置换。

② 用盲板将待修管道与不修的管道隔离。

③ 清洗和吹扫：清洗一般采用蒸汽、水或惰性气体。酸性液体可用弱碱洗涤、清水冲洗，强碱性介质用大量水冲洗。系统不宜夹带水分的一般用空气或惰性气体（通常用氮气）吹扫。

④ 气体取样分析，确认合格后方能交付检修。

压力管道的一般维修可由使用单位进行（不需要安装、改造和维修资格）。如使用单位没有能力进行维修工作，可委托有安装、改造和维修资格的单位进行，但必须按上述“安装、改造和重大维修的基本要求”的内容控制。

9. 压力管道的定期检验制度

在用压力管道定期检验目的：一是为压力管道安全使用提供证据；二是及早发现管道使用中的不安全因素，并通过改造、维修等消除安全隐患。因此，使用单位必须制定定期检验管理制度，保障管道安全运行。压力管道的定期检验分为在线检验和全面检验。

(1) 在线检验

在线检验是在运行条件下对在用工业管道进行的以宏观检验为主的检验，在线检验每年至少检验一次。使用单位只要建立在线检验质量管理制度和检验方案，并具备2名以上持证的在线检验人员，即可进行在线检验工作，出具在线检验报告。

① 由使用单位进行在线检验的管理制度至少包括如下内容：

a. 指定管理部门和责任人员，规定在线检验人员的条件、工作内容、职责与权限；

b. 明确在线检验方案的制定、修改和实施程序，对检验方案内容等提出原则要求；

c. 根据单位生产情况，合理安排检验时间。要求在线检验周期不超过一年；

d. 在线检验工作的准备、安全操作、防护等要求；

e. 履行在线检验报告签字、盖章手续规定；

f. 发现问题处理的原则要求。如报告相关部门，引用相关管理制度处理等；

g. 检验结束后，向特种设备安全监察报送检验情况和报告。

② 使用单位委托其他单位进行在线检验的管理制度至少包括如下内容：

a. 向特种设备安全监察机构报送在线检验计划，按安排接受检验；

b. 按上述c、d、f、g项规定。

(2) 全面检验

全面检验工作由经国家质检总局核准的检验单位进行。使用单位有全面检验资格的，管理制度按检验质量保证体系控制；使用单位没有全面检验资格或委托其他检验单位进行全面检验的，全面检验管理制度应有以下规定：

① 按有关在用压力管道检验技术规程或全面检验报告要求的检验周期，作出检验计划，安排检验时间，并向有资格的检验单位申报全面检验；

② 协助检验单位做好检验准备工作，提供必要的条件，如水、电、脚手架等；

③ 向检验单位提供管道技术档案、运行记录、历年在线或全面检验报告及改造维修记录；

④ 相关人员协助、监控和维护检验现场的规定；

⑤ 对检验工作安全要求和确认，如危险物质置换后的验证，防爆电器使用等；

⑥ 经检验发现问题处理的原则，可引用相关管理制度；

⑦ 检验结束后开机的基本程序和要求。

10. 安全保护装置和安全附件管理制度

安全保护装置是为预防压力管道运行中介质波动造成压力突然增大以及误操作等不安全因素对管道的破坏，而设置的一种自动释放管道内压力的装置，如安全阀、爆破片等。通过安全附件能观察压力管道运行的温度、压力等，实时掌握管道运行情况，如压力表、温度计等。它们对管道安全运行起着至关重要的作用。一般管理制度应有以下内容：

(1) 对新购安全保护装置的管理

① 必须选择有特种设备制造资格厂家生产的产品，提供满足标准要求的产品和质量证明文件。

② 在产品质量证明文件中、产品名牌上或者产品外表面至少有以下内容的明显标志，其中产品编号应当为永久性标志：

——特种设备制造许可证编号及授权使用的标志；

——制造单位名称；

——安全保护装置产品型号；

——制造日期及其产品编号；

——公称压力和公称通径；

——流道直径或者流道面积(阀门类)；

——整定压力(阀门类)；

——主体材料；

——额定排量系数或对某一流体保证的额定排量(阀门类)。

③ 明确安全阀的保管、标识、领用等要求。

④ 规定安全保护装置和安全附件产品质量证明、检验报告等技术文件保管要求。

(2) 在用安全保护装置和安全附件检查、校验的管理

① 安全阀

安全阀是一种自动阀门，它不借助任何外力而利用介质本身的力来排除一额定数量的流体，以防止压力超过额定的安全值，当压力恢复正常值后自动关闭而阻止介质继续流出，

起到保护管道的作用。按 TSG ZF001—2006《安全阀安全技术监察规程》规定，具备条件的安全阀使用单位，只要安全阀运行维护、拆卸检修、校验人员持有相应项目的《特种设备作业人员证》，可以自行进行安全阀的校验工作。没有安全阀运行维护、拆卸检修、校验能力的使用单位，可以委托有资格的检验检测机构进行。使用单位根据实际情况选择适合本单位的管理模式。安全阀定期检验分为：在线检查和检测、离线检查（拆卸）和校验等三种。安全阀的定期校验一般每年至少一次。具体要求见《安全阀安全技术监察规程》。

② 爆破片

——检查爆破片的安装方向是否正确；并核实铭牌上的爆破压力和温度是否符合运行要求。

——爆破片单独作泄压装置的，检查爆破片和管道间的截止阀是否处于全开状态，铅封是否完好。还应检查爆破片有无泄漏及其他异常现象。

——爆破片和安全阀串联使用的，爆破片装在安全阀出口侧时，应注意检查爆破片和安全阀之间所装的压力表和截止阀，二者之间不积存压力，能疏水或排气。爆破片装在安全阀进口侧时，应注意检查爆破片和安全阀之间所装的压力表有无压力指示，截止阀打开后有无气体漏出，以判定爆破片的完好情况。

——爆破片应定期或在停机检修时给予更换。

③ 紧急切断装置

对拆下来的紧急切断装置，应解体、检验、修理和调整，进行耐压、密封、紧急切断、耐振动等性能试验。具体要求应分别符合相关规程、标准的规定。检验合格后，重新铅封并出具合格报告。

④ 压力表

在线主要检查同一系统上的压力表读数是否一致。如发现压力表指示失灵、刻度不清、表盘玻璃破裂、泄压后指针不回零位、表内弹簧管泄漏或压力表指针松动、指针断裂或外壳腐蚀严重、三通旋塞或针形阀开启标记不清或锁紧装置损坏、铅封损坏等情况，应立即更换。

停机主要检查压力表的精度等级、表盘直径、刻度范围、安装位置等，应符合有关规程、标准的要求。校验压力表必须由有资格的计量单位进行，并出具合格证明。

应按有关规定每半年要送到经计量认证的单位进行校验，校验合格后注意保护好铅封、合格证、下次校验日期字样等。

(3) 规定属于下列情况之一的，不得使用：

① 无产品制造资格或不能提供合格证和铭牌的；

② 性能不符合标准规范要求的；

③ 逾期不检查、不校验的；

④ 爆破片已超过使用期限的。

11. 特种设备事故报告制度

发生特种设备（压力管道）事故时，使用单位或个人必须按《生产安全事故报告和调查处理条例》及国家质量监督检验检疫总局《锅炉压力容器压力管道特种设备事故处理规定》（第2号令）的规定，立即报告政府有关部门和质量技术监督部门，采取有效措施防止事故扩大，根据事故情况积极抢救人员和财产，使事故造成的危害和损失降到最低。事故报告内容主要有：

(1) 事故发生单位(或者业主)名称、联系人、联系电话；

(2) 事故发生地点、时间(年、月、日、时、分)；

(3) 事故设备名称；

(4) 事故类别以及事故概况；

(5) 人员伤亡、经济损失情况。

第六节　压力管道的事故分类及危险源的识别

国家为保障人民群众生命和财产安全，促进经济发展，给人民群众提供安全、和谐的社会生活环境，对影响社会公共安全诸因素进行强制性的管理。压力管道安全监察目的就是预防和减少事故的发生，确保压力管道的安全运行。因此，认识压力管道事故危害、及时发现事故的隐患，并采取有效措施是对压力管道安全管理人员的基本要求。

一、压力管道事故分类

压力管道事故是指由于人和物或两者的共同作用，致使压力管道发生泄漏、爆炸以及次生事故等，造成人员伤亡、财产损失的突发性事件的总称。

压力管道事故的分类有多种方法。按管道发生破裂的特征可分为爆炸与泄漏两大类；对爆炸事故再按爆炸的原因来分又可分为化学性爆炸和物理性爆炸；按事故对管道破坏的形式又可分为韧性破坏、脆性破坏、腐蚀破坏、疲劳破坏、蠕变破坏等。

1. 根据事故造成的人员伤亡、经济损失以及事故管理、报告和调查处理要求，国务院《生产安全事故报告和调查处理条例》(国务院令第493号)规定以下四种分类方法：

(1) 特别重大事故，是指造成30人以上死亡，或者100人以上重伤(包括急性工业中毒，下同)，或者1亿元以上直接经济损失的事故；

(2) 重大事故，是指造成10人以上30人以下死亡，或者50人以上100人以下重伤，或者5 000万元以上1亿元以下直接经济损失的事故；

(3) 较大事故，是指造成3人以上10人以下死亡，或者10人以上50人以下重伤，或者1 000万元以上5 000万元以下直接经济损失的事故；

(4) 一般事故，是指造成3人以下死亡，或者10人以下重伤，或者1 000万元以下直接经济损失的事故。

以上所称的“以上”包括本数，所称的“以下”不包括本数。

2. 国家质量监督检验检疫总局根据《生产安全事故报告和调查处理条例》要求，制定颁布《锅炉压力容器压力管道特种设备事故处理规定》。该规定从事故造成的人员伤亡、经济损失和设备损坏等方面分为五类，具体内容如下：(略)

二、压力管道危险源的识别

压力管道涉及安全问题，从宏观管理来说也属于一大类危险源，企业在进行危险源识别时应按类别级别把其归类管理。但是，压力管道品种繁多、输送的介质温度、压力及危害程度千差万别，发生事故造成的后果差别也很大。如输送压缩空气的管道，在其安全范围内没有易燃易爆介质时，即使泄漏或爆炸，一般也不会出现二次爆炸而产生严重后果，但是如果输送的介质是液化石油气，就可能会引起二次爆炸事故而出现严重后果；又如小直径与大直径的管道发生泄漏或爆炸发生的危害程度也大有差别。因此，对压力管道危险源进行识别，是企业压力管道安全管理的基础，通过压力管道危险源识别掌握管道与危险源以及两者关系的基本状况，并采取不同的管理手段或方法，就能有效预防和减少事故的发生。同时对压力管道危险源的识别也是企业制定事故应急救援预案的前提。一般对压力管道危险源识别(或称普查)主要有以下内容。

1. 对压力管道危险源进行分类

对压力管道危险源进行分类是危险源识别的基础。从企业全局考虑重大危险源可分为7大类：(1)易燃、易爆、有毒物质的贮罐区(贮罐)；(2)易燃、易爆、有毒物质的库区(库)；(3)具有火灾、爆炸、中毒危险的生产场所；(4)企业危险建(构)筑物；(5)压力管道；(6)锅炉；(7)压力容器。从压力管道危险源分类可按输送介质火灾危险性、危害程度、压力管道特性及所处场所等。

2. 确定压力管道危险源信息

压力管道危险源信息体系应能全面反映危险源的客观状况以及影响事故发生的主要因素，所反映的信息应能满足危险源信息管理以及快速评价分级的要求。压力管道危险源的有关信息包括：

① 危险源所在地的基本情况

危险源所在地(车间)的基本情况包括法人单位名称、单位代码、经济类型、占地面积、行业代码、主管机关、通讯地址、邮政编码、上级主管、隶属关系、主要产品等有关重大危险源所在地基本情况信息。

② 危险源的基本情况

确定危险源类别(即压力管道类别、级别)，压力管道危险程度(如温度、压力)、介质物理化学特性等危险信息，通过这些信息能反映出危险源的危险程度。

③ 危险源周围环境的基本情况

压力管道危险源周围环境的基本情况包括危险源周边环境情况和周边情况对危险源的影响两个大项，主要考虑危险源一旦发生泄漏或事故对周围环境的影响以及周边环境中危险因素对危险源的影响。

——危险源周边环境情况包括可能灾害形式、最大危险区域面积和周边地区情况。周边地区情况主要考虑住宅区、生产单位、机关团体、公共场所、交通要道以及其他方面的情况。主要指标是单位或设施的数量、单位名称、人数以及离危险源最近距离。

——周边情况对危险源的影响。主要考虑的危险因素是：火源、输配电装置及其他。

④ 危险源其他信息包括危险源所在的区域、车间基本情况。如负责人、安全员、联系电话等。

第七节　工业管道的失效破坏形式及事故的预防和处理

一、工业管道的失效破坏形式

通过大量的压力管道事故统计分析，工业管道遭受破坏的原因主要有以下几种：一是因超压造成过度的变形；二是因存在原始缺陷而造成的低应力脆断；三是因环境或介质影响造成的腐蚀破坏；四是因交变载荷而导致发生的疲劳破坏；五是因高温高压环境造成的蠕变破坏等。其中腐蚀破坏约占28%；疲劳破坏约占29%；蠕变破坏约占28%。可见腐蚀、疲劳、蠕变破坏是管道破坏的主要形式。

压力管道破坏形式的分类方法有很多种，按破坏时宏观变形量的大小可分为韧性破坏和脆性破坏两大类。按破坏时材料的微观(显微)断裂机制分类，可以分为韧性断裂、解理断裂、沿晶脆性断裂和疲劳断裂等。实际工作中，往往采用一种习惯的混合分类方法，即以宏观分类法为主，再结合一些断裂特征，把工业管道的失效破坏形式分为：韧性破坏、脆性破坏、腐蚀破坏、疲劳破坏、蠕变破坏，其他形式破坏。

1. 韧性破坏

韧性破坏是管道在压力的作用下管壁上产生的应力达到或超过材料的强度极限，而发生断裂的一种破坏形式。发生韧性破坏的管道，其材料本身的韧性一般是好的，破坏往往是由于超压而引起的因管道材料强度不足而发生的破坏。

压力管道发生韧性破断有三种可能，一是由于超压，二是管道材料缺陷(裂纹)；三是由于腐蚀减薄，即因内壁腐蚀或外壁的大气腐蚀，以及特殊环境腐蚀造成的大面积均匀减薄。

韧性破断特征就其断裂后的形态来说，一般都具有较大的肉眼可见的宏观变形，如整体膨胀明显，若可以测量的话，其周长的伸长率也会在10%～20%左右。断口在起爆处必定显著减薄。另外，韧性破坏的管道由于材料韧性较好，通常不产生碎片，只是裂开一个口子，从而把介质储藏的能量释放出来。

2. 脆性破坏

脆性破坏是指管道破坏时没有发生宏观变形，破坏时的管壁应力也远未达到材料的强度极限，有的甚至还低于屈服极限。脆性破坏往往在一瞬间发生，并以极快的速度扩展。这种破坏现象和脆性材料的破坏很相似，故称为脆性破坏。又因为它是在较低的应力状态下发生的，故又叫做低应力脆断。

发生脆性破坏是因材料脆性或因缺陷两种原因造成。一是由于低温材料选用不当或焊接与热处理不当使材料脆化，长期高温运行的管道易发生石墨化、蠕变、碳化物严重析出时也会引起材料脆化；二是管道所用材料一般韧性尚好，只是由于存在比较严重的原始缺陷，如原材料夹渣、分层、折迭、疏松；而更多的情况是因为焊缝区存在严重的未焊透、夹渣、密集的气孔带、特别是存在裂纹，包括制造时漏检的裂纹和使用中产生的裂纹，这些都将导致发生低应力脆断。

管道发生脆性破坏时破坏的形状、断口形貌等方面都具有一些与韧性破裂正好相反的特征。脆断一般无明显的塑性变形或留下残余伸长，除非因设计或选材的错误，一般由于材料冷脆引起管道脆断的例子并不多见。大部分脆断事故是由下面这些原因造成的：严重的超标缺陷，特别是裂纹性缺陷；焊接造成晶粒粗大、偏析而脆化；焊接材料含碳量过高，加上焊接参数不当引起淬硬；焊条潮湿导致焊缝含氢，又未适当热处理加以除氢，这些都会造成焊缝或热影响区材料韧性的脆化。如果集严重缺陷、材料脆化、温度偏低于一身，就极易引起低应力脆断。

3. 腐蚀破坏

腐蚀破坏只能发生在那些工作介质可能对管壁产生晶间腐蚀和应力腐蚀的管道上，并且与均匀腐蚀引起管壁减薄而破坏的破断事故有明显区别。例如严重的晶间腐蚀会使金属材料失去原有的金属光泽，或者仍有光泽，但失去清脆的敲击音响，变得闷哑。又如高温氨对碳钢的严重腐蚀会在表面形成微细的裂纹和鼓包等。但对这种腐蚀的检查主要还是通过金相检查和对腐蚀产物的分析来鉴别。（参阅第一章第七节“管道的防护技术”）

4. 疲劳破坏

压力管道的疲劳破坏是管道长期受到反复加压和卸压的交变载荷作用出现的金属材料疲劳，而产生的一种破坏形式。金属在承受大小和方向都随时间发生周期性变化的交变载荷的作用时，尽管载荷所产生的应力不大，而且往往低于材料的屈服极限，但如果长期受这种载荷的作用，也会发生断裂，这就是金属的疲劳。金属承受的交变应力愈大，则所能承受的交变次数愈少；反之，交变应力愈小，则至断裂时所能承受的交变次数就愈多。

管道发生疲劳断裂的部位一般有两类。一类是在有应力集中的部位，例如三通接管的根部最易在交变载荷下形成疲劳裂纹而破断；另一类是在有原始缺陷的部位，特别是在较大焊接裂纹或严重未焊的地方，更容易在交变载荷作用下引起疲劳破断，当然既在应力集中部位，又有缺陷，就更容易形成疲劳裂纹并快速疲劳扩展。值得注意的是，焊接中的气孔与夹渣对承受静载的压力管道的强度和安全几乎没有影响，但会降低疲劳寿命，原因是气孔和夹渣的边缘是应力的集中点，容易在交变载荷下引发疲劳裂纹。断口上会发现既有缺陷又有疲劳裂纹。

疲劳断裂时无塑性变形，属于脆性断裂形态，断口上有明显的裂纹产生区、扩展区和最终断裂区。管道的名义应力较小而又没有大的应力集中，则疲劳裂纹产生和扩展区所占的面积较大，反之则较小。疲劳断口上突出的特点是在扩展区宏观上具有贝壳状的树纹，并且断口平齐、光亮，基本上与最大主应力相垂直（指拉伸或弯曲疲劳断裂的情况）。断口的最终断裂区一般有放射状的花纹或人字纹。

5. 蠕变破坏

在高温环境下，只要温度达到一定的程度，管材即使受到的拉应力低于该温度下的屈服强度，也会随着时间的延长而发生缓慢持续的伸长，这就是管材的蠕变现象。各种材料产生蠕变的温度界限各不相同，碳钢和普通低合金钢超过 300℃～400℃，即应考虑蠕变破坏问题。一般认为，材料的使用温度不高于它的熔化温度的 25％～35％，则可不考虑蠕变影响。

材料发生蠕变破坏时具有明显的塑性变形，变形量的大小视材料的塑性而定。蠕变破断的管子在破断之前一般都已发生较显著的蠕变变形积累，可能直径明显增大或管子发生明显扭曲。通过金相检查可以发现蠕变空洞和蠕变裂纹。还有一个重要特征，即因长期蠕变，致管道在直径方向有明显的变形，并伴有许多沿径线方向的小蠕变裂纹，甚至出现表面龟裂，或穿透壁厚而泄漏，或引起破裂事故。

二、工业管道事故的预防和处理

工业管道事故的预防广义地说应从压力管道的设计、制造、安装、使用和检验检测等五个环节进行策划，即压力管道从生产到整个过程所进行的管理均是为了预防事故发生为目的。压力管道事故的预防除保证设计、制造、安装质量外，更重要的是在使用过程的管理、维护检查和检验检测。压力管道使用单位预防管道事故的发生，采取有效的处理措施要从以下两项工作着手。

1. 安全管理方面

(1) 建立和完善企业安全管理机构和人员职责。安全生产是企业生存和发展的前提，为此企业应把安全工作列入日常管理中，与其他管理一样设置专业或兼管机构，负责日常安全管理工作。同时规定机构、管理人员职责，工作内容和要求，以确保企业安全管理工作的开展。

(2) 制定并落实企业安全管理制度、安全操作规程或工艺规程。安全是一门严谨管理科学，如果没有制度规范或凭人的主观意识行事，就会造成严重的事故后果。另一方面，所制定制度、安全操作规程或工艺规程要科学、符合安全要求才能更好预防事故发生。

(3) 加强相关人员培训教育，提高安全管理和作业人员安全意识和业务水平。压力管道安全管理人员、操作人员的业务水平，直接影响到企业安全管理工作，是压力管道事故的根本原因。提高相关人员业务水平，排除人的不安全行为是企事业单位安全管理的重要内容，是预防和减少事故发生的根本保障。

(4) 定期或不定期对压力管道进行检查、维护保养和定期检验，能及时有效消除事故隐患，延长管道使用寿命。发生压力管道事故除了人的不安全行为外，压力管道设备的不安全状态也是一个重要因素，所以使用单位通过识别、控制、排除压力管道的不安全状态，就要对管道进行日常维护保养、定期检验，以达到延长管道寿命和安全使用目的。

2. 规范操作、及时准确消除(处理)不安全因素

工业管道事故的预防和处理重点在管道的运行和操作过程，因此，要求操作人员熟悉本岗位压力管道的技术特性、系统结构、工艺流程、工艺指标、可能发生的事故和应采取的措施。压力管道作业人员必须做到：

(1) 必须经过安全技术和岗位操作的学习培训，经考试合格取得压力管道操作人员资格证才能上岗独立进行操作。通过培训学习使操作人员掌握"四懂三会"，即懂原理、懂性能、懂结构、懂用途；会使用、会维护保养、会排除故障。

(2) 压力管道作业人员必须严格执行岗位责任制、操作规程、巡线检查制度、日常维护保养制度等，工作中发现问题或事故隐患及时报告。日常操作、检查、维护要有记录。具体检查、检验或操作要求见本章《压力管道的安全使用管理》等相关内容。

(3) 发现以下不安全因素要及时处理，并报告安全管理部门和管理人员：

① 压力管道工作压力、介质温度或壁温超过允许值，采取措施得不到控制；

② 压力管道冻堵；

③ 压力管道出现裂纹、变形、泄漏；

④ 安全附件失灵；

⑤ 压力管道的阀门及监控装置失灵，危及安全运行；

⑥ 发生火灾直接威胁压力管道安全运行；

⑦ 压力管道发生严重震动危及安全运行。

(4) 在运行过程中，操作人员应严格控制工艺指标，正确操作，严禁超压、超温运行；加载和卸载的速度不要过快；高温或低温(－20℃以下)条件下工作的管道，加热或冷却应缓慢进行；管道运行时应尽量避免压力和温度的大幅度波动；尽量减少管道的开停次数。具体要求见表 2.10.1(经常性检查项目和检查方法)。

(5) 严格执行安全保护装置和安全附件管理制度、日常维护检查规定。重点检查以下内容：

① 安全阀。检查安全阀标牌和铅封，是否按规定进行检验并在有效期内；是否有漏气现象；铅封是否完好；阀柄转动是否灵活，并处在打开状态；有无异物卡在阀芯和弹簧中间；螺丝有无松动；弹簧及其他零件有无破损等。

② 爆破片。对爆破片装置进行外观检查，检查爆破片装置的爆破片是否在规定的使用期限、膜片是否存在缺陷；导管是否畅通；标定的爆破压力和温度是否符合运行要求、有无泄漏及其他异常现象、爆破片装置和管道间的截断阀是否处于全开状态和铅封是否完好。

③ 压力表。对压力表进行外观检查，并检查同一系统上的压力表读数是否一致。存在下述问题之一的压力表，应立即更换：

——超过校验有效期或铅封损坏；

——量程与其检测的压力范围不匹配；

——指示失灵、表内弹簧管泄漏或指针松动；

——刻度不清、表盘玻璃破裂；

——指针断裂或外壳腐蚀严重；

——压力表与管道间装设的三通旋塞或针形阀开启标记不清或锁紧装置损坏。

④ 测温仪表。对测温仪表进行外观检查。存在下述问题之一的测温仪表，应立即更换：超过校验有效期或铅封损坏；量程与其检测的温度范围不匹配。

3. 工业管道事故的处理

发生压力管道事故时，视具体事故情况进行人员抢救、切断或消除危险源、灭火、组织人员撤离现场、事故报告等工作。现场人员特别是作业人员必须根据有关规定或事故应急救援预案的要求，密切配合，按程序做好规定工作。一般压力管道事故前期处理原则如下：

(1) 人员抢救。突发性的压力管道事故易造成人员伤亡，在确保抢救人员安全的情况下，首先应尽最大限度抢救事故受伤人员。如不能保证抢救人员安全时，首先消除危险源或扑灭火灾，具备安全条件时立即进行人员抢救工作。

进行人员抢救，特别是有毒有害或腐蚀介质管道爆炸或泄漏，救援人员必须穿戴防毒、防腐蚀面具和防护服，减少对抢救人员的伤害。

（2）压力管道输送的介质大部分是易燃易爆介质，管道发生泄漏或爆炸后，易燃介质与空气混合达到一定浓度就会发生二次闪燃或爆炸，因此，必须紧急停车并关闭上位阀门等切断介质来源，阻止易燃易爆介质继续泄漏而发生更大危害。

（3）当无法采取阻断介质泄漏的手段时，应进行灭火、降温、隔离等措施减缓事故进一步扩大，等待场内（外）应急救援工作的开展。

（4）根据燃烧或爆炸的必备条件和充分条件，除采取隔断泄漏，减少易燃易爆介质来源外，利用物质浓度检测仪器测定易燃介质爆炸浓度范围，尽可能控制易燃介质与空气混合浓度在爆炸极限之外。如采取喷水、灭火器（剂）等将易燃介质与空气隔开，降低混合浓度。同时减少启动电器和出现明火等情况。

（5）尽可能在事故的第一时间向上级或有关部门报告。按本单位事故处理或事故应急救援预案规定，有关人员要迅速、准确判断事故性质，及时向上级部门或政府公布的应急救援方法报告事故情况。事故报告的基本内容见教材《特种设备事故报告制度》。

（6）事故现场要有专人进行监控，当可能出现不可逆转情况，或者可能发生二次爆炸、中毒等情况时，应立即组织人员撤离现场，疏散到安全地带，并设置警戒线或标志，防止人员进入事故现场。

（7）对于输送不是易燃易爆、有毒或腐蚀介质的管道，在确保现场操作安全的前提下，可按本教材相关带压堵漏技术进行临时处理，待事故解除后再彻底解决泄漏问题。

（8）抢救过程的其他安全要求。由于火灾造成管道处于高温高压状态，可能会出现管道材料强度降低，或介质温度升高，再次发生物理性爆炸。另外，爆炸产生的冲击波、或火灾使未发生事故或泄漏的管道、设备或房屋坍塌造成人员伤亡等情况也应给予注意。

总之，压力管道事故处理整个过程应按单位事故管理规定或事故应急救援预案的要求进行。目的是防止事故的进一步扩大以及减少事故造成的人员伤亡和财产损失。

第八节　公用管道事故的预防、紧急处理和抢修方法

一、公用管道事故的预防

公用管道事故预防和处理与工业管道基本一致（见本章第七节内容）。只是在日常检查（巡线检查）、检验、维护保养的具体内容上有所区别。本节讲述燃气管道紧急处理和抢修方法。

二、在用燃气管道事故紧急处理和抢修

抢修是指燃气设施（含管道）发生危及安全的泄漏以及引起的中毒、火灾、爆炸等事故时，采取紧急处理措施的作业过程。

1. 一般要求

（1）城镇燃气供应单位应制定事故抢修制度和事故上报程序。

（2）城镇燃气供应单位应根据供应规模设立抢修机构，并配备必要的抢修车辆、通讯设备、防护用具、消防器材、检测仪器等装备。

（3）城镇燃气设施抢修应制订预案，并报有关部门备案。抢修预案应定期进行演习。

（4）接到抢修报警后应迅速出动，并根据事故不同情况可联系有关部门协作抢修。抢修作业应统一指挥，严明纪律，并采取安全措施。

2. 作业现场

（1）抢修人员应佩戴职责标志，到达作业现场后，应根据燃气泄漏程度确定警戒区并设立警示标志；在警戒区内严禁明火，应管制交通，严禁无关人员入内。

（2）抢修人员到达作业现场后，必须及时救护受伤人员。

（3）进入警戒区的操作人员应按规定穿戴防护用具，作业时应有专人监护，严禁单独作业。

（4）警戒区内未经批准不得使用非防爆型的机电设备及仪器、仪表。

（5）管道和设备修复后，应作全面检查，防止燃气窜入夹层、窨井、烟道、地下管线和建（构）筑物等不易察觉的场所。

（6）当事故原因未查清或隐患未消除时不得撤离现场，应采取安全措施，直至查清事故原因并消除隐患为止。

3. 抢修作业

（1）抢修人员进入事故现场，应立即控制气源、消灭火种，驱散积聚的燃气。在室内应开启门窗通风，严禁启闭电器开关。地下管道泄漏时应采取有效措施，排除聚积在地下和构筑物空间内的燃气。

（2）处理地下泄漏点开挖作业时，应符合下列规定：

——抢修人员应根据管道敷设资料确定开挖点，并对周围建（构）筑物进行检测和监测；当发现漏出的燃气已渗入周围建（构）筑物时，应及时疏散建（构）筑物内人员并清除聚积的燃气。

——作业点应根据介质成分设置燃气或一氧化碳浓度报警装置。当环境浓度在爆炸和中毒浓度范围以内时，必须强制通风，降低浓度后方可作业；

——应根据地质情况和开挖深度确定放坡系数和支撑方式，并设专人监护。

（3）燃气设施泄漏的抢修宜在降低燃气压力或切断气源后进行。当泄漏处已发生燃烧时，应先采取措施控制火势后再降压或切断气源，严禁出现负压。

（4）当抢修中无法消除漏气现象或不能切断气源时，应及时通知有关部门，并作好事故现场的安全防护工作。

（5）修复供气后，应进行复查，确认不存在不安全因素后，抢修人员方可撤离事故现场。

（6）液化石油气管道泄漏抢修，除应符合上述规定外，还应符合下列规定：

——液化石油气泄漏抢修时，应备有干粉灭火器等有效的消防器材。应根据现场情况采取有效方法消除泄漏，当泄出的液化石油气不易控制时，可用消防水枪喷冲稀释泄出的液化石油气。

——液化石油气泄漏区必须采取有效措施，防止液化石油气聚积在低洼处或其他地下设施内。

4．场站泄漏抢修作业应符合下列规定：

（1）低压储配站泄漏抢修

——检查和抢修人员宜采用燃气浓度检测器或采用肥皂液、嗅觉、听觉、来判断泄漏点；

——根据泄漏部位及泄漏量应采用相应方法堵漏；

——当发生大量泄漏造成储气柜快速下降时，应立即打开进口阀门、关闭出口阀门，用补充气量的方法减缓下降速度；

——需动火进行修补泄漏点时，必须按规定办理动火手续，并严格按操作规程作业。

（2）压缩机房、烃泵房燃气泄漏时，应立即切断气源、电源，开启室内防爆风机排气通风。故障排除后方可恢复供气。

（3）调压站、调压箱泄漏抢修

——调压站、调压箱发生泄漏，应立即关闭泄漏点前后阀门，打开门窗或开启风机加强通风，故障排除后方可恢复供气。

——调压站、调压箱由于调压设备、安全切断设施失灵等原因造成出口超压时，应立即关闭调压器进出口阀门，并放散降压和排除故障。当压力超过下游燃气设施的设计压力时，应对超压影响区内燃气设施做全面检查，排除所有隐患后方可恢复供气。

5．用户室内燃气设施泄漏抢修作业应符合下列规定：

（1）接到用户泄漏报修后应立即派人检修。进入室内后应打开门窗通风、切断气源，在安全的地方切断电源，检查用户设施及用气设备，准确判断泄漏点，严禁明火查漏；当未查清泄漏点和泄漏原因时不能撤离现场，并采取安全措施，直至查清泄漏原因，消除事故隐患为止；

（2）漏气修理时应避免由于检修造成其他部位泄漏，应采取防爆措施或使用防爆工具，严禁使用能产生火花的铁器等工具进行敲击作业。

6．火灾与爆炸处理

（1）发生火灾、爆炸等事故，危及燃气设施和周围环境的安全时，应协助消防部门抢救。

（2）当燃气设施发生火灾时，应采取切断气源或降低压力等方法控制火势，并应防止产生负压。

（3）燃气管道及设备发生爆炸后，应迅速控制气源和火种；应保护好事故现场，防止发生次生灾害。

（4）火灾与爆炸灾情消除后，应对管道和设备进行全面检查，消除隐患，按上述抢修要求处理。

第九节　压力管道事故应急救援预案

为构建和谐的社会主义社会，国家对社会公共安全工作提出更高的要求，以预防和减少事故损失的“应急救援预案”越来越受到政府、企业和人民群众的高度重视。

应急救援预案又称应急计划，是针对可能的重大事故（件）或灾害，为保证迅速、有序、有效地开展应急与救援行动、降低事故损失而预先制定的有关计划或方案。它是在辨识和评估潜在的重大危险、事故类型、发生的可能性及发生过程、事故后果及影响严重程度的基础上，对应急机构职责、人员、技术、装备、设施（备）、物资、救援行动及其指挥与协调等方面预先做出的具体安排。

目前国家对生产企业，特别是对生产、储存、运输、销售危险化学品的企事业单位和个人，均要求编制“应急救援预案”。压力管道输送的介质大部分是易燃易爆、高度危险的介质，使用单位必须按规定制订“压力管道事故应急救援预案”并定期进行演练。本节从政府安全管理部门“事故应急救援”大体系的要求，根据压力管道使用单位的实际情况，简单介绍特种设备（压力管道）使用单位“事故应急救援预案”编制的目的、基本原则、内容和结构。

一、制定事故应急救援预案的目的

是指政府或企业为预防和减少事故后果而预先制定的抢险救灾方案，是进行事故救援活动的行动指南。编制事故应急救援预案的目的主要有以下两个：

1. 使任何可能引起的紧急情况不扩大，并尽可能地排除它们；

2. 减少事故造成的人员伤亡和财产损失及对环境产生的不利影响。

二、企业制订事故应急救援预案的原则

1. 事故应急救援预案分为场内预案（或称企业预案）和场外预案（或政府预案或区域预案）。编制企业预案必须充分考虑与政府预案衔接，借助各方力量形成联动机制，才能取得最佳效果；

2. 如果“压力管道事故应急救援预案”只是企业“事故应急救援预案”的一个分支，必须把其纳入总预案中统一管理；如果企业只有压力管道一个危险源，可只考虑与政府预案接口问题。前者的编写侧重于专业和接口，后者从企业全局考虑（本节介绍的内容）。

3. 在编制事故应急救援预案前首先应对本单位内的危险源进行识别。并根据识别结果选择适合本单位实际的事故应急救援预案。危险源识别应包括以下内容：

（1）对重大危险源进行分类。如锅炉、压力容器、压力管道、易燃、易爆、有毒物质等；

（2）危险源基本情况。依据危险源类别，分别制定各类危险源的基础指标，通过这些指标能反映出危险源的危险程度。如危险物质的物理化学性能、数量、可能发生事故的形式等；

（3）危险源周围环境的基本情况。危险源周围环境的基本情况包括危险源周边环境情况和周边情况对危险源的影响两个大项，主要考虑危险源一旦发生事故对周围环境的影响以及周边环境中危险因素对危险源的影响。周边地区情况主要考虑住宅区、生产单位、机关团体、公共场所、交通要道以及其他方面的情况。主要指标是单位或设施的数量、单位名称、人数以及离危险源最近距离。周边情况对危险源的影响主要考虑的危险因素是：火源、输配电装置及其他。

（4）危险源所在区域、车间基本情况。如负责人、安全员、联系电话等。

4. 建立专家库。根据危险源识别结果，选择相应专业的管理、技术和操作人员组成专家组，从专业技术角度给抢险救灾工作提供技术支持。专家库信息至少应有：姓名、专业、技术职称、联系电话（含移动和固定电话）、住址等（尽可能详细）。纸质专家信息表必须发放到

与事故应急救援工作有关的工作人员手中。

5. 必须考虑公安、消防、医疗卫生、抢险救灾队伍和救援物质供应渠道的畅通。企业有能力或资源的在应急救援预案中必须包含这些内容，没有能力的应与场外（政府预案）应急救援预案接口要清晰。

三、企业事故应急救援预案的内容

1. 总则

主要包括目的、依据、适用范围和基本原则等。

2. 应急救援指挥机构以及下属各分组的设置、人员组成及组织结构图（略）

指挥机构的组成人员包括负责人、技术（专家）和现场指挥人员，其中负责人应由单位的主要负责人担任。应急救援指挥机构及人员职责：

（1）组织制订特种设备事故应急救援预案、绘制应急救援流程图；

（2）负责人员、资源配备，应急队伍的调动；

（3）确定现场指挥人员；

（4）协调事故现场有关工作；

（5）批准本预案的启动与终止；

（6）事故状态下设立的办公室、警戒保卫组、抢险救灾组、后勤保障组、通信联络组、医疗救护组（有条件）、事故分析调查组（如必要）、善后工作组等内部机构的工作职责及各级人员的职责（也可单独制定制度）；

（7）特种设备事故信息的上报工作；

（8）负责保护事故现场及相关物证、资料；

（9）组织应急预案的演练；

（10）接受政府的指令和调动。

3. 单位资源和环境

（1）性质、隶属关系、地理位置、占地面积，纵、横距离及周边交通环境状况；

（2）生产规模、人员数量和有关生产工艺状况；

（3）周围建筑物性质（民居、工矿企业、易燃易爆场所、有毒有害环境、重要基础设施），与周围建筑物的位置（距离）；

（4）当地的气象、环境资料；

（5）不同类别应急救援活动需要的资源类型（人力、装备、通讯、资金和物资供应）、具体数量及保障措施（列表）；

（6）对照现有资源，提出资源补充、合理利用和资源集成整合的建议方案。

4. 通过危险源普查和识别，确定单位危险源安全状况、事故可能发生的危害程度（泄漏、爆炸、中毒、火灾）

（1）第一类危险源（不含载体）名称、物理化学特性、分布（列表）。

（2）特种设备危险源的名称、类别、型号规格列表和分布情况。

（3）可能出现的泄漏、爆炸、火灾、环境污染以及人员伤亡等事故破坏形式。按事故严重程度进行分级分类，并作为向上级报告或者启动不同级别应急救援预案的依据。以下事故可按泄漏、爆炸、中毒、火灾、人员伤亡等危害程度进行分类，供参考（针对危害介质）：

Ⅰ类事故——只要具备以下条件之一即可作为Ⅰ类事故：发生易燃易爆、有毒有害介质较大泄漏，且现场不能控制泄漏源；造成3人以上死亡或者10人以上受伤（中毒）的事故；企业应急预案启动后仍无法控制的火灾；可预见的事故发展有扩大的趋势（如二次爆炸、设备、管道物理性爆炸、房屋倒塌等）。

Ⅱ类事故——只要具备以下条件之一即可作为Ⅱ类事故：发生易燃易爆、有毒有害介质泄漏，但可通过生产工艺、堵漏技术等处理后能控制泄漏源的；造成2人以下死亡或者9人以下受伤（中毒）的事故；企业应急预案启动后可控制或扑灭的火灾。

Ⅲ类事故——只要具备以下条件之一即可作为Ⅲ类事故：发生易燃易爆、有毒有害介质泄漏，但现场人员立即处理后能控制泄漏源的（如关闭阀门等）；发生较小火灾（如管道泄漏处着火等），现场人员能够扑灭或控制的；其他未出现人员伤亡，且事故能够控制的。

Ⅳ类事故——保留该类别主要是考虑"未逐事故"或者与预警和预防机制衔接。如系统操作参数出现异常等。

5. 预警和预防机制

（1）危险源的重点监控措施。根据单位实际情况选择（或引用）本教材相关监控内容，如《巡线检查制度》、《压力管道事故的预防和处理》等作为监控措施。发现事故隐患或可能出现事故情况按本预案的"应急响应"要求处理。

（2）明确单位职工、操作人员、安全检查人员等有关人员发现事故隐患或事故苗头的报告、处理内部责任和机制。按本预案的"应急响应"事故级别类别规定实施事故报告和处理。

（3）事故报告内容见本章第五节中"特种设备事故报告制度"。

6. 应急响应（视企业应急救援资源情况，响应级别有所不同）

（1）事故发生后企业内部报告程序。在事故发生的第一时间内，现场人员除进行应急处理外（如抢救伤员、灭火等），同时按上述事故分类要求，经初步分析和判断，选择内部报告、内外部报告或紧急向社会呼救等形式传递事故信息。可通过本预案"预警和预防机制"规定的有关人员事故报告的职责来实现。

（2）企业应急救援指挥机构接到事故报告后，根据事故分类或危害程度作出判断，分别或同时采取以下应急响应措施：

——发生Ⅰ类事故时，立即启动企业最高级别的事故应急救援预案；同时向政府或负有安全管理或救援职责的部门报告，请求紧急启动场外应急救援预案。此外，企业还要详细规定场内场外救援的协调与配合，如提供专家或技术人员，明确相关人员责任，确保救援道路畅通并引导外援队伍以最快速度抵达事故现场。又如规定场外救援队伍到达后企业各救援分组对应加入的场外救援队伍，共同实施救援或引导和协助等。

——发生Ⅱ类事故时，立即宣布启动企业事故应急救援预案；并向政府或负有安全管理或救援职责的部门报告。赶赴事故现场，指挥应急救援指挥机构所属的警戒保卫组、抢险救灾组、后勤保障组、通信联络组、医疗救护组等实施救援。同时组织专家和技术人员对事故现场勘察、初步分析和判断，评估事故可能造成的危害和事故发展趋势，提出技术处理措施以及是否请求启动场外预案的建议。

——发生Ⅲ类事故时，一般也应启动事故应急救援预案，并向上级部门报告事故情况。启动事故应急救援预案主要是预防现场人员因处理不当造成事故扩大的紧急应对工作。同时组织专家、技术管理人员现场指导和查找事故原因，提出处理和预防措施。

——发生Ⅳ类事故或故障时，事故应急救援机构应组织专家组等进行现场勘察和分析，提出预防事故发生的建议和措施，达到预警的目的。

(3) 针对上述事故类别，规定不同岗位或者具体危险源(部位)应急处理要求。这部分内容包括现场人员对事故的判断和处理，是整个应急救援预案的重点(企业的)，也是决定事故应急处理成败的关键。因此要应尽可能详细、具有可操作性。

7. 现场恢复

规定事故应急救援结束后的工作内容，以尽快恢复生产和群众的正常生活，协助政府职能部门进行事故调查以及事故情况的统计等。现场恢复工作内容包括：

(1) 撤离救援和宣布应急结束程序。

(2) 重新进入和人群返回程序。

(3) 现场清理、房屋和设施基本恢复要求。恢复生产前必须得到事故调查组的同意。

(4) 对受影响的特种设备(管道)实施检查和修复，必要时可请专业检验检测机构进行技术鉴定或安全评估，以确定特种设备能否继续使用。

(5) 事故人员伤亡、直接和间接经济损失情况统计，为事故调查、警示教育等提供证据。

(6) 组织或协助事故调查组对事故的调查处理工作，做到"事故原因不查清不放过，事故责任者得不到处理不放过，整改措施不落实不放过，教训不吸取不放过"的原则，查明原因，严肃处理，追究有关人员的责任。针对事故发生的特点制定预防事故的措施并落实。

8. 保障措施

保障措施的内容包括：

(1) 通讯与信息保障措施。保障报警、通讯器材完好，保证信息渠道 24 h 畅通。

(2) 救援装备和物资保障。应急救援设备、设施与物资列表；设备、物资(经费)支持工作程序。

(3) 应急救援培训。培训计划及落实的措施和应急人员的素质、能力要求；全员培训，提高应急意识、自我保护和参与救援的措施。

(4) 演习(演练)。应急预案演练的计划、组织实施要求；检验应急行动与预案的符合性，应急预案的有效性和缺陷的评估；根据演练后实际对预案进行改进的要求。

(5) 其他资源。主要指需要请求援助的外部机构和组织的名单和联络方式。

9. 预案的管理与更新

(1) 应急预案编写、审查、批准、发布、修改、验证、更新程序。预案编制后应组织或邀请专家进行审定，并由单位主要负责人批准后发布、实施。

(2) 预案演练和持续改进要求。预案演练的时限规定；根据演练后实际对预案进行改进的要求。

10. 附件

附件的内容包括：

（1）名词术语及定义。

（2）预案的实施和生效时间。

（3）相关的图表：

——指挥机构和现场指挥机构组织图；

——危险源及特种设备登记列表和分布图；

——重大事故灾害影响范围预测图；

——应急机构、人员通讯联络表；

——应急装备、设备、物资表；

——疏散线路图和安置场所分布图。

（4）外部机构通讯联络表。政府安全生产主管部门、特种设备安全监督管理部门、应急主管部门和相应的应急中心；医院、公安交通、消防等部门；应急物资供应企业名录及联络方式；经协议可求助的救援单位。

第十节　人员自救和防护

事故现场人员、应急救援人员因自我防护或施救措施不当，引起额外伤亡扩大或再次发生次生事故或爆炸，造成更加严重后果。因此，使用单位（企业）要予以高度重视，配备足够的防护用品和救护器具；根据事故发生形式和危害情况，制定人员自救和防护制度与方法；加强安全培训和教育，提高职工安全意识，掌握自救、互救和防护知识，提高自救互救救助技能；通过应急救援演练，提高应急处置能力，杜绝在施救过程中由于措施不当导致事故扩大或发生次生事故。

一、易燃易爆介质泄漏或爆炸的自救和防护

1. 压力管道现场作业人员或安全监控人员，应熟悉本岗位管道工艺流程、管道介质流动控制方法，掌握阻止介质流动管道元件（阀门等）布置顺序和准确位置，以及消防器材存放地点和使用方法。当发现管道泄漏、爆炸或出现火灾时，现场作业应立即作出判断，确定先进行人员抢救、灭火工作还是先切断泄漏源，同时按事故应急救援预案要求向应急救援指挥机构报告事故情况。

2. 发生易燃易爆介质泄漏时除现场抢修或抢险人员外，其他无关人员（含职工）必须立即撤离泄漏现场至安全地带。人员撤离时一般应选择上风口，如果泄漏介质密度比空气大，应尽量避免人员处在低洼地带；如果泄漏介质密度比空气小，疏散人员应转移到通风较好地势较泄漏点低的地方。

3. 设置安全警戒线和警示标牌，并有专人进行警戒，严禁无关人员进入泄漏现场。

4. 进入现场救援人员和现场抢修或抢险人员要佩戴（穿戴）安全防护服和保护器具；严禁进入泄漏现场的救援人员和现场抢修或抢险人员携带火源在安全警戒线内进行抢险救灾或堵漏等活动。

5. 在抢修或堵漏操作时应有专人在旁进行监护，准备消防器材等，随时做好突发情况抢救工作，保证操作人员的安全。有条件的持介质浓度仪进行监测，当达爆炸极限或欠氧状态时及时采取措施。

6. 易燃易爆介质泄漏重点控制着火或爆炸三个条件和充分条件，以防发生闪燃、爆炸、火灾等二次事故。

7. 泄漏抢救应首先考虑关闭、切断介质来源，当泄漏较大或无法控制泄漏时必须考虑撤离现场，等待外部救援，不可盲目在现场等待或做无谓操作，一切以生命为重。

8. 一般输送可燃易爆介质的压力管道出现较大泄漏时由于介质流速大，与管道或泄漏口有较大摩擦而产生高能量的静电，从而点燃介质出现火灾或爆炸，所以在泄漏的瞬间人员应立即远离泄漏地方，避免火灾或爆炸引起人员伤亡。经观察判断后，在保证安全前提下才能接近泄漏点进行抢救或堵漏工作。

9. 对高温管道或由于火灾引起的管道介质温度升高，特别注意再次发生物理性爆炸的可能性，以及人员烫伤的事故。

二、有毒有害、腐蚀介质泄漏或爆炸的自救和防护

1. 有毒有害、腐蚀介质也同时具备易燃易爆性质时，也应按上述要求做好自救和防护准备工作。

2. 有毒有害、腐蚀介质车间、场所及个人必须按规定配备合格有效的防护口罩、防护服、防护眼镜等个人防护用品，并根据作业场所特点，配备相关的有毒气体自动报警仪、便携式有毒气体快速检测仪器、特效抢救治疗药物等器材物品，预防控制急性化学物中毒事故。

3. 常见有毒有害危险介质的防护

(1) 氨(NH_3)。氨气无色，有刺激性臭味，比空气轻，滴水溶液呈碱性，氨气与空气混合达到一定比例(15%～25%)时，遇明火会爆炸，与硫酸和其他强有机酚聚合，会发生强烈过热反应和沸腾现象。氨气属四级毒物，对人体皮肤、黏膜有刺激性和腐蚀性作用，可造成人体组织永久性坏死，严重的会引起呼吸停止和心脏暂停。氨气不但对人体的伤害，还有腐蚀作用，对金属材料(管道)和人员身体造成破坏等。

作业场所应配备隔离式防毒面具。为防皮肤、眼睛灼伤，岗位上要配0.5%硼酸溶液备做污染处冲洗用，应急时可用自来水冲洗。中毒时要用消泡剂对咽喉喷雾，严重时采用人工呼吸，可用心肺复苏术急救。工作场所严禁吸烟和明火。发生火灾时，可用干粉、二氧化碳灭火。

(2) 氯(Cl_2)。氯气为黄绿色气体，有辛辣气味，比空气重，会沿地面扩散，氯的化学性质特别活泼，能起激烈的化学反应，会与许多可燃性物质起化学反应，产生高温、高压，引起燃烧、爆炸。氯的腐蚀性强，它与碳氢化合物、某些金属粉末、含氮化合物一起，当水存在时，能腐蚀大部分金属。

氯属二级毒物，毒性比氨大，对人体有刺激性和高度危害，对皮肤、黏膜有刺激性和腐蚀作用，高浓度接触会造成人体皮肤化学灼伤，如起肿、起泡。眼睛受刺激后，出现氡病、流泪，如果进入眼内，会导致永久性伤害或失明，患者要及时用碳酸氢钠溶液冲洗，氯气吸入呼吸道，可造成鼻发痒、咽发干、咳嗽，严重者呼吸困难、胸痛、头痛和呕吐。

当发生氯气泄漏时，由于氯气比空气重，又沿地面扩散的特点，逃生者可向上风道或侧风道方向或厂房高层、高处撤离。

(3) 二氧化硫(SO_2)。二氧化硫是无色的气体或液体，有刺激性臭味，属三级毒物，中等危害，其沸点 -10℃，水溶解度 8.5%，气体密度 2.93 kg/m^3 (0℃)，最高允许浓度15 mg/m^3。

二氧化硫对人体呼吸道表面与水混合产生氩硫酸，经氧化后生成硫酸，对呼吸道黏膜有强烈的刺激作用，使呼吸道及肺组织受损，长期吸入少量二氧化硫会产生肺气肿、牙齿酸蚀症和慢性鼻炎。短期过量吸入，可引起肺出血产生声门痉挛，并导致窒息性死亡，液体二氧化硫会引起眼角膜充血。二氧化硫对人体皮肤有刺激，重者引起起泡、肿痛、肿胀和坏死。二氧化硫遇水后生成酸类，有很强的腐蚀性。

(4) 二氧化氮(NO_2)。二氧化氮为红棕色气体或液体，有刺激性气味，比空气重，属三级毒物，中等危害，是刺激性气体氮氧化物大家族中的一种，气体密度为 3.4 kg/m^3 (21.1℃)，最高允许浓度 5 mg/m^3，常温下二氧化氮超过暴露允许浓度时，对呼吸道有刺激性，并容易引起肺水肿，甚至死亡。二氧化氮属氧化性物质，与可燃性、还原性物质反应激烈。

(5) 一氧化碳(CO)。一氧化碳为无色无味无刺激性易燃气体，气体密度为 1.25 kg/m^3 (0℃)，自燃点 10℃，爆炸极限 12.5%。一氧化碳与空气混合具有爆炸性，遇水不溶解，易在氨水中溶解，一氧化碳与人体血红蛋白结合会导致缺氧窒息，甚至死亡，在高温作业时可作为还原剂，它与硫、铁、铝等产生化学反应，能产生各种有毒有害物质，属三级毒物，具有高度危害，长期少量吸入会导致人体神经衰弱综合症及心肌损害。短期过量吸入，会使人四肢无力，产生头昏、头痛、恶心、呕吐、昏迷，甚至死亡。

作业岗位一旦发生一氧化碳泄漏，救护者要佩戴白色滤毒罐或氧气呼吸器。生产场所对中毒者应转移到空气新鲜处，解开领口及时给氧并进行人工呼吸，注意避免口对口呼吸法抢救，应采取压胸法，必要时坚持做 2 h 以上。

作业场所应提供良好的通风设施，设防爆装置，一旦发生火灾，要及时切断电源，用干粉、强流水等灭火。

(6) 硫化氢(H_2S)。硫化氢一般为化学反应和蛋白质的自然分解时的产物，存在于各种生产过程中，凡是含有机物发酵腐烂都会产生硫化氢，它是无色的，有臭鸡蛋味道，是一种可燃性气体，易溶于水，与空气混合具有爆炸性，与氧化剂会起激烈的化学反应，易起火，具有极强的腐蚀性，燃烧时易产生二氧化硫有毒气体。

硫化氢的沸点 -60.7℃，气体密度 1.539 kg/m^3 (0℃)，自燃点 240℃，爆炸极限 30%～45%，属二级毒物，会使人眼睛出现流泪、刺痛感觉、视力模糊等症状，中毒严重者会导致窒息死亡。抢救时救护者应佩戴灰色滤毒罐防毒面具或氧气发生器，将中毒者移到空气新鲜处，遇心脏停止昏迷时要及时给氧并施行人工呼吸。硫化氢极毒，不能用口对口呼吸法进行抢救，应采用压胸法，必要时坚持做 2 h 以上。对一般患者要及时用生理盐水或 2% 碳酸氢钠溶液冲洗。工作场所严禁明火，设防爆装置并配备有灭火器材。

(7) 氰化氢(HCN)。氰化氢为无色，有股杏仁味，气体密度 1.1 kg/m^3 (25.7℃)，闪点 -175℃，在 6.5℃以下变成液体，遇水易溶解，属极毒物，会使人体中毒后窒息死亡。氰化氢的化学反应不稳定，但对热、光、潮湿反应敏感，能聚合而产生爆炸，氰化氢蒸气易燃烧，能扩散火源并易回火，在 18℃时与空气形成易燃易爆混合物。长期少量吸入会出现肌肉痉挛，体重减轻，表面变红和甲状腺肿大及危害肾神经。短期过量吸入，轻者血压下降、皮肤发烧，同时出现身体衰弱，心率不齐；重者呼吸困难、失去知觉、昏迷甚至死亡。

因此，从事氰化氢作业的职工要进行严格的专业培训，注意岗位上不能单独一人操作。接触这种气体时，工作人员一定要佩戴好个人防护用品（工作服、工作鞋、手套），工作服强调要用聚乙烯或氯丁橡胶材料制作。作业场所空气中含有氰化氢气体浓度不明或超过允许暴露限值时，应佩戴规定的色标滤毒罐或氧气呼吸器。发生中毒事故时，应及时使患者尽快撤离氰化氢产生地带，做好监护工作，同时注意救护者自身防护，若皮肤、眼睛受到侵害，要用自来水或生理盐水反复缓慢冲洗患处，时间要 20 min 以上，此外，要充分漱口。

三、火灾的自救和防护

1. 火灾的自救和防护要做到防患于未然，企业要预先制定突发火灾情况人员自救和防护规定和方法，绘制紧急撤离线路图，配备必须的火灾防护用品和消防器材，并进行演练；作业人员要熟悉生产场所发生火灾时紧急处理和逃生线路，掌握基本灭火知识和灭火器具的使用。

2. 压力管道输送的绝大部分是易燃易爆介质，当管道出现泄漏或爆炸后，溢出的易燃流体就会与空气混合，达到一定浓度范围遇明火或具有一定点火能量就着火燃烧，从而导致火灾的发生。因此，发生火灾一般先切断易燃介质的来源，对较小的着火点可以采用灭火器扑救，当两种措施不能实现或没有把握处理时，必须避开火场实施逃生。

3. 发生火灾后，按照事故应急救援预案及日常演练规定程序进行灭火或逃生。在撤离时遇到浓烟要马上停下来，千万不要试图从烟火里冲出，在浓烟中采取低姿势爬行。火灾中产生的浓烟由于热空气上升的作用，大量的浓烟将漂浮在上层，因此在火灾中离地面 30 cm 以下的地方还应该有空气，因此浓烟中尽量采取低姿势爬行，头部尽量贴近地面。

在浓烟中逃生，人体如果防护不当，容易将浓烟吸入人体，导致昏厥或窒息，同时眼睛也会因烟的刺激导致刺痛而睁不开。此时，可以利用透明塑料袋，透明塑料袋不分大小都可利用，使用大型的塑料袋可将整个头罩住，并提供足量的空气供逃生之用，如果没有大型塑料袋，小的塑料袋也可以，虽然不能完全罩住头部，但也可以遮住口鼻部分，供给逃生需要的空气。使用塑料袋时，一定要充分将其完全张开，但千万别用嘴吹开，因为吹进去的气体都是二氧化碳，效果适得其反。另外采取湿毛巾捂住口鼻撤离也是一种方法。毛巾的层数越多，隔烟的效果越好。使用毛巾捂口鼻时，一定要捂严，千万不要把毛巾拿开。一旦拿开，就有可能导致烟雾中毒。

4. 火场烧伤的急救方法

(1) 当衣服着火时，应采用各种方法尽快地灭火，如水浸、水淋、就地卧倒翻滚等，千万不可直立奔跑或站立呼喊，以免助长燃烧，引起或加重呼吸道烧伤。灭火后伤员应立即将衣服脱去，如衣服和皮肤粘在一起，可在救护人员的帮助下把未粘的部分剪去，并对创面进行包扎。

(2) 防止休克、感染。为防止伤员休克和创面发生感染，应给伤员口服止痛片（有颅脑或重度呼吸道烧伤时，禁用吗啡）和磺胺类药，或肌肉注射抗生素，并给口服烧伤饮料，或饮淡盐茶水、淡盐水等。一般以多次喝少量为宜，如发生呕吐、腹胀等，应停止口服。要禁止伤员单纯喝白开水或糖水，以免引起脑水肿等并发症。

(3) 对于烧伤创面一般可不做特殊处理，尽量不要弄破水泡，不能涂龙胆紫一类有色的外用药，以免影响烧伤面深度的判断。为防止创面继续污染，避免加重感染和加深创面，对创面应立即用三角巾、大纱布块、清洁的衣服和被单等，给予简单而确实的包扎。手足被烧伤时，应将各个指、趾分开包扎，以防粘连。

(4) 有骨折者应予以固定；有出血时应紧急止血；有颅脑、胸腹部损伤者，必须给予相应处理，并及时送医院救治。

(5) 迅速送往医院救治。伤员经火场简易急救后，应尽快送往临近医院救治。护送前及护送途中要注意防止休克。搬运时动作要轻柔，行动要平稳，以尽量减少伤员痛苦。

第十一节　典型事故案例分析

预防和减少事故是企业、政府和全社会共同追求的目标，是构建和谐社会的重要内容。发生压力管道事故是由于人的不安全行为和压力管道的不安全因素，或者两者共同作用的结果，但是，也有人们对事故发生的客观规律认识不足的原因。按照“事故原因不查清不放过，事故责任者得不到处理不放过，整改措施不落实不放过，教训不吸取不放过”的事故处理原则，通过对压力管道典型事故案例分析，从事故中吸取教训，总结经验，找出规律，提出有效的预防措施，就能有效预防和减少同类事故的发生。

案例一

1. 事故概况：1976 年 4 月 20 日，河北省大城县化肥厂合成车间合成系统进行气密性试验时，因煤气总管副线阀门未关严，致使试验用空气中混入煤气，被送入合成系统，当遇到合成冷却排管上气焊作业的明火时引发爆炸。事故造成 17 人死亡，7 人重伤，18 人轻伤。

2. 事故原因分析：不按规定进行管道系统隔离和检查，指挥错误。

3. 预防同类事故的措施：

(1) 制定气密试验工艺并做好作业人员的培训工作。

(2) 严格按照工艺文件执行。

(3) 在试验过程中，严禁明火等危及安全的作业。

案例二

1. 事故概况：1980 年 4 月 24 日，鞍钢氧气厂 400 mm 闸阀发生了罕见的着火爆炸事故。开阀门的 3 名同志被当场炸死。闸板阀及其后管道、相邻管道、阀门被烧毁。切断气源后，管道、阀门火势逐渐减弱熄灭。

2. 事故原因分析：在第 1 次打开闸阀时未关放空阀，打开该阀 3 圈后停 10 min，使阀门前后形成较大压差，形成极高的氧气流速，闸板阀沟槽中积存大量铁屑微粒与阀板、沟槽、管壁产生激烈的摩擦和撞击，产生撞击火花和静电火花，而小颗粒铁屑在较高压力的氧气中的着火温度较低。在第 2 次阀门打开的瞬间，又产生高速氧气流的冲击，成为激发能源，导致阀门和管槽的燃烧爆炸。

3. 预防同类事故的措施：

(1) 氧气是助燃气体，氧气管道安装时一定做好管道、阀门内的清洁工作，清除杂质和油脂，消除隐患；

(2) 加强管理，严格执行操作工艺。

案例三

1. 事故概况：1984 年 1 月 1 日 1 时 30 分，大连石油七厂交班时，分气装置运转正常。5 时 22 分左右，突然听到分气装置塔区有介质泄漏的尖鸣声。7 名操作人员先后到现场查找原因，发现脱丙烯塔底有白色气雾，都以为是蒸汽泄漏，于是先后关闭了一切汽源阀门。但是，尖鸣声仍不停，白色气雾持续不断，不久突然变得沉闷，一股强大的液化气流喷出，迅速弥漫整个分气塔区，并向催化裂化装置和其他相邻区扩散。当催化班长看到液化气雾离加热炉仅 8 m～10 m 时，急令关闭加热炉火嘴，并与值班副主任分别用电话向厂部值班室和生产调度室报告情况，未等电话打完，加热炉火嘴还未来得及关闭，剧烈的空间爆炸发生了，随即燃起了熊熊大火，火场燃烧面积超过 5 000 m^2，破坏面积超过 4 000 m^2。爆炸当时，地震台测得两次震级为 1.2 级及 0.8 级的爆炸震动。根据现场勘察，有两个爆炸中心。一个爆炸中心在脱丙烯塔和与其相邻的未使用的脱碳四塔及塔前两个重沸器之间。另一个爆炸中心在南侧的冷凝水换热器附近。事故造成 5 人死亡，18 人重伤，62 人轻伤，直接经济损失 252.37 万元。

2. 事故原因分析：经调查认为，原来脱丙烯塔与重沸器之间，12 in 连通管上的丙烷抽出管由 4 in 改为 3 in，出口处焊缝由于疲劳而断裂，使表压为 17.5 atm，温度为 54℃的丙烷大量排出并急剧汽化，在同空气混合，达到爆炸浓度后，接触到 162 m 远处的加热炉明火，从而引起爆炸。

经过对全装置的液化气输送管道检查，发现有 28 处断口，其中焊缝部位断裂 24 处，管子母材断裂 4 处。而焊缝断裂的 24 处中，环缝断裂 17 处，焊缝断裂 1 处，三通角焊处断裂 6 处。另外在调查中还发现 27 处爆炸后被震断或砸断的泄漏点。同时，现场有关人员均证明，液化石油气喷出的方向和部位都来自上述断口所在区域，亦即第一爆炸中心区域。

根据对焊缝断口所作的宏观和微观检验发现，焊口焊接质量低劣，有严重的夹渣、未焊透，并有一直径达 2 mm 的气孔。焊肉仅为 1 mm～2 mm，有一处为 3 mm。通过电镜检查发现断口上有疲劳断裂的弧带，由于这一断口在结构上存在应力集中，运行中又存在外界负载的变化，因此产生了疲劳裂纹，逐渐扩展失稳而断裂。

3. 预防同类事故的措施：

(1) 加强压力管道安全管理并实施国家安全监察。规范压力管道设计、制造、安装和检验检测，完善安全技术规程、标准。这起事故就是由于管道焊接质量差，未进行检验造成的。

(2) 应十分重视受压设备和受压管道的检修工作。要保证检修质量。检修期间要按工作定额来确定，不能单独地抢进度、抓产值，不顾质量盲目地缩短检修工期。此次泄漏的管道才检修 1 年多时间，说明检修质量差。

(3) 应加强对工人和干部的培训，提高他们的技术素质。工人把泄漏的液化石油气吸收热量使空气中的水分结成冷凝雾误认为是蒸汽；焊接工人的焊接水平低，焊接质量差。这些都说明他们的素质太差，不进行经常的培训，就不能充分保证安全。

(4) 应充实和加强受压设备的技术检验力量，强化检验手段。目前，受压设备的数量很大，受压管道的数量更大。要对这些设备和管道进行技术检验，必须加强检验力量和增加检验设备。

(5) 应对易燃易爆介质的生产环境实行安全监测、装设监测仪器。一旦设备或管道发生泄漏，能发出警报，便于操作人员正确、及时进行处理。

案例四

1. 事故概况：1984 年 12 月 10 日 11 时 44 分，大庆石油管理局采油三场发生油气爆炸事故。当日上午，该厂油泵房 1、2、4、6 泵照常运行，当班 2 名工人在岗。大约在 11 时 42 分，化验工谭某跑到会议室(距油泵房 40 m 远)喊叫“油泵房出事了，快去”。正在午休的 4 人闻迅后立即向泵房跑去。大约过了两三分钟，油泵房突然爆炸起火，将 6 名工人当场烧死，另 1 名工人受重伤，经抢救无效死亡。油站泵房全部摧毁，10 多台油泵全部烧毁，还造成 174 口油井和 9 座中转计量泵站不同程度地中断生产，影响原油产量 4 930 t。事故造成 7 人死亡，直接经济损失 5.19 万元。

2. 事故原因分析：

(1) 这起爆炸事故的直接原因是大量油气在油压作用下自球形扫线阀和阀体裂纹处喷出，在短时间内形成达到爆炸极限的爆炸混和物，遇明火而爆炸。

(2) 明火火源的问题，经调查分析有三种可能：

① 电气火花。油站泵房属于一级防火防爆单位，但泵房内电器除启动开关是防爆型外，电机、磁力开关都是不防爆型，当泵房有大量油、气，电器设备产生电弧，引爆混合物。

② 金属撞击火花。扫线阀阀芯在系统中油压作用下，阀芯从裂纹的阀体内飞出，撞击到泵体或金属管线上产生撞击火花。

③ 静电放电，扫线阀与输油管线之间没有安装静电泄漏设施。

3. 预防同类事故的措施：

(1) 加强管道设计管理和管道元件的验收，把好管道设计和元件质量关；

(2) 严格执行管道使用管理和检验检查制度。

案例五

1. 事故概况：1985 年 10 月 28 日，天津某炼钢厂炼钢送氧时，在打开一个口径 Dg250 mm的闸板阀时，发生了一起着火爆炸事故，造成 9 人死亡。

现场勘察发现，氧气管道放散阀排放口未引出室外而设在厂房内；管道材料为普通碳素钢，管内有残留焊渣且管内壁有明显沟槽，宽窄、高低不一；管道阀门采用普通模式闸板阀，没有采用氧气专用阀；压力表采用非氧气专用仪表，在丝扣连接处发现有油脂痕迹；氧气管道入车间前及阀门组区未设接地装置。另外，新安装的氧气管道没有除锈、吹扫、严格脱脂等工艺。

2. 事故原因分析：

(1) 在闸阀两侧压差很大的情况下，即氧气总管后排放气阀处于开启状态下，直接打开闸板阀，产生的高速气流引起材料过热，引燃其他可燃物质，在室内氧气浓度较高的条件下，产生着火爆炸是事故的直接原因。

(2) 管道采用非氧气专用阀门、仪表和管材，且未设接地装置，致使氧气流速过快产生的激发能量不能安全泄放，是造成事故的重要原因。

(3) 新安装的氧气管道没有除锈、吹扫、严格脱脂等工艺，送氧前的方案、防范措施、检验、监护等均不完善，是造成事故的间接原因。

3. 预防同类事故的措施：

(1) 管道设计、制造、安装严格执行国家标准和行业标准；

(2) 加强管道材料、阀门等管道元件的采购验收和竣工验收工作；

(3) 强化使用管理，制定送氧作业文件并严格执行；

(4) 加强氧气管道管理和作业人员的专业知识培训。

案例六

1. 事故概况：1989 年 1 月 11 日 9 时 20 分，上海市长宁区煤气办事处接到安顺路 361 弄 6 号 104 室报修电话，9 时 30 分即派员前往检修。检修人员发现地下煤气管漏气，当即通知煤气工程所急修中心。10 时 10 分急修人员赶到现场，检查后发现因房屋下沉，致使外墙墙基处的地下煤气管弯头断裂，当场调换修复，恢复供气。居民们烧水烹饪，一切如常。

14 时许，6 号 104 室一妇女发现室内仍有煤气味，便顺着煤气味寻找，感到浴缸排水处气味尤浓，并划着火柴检漏。猛听得“轰”的一声巨响，把她弹出数米之远，紧接着便是一片撕人心肺的呼救声。底层 5 户、楼上 4 户居民的住房，底楼到二楼的扶梯倒塌，地板被炸成碎片，200 m^2 的建筑面积遭到破坏，一些居民的冰箱、彩电被压成废铁。事故造成 7 人死亡，3 人受伤。

2. 事故原因分析：房屋下沉造成煤气主管与地下管之间的弯头断裂，煤气渗入房屋的架空防潮夹层与空气混合达到爆炸极限，遇明火发生爆炸。

3. 预防同类事故的措施：

(1) 埋设于地下的煤气管使用期限都很长，而且难以再挖开检查。因此，在设计上首先要正确采用合适的管材。发生断裂的煤气管为砂型离心铸铁管，生产工艺落后，这本身就很难保证产品质量。这种工艺现已淘汰。若采用铸铁管，应改用钢模离心铸铁管或离心球墨铸铁管，就能保证产品质量。

(2) 在施工各个环节上都必须建立质量保证体系。采购来的煤气管必须是按照设计要求的符合国家规定的合格品。在铺设前，应该对管材进行必要的外观和探伤检查，对管子质量做到严格把关。在铺设中，按操作规程作业，防止出现损伤。

(3) 我国幅员辽阔，南北方气候条件差别十分悬殊。在严寒地带，冬季地层的冻结随着气温不断下降也由上至下逐渐向深入延伸。因此管线埋设深度主要是考虑地层冻结这一因素，防止由此而产生对管道的不利影响。在设计和施工中，必须严格掌握煤气管的埋设深度，确保煤气管位于冻土层以下。

(4) 随着城市不断现代化，城市各种基础设施逐步完善，特别是道下面诸如自来水管线、下水道管线、通信电缆、热力管线、煤气管线纵横交错。每一专业的施工都会涉及相邻设施的运行和安全。因此，市政各种公用设施凡对煤气管线产生影响的施工，都应该以法规形式制定明文，以便市政地下设施各负责部门之间相互通气，相互协商，采取适当保护措施，确保煤气管网运行安全，做到施工前会签、施工中监护、施工后存档。

(5) 建立专门的煤气管线巡线队伍，加强对煤气管线的日常巡线检查。一般说来，煤气从不严密的管线泄漏而出总有个过程。对于非突然产生断裂的管线来说，做好管线巡检工作大大有利于安全预防工作，以便及时维修，消除事故隐患，减少这一类因煤气泄漏造成火灾、爆炸或中毒窒息等不幸事故的发生。

(6) 在社会上加强对公众城市煤气使用和安全知识的教育。近几年来，城市煤气事故迅速发展，气化普及率不断提高。大量居民用户特别是老年人和儿童缺乏安全使用煤气的常识。因此采取发放知识手册、出动广播宣传车、召开座谈会、开展用户走访等各种公共普及教育工作十分必要，使得使用煤气的居民都能了解煤气初步知识、使用常识、安全注意事项以及及时报漏的能力。

(7) 逐步推广性能优良、运行可靠的煤气泄漏警报器，以便提前发现，做到防患于未然。

案例七

1. 事故概况：1990 年 12 月 10 日，绍兴钢铁厂发电分厂有人发现距 2 号锅炉约 15m 的停用煤气管道放散管顶部冒出少量煤气，估计是发电分厂煤气进口水封失效所致，曾电话要求锰铁分厂将高炉煤气出口之水封注满水，以切断煤气泄漏。12 月 12 日 3 时许，厂煤气转送站发现该站高炉煤气压力表显示达 4kPa，觉察到锰铁分厂有煤气泄漏到发电分厂停用的煤气管道，也曾用电话告知锰铁分厂，要求检查高炉煤气出口水封，以切断煤气泄漏。然而，这些不正常的情况并没有引起有关方面的重视。

12 月 12 日 15 时许，由于高炉炉况不稳定而使煤气压力波动较大，聚增的煤气压力击穿锰铁分厂煤气出口水封，进入发电分厂停用的煤气管道；且因发电分厂煤气进口水封失效及煤气管道末端没有堵盲板，致使 2 号锅炉炉膛（检修作业处）泄漏煤气，事故造成 4 人死亡，4 人中毒。

2. 事故原因分析：

(1) 煤气设施局部设计有错误。自行设计的煤气管道水封的前后，均无其他隔断装置（这是违反煤气安全规程的），而且，两水封相距 200 m，其间也无其他隔断装置，使之失去隔断煤气的可靠性，按规定，煤气水封的有效高度，应按煤气计算压力加上 5 kPa 确定，该厂锰铁高炉出口最大煤气计算压力可达 10 kPa，而锰铁分厂煤气出口水封和发电分厂煤气进口水封设计的有效高度却只有 1 380 mm，而且前面无其他隔断装置。

(2) 高炉煤气的生产、输送、利用整个系统未设气柜，煤气由管道从气源直接输送到用户，这是个缺陷。正因为这样，事故当天锰铁高炉炉况不稳定，煤气压力波动很大（煤气出口水封前端无阀门），于是击穿水封面流向发电分厂。加上发电分厂停用的煤气管有剩余煤气，受流入煤气的作用产生压缩波，使煤气压力逼高，从而击穿发电分厂的煤气进口水封。而由于该水封后面的阀门不严密，且煤气管道末端未设盲板，以致煤气泄漏到 2 号锅炉检修处。

(3) 安全意识淡薄。发电分厂这次抢修 2 号发电机组的 2 号锅炉过热器时，无视有关煤气安全规程的规定，抢修作业之前，既没有对停用煤气管道用蒸汽吹扫，也没有在 2 号锅炉煤气管道末端堵盲板。而且，进入炉膛以前，没有对炉膛内的空气进行采样分析，也没有专职煤气安全人员进行现场监护。

此外，发生事故时又惊慌失措，缺乏统一的强有力的指挥，甚至不佩戴必要的防毒器具去进行抢救，导致事故扩大。

3. 预防同类事故的措施：

(1) 完善煤气管网和设施的设计。

(2) 加强安全教育,完善煤气安全管理制度。采取措施加强对各级职能管理人员的责任和教育,进一步修订管理制度,以使各项规章制度得以贯彻落实,自觉遵守。

(3) 建立煤气安全监督机构,配备煤气防护设施。建立专职煤气安全监督机构和配置必要的煤气防护设施、器材极其重要。

(4) 实行定期与不定期的煤气安全检查。对煤气生产、输送、利用等环节实行定期与不定期的安全检查,严格执行管道检修规定。

案例八

1. 事故概况:1988 年,山东省安丘化肥厂为进行节能技术改造,决定采用上海化工设计院的标准设计,对合成塔后废热锅炉进行改造,而现场设计及施工,则由本厂技术部门自行负责。节能技术改造项目曾因故中断,后通过大检修完成了该项目。

按标准设计,由合成塔出口至废热锅炉的 127 mm×24 mm 二次出口管,应采用 1Cr18Ni9Ti 制成的高压无缝管。改造中,该厂采用了省石化厅统一订购的 10CrMo910 制成的高压无缝管。这一取代尚符合使用要求。管道上的弯头,由该厂用 10CrMo910 管材焊制 3 个,但有一个 U 形管因焊制困难,自行改用 2 个化工部十二化建管件厂生产的 20 钢弯头焊成。管线的焊接,由该厂 2 名五级焊工用 507 碳焊条按常规工艺施焊,焊后未进行检测。

1990 年改造完毕并采用长沙化机厂生产的新内件后,合成塔出 E1 温度由 210℃提高到 280℃。

1991 年 4 月 26 日 2 时,该厂调度员召开各车间值班班长会,约 2 时 25 分散会。2 时 30 分左右,调度室前的合成废热锅炉入 E1 管 U 形弯头突然爆裂断开,高压氢氨气点燃后直扑调度室,使在室内会后尚未离开的 7 名值班班长全部遇难身亡。事故造成直接经济损失约 19 万元。

2. 事故原因分析：

(1) 擅自用碳钢弯头取代合金钢弯头。按设计要求,合成塔出口至废热锅炉管,都应采用合金钢高压无缝管。由于合金钢 U 形钢管不易焊制,项目负责人改变图样要求,擅自同意用 2 个 20 碳钢弯头焊成 U 形管使用,导致碳钢 U 形管氢脆后脱碳深度达 8 mm 之多,其冲击韧性大大下降,终于在运行中爆裂。

(2) 施焊不讲科学,质量无保证。该项目施焊前未制定焊接工艺,未进行焊接性能试验,未上车床车制焊接坡口,焊缝未经无损探伤。总之,确保焊接质量的措施一概未做。此外,选碳钢焊条,施焊时电流过小,操作不当,焊透了碳钢部分而未能将合金钢部分焊透,加上夹渣等缺陷,使焊缝质量很差。

(3) 使用长沙化机厂的合成塔内件后,合成塔出口温度明显提高。加速了碳钢氢脆速度,加快了碳钢 U 形管的破坏进程。

(4) 办公室距生产现场过近,安全距离不够。由于办公室距装置不足 20m,装置发生意外后立即波及到办公室,扩大了事故,并造成严重后果。

3. 预防同类事故的措施：

(1) 应严格按设计工作程序进行技术改造。项目的设计方案必须按主管部门审查把关的原则，由有设计资格的单位进行设计，把好设计关。每个项目应明确项目技术负责人，负责组织编制、审定现场设计方案（包括变更设计），形成有技术负责人审定签字的技术文件。变更设计，必须办手续，形成文件资料存档。

（2）应严格按施工工作程序办事。如施工必须根据设计方案制定施工方案，严格按设计要求进行施工；施工过程应做好施工记录，设计变更要由设计单位批准，审查参加施工人员资格，保证施工质量；完成施工后必须经过竣工验收，符合要求，方能正式投入使用。

（3）按照相关施工验收规范，加强焊接管理工作，进行焊接工艺评定，制定焊接工艺，由有资格的焊工进行焊接工作。按照规范要求进行检查。

案例九

1. 事故概况：1991 年 8 月 24 日 7 时 03 分，山东省莱芜化肥厂合成塔一段出口至中置式废热锅炉入口处的碳钢异径管突然爆裂。异径管爆裂后，大量氢氮气外泄着火，将合成车间控制室内的仪器、仪表等烧毁。事故造成正在操作室上班的 7 名操作工被烧伤，其中 6 人死亡，1 人重度烧伤，直接经济损失 189 万元。

2. 事故原因分析：该厂从 1989 年开始，对合成氨装置进行了较大规模的技术改造。合成车间的高压设备由化工部第四设计院设计，合肥化机厂制造，山东省淄博工业安装公司安装。进厂的设备由厂方验收后交由安装公司安装。但是安装公司安装时，将应装在中置式废热锅炉进口管处的 1Cr18Ni9Ti 异径管装到了循环机连接管道上，而应装在循环机连接管道上的 20 钢异径管却错装到中置式废热锅炉上。

3. 预防同类事故的措施：严格安装现场的材料管理，制定相应的材料管理制度和材料标识制度，制定材料发放制度，严格按照图样发放材料，防止材料错用。

案例十

1. 事故概况：1995 年 1 月 3 日 17 时 53 分，山东省济南市和平路东起山大路，西至历山路，北起羊头峪东沟街北端，南至和平路变电站的地下电缆沟突然爆炸，以致 2.2 km 路段的人行道和部分路面受到不同程度的破坏，事故造成 13 人死亡，48 人受伤，直接经济损失 429.1 万元。

2. 事故原因分析：爆炸发生后，由来自全国各大城市的有关专家成立了联合调查组，专家认为，这次爆炸事故是由于中压煤气管道破裂，导致城市煤气泄漏进入电缆沟并沿沟扩散、传播和积聚，当煤气通过缝隙逸入电缆沟上的临时建筑个体玻璃店内，遇明火引起爆炸，进而引起电缆沟内的可燃气体连续爆炸。铸铁煤气管裂纹的性质是脆性断裂，其形成原因与以下多种因素有关：

（1）煤气管铸造缺陷（如气孔、夹杂、重皮等）。

（2）管基存在石块。

（3）煤气管受静载、动载以及温度的变化，均对裂纹的产生和扩展起着促进作用。

3. 预防同类事故的措施：

（1）强化工程管理和产品质量管理，把好质量关。

（2）建立健全安全规章制度，加强安全管理。

（3）加强城市燃气管道的检验检测工作，缩短检验检测周期，强化现代化检测监测手段，确保管道安全运行。

(4) 研究铸管标准,提高管子的安全裕度。

案例十一

1. 事故概况:1998 年 2 月 12 日,山西榆次市锦纶路民用煤气管道(铸铁管道)套接管断裂造成煤气泄漏事故,死亡 3 人,重伤 3 人,轻伤 12 人。该管道 1992 年 10 月投入使用。设计压力 0.09 MPa,运行压力 0.06 MPa～0.08 MPa,介质为焦炉煤气,介质温度为常温。根据推断,套接管断裂至管道漏气的时间是 2 月 11 日 23 时左右。

2. 事故原因分析:造成煤气泄漏的原因是由于管道套接管断裂所致。套接管断裂的原因是由于管道施工质量不符合规范和套接管制造低劣所致。泄漏段管道沟槽回填土为含有大量垃圾的杂填土,不符要求,其密实度也不符要求,造成管道不均匀沉降和偏移,因而使套接管受到较大的附加载荷。套接管的制造质量低劣,抗拉强度平均值仅为 83 N/mm^2,低于标准要求的 140 N/mm^2,壁厚 10 mm,比标准要求减少 4 mm。

此外,制造厂制造的套接管采用的北京市地方标准(低于 GB/T 8715—1988《柔性机械接口铸铁管件》)是错误的;煤气泄漏后,在锦纶路及周围,因施工质量不好,在一定的压力下,扩散到受害者居住的地面下,从地下扩散到室内造成多户同时煤气中毒。

3. 预防同类事故的措施:

(1) 要求限期更换锦纶路所有煤气管道套接管。

(2) 对库存备件进行全面检验。

(3) 施工时,应严格确保施工质量,严把材料购入关。

(4) 对在用管线作一次全面检查。

(5) 加强安全管理,认真贯彻各项规章制度。

(6) 加强有关人员的安全教育和安全技术培训。

案例十二

1. 事故概况:1999 年 8 月 7 日 8 时左右,缙云县壶镇石龙头液化气站发生泄漏爆燃事故,造成 3 人大面积烧伤,直接经济损失 62 万元。

该站压力容器没有按规定进行注册登记,没有省建设厅颁发的资质证书,但取得了县工商局、商业局发放的营业执照和化学危险品经营许可证。

8 月 6 日晚,该站槽车从永嘉拉回一车液化气进生产区后卸液,到 7 日 8 时卸完液化气后,在拆卸液胶管时,胶管接头的球阀手柄撞到槽车的护栏杆,打开了该阀门,大量液化气通过没有关闭的液相管阀门喷泄而出,遇到火花发生爆燃。

2. 事故原因分析:

(1) 操作人员未经培训,无证上岗。

(2) 引燃原因经分析大致有以下几个方面:一是生产区西北角配电板的电火花引起,由于有人冲进去拉闸刀时引发的电火花而爆燃;二是卸液管金属接头撞击产生火花引燃;三是大量静电产生火花引燃。

(3) 未按规范要求建站埋下事故隐患。如:防火安全间距严重不足,配电设施布置在生产区内电器不防爆,液相系统未安装紧急切断阀等。

3. 预防同类事故的措施:

(1) 封存生产区内所有运行设备及液化气运输槽车。

(2) 严格按规范要求进行整顿。

(3) 严禁无证操作,加强对操作人员的培训和考核。

案例十三

1. 事故概况:2000 年 10 月 28 日 5 时 50 分左右,郊区杏花村镇四河小区 4 号住宅楼(位于一环路与亳州路一带)发生爆炸,造成 10 人死亡,11 人受伤,6 户房屋严重损毁的特大爆炸事故。

发生爆炸楼房为一幢砖混结构六层居民楼,该楼 1995 年峻工后出售。该楼居民生活使用合肥市液化气公司于 1995 年安装的管道液化气。该楼一层有 4 家住户,发生爆炸的为 3 户(101、102-1、102-2)(原 102 室房屋现经局部改造分为两户居住)。这 3 户户主均从事缝纫加工业务,平时家中住有缝纫学徒及临时帮工人员多人,103 室没有发生爆炸。

此次爆炸造成该楼一、二层 6 户共 9 间房间毁坏,相邻房间部分损坏。101 户南、北卧室,客厅地板及二楼楼板全部炸毁,102-2 户南面一间地板及二楼楼板炸塌,102-1 户靠南阳台房间地板炸塌,二楼楼板已被炸裂且严重变形。

经对爆炸现场勘察,可见该楼一层地板面沿墙有现浇梁,梁下砌有近 1 m 深红砖墙。梁上铺设水泥预制地板,形成地下架空层。地下架空层墙上离±0 高度以下 20 cm 左右有半块砖大小当时支模板后留下的挑担孔,并可观察到 102-2 户南卧室地下架空层的“过人孔”。

该楼一层 3 户(101、102、103 室)地下架空层均通过“过人孔”相通。各发生爆炸的房间内及架空层内未发现明显的炸坑、炸点、烟痕。各发生爆炸房间内墙壁均有明显的自地板高度起向上的刮擦痕迹,101 室北侧房屋内木质护墙板自下向上被破坏,102-1、102-2 室发生爆炸的房间架空层砖质隔墙有明显移位。102-1 室天花板未被击穿,向上方弯曲。地下架空层与地面上惟一通孔位于该楼一层楼梯口,并有盖板。爆炸时,该盖板被炸飞,周壁及上方天花板留有污水喷溅痕迹。该现场发生爆炸的房间窗玻璃全部粉碎。从整个现场看,抛出物碎片较大,数量少,抛出距离不远。

群众反映自 1998 年后,该楼内住户陆续发现该楼附近、楼梯道内、居室内尤其是卫生间经常闻到较浓的“煤气(液化气)”味,多次向小区物业管理公司及通过打热线电话向合肥市煤气公司反映。市煤气公司也曾先后多次派人来该楼内住户进行过检查处理,市煤气公司人员通过检查认为室内管道不存在漏气问题。但住户仍然经常闻到“煤气(液化气)”味,此后问题一直没有解决,直到事故发生。

经对发生事故楼房的液化气管道进行气密试验,并进行开挖后试验发现该幢楼室外液化气管道有 3 处泄漏点。该 3 处泄漏点位于该楼北侧约 80 cm 深地下。

2. 事故原因分析:

(1) 主要原因

① 液化气管道铺设在回填软基上,地表有水泥层(板)封闭,地下因杂填土自重和地坪上人、车等荷载,导致地面发生沉降,使管道 3 处接 E1 变形,液化气渗漏。

② 液化气公司内部管理不严,对管道巡检维修工作检查督促不到位。1999 年以来,该楼住户和附近住户陆续发现住宅内处有液化气味道,并多次向液化气公司有关部门反映,液化气公司在接报后,未进一步追查气味来源,也未向公司领导报告。

③ 事故发生楼设置的地下防潮架空层，按当时设计规范并未要求地下架空层墙基如何处理，也未要求通风开孔，为爆炸性气体渗入地下架空层并逐渐集聚提供了条件。

④ 事故发生楼位于低处，且楼外地面全部用水泥层(板)封闭，地下 2.2 m 是以生活垃圾为主的黑灰色填土，其产生的甲烷气体和污水向架空层弥漫渗透，加上四周住宅密度大，透风性能差，气体不易散发。液化气和甲烷气体混合后形成更易爆炸的混合气。在事故发生前的 10 月 11 日至 10 月 28 日为连阴雨天气，10 月 27 日气压为全月最高，事故发生当日气压又明显降低，形成地下架空层与地面的气压差，使积聚在架空层的混合气体沿墙缝等向外渗漏，遇明火引起爆炸。

(2) 次要原因

① 市煤气安装工程公司对安装的管道基础处理不符合要求，使管道上下充填物有硬石和垃圾，降低了管道抗沉降能力。

② 物业公司无经营资质，对住户擅自改变住房性质结构和用途未及时报告处理，对下水道、窨井、化粪池未按规定及时疏通，使沼气聚集。

③ 住户擅自改变原有住房结构和用途，违法将住宅改为生产场地，从事服装生产经营并私自招用多名徒工，造成室内温度高、热点多，明火增加等。

3. 预防同类事故的措施：

(1) 有关单位要采取切实可行措施，防止类似事故发生，政府相关管理部门和燃气产、供单位要依法建立和完善室内外燃气管道检查、报告、维护、抢修制度，责任到人，加强监督检查，确保公共安全。

(2) 城市燃气管道施工应严格按照有关规范标准进行，管道连接宜采用焊接，地下管线施工要考虑地基沉降因素，以防止管道损坏漏气。

(3) 建筑物地下架空层要设置通气口，下水道、窨井和化粪池盖板要预留透气孔，以防止易燃易爆气体聚集。

(4) 各部门要加强安全生产宣传教育工作，提高广大居民的安全意识，加强非生产性事故的防范工作。物业管理部门或房主发现住户有违法生产经营、擅自改变建筑物结构和用途等问题，要及时向有关部门反映，以便及时处理，防患于未然。

案例十四

1. 事故概况：2000 年 12 月 17 日 0 时 50 分，建德市新化化工厂有限责任公司因合成液氨槽氨阀门进口中腔处破裂，导致大量液氨泄漏，造成 4 人死亡，12 人受伤。

2. 事故原因分析：

(1) 直接原因：因该阀门破裂处周围最小壁厚仅 2.3mm，周围平均壁厚也只有 3.7mm，因此存在严重质量问题。

(2) 间接原因：该公司企业内部管理制度不健全，制度执行不严。

3. 预防同类事故的措施：

(1) 完善阀门等承压设备的采购、检验、入库、保养、领用的管理制度，严把质量关。

(2) 从企业内部的机构设置，员工配置，制度建设，措施落实上建立起科学的安全生产的保障体系。

(3) 修订和完善企业的化学事故应急救援预案，改善通信设备，购置配备防护救援器具。

（4）对液氨槽的隐患进行整改。

案例十五

1．事故概况：2001年1月12日22时20分，陕西省西安市西郊大庆西路与团结北路交汇处，西郊集中供热工程的蒸汽管道第26号检查井发生了蒸汽管道中公称直径为800 mm的等径三通爆炸事故。致使急剧喷出的高压蒸汽将第26号检查井盖板（钢筋混凝土现浇）冲起，同时，爆炸冲击波又将南边约40 m与其相通的第27号检查井的预制水泥盖板冲起（26号与27号检查井之间有一直径约2.2 m混凝土管沟相连通）炸起的水泥块散落在方圆45 m范围内，造成部分道路损坏，公交电车滑触线断裂，3人轻伤、4辆汽车受损，西郊部分供热停止。直接经济损失达10余万元，同时造成较大的社会影响。

2．事故原因分析：

（1）这次爆炸事故的直接原因是陕西省石油化工建设公司西安分公司在焊制大口径三通工作中存在着严重质量问题。经查26号检查井内，公称直径800 mm的供汽管道三通支管与干管连接处焊缝被撕开，形成宽度约200 mm大的裂口，供汽管下部弯管托架也将管道撕开，法兰螺栓有的未上螺帽，有的未被紧固。表明施工工艺不当，焊工随意施焊，焊接坡口全部未熔合，焊缝未经无损检测等问题是严重的，这也是主要原因。

（2）工程建设监理单位西安煤炭建设监理中心，对现场制作三通的焊接、安装、施工质量，现场监控不力，尤其是对管段焊口无损检测抽检不当，导致在该三通上有重大缺陷的焊缝漏检。

（3）设计单位机械工业第七设计研究院，在工程设计中采用了公称直径800 mm的等径三通的方案，而在无标准图集可采用的情况下，未向建设单位提供非标准件（三通）的制作图样及相关技术文件。

（4）西安市建设工程质量安全监督站燃气热力分站，在质检工作中没有认真履行监督职责。

（5）西安西郊集中供热工程建设指挥部对工程的质量管理把关不严，在未经有关部门验收的情况下，擅自将该管段投入使用。

3．预防同类事故的措施：

（1）经陕西航空工业压力容器检测站对26号检查井的2号及3号焊口进行射线探伤的情况看，探伤报告显示，焊缝内有未焊透、未熔合、气孔等缺陷，不符合有关技术标准要求。

因此，西郊集中供热工程建设指挥部应会同有关单位对已建成的管网进行全面质量检查，在确认质量可靠的情况下尽快恢复使用。

（2）从事故中认真吸取教训，提高质量意识，加强施工质量管理和职工的责任心教育，确保施工质量。

（3）市政府应尽快颁布我市的压力管道安全管理办法，规范我市的压力管道安全管理工作。

（4）建议市政府将这次事故通报各有关单位，以提高各单位的安全质量意识，防止类似事故重复发生。

案例十六

1. 事故概况：2001 年 1 月 14 日 1 时 10 分，哈尔滨市道外区长春街发生一起压力管道泄漏重大事故，造成 3 人死亡，8 人中毒，直接经济损失 15 余万元。

2001 年 1 月 13 日 20 时 10 分左右，道外供气管理处值班调度接到居民报警，道外长春街 5 号一住户称室内有煤气味，道外供气管理处值班人员立即赶到现场，对其室内煤气设施用仪器进行测试，没有发现泄漏点，但检测仪有显示 CO 浓度为 70×10^{-6}。在无法判定原因的情况下，21 时 45 分总公司派抢修队赶赴现场，马上在调压箱根部进行开挖，当挖至 0.5 m 深时，发现坑内有煤气反应，浓度越来越大，无法继续作业。便在距调压箱 4 m 处再挖一个坑，把通往调压箱的次高压塑料管断开，切断气源。1 月 14 日 1 时抢修人员挖出了塑料管线，将煤气气源切断。随后抢修人员又继续作业，约 3 时挖至 1.8 m 深时，才找到了泄漏点。

2. 事故原因分析：

经对解剖弯头观察分析，与会人员一致认定，该弯头出现穿透性孔洞的原因是：

(1) 从弯头内壁下侧表面严重冲刷痕迹，内壁下侧光滑，上侧仍有锈痕分析，是属气流冲刷所致，导致在弯头外侧最受力点(冲击点)管壁出现孔洞。

(2) 认为该弯头在漏点处有内腐蚀。

(3) 从弯头外壁观察，发现有均匀腐蚀现象。

综合上述原因，致使该弯头在外侧产生穿透性孔洞缺陷，导致煤气泄漏，其中气流冲刷是主要原因。

3. 预防同类事故的措施：

(1) 加强管道设计、安装的监督和验收工作，保证管道“优生”。

(2) 加强管道使用安全管理，对管道的重要地段(管道应力集中部位如弯头、有地下孔穴的管段、长时间使用的管道等)进行排查，消除事故隐患。

(3) 建立应急预案并定期演练。

案例十七

1. 事故概况：2001 年 5 月 10 日 17 时 40 分左右，广西壮族自治区钦州市冷冻厂在为新增螺杆式压缩机进行制冷高压输出管道的安装试压检漏过程中发生爆炸，事故造成 1 人死亡，1 人重伤，3 人轻伤，直接经济损失 8 万余元。

2. 事故原因分析：

(1) 修理人员违反气密性试验的有关规定，在试验系统管道内的氨气未得到有效的置换，以及使用的试压制冷压缩机未经过拆检排除氨气的情况下，用空气进行试压，使混合介质浓度达到爆炸极限，当压缩机突然加压，管道内的杂质(铁屑)冲刷管壁产生火花从而点燃压力管道中的混合介质产生爆炸。

(2) 工厂领导违反国家《压力管道安全管理与监察规定》中的有关规定，在本厂没有安装压力管道资格的情况下，擅自组织本厂修理人员安装本厂的压力管道，而且试压前未经置换合格，是造成爆炸事故的主要原因。

(3) 工厂安全意识淡薄，存在麻痹思想。对国家的法规学习、理解不够。

3. 预防同类事故的措施：

(1) 组织全厂干部、职工认真学习国家有关锅炉、压力容器、压力管道的法规、标准和管理规定，提高素质、重视安全工作。

(2) 工厂的主要领导对这次违规造成的爆炸、伤亡事故应负不可推卸的责任，在今后应加强工厂安全管理、人员培训，重要操作岗位要持证上岗，建立行之有效的安全管理规程，在工作中要严格检查、监督。

案例十八

1. 事故概况：2001 年 10 月 18 日 10 时 35 分左右，距湖北省武汉市徐东小区武汉煤气(集团)公司的燃气管网不足 50 m 的才华街徐东路学校发生一起煤气泄漏爆炸事故，造成学校两处围墙倒塌，校内部分路面和校外一处路面受损，幸无人员伤亡，经济损失 10.5 万余元。事故后进行排查和管网分段打压，找到漏点(DN57 中压支管弯头上部腐蚀穿孔)，进行整改，恢复对徐东小区供气。

2. 事故原因分析：

(1) 煤气管线当初的施工质量有问题，导致 DN57 中压支管弯头腐蚀穿孔(直径约为2 mm)。

(2) 管理人员思想麻痹，对事故隐患没有一查到底，采取的措施不力。

由于以上两个原因，导致泄漏的液化气体通过相邻的井室渗入下水道，下水道的液化气慢慢积聚，达到爆炸极限，遇明火发生爆燃，酿成了徐东煤气爆炸事故。

3. 预防同类事故的措施：

(1) 加强职工的安全意识教育。

(2) 对已铺设、投运的管网进行全面的隐患排查和整改。

(3) 加强管网工程的施工质量，实行质量终生制。

(4) 加大管网的巡线、检查力度。

(5) 购置先进的检漏设施。

案例十九

1. 事故概况：2002 年 1 月 1 日 3 时 20 分，黑龙江省大庆市萨尔图区友谊大街 31 巷 2 号～15 号楼北侧的大庆市萨尔图区三因洗浴中心发生一起压力管道(天然气管线)泄漏，引发爆炸重大事故，造成 6 人死亡，2 人重伤，4 人轻伤。

2001 年 12 月 31 日 24 时许，大庆市萨尔图区三因洗浴中心业主与 2 位朋友在洗浴中心闻到有较强烈的汽油和液化气味，便四处寻找气源并检查了室内的液化气罐，在没有找到原因后便一同到烧烤店吃烧烤。业主在 2002 年 1 月 1 日 3 时 10 分左右回到洗浴中心，又闻到室内气味浓烈，于是手持电筒继续寻找气味的来源。当业主检查男浴室出来时(男浴门口)，在其身体右侧发生了爆炸，业主被爆炸产生的气体冲击波抛出屋外烧成重伤。爆炸造成洗浴中心内 8 人中 4 人死亡，4 人受伤，东侧相邻 2 户房屋倒塌，砸死 2 人，砸伤 2 人。

在现场勘察中，距该洗浴中心南侧大门 13 m 处地面上，1.2 m×1.5 m 范围内地板砖被烧毁严重，地面冒热气，地表温度较高。用明火检查该处地面有可燃气体外溢燃烧，火焰呈红蓝相间色。挖开该处地面下侧为黑色污泥和污水，水中有气泡溢出。在距地面 2.3 m 深处有管廊带(共 5 条管线)，该管廊带 1984 年 9 月 22 日投产使用。

2. 事故原因分析：

(1) 这起爆炸事故的直接原因是该洗浴中心的洗浴含碱污水渗入地下，对管线造成严重腐蚀，出现穿孔，致使地下天然气管线泄漏，从地下裂缝渗到室内，使室内燃气浓度达到爆炸极限，遇室内冰箱继电器打火引起爆炸。

(2) 该洗浴中心经营业主对所经营场所安全管理不重视。在6月25日接到大庆市拆除油田违法违章建筑指挥部核查(拆迁)通知书后，没有按规定期限内自拆迁出，在事故发生前，闻到室内有较强烈的气味时，未及时采取相应的安全防范措施是造成这起重大爆炸事故的主要原因。

(3) 政府、行业及有关部门的安全监管不到位。一是对具有石油城特点的地下油气管线安全管理的特殊性、重要性、危险性认识不足，重视不够。二是对重大事故隐患未进行彻底排查。三是对地下油气管线的安全管理缺少对策，未采取有效的整改防范措施。

3. 预防同类事故的措施：

(1) 要提高对石油天然气管线安全管理工作重要性的认识。既要做好厂区内的安全管理，又要做好厂区外围石油天然气管线日常巡检、维护，加大隐患整理的工作力度，消除不安全因素。

(2) 要加强对管线的常识和防范知识的教育。对存在隐患的地区一定要加强对生产区域内设备设施的安全管理，要加大对陈旧老化管线维护，加大隐患整改资金的投放，要提高各种安全检测手段，运用科技含量高的安全检测设备，真正做到不安全不生产。

(3) 市政府与相关企业要立即开展全方位对占压油气管线排查工作。对查出的隐患，能及时整治的要立即治理，不能马上整治的，要制定应急预案，对所查出的隐患建档跟踪，分级管理。

(4) 政府和有关监管部门也要认清当前管道安全工作面临的形势和肩负的责任，要与企业协调配合，各司其职，各负其责，统一组织规划，明确责任部门和责任人，要在人力、物力上作出保障，保证拆迁任务顺利完成，从根本上消除重大隐患。

案例二十

1. 事故概况：2002年4月27日16时45分，山东省日照市岚山国荣冷藏厂液氨冷冻车间上部冷却排管(20钢无缝钢管)突然爆裂，导致大量氨气外泄，造成2人死亡，1人中毒，直接经济损失20万元，间接经济损失30万元。

该管道为ϕ38 mm×3 mm，20钢无缝钢管，使用压力0.2 MPa，环境温度−20℃，介质为氨。1991年开始安装使用，未注册登记，压缩机操作人员无证操作。

冷却排管每排22根，上排从南数第7根管中间部位爆裂，纵向撕裂，长度120 mm，宽度为28 mm。

2. 事故原因分析：此事故是3个检修工在冷藏车间<−18℃蒸发器排管堵漏过程中突然发生氨管道爆裂的。原因有：

(1) 压力管道运行已达到11年。

(2) 使用环境温度较低<−18℃。

(3) 爆裂前存在裂纹较深，产生较高应力集中。

(4) 裂纹在管道的运行中不断生长扩展，使裂纹达到120 mm，超过裂纹扩展的临界尺寸，导致爆炸。

3. 预防同类事故的措施：

(1) 材料要严格把关，管材入厂要验收，不合格材料严禁使用。

(2) 对压力管道安装单位要加强监督检验工作。

(3) 加强和完善压力管道的使用管理，按照要求进行定期检验，制定应急预案，达到使用登记的条件。

(4) 质监部门要加强监管，督促企业按照国家有关规定办理使用登记。

案例二十一

1. 事故概况：2002 年 9 月 15 日 9 时 15 分，山东省济宁市金乡县，山东峄山化工集团有限公司金乡尿素厂发生一起压力管道泄漏重大事故，造成 4 人死亡，1 人重伤。

该厂尿素车间 5 楼氨冷器 B 的下液管至缓冲槽之间的法兰短管（管子直径 108 mm，长度 100 mm）分别于 2002 年 7 月 31 日、8 月 22 日发生 2 次泄漏，尿素车间主任组织人员进行处理。9 月 13 日该漏点又发生泄漏，该车间主任又组织人员进行抢修堵漏，泄漏无法制止，9 月 14 日报告厂部，厂部安排抢修，抢修工作直到 15 日 9 时 15 分，该泄漏点突然断裂，造成现场 5 名维修人员受伤送入医院，经抢救无效 4 人先后死亡，1 人重伤。

2. 事故原因分析：

违反安全技术规程，违章指挥，违章作业，带压堵漏。

3. 预防同类事故的措施：

(1) 加强管道安全管理工作，严格执行安全操作规程。

(2) 制定应急预案，针对有害介质，维修人员落实自身的安全预防措施。

案例二十二

1. 事故概况：2002 年 12 月 12 日 2 时 55 分左右，辽宁省大连市西岗区工人村发生煤气管道泄漏重大事故，造成 40 人中毒。事故发生时，工人村工三街与工五巷交叉路口处的埋地 DN100 低压煤气管道发生断裂，其断点与供热沟相距 1.2 m。从断裂处泄漏的煤气通过土层沿供热管沟至居民家中，造成居民煤气中毒。其中中度中毒 3 人，轻度中毒 37 人。

该煤气管道在工人村小区内沿工五巷南侧人行道铺设，横穿工三街，埋深 0.6 m（至管顶），管道断裂点附近有一废弃的排水井，井壁距管道 0.22 m，管道在靠近井壁一边完全被一堆废弃水泥凝固块包住，并与井壁连在一起，管道下边靠近井壁的半边被水泥凝固块支撑，另半边为软土，成为管道的偏斜支撑；距断口东侧 2.73 m 有一制水井，该煤气管道被砌筑在供热管沟的墙壁和制水井井壁之中。

2002 年 12 月 15 日 8 时 30 分左右，辽宁省大连市西岗区林茂一巷发生煤气管道泄漏重大事故，造成 7 人中毒死亡。

12 月 15 日 6 时左右，大连市西岗区林茂一巷 3 号楼与林茂一巷 11 栋楼之间马路下埋地铸铁煤气管道发生断裂，断裂处与小区暖气管线沟相连，致使煤气沿暖气沟进入 6 号～7 号楼、8 号楼、9 号～10 号楼的居民家中，造成人员中毒事故，致使 7 人不治身亡。该煤气管道为 DN200 灰口铸铁管，壁厚约 8 mm，埋深 0.62 m（至管顶），外加长 1.8 m 的 DN250 钢套管垂直穿越一沿路南侧铺设的采暖地沟，沟内顺地沟方向铺设 2 根 DN100 采暖钢管，位于事故煤气管道上方，其中 1 根采暖管直接压在煤气套管上，在地沟北外侧煤气套管端部下面有 1 根 DN150 金属水管，与煤气套管垂直零距离交叉。煤气管道断裂点正好位于该水管上方，也正好是煤气套管端点处。三种管道呈十字交叉分布，上下紧贴，未见间隙。现场可见煤气管道断裂口长约 180 mm，裂口最大宽约 10 mm。

2. 事故原因分析：

(1) 车载是造成管道断裂的主要载荷。车载产生的应力对管道造成管道疲劳裂纹，当疲劳裂纹达到极限状态管道就会断裂。

(2) 灰口铸铁管内部存在各种缺陷，力学性能不合格，降低了管道抗外力的能力。

(3) 气温骤变对管道产生温差应力，加速了管道的断裂。

(4) 由于管道埋深过浅，致使管道受到较大冲击力和温差应力。

(5) 后续施工不当，对管道形成多处刚性支撑，是加速管道发生断裂的原因。造成煤气管道断裂引起泄漏中毒事故是综合原因共同作用所致。既有自然的因素(车载、气温骤降)，又有相关单位在后续施工过程中，没有严格按照技术规范要求施工留下事故隐患所造成。

3. 预防同类事故的措施：

(1) 加强对新建、扩建、改建和重大修理改造地下设施的设计、施工、监理、验收等管理工作。加强对燃气工程设计、施工队伍的资质审查和管理，坚决杜绝无证或超级设计和施工，设计施工必须严格执行国家技术规范和标准。

(2) 制定老旧管道更新计划，注意优先更新铺设在各种道路和各种通道下的煤气管道，新设和更新的地下燃气管网一律采用钢管或国家规定的新型管材，确保地下燃气管网安全运行。

(3) 城市规划土地、城建等部门审批的建设项目不得占压燃气管线，对占压燃气设施的建筑，一律限期拆除；要严格落实燃气安全工作分级分部门管理体制。

(4) 道路施工时，必须与燃气部门取得联系，共同确认道路下燃气设施的情况；在燃气管道先于道路施工的区域，燃气管道一定要与路面采取同一标高基准，以避免最后施工的道路标高的变化改变地下燃气管道的埋深。加强档案管理，所有地下设施及道路的设计施工资料应按规定存档保存，以便查阅。

(5) 在燃气设施附近或与燃气设施交叉的地下沟槽、井室、洞涵、隧道等设施，必须采取防止燃气渗入的措施。如用水泥沙浆罩面或水泥勾缝，在适当位置安装排气筒，地下设施与室内连通处必须采取密封措施，安装燃气检测和自动报警装置等。

案例二十三

1. 事故概况：2003 年 5 月 1 日 1 时 45 分，福州耀隆化工集团公司氮肥厂合成工段在生产过程中，1.8 m^3/min 循环机出口高压管道(规格为 ϕ180 mm×30 mm，介质为氮气)突然发生爆炸，全厂紧急停车卸压，切断所有岗位气源，控制火势并扑灭。事故造成 2 人死亡，2 人重伤，直接经济损失 15 万元。

该管道为氮肥厂合成工段循环机出口总管，管长 48 m，设计压力 31.4 MPa，介质为氢氮气，材料为 20 钢。该管道建于 1999 年 12 月，由福建省轻工业安装公司安装；2000 年 1 月投用，事故发生前运行正常。

管道沿整条管子纵向开裂，并产生碎段、碎片，断口较平齐，呈脆性破坏性特征。车间仪表、电缆烧损，窗户玻璃被震碎。

2. 事故原因分析：

(1) 直接原因是钢管材质不合格。钢管含碳量远高于规定值，冲击韧性远低于规定值，判定不是20钢管。

(2) 钢管供应商业务员出具虚假的质量保证书抄件,导致不合格钢管被误用。

(3) 公司对这批钢管进货没有把住质量关,采购不慎,竣工后未按规定进行验收就投用,此外,合成工段控制室的设备不符合消防要求。

3. 预防同类事故的措施:

(1) 建立健全物资购销质量保证体系和相应的规章制度,并严格执行。

(2) 加大管理力度,进行重点检查,对本企业的压力管理开展普查整治。

(3) 加强材料采购的质量监控工作。

(4) 做好重点部位的防火防爆工作。

(5) 加强对职工的安全教育和培训,增强职工自我防护和处理事故的能力。

案例二十四

1. 事故概况:2004年4月12日13时10分,吉林市丰满区吉桦路61号,吉林市天力冷食有限公司发生一起压力管道爆炸严重事故,造成1人死亡,1人重伤,7人轻伤,直接经济损失0.1万元,间接经济损失20万元。

设备主要技术参数:液氨管道规格:ϕ38 mm×3 mm;氨气管道规格:ϕ108 mm×5 mm;ϕ133 mm×6 mm;气密性试验压力:1 MPa。

事故前设备状况:

(1) 一号车间制冷系统无设计图样、无设计计算书、无管道系统图、无竣工验收资料、安装单位无处查找,安装时间据经理介绍是1998年,管道系统设计有多处不合理。

(2) 该系统压力容器、压力管道未按规定进行定期检验和注册登记,压力容器无使用证,制冷工无证上岗。

事故简要经过:2004年4月10日,生产厂长钱某通知车间制冷工,12日要清淘1号车间3号盐槽,制冷工李某即于当日将3号盐槽进液阀门关闭。12日早晨上班,钱某将李某叫到3名清槽工人面前,吩咐李某"清槽由你负责"。8时左右,李某将3号盐槽回气阀门关闭,随即3名清槽工人导出盐水。天力厂工人割铁板后,清槽工人开始清理盐槽中的淤泥,午休过后继续清理。当清淤工作大约做到1/3时,即13时10分左右,氨气管道突然爆炸,造成2名工人重伤(其中1人经抢救无效死亡),7名工人轻伤。

2. 事故原因分析:

(1) 经吉林市质量技术监督局鉴定,吉林市天力冷食有限公司1号车间3号盐槽第一组蒸发器回气主管发生爆炸,封头被炸飞;第二组蒸发器回气阀门发生破坏。系统超压是这次事故的直接原因。

(2) 吉林市天力冷食有限公司职工违章操作,在清理3号盐槽时将3号盐槽回气阀门关闭,将槽内盐水导出后没有采取任何保护措施(盐水的温度是−22℃左右,环境温度是16℃左右),蒸发器压力管道所处环境温度升高达38℃之多,管道内液氨随环境温度变化,压力迅速升高,因回气阀关闭造成蒸发器管道超压,在系统无法承受时导致了爆炸和阀门破坏。违章操作是这起事故的主要原凶。

(3) 吉林市天力冷食有限公司对各级职工的安全教育培训不够,各级责任人员职责不清,缺少相应的安全生产规章制度,安全操作规程不健全,没有制定应急预案,特种设备没按国家规定进行设计、安装、验收和定期检验，管理不到位是这起事故的次要原因，也是间接原因。

3. 预防同类事故的措施：

（1）迅速开展制冷行业安全大检查，重点检查工人持证上岗情况，安全教育和培训情况，各项规章制度健全情况及是否制定安全防范措施、应急预案等。

（2）对各制冷企业的特种设备按国家有关规定进行定期检验和安全注册，未达要求的严禁使用。

案例二十五

1. 事故概况：2004 年 4 月 25 日 9 时 40 分，天津市宜中路天津市燃气集团万科物业发生一起煤气管道泄漏重大事故，造成 3 人死亡。

4 月 25 日 9 时 40 分，位于天津市晓晓钢琴艺术学校门卫室附近的煤气管道发生泄漏，造成 3 人一氧化碳中毒死亡。该学校门卫室距事故管道 2 m，管道在马路便道埋地深约 1.5 m，管子为 ϕ100 mm×4.5 mm 的镀锌管，压力为 0.12 MPa，介质为煤制气。2000 年 6 月施工，2002 年 6 月通气。经对泄漏管段勘察，管子、防腐层上部和侧面有多处外力造成的严重损伤，经腐蚀后造成泄漏，泄漏点 2 处，一处长 180 mm，另一处长 20 mm。

2. 事故原因分析：

（1）直接原因是煤气管道腐蚀泄漏，沿土壤渗透到房屋内，造成房屋内人员长时间中毒身亡。

（2）间接原因是煤气管道施工时外力造成管道材料损伤，破坏了防腐层，导致破损处腐蚀加剧，形成泄漏点。

3. 预防同类事故的措施：

（1）有关施工单位，应当遵守压力管道安全技术规范，严格执行工艺纪律，切实保证隐蔽工程的质量。

（2）有关压力管道产权或维护单位要加强管线的安全巡查，特别注意检查管道泄漏情况，及时修复。

（3）有关单位要告知沿线单位管道的确切位置，采取有效措施，提高公众安全意识，保证附近建筑安全，杜绝占压压力管道的违章建筑。

案例二十六

1. 事故概况：2004 年 10 月 16 日 20 时 40 分，广东省东莞市望牛墩镇朱平沙工业区，东莞顺裕纸业有限公司发生一起压力管道爆炸严重事故，造成 2 人死亡，2 人重伤，直接经济损失 0.6 万元。

设备主要技术参数：蒸汽管网波纹管补偿器未见产品铭牌或其他标记，仅有一复印件的产品合格证（经调查该复印件是伪造的），蒸汽管道的设计压力为 0.49 MPa，规格是ϕ426 mm。

发生爆炸的蒸汽管网波纹管补偿器，东莞顺裕纸业有限公司不能提供产品的质量证明书、安装及使用维修说明书等文件，仅有一北京亚东阀门制造有限公司的产品合格证复印件。经调查，该复印件的产品合格证是伪造的，爆炸的波纹管补偿器是由浙江温州市龙湾永中丽霞波纹管厂制造。该条蒸汽管道在安装前，安装单位未到当地特种设备安全监督管理部门办理安装告知手续，安装开始直至试运行，也未经核准的检验检测机构进行监督检验。

10 月 16 日 18 时 20 分，该公司工程师付刚去巡视蒸汽管道的运行情况，发现 2 号、3 号波纹管金属膨胀节有漏汽现象，随后，他将漏汽情况电话报告该公司李总。18 时 45 分，李总带设备主任余某、调度室主任周某以及主管施工的付某来到现场，研究处理方案，最后决定用短管连接代替泄漏的膨胀节，该 3 人分头准备材料、工具及安排维修人员，20 时 20 分，维修人员到场并组织相应的维修设备到场。20 时 40 分，一声闷响，2 号波纹管金属膨胀节发生爆炸。事故造成 4 位维修人员被炸倒在地上，蒸汽管网金属波纹膨胀节爆炸的碎块掉落在地上（其中有 2 块被该公司收存在仓库内），相邻冷凝回水管道受爆炸影响掉落管架，膨胀节拉杆全部断裂，4 个混凝土管道支架倾斜。

2. 事故原因分析：

（1）使用单位

① 设计人员不具备资质，蒸汽管道的施工图设计不合理，未按规定请有资格单位设计。

② 购买的波纹管补偿器无产品质量证明书、安装使用说明书等证明文件，明知不符合要求，仍交付安装。

③ 发现波纹管补偿器发生严重泄漏时，在可预见有危险存在，未采取有效措施禁止人员接近泄漏点。

（2）供货商

① 伪造波纹管补偿器合格证。

② 销售未经许可的单位生产的波纹管补偿器。

（3）安装单位

① 未办理压力管道安装告知手续，未向核准的检验检测单位申请安装质量监督检验。

② 对厂方提供的波纹管补偿器未进行认真检查核对，明知波纹管补偿器不符合要求，仍继续安装并进行调试，调试过程中未对运行参数进行详细记录。

3. 预防同类事故的措施：

（1）认真贯彻执行《特种设备安全监察条例》、《压力管道安全管理与监察规定》及有关安全技术规范的规定，压力管道应由有资格的单位设计，压力管道必须由取得《压力管道安装许可证》的单位安装，压力管道安装之前必须到特种设备安全监督管理部门办理安装告知手续，安装过程中，必须经核准的检验检测机构对其安装质量进行监督检验。在用的压力管道应经核准的检验检测机构进行定期检验。

（2）压力管道使用单位应购买已取得国务院特种设备安全监督管理部门许可的单位制造的压力管道用管子、压力管道元件（阀门、法兰、补偿器、安全保护装置等），并要求制造单位或经销商提供附有安全技术规范要求的设计文件、产品质量合格证明、安装及使用维修说明书等文件。

（3）压力管道使用单位应建立健全各项安全管理制度、操作规程，应经常组织员工进行安全教育，负责组织对压力管道的安全管理人员、操作人员的培训，在任何情况下都不能有麻痹大意的思想。

（4）应制定事故应急处理措施和救援预案。

案例二十七

1. 事故概况及经过：2004年11月18日14时20分左右，广西壮族自治区柳州市柳南区河西路18号上汽通用五菱汽车股份有限公司发生一起压力管道爆裂事故，造成2人重伤，1人轻伤，直接经济损失0.1万元。事故现场中的过滤器爆裂成三部分，一部分在管道上，一部分(带滤网部分)砸向墙后落在离管道不远处，另一小块成三角形状掉在离管道不远处，保温层全部脱落。

设备主要技术参数：产品型号GL41H-16；公称压力1.6 MPa；公称通径DN150；适用介质为水蒸气；适用温度≤200℃。

事故发生前4天，因溴化锂蒸气吸收式制冷机组停机，进入机组前的阀门关闭，输送蒸汽的该条管道处于停止运行状态，但安装在进入制冷机组前的该过滤器和蒸汽管道仍与该公司的蒸汽管道网连通，压力管道及过滤器里仍然充满着0.9 MPa蒸汽压力的蒸汽和冷凝热水。

过滤器爆炸时，管道内大量高温高压水及蒸汽向北侧喷射出，此时，在距离泄漏点约8 m处停留着一辆小汽车，3名在该公司北面工作的员工正在谈话时，被喷射出的高温高压水及蒸汽不同程度地烫伤。

2. 事故原因分析：

该事故是由于使用质量不合格的材料制造过滤器，制造中留下的隐患在使用过程中承受不了管道的压力和振动发生爆裂，导致管道内的蒸汽和高温冷凝水喷射伤人的严重事故。

(1) 河北省晋州市中兴阀门厂生产的该过滤器使用质量不合格的材料制造，制造质量低劣，是导致事故发生的主要原因。

(2) 中国第十一冶金建设有限公司，在代理购买设备中，未按规定采购有压力管道元件制造资格单位制造的管道元件过滤器，该过滤器无资料，无质量证明书，存在严重质量问题，是导致事故发生的重要原因。

3. 预防同类事故的措施：

(1) 加强压力管道的管理力度，强化设备进入渠道的监督，确保设备的质量符合有关安全技术标准。

(2) 加强压力管道设备的检查及安全管理，做好设备运行检查记录。

(3) 按规定按时定期对设备进行检验检测，及时发现隐患，消除隐患。

(4) 建议制造单位对设备的设计制造从材料到工艺及检验全过程，坚决执行国家的有关标准，保证使用单位和人员的生命财产安全。

习　题　二

一、选择题(将正确答案的代号添入括号内)

1. 压力管道按用途可分为(　　)、(　　)和长输管道。

A(燃气管道)；　B(蒸汽管道)；　C(工业管道)；　D(公用管道)

2. 按《压力管道安装单位资格认可实施细则》分类和分级规定，工业管道(GC类)的GC2级可分为(　　)个品种；公用管道(GB类)分为(　　)个级别。

A(1)；　B(2)；　C(3)；　D(4)

3. 压力管道的定义：是指利用一定的压力，用于输送气体或者液体的管状设备，其范围规定为最高工作压力大于或者等于(　　)MPa(表压)的气体、液化气体、蒸汽介质或者可燃、易爆、有毒、有腐蚀性、最高工作温度高于或者等于标准沸点的液体介质，且公称直径大于(　　)mm 的管道。

A(0.1)；　B(1.0)；　C(25)；　D(32)

4.《特种设备目录》对压力管道按用途分类进行细化：长输管道分为输油管道和输气管道；公用管道分为燃气管道和热力管道；工业管道分为( )管道、动力管道和工艺管道。

A(输送)；　B(蒸汽)；　C(制冷)；　D(气体)

5. 流体介质的临界温度大于(　　)℃的为低压液化气体。

A(－10)；　B(－5)；　C(50)；　D(70)

6. 国家标准《工业金属管道设计规范》将流体介质分类为 A1、A2、B、C、D 五类。B 类是指这些流体在环境或操作条件下是一种(　　)或可闪蒸产生气体的(　　)，这些流体能点燃并在空气中连续燃烧。

A(浆体)；　B(气体)；　C(液体)；　D(流体)

7. 按 GB 5044《职业性接触毒物危害程度分级》分级规定，下列属于Ⅱ级(高度危害)的有(　　)。

A(氯乙烯)；　B(氨)；　C(甲醛)；　D(二硫化碳)

8. 可燃易爆液体介质火灾危险性是根据液体的(　　)划分；可燃易爆气体介质火灾危险性是根据气体的(　　)划分。

A(沸点)；　B(临界点)；　C(闪点)；　D(爆炸极限)

9. 属于甲类火灾危险性的液体介质是(　　)；属于甲类火灾危险性的气体介质是(　　)。

A(乙醇)；　B(甲烷)；　C(氨)；　D(氧气)

10. 腐蚀性介质按化学性质分为(　　)。

A(酸性腐蚀品)；　B(碱性腐蚀品)；　C(中性腐蚀品)；　D(其他腐蚀品)

11. 液体在密闭的容器(空间)内处在气液两相动态平衡状态时，称为(　　)状态。

A(临界)；　B(平衡)；　C(相对)；　D(饱和)

12. 可燃液体蒸发的蒸汽能产生闪燃的最低温度称为闪点。闪点越低火灾危险性(　　)。

A(降低)；　B(越小)；　C(越大)；　D(增大)

13. 同时具有易燃易爆性和毒性的介质很多，如(　　)等。

A(一氧化碳)；　B(二氧化碳)；　C(氨)；　D(氮气)

14. 液化石油气是一种低碳数的烃类混合物。其组成主要有(　　)、(　　)、(　　)、丙烯、丁烷，丁烯及少量的戊烷、戊烯等。

A(一氧化碳)；　B(甲烷)；　C(乙烷)；　D(乙烯)；　E(丙烷)

15. 液体的沸点随液体所承受的压力而改变，液体的(　　)越高，沸点也越高，反之，沸点越低。

A(压力)；　B(温度)；　C(闪点)；　D(溶点)

16. 为预防介质温度意外升高导致蒸汽压超过管道强度造成的破坏，一般采取在液相管道上设置(　　)、(　　)、水封等安全保护装置，

A(减压阀)；　B(爆破片)；　C(排放管)；　D(安全阀)

17. 按 GB 7231—2003《工业管道基本识别色、识别符号和安全标识》规定，工业管道输送气体介质的识别色为(　　)、输送可燃液体的识别色为(　　)。

A(紫色)；　B(棕色)；　C(艳绿色)；　D(中黄)

18. 按 GB 7231—2003 规定，基本识别色的标识方法有(　　)种。

A(3)；　B(4)；　C(5)；　D(6)

19. 压力管道事故原因可以归结为人的不安全(　　)和压力管道的不安全(　　)。

A(管理)；　B(意识)；　C(行为)；　D(状态)

20. 在用压力管道按合乎使用的原则进行(　　)后，向质量技术监督部门办理注册登记手续，取得《特种设备使用登记证》或者在注册登记汇总表加盖“准予登记注册”章后，方可继续使用。

A(在线检验)；　B(全面检验)；　C(安装监检)；　D(在线检验或全面检验)

21.《生产安全事故报告和调查处理条例》规定，重大事故是指造成(　　)人以上(　　)人以下死亡，或者 50 人以上 100 人以下重伤，或者 5000 万元以上 1 亿元以下直接经济损失的事故。

A(10)；　B(20)；　C(30)；　D(40)

22. 工业管道按失效破坏形式分为韧性破坏、(　　)、(　　)、蠕变破坏，其他形式破坏。其中腐蚀破坏是最常见的一种破坏形式。

A(脆性破坏)；　B(超压破坏)；　C(疲劳破坏)；　D(高温破坏)

23. 压力管道发生韧性破坏有三种情况，一是由于(　　)，二是管道材料缺陷；三是由于(　　)。

A(超压)；　B(氢损伤)；　C(疲劳)；　D(腐蚀减薄)

24. 城镇燃气管道抢修是指燃气设施(含管道)发生危及安全的(　　)以及引起的中毒、火灾、(　　)等事故时，采取紧急处理措施的作业过程。

A(事故)；　B(燃烧)；　C(泄漏)；　D(爆炸)

25. 液化石油气泄漏抢修时，应备有(　　)等有效的消防器材。当泄出的液化石油气不易控制时，可用消防水枪喷冲稀释泄出的液化石油气。

A(液体灭火器)；　B(气体灭火器)；　C(固体灭火器)；　D(干粉灭火器)

26. 燃气管道抢修人员进入警戒区应按规定穿戴防护用具，作业时应有专人监护，严禁(　　)。

A(动火作业)；　B(敲定管道)；　C(单独作业)；　D(启动电器)

27. 事故应急救援预案分为(　　)和(　　)。

A(分预案)；　B(专业预案)；　C(场内预案)；　D(场外预案)

28. 发生易燃易爆介质泄漏时，人员撤离时一般应选择上风口，如果泄漏介质密度比空气(　　)，应尽量避免人员处在低洼地带；如果泄漏介质密度比空气(　　)，疏散人员应转

移到地势较泄漏点低的地方。

A(小)；　B(大)；　C(高)；　D(低)

二、判断题(正确的画"√",错误的画"×")

1.《化工企业压力管道管理规定》界定工作压力为4.0 MPa,工作温度等于470℃的碳素钢管道列为B级管道。(　　)

2. 公用管道(GB类)系指企业、事业单位所属的用于输送工艺介质的工艺管道、公用工程管道及其他辅助管道。(　　)

3. 按《特种设备安全监察条例》对压力管道的定义,符合一定条件的工作压力、公称直径和介质要求的管道才作为压力管道进行管理。(　　)

4.《压力管道安装单位资格认可实施细则》将工业管道分为GB1级、GB2级,将公用管道分为GC1级、GC2级和GC3级,把长输管道分为GA1级、GA2级、GA3级,共三大类8个级别。(　　)

5. 管道按材料分为金属管道和非金属管道。(　　)

6. 企业范围内用于供应给各生产车间的蒸汽管道属于公用管道。(　　)

7. GB 5044《职业性接触毒物危害程度分级》分级规定,毒物分为极度危害、高度危害、中度危害和一般危害共四级。(　　)

8. 国家标准GB 50160《石油化工企业设计防火规范》及GBJ 16《建筑设计防火规范》是介质火灾危险性划分的主要依据。(　　)

9. 乙类火灾危险性是指可燃气体与空气混合物的爆炸下限≥10%时,遇火发生闪燃或爆炸的气体。(　　)

10. 腐蚀性流体介质是指能灼伤人体组织并对金属等物品造成损坏的液体,其散发的烟雾、蒸气强烈刺激眼睛和呼吸道,吸入会中毒。(　　)

11. 管道与液化石油气储罐是以与储罐出口法兰连接的阀门划分。(　　)

12. 介质温度在其临界温度以上时,不管对其施加多大的压力都不能使其液化。(　　)

13. 物理爆炸特征是爆炸前后物质的性质和化学成分均发生根本改变。(　　)

14. 城镇燃气一般包括天然气、人工煤气和液化石油气。(　　)

15. 天然气比空气轻,其主要成分为甲烷(CH_4)和一氧化碳。(　　)

16. 当液体在密闭空间内汽化并处于汽液平衡的状态称为饱和状态,其温度称为饱和温度即沸点。(　　)

17. 管道腐蚀可分为输送腐蚀性介质的内腐蚀和管道外表受环境(大气)影响的外腐蚀。(　　)

18. 一定温度下的介质对应特定的蒸汽压力。(　　)

19. 管道内的介质凡属于国家标准GB 13690《常用危险化学品的分类及标志》所列的危险化学品,其管道应设置危险标识。(　　)

20. 新建、扩建、改建的压力管道工程,建设单位或使用单位应向所在地质量技术监督部门特种设备安全监察机构办理安装告知手续。(　　)

21. 压力管道在线检验由使用单位进行，也可委托特种设备检验检测机构进行。使用单位进行在线检验的，必须有3名以上持有《特种设备作业人员证》的在线检验检测人员进行。(　　)

22. 压力管道的“安装安全质量监督检验”是指监理单位对安装质量的监理工作。(　　)

23. 压力管道安全管理人员有权越级向主管部门或政府安全生产管理部门反映直到隐患消除。(　　)

24. 压力管道安全管理制度就是通过识别人和物的不安全因素，并以文件形式对这些因素加以控制的行为准则。(　　)

25.《生产安全事故报告和调查处理条例》(国务院令第493号)规定的事故分类是按事故造成人员伤亡和经济损失情况分为四类。(　　)

26. 压力管道可直接作为危险源进行管理。(　　)

27. 韧性破坏是管道在压力的作用下管壁上产生的应力达到或超过材料的强度极限，而发生断裂的一种破坏型式。(　　)

28. 燃气管道抢修人员进入有燃气泄漏的调压室、泵房等不通风的地方时，为防止燃气扩散应关闭门窗。(　　)

29. 当燃气管道泄漏处已发生燃烧时，应先采取措施控制火势后再降压或切断气源，严禁出现负压。(　　)

30. 危险源普查和识别是编制事故应急救援预案的重要内容，确定危险源的危害程度才能在应急时采取对应措施。(　　)

31. 易燃易爆介质管道泄漏较大时可能产生点火能量，导致次生事故。(　　)

32. 火灾中产生的浓烟由于热空气上升的作用，大量的浓烟将漂浮在上层，因此在火灾时尽量采取低姿势爬行，头部尽量贴近地面。(　　)

三、简答题

1. 简述GC2级工业管道4个品种的界定。
2. 说明对压力管道进行分类和分级的必要性。
3. 具备燃烧三个必要条件的物质，并不一定能燃烧或爆炸，为什么？
4. 简述“水蒸气爆炸”的形成和原因。
5. 简述管道“点腐蚀”特点及危害性。
6. 管道输送介质对安全使用主要有哪些方面影响？
7. 简述管道标识的重要性。
8. 在用压力管道的使用单位申请办理管道使用登记手续应提供哪些资料？
9. 简述压力管道使用单位应做到“三落实，两有证，一检验”的含义。
10. 压力管道安全管理人员主要履行哪几方面的职责？
11. 压力管道安全管理制度一般包括哪些方面的内容？
12. 压力管道的技术档案管理制度一般包括哪些方面的内容？
13. 压力管道安全操作规程一般包括哪些方面的内容？

14. 特种设备事故报告制度一般包括哪些方面的内容?
15. 压力管道危险源的基本情况包括哪些方面的内容?
16. 预防管道事故的发生,在安全管理方面应采取哪些措施?
17. 发生工业管道严重泄漏或爆炸时,现场人员应急处理原则是什么?
18. 简述发生燃气管道火灾与爆炸的处理原则。
19. 事故应急救援预案危险源识别主要包括哪些方面?
20. 简述氨介质中毒后的处理方法。
21. 典型事故案例分析。

第三章　法规知识[1)]

压力管道是特种设备的一个种类，涉及人民群众生命财产安全。因此，国家把压力管道列入强制管理的范围，设置政府安全管理部门（特种设备安全监察机构），并以法律法规的形式规定了特种设备安全监察机构管理职责，以及压力管道生产、使用、检验检测等单位安全管理职责和义务，是压力管道安全管理工作的基础和依据，也是有关单位和人员必须遵守的行为准则。

本章第一节介绍与特种设备有关的《安全生产法》和国家法规的主要内容，是压力管道所有作业人员应掌握的法规知识；第二节是工业管道安全管理人员应掌握的专业规章、技术规范和标准；第三节是公用管道安全管理人员应掌握的专业规章、技术规范和标准的主要内容。涉及压力管道安全管理方面的国家法律法规、规章及技术规范体系见图 3.1.1 。

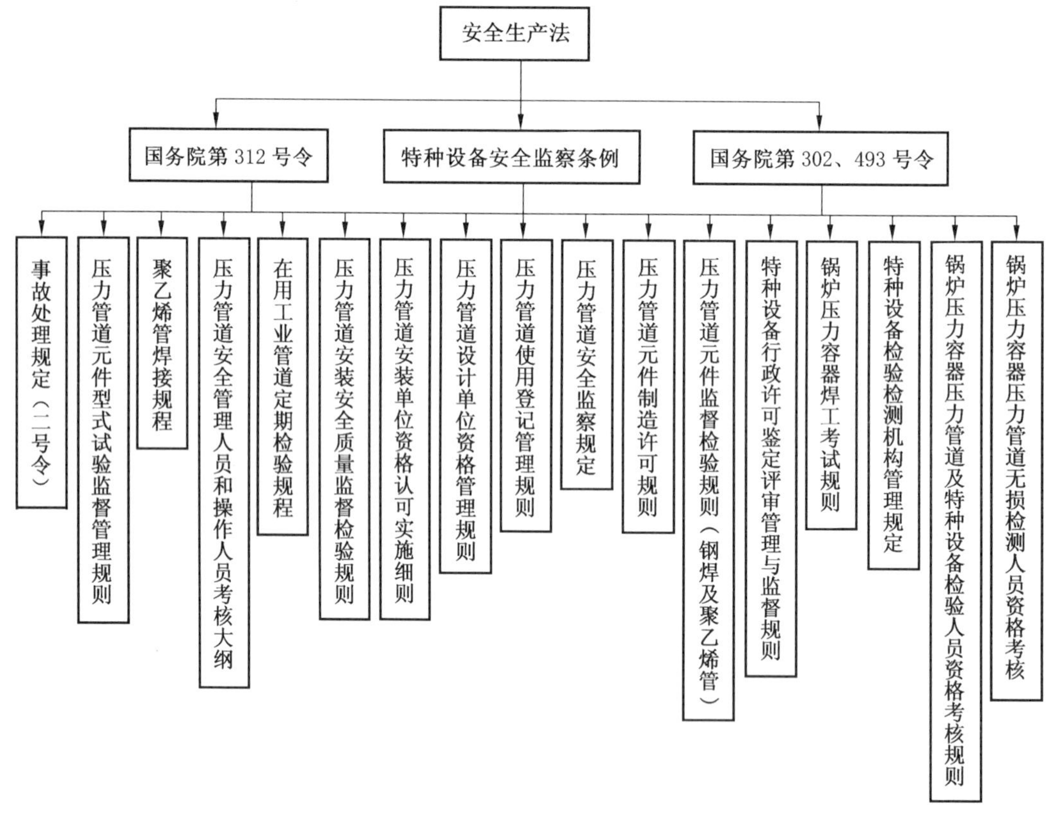

图 3.1.1　压力管道法律法规体系图

1）为保持法规原文风貌，个别法规中的引用文件将以原文件名列出，但由于篇幅所限，省略这些引用文件。

第一节　通用法律法规

一、《安全生产法》对企业和人员的有关规定

1. 企业和安全管理人员安全生产职责

（1）生产经营单位必须坚持安全第一、预防为主的方针。遵守本法和其他有关安全生产的法律、法规，加强安全生产管理，建立、健全安全生产责任制度，完善安全生产条件，确保安全生产。

（2）生产经营单位的主要负责人对本单位的安全生产工作全面负责；从业人员有依法获得安全生产保障的权利，并应当依法履行安全生产方面的义务。

（3）生产经营单位必须执行依法制定的保障安全生产的国家标准或者行业标准。

（4）生产经营单位应当具备本法和有关法律、行政法规和国家标准或者行业标准规定的安全生产条件；不具备安全生产条件的，不得从事生产经营活动。

（5）生产经营单位的主要负责人对本单位安全生产工作负有下列职责：

① 建立、健全本单位安全生产责任制；

② 组织制定本单位安全生产规章制度和操作规程；

③ 保证本单位安全生产投入的有效实施；

④ 督促、检查本单位的安全生产工作，及时消除生产安全事故隐患；

⑤ 组织制定并实施本单位的生产安全事故应急救援预案；

⑥ 及时、如实报告生产安全事故。

（6）生产经营单位应当具备的安全生产条件所必需的资金投入，由生产经营单位的决策机构、主要负责人或者个人经营的投资人予以保证，并对由于安全生产所必需的资金投入不足导致的后果承担责任。

（7）危险物品的生产、经营、储存单位，应当设置安全生产管理机构或者配备专职安全生产管理人员。除此以外的其他生产经营单位，从业人员超过三百人的，应当设置安全生产管理机构或者配备专职安全生产管理人员；从业人员在三百人以下的，应当配备专职或者兼职的安全生产管理人员，或者委托具有国家规定的相关专业技术资格的工程技术人员提供安全生产管理服务。生产经营单位依照前款规定委托工程技术人员提供安全生产管理服务的，保证安全生产的责任仍由本单位负责。

（8）生产经营单位的主要负责人和安全生产管理人员必须具备与本单位所从事的生产经营活动相应的安全生产知识和管理能力。

危险物品的生产、经营、储存单位的主要负责人和安全生产管理人员，应当由有关主管部门对其安全生产知识和管理能力考核合格后方可任职。

（9）生产经营单位应当对从业人员进行安全生产教育和培训，保证从业人员具备必要的安全生产知识，熟悉有关的安全生产规章制度和安全操作规程，掌握本岗位的安全操作技能。未经安全生产教育和培训合格的从业人员，不得上岗作业。

（10）生产经营单位使用的涉及生命安全、危险性较大的特种设备，以及危险物品的容

器、运输工具，必须按照国家有关规定，由专业生产单位生产，并经取得专业资质的检测、检验机构检测、检验合格，取得安全使用证或者安全标志，方可投入使用。检测、检验机构对检测、检验结果负责。

(11) 生产经营单位应当教育和督促从业人员严格执行本单位的安全生产规章制度和安全操作规程；并向从业人员如实告知作业场所和工作岗位存在的危险因素、防范措施以及事故应急措施。

(12) 生产经营单位必须为从业人员提供符合国家标准或者行业标准的劳动防护用品，并监督、教育从业人员按照使用规则佩戴、使用。

(13) 生产经营单位的安全生产管理人员应当根据本单位的生产经营特点，对安全生产状况进行经常性检查；对检查中发现的安全问题，应当立即处理；不能处理的，应当及时报告本单位有关负责人。检查及处理情况应当记录在案。

(14) 生产经营单位发生重大生产安全事故时，单位的主要负责人应当立即组织抢救，并不得在事故调查处理期间擅离职守。

2. 从业人员的权利和义务

(1) 生产经营单位与从业人员订立的劳动合同，应当载明有关保障从业人员劳动安全、防止职业危害的事项，以及依法为从业人员办理工伤社会保险的事项。

生产经营单位不得以任何形式与从业人员订立协议，免除或者减轻其对从业人员因生产安全事故伤亡依法应承担的责任。

(2) 生产经营单位的从业人员有权了解其作业场所和工作岗位存在的危险因素、防范措施及事故应急措施，有权对本单位的安全生产工作提出建议。

(3) 从业人员有权对本单位安全生产工作中存在的问题提出批评、检举、控告；有权拒绝违章指挥和强令冒险作业。

(4) 从业人员发现直接危及人身安全的紧急情况时，有权停止作业或者在采取可能的应急措施后撤离作业场所。

(5) 因生产安全事故受到损害的从业人员，除依法享有工伤社会保险外，依照有关民事法律尚有获得赔偿的权利的，有权向本单位提出赔偿要求。

(6) 从业人员在作业过程中，应当严格遵守本单位的安全生产规章制度和操作规程，服从管理，正确佩戴和使用劳动防护用品。

(7) 从业人员应当接受安全生产教育和培训，掌握本职工作所需的安全生产知识，提高安全生产技能，增强事故预防和应急处理能力。

(8) 从业人员发现事故隐患或者其他不安全因素，应当立即向现场安全生产管理人员或者本单位负责人报告；接到报告的人员应当及时予以处理。

3. 事故的应急救援与调查处理

(1) 危险物品的生产、经营、储存单位应当建立应急救援组织；生产经营规模较小，可以不建立应急救援组织的，应当指定兼职的应急救援人员；配备必要的应急救援器材、设备，并进行经常性维护、保养，保证正常运转。

(2) 生产经营单位发生生产安全事故后，事故现场有关人员应当立即报告本单位负责人。单位负责人接到事故报告后，应当迅速采取有效措施，组织抢救，防止事故扩大，减少人员伤亡和财产损失，并按照国家有关规定立即如实报告当地负有安全生产监督管理职责的部门，不得隐瞒不报、谎报或者拖延不报，不得故意破坏事故现场、毁灭有关证据。

4. 法律责任

(1) 生产经营单位的决策机构、主要负责人、个人经营的投资人不依照本法规定保证安全生产所必需的资金投入，致使生产经营单位不具备安全生产条件的，责令限期改正，提供必需的资金；逾期未改正的，责令生产经营单位停产停业整顿。

由此导致发生生产安全事故，构成犯罪的，依照刑法有关规定追究刑事责任；尚不够刑事处罚的，对生产经营单位的主要负责人给予撤职处分，对个人经营的投资人处二万元以上二十万元以下的罚款。

(2) 生产经营单位的主要负责人未履行本法规定的安全生产管理职责的，责令限期改正；逾期未改正的，责令生产经营单位停产停业整顿。

生产经营单位的主要负责人由于未履行安全生产管理职责导致发生生产安全事故，构成犯罪的，依照刑法有关规定追究刑事责任；尚不够刑事处罚的，给予撤职处分或者处二万元以上二十万元以下的罚款。

(3) 生产经营单位有下列行为之一的，责令限期改正；逾期未改正的，责令停产停业整顿，可以并处二万元以下的罚款：

① 未按照规定设立安全生产管理机构或者配备安全生产管理人员的；

② 危险物品的生产、经营、储存单位以及矿山、建筑施工单位的主要负责人和安全生产管理人员未按照规定经考核合格的；

③ 未按照本法第二十一条、第二十二条的规定对从业人员进行安全生产教育和培训，或者未按照本法第三十六条的规定如实告知从业人员有关的安全生产事项的；

④ 特种作业人员未按照规定经专门的安全作业培训并取得特种作业操作资格证书，上岗作业的。

(4) 特种设备以及危险物品的容器、运输工具未经取得专业资质的机构检测、检验合格，取得安全使用证或者安全标志，投入使用的，责令限期改正，逾期未改正的，责令停止建设或者停产停业整顿，可以并处五万元以下的罚款；造成严重后果，构成犯罪的，依照刑法有关规定追究刑事责任。

(5) 生产经营单位与从业人员订立协议，免除或者减轻其对从业人员因生产安全事故伤亡依法应承担的责任的，该协议无效；对生产经营单位的主要负责人、个人经营的投资人处二万元以上十万元以下的罚款。

(6) 生产经营单位的从业人员不服从管理，违反安全生产规章制度或者操作规程的，由生产经营单位给予批评教育，依照有关规章制度给予处分；造成重大事故，构成犯罪的，依照刑法有关规定追究刑事责任。

(7) 生产经营单位主要负责人在本单位发生重大生产安全事故时，不立即组织抢救或者在事故调查处理期间擅离职守或者逃匿或者对生产安全事故隐瞒不报、谎报或者拖延不报的，给予降职、撤职的处分，对逃匿的处十五日以下拘留；构成犯罪的，依照刑法有关规定追究刑事责任。

二、《特种设备安全监察条例》涉及压力管道的内容

1．压力管道是特种设备的一个种类。《条例》第二条：本条例所称特种设备是指涉及生命安全、危险性较大的锅炉、压力容器（含气瓶，下同）、压力管道、电梯、起重机械、客运索道、大型游乐设施。

2．适用范围。压力管道涉及生命安全，它的生产（含设计、制造、安装、改造、维修，下同）、使用、检验检测及其监督检查，应当遵守本条例，但本条例另有规定的除外。

《条例》具体规定压力管道的制造、检验检测及其监督检查等环节安全监察的内容；其余三环节（设计、安装和使用）的安全监督管理由国务院另行制定。

注：《国务院对确需保留的行政审批项目设定行政许可的决定》（国务院令第 412 号）把压力管道设计、安装、使用、检验单位和人员资格认定列入行政许可范围。

3．压力管道的定义。是指利用一定的压力，用于输送气体或者液体的管状设备，其范围规定为最高工作压力大于或者等于 0.1 MPa（表压）的气体、液化气体、蒸汽介质或者可燃、易爆、有毒、有腐蚀性、最高工作温度高于或者等于标准沸点的液体介质，且公称直径大于 25 mm 的管道。

从上述定义来看，必须同时具备三个条件才作为压力管道列入强制管理范围。特别注意的是：不是可燃、易爆、无毒、无腐蚀性液体介质，温度必须高于或者等于标准沸点才具备介质条件，否则不列入强制管理范围。对压力管道进行分类和分级，就是对不同压力管道具体使用情况、危险程度，以及管理要求，有针对性的提出不同的具体规定，以合理进行资源的投入，达到经济与安全运行目的。

压力管道与设备的划分：管道与设备焊接连接的第一道环向焊缝；螺纹连接的第一个接头；法兰连接的第一个法兰密封面；专用连接的第一个密封面。

4．政府管理部门。《条例》第四条：国务院特种设备安全监督管理部门负责全国特种设备的安全监察工作，县以上地方负责特种设备安全监督管理的部门对本行政区域内特种设备实施安全监察（统称特种设备安全监督管理部门）。

5．有关单位及人员职责。《条例》第五条：特种设备生产、使用单位应当建立健全特种设备安全管理制度和岗位安全责任制度。特种设备生产、使用单位的主要负责人应当对本单位特种设备的安全全面负责。特种设备生产、使用单位和特种设备检验检测机构，应当接受特种设备安全监督管理部门依法进行的特种设备安全监察。

6．压力管道制造环节的规定

（1）制造资格规定。《条例》第十四条：锅炉、压力容器、电梯、起重机械、客运索道、大型游乐设施及其安全附件、安全保护装置的制造、安装、改造单位，以及压力管道用管子、管件、阀门、法兰、补偿器、安全保护装置等（以下简称压力管道元件）的制造单位，应当经国务院特种设备安全监督管理部门许可，方可从事相应的活动。

（2）产品质量证明。《条例》第十五条：特种设备出厂时，应当附有安全技术规范要求的设计文件、产品质量合格证明、安装及使用维修说明、监督检验证明等文件；《条例》第十三条：按照安全技术规范的要求，应当进行型式试验的特种设备产品、部件或者试制特种设备新产品、新部件，必须进行整机或者部件的型式试验。

（3）产品监督检验的规定。《条例》第二十一条：锅炉、压力容器、压力管道元件、起重机械、大型游乐设施的制造过程和锅炉、压力容器、电梯、起重机械、客运索道、大型游乐设施的安装、改造、重大维修过程，必须经国务院特种设备安全监督管理部门核准的检验检测机构按照安全技术规范的要求进行监督检验；未经监督检验合格的不得出厂或者交付使用。

7. 法律责任

（1）未取得压力管道元件制造许可而从事制造活动的处罚。《条例》第六十七条：未经许可，擅自从事锅炉、压力容器、电梯、起重机械、客运索道、大型游乐设施及其安全附件、安全保护装置的制造、安装、改造以及压力管道元件的制造活动的，由特种设备安全监督管理部门予以取缔，没收非法制造的产品，已经实施安装、改造的，责令恢复原状或者责令限期由取得许可的单位重新安装、改造，处5万元以上20万元以下罚款；触犯刑律的，对负有责任的主管人员和其他直接责任人员依照刑法关于生产、销售伪劣产品罪、非法经营罪、重大责任事故罪或者其他罪的规定，依法追究刑事责任。

（2）不提供压力管道元件质量证明文件的处罚。《条例》第六十八条：特种设备出厂时，未按照安全技术规范的要求附有设计文件、产品质量合格证明、安装及使用维修说明、监督检验证明等文件的，由特种设备安全监督管理部门责令改正；情节严重的，责令停止生产、销售，处违法生产、销售货值金额30%以下罚款；有违法所得的，没收违法所得。

（3）压力管道元件未按规定进行监督检验的处罚。第七十一条：锅炉、压力容器、压力管道元件、起重机械、大型游乐设施的制造过程和锅炉、压力容器、电梯、起重机械、客运索道、大型游乐设施的安装、改造、重大维修过程，未经国务院特种设备安全监督管理部门核准的检验检测机构按照安全技术规范的要求进行监督检验，出厂或者交付使用的，由特种设备安全监督管理部门责令改正，没收违法生产、销售的产品，已经实施安装、改造或者重大维修的，责令限期进行监督检验，处5万元以上20万元以下的罚款；有违法所得的，没收违法所得；情节严重的，撤销制造、安装、改造或者维修单位已经取得的许可，并由工商行政管理部门吊销其营业执照；触犯刑律的，对负有责任的主管人员和其他直接责任人员依照刑法关于生产、销售伪劣产品罪或者其他罪的规定，依法追究刑事责任。

（4）事故不抢救、不报告的处罚：第七十八条：特种设备使用单位的主要负责人在本单位发生重大特种设备事故时，不立即组织抢救或者在事故调查处理期间擅离职守或者逃匿的，给予降职、撤职的处分；触犯刑律的，依照刑法关于重大责任事故罪或者其他罪的规定，依法追究刑事责任。

特种设备使用单位的主要负责人对特种设备事故隐瞒不报、谎报或者拖延不报的，依照前款规定处罚。

（5）特种设备作业人员违反规定的处罚：第七十九条：特种设备作业人员违反特种设备的操作规程和有关的安全规章制度操作，或者在作业过程中发现事故隐患或者其他不安全因素，未立即向现场安全管理人员和单位有关负责人报告的，由特种设备使用单位给予批评教育、处分；触犯刑律的，依照刑法关于重大责任事故罪或者其他罪的规定，依法追究刑事责任。

三、《国务院对确需保留的行政审批项目设定行政许可的决定》(国务院令第412号)

《中华人民共和国行政许可法》规定:行政许可由国家法律、行政法规设定;符合《行政许可法》行政许可项目,尚未制定法律、行政法规的,地方性法规可以设定行政许可;符合《行政许可法》行政许可项目,尚未制定法律、行政法规和地方性法规的,因行政管理的需要,确需立即实施行政许可的,省、自治区、直辖市人民政府规章可以设定临时性的行政许可。临时性的行政许可实施满一年需要继续实施的,应当提请本级人民代表大会及其常务委员会制定地方性法规。

由于法律法规不尽完善,以及历史等原因,一些符合《行政许可法》行政许可项目(如:直接涉及国家安全、公共安全、经济宏观调控、生态环境保护以及直接关系人身健康、生命财产安全等特定活动等),在《行政许可法》2004年7月1日施行前是由国家规章予以设定的,因此,国务院根据《行政许可法》,公布《国务院对确需保留的行政审批项目设定行政许可的决定》,保留由原规章设定的部分行政许可项目。

所保留的行政许可项目共500项,其中包括压力管道的设计、安装、使用、检验单位和人员资格认定。实施机关为:质检总局、县级以上地方人民政府质量技术监督部门。

四、《国务院关于特大安全事故行政责任追究的规定》(国务院令第302号)相关内容

1. 适用范围。《国务院关于特大安全事故行政责任追究的规定》适用于地方人民政府主要领导人和政府有关部门正职负责人,对下列特大安全事故的防范、发生,依照法律、行政法规和本规定的规定有失职、渎职情形或者负有领导责任的,依照本规定给予行政处分;构成玩忽职守罪或者其他罪的,依法追究刑事责任:

(1) 特大火灾事故;

(2) 特大交通安全事故;

(3) 特大建筑质量安全事故;

(4) 民用爆炸物品和化学危险品特大安全事故;

(5) 煤矿和其他矿山特大安全事故;

(6) 锅炉、压力容器、压力管道和特种设备特大安全事故;

(7) 其他特大安全事故。

地方人民政府和政府有关部门对特大安全事故的防范、发生直接负责的主管人员和其他直接责任人员,比照本规定给予行政处分;构成玩忽职守罪或者其他罪的,依法追究刑事责任。

特大安全事故肇事单位和个人的刑事处罚、行政处罚和民事责任,依照有关法律、法规和规章的规定执行。

2. 以法规的效力定义了锅炉、压力容器、压力管道和特种设备作为生产安全事故一种形式。从某种意义上也把压力管道列入(重大)危险源。

3. 地方各级人民政府及政府有关部门应当依照有关法律、法规和规章的规定,采取行

政措施，对本地区实施安全监督管理，保障本地区人民群众生命、财产安全，对本地区或者职责范围内防范特大安全事故的发生、特大安全事故发生后的迅速和妥善处理负责。

五、《生产安全事故报告和调查处理条例》（国务院令第 493 号）相关内容

压力管道作为危险源具有泄漏、爆炸、中毒以及发生二次危害的可能性，涉及人民群众生命财产安全，如发生事故则按《生产安全事故报告和调查处理条例》进行报告、调查和处理。《条例》与生产经营企业有关的规定如下：

1. 生产经营活动中发生的造成人身伤亡或者直接经济损失的生产安全事故的报告和调查处理，适用本条例；根据事故造成人身伤亡或者直接经济损失，生产事故分为特别重大事故、重大事故、较大事故和一般事故等 4 个等级：

（1）特别重大事故，是指造成 30 人以上死亡，或者 100 人以上重伤（包括急性工业中毒，下同），或者 1 亿元以上直接经济损失的事故；

（2）重大事故，是指造成 10 人以上 30 人以下死亡，或者 50 人以上 100 人以下重伤，或者 5 000 万元以上 1 亿元以下直接经济损失的事故；

（3）较大事故，是指造成 3 人以上 10 人以下死亡，或者 10 人以上 50 人以下重伤，或者 1 000 万元以上 5 000 万元以下直接经济损失的事故；

（4）一般事故，是指造成 3 人以下死亡，或者 10 人以下重伤，或者 1 000 万元以下直接经济损失的事故。

上述所称的“以上”包括本数，所称的“以下”不包括本数。

2. 事故报告

（1）事故报告应当及时、准确、完整，任何单位和个人对事故不得迟报、漏报、谎报或者瞒报。

（2）事故发生后，事故现场有关人员应当立即向本单位负责人报告；单位负责人接到报告后，应当于 1 小时内向事故发生地县级以上人民政府安全生产监督管理部门和负有安全生产监督管理职责的有关部门报告。

情况紧急时，事故现场有关人员可以直接向事故发生地县级以上人民政府安全生产监督管理部门和负有安全生产监督管理职责的有关部门报告。

（3）报告事故应当包括下列内容：

① 事故发生单位概况；

② 事故发生的时间、地点以及事故现场情况；

③ 事故的简要经过；

④ 事故已经造成或者可能造成的伤亡人数（包括下落不明的人数）和初步估计的直接经济损失；

⑤ 已经采取的措施；

⑥ 其他应当报告的情况。

（4）事故报告后出现新情况的，应当及时补报。自事故发生之日起 30 日内，事故造成的伤亡人数发生变化的，应当及时补报；道路交通事故、火灾事故自发生之日起 7 日内，事故造成的伤亡人数发生变化的，应当及时补报。

(5) 事故发生单位负责人接到事故报告后，应当立即启动事故相应应急预案，或者采取有效措施，组织抢救，防止事故扩大，减少人员伤亡和财产损失。

(6) 事故发生后，有关单位和人员应当妥善保护事故现场以及相关证据；任何单位和个人不得破坏事故现场、毁灭相关证据。

因抢救人员、防止事故扩大以及疏通交通等原因，需要移动事故现场物件的，应当做出标志，绘制现场简图并做出书面记录，妥善保存现场重要痕迹、物证。

3. 事故调查

(1) 事故调查的组织。特别重大事故由国务院或者国务院授权有关部门组织事故调查组进行调查。

重大事故、较大事故、一般事故分别由事故发生地省级人民政府、设区的市级人民政府、县级人民政府负责调查。省级人民政府、设区的市级人民政府、县级人民政府可以直接组织事故调查组进行调查，也可以授权或者委托有关部门组织事故调查组进行调查。

未造成人员伤亡的一般事故，县级人民政府也可以委托事故发生单位组织事故调查组进行调查。

(2) 事故调查组有权向有关单位和个人了解与事故有关的情况，并要求其提供相关文件、资料，有关单位和个人不得拒绝。

事故发生单位的负责人和有关人员在事故调查期间不得擅离职守，并应当随时接受事故调查组的询问，如实提供有关情况。

4. 事故处理

(1) 事故发生单位应当按照负责事故调查的人民政府的批复，对本单位负有事故责任的人员进行处理。负有事故责任的人员涉嫌犯罪的，依法追究刑事责任。

(2) 事故发生单位应当认真吸取事故教训，落实防范和整改措施，防止事故再次发生。防范和整改措施的落实情况应当接受工会和职工的监督。

安全生产监督管理部门和负有安全生产监督管理职责的有关部门应当对事故发生单位落实防范和整改措施的情况进行监督检查。

5. 法律责任

(1) 事故发生单位主要负责人有下列行为之一的，处上一年年收入40%至80%的罚款；属于国家工作人员的，并依法给予处分；构成犯罪的，依法追究刑事责任：

① 不立即组织事故抢救的；

② 迟报或者漏报事故的；

③ 在事故调查处理期间擅离职守的。

(2) 事故发生单位及其有关人员有下列行为之一的，对事故发生单位处100万元以上500万元以下的罚款；对主要负责人、直接负责的主管人员和其他直接责任人员处上一年年收入60%至100%的罚款；属于国家工作人员的，并依法给予处分；构成违反治安管理行为的，由公安机关依法给予治安管理处罚；构成犯罪的，依法追究刑事责任：

① 谎报或者瞒报事故的；

② 伪造或者故意破坏事故现场的；

③ 转移、隐匿资金、财产，或者销毁有关证据、资料的；

④ 拒绝接受调查或者拒绝提供有关情况和资料的；

⑤ 在事故调查中作伪证或者指使他人作伪证的；

⑥ 事故发生后逃匿的。

（3）事故发生单位对事故发生负有责任的，依照下列规定处以罚款：

① 发生一般事故的，处10万元以上20万元以下的罚款；

② 发生较大事故的，处20万元以上50万元以下的罚款；

③ 发生重大事故的，处50万元以上200万元以下的罚款；

④ 发生特别重大事故的，处200万元以上500万元以下的罚款。

（4）事故发生单位主要负责人未依法履行安全生产管理职责，导致事故发生的，依照下列规定处以罚款；属于国家工作人员的，并依法给予处分；构成犯罪的，依法追究刑事责任：

① 发生一般事故的，处上一年年收入30%的罚款；

② 发生较大事故的，处上一年年收入40%的罚款；

③ 发生重大事故的，处上一年年收入60%的罚款；

④ 发生特别重大事故的，处上一年年收入80%的罚款。

（5）事故发生单位对事故发生负有责任的，由有关部门依法暂扣或者吊销其有关证照；对事故发生单位负有事故责任的有关人员，依法暂停或者撤销其与安全生产有关的执业资格、岗位证书；事故发生单位主要负责人受到刑事处罚或者撤职处分的，自刑罚执行完毕或者受处分之日起，5年内不得担任任何生产经营单位的主要负责人。

六、《锅炉压力容器压力管道特种设备事故处理规定》（质检总局令第2号）主要内容

（注：该规定即将修改，发布后再补充。）

七、《锅炉压力容器压力管道特种设备安全监察行政处罚规定》（质检总局令第14号）相关内容

1. 适用范围：国家质量监督检验检疫总局和各地质量技术监督部门对设备设计、制造、安装、充装、检验、修理、改造、维修保养、化学清洗等违法行为实施行政处罚，应当遵守本规定。

2. 对未经许可而从事相关活动的处罚：应当取得设备设计、制造、安装、充装、检验、修理、改造、维修保养、化学清洗许可，而未取得相应许可擅自从事有关活动的，责令其停止违法行为；属非经营性活动的，处一千元以下罚款；属经营性活动，有违法所得的，处违法所得一倍以上三倍以下，最高不超过三万元的罚款，没有违法所得的，处一万元以下罚款。

实行生产许可证管理的设备未取得生产许可证的，按照《工业产品质量责任条例》等有关规定处罚。

3. 未履行监督检验的处罚：应当履行设备制造、安装、修理、改造安全质量监督检验程序而未按照规定履行的，责令改正；属非经营性活动的，处一千元以下罚款；属经营性活动，有违法所得的，处违法所得一倍以上三倍以下，最高不超过三万元的罚款，没有违法所得的，处一万元以下罚款。

4. 使用设备有下列违法行为之一的，责令改正，属非经营性使用行为的，处一千元以下罚款；属经营性使用行为的，处一万元以下罚款：

(1) 未取得设备制造(组焊)许可证的；

(2) 委托没有取得相应许可的单位或个人进行安装、修理、改造、维护保养、化学清洗、检验的；

(3) 未经批准自行进行安装、修理、改造、检验的；

(4) 未办理使用(托管)注册登记手续的；

(5) 超过检验有效期或检验不合格的；

(6) 气瓶及其他移动式压力容器不按规定进行充装的；

(7) 未按规定进行维修保养的；

(8) 未按规定办理停用、报废手续的；

(9) 已经报废或者非承压设备当承压设备的。

5. 使用无相应有效证件的人员进行设备操作、检验等活动的，责令改正，并处一万元以下罚款。

6. 制造、销售、使用等环节违反规定，责令其对设备进行必要的技术处理；设备存在事故隐患，无修理、改造价值的，予以判废、监督销毁。

7. 违反设备设计、制造、安装、使用、检验、修理、改造等有关法律、法规规定，造成事故的，依据有关规定进行处理；构成犯罪的，依法追究刑事责任。

8. 设备安全监察机构及有关执法部门的工作人员滥用职权、玩忽职守、营私舞弊，构成犯罪的，依法追究刑事责任；尚不构成犯罪的，依法给予行政处分。

9. 对违法行为责令改正的，由国家质量监督检验检疫总局或地方质量技术监督部门的设备安全监察机构发出《安全监察意见通知书》，其他处罚由国家质量监督检验检疫总局或地方质量技术监督部门按有关规定进行。

10. 设备安全监察机构的安全监察人员进行执法，应当出示安全监察员证；其他执法人员进行执法，应当出示相关证件。不出示证件的，被检查者有权拒绝检查。

11. 被检查者对行政处罚不服的，可以依法提请行政复议或者行政诉讼。

八、《压力管道安全管理与监察规定》(原劳动部[1996]140号)相关内容

《压力管道安全管理与监察规定》是原国家劳动部1996年在当时压力管道事故频发，造成重大人员伤亡和财产损失的情况下，根据《劳动法》及《违反〈劳动法〉行政处罚办法》中的"防止劳动进程中的事故，减少职业危害"和"用人单位压力管道……特种设备未进行定期检验或安全认证的，应责令改正，并可处10 000元以下罚款"，以及管理职责，首次把压力管道列入国家强制管理的范畴。

《压力管道安全管理与监察规定》实施至今，其对规范压力管道安全管理，预防和减少事故的发生起到了非常重要的作用。近年来，国家为构建社会主义和谐社会，对安全生产工作提出更高要求，相继颁布《特种设备安全监察条例》等法律法规。为符合上位法的规定，目前《压力管道安全管理与监察规定》正在重新修订中。以下按《条例》要求，介绍《压力管道安全管理与监察规定》(简称《管规》)主要内容。

1. 适用范围

(1)《管规》第三条:本规定适用于具备下列条件之一的管道及其附属设施:

① 输送 GB 5044《职业性接触毒物危害程度分级》中规定的毒性程度为极度危害介质的管道;

② 输送 GB 50160《石油化工企业设计防火规范》及 GBJ 16《建筑设计防火规范》中规定的火灾危险性为甲、乙类介质的管道;

③ 最高工作压力大于等于 0.1 MPa(表压,下同),输送介质为气(汽)体、液化气体的管道;

④ 最高工作压力大于等于 0.1 MPa,输送质介为可燃、易爆、有毒、有腐蚀性的或最高工作温度高于等于标准沸点的液体的管道;

⑤ 前四项规定的管道的附属设施及安全保护装置等。

(2)《管规》第四条:本规定不适用于下述管道:

① 设备本体所属管道;

② 军事装备、交通工具上和核装置中的管道;

③ 输送无毒、不可燃、无腐蚀性气体,其管道公称直径小于 150 mm,且其最高工作压力小于 1.6 MPa 的管道;

④ 入户(居民楼、庭院)前的最后一道阀门之后的生活用燃气管道及热力点(不含热力点)之后的热力管道。

(3)《管规》必须符合《条例》的规定。两者在适用范围上基本一致,有冲突的有三点:

①《管规》对极度危害和火灾危险性为甲、乙类介质的管道,没有规定最高工作压力大于等于 0.1 MPa;

②《管规》未规定管道公称直径大于等于 DN 25;

③《管规》不适用范围中的第③点。

2.《管规》规定的资格许可与《条例》、国务院令第 412 号一致。

(1) 设定安全监察的环节。《管规》第五条:压力管道的设计、制造、安装、使用、检验和修理改造单位必须执行本规定。

压力管道的设计、制造、安装、使用、检验和修理改造单位的主管部门应负责所属企业的压力管道安全管理工作。

(2) 规定使用单位主体责任。《管规》第八条:压力管道使用单位负责本单位的压力管道安全管理工作,并应履行以下职责:

① 贯彻执行有关安全法律、法规和压力管道的技术规程、标准,建立、健全本单位的压力管道安全管理制度;

② 应有专职或兼职专业技术人员负责压力管道安全管理工作;

③ 压力管道及其安全设施必须符合国家的有关规定;新建、改建、扩建的压力管道及其安全设施不符合国家有关规定时,有权拒绝验收;

④ 建立技术档案,并到企业所在地的地(市)级或其委托的县级劳动行政部门登记;

⑤ 对压力管道操作人员和压力管道检查人员进行安全技术培训;

⑥ 制定压力管道定期检验计划,安排附属仪器仪表、安全保护装置、测量调控装置的定

期校验和检修工作；

⑦ 对事故隐患应及时采取措施进行整改，重大事故隐患应以书面形式报告省级以上（含省级，下同）主管部门和省级以上劳动行政部门；

⑧ 对输送可燃、易爆或有毒介质的压力管道应建立巡线检查制度，制定应急措施和救援方案，根据需要建立抢险队伍，并定期演练；

⑨ 按有关规定及时如实向主管部门和当地劳动行政部门报告压力管道事故，并协助做好事故调查和善后处理工作，认真总结经验教训，防止事故的发生；

⑩ 按有关规定应负责的其他压力管道安全管理工作。

3. 行政许可项目符合《条例》和国务院令第412号要求

(1) 压力管道设计许可。第十条：压力管道的设计单位应取得省级以上有关主管部门颁发的设计资格证，并报省级以上劳动行政部门备案。

(2) 压力管道元件安全注册（元件制造）、资格评审和型式试验规定。第十一条：压力管道用管子、管件、阀门、法兰、补偿器、安全保护装置等产品制造单位（以下简称制造单位）应向省级以上劳动行政部门或省级劳动行政部门授权的地（市）级劳动行政部门申报安全注册。

安全注册的审核工作由劳动部会同同级有关主管部门认可的评审机构进行。

制造单位应对其产品安全质量负责。产品投产前应进行型式试验。

劳动部负责型式试验单位的资格审查与批准，并颁发型式试验单位资格证书。

(3) 压力管道安装、资格评审规定。第十二条：压力管道安装单位必须持有劳动行政部门颁发的压力管道安装许可证。

压力管道安装单位资格认可的评审工作，由劳动行政部门会同有关主管部门认可的评审机构进行。

压力管道安装许可证由劳动部统一印制，并分别由劳动部和省级劳动行政部门颁发。

压力管道安装单位应对其所安装施工的压力管道工程安全质量负责。

(4) 监督检验单位和人员资格许可。第二十八条：省级以上有关部门所属的工业管道和公用管道检验单位的资格，由劳动部会同同级有关主管部门进行审查。

省级以上有关部门和企业所属的工业管道和公用管道检验单位的资格，由省级劳动行政部门负责审查。

4.《管规》将压力管道按其用途划分为工业管道、公用管道和长输管道等三类，是压力管道安全监察有关规定中管道分类基本原则。

(1) 工业管道系指企业、事业单位所属的用于输送工艺介质的工艺管道、公用工程管道及其他辅助管道。

(2) 公用管道系指城市或乡镇范围内的用于公用事业或民用的燃气管道和热力管道。

(3) 长输管道系指产地、储存库、使用单位间的用于输送商品介质的管道。

九、《压力管道使用登记管理规则》（国质检锅[2003]213号）相关内容

1. 适用范围。本规则适用于《特种设备安全监察条例》规定范围内的压力管道及其安全保护装置和附属设施的使用登记管理。使用压力管道的单位和个人，应当按照本规则的

规定办理压力管道使用登记。压力管道使用登记分为登记注册和登记发证两种形式。使用登记证有效期为6年。

2. 使用登记办理部门。国家质量监督检验检疫总局负责办理跨省(自治区、直辖市)的长输管道的使用登记;省级质量技术监督行政部门负责办理所辖行政区域内不跨省(自治区、直辖市)的长输管道的使用登记;省级质量技术监督行政部门或其授权的市(地级)级质量技术监督行政部门负责办理所辖行政区域内公用管道和工业管道的使用登记。使用登记部门内设的负责压力管道安全监察的机构(以下简称安全监察机构),负责压力管道使用登记的受理、注册和发证工作。

3. 使用登记条件。

(1) 压力管道使用登记应当符合下列基本条件:

① 使用单位应当贯彻执行本规则和有关压力管道安全的法律、法规、国家安全技术规范和国家现行标准;配备满足压力管道安全所需求的资源条件,建立健全压力管道安全管理体系,在管理层设有1名人员负责压力管道安全管理工作。派遣具备相应资格的人员从事压力管道的安全管理、操作和维修工作。

② 压力管道安全管理人员和操作人员应当经安全技术培训和考核。

③ 使用单位已经建立安全管理制度,对压力管道的安全管理内容作出了明确规定并有效实施。

④ 使用单位已经建立压力管道技术档案和压力管道标识管理办法。

⑤ 使用单位的压力管道安全管理人员和操作人员能够严格遵守有关安全法律、法规、技术规程、标准和企业的安全生产制度。

(2) 长输管道和公用管道使用单位必须制定公共安全教育计划并组织实施,以使用户、居民和从事相关作业的人员了解压力管道安全知识,提高公共安全意识。

(3) 输送可燃、易爆或者有毒介质压力管道的使用单位应具备:

① 事故预防方案(包括应急措施和救援方案);

② 巡线检查制度;

③ 根据需要建立抢险队伍,并且定期演练。

(4) 新建、扩建、改建压力管道的设计单位、元件制造单位和安装单位应当具备相应的资格。新建、扩建、改建的压力管道应当进行安装安全质量监督检验,压力管道的安全状况等级应当达到1级或者2级的要求。

(5) 在用压力管道应当进行定期检验,并且安全状况等级达到1级、2级或者3级。对安全状况等级未达到3级的在用压力管道,可以进行安全评定或者风险评估,其结论应当符合压力管道安全使用要求。

(6) 在管理制度中应当对下列事项作出明确规定:

① 在用压力管道需要进行一般修理、改造时,其修理、改造方案由使用单位技术负责人批准;

② 在用压力管道需要进行重大修理、改造时,向负责使用登记部门的安全监察机构申报,并由经核准的监检机构进行监督检验;

③ 使用有安全标记的压力管道元件;

④ 按期进行定期检验。

4. 压力管道安全状况等级：

(1) 安全状况等级是使用登记的重要依据。即办理“登记注册”或“登记发证”的依据。

(2) 压力管道的安全状况以等级表示，分为1级、2级、3级和4级4个等级。安全状况等级的划分方法如下：

1级：安装资料齐全，设计、制造、安装质量符合有关法规和标准要求；在设计条件下能安全使用的压力管道。

2级：安装资料不全，但设计、制造、安装质量基本符合有关法规和标准要求的下述压力管道：

——新建、扩建的压力管道：存在某些不危及安全但难以纠正的缺陷，且取得设计、使用单位同意，经检验机构监督检验，出具证书，在设计条件下能安全使用。

——在用压力管道：材质、强度、结构基本符合有关法规和标准要求，存在某些不符合有关规范和标准的问题和缺陷，经检验机构检验，检验结论为3～6年的检验周期内和规定的使用条件下能安全使用。

3级：在用压力管道材质与介质不相容，设计、安装、使用不符合有关法规和标准要求；存在严重缺陷；但使用单位采取有效措施，经检验机构检验，可以在1～3年检验周期内和限定的条件下使用的在用压力管道。

4级：缺陷严重，难以或无法修复；无修复价值或修复后仍难以保证安全使用；检验结论为判废的压力管道。

(3) 压力管道安全状况等级由下述检验机构确定：

① 新建、扩建压力管道的安全状况等级的定级工作，由承担安装安全质量监督检验的机构负责，监督检验机构应当在报告上明确安全状况等级。

② 在用压力管道的安全状况等级定级工作，由承担该压力管道全面检验工作的机构(以下简称检验机构)负责，检验机构应当在《在用压力管道全面检验报告书》中明确安全状况等级。

5. 使用登记的程序：申请→受理→审核(核查)→发证(注册)。

(1) 申请

新安装的管道在投入使用前或使用后30个工作日内，以及在用压力管道在全面检验完成后30个工作日内，由使用单位提交下列资料，向登记机构办理使用登记手续：

① 新安装的管道：使用登记申请书、注册登记汇总表、安装质量证明文件、竣工图、监督检验报告、管理制度、事故预案、管理人员和操作人员名单，必要时的《重要管道登记表》；

② 在用管道：使用登记申请书、注册登记汇总表、在线检验报告、安全保护装置校验报告、管理制度、事故预案、管理人员和操作人员名单，必要时的《重要管道登记表》。

(2) 受理

安全监察机构在收到使用单位的申请资料后，应当在15个工作日内对申请资料进行初审，并将是否受理的结论书面通知使用单位。不予受理的要说明理由。有下列情况之一的，不予受理：

① 申报资料不齐全的；

② 安全状况等级不明的，或新建、扩建、改建压力管道安全状况等级达不到1级或2级的，或在用压力管道安全状况等级达不到3级且又未经安全评定或者风险评估的；

③ 无设计、安装资格的单位所设计、安装的新建、扩建、改建压力管道的；

④ 使用单位未建立安全管理体系和管理制度的；

⑤ 使用单位压力管道安全管理人员和操作人员未进行培训的。

(3) 核查(审查)

使用单位应当对提供的申报资料的真实性、准确性和可实施性负责，必要时安全监察机构组织核查组进行核查。核查组由安全监察人员、有压力管道安全管理经验的专家和具有压力管道检验资格的人员组成。使用单位应当配合核查组作好核查工作。使用登记的核查工作主要内容如下：

① 对申报资料的核查；

② 对使用单位压力管道使用安全管理情况(包括压力管道安全管理体系、管理制度、事故预防方案、压力管道档案等)的检查；

③ 对管理和操作人员资格的检查；

④ 压力管道使用注册登记汇总表、重要压力管道使用注册登记表，检验报告、校验报告、单线图与压力管道实物的核对；

⑤ 其他必要的检查。

(4) 登记和发证：压力管道使用登记分为登记注册和登记发证两种形式。

① 对于安全状况等级为1级和2级的压力管道，即进行“登记注册”并发放“使用登记证”。并在登记汇总表右上角盖“准予登记发证”章。

② 对于安全状况等级为3级的压力管道和安全评定或者风险评估结论为可以使用的压力管道，只进行“登记注册”，不发放“使用登记证”，这种情况在登记汇总表右上角盖“准予登记注册”章。此类压力管道应当严格在限制条件下监督使用。

③ 对未明确安全状况等级的在用压力管道，进行在线检验并提供规定要求的材料后，采用上述②要求办理“登记注册”。

6. 监督管理

(1) 使用单位在使用登记证有效期到期前90天提交换证申请，安全监察机构按照第五章使用登记程序办理换证手续。使用重要压力管道的单位应当每年定期到办理使用登记的安全监察机构，办理重要压力管道使用登记复核。

(2) 对发生下列情况之一的使用单位，安全监察机构有权要求其限期改正或者按国家的有关规定予以处理；对导致发生压力管道事故或者造成重大经济损失的，应当按照有关法律、法规的规定追究使用单位、有关责任人的法律责任。

① 新建、扩建、改建压力管道在投用前或者使用后30个工作日内，未及时办理使用登记的；

② 未在规定的期限内办理在用压力管道的使用登记的；

③ 使用不符合使用登记条件的压力管道的；

④ 已办理使用登记的在用压力管道，未按时进行定期检验的；

⑤ 未按照本规则第六章的要求及时办理使用登记变更、换证和复核的。

十、《在用工业管道定期检验规程》(国质检锅[2003]108号)相关内容

1．适用范围。《规程》第三条：本规程适用于《压力管道安全管理与监察规定》适用范围的在用工业管道及附属设施，但不包括下列管道：

(1) 公称直径≤25 mm的管道；

(2) 非金属管道；

(3) 最高工作压力>42 MPa或<0.1 MPa的管道。

注：如上所述，目前《管规》尚未修订，故适用范围必须增加最高工作压力≥0.1 MPa、公称直径≥DN 25的条件。以下管道分级也必须符合此条件。

2．工业管道的级别划分。对管道进行分级目的是针对具体管道使用的危险性，作出不同的检验要求。

(1) 符合下列条件之一的工业管道为GC1级：

① 输送现行国家标准GB 5044《职业接触毒物危害程度分级》中规定的毒性程度为极度危害介质的管道；

② 输送现行国家标准GB 50160《石油化工企业设计防火规范》及GBJ 16《建筑防火规范》中规定的火灾危险性为甲、乙类可燃气体或甲类可燃液体，并且设计压力≥4.0 MPa的管道；

③ 输送可燃流体介质、有毒流体介质，设计压力≥4.0 MPa，并且设计温度≥400℃的管道；

④ 输送流体介质并且设计压力≥10.0 MPa的管道。

(2) 符合下列条件之一的工业管道为GC2级：

① 输送现行国家标准GB 50160《石油化工企业设计防火规范》及GBJ 16《建筑防火规范》中规定的火灾危险性为甲、乙类可燃气体或甲类可燃液体，并且设计压力<4.0 MPa的管道；

② 输送可燃流体介质、有毒流体介质，设计压力<4.0 MPa，并且设计温度≥400℃的管道；

③ 输送非可燃流体介质、无毒流体介质，设计压力<10.0 MPa，并且设计温度≥400℃的管道；

④ 输送流体介质，设计压力<10.0MPa，并且设计温度<400℃的管道。

(3) 符合下列条件之一的GC2级工业管道划分为GC3级：

① 输送可燃流体介质、有毒流体介质，设计压力<1.0 MPa，并且设计温度<400℃的管道；

② 输送非可燃流体介质、无毒流体介质，设计压力<4.0 MPa并且设计温度<400℃的管道。

其中穿跨越铁路干线、重要桥梁、住宅及工厂重要设施的输送火灾危险性为甲、乙类介质或毒性程度为中度危害以上介质的GC2、GC3级工业管道，其穿跨越部分按GC1级管道的检验要求进行检验。

3．在用工业管道定期检验分为：在线检验和全面检验。

4. 在线检验。

(1) 在线检验是在运行条件下对在用工业管道进行的检验,在线检验每年至少一次。使用单位根据具体情况制定检验计划和方案,安排检验工作。

在线检验工作由使用单位进行,使用单位也可将在线检验工作委托给具有压力管道检验资格的单位。使用单位应制定在线检验管理制度,从事在线检验工作的检验人员须经专业培训,并报省级或其授权的地(市)级质量技术监督部门备案。

注:根据《关于加强压力管道安全监察工作的意见》(国质检特[2006]148 号)要求,从事在线检验的人员统一纳入特种设备作业人员管理。

(2) 在线检验一般以宏观检查和安全保护装置检验为主,必要时进行测厚检查和电阻值测量。管道的下述部位一般为重点检查部位:

① 压缩机、泵的出口部位;

② 补偿器、三通、弯头(弯管)、大小头、支管连接及介质流动的死角等部位;

③ 支吊架损坏部位附近的管道组成件以及焊接接头;

④ 曾经出现过影响管道安全运行的问题部位;

⑤ 处于生产流程要害部位的管段以及与重要装置或设备相连接的管段;

⑥ 工作条件苛刻及承受交变载荷的管段。

以上项目是在线检验的一般要求,检验人员可根据实际情况确定实际检验项目和内容,并进行检验工作。

(3) 在线检验开始前,使用单位应准备好与检验有关的管道平面布置图、管道工艺流程图、单线图、历次在线检验及全面检验报告、运行参数等技术资料,检验人员应在了解这些资料的基础上对管道运行记录、开停车记录、管道隐患监护措施实施情况记录、管道改造施工记录、检修报告、管道故障处理记录等进行检查,并根据实际情况制定检验方案。

(4) 宏观检查的主要检查项目和内容如下:

① 泄漏检查。主要检查管子及其他组成件泄漏情况。

② 绝热层、防腐层检查。主要检查管道绝热层有无破损、脱落、跑冷等情况;防腐层是否完好。

③ 振动检查。主要检查管道有无异常振动情况。

④ 位置与变形检查。管道位置是否符合安全技术规范和现行国家标准的要求;管道与管道、管道与相邻设备之间有无相互碰撞及摩擦情况;管道是否存在挠曲、下沉以及异常变形等。

⑤ 支吊架检查

a. 支吊架是否脱落、变形、腐蚀损坏或焊接接头开裂;

b. 支架与管道接触处有无积水现象;

c. 恒力弹簧支吊架转体位移指示是否越限;

d. 变力弹簧支吊架是否异常变形、偏斜或失载;

e. 刚性支吊架状态是否异常;

f. 吊杆及连接配件是否损坏或异常;

g. 转导向支架间隙是否合适,有无卡涩现象;

h. 阻尼器、减振器位移是否异常，液压阻尼器液位是否正常；

i. 承载结构与支撑辅助钢结构是否明显变形，主要受力焊接接头是否有宏观裂纹。

⑥ 阀门检查

a. 阀门表面是否存在腐蚀现象；

b. 阀体表面是否有裂纹、严重缩孔等缺陷；

c. 阀门连接螺栓是否松动；

d. 阀门操作是否灵活。

⑦ 法兰检查

a. 法兰是否偏口，紧固件是否齐全并符合要求，有无松动和腐蚀现象；

b. 法兰面是否发生异常翘曲、变形。

⑧ 膨胀节检查

a. 波纹管膨胀节表面有无划痕、凹痕、腐蚀穿孔、开裂等现象；

b. 波纹管波间距是否正常、有无失稳现象；

c. 铰链型膨胀节的铰链、销轴有无变形、脱落等损坏现象；

d. 拉杆式膨胀节的拉杆、螺栓、连接支座有无异常现象。

⑨ 阴极保护装置检查。对有阴极保护装置的管道应检查其保护装置是否完好。

⑩ 蠕胀测点检查。对有蠕胀测点的管道应检查其蠕胀测点是否完好。

⑪ 管道标识检查。检查管道标识是否符合现行国家标准的规定。

(5) 对需重点管理的管道或有明显腐蚀和冲刷减薄的弯头、三通、管径突变部位及相邻直管部位应采取定点测厚或抽查的方式进行壁厚测定。

(6) 对输送易燃、易爆介质的管道采取抽查的方式进行防静电接地电阻和法兰间的接触电阻值的测定。管道对地电阻不得大于100Ω，法兰间的接触电阻值应小于0.03Ω。

(7) 安全保护装置检验。

① 安全保护装置应符合安全技术规范和现行国家标准的规定。存在下列情况之一的安全保护装置，不准继续使用：

a. 无产品合格证和铭牌的；

b. 性能不符合要求的；

c. 逾期不检查、不校验的；

d. 爆破片已超过使用期限的。

② 安全保护装置的检验分为两种：

a. 运行检查：指在运行状态下对安全保护装置的检查。

b. 停机检查：指在停止运行状态下对安全保护装置的检查。

运行检查可与在线检验同时进行，停机检查可与全面检验同步进行，也可单独进行。

③ 安全保护装置的运行检查应符合下述要求：

a. 压力表。对压力表进行外观检查，并检查同一系统上的压力表读数是否一致。存在下述问题之一的压力表，应立即更换：

——超过校验有效期或铅封损坏；

——量程与其检测的压力范围不匹配；

——指示失灵、表内弹簧管泄漏或指针松动；

——刻度不清、表盘玻璃破裂；

——指针断裂或外壳腐蚀严重；

——压力表与管道间装设的三通旋塞或针形阀开启标记不清或锁紧装置损坏。

b. 测温仪表。对测温仪表进行外观检查。存在下述问题之一的测温仪表，应立即更换：

——超过校验有效期或铅封损坏；

——量程与其检测的温度范围不匹配。

c. 安全阀。对安全阀进行外观检查，重点检查是否在校验有效期、是否有泄漏及锈蚀情况。对杠杆式安全阀，检查防止重锤自由移动和杠杆越出的装置是否完好；对弹簧式安全阀，检查调整螺钉的铅封装置是否完好；对静重式安全阀，检查防止重片飞脱的装置是否完好。安全阀与排放口之间装设截断阀的，运行期间必须处于全开位置并加铅封。存在下述问题之一的安全阀，应立即更换：

——超过校验有效期或铅封损坏；

——安全阀泄漏。

发现安全阀失灵或有故障时，应立即处置或停止运行。

d. 爆破片装置。对爆破片装置进行外观检查，检查爆破片装置的爆破片是否在规定的使用期限内、安装方向是否正确、标定的爆破压力和温度是否符合运行要求、有无泄漏及其他异常现象、爆破片装置和管道间的截断阀是否处于全开状态和铅封是否完好。如果爆破片装置存在下述问题之一，应立即更换：

——爆破片装置超过规定使用期限；

——爆破片装置安装方向错误；

——爆破片装置的爆破压力和温度不符合运行要求。

e. 爆破片装置和安全阀串联使用。爆破片装置和安全阀串联使用时，除应参照本条三款和四款分别对爆破片装置和安全阀进行检查外，对爆破片装置装在安全阀出口侧的，还应注意检查爆破片装置和安全阀之间所装的压力表和截断阀，二者之间不应积存压力，应能疏水或排气。对于爆破片装置装在安全阀进口侧的，还应注意检查爆破片装置和安全阀之间所装的压力表有无压力指示，截断阀打开后有无气体漏出，以判定爆破片装置的完好情况。

④ 安全保护装置的停机检查。（略）

5. 全面检验。

（1）全面检验是按一定的检验周期在用工业管道停车期间进行的较为全面的检验。安全状况等级为 1 级和 2 级的在用工业管道，其检验周期一般不超过 6 年；安全状况等级为 3 级的在用工业管道，其检验周期一般不超过 3 年。

（2）在用工业管道全面检验工作由已经获得质量技术监督部门资格认可的检验单位进行；取得在用压力管道自检资格的使用单位可以检验本单位自有的在用压力管道。从事全面检验工作的检验人员应按《锅炉压力容器压力管道及特种设备检验人员资格考核规则》的要求经考核合格，取得相应的检验人员资格证书（具备全面检验人员资格即具备在线检验人员资格）。

(3) 使用单位负责制定在用工业管道全面检验计划，安排全面检验工作，按时向负责对其发放压力管道使用登记证的安全监察机构或其委托的检验单位申报全面检验计划和向检验单位申报全面检验。

使用单位应进行全面检验的现场准备工作，确保所提供检验的管道处于适宜的待检验状态；提供安全的检验环境，负责检验所必需的辅助工作（如拆除保温、搭脚手架、打磨除锈、配起重设置、提供检验用电、水、气等），并协助检验单位进行全面检验工作。

(4) 检验中的安全事项应达到以下要求：

① 影响管道全面检验的附设部件或其他物体，应按检验要求进行清理或拆除；

② 为检验而搭设的脚手架、轻便梯等设施，必须安全牢固，便于进行检验和检测工作；

③ 高温或低温条件下运行的压力管道，应按照操作规程的要求缓慢地降温或升温，防止造成损伤；

④ 检验前，必须切断与管道或相邻设备有关的电源，拆除保险丝，并设置明显的安全标志；

⑤ 如需现场射线检验时，应隔离出透照区，设置安全标志；

⑥ 全面检验时，应符合下列条件：

a. 将管道内部介质排除干净，用盲板隔断所有液体、气体或蒸汽的来源，设置明显的隔离标志；

b. 对输送易燃、助燃、毒性或窒息性介质的管道，应进行置换、中和、消毒，清洗；对于输送易燃介质的管道，严禁用空气置换；

c. 进入管道内部检验所用的灯具和工具的电源电压应符合现行国家标准 GB 3805《安全电压》的规定；检验用的设备和器具，应在有效的检定期内，经检查和校验合格后方可使用。

(5) 全面检验项目、要求、压力试验、安全状况评定、缺陷处理。（略）

十一、TSG D6001—2006《压力管道安全管理人员和操作人员考核大纲》

第一条　为了保障压力管道的安全运行，规范压力管道安全管理人员和操作人员的考核工作，根据《特种设备作业人员监督管理办法》、《特种设备作业人员考核规则》等规定，制定本大纲。

第二条　压力管道安全管理人员和操作人员是指《特种设备安全监察条例》所规定的压力管道使用单位的专职或者兼职从事管道设备、运行、技术安全管理的人员（以下简称安全管理人员）和操作维护人员（以下简称操作人员）。

本大纲适用于以下人员的考核：

（一）工业管道使用单位的安全管理人员和操作人员；

（二）公用管道使用单位的安全管理人员和操作人员；

（三）长输管道使用单位的安全管理人员和操作人员。

第三条　压力管道操作人员划分为 6 个级别。级别划分及允许操作的压力管道级别如下：

（一）Ⅰ-1 级，允许操作工业管道的级别为 GC1、GC2、GC3；

（二）Ⅰ-2级，允许操作工作管道的级别为GC2、GC3；

（三）Ⅰ-3级，允许操作工业管道的级别为GC3；

（四）Ⅱ-1级，允许操作公用管道的级别为GB1；

（五）Ⅱ-2级，允许操作公用管道的级别为GB2；

（六）Ⅲ级，允许操作长输管道的级别为GA1、GA2。

压力管道管理人员不分级别。

注：工业管道、公用管道、长输管道定义及其级别划分按照《压力管道安全管理与监察规定》和《压力管道安装单位资格认可实施细则》执行。

第四条　压力管道的安全管理人员应当具备以下条件：

（一）年龄在18周岁以上（含18周岁），60周岁以下（含60周岁）；

（二）身体健康，能够胜任本岗位工作；

（三）具有相关的压力管道安全管理知识和技术知识；

（四）长输管道安全管理人员应当具有工程技术专业大专以上（含大专）文化程度，并且具有3年以上（含3年）长输管道运行工作经历；

（五）工业管道、公用管道安全管理人员应当具有中专以上（含中专）文化程度，并且具有2年以上（含2年）从事相关工作的经历。

第五条　压力管道操作人员应当具备以下条件：

（一）年龄在18周岁以上（含18周岁），60周岁以下（含60周岁）；

（二）身体健康，能够胜任本岗位工作；

（三）具有相关的压力管道安全技术知识和操作技能；

（四）工业管道Ⅰ-3、Ⅰ-2级操作人员应当具有初中以上（含初中）文化程度，工业管道Ⅰ-1级操作人员应当具有高中以上（含高中）文化程度，在本岗位从事相关操作实习半年以上（含半年）；

（五）公用管道操作人员应当具有初中以上（含初中）文化程度，在本岗位从事相关操作实习1年以上（含1年）；

（六）长输管道操作人员应当具有高中以上（含高中）文化程度，在本岗位从事相关操作实习2年以上（含2年）。

第六条　工业管道、公用管道安全管理人员只进行理论知识考试，考试内容按本大纲附件A、附件D的规定；长输管道安全管理人员考核分为理论知识和实际操作技能两部分，考试内容见本大纲附件C、附件H的规定。

第七条　压力管道操作人员考核分为理论知识和实际操作技能两部分，考试内容按本大纲附件B、附件C、附件E、附件F、附件I、附件J的规定。

第八条　压力管道安全管理人员理论知识考试采用笔试，各部分知识所占比例如下：

（一）基础知识，占30%；

（二）安全知识，占30%；

（三）法规知识，占40%。

第九条　压力管道操作人员理论知识考试采用笔试，各部分知识所占比例如下：

（一）基础知识，占40%；

（二）专业知识，占40%；

（三）法规知识，占20%。

第十条 本大纲由国家质量监督检验检疫总局负责解释。

第十一条 本大纲自2006年7月1日起施行。

附 件 A

工业管道安全管理人员理论知识

A1 基础知识

A1.1 压力管道的基本结构和组成；

A1.2 管子、管件、法兰、阀门、安全保护装置、支吊架、隔热材料、附属设施的种类和选用；

A1.3 管道组成件的压力等级；

A1.4 工业管道识图基础知识；

A1.5 工业管道的伴热、热补偿；

A1.6 工业管道的防护技术；

A1.7 工业管道常见缺陷、失效形式及缺陷处理的一般要求；

A1.8 无损检测技术基础知识和检验方法；

A1.9 工业管道检修维护常识；

A1.10 工业管道的工艺流程；

A1.11 管道材料的力学性能、强度、工艺性能基础知识。

A2 安全知识

A2.1 压力管道的分类分级方法和安全监察范围。

A2.2 工业管道介质的分类、危害程度和火灾危险性划分。

A2.3 工业管道常用介质的主要物理化学特性及其对安全使用的影响。

A2.4 管道识别色、识别符号和安全标识。

A2.5 工业管道的安全使用管理

A2.5.1 压力管道使用单位的职责；

A2.5.2 压力管道管理人员的职责；

A2.5.3 工业管道的安全管理制度；

A2.5.4 安全保护装置的安全管理；

A2.5.5 工业管道的技术档案管理。

A2.6 压力管道的事故分类、判断及处理方法

A2.6.1 工业管道的失效破坏形式；

A2.6.2 工业管道危险源的识别；

A2.6.3 工业管道事故应急预案；

A2.6.4 事故的预防和处理方法；

A2.6.5 人员自救和防护；
A2.6.6 典型事故案例分析。

A3 法规知识

A3.1 《中华人民共和国安全生产法》；
A3.2 《特种设备安全监察条例》；
A3.3 《压力管道安全管理与监察规定》；
A3.4 《国务院关于特大安全事故行政责任追究的规定》；
A3.5 《锅炉压力容器压力管道特种设备安全监察行政处罚规定》；
A3.6 《锅炉压力容器压力管道特种设备事故处理规定》；
A3.7 《压力管道使用登记管理规则》；
A3.8 《在用工业管道定期检验规程》；
A3.9 《压力管道安装安全质量监督检验规则》；
A3.10 《压力容器压力管道设计单位资格许可与管理规则》；
A3.11 《压力管道元件制造单位安全注册与管理办法》；
A3.12 《压力管道安装单位资格认可实施细则》；
A3.13 SH 3501《石油化工有毒、可燃介质管道工程施工及验收规范》；
A3.14 OB 50316《工业金属管道设计规范》；
A3.15 OB 50235《工业金属管道工程施工及验收规范》；
A3.16 相关行业工业管道安全管理与操作的有关规定。

附 件 B
工业管道操作人员理论知识

B1 基础知识

B1.1 工业管道安全操作技术与要求
B1.1.1 操作人员岗位职责；
B1.1.2 管道安全操作规程；
B1.1.3 管道的使用、维护和保养方法。
B1.2 工业管道操作参数控制，包括压力、温度、介质、流量控制等基本知识。
B1.3 管道介质的危害程度、火灾危险性划分。
B1.4 常用介质的主要物理化学特性及其对安全使用的影响。
B1.5 工业管道的事故判断与处理方法
B1.5.1 压力管道事故分类及事故对环境的影响；
B1.5.2 工业管道一般常见故障处理；
B1.5.3 工业管道事故的应急预案；
B1.5.4 人员自救和防护；

B1.5.5　工业管道突发事件和事故的判断与处理方法；
B1.5.6　典型事故案例分析。
B1.6　工业管道识别色、识别符号和安全标识。
B1.7　安全保护装置的操作和维护。

B2　专业知识

B2.1　压力管道的基本结构和组成；
B2.2　管子、管件、法兰、阀门的种类、作用及简单工作原理；
B2.3　管道的支吊架、隔热的类别、作用及简单工作原理；
B2.4　工业管道伴热和热补偿类别、作用及简单工作原理；
B2.5　管道安全附件类型、作用及简单工作原理；
B2.6　工业管道附属设施的作用和简单工作原理；
B2.7　工业管道的工艺流程。

B3　法规知识

B3.1　《中华人民共和国安全生产法》；
B3.2　《特种设备安全监察条例》；
B3.3　《压力管道安全管理与监察规定》；
B3.4　《国务院关于特大安全事故行政责任追究的规定》；
B3.5　《锅炉压力容器压力管道特种设备安全监察行政处罚规定》；
B3.6　《锅炉压力容器压力管道特种设备事故处理规定》；
B3.7　《压力管道使用登记管理规则》；
B3.8　《在用工业管道定期检验规程》；
B3.9　相关行业工业管道安全管理与操作的有关规定。

附　件　C

工业管道操作人员实际操作技能

C1　工业管道现场运行安全检查和不安全因素的排除。
C2　工业管道启动和停运操作程序及注意事项。
C3　工业管道的工艺操作参数的调整。
C4　工业管道安全保护装置的检查。
C5　工业管道运行操作和事故模拟处理操作。
C6　工业管道吹扫、清洗和置换。

附 件 D
公用管道安全管理人员理论知识

D1 基础知识

D1.1 压力管道的基本结构和组成；
D1.2 管子、管件、法兰、阀门、安全附件、支吊架、隔热材料及附属设施的种类和选用；
D1.3 管道组成件的公称压力；
D1.4 管道识图基本知识；
D1.5 管道的热补偿；
D1.6 压力管道常见缺陷、失效形式及缺陷处理的一般要求；
D1.7 无损检测技术基础和检验方法；
D1.8 埋地管道的防护及其检测技术；
D1.9 公用管道的检修维护常识；
D1.10 公用管道的工艺流程；
D1.11 管道材料的力学性能、工艺性能的基础知识。

D2 安全知识

D2.1 压力管道的分类分级方法和安全监察范围。
D2.2 管道介质的危害程度和火灾危险性划分。
D2.3 燃气和蒸汽的主要物理化学特性及其对安全使用的影响。
D2.4 管道识别色、识别符号和安全标识。
D2.5 公用管道的安全使用管理
D2.5.1 压力管道使用单位的职责；
D2.5.2 压力管道管理人员的职责；
D2.5.3 公用管道的安全管理制度；
D2.5.4 安全保护装置的安全管理；
D2.5.5 压力管道的技术档案管理。
D2.6 压力管道的事故分类、判断及处理方法
D2.6.1 公用管道事故的预防；
D2.6.2 公用管道事故的应急预案；
D2.6.3 公用管道危险源的识别；
D2.6.4 人员自救和防护；
D2.6.5 事故紧急处理和抢修方法；
D2.6.6 典型事故案例分析。

D3 法规知识

D3.1 《中华人民共和国安全生产法》；

D3.2 《特种设备安全监察条例》；
D3.3 《压力管道安全管理与监察规定》；
D3.4 《国务院关于特大安全事故行政责任追究的规定》；
D3.5 《锅炉压力容器压力管道特种设备安全监察行政处罚规定》；
D3.6 《锅炉压力容器，压力管道特种设备事故处理规定》；
D3.7 《压力管道使用登记管理规则》；
D3.8 《在用工业管道定期检验规程》；
D3.9 《压力管道安装安全质量监督检验规则》；
D3.10 《压力容器压力管道设计单位资格许可与管理规则》；
D3.11 《压力管道元件制造单位安全注册与管理办法》；
D3.12 《压力管道安装单位资格认可实施细则》；
D3.13 CJJ 28《城市供热管网施工及验收规范》；
D3.14 CJJ 33《城镇燃气输配工程施工及验收规范》；
D3.15 CB 50028《城镇燃气设计规范》；
D3.16 CJJ 34《城市热力网设计规范》。

附　件　E
公用管道操作人员理论知识

E1　基础知识

E1.1　公用管道安全操作技术与要求
E1.1.1　操作人员岗位职责；
E1.1.2　管道安全操作要求；
E1.1.3　公用管道的检修、抢修、使用、维护和保养方法。
E1.2　公用管道的操作参数控制，包括压力、温度、介质、流量控制等基本知识。
E1.3　燃气等介质的危害程度和火灾危险性划分，燃气、蒸汽等常用介质的主要物理化学特性及其对安全使用的影响。
E1.4　公用管道的事故判断与处理方法
E1.4.1　压力管道的事故分类及事故对环境的影响；
E1.4.2　公用管道一般常见故障处理；
E1.4.3　公用管道事故的应急预案；
E1.4.4　人员自救和防护；
E1.4.5　公用管道突发事件和事故的判断与处理方法；
E1.4.6　典型事故案例分析。
E1.5　管道识别色、识别符号和安全标识。

E2　专业知识

E2.1　压力管道的基本结构和组成；

E2.2 管子、管件、法兰、阀门的种类、作用、简单工作原理及其完好要求；
E2.3 管道的支吊架、隔热的类别、作用及其完好要求；
E2.4 管道安全保护装置的类别、作用、简单工作原理及其完好要求；
E2.5 公用管道附属设施的作用、简单工作原理及其完好要求；
E2.6 埋地管道的防护和测试；
E2.7 公用管道的工艺流程。

E3 法规知识

E3.1 《中华人民共和国安全生产法》；
E3.2 《特种设备安全监察条例》；
E3.3 《压力管道安全管理与监察规定》；
E3.4 《国务院关于特大安全事故行政责任追究的规定》；
E3.5 《锅炉压力容器压力管道特种设备安全监察行政处罚规定》；
E3.6 《锅炉压力容器压力管道特种设备事故处理规定》；
E3.7 《压力管道使用登记管理规则》；
E3.8 《在用工业管道定期检验规程》；
E3.9 燃气、热力管道行业安全管理和操作的有关规定。

附 件 F
公用管道操作人员实际操作技能

F1 公用管道现场运行安全检查和不安全因素的排除。
F2 公用管道启动和停运操作程序及注意事项。
F3 公用管道的工艺操作参数的调整。
F4 公用管道安全保护装置的检查。
F5 公用管道运行操作和事故模拟处理操作。
F6 公用管道的吹扫、清洗和置换。

第二节 工业管道常用规章、标准

一、《压力管道安装安全质量监督检验规则》(国质检锅[2002]83号)相关内容

1. 总则

(1) 适用范围。本规则适用于《压力管道安全管理与监察规定》适用范围内的新建、改建、扩建的压力管道(含附属设施及安全保护装置)的安装安全质量监督检验。

(2) 安全质量监督检验(以下简称监督检验)是对压力管道安装安全质量进行的监督验证，具有法定检验性质。监督检验工作应在压力管道安装现场，且在安装施工过程中进行。

在压力管道安装施工中，建设单位、设计单位、安装单位、监理单位、检测单位、防腐单位和其他相关单位(以下简称受监督检验单位)，必须接受并配合监督检验工作，并应承担压力管道安装安全质量责任。

(3) 压力管道安装监督检验工作，由具有资格并经授权的检验单位(以下简称监督检验单位)承担。各级质量技术监督行政部门锅炉压力容器安全监察机构(以下简称安全监察机构)必须按照《规定》的要求，对压力管道安装进行安全监察，并加强对监督检验单位的监督检查。

(4) 国家质量监督检验检疫总局和省级质量技术监督行政部门按分工范围对监督检验单位进行资格认可。国家质量监督检验检疫总局锅炉压力容器安全监察机构(以下简称国家安全监察机构)，负责跨省、自治区、直辖市长输管道监督检验工作任务的授权；省级质量技术监督行政部门锅炉压力容器安全监察机构或其委托的地(市)级质量技术监督行政部门锅炉压力容器安全监察机构(以下简称地方安全监察机构)，负责本行政区域内压力管道监督检验工作任务的授权。

(5) 监督检验人员在监督检验过程中发现严重质量问题时，应及时报告监督检验单位，由监督检验单位向受监督检验单位发出《监督检验意见通知书》，并同时抄送建设单位和授权监督检验任务的安全监察机构。

接到《监督检验意见通知书》后，受监督检验单位应按要求，对《监督检验意见通知书》所列出的质量问题，采取措施予以整改存在的问题。整改完毕后，将有关见证材料报监督检验单位。

2. 监督检验单位、人员与职责

(1) 检验单位必须在取得监督检验资格认可并得到相应监督检验工作任务授权后，方可从事监督检验工作。

(2) 从事监督检验工作的人员(以下简称监督检验人员)经压力管道安全检验技术专业培训和考核，取得质量监督检验检疫行政部门颁发的检验资格证书后，方可从事检验资格证书允许范围内的监督检验工作。

(3) 监督检验单位应保证监督检验工作中出具的监督检验记录、监督检验报告的真实性，监督检验确认和监督检验结果的准确性；对监督检验工作质量负责。

(4) 监督检验单位在发现受监督检验单位存在违规行为或安全质量问题时，应要求其整改；问题严重的，报授权监督检验工作任务的安全监察机构，由其根据国家有关规定进行处理。

(5) 监督检验单位在监督检验工作中出现下列问题的，由授权监督检验任务的安全监察机构所在地的质量技术监督行政部门按照有关规定对监督检验单位进行限期整顿、暂停监督检验工作并予以经济处罚；情节严重的，由资格认可的国家质量监督检验检疫总局或省级质量技术监督行政部门，吊销其监督检验资格。

① 监督检验能力不足，长期得不到应有的充实，难以按本规则规定执行监督检验任务；

② 多次发生监督检验失职，不及时进行处理，不采取切实措施纠正失职行为；

③ 由于监督检验单位责任而导致压力管道安装安全质量事故；

④ 向无《压力管道安装许可证》的单位以及超出许可证范围的压力管道安装单位提供

监督检验证明文件。

(6) 监督检验人员有下列问题之一的为监督检验工作失职，由授权监督检验任务的安全监察机构或监督检验单位按照有关规定给予通报批评、暂停监督检验工作；情节严重的，由审批发证的国家质量监督检验检疫总局或省级质量技术监督行政部门吊销其检验人员资格证书。

① 受监督检验单位存在严重质量问题，在监督检验过程中已发现但未提出意见或及时报告；

② 安装单位存在超出《压力管道安装许可证》所规定的安装范围情况，监督检验中未发现或发现未报告；

③ 经监督检验确认的项目，有影响压力管道安全运行的严重质量问题；

④ 未按本规则规定进行监督检验而签字确认或出具伪证；

⑤ 由于监督检验人员未事先通知安装单位又不按规定时间到现场进行监督检验工作，而影响压力管道安装施工正常进行。

3. 受监督检验单位及其职责

(1) 受监督检验单位的有关压力管道安全质量管理行为、技术文件、安装安全质量均应接受监督检验单位进行的检查和检验。

(2) 建设单位是压力管道安全质量的管理者，应做到：

① 认真贯彻执行国家有关压力管道安全质量方面的法律法规和技术规程、标准，采取措施保证压力管道安全质量符合国家有关规定和标准要求；

② 压力管道安装开工前，填写《压力管道安装安全质量监督检验申报书》，跨省、自治区、直辖市长输管道，向国家安全监察机构办理备案手续；其他压力管道向地方安全监察机构办理备案手续；

③ 向监督检验单位提供相应的设计文件及有关资料，办理相关的监督检验手续；

④ 在监督检验工作中，建设单位及其代表应负责为监督检验单位实施监督检验工作提供必要的工作条件，包括监督检验人员查阅有关资料和进入现场检查，配合监督检验人员协调相关工作等；

⑤ 配备专职或兼职人员负责监督检验工作的协调、见证工作。

(3) 压力管道安装单位、监理单位、检测单位、防腐单位应做到：

① 认真贯彻执行国家有关压力管道安全质量方面的法律法规和技术规程、标准，采取措施保证压力管道安装质量和提供的材料、设备、服务符合国家有关规定和标准；

② 建立项目质量保证体系并组织实施，建立并妥善保存必要的施工记录及见证文件；

③ 接受监督检验单位的监督检验；

④ 配合监督检验单位实施监督检验工作，为监督检验工作的正常开展提供必要条件，包括监督检验人员查阅有关资料和进入现场检查，及时通知监督检验人员作业施工进度等；

⑤ 压力管道施工前，安装单位和监理单位应向安全监察机构备案；跨省、自治区、直辖市长输管道，向国家安全监察机构办理备案手续；其他压力管道向地方安全监察机构办理备案手续。

(4) 监督检验单位、监督检验人员在执行监督检验工作中发生违法、违规行为，受监督检验单位可直接向其提出,也可向授权监督检验任务的安全监察机构反映或投诉。

(5) 对监督检验单位及监督检验人员在监督检验工作中提出的压力管道安全质量问题或可能影响压力管道安全质量的问题,受监督检验单位应按要求及时进行整改。

4. 监督检验内容与方法

(1) 监督检验工作应在压力管道安装全过程中进行,针对不同受监督检验单位的特点和安全质量要求,确定监督检验工作的重点。

(2) 对建设单位的安全质量管理行为监督检验的内容应包括:

① 项目报建审批及备案手续是否齐全;

② 是否按规定组织设计交底和施工图审查;

③ 是否对压力管道安装施工进行必要的管理,包括设置管理机构,配备专职、兼职管理人员,建立质量管理体系,明确安全质量管理责任等内容;

④ 是否有效实施了对压力管道安装施工的管理;

⑤ 所选择的设计单位、监理单位、压力管道安装单位、检测单位、防腐单位和相应的材料、元件、附属设施制造单位是否具备相应的资格;

⑥ 采购的材料、元件、附属设施和设备是否符合设计文件及质量要求;

⑦ 是否有其他安全质量管理违法、违规和失职行为。

(3) 对安装单位、防腐单位的安全质量管理行为监督检验的内容应包括:

① 安装单位、防腐单位是否具备相应的安装资格和资质;

② 安装单位是否按本规则第十六条第5款规定办理备案手续;

③ 是否建立健全了质量管理体系,并能有效实施;

④ 项目经理、技术负责人、项目质量保证师、专业工程师等专业技术和管理人员是否配套,是否具备相应资格并与承担的工作相适应;

⑤ 在焊接管理制度、焊接工艺评定、焊接作业指导书、持证焊工及持证项目等方面是否满足安装要求;

⑥ 是否有经过批准的施工组织设计或施工方案并能贯彻执行;

⑦ 是否按设计及标准要求对建设单位提供的材料、设备或本单位所购材料等进行检验;

⑧ 是否按有关规定和标准对压力管道安装工程进行各种检验与试验,对出现的安全质量问题是否按有关文件要求及时如实上报和认真处理;

⑨ 是否有违规分包、转包压力管道安装工程行为;

⑩ 是否有其他安全质量管理违法、违规、失职行为。

(4) 对监理单位的安全质量管理行为监督检验的内容应包括:

① 是否在监理单位资质等级许可的经营范围内承担监理业务,是否以其他监理单位的名义承担监理业务;

② 是否按本规则第十六条第5款规定办理备案手续;

③ 监理机构的专业人员是否配套,是否责任落实;是否建立健全了质量管理体系,并能有效实施;

④ 是否全面、有效地履行监理责任;

⑤ 是否制定并认真实施监理计划;

⑥ 现场采用的监理方式是否合理可行，监理人员是否及时到位；

⑦ 是否按照国家强制性标准或操作工艺进行分项工程（工序）验收；

⑧ 对现场发现使用不合格材料、元件、附属设施和设备的现象及发生的质量事故，是否及时督促和配合其他相关单位整改处理；

⑨ 监理单位有无转让监理业务的行为；

⑩ 是否有其他安全质量管理违法、违规、失职行为。

(5) 对检测单位检验检测安全质量管理行为监督检验的内容应包括：

① 是否按检测单位资格等级及许可的经营范围承揽任务，是否以其他检测单位的名义承担检测业务；

② 是否建立健全了质量管理体系，并能有效实施；

③ 检测专业配套，结构合理，人员具备相应资格并与承担的工作相适应；

④ 按有关标准的要求，是否制定并认真实施检测计划；

⑤ 出具的检测结论应及时、准确；

⑥ 是否有其他安全质量管理违法、违规、失职行为。

(6) 监督检验可根据具体情况，选用适宜的方法进行，可以是以下一种或几种的组合：

① 采用查阅有关文件、记录或有关证据；

② 观察安装或施工活动过程；

③ 抽样进行检验检测；

④ 必要时，也可进行有关的验证试验；

⑤ 会议或与有关人员交谈的书面记录并经相关人员签字；

⑥ 其他方法。

5. 压力管道安装过程中，受监督检验单位与监督检验单位之间发生争议时，可以向授权监督检验任务的安全监察机构所在地的质量监督检验检疫行政部门进行仲裁。对质量监督检验检疫行政部门仲裁仍有异议的，可向其上级行政部门申请终局裁决。

二、《压力容器压力管道设计单位资格许可与管理规则》相关内容

1. 总则

(1) 从事压力管道设计的单位，必须具有相应级别的设计资格，取得《设计许可证》后方可从事压力管道设计活动。

(2) 压力管道设计类别、级别的划分：

① 长输管道为 GA 类，级别划分为：

a. 符合下列条件之一的长输管道为 GA1 级：

ⓐ 输送有毒、可燃、易爆气体介质，设计压力 $p>1.6$MPa 的管道；

ⓑ 输送有毒、可燃、易爆液体介质，输送距离（指产地、储存库、用户间的用于输送商品介质管道的直接距离）≥200 km 且管道公称直径 DN≥300 mm 的管道；

ⓒ 输送浆体介质，输送距离≥50 km 且管道公称直径 DN≥150 mm 的管道。

b. 符合下列条件之一的长输管道为 GA2 级：

ⓐ 输送有毒、可燃、易爆气体介质，设计压力 $p\leqslant 1.6$ MPa 的管道；

ⓑ GA1ⓑ范围以外的管道；

ⓒ GA1ⓒ范围以外的管道。

② 公用管道为 GB 类，级别划分为：a. GB1：燃气管道；b. GB2：热力管道。

③ 工业管道为 GC 类，级别划分为：

a. 符合下列条件之一的工业管道为 GC1 级：

ⓐ 输送 GB 5044《职业性接触毒物危害程度分级》中，毒性程度为极度危害介质的管道；

ⓑ 输送 GB 50160《石油化工企业设计防火规范》及 GBJ 16《建筑设计防火规范》中规定的火灾危险性为甲、乙类可燃气体或甲类可燃液体介质且设计压力 $p \geqslant 4.0$ MPa 的管道；

ⓒ 输送可燃流体介质、有毒流体介质，设计压力 $p \geqslant 4.0$ MPa 且设计温度大于等于 400℃的管道；

ⓓ 输送流体介质且设计压力 $p \geqslant 10.0$ MPa 的管道。

b. 符合下列条件之一的工业管道为 GC2 级：

ⓐ 输送 GB 50160《石油化工企业设计防火规范》及 GBJ 16《建筑设计防火规范》中规定的火灾危险性为甲、乙类可燃气体或甲类可燃液体介质且设计压力 $p < 4.0$ MPa 的管道；

ⓑ 输送可燃流体介质、有毒流体介质，设计压力 $p < 4.0$ MPa 且设计温度大于等于 400℃的管道；

ⓒ 输送非可燃流体介质，设计压力 $p < 10.0$ MPa 且设计温度小于 400℃的管道。

(3) 国家质检总局和省级质量技术监督部门负责《设计许可证》的批准、颁发，并按分级管理的原则进行审批。《设计许可证》有效期为 4 年，有效期满当年，持证单位必须按本规则的有关规定办理换证手续。逾期不办或未被批准换证的，取消设计资格，批准部门注销原《设计许可证》。

(4) 设计单位压力管道设计资格的审查（鉴定评审）工作，由国家质监总局核准的鉴定评审机构负责。

(5) 设计单位从事压力管道设计的批准（或审定）人员、审核人员，必须经过规定的培训，考试合格，并取得相应资格的《设计审批员资格证书》。设计审批人员的《设计审批员资格证书》由所在设计单位设计许可证批准部门批准、颁发，有效期为 4 年。

注：依据《关于对压力管道设计审批人员行政审批改变管理方式的实施意见》（质检锅函[2004]8 号）规定：压力管道设计审批人员由鉴定评审机构进行培训、考核，培训和考核合格的，将名单报国家质检总局特种设备安全监察机构备案，经国家质检总局特种设备安全监察机构行文公布后，由考核机构发证。

2. 设计单位条件

(1) 必须具备以下基本条件：

① 有企业法人营业执照或事业单位法人证书。

② 有中华人民共和国组织机构代码证。

③ 有健全的质量保证体系和切实可行的设计管理制度。

④ 有与设计级别相适应的技术法规、标准。

⑤ 有专门的设计工作机构和场所。

⑥ 有必要的设计装备和设计手段，具备利用计算机进行设计、计算、绘图的能力，计算机辅助设计和计算机出图率应达到 100%，具备在互联网上传递图样和文字电子邮件所需的软件和硬件；对 D 类压力容器设计单位，计算机辅助设计和计算机出图率应达到 80%。

⑦ 具有规定数量持有《设计审批员资格证书》的设计审批人员。

⑧ 具有一定的压力容器或压力管道设计经验，具有独立承担设计的能力。

(2) 设计 GA1 级、GC1 级压力管道的单位，专职设计人员总数一般不得少于 10 名，其中，审批人员不得少于 3 名；设计 GB 类、GA2 级、GC2 级压力管道单位的专职设计人员总数一般不得少于 7 名，其中，审批人员不得少于 2 名。

(3) 设计单位应建立符合本单位的实际情况的设计质量保证体系，并且切实贯彻执行。质量保证体系文件应包括以下内容：

① 术语和缩写。

② 质量方针。

③ 质量体系：

a. 设计组织机构；

b. 各级设计人员；

c. 设计、校准、审核、批准(或审定)人员的职、责、权；

d. 各级设计人员任命书。

④ 设计控制：

a. 总则；

b. 作程序；

c. 设计类别、级别、品种范围；

d. 材料代用；

e. 设计修改；

f. 设计审核修改单。

⑤ 各级设计人员的培训、考核、奖惩。

⑥ 设计管理制度。

(4) 下列单位不能申请设计资格：

① 学会、协会等社会团体；

② 咨询性公司、社会中介机构；

③ 各类技术检验或检测性质的单位；

④ 与压力容器或压力管道设计、制造、安装无关的其他单位。

3. 设计单位资格许可程序

设计单位资格许可程序包括：申请、受理，试设计，资格审查，批准和发证。

(1) 申请、受理

按照分级审批的范围，申请 GA 类、GC1 级压力管道设计资格的单位，应向国家安全监察机构提交《压力容器压力管道设计资格申请书》；申请 GB 类、GC2 级压力管道设计资格的单位，应向所在地的省级安全监察机构提交《申请书》。

对符合本规则规定条件的申请单位，国家或省级安全监察机构在核实后予以受理，并出具受理文件。对同意受理的申请单位，由国家或省级安全监察机构备案的审查机构进行资格审查。

（2）试设计

对所申请设计压力管道的类别、级别，申请设计资格的单位没有相应设计或制造经历的，应先进行试设计。

申请设计资格的单位试设计申请应包括所要设计产品（项目）的名称、级别、类别、品种等内容。申请设计 GA 类、GC1 级压力管道的单位，由国家安全监察机构对其基本条件进行审核。申请设计 GB 类、GC2 级压力管道的单位，由省级安全监察机构对其基本条件进行审核。经审核，同意受理后，批准其在 6 个月至 12 个月内完成规定数量的试设计文件。

试设计单位必须按照所批复的类别、级别和品种进行试设计，试设计文件不得用于制造。

（3）资格审查

① 对已确认受理的申请单位，在接受资格审查之前应进行整顿和自查，并向审查机构提交自查综合书面报告。自查综合书面报告应包括：

a. 单位的综合情况（包括机构设置、人员情况）；

b. 压力容器或压力管道设计历史及现状；

c. 设计质量保证体系的建立和实际运转情况及分析；

d. 设计管理制度及执行情况分析；

e. 试设计文件及相关材料；

f. 设计审批人员的设计经历；

g. 执行有关规程、标准等技术规范情况及分析；

h. 对已设计过的压力容器或压力管道的综合分析和评价；

i. 对仍需恢复使用的原有设计文件的清理及处置情况；

j. 存在的问题及改进措施。

② 审查机构在收到自查综合书面报告后，经审核确认能够进行资格审查的，应尽快组织审查，并在资格审查 20 日前书面通知申请单位和批准部门。

审查机构应选派具有一定设计水平和经验的专业人员组成审查组，审查组一般不超过 4 人，其中具有审批人员资格的高级工程师或工程师不少于 3 名。

4. 管理与监督

（1）审查机构每年应向所备案的国家或省级安全监察机构书面报告工作情况，必要时，国家或省级安全监察机构可对审查机构进行工作质量抽查。对抽查存在问题的，国家或省级安全监察机构可按有关规定进行处理，直至取消其资格。

（2）发现审查机构没有严格按照本规则进行审查的，国家或省级安全监察机构应当及时纠正，并通报批评；情节严重的应停止其审查工作。被停止审查工作的审查机构，应在规定期限内对审查工作进行整顿。在整顿期间，不得再承担审查工作。

（3）设计单位有以下情况之一的，应根据情节严重程度，由批准部门对其做出通报批评或取消设计资格的处理。对于负有相应责任的人员，应由设计单位做出相应的处理。

① 超出《设计许可证》批准的级别、类别或品种范围进行设计。

② 产品设计总图上有下列情况者：

a. 无设计资格印章;

b. 加盖的设计资格印章已作废或为复印形式;

c. 在标题栏为外单位的图样上签字或加盖设计资格印章,或者本单位设计范围之外的设计产品,由外单位人员签字或加盖设计资格印章;

d. 标题栏内未按有关规定履行签字手续。

③ 因设计违反现行规程、标准等技术规范,导致重大质量事故或造成产品爆炸事故。

④ 涂改《设计许可证》,将《设计许可证》转让或变相转让给其他单位使用的。

三、TSG D2001—2006《压力管道元件制造许可规则》相关内容

1. 总则

(1) 凡是在中华人民共和国境内使用,并且符合《条例》适用范围的压力管道元件,其制造许可应当符合本规则的规定。

(2) 压力管道元件制造许可按照产品类别、品种、许可级别和产品范围确定许可范围,具体划分见附件 A。

附件 A 压力管道元件制造许可项目及其级别表

<table>
<tr><th colspan="3">许可项目</th><th rowspan="2">代表产品的范围</th><th rowspan="2">限制范围</th></tr>
<tr><th colspan="2">品种(产品)</th><th>级别</th></tr>
<tr><td colspan="2" rowspan="3">无缝钢管</td><td>A1</td><td>公称直径大于或者等于 200 mm 的无缝钢管</td><td rowspan="3">材料、规格、标准</td></tr>
<tr><td>A2</td><td>1. 公称直径小于 200 mm 的锅炉压力容器气瓶用无缝钢管;
2. 公称直径小于 200 mm 的石油天然气输送管道用和油气井油(套)管用无缝钢管</td></tr>
<tr><td>B</td><td>1. 公称直径大于 25 mm 的其他无缝钢管;
2. 各类管坯</td></tr>
<tr><td rowspan="9">焊接钢管</td><td rowspan="3">螺旋缝埋弧焊钢管</td><td>A1</td><td>有特殊要求的石油天然气输送管道用螺旋缝埋弧焊钢管</td><td rowspan="8">材料、钢级、规格、标准</td></tr>
<tr><td>A2</td><td>石油天然气输送管道用螺旋缝埋弧焊钢管</td></tr>
<tr><td>B</td><td>1. 低压流体输送用螺旋缝埋弧焊钢管;
2. 各类螺旋缝桩用管</td></tr>
<tr><td rowspan="2">直缝埋弧焊钢管</td><td>A1</td><td>石油天然气输送管道用直缝埋弧焊钢管</td></tr>
<tr><td>A2</td><td>低压流体输送用直缝埋弧焊钢管</td></tr>
<tr><td rowspan="3">直缝高频焊管</td><td>A1</td><td>1. 有特殊要求的石油天然气输送管道用直缝高频电阻焊钢管;
2. 油气井油(套)管用直缝高频电阻焊钢管</td></tr>
<tr><td>A2</td><td>石油天然气输送管道用直缝高频电阻焊管</td></tr>
<tr><td>B</td><td>低压流体输送用直缝高频电阻焊钢管</td></tr>
<tr><td>其他焊接钢管</td><td>B</td><td></td><td>材料、规格</td></tr>
</table>

续附件 A

许可项目		代表产品的范围	限制范围
品种(产品)	级别		
有色金属管(铝、铜、钛、铅、镍、锆等有色金属管及其合金管)	A		材料、规格
铸铁管	B		材料、规格
钢制无缝管件(包括工厂预制弯管、有缝管坯制管件)	A	1. 公称直径大于 250 mm 的耐热钢制无缝管件; 2. 公称直径大于 250 mm 的双相不锈钢制无缝管件; 3. 公称直径大于 250 mm,且标准抗拉强度大于 540 MPa 的合金钢制无缝管件	产品名称、材料、规格
	B	其他无缝管件	
钢制有缝管件(钢板制对焊管件)	B1	1. 不锈钢制有缝管件; 2. 标准抗拉强度大于 540 MPa 的合金钢制有缝管件	材料、规格
	B2	其他有缝管件	
有色金属及有色金属合金制管件	A		材料、规格
锻制管件(限机械加工)	B		规格
铸造管件	B		材料、规格
阀门	A1	设计温度大于 425℃,公称压力大于 10 MPa,且公称直径大于或者等于 300 mm 的特殊工况阀门	用途、产品名称、规格
	A2	1. 公称压力大于或者等于 6.4 MPa ,且公称直径大于或者等于 300 mm 的特殊工况阀门; 2. 设计温度低于－46℃,公称压力大于或者等于 4 MPa,且公称直径大于或者等于 300 mm 的特殊工况阀门	
	B	一般工况阀门和其他特殊工况阀门	
锻制法兰及管接头(限机械加工)	B		产品名称、规格
金属波纹膨胀节	A	1. 公称压力大于或者等于 4.0 MPa,且公称直径大于或者等于 500 mm 金属波纹膨胀节; 2. 公称压力大于或者等于 2.5 MPa,且公称直径大于或者等于 1 000 mm的金属波纹膨胀节	产品名称、规格

续附件 A

许可项目			代表产品的范围	限制范围
品种(产品)		级别		
金属波纹膨胀节		B	其他金属波纹膨胀节	产品名称、规格
其他型式补偿器(不含聚四氟乙烯波纹管		B		产品名称、规格
金属软管		B		规格
弹簧支吊架		B		
密封件(金属垫片、非金属垫片、非金属复合垫片、密封填料)		AX		产品名称
紧固件(合金钢制 M14 以上螺栓、螺母)		B		材料、规格
元件组合装置	井口装置和采油树、节流压井管汇	A	额定压力大于或者等于 35 MPa 的井口装置和采油树、节流压井管汇	产品名称
		B	其他井口装置和采油树、节流压井管汇	
	燃气调压装置、减温减压装置	A	额定压力大于 1.6 MPa 燃气调压装置	产品名称
		B	各类减温减压装置	
	其他组合装置	B		产品名称
防腐蚀压力管道用管子、管件、阀门法兰(涂敷防腐层、内衬防腐蚀材料、内搪玻璃等)		AX		产品名称、规格
低温绝热管、直埋夹套管		AX		产品名称
聚乙烯及聚乙烯复合管材、管件	聚乙烯管材	A1	公称直径大于或者等于 450 mm 的燃气用埋地聚乙烯管材	产品名称
		A2	其他燃气用埋地聚乙烯管材	
		A3	流体输送用埋地聚乙烯管材	
	聚乙烯管件	A1	燃气用和流体输送用埋地聚乙烯电熔管件	
		A2	燃气用和流体输送用埋地聚乙烯多角焊制管件	

续附件 A

<table>
<tr><th colspan="3">许可项目</th><th rowspan="2">代表产品的范围</th><th rowspan="2">限制范围</th></tr>
<tr><th colspan="2">品种(产品)</th><th>级别</th></tr>
<tr><td>聚乙烯及聚乙烯复合管材、管件</td><td>带金属骨架的聚乙烯复合管材、管件</td><td>A</td><td></td><td>产品名称、规格</td></tr>
<tr><td colspan="2">其他非金属及非金属复合压力管道元件(管材、管件、阀门、波纹管膨胀节)</td><td>A</td><td></td><td>材料</td></tr>
<tr><td rowspan="4">阀门铸件</td><td>铸铜件</td><td>B</td><td>各种铸铜阀体</td><td rowspan="2">材料</td></tr>
<tr><td>铸铁件</td><td>B</td><td>各种铸铁阀体</td></tr>
<tr><td rowspan="2">铸钢件</td><td>B1</td><td>精密铸造的铸钢件</td><td rowspan="2">材料</td></tr>
<tr><td>B2</td><td>砂型铸造的铸钢件</td></tr>
<tr><td colspan="2" rowspan="2">锻制法兰、锻制管件、阀体锻件的锻坯</td><td>A</td><td>1. 公称直径大于 250 mm 的耐热钢制各种锻制法兰、管件、阀体锻坯;
2. 公称直径大于 250 mm 的双相不锈钢制各种锻制法兰、管件、阀体锻坯;
3. 公称直径大于 250 mm 且标准抗拉强度大于 540 MPa 的合金钢制各种锻制法兰、管件、阀体锻坯</td><td>材料</td></tr>
<tr><td>B</td><td>其他锻制法兰、管件、阀体锻坯</td><td></td></tr>
<tr><td colspan="2">压力管道制管专用钢板(钢级 L360 及以上压力管道制管专用钢板)</td><td>AX</td><td></td><td>材料、规格</td></tr>
<tr><td colspan="2">聚乙烯管材及复合管材、管件原料(聚乙烯混配料)</td><td>AX</td><td></td><td>牌号级别</td></tr>
</table>

(3) 分级管理。国家质检总局负责境外压力管道元件、压力管道制管专用钢板、聚乙烯混配料制造许可申请的受理,并且委托省、自治区、直辖市质量技术监督局(以下简称省级质量技术监督部门)负责本辖区内其他压力管道元件的制造许可受理。

国家质检总局负责部分压力管道元件的制造许可审批,并且委托省级质量技术监督部门负责本辖区内其他部分压力管道元件的制造许可审批,具体的委托项目见附件 A。

注 1:许可级别栏中的"A(A1,A2,A3),AX 级"由国家质检总局审批,"B(B1,B2)级"由国家质检总局委托制造单位所在地的省级质量技术监督部门审批。制造单位申请的项目中同时含有 A 级项目和 B 级项目时，由国家质检总局统一负责审批。

注 2：表中同一品种(产品)的许可项目，A 级许可可以覆盖 B 级许可，A1 级许可可以覆盖 A2 级许可，B1 级许可可以覆盖 B2 级许可，以此类推，但无缝钢管、阀门、燃气调压装置、减温减压装置、聚乙烯管件和铸钢件除外，相互不能覆盖。

注 3：特殊工况阀门，是指专用于电站、石油天然气及化工用高温高压管道、剧毒管道、低温管道和城镇燃气管道的阀门；一般工况阀门，是指不属于特殊工况阀门的其他压力管道用阀门。

(4) 制造许可证的有效期为 4 年。获得《特种设备制造许可证》的制造单位，应当在其制造的压力管道元件产品(以下简称产品)上使用“许可标志”(样式见右图)和许可证号。

许可标志样式

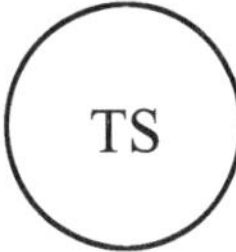

2. 制造许可的基本条件和要求

(1) 制造单位应当具备制造符合要求的压力管道元件产品的能力，其人员、生产条件和检测手段等资源条件应当符合以下基本要求：

① 有适应制造需要的专业技术人员、检验人员和技术工人；

② 有许可制造产品需要的生产条件，包括厂房场地、原材料和产品存放保管场地、制造管理的办公条件、生产设备、工艺装备等；

③ 有适应产品制造需要，并且能满足产品质量要求的检测手段，包括检测仪器、理化检验设备、无损检测设备、计量器具，有与产品出厂检验项目相适应的试验条件；

④ 具备产品的主要生产工序和完成最终检验工作的能力。

具体资源条件见附件 C(略)。

(2) 首次取证和增项(升级)的制造单位，应当通过试制的产品证明其具备制造符合要求的压力管道元件产品的能力。对于安全技术规范要求进行型式试验的产品，应当经型式试验合格。

(3) 制造单位分包或者采购的原料、零部件以及压力管道元件、生产工序或者检测工作，其工作质量及产品质量仍由制造单位对用户负责。

制造单位采购的原料、零部件及压力管道元件属于本规则管辖范围的，其制造单位应当具有压力管道元件制造资格；无损检测的分包机构，应当具有国家质检总局核准的无损检测机构资格或者是取得承压类特种设备制造许可的制造单位，并且有相应的无损检测能力。

(4) 制造单位应当按照特种设备制造质量管理体系安全技术规范的要求，结合本单位具体情况建立、实施、保持和持续改进与许可产品制造相关的质量管理体系，并且形成质量管理体系文件。

(5) 获得制造许可证的制造单位，应当按照压力管道元件制造监督检验安全技术规范的规定，向特种设备检验检测机构(以下简称监督检验机构)申请产品制造过程的监督检验。

3. 制造许可程序

(1) 压力管道元件制造许可程序包括申请、受理、产品试制、型式试验、鉴定评审、审批、发证。

(2) 申请。根据所申请产品的许可级别(见附件 A)，向负责受理的机关提出制造许可申请，并且提交以下申请资料：

① 特种设备制造许可申请书（一式四份，并提交电子文本）；

② 企业概况说明；

③ 依法在当地政府注册或登记的文件（复印件）；

④ 组织机构代码证（复印件）；

⑤ 企业已获得的认证或者其他资质证书（复印件）；

⑥ 压力管道元件产品样本或者产品简介；

⑦ 质量管理手册；

⑧ 其他需要补充的证明材料。

(3) 受理。对符合申请条件的制造单位，负责受理的机关应当在申请表上签署同意受理意见，将一份申请表和电子文本报送审批机关，两份申请表返回制造单位，另一份申请表由负责受理的机关存档。

对有下列情况之一的制造单位，做出不予受理申请的决定，负责受理的机关应当在申请书上签署不受理意见，出具不受理决定书，并且报送审批机关：

① 申请材料不能达到第二章规定要求的；

② 隐瞒有关情况或提供虚假申请材料的；

③ 处于对办理《特种设备制造许可证》有不利影响的法律诉讼等司法纠纷或者正在接受有关司法限制与处罚的。

制造单位隐瞒有关情况或者提供虚假材料申请许可的，1 年内不得再次申请。由于制造单位原因，18 个月内未能完成许可工作的，制造单位应当根据单位条件变化情况重新提出申请。

(4) 产品试制。许可申请被受理的制造单位，应当按照适合鉴定评审和型式试验要求的规格及数量试制产品。许可有型式试验要求的，应当在型式试验前完成产品试制工作；许可没有型式试验要求的，应当在鉴定评审前完成产品试制工作。

(5) 型式试验和鉴定评审。

① 许可申请被受理后，制造单位应当约请鉴定评审机构进行鉴定评审。产品有型式试验要求的，由制造单位或者其委托的进口代理商约请型式试验机构进行型式试验。

采取型式试验方式的许可申请被受理后，制造单位或者其委托的进口代理商应当约请型式试验机构进行型式试验。

受约请的鉴定评审机构和从事型式许可的型式试验机构，应当在约请生效后将鉴定评审通知单和型式试验通知单报审批机关。

② 许可产品试制、型式试验后，鉴定评审机构按照规定组织对制造单位进行鉴定评审。鉴定评审工作的主要内容如下：

a. 现场核查制造单位是否符合本规则的相关要求；

b. 通过审查试制产品的技术资料和检查实物制造质量（出厂检验项目与工序检验项目），考核安全性能是否符合要求；

c. 确认许可标志的使用方法；

d. 核实型式试验报告；

e. 确定许可产品项目及产品范围。

③ 对采取型式试验方式的许可，不需要进行鉴定评审的，型式试验机构现场取样时，还应当进行以下工作：

a. 核查制造单位的实际情况是否与申请资料相符合，是否满足本规则的要求；

b. 检查质量管理体系实施以及许可标志的使用规定；

c. 审查设计文件、工艺文件，查看制造单位资源条件和其他必备条件是否满足要求，检测手段是否与制造的产品相适应，并且跟踪检查产品制造过程。

现场取样时发现制造单位的实际情况与申请资料不符的，型式试验单位不得取样，并且在15日内向审批机关报告。

(6) 审批和发证。审批机关在接到鉴定评审报告后，应当在30个工作日内完成审查、批准、颁发许可证等工作。

4. 获得《特种设备制造许可证》的制造单位，在生产经营活动中应当遵守以下规定

(1) 不得违反国家相关法律、法规、规章和安全技术规范组织生产制造和经营活动；

(2) 不得涂改、伪造、转让或者出卖《特种设备制造许可证》；

(3) 不得超过许可范围制造产品或超过许可范围使用许可标记；

(4) 不得非法提供(出卖)质量证明书、合格证或者产品铭牌；

(5) 不得贴牌或被贴牌生产许可范围外的产品；

(6) 不得向用户隐瞒有关情况或提供虚假文件资料。

四、《压力管道安装单位资格认可实施细则》(质技监局锅发[2000]99号)相关内容

1. 总则

(1) 适用范围。从事《压力管道安全管理与监察规定》适用范围内压力管道安装的单位，必须具有安装相应类别、级别压力管道的资格，按本实施细则取得《压力管道安装许可证》。

(2) 压力管道安装资格类别、级别的划分：

① 长输管道为GA类、工业道道为GC类，类别、级别的划分与上述《在用工业管道定期检验规程》一致。

② 公用管道为GB类，级别划分为：GB 1级：燃气管道；GB 2级：热力管道。

(3) 许可资格管理。安装资格实行分级管理，《压力管道安装许可证》分级颁发，全国有效。GA类、GC 1级(含GA类+GB类、GA类+GC类、GA类+GB类+GC类、GC 1级+GB类)安装资格由国家质量技术监督局受理申请、组织评审和颁发《压力管道安装许可证》；GB类、GC 2级、GC 3级(含GB类+GC 2级、GB类+GC 3级)安装资格由安装单位所在地的省级质量技术监督行政部门受理申请、组织评审和颁发《压力管道安装许可证》。

(4) 高级别安装资格覆盖低级别资格。凡具有GA 1级安装资格的安装单位，即具备GA 2级中相应品种压力管道的安装资格；凡具有GC 1级安装资格的安装单位，即具备GC 2、GC 3级中相应品种压力管道的安装资格；凡具有GC 2级安装资格的安装单位，即具

备 GC 3 级中相应品种压力管道的安装资格。

(5) 持有《压力管道安装许可证》的安装单位必须接受各级质量技术监督行政部门的监督检查和有资格的检验单位进行的压力管道安装质量的监督检验。

2. 安装单位条件

(1) 安装单位必须具备以下基本条件:

① 具有法人资格,持有工商营业执照;

② 具有适应压力管道安装需要的质量体系;

③ 有所申请范围内压力管道的安装业绩和安装能力;

④ 通过工程项目证明安装质量合格,安全性能可靠。

(2) 安装单位质量管理要求。安装单位应加强质量管理,结合本单位的实际情况,按照压力管道安装质量和安全技术管理的要求,参照 GB/T 19000—ISO 9000 系列标准选择适合本单位的质量体系模式。安装单位的质量管理应由最高管理者领导,并由最高管理者授权的管理者代表负责建立、实施和保持质量体系。最高管理者应任命适量的责任人员(责任师)协助管理者代表进行工程项目的质量控制和重点过程的质量控制。安装单位必须编制质量手册、质量体系程序和作业指导书、表卡、报告等质量体系文件,规定有关人员的职责和权限,明确各项工作的标准。

(3) 人员资源条件。管理者代表和责任师等质量体系责任人员的数量和任职资格应达到"安装单位质量体系责任人员最低条件表"(略)的要求;从事压力管道安装人员、工程技术人员和焊工、管工、无损检测人员、理化人员的最低数量和资格应达到"安装单位人员资源最低条件表"(略)的要求。

(4) 各级别安装单位应有适应压力管道安装所需要的成型设备、起重设备、焊接设备、检验设备等,其设备条件一般应符合"安装单位必备设备条件表"(略)的要求。

(5) 各级别安装单位应有相应的经济规模、工作条件和建筑业企业资质。建筑业企业资质应符合"安装单位资质要求表"(略)的要求。

3. 资格许可程序包括:申请、受理、评审、批准和发证。

(1) 申请

申请安装资格的单位应填写"压力管道安装许可证申请书"和"压力管道安装单位基本情况表"。GA 类、GC1 级安装资格的申请单位应将申请资料提交国家质量技术监督检验检疫总局特种设备安全监察局,同时抄送申请单位的主管单位[指国务院主管部门(含国务院直属的特大型企业)]、申请单位所在地的省级和地(市)级质量技术监督行政部门特种设备安全监察机构。GB 类、GC2 级、GC3 级安装资格的申请单位应将申请资料提交省级质量技术监督行政部门特种设备安全监察机构,同时抄送申请单位所在地的地(市)级质量技术监督行政部门特种设备安全监察机构。

具有 GB 类、GC2 级安装资格的安装单位,如再申请 GA 类、GC1 级安装资格,应先将申请资料报省级质量技术监督行政部门特种设备安全监察机构审查提出意见后,再提交国家质量技术监督检验检疫总局特种设备安全监察局。

(2) 受理

受理机构在收到申请单位的申请资料后，根据申请单位的基本情况，按照本《实施细则》的有关规定确定是否受理。对同意受理的，应在45日内发出《压力管道安装许可证受理通知书》，通知申请单位、申请单位所在地的省级或地(市)级质量技术监督行政部门特种设备安全监察机构；对不同意受理的，也应在45日内书面通知申请单位及其所在地的省级或地(市)级质量技术监督行政部门特种设备安全监察机构，说明不受理的理由。

凡属下列单位之一的，不予受理压力管道安装资格申请：

① 不符合本实施细则第八条规定的安装单位；

② 学会、协会、咨询公司等单位；

③ 从事压力管道元件制造、压力管道安装质量监督检验的检验单位；

④ 从事压力管道元件制造单位安全注册和压力管道安装许可证评审的评审机构；

⑤ 其他不符合《规定》及本《实施细则》要求的。

受理通知书有效期为18个月。由于申请单位原因，未按期完成审查工作的，受理通知书自行失效。

(3) 评审

① 申请单位在收到受理通知书后，应约请一个经国家质量技术监督检验检疫总局认可的具有相应资格的评审机构进行评审工作；评审机构应及时向申请单位提供评审指南和评审细则。申请单位应按《规定》、《实施细则》、评审指南和评审细则等进行自我评定，自我评定合格后，进行评审。在开始评审工作前，评审机构应向受理机构备案。

② 评审工作分为条件初审、安装质量评审和联审：

条件初审由评审机构组成审查组，审查组由经国家质量技术监督检验检疫总局注册的评审员及特邀专家(必要时)组成，审查人员一般不得超过4人，审查组组长由具有3年以上评审经历的人员担任。审查时间一般不超过3日。

条件初审应全面审查安装单位应具备的条件，重点是对管理者代表、责任师及项目负责人的审核、人员条件和设备条件的审查、质量体系的建立与运行情况及质量体系文件的审查。

评审机构应将条件初审情况及发现的问题形成书面报告，交给申请单位，同时报送受理机构。受理机构根据评审机构的意见，签发《准许试安装压力管道通知书》，通知申请单位准备提交安装质量评审的压力管道安装工程。

安装质量评审应在条件初审后进行，由评审机构组成审查组，审查组由经国家质量技术监督检验检疫总局注册的评审员及特邀专家(必要时)组成。由评审机构视具体情况，可分次进行，每次审查人员一般不得超过2人。一次审查时间一般不超过3日。

联审由评审机构协助受理机构组织，联审审查组由受理机构代表、评审员和特邀专家(必要时)组成，受理机构代表任组长；审查组人员一般不得超过5人。联审应对条件初审和安装质量评审结果进行复核，重点审查条件初审和安装质量评审发现问题的整改情况。受理机构代表在联审时应对评审机构的工作情况进行检查评价。联审的审查时间不超过2日。

③ 联审结束时，联审审查组应出具联审报告。联审报告的主要内容包括：申请单位基

本情况、审查工作概况、审查内容、专业小组审查意见、评审的许可证级别及安装范围、审查组评定意见、审查组成员名单(注明工作单位、技术职称、职务等)。

④ 审查组评定意见分为具备条件、基本具备条件和不具备条件三种。

(4) 批准

GA类、GC1级压力管道安装资格,由国家质量技术监督检验检疫总局特种设备安全监察局对综合材料评议后,提出审核结论意见。对于审核合格的,报国家质量技术监督局审批。

GB类、GC2级、GC3级压力管道安装资格,由省级质量技术监督行政部门特种设备安全监察机构对综合材料评议后,提出审核结论意见。对于审核合格的,报省级质量技术监督行政部门审批。未被批准的,由受理机构通知申请单位和评审机构。

(5) 发证

经国家质量技术监督检验检疫总局或省级质量技术监督行政部门审查批推的申请单位,可办理《压力管道安装许可证》。

4. 管理与监督

(1)《压力管道安装许可证》持证单位,应严格执行压力管道的有关法规、规章和技术标准,保证压力管道安装质量,做好用户服务工作。

(2) 持证压力管道安装单位应遵守下述规定:

① 接受压力管道所在地和安装单位所在地的质量技术监督行政部门的日常监督检查;

② 压力管道安装质量体系责任人员应报省级和地(市)级质量技术监督行政部门备案,人员资格应符合本《实施细则》要求;

③ 不得涂改、伪造、转让或出卖《压力管道安装许可证》;

④ 不得向无安装许可证单位出卖或非法提供压力管道安装质量证明书。

(3) 当出现下列情况之一时,持证压力管道安装单位应在十五天内向发证的质量技术监督行政部门锅炉压力容器安全监察机构和评审机构备案:

① 更换法定代表人或管理者代表;

② 质量手册改版;

③ 工厂名称、地址改变。

五、SH 3501《石油化工有毒、可燃介质管道工程施工及验收规范》相关内容

1. 总则

(1) 适用范围。本规范适用于石油化工企业设计压力400 Pa(绝压)～42 MPa(表压),设计温度－196 ℃～850 ℃的剧毒(毒性程度为极度危害和高度危害)、可燃介质钢制管道的新建、改建或扩建工程的施工及验收。本规范不适用于长输管道及城镇公用燃气管道的施工及验收。剧毒、可燃介质管道施工除执行本规范的规定外,尚应符合设计文件和现行有关标准的规定。

(2) 剧毒、可燃介质管道施工时,修改设计或材料代用,应经设计单位批准。

(3) 管道施工的安全技术和劳动保护,应按国家现行的有关法规、标准及SH 3505《石

油化工施工安全技术规程》的规定执行。在已投入生产的区域内施工时，应按生产区域的特点制定施工安全技术措施。

（4）承担剧毒、可燃介质管道施工的单位，必须持有质量技术监督行政部门相应的压力管道安装许可证。

（5）从事剧毒、可燃介质管道施工的焊工应按《锅炉压力容器压力管道焊工考试与管理规则》进行考试，取得合格证书。无损检测人员应按《锅炉压力容器无损检测人员资格考试规则》进行考试，取得相应资格证书。

2. 剧毒、可燃介质管道的分级，应符合表 3.2.1 的规定

表 3.2.1　管道分级（SH 3501—2001）

<table>
<tr><th colspan="2">管道级别</th><th>适用范围</th></tr>
<tr><td colspan="2">SHA</td><td>1. 毒性程度为极度危害介质管道（苯管道除外）；
2. 毒性程度为高度危害介质的丙烯腈、光气、二硫化碳、氟化氢管道；
3. 设计压力等于或大于 10 MPa 的 SHB 级介质管道</td></tr>
<tr><td rowspan="2">SHB</td><td>SHBⅠ</td><td>1. 毒性程度为极度危害介质的苯管道；
2. 毒性程度为高度危害介质管道（丙烯腈、光气、二硫化碳、氟化氢管道除外）；
3. 甲类、乙类可燃气体和甲 A 类液化烃、甲 B 类可燃液体介质管道；
4. 乙 A 类可燃液体介质管道</td></tr>
<tr><td>SHBⅡ</td><td>1. 乙 B 类可燃液体介质管道；
2. 丙类可燃液体介质管道</td></tr>
<tr><td colspan="3">注 1：常用剧毒介质、可燃介质见附录 A（略）。
注 2：输送同时具有毒性和可燃特性介质的管道，应按本表中的高级别管道的处理。
注 3：输送混合介质的管道，应以主导介质为管道分级的依据。</td></tr>
</table>

3. 管道组成件检验

（1）基本规定。管道组成件（管子、阀门、管件、法兰、补偿器、安全保护装置等）的制造单位，应具有质量技术监督行政部门颁发的《压力管道元件制造单位安全注册证书》。

注：目前已改为《特种设备制造许可证》（压力管道元件）。

（2）剧毒、可燃介质管道工程使用的管道组成件，应符合设计规定及本规范的有关要求。管道组成件必须具有质量证明书或合格证，无质量证明书或合格证的产品不得使用。

产品在使用前，应对质量证明书认真审查，若对证明书中的特性数据有异议，应进行必要的分析检验。

（3）管道组成件在使用前应进行外观检查，其表面应符合下列要求：

① 无裂纹、缩孔、夹渣、折叠、重皮等缺陷；

② 锈蚀、凹陷及其他机械损伤的深度，不应超过产品相应标准允许的壁厚负偏差；

③ 螺纹、密封面、坡口的加工精度及粗糙度应达到设计要求或制造标准；

④ 有产品标识。

（4）管子检验

① 输送剧毒、可燃介质的管子，使用前应按设计要求核对管子的规格、数量和标记。

管子的质量证明书应包括以下内容：

a. 产品标准号；

b. 钢的牌号；

c. 炉罐号、批号、交货状态、重量和件数；

d. 品种名称、规格及质量等级；

e. 产品标准中规定的各项检验结果；

f. 技术监督部门的印记。

② 若到货管子的钢号、炉罐号与质量证明书不符或对特性数据有异议，供货方应按相应的标准作校验性检验或追溯到产品制造单位。异议未解决前，该批管子不得使用。

③ SHA 级管道中，设计压力等于或大于 10 MPa 的管子，外表面应按下列方法逐根进行无损检测，不得有线性缺陷：

a. 外径大于 12 mm 的导磁性钢管，应采用磁粉检测；

b. 非导磁性钢管，应采用渗透检测。

④ 管子经磁粉或渗透检测发现的表面缺陷允许修磨，修磨后的实际壁厚不应小于管子公称壁厚的 90%。

⑤ SHA 级管道中，设计压力小于 10 MPa 的输送极度危害介质的管道的管子，每批(指同批号、同炉罐号、同材质、同规格)应抽 5%且不少于一根，进行外表面磁粉或渗透检测不得有线性缺陷。

⑥ 输送剧毒介质管子的质量证明书中应有超声检测结果，否则应按现行 GB 5777《无缝钢管超声波探伤方法》或 GB 4163《不锈钢管超声波探伤方法》的规定，逐根进行补项试验。

(5) 阀门检验

① 设计要求做低温密封试验的阀门，应有制造单位的低温密封性试验合格证明书。

② 用于 SHA 级管道的阀门，其焊缝或阀体、阀盖的铸钢件，应有符合现行 SH 3064《石油化工钢制通用阀门选用、检验及验收》规定的无损检测合格证明书。

③ 阀门安装前，应按设计文件中的“阀门规格书”，对阀门的阀体和密封面，以及有特殊要求的垫片和填料的材质进行抽检，每批至少抽查一件。合金钢阀门的阀体应逐件进行快速光谱分析。若不符合要求，该批阀门不得使用。

④ 阀门在安装前，应逐个对阀体进行液体压力试验，试验压力为公称压力的 1.5 倍，停压 5 min，无泄漏为合格。

⑤ 具有上密封结构的阀门，应逐个对上密封进行试验，试验压力为公称压力的 1.1 倍。试验时应关闭上密封面，并松开填料压盖，停压 4 min，无渗漏为合格。

⑥ 阀门液体压力试验和上密封试验应以洁净水为介质。不锈钢阀门液体压力试验时，水中的氯离子含量不得超过 100 mg/L。试验合格后应立即将水渍清除干净。

⑦ 阀门的阀座密封面应按现行 SH 3064《石油化工钢制通用阀门选用、检验及验收》的规定进行密封性试验。

⑧ 安全阀应按设计文件规定的开启压力进行调试。调压时压力应平稳，启闭试验不得少于三次。调试合格后，应及时进行铅封。

⑨ 试验合格的阀门，应作出标识，并填写阀门试验记录。

（6）其他管道组成件检验

① 对管道组成件的产品质量证明书，应进行核对，且下列项目应符合设计要求：

a. 化学成分及力学性能；

b. 合金钢锻件的金相分析结果；

c. 热处理结果及焊缝无损检测报告。

若对质量证明书中的特性数据有异议，应及时追溯到制造单位。异议未解决前，该批产品不得使用。

② 螺栓、螺母的螺纹应完整，无划痕、毛刺等缺陷。螺栓、螺母应配合良好，无松动或卡涩现象。（略）

③ 耐油石棉橡胶板垫片和石棉橡胶板垫片的边缘应切割整齐，表面应平整光滑，不得有气泡、分层、折皱等缺陷。制作耐油石棉橡胶板垫片和石棉橡胶板垫片时，不得在低于15 ℃的环境中进行。自板材制成之日起，耐油石棉橡胶板储存期限不得超过一年半，石棉橡胶板储存期限不得超过两年。

④ 法兰密封面、金属环垫、缠绕式垫片不得有径向划痕、松散、翘曲等缺陷。（略）

4. 管道安装

（1）管道安装前，应逐件清除管道组成件内部的砂土、铁屑、熔渣及其他杂物。有特殊要求的管道，应按设计要求进行清除。清除合格后，应及时封闭。

（2）管道上的开孔应在管段安装前完成。当在已安装的管道上开孔时，管内因切割而产生的异物应清除干净。

（3）管道安装时，应检查法兰密封面及垫片，不得有影响密封性能的划痕、锈斑等缺陷存在。

（4）安装前，法兰环槽密封面与金属环垫应作接触线检查。当金属环垫在密封面上转动45°后，检查接触线不得有间断现象。

（5）有拧紧力矩要求的螺栓，应严格按设计规定的力矩拧紧。测力扳手应预先经过校验，允许偏差为±5%，带有测力螺帽的螺栓，必须拧紧到螺帽脱落。

（6）连接法兰的螺栓应能在螺栓孔中顺利通过。法兰密封面间的平行偏差及间距，应符合表4.2.8(略)的规定。

（7）与转动机器（以下简称机器）连接的管道，宜从机器侧开始安装，应先安装管支架。管道和阀门等的重量和附加力矩不得作用在机器上。管道的水平度或垂直度偏差应小于1 mm/m。气体压缩机入口管道因水平偏差造成的坡度，应坡向分液罐一侧。

（8）与机器连接的管道及其支、吊架安装完毕后，应卸下接管上的法兰螺栓，在自由状态下所有螺栓应能在螺栓孔中顺利通过。

法兰密封面间的平行偏差、径向偏差及间距，当设计或制造厂未规定时，不应超过表4.2.10(略)的规定值。

（9）管道系统试运行时，高温或低温管道的连接螺栓，应按下列规定进行热态紧固或冷态紧固：

① 螺栓热态紧固或冷态紧固作业的温度应符合表4.2.12(略)的规定。

② 热态紧固或冷态紧固应在紧固作业温度保持 2 h 后进行。

③ 紧固管道连接螺栓时，管道的最大内压力应符合下列规定：

a. 当设计压力小于 6 MPa 时，热态紧固的最大内压力应小于 0.3 MPa；

b. 当设计压力大于 6 MPa 时，热态紧固的最大内压力应小于 0.5 MPa；

c. 冷态紧固应在卸压后进行。

(10) 有静电接地要求的管道，各段管道间应导电良好。当每对法兰或螺纹接头间电阻值大于 0.03 Ω 时，应有导线跨接。管道系统静电接地引线，宜采用焊接形式。对地电阻值及接地位置应符合设计要求。

(11) 用作静电接地的材料或零件，安装前不得刷油。导电接触面必须除锈并连接可靠。

(12) 有静电接地要求的不锈钢管道，导线跨接或接地引线应采用不锈钢板过渡，不得与不锈钢管直接连接。

(13) 管道的静电接地安装完毕测试合格后，应及时填写管道静电接地测试记录。

(14) 管道安装完毕后，应按设计文件逐个核对、确认支、吊架的形式和位置。

5. 管道焊接和质量检验

(1) 施焊前，应根据焊接工艺评定编制焊接作业指导书。焊工应按指定的焊接作业指导书施焊。

(2) 焊工应在合格的焊接项目内从事管道的焊接。连续中断合格项目焊接工作六个月以上，仍需担任压力管道焊接时，应重新考核。

(3) 焊材应具有产品质量证明书。焊条的药皮不得有脱落或明显裂纹。焊丝在使用前应清除其表面的油污、锈蚀等。

焊条应按说明书或焊接作业指导书的要求进行烘烤，并在使用过程中保持干燥。

出厂期超过一年的焊条，应进行焊条焊接工艺性能试验，合格后方可使用。

(4) 焊接环境温度低于下列要求时，应采取提高焊接环境温度的措施。

① 非合金钢焊接－20 ℃

② 低合金钢焊接－10 ℃

③ 奥氏体不锈钢焊接－5 ℃

④ 其他合金钢焊接 0 ℃

(5) 管道的施焊环境若出现下列情况之一，而未采取防护措施时，应停止施焊工作。

① 电弧焊焊接时，风速等于或大于 8 m/s；气体保护焊焊接时风速等于或大于 2 m/s；

② 相对湿度大于 90%；

③ 下雨或下雪时。

(6) 钨极氩弧焊宜用铈钨棒。使用氩气的纯度应在 99.9%以上。

(7) 管道焊接不得使用氧乙炔焰焊接。

(8) 质量检验

① 检验焊接接头前，应按检验方法的要求，对焊接接头的表面进行相应处理。

② 焊缝外观应成型良好，宽度以每边盖过坡口边缘 2 mm 为宜。角焊缝的焊脚高度应符合设计规定，外形应平缓过渡。

③ 焊接接头表面的质量应符合下列要求：

a. 不允许有裂纹、未熔合、气孔、夹渣、飞溅存在。

b. 设计温度低于−29 ℃的管道、不锈钢和淬硬倾向较大的合金钢管道焊缝表面，不得有咬边现象。其他材质管道焊缝咬边深度不应大于 0.5 mm，连续咬边长度不应大于 100 mm，且焊缝两侧咬边总长不大于该焊缝全长的 10%。

c. 焊缝表面不得低于管道表面。焊缝余高 Δh：对于 100%射线检测焊接接头，$\Delta h \leqslant 1+0.1b_1$，且不大于 2 mm；其余焊接接头，$\Delta h \leqslant 1+0.2b_1$，且不大于 3 mm。

注：b_1 为焊接接头组对后坡口的最大宽度(mm)。

④ 管道焊接接头无损检测后焊缝缺陷等级的评定，应符合现行 JB 4730《压力容器无损检测》的规定。

射线透照质量等级不得低于 AB 级。焊接接头经射线检测后的合格等级应符合表 5.5.5(略)的规定。

超声检测时，管道焊接接头经检测后的合格标准：规定进行 100%超声检测的焊接接头Ⅰ级合格；局部进行超声检测的焊接接头Ⅱ级合格。磁粉和渗透检测，I 级合格。

⑤ 当设计未规定时，每名焊工焊接的同材质、同规格管道的焊接接头射线检测百分率，应符合表 5.5.5(略)的规定，且不少于一个焊接接头。

当管道的公称直径等于或大于 500 mm 时，其焊接接头射线检测的百分率，应按每个焊接接头的焊缝长度计算。

⑥ 抽样检测的焊接接头，应由质量检查员根据焊工和现场的情况随机确定。

⑦ 无损检测时，若采用超声检测，应经施工单位技术总负责人批准，并以射线检测复检，复验数量不得少于 20%。

⑧ 同一管线的焊接接头抽样检验，若有不合格时，应按该焊工的不合格数加倍检验，若仍有不合格，则应全部检验。

⑨ 不合格的焊缝同一部位的返修次数，非合金钢管道不得超过三次，其余钢种管道不得超过两次。

⑩ 管道的焊缝应有管道焊接工作记录和焊工布置、射线检测布片图。其内容应包括焊缝位置、焊缝编号、焊工代号、无损检测方法、焊缝返修位置、热处理记录等。

6. 管道系统压力试验

(1) 管道系统压力试验，应按设计要求，在管道安装完毕，热处理和无损检测合格后进行。

(2) 管道系统试压前，应由业主、施工单位和有关部门对下列资料进行审查确认：

① 管道组成件、焊材的制造厂质量证明书；

② 管道组成件、焊材的校验性检查或试验记录；

③ SHA 级管道弯管加工记录、管端的螺纹和密封面加工记录；

④ 管道系统隐蔽工程记录；

⑤ 管道的焊接工作记录及焊工布置、射线检测布片图；

⑥ 无损检测报告；

⑦ 焊接接头热处理记录及硬度试验报告；

⑧ 静电接地测试记录；

⑨ 设计变更及材料代用文件。

(3) 管道系统试压前，应由施工单位、业主和有关部门联合检查确认下列条件：

① 管道系统全部按设计文件安装完毕；

② 管道支、吊架的型式、材质、安装位置正确，数量齐全，紧固程度、焊接质量合格；

③ 焊接及热处理工作已全部完成；

④ 焊缝及其他应检查的部位，不应隐蔽；

⑤ 试压用的临时加固措施安全可靠。临时盲板加置正确，标志明显，记录完整；

⑥ 合金钢管道的材质标记明显清楚；

⑦ 试压用的检测仪表的量程、精度等级、检定期符合要求；

⑧ 有经批准的试压方案，并经技术交底。

(4) 管道系统的压力试验应以液体进行。液压试验确有困难时，可用气压试验代替，但应符合下列条件：

① 公称直径小于或等于 300 mm、试验压力小于或等于 1.6 MPa 的管道系统；

② 公称直径大于 300 mm、试验压力等于或小于 0.6 MPa 的管道系统；

③ 管道系统内焊接接头的射线检测已按本规范的规定检测合格，设备应全部隔离，并有经施工单位技术总负责人批准的安全措施；

④ 若超过上述条件的管道系统必须用气压试验代替，未经射线检测的焊接接头，必须经射线检测或超声检测合格；角焊缝必须经磁粉检测或渗透检测合格；

⑤ 脆性材料管道组成件未经液压试验合格，严禁参加管道系统气体压力试验。

(5) 压力试验的压力，应符合下列规定：

① 真空管道为 0.2 MPa；

② 液体压力试验的压力为设计压力的 1.5 倍；

③ 气体压力试验的压力为设计压力的 1.15 倍。

(6) 管道压力试验时，试验时温度、应力值应符合以下规定：

① 当设计温度高于试验温度时，管道的试验压力应按下式计算(略)：

② 液体压力试验时的应力值，不得超过试验温度下材料屈服点的 90%；

③ 气体压力试验时的应力值，不得超过试验温度下材料屈服点的 80%。

(7) 液体压力试验应用洁净水进行，当生产工艺有要求时，可用其他液体。奥氏体不锈钢管道用水试验时，水中的氯离子含量不得超过 25 mg/L。

(8) 液体压力试验时液体的温度，当设计未规定时，非合金钢和低合金钢的管道系统，液体温度不得低于 5 ℃；合金钢的管道系统，液体温度不得低于 15 ℃，且应高于相应金属材料的脆性转变温度。

(9) 因试验压力不同或其他原因不能参与系统试压的设备、仪表、安全阀、爆破片及已运行的管道等，应加置盲板隔离，并有明显标志。

(10) 液体压力试验时，必须排净系统内的空气。升压应分级缓慢，达到试验压力后停压 10 min，然后降至设计压力，停压 30 min，不降压、无泄漏和无变形为合格。

(11) 气体压力试验时，必须用空气或其他无毒、不可燃气体介质进行预试验。预试验压力应根据气体压力试验压力的大小，在 0.1 MPa～0.5 MPa 的范围内选取。

(12) 气体压力试验时，应逐步缓慢增加压力。当压力升至试验压力的 50%时，稳压 3 min，未发现异常或泄漏，继续按试验压力的 10%逐级升压，每级稳压 3 min，直至试验压力，稳压 10 min，再将压力降至设计压力，用中性发泡剂对试压系统进行仔细巡回检查，无泄漏为合格。

(13) 试压过程中若有泄漏，不得带压修理。缺陷消除后应重新试验。

(14) 管道系统试压合格后，应缓慢降压。试验介质宜在室外合适地点排净，排放时应考虑反冲力作用及安全环保要求。

(15) 管道系统试压完毕，应及时拆除所用的临时盲板，核对记录，并填写管道系统试压记录。

7. 管道系统吹扫

(1) 管道系统压力试验合格后，应进行吹扫。吹扫可采用人工清扫、水冲洗、空气吹扫等方法。公称直径大于 600 mm 的管道，宜用人工清扫；公称直径小于 600 mm 的管道，宜用洁净水或空气进行冲洗或吹扫。

(2) 管道系统吹扫前.应编制吹扫方案，经审查批准后，向参与吹扫的人员进行技术交底。

(3) 管道系统吹扫前，应符合下列要求：

① 不应安装孔板、法兰连接的调节阀、节流阀、安全阀、仪表件等。对已焊在管道上的阀门和仪表，应采取相应的保护措施。

② 不参与系统吹扫的设备及管道系统，应与吹扫系统隔离。

③ 管道支架、吊架要牢固，必要时应予以加固。

(4) 冲洗奥氏体不锈钢管道系统时，水中氯离子含量不得超过 25 mg/L。

(5) 吹扫压力不得超过容器和管道系统的设计压力。

(6) 管道系统水冲洗时，宜以最大流量进行冲洗，流速不得小于 1.5 m/s。

(7) 水冲洗后的管道系统，可用目测排出口的水色和透明度，应以出、入口的水色和透明度一致为合格。

(8) 管道系统空气吹扫时，宜利用生产装置的大型压缩机和大型贮气罐，进行间断性吹扫。吹扫时应以最大流量进行，空气流速不得小于 20 m/s。

(9) 管道系统在空气或蒸汽吹扫过程中，应在排出口用白布或涂白色油漆的靶板检查，在 5 mim 内，靶板上无铁锈及其他杂物为合格。

(10) 有特殊清洗要求的管道系统，应按专门的技术规程进行处理。

(11) 吹扫的顺序应按主管、支管、疏排管依次进行。吹出的脏物不得进入已清理合格的设备或管道系统，也不得随地排放污染环境。

(12) 经吹扫合格的管道系统，应及时恢复原状，并填写管道系统吹扫记录。

8. 气体泄漏性试验及真空度试验

(1) 管道系统气体泄漏性试验，应按设计文件规定进行。若设计未规定时，本规范适用范围内的管道系统，必须进行气体泄漏性试验，试验压力为设计压力。

(2) 气体泄漏性试验应符合下列规定：

① 泄漏性试验应在压力试验合格后进行，试验介质宜采用空气；

② 泄漏性试验可结合装置试车同时进行；

③ 泄漏性试验的检查重点应是阀门填料函、法兰或螺纹连接处、放空阀、排气阀、排水阀等；

④ 经气压试验合格，且在试验后未经拆卸的管道，可不进行气体泄漏性试验。

(3) 气体泄漏性试验的试验压力应逐级缓慢上升，当达到试验压力时，停压10min后，用涂刷中性发泡剂的方法，巡回检查所有密封点，无泄漏为合格。

(4) 管道系统气体泄漏性试验合格后，应及时缓慢泄压，并填写试验记录。

(5) 真空管道系统，压力试验合格后，应以0.1MPa气体进行泄漏性试验，试验按上述要求进行。

(6) 真空管道在气体泄漏性试验合格后，真空系统联动试运转时，还应进行真空度试验。

(7) 设计规定用卤素、氦气、氨气或其他方法进行泄漏性试验时，应按专门技术规定进行。

9. 交工文件

(1) 施工单位按合同规定完成全部工程后，应及时与业主办理交接手续。

(2) 施工单位与业主应对下列资料共同检查、确认。

① 管道补偿器的预拉伸或预压缩记录；

② 管道系统的压力试验、泄漏性试验、真空度试验记录；

③ 管道系统的吹扫记录；

④ 管道系统的隐蔽工程记录；

⑤ 爆破片、安全液封、阻火器等安全装置的安装记录。安全阀试验、调试记录。

(3) 工程交接验收时，施工单位应向业主提交下列技术文件：

① 上述各条经确认合格的资料；

② 管道组成件、焊材的产品质量证明书；

③ 管道组成件、焊材的校验性检查记录；

④ SHA级管道的弯管加工记录及管端的螺纹、密封面加工记录；

⑤ 管道组成件检查、试验记录；

⑥ 管道的焊接工作记录，管段焊工布置、射线检测布片图；

⑦ 无损检测报告；

⑧ 静电接地测试记录；

⑨ 设计变更及材料代用文件；

⑩ 合金钢材料的快速光谱分析复查记录；

⑪ 焊接接头的热处理自动记录曲线及硬度值检测记录；

⑫ 管道隔热、防腐工程施工记录；

⑬ 管道竣工图。

(4) 交工文件的要求和格式，应符合SH 3503《石油化工工程建设交工技术文件规定》

的规定。

六、GB 50316《工业金属管道设计规范》相关内容

1. 流体介质分类为 A1、A2、B、C、D 五类

A1 类——是指剧毒流体，在输送过程中如有极少量的流体泄漏到环境中被人吸入或与人体接触时，能造成严重中毒，脱离接触后不能治愈。相当于国家标准 GB 5044《职业性接触毒物危害程度分级》中Ⅰ级（极度危害）的毒物。

A2 类——是指有毒流体，接触此类流体后会有不同程度的中毒，脱离接触后可治愈。相当于国家标准 GB 5044《职业性接触毒物危害程度分级》中Ⅱ级（高度、中度、轻度危害）的毒物。

B 类——是指这些流体在环境或操作条件下是一种气体或可闪蒸产生气体的液体，这些流体能点燃并在空气中连续燃烧。

D 类——是指不可燃、无毒、设计压力小于或等于 1.0 MPa 和设计温度高于－20 ℃～186 ℃之间的流体。

C 类——是指不包括 D 类流体的不可燃、无毒的流体。

2. 适用范围

本规范适用于公称压力小于或等于 42 MPa 的工业金属管道及非金属衬里的工业金属管道的设计。

本规范不适用于下列管道的设计：

① 制造厂成套设计的设备或机器所属的管道；

② 核能装置的专用管道；

③ 长输管道；

④ 矿井的管道；

⑤ 采暖通风与空气调节的管道及非圆形截面的管道；

⑥ 地下或室内给水排水及消防给水管道；

⑦ 泡沫、二氧化碳及其他灭火系统的管道。

3. 设计条件和设计基准

（1）管道设计应根据压力、温度、流体特性等工艺条件，并结合环境和各种荷载等条件进行。

（2）设计压力的确定应符合下列规定：

① 一条管道及其每个组成件的设计压力，不应小于运行中遇到的内压或外压与温度相偶合时最严重条件下的压力。最严重条件应为强度计算中管道组成件需要最大厚度及最高公称压力时的参数。但上述设计压力不应包括本章中允许的非经常性压力变动值。

② 下列特殊条件的管道，其设计压力应与上款比较，并应取两者的较大值。

a. 输送制冷剂、液化烃类等气化温度低的流体的管道，设计压力不应小于阀被关闭或流体不流动时在最高环境温度下气化所能达到的最高压力。

b. 离心泵出口管道的设计压力不应小于吸入压力与扬程相应压力之和。

c. 没有压力泄放装置保护或与压力泄放装置隔离的管道，设计压力不应低于流体可达到的最大压力。

d. 真空管道应按受外压设计，当装有安全控制装置时，设计压力应取 1.25 倍最大内外压力差或 0.1MPa 两者中的低值；无安全控制装置时，设计压力应取 0.1 MPa。

e. 装有泄压装置的管道的设计压力不应小于泄压装置开启的压力。

(3) 设计温度的确定应符合下列规定：

① 管道的设计温度应为管道在运行时，压力和温度相偶合的最严重条件下的温度。对于 0 ℃以下的管道，应考虑流体及环境温度影响，设计温度应取低于或等于管道材料可达到的最低温度。

② 管道采用伴管或夹套加热时，应以外加热和管内流体温度中较高的温度为设计温度。

③ 无隔热层的管道中，不同的管道组成件可具有不同的设计温度，管道组成件的设计温度应符合以下规定：

a. 流体温度低于 65 ℃时，管道组成件的设计温度可与流体温度相同；

b. 流体温度等于或大于 65 ℃时，除非按传热计算或试验确定有较低的平均壁温，管道组成件的设计温度不应低于以下的值：

——阀门、管子、突缘短节、焊接管件和厚度与管子相似的其他管道组成件：为流体温度的 95%；

——法兰(除松套法兰外)，包括在管件和阀门上的法兰：为流体温度的 90%；松套法兰：为流体温度的 85%；

——法兰的紧固件：为流体温度的 80%。

(4) 设计基准

① 管道组成件的压力-温度参数值。除本规范另有规定外，在国家现行标准中，对管道组成件的公称压力及对应的工作压力-温度参数值(等级)已作出规定者，均可作为本规范的设计基准。组成件标准所规定的基准参数值不应低于管道的设计压力和设计温度。

② 在国家现行标准中没有规定压力-温度参数及公称压力的管道组成件，可用设计温度下材料的许用应力及组成件的有效厚度(名义厚度减去所有厚度附加量)按计算来确定组成件的压力-温度参数值。

③ 两种不同压力-温度参数的流体管道连结在一起时，分隔两种流体的阀门参数应按较严重的条件决定。位于阀门任一侧的管道，应按其输送条件设计。

④ 多条设计压力和设计温度不同的管道，用相同的管道组成件时，应按压力和温度相偶合时最严重条件下的某一条管道的压力和温度条件进行设计。

⑤ 许用应力应符合下列规定：

本规范附录 A(略)中金属管道材料的许用应力系指许用拉应力，使用时应符合下列规定：

a. 对于焊接的管道组成件用材料，采用本规范附录 A 的许用应力时，应另外计入焊接接头系数 Ej。

b. 对于铸件，在本规范附录 A 表 A.0.5～表 A.0.7 中的许用应力已计入铸件的质量系数 E_c 值 0.80。

4. 材料

(1) 一般规定

① 管道材料的选用必须依据管道的使用条件(设计压力、设计温度、流体类别)、经济性、耐蚀性、材料的焊接及加工等性能，同时应符合本规范所提出的材料韧性要求及其他规定。

② 用于管道的材料，其规格与性能应符合国家现行标准的规定。使用本规范未列出的材料，应符合国家现行的相应材料标准，包括化学成分、物理和力学特性、制造工艺方法、热处理、检验以及本规范其他方面的规定。

(2) 金属材料的使用温度

① 材料使用温度，除了应符合本规范附录 A(略)的规定外，还需依据流体腐蚀的影响及对材料性能的影响等确定。

② 材料的使用温度上下限应符合下列规定：

a. 材料的使用温度，不应超出本规范附录 A 所规定的温度上下限。

b. 未列入本规范附录 A 中的材料，决定其使用温度时应符合以下规定：

——在使用温度条件下应保证材料的适用性和可靠性；

——在使用温度下，材料应具有对流体及外界环境影响的抵抗力；

——应按本规范第 3.2.3 条的规定确定材料的许用应力。

(3) 材料的使用要求

① 制造管道组成件用钢材应符合下列规定：

a. Q235-A 材料宜用于 C 及 D 类流体管道，设计压力不宜大于 1.6 MPa。Q235-AF 材料宜用于 D 类流体管道，设计压力不宜大于 1.0 MPa。

b. 奥氏体不锈钢使用温度高于 525 ℃时，钢中含碳量不应小于 0.04%。

c. 受压管道组成件使用附录 A 中表 A.0.2 所列的钢板时，应对以下钢板逐张进行超声波检测：

——低温钢厚度大于 20 mm。

——20 R 及 16 MnR 厚度大于 30 mm。

——其他低合金钢厚度大于 25 mm。

以上质量不应低于Ⅲ级。

——对于调质钢板不论厚度多少，均须检测，质量不应低于Ⅱ级。

d. 低温管道用钢应采用镇静钢。

② 铸铁类材料使用范围应符合下列规定：

a. 球墨铸铁用作受压部件时，其设计温度不应超过 350 ℃，设计压力不应超过 2.5 MPa。在常温下，设计压力不宜超过 4.0 MPa。

b. 奥氏体球墨铸铁使用温度不得低于－196 ℃。

c. 下述铸铁不宜在剧烈循环条件下使用。对过热、机械振动及误操作等采取防护措施时，可限制在下列范围内使用：

——灰铸铁件不宜使用于输送B类流体的管道上，在特殊情况下必须使用时，其设计温度不应高于150 ℃，设计压力不应超过1.0 MPa；C类流体管道使用灰铸铁件的设计压力不宜超过1.6 MPa，设计温度不宜超过230 ℃；

——可锻铸铁用于C类流体管道，设计温度不应高于230 ℃，设计压力不应大于2.5 MPa；或用于设计温度为300 ℃时，设计压力不应大于2.0 MPa；用于B类流体管道，设计温度不应高于150 ℃，设计压力不应大于2.5 MPa；

——高硅铸铁不得用于B类流体。

③ 使用其他金属材料应符合下列规定：

a. 在火灾危险区内，不宜使用铜、铝材料。

b. 铅、锡及其合金管道不得用于B类流体。

c. 铜、铝与其他金属连接时，有电解液存在情况下，应考虑产生电化腐蚀的可能性。

5. 管道组成件的选用

（1）一般规定

① 管道组成件应符合本规范耐压设计规定，并应符合国家现行标准的规定。

注：对于已标明公称压力的管道组成件不必进行耐压强度计算。

② 管道组成件成型及焊后热处理的要求应符合本规范附录G的规定。

③ 管道组成件的检验应符合本规范附录J的规定。

④ 管道组成件用材料应符合本规范第4章及附录A中材料标准的规定。

（2）管子

① 采用直缝焊接钢管时，应符合本规范附录J及本规范表3.2.5的规定。

② 剧烈循环操作条件下的管道，宜采用国家现行标准中所列的无缝钢管和铜、铝、钛、镍无缝管，采用直缝电焊钢管时应符合本章第5.2.1条的规定。

③ 现行国家标准GB/T 3091《低压流体输送用焊接钢管》中的加厚管子，可用于输送设计压力小于或等于1.6 MPa和设计温度在0 ℃～200 ℃的C类流体。普通厚度的管子仅用于D类流体。

④ 无缝钢管用于设计压力大于或等于10 MPa时，制造检验应符合现行国家标准GB 5310《高压锅炉用无缝钢管》的规定，不锈钢管的检验应不低于现行国家标准GB/T 14976《流体输送用不锈钢无缝钢管》的规定。

⑤ 钢管最小厚度应符合本规范附录D的规定。

⑥ 夹套管的内管宜采用无缝管。

⑦ 输送氧气用管子应符合本规范有关安全的规定。

（3）阀门

① 用于各类流体的阀门类型、结构及其各部件材料，应根据流体的特性、设计温度、设计压力及本规范第3.2.1条的规定选用。

② 选用手动阀门，当开启力大于400 N时，宜采用齿轮操纵结构。

③ 阀盖与阀体连接的螺栓少于4个的阀门，应仅用于输送D类流体的管道。公称压力超过1.6 MPa的蒸汽管道不应使用螺纹连接的阀盖。

④ 用于高温或低温流体的阀门，宜采用改善填料使用条件的阀盖伸长的结构形式。

⑤ 输送B类流体的管道上使用软密封球阀时，应选用防(耐)火型结构的球阀。

⑥ 阀门的材料应符合本规范第4章的规定。对于磨蚀性大的流体，阀座及阀芯应选用耐磨损的材料。对于有磨蚀的流体，选用闸阀时，宜为明杆结构形式。

⑦ 除耐腐蚀的要求外，输送B类流体的管道上宜用钢制阀体的阀门。

⑧ 端部焊接的小阀，当焊接及热处理过程中阀座会变形时，应选用长阀体型或端部带短管的阀门。

⑨ 对于氧气管道不应使用快开、快闭型的阀门。阀内垫片及填料不应采用易脱落碎屑、纤维的材料或可燃的材料制成。

(4) 法兰

① 标准法兰的公称压力的确定，应符合本规范第3.2.1条第3.2.1.1款的规定。

② 当采用非标准法兰时，必须按本规范的规定进行耐压强度计算。

③ 下列任一种情况的管道，应采用对焊法兰。不应采用平焊(滑套)法兰。

a. 预计有频繁的大幅度温度循环条件下的管道；

b. 剧烈循环条件下的管道。

④ 在刚性大，不便于拆装或公称直径大于或等于400 mm的管道上设盲板时，宜在法兰上设顶开螺栓(顶丝)。

⑤ 配用非金属垫片的法兰，法兰密封面的粗糙度宜为3.2 μm～6.4 μm。对于配用缠绕式垫片的法兰，应为光滑的密封面，粗糙度宜为1.6 μm～3.2 μm，并应采用公称压力大于或等于2.0 MPa的法兰。

⑥ 当金属法兰与非金属法兰连接或采用脆性材料的法兰时，两者宜为全平面(FF)型法兰。当必须采用突面(RF)型法兰时，应有防止螺栓过载而损坏法兰的措施。

⑦ 有频繁大幅度温度循环的情况下，承插焊法兰和螺纹法兰不宜用于高于260 ℃及低于－45 ℃。

(5) 垫片

① 选用的垫片应使所需的密封负荷与法兰的设计压力、密封面、法兰强度及其螺栓连接相适应，垫片的材料应适应流体性质及工作条件。

② 缠绕式垫片用在凸凹面法兰上时宜带内环，用在突面(RF)型法兰上时宜带外定位环。

③ 用于全平面(FF)型法兰的垫片，应为全平面非金属垫片。

④ 非金属垫片的外径可超过突面(RF)型法兰密封面的外径，制成"自对中"式的垫片。

⑤ 用于不锈钢法兰的非金属垫片，其氯离子的含量不得超过50×10^{-6}。

(6) 紧固件

① 管道用紧固件，包括六角头螺栓、双头螺柱、螺母和垫圈等零件。

② 应选用国家现行标准中的标准紧固件，并在本规范附录A所规定材料的范围内选用。

③ 用于法兰连接的紧固件材料，应符合国家现行的法兰标准的规定，并与垫片类型相适应。

④ 法兰连接用紧固件螺纹的螺距不宜大于3 mm。直径M 30以上的紧固件可采用细

牙螺纹。

⑤ 碳钢紧固件应符合国家现行法兰标准中规定的使用温度。

⑥ 用于各种不同法兰的紧固件应符合下列规定：

a. 在一对法兰中有一个是铸铁、青铜或其他铸造法兰，则紧固件要使用较低强度的法兰所配的紧固件材料。但符合下列条件时，可按所述任一个法兰配选紧固件材料。

——两个法兰均为全平面，并采用全平面的垫片；

——考虑到持续载荷、位移应变、临时荷载以及法兰强度各方面的因素，对拧紧螺栓的顺序和扭矩已作了规定。

b. 当不同等级的法兰以螺栓紧固在一起时，拧紧螺栓的扭矩应符合低等级法兰的要求。

⑦ 在剧烈循环条件下，法兰连接用的螺栓或双头螺柱，应采用合金钢的材料。

⑧ 金属管道组成件上采用直接拧入螺柱的螺纹孔时，应有足够的螺孔深度，对于钢制件其深度至少应等于公称螺纹直径，对于铸铁件不应小于 1.5 倍的公称螺纹直径。

6. 设计对组成件制造、管道施工及检验的要求

(1) 工程施工及检验的要求，除了应符合本规范的规定外，还应符合现行国家标准 GB 50235《工业金属管道工程施工及验收规范》的规定。

(2) 焊接材料的选用及焊前预热，应符合现行国家标准 GB 50236《现场设备、工业金属管道焊接工程施工及验收规范》的规定。

(3) 焊接连接的阀门，安装施焊时所采用的焊接程序以及热处理，应避免阀座的严密性受破坏。

(4) 管道的焊接结构应符合本规范附录 H 的规定。

(5) 管子弯曲及管件成形后的热处理，除应符合本规范附录 G 第 G.1 节的规定外，有应力腐蚀的管道及其他对消除残余应力有严格要求的管道，需热处理时，必须在设计文件中规定。

(6) 焊后需要热处理的管道组成件的厚度，应符合本规范附录 G 第 G.2 节的规定。

(7) 设计者应对所设计的管道依据流体类别、设计压力、设计温度参数、是否剧烈循环等条件进行综合归类，列入设计文件，作为检测的依据。

(8) 除有特殊要求外，管道无损检测可按本规范附录 J 的规定。

(9) 管子制造的检验应符合本规范第 5.2.1 条及 5.2.4 条的规定。

(10) 试压

① 承受内压管道的液压及气压试验的压力应符合国家现行标准的规定。采用气压试验的管道应在工程设计文件中指定。

② 对于气体管道，当整体试水压条件不具备时，可采用安装前的分段液压强度试验及安装后固定口 100%无损检测，且检测合格后还应进行气密性试验。

③ 液压或气压试验条件下组成件的内压圆周应力不得超过式(11.5.3-2)及式(11.5.3-3)的规定。如超过时，应降低试验压力。试验条件下组成件的周向应力应按式(11.5.3-1)计算。

④ 承受外压管道的液压试验应符合下列规定：(略)

⑤ 不能采用液压及气压试验的管道，可采用替代性试验，并应在工程设计文件中指明。替代性试验的管道，应符合下列规定：

a. 对于所有环焊缝应进行100%射线检测；

b. 检测后应进行气密试验；

c. 管道组成件的无损检测应按本规范附录J的规定。

⑥ 要求进行气密试验的管道应符合下列规定：

a. 对B类流体管道，气密试验压力等于设计压力，在此压力下，用发泡剂检查法兰、螺纹、填料等处，无气泡为合格。输送制冷剂等气化温度低的流体的管道，也应进行气密试验。

b. 对真空管道，应在液压试验合格后，进行24 h真空度试验，增压率不超过5%为合格。

7. 防腐及涂漆

(1) 埋地钢管道的外表面应制作防腐层，防腐层数应按所设计的管道及土壤情况决定。必要时，对长距离及不便检查维修的区域内的管道，可增加阴极保护措施。

(2) 地上管道的外表面防锈，一般采用涂漆。涂层类别应能耐环境大气的腐蚀。

(3) 涂层的底漆与面漆应配套使用。外有隔热层的管道，一般只涂底漆。不锈钢、有色金属及镀锌钢管道等，可不涂漆。

(4) 涂漆前管道外表面的清理，应符合涂料产品的相应要求。当有特殊的要求时，应在设计文件中规定。

(5) 涂漆颜色及标志可按现行国家标准GB 7231《工业管路的基本识别色和识别符号》和有关标准执行，补充要求应在工程设计文件中规定。

注：GB 7231—2003《工业管道的基本识别色、识别符号和安全标识》

8. 管道系统的安全规定

(1) 管道系统中的安全设计要求除按本章的规定外，还应符合国家现行标准中的有关安全规程的规定。

(2) 超压保护

① 除本规范第3.2.2条规定外，在运行中可能超压的管道系统均应设置泄压装置。泄压装置可采用安全阀、爆破片或二者组合使用。

② 不宜使用安全阀的场合可用爆破片。爆破片设计爆破压力与正常最大工作压力的差值，应有一定的裕量。此差值根据爆破片的材料和工作压力的脉动情况而定。

③ 安全阀应分别按排放气(汽)体或液体进行选用，并考虑背压的影响。

④ 安全阀的开启压力(整定压力)除工艺有特殊要求外，为正常最大工作压力的1.1倍，最低为1.05倍。但对于本规范第3.1.2条第3.1.2.2款所述管道，安全阀的开启压力应取本规范第3.1.2条的条件和该管道设计压力的较大值。

⑤ 安全阀入口管道的压力损失宜小于开启压力的3%，安全阀出口管道压力损失不宜超过开启压力的10%。

⑥ 安全阀的最大泄放压力不宜超过管道设计压力的1.1倍。火灾事故时，其最大泄放压力不应超过设计压力的1.21倍。

⑦ 安全阀或爆破片的入口管道和出口管道上不宜设置切断阀。但工艺有特殊要求必须设置切断阀时，还应设置旁通阀及就地压力表。正常工作时安全阀或爆破片入口或出口

的切断阀应在开启状态下锁住。旁通阀应在关闭状态下锁住。工程设计图中应按下列规定加标注符号：

L. O. 或 C. S. O＝开启状态下锁住(未经批准不得关闭)；

L. C. 或 C. S. C＝关闭状态下锁住(未经批准不得开启)。

⑧ 双安全阀出入口设置三通式转换阀时，两个转换阀应有可靠的联锁机构。安全阀与转换阀之间的管道，应有排空措施。

⑨ 当设计选用泄压装置时，宜向制造厂提供详细数据，制造厂应保证产品性能符合数据表的要求。

(3) 阀门

① 需防止流体倒流的管道上，应设置止回阀。

② 正常运行中，某些阀门必须严格控制在开或关的位置时，设计中应附加锁定或铅封的要求。并应在设计图中按本规范第 14.2.7 条标注代号。此类阀门只允许在维修时，严格监督下使用。并经过有关负责人批准。

(4) 盲板

① 当装置内停运维修时，装置外有可能或要求继续运行的管道，在装置边界处除设置切断阀外，还应在阀门的靠装置一侧的法兰处设置盲板。

② 运行中，当有的设备需切断检修时，在阀门与设备之间法兰接头处应设置盲板。对于 B 类流体管道、阀门与盲板之间装有小放空阀时，放空阀后的管道，应引至安全地点。

③ 压力试验及气密试验需隔断的位置，应设置盲板。

(5) 排放

① 各类流体排放，应符合下列规定：

a. B 类液体应排入封闭的收集系统，严禁直接排入下水道。

b. 密度比环境空气大的 B 类气体应排入火炬系统，密度比环境空气小的 B 类气体，在允许不设火炬及符合卫生标准的情况下，可排入大气。

c. C 和 D 类无闪蒸的液体，在符合卫生标准及水道材料使用温度和无腐蚀的情况下，可排入下水道。

② 工艺要求的放空管应按排放量和工作压力决定管径。排放口流速，应符合本规范第 7.1.5 条的规定。

③ 不经常使用的常压放空管口，应加设防鸟网。

七、GB 50235—1997《工业金属管道工程施工及验收规范》相关内容

1. 总则

(1) 本规范适用于设计压力不大于 42 MPa，设计温度不超过材料允许的使用温度的工业金属管道(以下简称“管道”)工程的施工及验收。

(2) 本规范不适用于核能装置的专用管道、矿井专用管道、长输管道。

(3) 管道的施工应按设计文件施行。当修改设计时，应经原设计单位确认，并经建设单位同意。

(4) 现场组装的机器或设备所属管道，应按制造厂的技术文件施行，但质量标准不得低

于本规范的规定。

(5) 管道的施工除应执行本规范的规定外，尚应执行国家现行有关标准、规范的规定。

2. 术语

(1) 管道。由管道组成件和管道支承件组成，用以输送、分配、混合、分离、排放、计量、控制或制止流体流动的管子、管件、法兰、螺栓连接、垫片、阀门和其他组成件或受压部件的装配总成。

(2) 管道组成件。用于连接或装配管道的元件。它包括管子、管件、法兰、垫片、紧固件、阀门以及膨胀接头、挠性接头、耐压软管、疏水器、过滤器和分离器等。

(3) 管道支承件。管道安装件和附着件的总称。

(4) 安装件。将负荷从管子或管道附着件上传递到支承结构或设备上的元件。它包括吊杆、弹簧支吊架、斜拉杆、平衡锤、松紧螺栓、支撑杆、链条、导轨、锚固件、鞍座、垫板、滚柱、托座和滑动支架等。

(5) 附着件。用焊接、螺栓连接或夹紧等方法附装在管子上的零件，它包括管吊、吊(支)耳、圆环、夹子、吊夹、紧固夹板和裙式管座等。

(6) 剧毒流体。如有极少量这类物质泄漏到环境中，被人吸入或与人体接触，即使迅速治疗，也能对人体造成严重的和难以治疗的伤害的物质。相当于现行国家标准《职业性接触毒物危害程度分级》中Ⅰ级危害程度的毒物。

(7) 有毒流体。这类物质泄漏到环境中，被人吸入或与人体接触，如治疗及时不至于对人体造成不易恢复的危害。相当于现行国家标准《职业性接触毒物危害程度分级》中Ⅱ级及以下危害程度的毒物。

(8) 可燃流体。在生产操作条件下，可以点燃和连续燃烧的气体或可以气化的液体。

(9) 流体输送管道。系指设计单位在综合考虑了流体性质、操作条件以及其他构成管理设计等基础因素后，在设计文件中所规定的输送各种流体的管道。流体可分为剧毒流体、有毒流体、可燃流体、非可燃流体和无毒流体。

(10) 100%射线照相检验。对指定的一批管道的全部环向对接焊缝所作的全圆周射线检验和对纵焊缝所作的全长度射线检验。

(11) 抽样射线照相检验。在一批指定的管道中，对某一规定百分比的环向对接焊缝所作的全圆周的射线检验。它只适用于环向对接焊缝。

(12) 压力试验。以液体或气体为介质，对管道逐步加压，达到规定的压力，以检验管道强度和严密性的试验。

(13) 泄漏性试验。以气体为介质，在设计压力下，采用发泡剂、显色剂、气体分子感测仪或其他专门手段等检查管道系统中泄漏点的试验。

(14) 单线图。将每条管道按照轴侧投影的绘制方法，画成以单线表示的管道空视图。

3. 管道组成件及管道支承件的检验

(1) 管道组成件及管道支承件必须具有制造厂的质量证明书，其质量不得低于国家现行标准的规定。

(2) 管道组成件及管道支承件的材质、规格、型号、质量应符合设计文件的规定，并应按国家现行标准进行外观检验，不合格者不得使用。

(3) 合金钢管道组成件应采用光谱分析或其他方法对材质进行复查，并应做标记。合金钢阀门的内件材质应进行抽查，每批(同制造厂、同规格、同型号、同时到货，下同)抽查数量不得少于1个。

(4) 防腐衬里管道的衬里质量应符合国家现行标准《工业设备、管道防腐蚀工程施工及验收规范》的规定。

(5) 下列管道的阀门，应逐个进行壳体压力试验和密封试验。不合格者，不得使用。

① 输送剧毒流体、有毒流体、可燃流体管道的阀门；

② 输送设计压力大于1 MPa或设计压力小于等于1 MPa且设计温度小于－29 ℃或大于186 ℃的非可燃流体、无毒流体管道的阀门。

(6) 输送设计压力小于等于1 MPa且设计温度为－29℃～186 ℃的非可燃流体，无毒流体管道的阀门，应从每批中抽查10%，且不得少于1个，进行壳体压力试验和密封试验。当不合格时，应加倍抽查，仍不合格时，该批阀门不得使用。

(7) 阀门的壳体试验压力不得小于公称压力的1.5倍，试验时间不得少于5 min，以壳体填料无渗漏为合格；密封试验宜以公称压力进行，以阀瓣密封面不漏为合格。

(8) 试验合格的阀门，应及时排尽内部积水，并吹干。除需要脱脂的阀门外，密封面上应涂防锈油，关闭阀门，封闭出入口，作出明显的标记，并应按本规范附录A第A.0.1条规定的格式填写“阀门试验”记录。

(9) 公称压力小于1 MPa，且公称直径大于或等于600 mm的闸阀，可不单独进行壳体压力试验和闸板密封试验。壳体压力试验宜在系统试压时按管道系统的试验压力进行试验，闸板密封试验可采用色印等方法进行检验，接合面上的色印应连续。

(10) 安全阀应按设计文件规定的开启压力进行试调。调压时压力应稳定，每个安全阀启闭试验不得少于3次。调试后应按本规范附录A第A.0.2条规定的格式填写“安全阀最初调试记录”。

(11) 带有蒸汽夹套的阀门，夹套部分应以1.5倍的蒸汽工作压力进行压力试验。

(12) 设计文件要求进行低温冲击韧性试验的材料，供货方应提供低温冲击韧性试验结果的文件，其指标不得低于设计文件的规定。

(13) 设计文件要求进行晶间腐蚀试验的不锈钢管子及管件，供货方应提供晶间腐蚀试验结果的文件，其指标不得低于设计文件的规定。

(14) 管道组成件及管道支承件在施工过程中应妥善保管，不得混淆或损坏，其色标或标记应明显清晰。材质为不锈钢、有色金属的管道组成件及管道支承件，在储存期间不得与碳素钢接触。暂时不能安装的管子，应封闭管口。

4. 管道焊接

(1) 管道焊接应按本章和现行国家标准《现场设备、工业管道焊接工程施工及验收规范》的有关规定进行。

(2) 管道焊缝位置应符合下列规定：

① 直管段上两对接焊口中心面间的距离，当公称直径大于或等于150 mm时，不应小于150 mm；当公称直径小于150 mm时，不应小于管子外径。

② 焊缝距离弯管(不包括压制、热推或中频弯管)起弯点不得小于 100 mm,且不得小于管子外径。

③ 卷管的纵向焊缝应置于易检修的位置,且不宜在底部。

④ 环焊缝距支、吊架净距不应小于 50 mm;需热处理的焊缝距支、吊架不得小于焊缝宽度的 5 倍,且不得小于 100 mm。

⑤ 不宜在管道焊缝及其边缘上开孔。

⑥ 有加固环的卷管,加固环的对接焊缝应与管子纵向焊缝错开,其间距不应小于 100 mm。加固环距管子的环焊缝不应小于 50 mm。

(3) 管子、管件的坡口形式和尺寸应符合设计文件规定,当设计文件无规定时,可按本规范附录 B 第 B.0.1 条～第 B.0.6 条的规定确定。

(4) 管道坡口加工宜采用机械方法,也可采用等离子弧、氧乙炔焰等热加工方法。采用热加工方法加工坡口后,应除去坡口表面的氧化皮、熔渣及影响接头质量的表面层,并应将凹凸不平处打磨平整。

(5) 管道组成件组对时,对坡口及其内外表面进行的清理应符合表 5.0.5 的规定;清理合格后应及时焊接。

(6) 除设计文件规定的管道冷拉伸或冷压缩焊口外,不得强行组对。

(7) 管道对接焊口的组对应做到内壁齐平,内壁错边量应符合表 5.0.7 的规定。

(8) 不等厚管道组成件组对时,当内壁错边量超过表 5.0.7 的规定或外壁错边量大于 3 mm 时,应进行修整。

(9) 在焊接和热处理过程中,应将焊件垫置牢固。

(10) 当对螺纹接头采用密封焊时,外露螺纹应全部密封。

(11) 对管内清洁要求较高且焊接后不易清理的管道,其焊缝底层应采用氩弧焊施焊。机组的循环油、控制油、密封油管道,当采用承插焊时,承口与插口的轴向不宜留间隙。

(12) 需预拉伸或预压缩的管道焊口,组对时所使用的工具应待整个焊口焊接及热处理完毕并经焊接检验合格后方可拆除。

5. 管道安装

(1) 一般规定

① 管道安装应具备下列条件:

a. 与管道有关的土建工程已检验合格,满足安装要求,并已办理交接手续。

b. 与管道连接的机械已找正合格,固定完毕。

c. 管道组成件及管道支承件等已检验合格。

d. 管子、管件、阀门等,内部已清理干净,无杂物。对管内有特殊要求的管道,其质量已符合设计文件的规定。

e. 在管道安装前必须完成的脱脂、内部防腐与衬里等有关工序已进行完毕。

② 法兰、焊缝及其他连接件的设置应便于检修,并不得紧贴墙壁、楼板或管架。

③ 脱脂后的管道组成件,安装前必须进行严格检查,不得有油迹污染。

④ 管道穿越道路、墙或构筑物时,应加套管或砌筑涵洞保护。

⑤ 埋地管道试压防腐后,应及时回填土,分层夯实,并应按本规范附录 A 第 A.0.4 条

规定的格式填写“隐蔽工程(封闭)记录”,办理隐蔽工程验收。

(2)阀门安装

① 阀门安装前,应检查填料,其压盖螺栓应留有调节裕量。

② 阀门安装前,应按设计文件核对其型号,并应按介质流向确定其安装方向。

③ 当阀门与管道以法兰或螺纹方式连接时,阀门应在关闭状态下安装。

④ 当阀门与管道以焊接方式连接时,阀门不得关闭;焊缝底层宜采用氩弧焊。

⑤ 水平管道上的阀门,其阀杆及传动装置应按设计规定安装,动作应灵活。

⑥ 安装铸铁、硅铁阀门时,不得强力连接,受力应均匀。

⑦ 安装高压阀门前,必须复核产品合格证和试验记录。

⑧ 安装安全阀时,应符合下列规定:

a. 安全阀应垂直安装。

b. 在管道投入试运行时,应及时调校安全阀。

c. 安全阀的最终调校宜在系统上进行,开启和回座压力应符合设计文件的规定。

d. 安全阀经调校后,在工作压力下不得有泄漏。

e. 安全阀经最终调校合格后,应做铅封,并应按本规范附录A第A.0.5条规定的格式填写“安全阀最终调试记录”。

(3)静电接地安装

① 有静电接地要求的管道,各段管子间应导电。当每对法兰或螺纹接头间电阻值超过0.03 Ω时,应设导线跨接。

② 管道系统的对地电阻值超过100 Ω时,应设两处接地引线。接地引线宜采用焊接形式。

③ 有静电接地要求的钛管道及不锈钢管道,导线跨接或接地引线不得与钛管道及不锈钢管道直接连接,应采用钛板及不锈钢板过渡。

④ 用作静电接地的材料或零件,安装前不得涂漆。导电接触面必须除锈并紧密连接。

⑤ 静电接地安装完毕后,必须进行测试,电阻值超过规定时,应进行检查与调整。

6. 管道检验、检查和试验

(1)一般规定。施工单位应通过其质检人员对施工质量进行检验。建设单位或其授权机构,应通过其质检人员对施工质量进行监督和检查。

(2)外观检验

① 外观检验应包括对各种管道组成件、管道支承件的检验以及在管道施工过程中的检验。

② 管道组成件及管道支承件、管道加工件、坡口加工及组对、管道安装的检验数量和标准应符合本规范第3～6章的有关规定。

③ 除焊接作业指导书有特殊要求的焊缝外,应在焊完后立即除去渣皮、飞溅,并应将焊缝表面清理干净,进行外观检验。

④ 管道焊缝的外观检验质量应符合现行国家标准《现场设备、工业管道焊接工程施工及验收规范》的有关规定。

(3)焊缝表面无损检验

① 焊缝表面应按设计文件的规定，进行磁粉或液体渗透检验。

② 有热裂纹倾向的焊缝应在热处理后进行检验。

③ 磁粉检验和液体渗透检验应按国家现行标准《压力容器无损检测》的规定进行。

④ 当发现焊缝表面有缺陷时，应及时消除，消除后应重新进行检验，直至合格。

(4) 射线照相检验和超声波检验

① 管道焊缝的内部质量，应按设计文件的规定进行射线照相检验或超声波检验。射线照相检验和超声波检验的方法和质量分级标准应符合现行国家标准《现场设备、工业管道焊接工程施工及验收规范》的规定。

② 管道焊缝的射线照相检验或超声波检验应及时进行。当抽样检验时，应对每一焊工所焊焊缝按规定的比例进行抽查，检验位置应由施工单位和建设单位的质检人员共同确定。

③ 管道焊缝的射线照相检验数量应符合下列规定：

a. 下列管道焊缝应进行100%射线照相检验，其质量不得低于Ⅱ级：

——输送剧毒流体的管道；

——输送设计压力大于等于10 MPa或设计压力大于等于4 MPa且设计温度大于等于400 ℃的可燃流体、有毒流体的管道；

——输送设计压力大于等于10 MPa且设计温度大于等于400 ℃的非可燃流体、无毒流体的管道；

——设计温度小于−29 ℃的低温管道；

——设计文件要求进行100%射线照相检验的其他管道。

b. 输送设计压力小于等于1 MPa且设计温度小于400 ℃的非可燃流体管道、无毒流体管道的焊缝，可不进行射线照相检验。

c. 其他管道应进行抽样射线照相检验，抽检比例不得低于5%，其质量不得低于Ⅲ级。抽检比例和质量等级应符合设计文件的要求。

④ 经建设单位同意，管道焊缝的检验可采用超声波检验代替射线照相检验，其检验数量应与射线照相检验相同。

⑤ 对不要求进行内部质量检验的焊缝，质检人员应按本章第7.2节的规定全部进行外观检验。

⑥ 当检验发现焊缝缺陷超出设计文件和本规范规定时，必须进行返修。焊缝返修后应按原规定方法进行检验。

⑦ 当抽样检验未发现需要返修的焊缝缺陷时，则该次抽样所代表的一批焊缝应认为全部合格；当抽样检验发现需要返修的焊缝缺陷时，除返修该焊缝外，还应采用原规定方法按下列规定进一步检验。

a. 每出现一道不合格焊缝应再检验两道该焊工所焊的同一批焊缝。

b. 当这两道焊缝均合格时，应认为检验所代表的这一批焊缝合格。

c. 当这两道焊缝又出现不合格时，每道不合格焊缝应再检验两道该焊工的同一批焊缝。

d. 当再次检验的焊缝均合格时，可认为检验所代表的这一批焊缝合格。

e. 当再次检验又出现不合格时，应对该焊工所焊的同一批焊缝全部进行检验。

⑧ 需要热处理的管道焊缝，应按本规范附录 A 第 A.0.7 条规定的格式填写“热处理报告”。

(5) 压力试验

① 管道安装完毕，热处理和无损检验合格后，应进行压力试验。压力试验应符合下列规定：

a. 压力试验应以液体为试验介质。当管道的设计压力小于 0.6 MPa 时，也可采用气体为试验介质，但应采取有效的安全措施。脆性材料严禁使用气体进行压力试验。

b. 当现场条件不允许使用液体或气体进行压力试验时，经建设单位同意，可同时采用下列方法代替：

——所有焊缝(包括附着件上的焊缝)，用液体渗透法或磁粉法进行检验；

——对接焊缝用 100%射线照相进行检验。

c. 当进行压力试验时，应划定禁区，无关人员不得进入。

d. 压力试验完毕，不得在管道上进行修补。

e. 建设单位应参加压力试验。压力试验合格后，应和施工单位一同按本规范附录 A 第 A.0.8 条规定的格式填写“管道系统压力试验记录”。

② 压力试验前应具备下列条件：

a. 试验范围内的管道安装工程除涂漆、绝热外，已按设计图纸全部完成，安装质量符合有关规定。

b. 焊缝及其他待检部位尚未涂漆和绝热。

c. 管道上的膨胀节已设置了临时约束装置。

d. 试验用压力表已经校验，并在周检期内，其精度不得低于 1.5 级，表的满刻度值应为被测最大压力的 1.5～2 倍，压力表不得少于两块。

e. 符合压力试验要求的液体或气体已经备齐。

f. 按试验的要求，管道已经加固。

g. 对输送剧毒流体的管道及设计压力大于等于 10 MPa 的管道，在压力试验前，下列资料已经建设单位复查：

——管道组成件的质量证明书；

——管道组成件的检验或试验记录；

——管子加工记录；

——焊接检验及热处理记录；

——设计修改及材料代用文件。

h. 待试管道与无关系统已用盲板或采取其他措施隔开。

i. 待试管道上的安全阀、爆破板及仪表元件等已经拆下或加以隔离。

j. 试验方案已经过批准，并已进行了技术交底。

③ 液压试验应遵守下列规定：

a. 液压试验应使用洁净水，当对奥氏体不锈钢管道或对连有奥氏体不锈钢管道或设备的管道进行试验时，水中氯离子含量不得超过 25×10^{-6}(25 ppm)。当采用可燃液体介质进行试验时，其闪点不得低于 50 ℃。

b. 试验前，注液体时应排尽空气。

c. 试验时，环境温度不宜低于 5 ℃，当环境温度低于 5 ℃时应采取防冻措施。

d. 试验时，应测量试验温度，严禁材料试验温度接近脆性转变温度。

e. 承受内压的地上钢管道及有色金属管道试验压力应为设计压力的 1.5 倍，埋地钢管道的试验压力应为设计压力的 1.5 倍，且不得低于 0.4 MPa。

f. 当管道与设备作为一个系统进行试验，管道的试验压力等于或小于设备的试验压力时，应按管道的试验压力进行试验；当管道试验压力大于设备的试验压力，且设备的试验压力不低于管道设计压力的 1.15 倍时，经建设单位同意，可按设备的试验压力进行试验。

g. 当管道的设计温度高于试验温度时，试验压力应按下式计算：

$$ps=1.5p[\sigma]_1/[\sigma]_2$$

式中：ps——试验压力（表压）（MPa）；

p——设计压力（表压）（MPa）；

$[\sigma]_1$——试验温度下，管材的许用应力（MPa）；

$[\sigma]_2$——设计温度下，管材的许用应力（MPa）。

当大于$[\sigma]_1/[\sigma]_2$ 大于 6.5 时，取 6.5。

当 ps 在试验温度下，产生超过屈服强度的应力时，应将试验压力 ps 降至不超过屈服强度时的最大压力。

h. 承受内压的埋地铸铁管道的试验压力，当设计压力小于或等于 0.5 MPa 时，应为设计压力的 2 倍；当设计压力大于 0.5 MPa 时，应为设计压力加 0.5 MPa。

i. 对位差较大的管道，应将试验介质的静压计入试验压力中。液体管道的试验压力应以最高点的压力为准，但最低点的压力不得超过管道组成件的承受力。

j. 液压试验应缓慢升压，待达到试验压力后，稳压 10 min，再将试验压力降至设计压力，停压 30 min，以压力不降、无渗漏为合格。

k. 试验结束后，应及时拆除盲板、膨胀节限位设施，排尽积液。排液时应防止形成负压，并不得随地排放。

l. 当试验过程中发现泄漏时，不得带压处理。消除缺陷后，应重新进行试验。

④ 气压试验应遵守下列规定：

a. 承受内压钢管及有色金属管的试验压力应为设计压力的 1.15 倍，真空管道的试验压力应为 0.2 MPa。当管道的设计压力大于 0.6 MPa 时，必须有设计文件规定或经建设单位同意，方可用气体进行压力试验。

b. 严禁使试验温度接近金属的脆性转变温度。

c. 试验前，必须用空气进行预试验，试验压力宜为 0.2 MPa。

d. 试验时，应逐步缓慢增加压力，当压力升至试验压力的 50%时，如未发现异常或泄漏，继续按试验压力的 10%逐级升压，每级稳压 3 min，直至试验压力。稳压 10 min，再将压力降至设计压力，停压时间应根据查漏工作需要而定。以发泡剂检验不泄漏为合格。

⑤ 输送剧毒流体、有毒流体、可燃流体的管道必须进行泄漏性试验。泄漏性试验应按下列规定进行：

a. 泄漏性试验应在压力试验合格后进行，试验介质宜采用空气。

b. 泄漏性试验压力应为设计压力。

c. 泄漏性试验可结合试车工作，一并进行。

d. 泄漏性试验应重点检验阀门填料函、法兰或螺纹连接处、放空阀、排气阀、排水阀等。以发泡剂检验不泄漏为合格。

e. 经气压试验合格，且在试验后未经拆卸过的管道可不进行泄漏性试验。

7. 管道的吹扫与清洗

(1) 一般规定

① 管道在压力试验合格后，建设单位应负责组织吹扫或清洗（简称吹洗）工作，并应在吹洗前编制吹洗方案。

② 吹洗方法应根据对管道的使用要求、工作介质及管道内表面的脏污程度确定。公称直径大于或等于 600 mm 的液体或气体管道，宜采用人工清理；公称直径小于 600 mm 的液体管道宜采用水冲洗；公称直径小于 600 mm 的气体管道宜采用空气吹扫；蒸汽管道应以蒸汽吹扫；非热力管道不得用蒸汽吹扫。

对有特殊要求的管道，应按设计文件规定采用相应的吹洗方法。

③ 不允许吹洗的设备及管道应与吹洗系统隔离。

④ 管道吹洗前，不应安装孔板、法兰连接的调节阀、重要阀门、节流阀、安全阀、仪表等，对于焊接的上述阀门和仪表，应采取流经旁路或卸掉阀头及阀座加保护套等保护措施。

⑤ 吹洗的顺序应按主管、支管、疏排管依次进行，吹洗出的脏物，不得进入已合格的管道。

⑥ 吹洗前应检验管道支、吊架的牢固程度，必要时应予以加固。

⑦ 清洗排放的脏液不得污染环境，严禁随地排放。

⑧ 吹扫时应设置禁区。

⑨ 蒸汽吹扫时，管道上及其附近不得放置易燃物。

⑩ 管道复位时，应由施工单位会同建设单位共同检查，并应按本规范附录 A 第 A.0.9 条及第 A.0.4 条规定的格式填写“管道系统吹扫及清洗记录”及“隐蔽工程（封闭）记录”。

(2) 水冲洗

① 水冲洗管道应使用洁净水，冲洗奥氏体不锈钢管道时，水中氯离子含量不得超过25×10^{-6}(25 ppm)。

② 冲洗时，宜采用最大流量，流速不得低于 1.5 m/s。

③ 排放水应引入可靠的排水井或沟中，排放管的截面积不得小于被冲洗管截面积的60%。排水时，不得形成负压。

④ 管道的排水支管应全部冲洗。

⑤ 水冲洗应连续进行，以排出口的水色和透明度与入口水目测一致为合格。

⑥ 当管道经水冲洗合格后暂不运行时，应将水排净，并应及时吹干。

(3) 空气吹扫

① 空气吹扫应利用生产装置的大型压缩机，也可利用装置中的大型容器蓄气，进行间断性的吹扫。吹扫压力不得超过容器和管道设计压力，流速不宜小于 20m/s。

② 吹扫忌油管道时，气体中不得含油。

③ 空气吹扫过程中，当目测排气无烟尘时，应在排气口设置贴白布或涂白漆的木制靶

板检验,5min 内靶板上无铁锈、尘土、水分及其他杂物,应为合格。

(4) 蒸汽吹扫

① 为蒸汽吹扫安设的临时管道应按蒸汽管道的技术要求安装,安装质量应符合本规范的规定。

② 蒸汽管道应以大流量蒸汽进行吹扫,流速不应低于 30 m/s。

③ 蒸汽吹扫前,应先行暖管、及时排水,并应检查管道热位移。

④ 蒸汽吹扫应按加热—冷却—再加热的顺序,循环进行。吹扫时宜采取每次吹扫一根,轮流吹扫的方法。

⑤ 通往汽轮机或设计文件有规定的蒸汽管道,经蒸汽吹扫后应检验靶片。当设计文件无规定时,其质量应符合表 8.4.5 的规定。

(5) 化学清洗

① 需要化学清洗的管道,其范围和质量要求应符合设计文件的规定。

② 管道进行化学清洗时,必须与无关设备隔离。

③ 化学清洗液的配方必须经过鉴定,并曾在生产装置中使用过,经实践证明是有效和可靠的。

④ 化学清洗时,操作人员应着专用防护服装,并应根据不同清洗液对人体的危害佩带护目镜、防毒面具等防护用具。

⑤ 化学清洗合格的管道,当不能及时投入运行时,应进行封闭或充氮保护。

⑥ 化学清洗后的废液处理和排放应符合环境保护的规定。

(6) 油清洗

① 润滑、密封及控制油管道,应在机械及管道酸洗合格后、系统试运转前进行油清洗。不锈钢管道,宜用蒸汽吹净后进行油清洗。

② 油清洗应以油循环的方式进行,循环过程中每 8 h 应在 40 ℃～70 ℃的范围内反复升降油温 2～3 次,并应及时清洗或更换滤芯。

③ 当设计文件或制造厂无要求时,管道油清洗后应采用滤网检验,合格标准应符合表 8.6.3 的规定。

④ 油清洗应采用适合于被清洗机械的合格油;清洗合格的管道,应采取有效的保护措施。试运转前应采用具有合格证的工作用油。

8. 管道涂漆

(1) 管道及其绝热保护层的涂漆应符合本章和国家现行标准《工业设备、管道防腐蚀工程施工及验收规范》的规定。

(2) 涂料应有制造厂的质量证明书。

(3) 有色金属管、不锈钢管、镀锌钢管、镀锌铁皮和铝皮保护层,不宜涂漆。

(4) 焊缝及其标记在压力试验前不应涂漆。

(5) 管道安装后不易涂漆的部位应预先涂漆。

(6) 涂漆前应清除被涂表面的铁锈、焊渣、毛刺、油、水等污物。

(7) 涂料的种类、颜色,涂敷的层数和标记应符合设计文件的规定。

(8) 涂漆施工宜在 15 ℃～30 ℃的环境温度下进行,并应有相应的防火、防冻、防雨措施。

（9）涂层质量应符合下列要求：

① 涂层应均匀，颜色应一致。

② 漆膜应附着牢固，无剥落、皱纹、气泡、针孔等缺陷。

③ 涂层应完整，无损坏、流淌。

④ 涂层厚度应符合设计文件的规定。

⑤ 涂刷色环时，应间距均匀，宽度一致。

9. 管道绝热

（1）管道绝热工程的施工及质量要求应符合本章和现行国家标准《工业设备及管道绝热工程施工及验收规范》的规定。

（2）管道绝热工程的施工应在管道涂漆合格后进行。施工前，管道外表面应保持清洁干燥。冬、雨季施工应有防冻、防雨雪措施。

（3）管道绝热工程材料应有制造厂的质量证明书或分析检验报告，种类、规格、性能应符合设计文件的规定。

（4）管道绝热层施工，除伴热管道外，应单根进行。

（5）需要蒸汽吹扫的管道，宜在吹扫后进行绝热工程施工。

10. 工程交接验收

（1）当施工单位按合同规定的范围完成全部工程项目后，应及时与建设单位办理交接手续。

（2）工程交接验收前，建设单位应对工业金属管道工程进行检查，确认下列内容：

① 施工范围和内容符合合同规定。

② 工程质量符合设计文件及本规范的规定。

（3）工程交接验收前，施工单位应向建设单位提交下列技术文件：

① 管道组成件及管道支承件的质量证明书或复验、补验报告。

② 施工记录和试验报告：

a. 阀门试验记录。

b. 高压管件加工记录。

c. 隐蔽工程（封闭）记录。

d. 安全阀最终调试记录。

e. 管道补偿装置安装记录。

f. 热处理报告。

g. 管道系统压力试验记录。

h. 管道系统吹扫及清洗记录。

i. 射线照相检验报告。

j. 超声波检验报告。

k . 磁粉检验报告。

l. 渗透检验报告。

m. 其他检验报告。

③ 设计修改文件及材料代用报告。

④ 要求100%射线照相检验的管道，应在单线图上准确标明焊缝位置、焊缝编号、焊工代号、无损检验方法、焊缝补焊位置、热处理焊口编号。对抽样射线照相检验的管道，其焊缝位置、焊缝编号、焊工代号、无损检验方法、焊缝补焊位置、热处理焊口编号等应有可追溯性记录。

(4) 工程交接验收时确因客观条件限制未能全部完成的工程，在不影响安全试车的条件下，经建设单位同意，可办理工程交接验收手续，但遗留工程必须限期完成。

(5) 工程交接验收应按本规范附录A第A.0.14条规定的格式填写"工程交接检验书"。(略)

八、《化工企业压力管道管理规定》(原化工部1995年12月20日颁布)相关内容

1. 总则

(1) 本规定适用于同时具备下列条件的管道：

① 进口压力 $p_w \geqslant 0.1$ MPa；

② 公称直径 $D_g \geqslant 50$ mm；

③ 输送化工介质的工艺管道及化工生产用蒸汽管道。

(对于有重大危害的最高工作压力小于0.1 MPa或公称直径小于50 mm的化工管道可参照执行。)

(2) 本规定不适用于下列管道：

① 非金属管道；

② 仪表管道；

③ 设备本体所属管道；

④ 非易燃介质、无毒或毒性为轻度危害介质的管道。如：水、空气、惰性气体等。

(3) 管道的分级表示如下：

表3.2.2 管道分级

管道材料	工作温度/℃	工作压力 p_w/MPa			
		A	B	C	D
碳素钢	≤370	≥10.0	4.0~10.0	1.6~4.0	≤1.6
合金钢和不锈钢	≤450	≥4.0	1.6~4.0	≤1.6	—
有色金属	设计温度范围	≥4.0	1.6~4.0	≤1.6	—

① 输送极度或高度危害毒性介质的管道属A级管道。

② 物料为易燃可燃介质，工作温度大于450 ℃的合金钢及不锈钢管道，工作温度大于370 ℃的碳素钢管道属A级管道。

③ 工作温度高于或等于介质自燃点的管道属B级管道。

④ 输送甲类火灾危险气体(爆炸下限<10%)介质的管道，级别应提升二级。

⑤ 输送中度危害毒性介质、乙类火灾危险气体(爆炸下限≥10%)、闪点小于 28 ℃的易燃液体介质的管道,级别应提升一级。

⑥ 原设计腐蚀速率大于 0.25 mm/a 的管道,级别应提升一级。

⑦ 同一介质按其特性(如闪点与爆炸下限)分列不同管道级别时,应以较高级为准。

⑧ 混合介质,以其中危害程度最大的介质为分级依据。

2. 机构与职责

(1) 各级化工主管部门

① 宣传、贯彻有关压力管道技术标准、法规、制度;

② 监督本地区化工企业严格执行有关规定;

③ 逐步建立和完善本地区压力管道的管理台账;

④ 办理压力管道的使用登记手续。

(2) 压力管道的使用单位

① 化工企业技术负责人(厂长、总工程师等)应对本单位压力管道的安全可靠性负责。

② 设备管理部门

a. 贯彻执行有关压力管道的标准、法规、制度;

b. 建立、健全压力管道技术档案;

c. 编制企业压力管道安全管理的规章制度;

d. 参与压力管道的安装、验收及试车工作;

e. 负责压力管道的检验、修理、改造和报废等工作;

f. 编制压力管道年度检验、修理计划并负责实施;

g. 参与压力管道工艺参数变更的审批工作;

h. 参与有关操作人员的安全技术教育和培训工作;

i. 参与或组织压力管道事故分析;

j. 定期向化工主管部门上报本单位压力管道年度综合报表(附件一)。

③ 安全管理部门

a. 负责对压力管道使用、检测的监督检查;

b. 负责压力管道操作的安全教育培训、考核、发证工作;

c. 负责组织压力管道事故分析及处理工作。

④ 生产使用部门

a. 贯彻执行有关压力管道的法规和技术标准;

b. 制定有关工艺操作规程;

c. 操作人员必须通过技术培训、安全教育并经考核合格后方可上岗操作;

d. 严格执行巡回检查制度;

e. 编制本部门压力管道年度检验计划;

f. 负责压力管道的使用、管理、维护;

g. 参与压力管道工程的竣工验收;

h. 参与压力管道事故的调查分析。

3. 设计

(1) 具备化工工程设计资格或压力管道设计资格的单位,方可从事其资格范围内压力管道设计。

(2) 使用单位有条件自行设计的,必须经省级化工主管部门进行资格认可。

4. 安装

(1) 压力管道安装单位应具备相应工程施工资格或压力管道施工资格。使用单位有条件自行施工的,必须经省级化工主管部门批准。

(2) 新压力管道安装竣工后,使用单位的管理人员,应参加压力管道工程质量审查和试车工作。

(3) 使用单位应按相应标准或GBJ 235—1982《工业管道工程施工及验收规范》、GBJ 236—1982《现场设备、工业管道焊接工程施工及验收规范》的规定检查验收。

(4) 管道安装单位向使用单位办理移交手续时,必须将压力管道全部技术资料和竣工图样移交给使用单位主管部门。

5. 日常管理

(1) 使用登记

(2) 档案管理

① 应以装置或公用管线为单位建立压力管道档案,管理人员应认真、准确、及时填写。

② 压力管道技术档案应包含的内容;

a.《化工企业压力管道使用登记证》(附件三);

b. 有关设计资料;

c. 制造安装交工文件、竣工图样和空视图;主要部件(管、阀门、安全阀等)合格证书;

d. 检验记录、历年检验报告;

e. 修理与改造方案、批准文件、施工记录和交工文件;

f. 安全附件校验、修理和更换记录;

g. 事故记录与报告。

(3) 运行与维护基本要求

① 岗位操作人员必须持安全操作证上岗;

② 岗位操作人员要严格执行操作规程,做好运行检查和操作记录;

③ 操作人员定时按路线进行巡线检查,必要时采用测漏仪进行检查,做好检查记录。

(4) 压力管道出现下列异常情况,操作人员应及时向本单位有关部门报告,必要时采取应急措施。

① 压力管道工作压力、介质温度或壁温超过允许值,采取措施得不到控制;

② 压力管道冻堵;

③ 压力管道出现裂缝、变形、泄漏;

④ 安全附件失灵;

⑤ 压力管道的阀门及监控装置失灵,危及安全运行;

⑥ 发生火灾直接威胁压力管道安全运行;

⑦ 压力管道发生严重震动危及安全运行;

(5) 使用单位应按化工主管部门的要求,定期对压力管道进行统计上报。内容包括:

① 压力管道基础数字统计;

② 定期检验情况;

③ 压力管道存在的问题;

④ 压力管道事故统计。

6. 检验

(1) 压力管道的使用单位,应严格执行《化工企业压力管道检验规程》,并按检验周期的规定,编制压力管道定期检验计划报送主管部门。

(2) 压力管道的检验单位和检验人员必须具备相应的检验资格。

(3) 压力管道检验人员,应按《化工企业压力管道检验规程》的要求进行检验,出具《压力管道检验报告》,并对检验结果负责。

(4) 在全面检验压力管道时,使用单位必须做好下列工作:

① 提供有关技术资料;

② 拟定相应的安全措施;

③ 做好压力管道的技术处理,与检验人员共同进行检查、交接;

④ 与检验人员共同对检验工作进行验收。

7. 修理与改造

从事压力管道修理和改造的单位必须具备下列基本条件:

(1) 具备完善的组织机构和质量保证体系。

(2) 具有与之相应的技术力量、工装设备和检测手段。

(3) 在压力管道上采用在线密封技术时,应严格限制每条管路不得超过二处,且必须有安全可靠的措施,并经厂级技术负责人批准后方可实施,施工的有关资料应存档。在该管道检修时,在线密封的卡具应予拆除。

(4) 化工压力管道的修理和更换,应依据 GBJ 235《工业管道工程施工验收规程》和 HG 25002《管道阀门维护检修规程》进行验收。

8. 附则

(1) 管道包括:直管、弯管、管件(角弯、三通、膨胀节等);管道附件包括:管道上连接的阀门、安全阀、压力表、爆破片和阴极保护装置等。

(2) 管道的划分界限:管道与设备焊接连接的第一道环向焊缝、螺纹连接的第一个接头、法兰连接的第一个法兰密封面、专用连接件的第一个密封面。

九、《化工企业压力管道检验规程》(原化工部 1995 年 12 月 20 日颁布)相关内容

1. 总则

本规程适用和不适用范围、管道的分级与《化工企业压力管道管理规定》相同。

2. 检验

化工企业压力管道的检验分为:役前检验、在线检验和全面检验。

(1) 役前检验

役前检验应由用户委托专业检验单位(或专业技术人员)进行,对化工管道的制造和安装质量进行全面验收检验(若已委托专业检验单位对管道安装过程中的质量进行监检,则役前检验可免)。

① 审查设计技术资料包括:设计规范、工艺参数、施工图纸及施工技术规范或要求等。

② 审查管材、管件及阀门等制造合格证明书及质量检验报告书,内容包括外观检验、化学成分机械性能报告及复验报告、无损探伤报告、试验报告和其他设计技术要求报告。制造质量应符合 GBJ 235《工业管道工程施工及验收规范》或设计要求质量规范。对质量检验报告书中及抽检中不合格项目和缺项必须进行补充检验。

③ 审查加工、安装记录及施工质量检验报告,内容应包括机加工检验、焊接工艺评定、安装检验、无损探伤报告、返修记录、热处理、耐压试验、安全阀调试、酸洗、吹扫、防腐、保温等施工记录、试验报告及质量检验报告。安装质量应符合 GBJ 236《现场设备、工业管道焊接工程施工及验收规范》或设计规定执行的检验及验收要求。

④ 工程质量抽检:内容包括外观检查、几何尺寸检查、安装质量检查、无损探伤、防腐保温等项目质量检查。抽检比例:A、B 级管道不低于 10%,C、D 级管道不低于 5%。无损探伤抽检:A、B 级管道不低于整条管线焊接焊缝的 10%,C、D 级管道不低于 5%。

(2) 在线检验

① 在线检验是使用单位在运行条件下进行的检验。每年至少检验一次。

② 在线检验项目

a. 泄漏检查。检查管道及其接口法兰、接头、焊缝、阀门填料等泄漏情况。

b. 振动检查。检查管道的振动情况、活动支架位移情况和导向性能,固定支架是否牢固可靠,可调支架调整合适,管与管、管与相邻物件之间应无摩擦。

c. 检查绝热层或防腐层完好情况。

d. 检查附件完好情况。阀门操作灵活,安全附件有效,输送易燃、易爆介质的管道法兰间的接地电阻应小于 0.03 Ω,管道对地电阻不得大于 100 Ω。

e. 壁厚测定。重要的监控管道,必要时可用超声波测厚仪进行在线测定壁厚。高温管道检测必须用高温探头。

(3) 全面检验

① 化工压力管道的全面检验是在装置(系统)停车大检修时进行的较为全面的检验,检验周期一般是每六年至少进行一次。

② 化工压力管道的全面检验以宏观检查和测厚为主,必要时进行无损探伤和理化检验。

宏观检查、壁厚测定、无损探伤和理化检验项目(略)。

(4) 评定

表面探伤缺陷评定、无损探伤缺陷评定、超声波探伤缺陷评定、理化检验的评定(略)。

十、SHS 01005—2004《工业管道维护检修规程》相关内容

1. 总则

(1) 本规程规定了在用碳素钢、合金钢、不锈钢工业管道的检查周期与内容、检修与质

量标准、试验与验收、维护与故障处理等。

(2) 本规程适用于工作压力为400 Pa(绝压)～100 MPa(表压)、工作温度为－196 ℃～＋850 ℃的石油化工工业管道。

(3) 本规程不适用于下列管道：

① 有色金属管道、铸铁管道和非金属管道；

② 直接受火焰加热的管道。

(4) 管道按最高工作压力分级见表3.2.3。

表3.2.3 管道分级

类别名称	公称压力/MPa	类别名称	公称压力/MPa
真空管道	p<标准大气压	中压管道	1.6≤p<10
低压管道	0≤p<1.6	高压管道	p≥10

(5) 在用工业管道按设计压力、设计温度、介质等因素分为GC1、GC2、GC3级。具体分级内容如下：(与《在用工业管道定期检验规程》分级规定一致)

2. 检验、检修周期与内容

按照国质检锅[2003]108号《在用工业管道定期检验规程》要求安排在线和全面检验。根据检验结果，结合装置或系统，确定检验周期。一般工业管道全面检验周期为3～6年。

在线检验与全面检验的项目和内容等见《在用工业管道定期检验规程》规定。

3. 检修与质量标准

(1) 检修前准备

① 备齐图纸和技术资料，必要时应编写施工方案。

② 核对管道材料的质量证明文件，并进行外观检查。

常用钢管的选用参见附录A(略)。

③ 隔断非同步检修的设备或系统，加盲板。管道内部吹扫、置换干净，施工现场符合有关安全规定。

(2) 利旧管道的拆卸

① 工作温度高于250 ℃的管道当温度降至150 ℃时，应在需拆卸的各螺栓上浇机械油或消锈剂。

② 拆卸的高压螺栓、螺母、可重复使用的垫片应清洗干净并逐个检查。

③ 拆卸时应保护各部位的密封面，敞口法兰应予以封闭保护。

④ 拆卸管道应做好支撑，以防脱落和变形。

⑤ 对有可能产生连多硫酸腐蚀开裂的奥氏体不锈钢管道，在拆开后接触大气之前应进行中和清洗或氮气保护，推荐的中和清洗方案参考NACE RP0170—1997(奥氏体不锈钢和其他奥氏体合金炼油设备在停工期间产生连多硫酸应力腐蚀。

(3) 管道组成件的检验(略)

(4) 修理及质量标准(略)

4. 试验与验收

(1) 试验(略)

(2) 验收

① 检修记录准确、齐全。

② 管道油漆完好无损；附件灵活好用；运行一周无泄漏。

③ 提交下列技术资料：

a. 设计变更及材料代用通知单、管道组成件、焊材质量证明书和合格证；

b. 隐蔽工程记录；

c. 检修记录(含单线图)；

d. 焊缝质量检验报告；

e. 试验记录。

5. 维护与故障处理

(1) 日常维护

① 操作人员必须按照操作规程使用管道，定时巡回检查。

② 日常定时巡回检查内容：

a. 在用管道有无超温、超压、超负荷和过冷；

b. 管道有无异常振动，管道内部有无异常声音；

c. 管道有无发生液击；

d. 管道安全保护装置运行是否正常；

e. 绝热层有无破损；

f. 支吊架有无异常。

(2) 常见故障与处理

① 在用管道常见故障处理方法(见表3.2.4)

表3.2.4 在用管道常见故障处理方法表

序号	故障现象	故障原因	处理方法
1	法兰泄漏	螺栓上紧力不够 法兰密封面损坏 法兰密封垫失效	上紧螺栓 修复密封面或更换法兰 更换密封垫/带压堵漏
2	焊缝泄漏	焊缝有砂眼、裂纹、腐蚀、减薄	补焊修复或带压密封堵漏
3	管子泄漏	管子腐蚀穿孔	补焊修复/带压密封堵漏/更换管段

② 带压堵漏处理

a. 带压密封堵漏是指采用堵漏密封胶粘补或注入预制的夹具盒内对管道的法兰、焊缝和管子等泄漏部位进行堵漏的一种新型密封技术。

b. 剧毒介质管道、均匀腐蚀的管道不宜采用带压堵漏。

c. 带压密封堵漏施工前应办理许可证，并经有关部门审批。

d. 带压密封堵漏应由专门人员执行。

e. 密封胶应根据泄漏介质、温度和压力等特性选择。

f. 密封夹具应根据泄漏部位具体形状设计加工，并进行强度计算和校核。

g. 带压密封堵漏前应制定安全防范措施。

h. 带压堵漏设施是临时处理措施，系统停车时应拆除，并修复泄漏部位。

③ 紧急情况停车

当管道发生以下情况之一时，应采取紧急措施并同时向有关部门报告：

a. 管道超温、超压、过冷，经过处理仍然无效时；

b. 管道发生泄漏或破裂，介质泄出危及生产和人身安全时；

c. 发生火灾、爆炸或相邻设备和管道发生事故，危及管道的安全运行时；

d. 发现不允许继续运行的其他情况时。

第三节　公用管道常用规章、标准

一、CJJ 51—2001《城镇燃气设施运行、维护和抢修安全技术规程》相关内容

1. 总则

（1）适用范围。本规程适用于城镇燃气管道及其附件、门站、储配站、灌瓶站、气化站、混气站、调压站、调压箱、瓶装供应站、用户设施和用气设备所组成的城镇燃气供应系统的运行、维护和抢修。

本规程不适用于城镇燃气的汽车加气站的运行、维护和抢修。

（2）城镇燃气供应单位应设立运行、维护和抢修的管理部门并应配备专职安全管理人员；应设置并向社会公布 24 h 报修电话，抢修人员应 24 h 值班；运行、维护、抢修及专职安全管理人员必须经过专业技术培训，考试合格后方可上岗。

（3）对重要的燃气设施或重要部位必须设有识别标志。对燃气设施进行运行、维护和抢修时，必须设置安全警示标志和防护装置。

（4）城镇燃气设施的运行、维护和抢修，除执行本规程外，尚应符合国家现行有关强制性标准的规定。

2. 术语

（1）城镇燃气——符合燃气质量要求，供给居民生活、公共（商业）建筑和工业企业生产作燃料用的公用性质的燃气。城镇燃气主要包括天然气、液化石油气和人工煤气。

（2）城镇燃气设施——用于燃气储存、输配和应用的场站、管网及用户设施。

（3）运行——从事燃气供应的专业人员，按照工艺要求和操作规程对燃气设施进行巡视、操作、记录等常规工作。

（4）维护——为保障燃气设施的正常运行，预防事故发生所进行的检查、维修的作业。

（5）抢修——燃气设施发生危及安全的泄漏以及引起中毒、火灾、爆炸等事故时，采取紧急措施的作业过程。

（6）降压——燃气设施维护和抢修时，为了操作安全或维持部分供气，将燃气压力调节低于正常工作压力的作业。

（7）停气——在燃气输配系统中，采用关闭阀门等方法切断气源，使燃气流量为零时的作业。

(8) 动火——燃气管道和设备进行焊接、切割等产生明火的作业。

(9) 作业区——燃气设施在维修或抢修作业时,保证操作人员安全作业所确定的区域。

(10) 吹扫——燃气设施在投产或维修前清除其内部剩余气体和污垢物的作业。

(11) 放散——将燃气设施内的空气、燃气或混合气体安全地排放。

(12) 防护面具——用以隔离燃气和保障操作人员呼吸的防护用具,一般有防毒面具和供氧面具等。

(13) 监护——在燃气作业区作业时,对作业人员进行的监视、保护;或在燃气设施运行中,由于其他工程施工可能引起危及燃气管线安全而采取的监督、保护。

3. 运行与维护

(1) 一般规定

① 城镇燃气供应单位对城镇燃气设施的运行与维护应制定下列管理制度和操作规定,管理制度应包括工作内容和范围,明确责任人。

a. 人员和车辆进入门站、储配站、灌瓶站、气化站、混气站和调压站的安全管理制度;

b. 城镇燃气管道及其附件、门站、储配站、灌瓶站、气化站、混气站、调压站、调压箱的工艺管道与设备的巡查、维护制度和操作规定;

c. 用户设施的检查、维护、报修制度和操作规定;

d. 用户用气设备的报修制度;

e. 日常运行中发现问题或事故处理的上报程序。

② 城镇燃气管道及其附件、门站、储配站、灌瓶站、气化站、混气站、调压站和调压箱的工艺管道与设备的巡查和维护制度,应综合考虑设备工艺参数、管材、工作压力、输送介质、防腐等级、连接形式、使用年限和周围环境(人口密度、地质、道路情况、季节变化)等因素。

③ 进入调压室、压缩机房、阀井和检查井等燃气设施场所作业,应符合下列规定:

a. 进入前应先检查有无燃气泄漏,在确认安全后方可进入;

b. 地下调压室、阀井、检查井内作业,必须穿戴防护用具,系好安全带;应设专人监护,作业人员应轮换操作;

c. 维修电气设备,应切断电源;

d. 进行维护检修,应采取防爆措施或使用防爆工具,严禁使用能产生火花的铁器等工具进行敲击作业。

(2) 管道及其附件的运行与维护

① 地下燃气管道巡查应包括下列内容:

a. 管道安全保护距离内不应有土壤塌陷、滑坡、下沉、人工取土、堆积垃圾或重物、管道裸露、种植深根植物及搭建建(构)筑物等;

b. 管道沿线不应有燃气异味、水面冒泡、树草枯萎和积雪表面有黄斑等异常现象或燃气泄出声响等;

c. 不应有因其他工程施工而造成管道损坏、管道悬空等,施工单位应向城镇燃气主管部门申请现场安全监护;

d. 不应有燃气管道附件丢失或损坏;

e. 应定期向周围单位和住户询问有无异常情况。

② 在巡查中发现问题，应及时上报并采取有效的处理措施。

③ 地下燃气管道检查应符合下列规定：

a. 泄漏检查可采用仪器检测或地面钻孔检查，可沿管道方向或从管道附近的阀井、窨井或地沟等地下构筑物检测；

b. 对设有电保护装置的管道，应定期做测试检查；

c. 运行中的管道第一次发现腐蚀漏气点后，应对该管道选点检查其防腐及腐蚀情况，针对实测情况制定运行、维护方案；管道使用20年后，应对其进行评估，确定继续使用年限，制定检测周期，并应加强巡视和泄漏检查。

④ 阀门的运行、维护应符合下列规定：

a. 应定期检查阀门，应无燃气泄漏、损坏等现象，阀井应无积水、塌陷，无妨碍阀门操作的堆积物等；

b. 阀门应定期进行启闭操作和维护保养；

c. 无法启闭或关闭不严的阀门，应及时维修或更换。

⑤ 凝水器的运行、维护应符合下列规定：

a. 凝水器应定期排放积水，排放时不得空放燃气；在道路上作业时，应设作业标志；

b. 凝水器护盖、排水装置应定期检查，应无泄漏、腐蚀和堵塞，无妨碍排水作业的堆积物；

c. 凝水器排出的污水不得随地排放，并应收集处理。

⑥ 补偿器接口应定期进行严密性检查及补偿量调整。

(3) 设备运行与维护

① 调压装置运行、维护应符合下列规定：

a. 调压装置的巡查内容应包括调压器、过滤器、安全放散设施、仪器、仪表等设备的运行工况，应无泄漏等异常情况；

b. 调压器及附属设备的运行、维护：

a) 清除各部位油污、锈斑，管路应畅通；

b) 检查调压器，应无腐蚀和损伤；当发现问题时，应及时处理；

c) 新投入运行和保养修理后的调压器，必须经过调试，达到技术标准后方可投入运行；

d) 停气后重新启用调压器时应检查进出口压力及有关参数；

e) 过滤器接口应定期进行严密性检查、前后压差检查、排污及清洗。

② 加臭装置的运行、维护应符合下列规定：

a. 应定期检查储液罐内加臭剂的储量；

b. 控制系统及各项参数应正常；

c. 加臭泵的润滑油液位应符合运行规定；

d. 加臭装置应无泄漏；

e. 加臭装置应定期进行清洗、校验。

③ 低压储气柜运行、维护应符合下列规定：

a. 低压储气柜应定期检查，并符合下列规定：

a) 塔顶塔壁应无裂缝损伤和漏气，水槽壁板与环形基础连接处应无漏水、气柜基础应无沉降，并应做好记录；

b）导轮和导轨的运动应正常；

c）放散阀门应启闭灵活；

d）雨季前应检查气柜防雷接地电阻，并应做好记录；

e）冬季应检查保温系统；

f）应定期、定点测量各塔环形水封水位或活塞密封油位。

b. 低压储气柜的运行、维护：

a）储气柜升降幅度和升降速度应在规定范围内；

b）储气柜运行压力，不得超出所规定的压力；

c）发现导轮与轴瓦之间发生磨损应及时修复；

d）导轮润滑油杯应定期加油，发现损坏应立即修理；

e）维修储气柜时，操作人员必须佩戴安全帽、安全带等防护用具，所携带工具应严加保管，严禁以抛接方式传递工具。

④ 高压储罐运行与维护应按国家现行标准《压力容器安全技术监察规程》执行。

⑤ 压缩机、烃泵的运行、维护应符合下列规定：

a. 压缩机、烃泵的检查内容：

a）压力、密封、润滑、冷却和通风系统；

b）阀门开关应灵活，连接部件应紧固，运动部件应平稳，无异响、过热、泄漏、振动等；

c）指示仪表应正常、各仪表参数应在规定范围内；

d）各项自动、连锁保护装置应正常。

b. 当有下列异常情况时应及时停车处理：

a）自动、连锁保护装置失灵；

b）润滑、冷却、通风系统出现异常；

c）压缩机运行压力高于规定压力；

d）指示仪表损坏或仪表显示数值不在规定范围内；

e）压缩机、烃泵、电动机有异声、振动、过热、泄漏等现象。

⑥ 压缩机、烃泵的大、中、小修理，应按设备的保养、维护标准执行。

⑦ 仪器、仪表、安全阀的运行维护、定期校验和更换应按国家有关规定执行。

（4）用户设施运行与维护（略）

4. 抢修

（1）一般规定

① 城镇燃气供应单位应制定事故抢修制度和事故上报程序。

② 城镇燃气供应单位应根据供应规模设立抢修机构，并配备必要的抢修车辆、通讯设备、防护用具、消防器材、检测仪器等装备。

③ 城镇燃气设施抢修应制订预案，并报有关部门备案。抢修预案应定期进行演习。

④ 接到抢修报警后应迅速出动，并根据事故不同情况可联系有关部门协作抢修。抢修作业应统一指挥，严明纪律，并采取安全措施。

（2）作业现场

① 抢修人员应佩戴职责标志，到达作业现场后，应根据燃气泄漏程度确定警戒区并设

立警示标志；在警戒区内严禁明火，应管制交通，严禁无关人员入内。

② 抢修人员到达作业现场后，必须及时救护受伤人员。

③ 进入警戒区的操作人员应按规定穿戴防护用具，作业时应有专人监护，严禁单独作业。

④ 警戒区内未经批准不得使用非防爆型的机电设备及仪器、仪表。

⑤ 管道和设备修复后，应作全面检查，防止燃气窜入夹层、窨井、烟道、地下管线和建（构）筑物等不易察觉的场所。

⑥ 当事故原因未查清或隐患未消除时不得撤离现场，应采取安全措施，直至查清事故原因并消除隐患为止。

（3）抢修作业

① 抢修人员进入事故现场，应立即控制气源、消灭火种，驱散积聚的燃气。在室内应开启门窗通风，严禁启闭电器开关。地下管道泄漏时应采取有效措施，排除聚积在地下和构筑物空间内的燃气。

② 处理地下泄漏点开挖作业时，应符合下列规定：

a. 抢修人员应根据管道敷设资料确定开挖点，并对周围建（构）筑物进行检测和监测；当发现漏出的燃气已渗入周围建（构）筑物时，应及时疏散建（构）筑物内人员并清除聚积的燃气。

b. 作业点应根据介质成分设置燃气或一氧化碳浓度报警装置。当环境浓度在爆炸和中毒浓度范围以内时，必须强制通风，降低浓度后方可作业。

c. 应根据地质情况和开挖深度确定放坡系数和支撑方式，并设专人监护。

③ 燃气设施泄漏的抢修宜在降低燃气压力或切断气源后进行。当泄漏处已发生燃烧时，应先采取措施控制火势后再降压或切断气源，严禁出现负压。

④ 当抢修中无法消除漏气现象或不能切断气源时，应及时通知有关部门，并作好事故现场的安全防护工作。

⑤ 修复供气后，应进行复查，确认不存在不安全因素后，抢修人员方可撤离事故现场。

⑥ 液化石油气管道泄漏抢修，除应符合上述规定外，还应符合下列规定：

a. 液化石油气泄漏抢修时，应备有干粉灭火器等有效的消防器材。应根据现场情况采取有效方法消除泄漏，当泄出的液化石油气不易控制时，可用消防水枪喷冲稀释泄出的液化石油气。

b. 液化石油气泄漏区必须采取有效措施，防止液化石油气聚积在低洼处或其他地下设施内。

⑦ 场站泄漏抢修作业应符合下列规定：

a. 低压储配站泄漏抢修

a）检查和抢修人员宜采用燃气浓度检测器或采用肥皂液、嗅觉、听觉来判断泄漏点；

b）根据泄漏部位及泄漏量应采用相应方法堵漏；

c）当发生大量泄漏造成储气柜快速下降时，应立即打开进口阀门、关闭出口阀门，用补充气量的方法减缓下降速度；

d）需动火进行修补泄漏点时，应按本规程第 5.3 节中有关条款执行。

b. 压缩机房、烃泵房燃气泄漏时，应立即切断气源、电源，开启室内防爆风机排气通风；

故障排除后方可恢复供气。

c. 调压站、调压箱泄漏抢修

a）调压站、调压箱发生泄漏，应立即关闭泄漏点前后阀门，打开门窗或开启风机加强通风，故障排除后方可恢复供气。

b）调压站、调压箱由于调压设备、安全切断设施失灵等原因造成出口超压时，应立即关闭调压器进出口阀门，并放散降压和排除故障。当压力超过下游燃气设施的设计压力时，应对超压影响区内燃气设施做全面检查，排除所有隐患后方可恢复供气。

⑧ 用户室内燃气设施泄漏抢修作业应符合下列规定（略）。

（4）火灾与爆炸

① 发生火灾、爆炸等事故，危及燃气设施和周围环境的安全时，应协助消防部门抢救。

② 当燃气设施发生火灾时，应采取切断气源或降低压力等方法控制火势，并应防止产生负压。

③ 火势得到控制后，应按本规程有关规定进行抢修。

④ 燃气管道及设备发生爆炸后，应迅速控制气源和火种；应保护好事故现场，防止发生次生灾害。

⑤ 火灾与爆炸灾情消除后，应对管道和设备进行全面检查，消除隐患。

5. 停气、降压、动火及通气

（1）一般规定

① 燃气设施的停气、降压、动火及通气作业应建立分级审批制度。作业单位应制定作业方案和填写动火作业报告，并向主管部门申报，经审批后应严格按批准方案实施。紧急事故的抢修除外。

② 燃气设施停气、降压、动火及通气作业，必须设专人负责现场指挥，并应设安全员。

③ 燃气设施停气、降压、动火及通气作业必须配置相应的通讯设备、防护用具、消防器材、检测仪器等。

（2）停气与降压

① 停气与降压作业时间宜避开用气高峰和恶劣天气。

② 影响用户用气的停气与降压作业应事前通知用户，紧急事故除外。

③ 停气与降压作业应符合下列规定：

a. 停气作业时应能可靠地切断气源，并将作业管段或设备内的燃气安全排放或置换合格；

b. 降压过程中应严格控制降压速度；

c. 降压作业应有专人监控管道内燃气压力，严禁管内产生负压；

d. 降压作业时管内燃气压力宜控制在 300 Pa～500 Pa 范围内；

e. 液化石油气管道停气或降压作业时，应采用防爆风机驱散在工作坑或作业区内聚积的液化石油气。

（3）动火

① 运行中的燃气设施需动火作业时，应有技术、生产、安全等部门配合与监护。

② 动火作业时，应划出作业区并设置护栏，作业区应保持空气流通，无燃气聚积。

③ 停气动火作业前，应置换作业管段或设备内的燃气，并符合下列规定：

a. 采用直接置换法时，应取样检测混合气体中燃气的浓度，经连续三次（每次间隔约5 min）测定均在爆炸下限的20%以下时，方可动火作业；

b. 采用间接置换法时，应取样检测混合气体中燃气或氧的含量，经连续三次（每次间隔约5 min）测定均符合要求时，方可动火作业；

c. 燃气管道内积有燃气杂质时，应充入惰性气体或采取其他有效措施进行隔离；

d. 停气动火操作过程中，当有漏气或窜气等异常情况时，应立即停止作业，待消除异常情况后方可继续进行；

e. 当作业中断或连续作业时间较长时，均应重新取样检测，并符合本条a、b款时，方可继续作业。

④ 带气动火作业应符合下列规定：

a. 应设置燃气浓度检测器；当确认操作环境不会发生燃气爆炸时，方可带气动火作业；

b. 带气动火作业时，管道内必须保持正压，其压力宜控制在100 Pa～500 Pa，应有专人监控压力；

c. 新、旧钢管连接动火作业时，应先采取措施使新旧管道电位平衡；

d. 动火作业引燃的火焰，必须有可靠、有效的方法随时将其扑灭。

⑤ 设置临时燃气放散火炬应符合下列规定：

a. 放散火炬的管道上应设置控制阀门和防回火装置；

b. 放散火炬应设置在带气作业点的上风向，并保持安全距离；

c. 火炬应高出地面1.5 m以上；

d. 放散火炬现场应备有干粉灭火器等有效的消防器材。

（4）通气

① 通气作业应严格按照方案执行。用户停气后的通气，严禁在夜间进行。

② 燃气设施维护、检修或抢修作业完成后，应进行全面检查；合格后方可进行置换作业。

③ 置换作业应符合下列规定：

a. 应根据管线情况和现场条件确定放散点数量与位置，管道末端必须设置放散点。

b. 应在起点段安装压力表，在每个末端放散管上安装取样管。

c. 置换放散时，应有专人负责监控压力及取样检测。

d. 放散管的安装应符合下列规定：

a）放散管应避开居民住宅、明火、高压架空电线等场所，当无法避开居民住宅等场所时，应采取防护措施；

b）放散管应高出地面2 m以上。

e. 用燃气直接置换空气时，其置换时的燃气压力宜小于5 000 Pa。

④ 燃气设施置换合格恢复通气前，应进行全面检查，符合运行要求后，方可投入运行。

6. 液化石油气设施的运行、维护和抢修（略）

7. 图档资料

（1）一般规定

① 城镇燃气供应单位的档案管理部门应收集燃气设施运行、维护和抢修资料，建立档案并对其实施动态管理；有条件的地区宜建立燃气管网地理信息系统。

② 城镇燃气供应单位的档案管理部门，应根据运行、维护和抢修工程的要求，提供图档资料。

③ 城镇燃气设施运行、维护和抢修管理部门，应向档案管理部门提交运行、维护记录和抢修工程的资料。

(2) 运行与维护的图档资料

① 燃气设施运行记录应包括下列内容：

a. 巡查周期、时间、地点(范围)、异常情况、处理方法和记录人等；

b. 违章、险情的处理和上报记录；

c. 配合城市其他施工工程对燃气管线的监护记录(包括管位、管坡等保护措施)，在管位上方违章搭建的处理记录；

d. 燃气管网运行压力记录。

② 燃气设施维护的资料应包括下列内容：

a. 维修、检修、更新和改造计划；

b. 维修记录和重要设备的大、中修记录；

c. 管道和设备的拆除、迁移和改造工程图档资料。

(3) 抢修工程的图档资料

① 抢修工程的记录应包括下列内容：

a. 事故报警记录；

b. 事故发生的时间、地点和原因等；

c. 事故类别(中毒、火灾、爆炸等)；

d. 事故造成的损失和人员伤亡情况；

e. 参加抢修的人员情况；

f. 抢修工程概况及修复日期。

② 抢修工程的资料应包括下列内容：

a. 抢修任务书(执行人、批准人、工程草图等)；

b. 动火申报批准书(记录)；

c. 抢修记录；

d. 事故鉴定记录；

e. 抢修工程质量鉴定记录。

二、CJJ 28—2004《城市供热管网工程施工及验收规范》相关内容

1. 总则

(1) 适用范围。本规范适用于符合下列参数的城镇供热管网工程的施工及验收：

① 工作压力 $p\leqslant 1.6$ MPa，介质温度 $t\leqslant 350$℃的蒸汽管网；

② 工作压力 $p\leqslant 2.5$ MPa，介质温度 $t\leqslant 200$℃的热水管网；

(2) 施工单位开工前应熟悉图纸和现场，并应按建设单位或监理单位审定的施工组织

设计组织施工。工程施工和工程所需的材料及设备必须符合设计要求且有产品合格证;设计未提出要求时,应符合国家现行有关标准的规定。工程变更、材料及设备需代用或更换时,必须得到设计部门的同意。产品进入现场,应办理验收手续。

(3) 城镇供热管网工程施工及验收,除应符合本规范外,尚应符合国家现行有关强制性标准的规定。

2. 管道安装及检验

(1) 一般规定

① 制作卷管、受内压管件和容器用的钢板,在使用前应做检查,不得有超过壁厚允许负偏差的锈蚀、凹陷以及裂纹和重皮等缺陷。

② 预制防腐层和保温层的管道及管路附件,在运输和安装中不得损坏。

③ 管件制作和可预组装的部分宜在管道安装前完成,并应经检验合格。

④ 钢管、管路附件等安装前应按设计要求核对型号,并按本章的规定进行检验。

⑤ 雨期施工应采取防止浮管及防止泥浆进入的措施。

⑥ 施工间断时,管口应采用堵板封闭;管道安装完成后,应将内部清理干净,并及时封闭管口。

⑦ 管道法兰、焊缝及其他连接件的安装位置应留有检修空间。

(2) 管道加工和现场预制管件制作

① 公称直径小于或等于 500 mm 的弯头应采用机制弯头,其他各种管件宜选用机制管件。

② 在管道上直接开孔焊接分支管道时,切口的线位应采用校核过的样板划定。

③ 弯管制作应符合下列规定:

a. 弯管制作应符合设计要求及国家现行标准 SY 5257《钢制弯管》、GB 12459《钢制对焊无缝管件》和 GB/T 13401《钢板制对焊管件》的规定。

b. 弯管的弯曲半径应符合设计要求。设计无要求时,最小弯曲半径应符合表 3.3.1 的规定。

表 3.3.1　弯管最小弯曲半径

管　材	弯管制作方法	最小弯曲半径	
低碳钢管	热弯	$3.5D_w$	
	冷弯	$4.0D_w$	
	压制弯	$1.5D_w$	
	热推弯	$1.5D_w$	
	焊制弯	DN≤250	$1.0D_w$
		DN≥300	$0.75D_w$
注:DN 为公称直径,D_w 为外径。			

④ 煨制弯管制作应符合下列规定:

a. 热煨弯管内部灌砂应敲打震实,管端堵塞结实;

b. 钢管热煨弯时应缓慢升温，加热温度应控制在750℃～1 050℃范围内，钢管弯曲部分应受热均匀；

c. 当采用有缝管材煨制弯管时，其纵向焊缝应放在与管中心弯曲平面之间夹角大于45°的区域内；

d. 弯曲起点距管端的距离不应小于钢管外径，且不应小于100 mm；

e. 弯管制成后的质量应符合下列要求(略)。

⑤ 焊制弯管制作应符合下列规定：

a. 焊制弯管应根据设计要求制作；

b. 公称直径大于400 mm的焊制弯管可增加节数，但其节内侧的最小长度不得小于150 mm；

c. 焊制弯管使用在应力较大的位置时，弯管中心不应放置环焊缝；

d. 弯管两端节应从弯曲起点向外加长，增加的长度应大于钢管外径，且不得小于150 mm；

e. 焊制弯管的尺寸允许偏差应符合下列要求：

——周长偏差：DN≤1 000 mm，±4 mm；DN＞1 000 mm，±6 mm；

——弯管端部与弯曲半径在管端所形成平面之间的垂直偏差不应大于钢管公称直径的1%，且不得大于3 mm；

f. 管道安装且在钢管上直接制作焊制弯管时，端部的一节应留在与弯管相连的直管段上。

⑥ 压制弯管、热推弯管和异径管制作应符合下列规定：

a. 压制弯管、热推弯管和异径管加工的主要尺寸偏差应符合表5.2.6规定；

b. 焊制偏心异径管的椭圆度不应大于各端面外径的1%，且不得大于5 mm；

c. 同心异径管两端中心线应重合。

⑦ 焊制三通制作应符合下列规定：

a. 焊制三通，其支管的垂直偏差不应大于支管高度的1%；

b. 设计要求需补强的焊制三通在制作时，应按要求进行补强。

⑧ 方形补偿器制作应符合下列规定：

a. 方形补偿器的椭圆度、波浪度和角度偏差等应符合弯管制作的相应规定；

b. 煨弯组合的补偿器、弯管之间的连接点应放在各臂的中部；

c. 用冲压弯管或焊制弯管组焊的方形补偿器各臂应采用整管制作。

⑨ 管道支、吊架和滑托制作应符合下列规定：

a. 支架、吊架和滑托的形式、材质、外形尺寸、制作精度及焊接质量应符合设计要求，焊接变形应予以矫正；

b. 支架上滑托的滑动支撑板、滑托的滑动平面，导向支架的导向板滑动平面及支、吊架弹簧盒的工作面应平整、光滑，不得有毛刺及焊渣等；

c. 组合式弹簧支架应具有合格证书，安装前应进行检查，并应符合下列要求(略)；

d. 已预制完成并经检查合格的管道支架、滑托等应按设计要求进行防腐处理，并妥善保管；

e. 焊在钢管外皮上的弧形板应采用模具压制成型，用同径钢管切割的，应采用模具整形。

⑩ 管道加工和现场预制管件质量检验应符合下列规定：

a. 钢管切口端面应平整，不得有裂纹、重皮、毛刺，熔渣应清理干净；

b. 弯管的表面不得有裂纹、分层、重皮、过烧等缺陷，且应过渡圆滑，表面光洁；

c. 管道加工和现场预制管件的焊接应符合本规范第 4 章的有关规定；

d. 管道加工和现场预制管件的允许偏差及检验方法应符合表 5.2.10 规定。

(3) 管道支、吊架安装

① 管道安装前，应完成管道支、吊架的安装。支、吊架的位置应正确、平整、牢固，坡度应符合设计要求。管道支架支承表面的标高可采用加设金属垫板的方式进行调整，但不得浮加在滑托和钢管、支架之间，金属垫板不得超过两层，垫板应与预埋铁件或钢结构进行焊接。

② 管沟敷设的管道，在沟口 0.5 m 处应设支、吊架；管道滑托、吊架的吊杆应处于与管道热位移方向相反的一侧。其偏移量应按设计要求进行安装，设计无要求时应为计算位移量的一半。

③ 两根热伸长方向不同或热伸长量不等的供热管道，设计无要求时，不应共用同一吊杆或同一滑托。

④ 支架结构接触面应洁净、平整；固定支架卡板和支架结构接触面应贴实；导向支架、滑动支架和吊架不得有歪斜和卡涩现象。

⑤ 弹簧支、吊架安装高度应按设计要求进行调整。弹簧的临时固定件，应待管道安装、试压、保温完毕后拆除。

⑥ 支、吊架和滑托应按设计要求焊接，不得有漏焊、缺陷、咬肉或裂纹等缺陷。管道与固定支架、滑托等焊接时，管壁上不得有焊痕等现象存在。

⑦ 管道支架用螺栓紧固在型钢的斜面上时，应配置与翼板斜度相同的钢制斜垫片找平。

⑧ 管道安装时，不宜使用临时性的支、吊架，必须使用时，应作出明显标记，且应保证安全。其位置应避开正式支、吊架的位置，且不得影响正式支、吊架的安装。管道安装完毕后，应拆除临时支、吊架。

⑨ 有补偿器的管段，在补偿器安装前，管道和固定支架之间不得进行固定。

⑩ 管道支、吊架安装的质量应符合下列规定：

a. 支、吊架安装位置应正确，埋设应牢固，滑动面应洁净平整，不得有歪斜和卡涩现象；

b. 活动支架的偏移方向、偏移量及导向性能应符合设计要求；

c. 管道支、吊架安装的允许偏差及检验方法应符合表 5.3.11 的规定；

d. 固定支架的检查应填写记录。

(4) 管沟和地上敷设管道安装

① 管道安装前，准备工作应符合下列规定：

a. 根据设计要求的管径、壁厚和材质，应进行钢管的预先选择和检验，矫正管材的平直度，整修管口及加工焊接用的坡口；

b. 清理管内外表面、除锈和除污；

c. 根据运输和吊装设备情况及工艺条件，可将钢管及管件焊接成预制管组；

d. 钢管应使用专用吊具进行吊装，在吊装过程中不得损坏钢管。

② 管道安装应符合下列规定：

a. 在管道中心线和支架高程测量复核无误后，方可进行管道安装；

b. 安装过程中不得碰撞沟壁、沟底、支架等；

c. 吊、放在架空支架上的钢管应采取必要的固定措施；

d. 地上敷设管道的管组长度应按空中就位和焊接的需要来确定，宜等于或大于 2 倍支架间距；

e. 每个管组或每根钢管安装时都应按管道中的中心线和管道坡度对接管口。

③ 管口对接应符合下列规定：

a. 对接管口时，应检查管道平直度，在距接口中心 200 mm 处测量，允许偏差为 1 mm，在所对接钢管的全长范围内，最大偏差值不应超过 10 mm；

b. 钢管对口处应垫置牢固，不得在焊接过程中产生错位和变形；

c. 管道焊口距支架的距离应保证焊接操作的需要；

d. 焊口不得置于建筑物、构筑物等的墙壁中。

④ 套管安装应符合下列规定：

a. 管道穿过构筑物墙板处应按设计要求安装套管，穿过结构的套管长度每侧应大于墙厚 20 mm～25 mm；穿过楼板的套管应高出板面 50 mm；

b. 套管与管道之间的空隙可采用柔性材料填塞；

c. 防水套管应按设计要求制造，并应在墙体和构筑物砌筑或浇灌混凝土之前安装就位，套管缝隙应按设计要求进行充填；

d. 套管中心的允许偏差为 10 mm。

⑤ 管道安装质量检验应符合下列规定：

a. 管道安装坡向、坡度应符合设计要求；

b. 蒸汽管道引出分支时，支管应从主管上方或两侧接出；

c. 管道安装的允许偏差及检验方法应符合表 5.4.5 的要求。

(5) 直埋保温管道安装

① 直埋保温管道和管件应采用工厂预制，并应分别符合国家现行标准 CJ/T 114《高密度聚乙烯外护管聚氨酯泡沫塑料预制直埋保温管》、CJ/T 155《高密度聚乙烯外护管聚氨酯泡沫塑料预制直埋保温管件》和 CJ/T 129《玻璃纤维增强塑料外护管聚氨酯泡沫塑料预制直埋保温管》的规定。

② 现场施工的补口、补伤、异形件等节点处理应符合设计要求和有关标准的规定。

③ 直埋保温管道的施工分段宜按补偿段划分，当管道设计有预热伸长要求时，应以一个预热伸长段作为一个施工分段。

④ 在雨、雪天进行接头焊接和保温施工时应搭盖罩棚。

⑤ 预制直埋保温管道在运输、现场存放、安装过程中，应采取必要措施封闭端口，不得拖拽保温管，不得损坏端口和外护层。

⑥ 直埋保温管道安装应按设计要求进行；管道安装坡度应与设计一致；在管道安装过程中，出现折角时，必须经设计确认。

⑦ 保护套管不得妨碍管道伸缩，不得损坏保温层及外保护层。

⑧ 预制直埋保温管的现场切割应符合下列规定：

a. 管道配管长度不宜小于 2 m；

b. 在切割时应采取措施防止外护管脆裂；

c. 切割后的工作钢管裸露长度应与原成品管的工作钢管裸露长度一致；

d. 切割后裸露的工作钢管外表面应清洁，不得有泡沫残渣。

⑨ 直埋保温管接头的保温和密封应符合下列规定：

a. 接头施工采取的工艺，应有合格的形式检验报告；

b. 接头的保温和密封应在接头焊口检验合格后进行；

c. 接头处钢管表面应干净、干燥；

d. 当周围环境温度低于接头原料的工艺使用温度时，应采取有效措施，保证接头质量；

e. 接头外观不应出现熔胶溢出、过烧、鼓包、翘边、褶皱或层间脱离等现象；

f. 一级管网的现场安装的接头密封应进行 100% 的气密性检验；二级管网的现场安装的接头密封应进行不少于 20% 的气密性检验；气密性检验的压力为 0.02 MPa，用肥皂水仔细检查密封处，无气泡为合格。

⑩ 直埋保温管道预警系统应符合下列规定：

a. 预警系统的安装应按设计要求进行；

b. 管道安装前应对单件产品预警线进行断路、短路检测；

c. 在管道接头安装过程中，应首先连接预警线，并在每个接头安装完毕后进行预警线断路、短路检测；

d. 在补偿器、阀门、固定支架等管件部位的现场保温应在预警系统连接检验合格后进行。

⑪ 直埋保温管道安装质量的检验项目及检验方法应符合表 5.5.14 的要求。钢管的安装质量应符合本规范表 5.4.5 的规定。

⑫ 直埋保温管道的施工和安装还应符合国家现行标准 CJJ/T 81《城镇直埋供热管道工程技术规程》的规定。蒸汽及高温热水直埋管道的施工和安装还应符合国家现行相关标准的规定。

(6) 法兰和阀门安装

① 法兰连接应符合下列规定：

a. 安装前应对法兰密封面及密封垫片进行外观检查，法兰密封面应表面光洁，法兰螺纹完整、无损伤；

b. 法兰端面应保持平行，偏差不大于法兰外径的 1.5%，且不得大于 2 mm；不得采用加偏垫、多层垫或加强力拧紧法兰一侧螺栓的方法，消除法兰接口端面的缝隙；

c. 法兰与法兰、法兰与管道应保持同轴，螺栓孔中心偏差不得超过孔径的 5%；

d. 垫片的材质和涂料应符合设计要求；当大口径垫片需要拼接时，应采用斜口拼接或迷宫形式的对接，不得直缝对接；垫片尺寸应与法兰密封面相等；

e. 严禁采用先加垫片并拧紧法兰螺栓，再焊接法兰焊口的方法进行法兰焊接；

f. 螺栓应涂防锈油脂保护；

g. 法兰连接应使用同一规格的螺栓，安装方向应一致，紧固螺栓时应对称、均匀地进行，松紧适度；紧固后丝扣外露长度应为2～3倍螺距，需要用垫圈调整时，每个螺栓应采用一个垫圈；

h. 法兰内侧应进行封底焊；

i. 软垫片的周边应整齐，垫片尺寸应与法兰密封面相符，其允许偏差应符合现行国家标准GB 50235《工业金属管道工程施工及验收规范》的规定；

j. 法兰与附件组装时，垂直度允许偏差为2 mm～3 mm。

② 阀门安装前的检验应符合下列规定：

a. 供热管网工程所用的阀门，必须有制造厂的产品合格证。

b. 一级管网主干线所用阀门及与一级管网主干线直接相连通的阀门，支干线首端和热力站入口处起关闭、保护作用的阀门及其他重要阀门应由有资质的检测部门进行强度和严密性试验，检验合格，单独存放，定位使用，并填写阀门试验记录。

③ 阀门安装应符合下列规定：

a. 按设计要求校对型号，外观检查应无缺陷、开闭灵活。

b. 清除阀口的封闭物及其他杂物。

c. 阀门的开关手轮应放在便于操作的位置；水平安装的闸阀、截止阀的阀杆应处于上半周范围内。

d. 当阀门与管道以法兰或螺纹方式连接时，阀门应在关闭状态下安装；当阀门与管道以焊接方式连接时，阀门不得关闭。

e. 有安装方向的阀门应按要求进行安装，有开关程度指示标志的应准确。

f. 并排安装的阀门应整齐、美观、便于操作。

g. 阀门运输吊装时，应平稳起吊和安放，不得用阀门手轮作为吊装的承重点，不得损坏阀门，已安装就位的阀门应防止重物撞击。

h. 水平管道上的阀门，其阀杆及传动装置应按设计规定安装，动作应灵活。

i. 焊接蝶阀应符合下列要求：

——阀板的轴应安装在水平方向上，轴与水平面的最大夹角不应大于60°，严禁垂直安装；

——焊接安装时，焊机地线应搭在同侧焊口的钢管上；

——安装在立管上时，焊接前应向已关闭的阀板上方注入100 mm以上的水；

——阀门焊接要求应符合本规范第4章的规定；

——焊接完成后，进行两次或三次完全的开启以证明阀门是否能正常工作。

j. 焊接球阀应符合下列要求：

——球阀焊接过程中要进行冷却；

——球阀安装焊接时球阀应打开；

——阀门在焊接完后应降温后才能投入使用。

(7) 补偿器安装

① 补偿器安装前，应检查下列内容：

a. 使用的补偿器应符合国家现行标准 GB/T 12777《金属波纹管膨胀节通用技术条件》、CJ/T 3016《城市供热管道用波纹管补偿器》、CJ/T 3016.2《城市供热补偿器焊制套筒补偿器》的有关规定；

b. 对补偿器的外观进行检查；

c. 按照设计图纸核对每个补偿器的型号和安装位置；

d. 检查产品安装长度，应符合管网设计要求；

e. 检查接管尺寸，应符合管网设计要求；

f. 校对产品合格证。

② 需要进行预变形的补偿器，预变形量应符合设计要求，并记录补偿器的预变形量。

③ 安装操作时，应防止各种不当的操作方式损伤补偿器。

④ 补偿器安装完毕后，应按要求拆除运输、固定装置，并应按要求调整限位装置。

⑤ 施工单位应有补偿器的安装记录。

⑥ 补偿器宜进行防腐和保温处理，采用的防腐和保温材料不得影响补偿器的使用寿命。

⑦ 波纹管补偿器安装应符合下列规定：

a. 波纹管补偿器应与管道保持同轴；

b. 有流向标记(箭头)的补偿器，安装时应使流向标记与管道介质流向一致。

⑧ 焊制套筒补偿器安装应符合下列规定：

a. 焊制套筒补偿器应与管道保持同轴。

b. 焊制套筒补偿器芯管外露长度应大于设计规定的伸缩长度，芯管端部与套管内挡圈之间的距离应大于管道冷收缩量。

c. 采用成型填料圈密封的焊制套筒补偿器，填料的品种及规格应符合设计规定，填料圈的接口应做成与填料箱圆柱轴线呈 45°的斜面，填料应逐圈装入，逐圈压紧，各圈接口应相互错开。

d. 采用非成型填料的补偿器，填注密封填料时应按规定压力依次均匀注压。

⑨ 直埋补偿器的安装应符合下列规定：

a. 回填后固定端应可靠锚固，活动端应能自由活动；

b. 带有预警系统的直埋管道中，在安装补偿器处，预警系统连线应做相应的处理。

⑩ 一次性补偿器的安装应符合下列规定：

a. 一次性补偿的预热方式视施工条件可采用电加热或其他热媒预热管道，预热升温温度应达到设计的指定温度。

b. 预热到要求温度后，应与一次性补偿器的活动端缝焊接，焊缝外观不得有缺陷。

⑪ 球形补偿器的安装应符合下列规定：

a. 与球形补偿器相连接的两垂直臂的倾斜角度应符合设计要求，外伸部分应与管道坡度保持一致。

b. 试运行期间，应在工作压力和工作温度下进行观察，应转动灵活，密封良好。

⑫ 方形补偿器的安装应符合下列规定：

a. 水平安装时，垂直臂应水平放置，平行臂应与管道坡度相同。

b. 垂直安装时，不得在弯管上开孔安装放风管和排水管。

c. 方形补偿器处滑托的预偏移量应符合设计要求。

d. 冷紧应在两端同时、均匀、对称地进行，冷紧值的允许误差为 10 mm。

⑬ 自然补偿管段的的冷紧应符合下列规定：

a. 冷紧焊口位置应留在有利操作的地方，冷紧长度应符合设计规定。

b. 冷紧段两端的固定支架应安装完毕，并应达到设计强度，管道与固定支架已固定连接。

c. 管道上的支、吊架已安装完毕，冷紧焊口附近吊架的吊杆应预留足够的位移量。

d. 管段上的其他焊口已全部焊完并经检验合格。

e. 管段的斜倾方向及坡度应符合设计规定。

f. 法兰、仪表、阀门的螺栓均已拧紧。

g. 冷紧焊口焊接完毕并检验合格后，方可拆除冷紧卡具。

h. 应填写管道冷紧记录。

3. 热力站、中继泵站及通用组装件安装（站内管道安装）

（1）管道安装前，应按设计要求和本规范第 5 章有关规定核验规格、型号和质量。

（2）管道安装过程中，安装中断的敞口处应临时封闭。

（3）管道穿越基础、墙壁和楼板，应配合土建施工预埋套管或预留孔洞，管道焊缝不应置于套管内和孔洞内。穿过墙壁的套管长度应伸出两侧墙皮 20 mm～25 mm，穿过楼板的套管应高出地板面 50 mm；套管与管道之间的空隙可用柔性材料填塞。预埋套管中心的允许偏差为 10 mm，预留孔洞中心的允许偏差为 25 mm。在设计无要求时，套管直径应比保温管道外径大 50 mm。位于套管内的管道保温层外壳应做保护层。

（4）管道安装按本规范第 4 章和第 5 章有关规定执行。

（5）管道并排安装时，直线部分应相互平行；曲线部分，当管道水平或垂直并行时，应与直线部分保持等距。管道水平上下并行时，弯管部分的曲率半径应一致。

（6）管道上使用机制管件的外径宜与直管管道外径相同。

（7）站内管道水平安装的支、吊架间距，在设计无要求时，不得大于表 6.2.7 中规定的距离。

（8）在水平管道上装设法兰连接的阀门时，当管径大于或等于 125 mm 时，两侧应设支、吊架；当管径小于 125 mm 时，一侧应设支、吊架。

（9）在垂直管道上安装阀门时，应符合设计要求，设计无要求时，阀门上部的管道应设吊架或托架。

（10）管道支、吊、托架的安装，应符合下列规定：

① 位置准确，埋设应平整牢固；

② 固定支架与管道接触应紧密，固定应牢固；

③ 滑动支座应灵活，滑托与滑槽两侧间应留有 3 mm～5 mm 的空隙，偏移量应符合设计要求；

④ 无热位移管道的支架、吊杆应垂直安装；有热位移管道的吊架、吊杆应向热膨胀的反方向偏移。

(11) 管道与设备安装时，不应使设备承受附加外力，并不得使异物进入设备内。

(12) 管道与泵或阀门连接后，不应再对该管道进行焊接或气割。

(13) 站内管道安装的质量应符合下列规定：

① 站内钢管安装允许偏差及检验方法应符合表 6.2.13-1 的规定。

② 站内塑料管、复合管安装允许偏差及检验方法应符合表 6.2.13-2 的规定。

③ 阀门的安装和检验应按本规范第 5 章规定执行，成排阀门安装允许偏差和检验方法应符合表 6.2.13-1 的规定，阀杆宜平行放置。

4. 防腐和保温工程

(1) 防腐材料、稀释剂和固化剂等材料的品种、规格、性能应符合现行国家标准和设计要求，产品应有质量合格证明文件（出厂合格证、有资质的检测机构的检测报告等），并应符合环保要求。

(2) 材料在运输、储存和施工过程中，应采取有效措施，防止变质和污染环境。涂料应密封保存，严禁明火和暴晒。所用材料应在有效期内使用。

(3) 涂料种类、性能、涂刷层数、涂层厚度及表面标记等应按设计规定执行，设计无规定时，应符合下列规定：

① 明装无保温层管道、设备等，应涂一道防锈漆和两道面漆；有保温层时，应涂两道防锈漆；

② 暗装管道应涂两道防锈漆；

③ 涂层厚度，应符合产品质量要求；

④ 涂料的耐温性能、抗腐蚀性能应按输热介质温度及环境条件进行选择。

(4) 多种涂料配合使用，应按照产品说明书对涂料进行选择，各涂料性能应相互匹配，配比合适。调制成的涂料内不得有漆皮等影响涂刷的杂物，并应按涂刷工艺要求稀释至适当稠度，搅拌均匀，色调一致，及时使用，涂料应密封保存。

(5) 涂刷前的钢材表面除锈质量应按设计要求和现行国家标准 GB 8923《涂装前钢材表面锈蚀等级和除锈等级》的规定执行。

(6) 涂刷时的环境温度和相对湿度应符合涂料产品说明书的要求。当无要求时，环境温度宜在 5℃～40℃之间，相对湿度不应大于 75%。涂刷时金属表面应干燥，不得有结露。当相对湿度大于 75%时或金属表面潮湿时，应采取措施，保证在清洁、干燥、通风良好的环境中进行涂刷。在雨雪和大风天气中进行涂刷，应有遮挡。涂刷后四天内应免受雨淋；当环境温度低于－5℃时，应按照涂料的性能掺入可促进漆膜固化的掺合料，并将漆膜的金属面加热至 30℃～40℃，再进行涂刷。当环境温度低于－25℃，不宜进行涂料施工。

(7) 在自然干燥的现场涂刷时应防止漆膜被污染和受损坏。多层涂刷时，在前一遍漆膜未干前不得涂刷第二遍漆。全部涂层完成后，漆膜未干燥固化前，不得进行下道工序施工。

(8) 已完成防腐的管道、管件、附件、设备等，在漆膜干燥过程中应防止冻结、撞击、振动和湿度剧烈变化，并应做好成品保护，不得踩踏或当作支架使用。损坏的漆膜在下道工序施工前应提前进行修补,并进行检验。

(9) 安装后无法涂刷或不易涂刷的部件,安装前应预先涂刷。在安装过程中应注意保护漆膜完好。

(10) 预留的未涂刷部位,在其他工序完成后,应按本节要求进行涂刷。管道的焊口部位应加强防腐和检查。

(11) 涂层上的一切缺陷、不合格处以及检查时被破坏的部位,应及时修补,并应达到质量标准的要求。

(12) 用涂料和玻璃纤维做加强防腐层时,除遵守上述的有关规定外,尚应符合下列规定:

① 按设计规定涂刷的底漆应均匀完整,无空白、凝块和流痕。

② 玻璃纤维的厚度、密度、层数应符合设计要求,缠绕重叠部分宽度应大于布宽的1/2,压边量宜为10 mm～15 mm。用机械缠绕时,缠布机应稳定匀速前进,并与钢管旋转转速相配合。

③ 玻璃纤维两面沾油应均匀,经刮板或挤压滚轮后,布面无空白,不得淌油和滴油。

④ 防腐层的厚度不得低于设计厚度。玻璃纤维与管壁应粘结牢固、缠绕紧密均匀。表面应光滑,不得有气孔、针孔和裂纹。钢管两端应留200 mm～250 mm空白段。

(13) 工程竣工验收前,管道、设备外露金属部分所刷涂料的品种、性能、颜色等应与原管道设备所刷涂料相同。

(14) 埋地钢管阴级保护(牺牲阳级)防腐应符合下列规定:

① 安装的牺牲阳级规格、数量及埋设深度应符合设计要求,设计无规定时,宜按国家现行标准SY/T 0019《埋地钢质管道牺牲阳级阴级保护规范》的规定执行;

② 牺牲阳级填包料应注水浸润;牺牲阳级电缆焊接应牢固,焊点应进行防腐处理;

③ 检查钢管的保护电位值应低于-0.85 V。

(15) 涂料质量应符合下列规定:

① 与基面粘结牢固,涂层应均匀,厚度应符合产品要求,面层颜色一致;

② 漆膜均匀、完整,无漏涂、损坏;

③ 色环宽度一致,间距均匀,与管道轴线垂直;

④ 当设计有要求时,应进行涂层附着力测试;

⑤ 钢管除锈、涂料质量标准应符合表7.1.15(略)的规定。

(16) 当保温外保护层采用金属板时,保温层表面应铲平灰疤、补平凹痕、填严缝隙、打磨光滑,并应将浮灰清理干净后,按设计规定进行防腐。

(17) 钢外护直埋保温管道的防腐材料及施工还应符合相关的国家标准。

5. 试验、清洗、试运行

(1) 试验

① 供热管网工程的管道和设备等,应按设计要求进行强度试验和严密性试验;当设计无要求时应按本规范的规定进行。

② 一级管网及二级管网应进行强度试验和严密性试验。强度试验压力应为1.5倍设计压力,严密性试验压力应为1.25倍设计压力,且不得低于0.6 MPa。

③ 热力站、中继泵站内的管道和设备的试验应符合下列规定：

a. 站内所有系统均应进行严密性试验，试验压力应为 1.25 倍设计压力，且不得低于 0.6 MPa。

b. 热力站内设备应按设计要求进行试验。当设备有特殊要求时，试验压力应按产品说明书或根据设备性质确定。

c. 开式设备只做满水试验，以无渗漏为合格。

④ 强度试验应在试验段内的管道接口防腐、保温施工及设备安装前进行；严密性试验应在试验范围内的管道工程全部安装完成后进行，其试验长度宜为一个完整的设计施工段。

⑤ 供热管网工程应采用水为介质做试验。

⑥ 严密性试验前应具备下列条件：

a. 试验范围内的管道安装质量应符合设计要求及本规范的有关规定，且有关材料、设备资料齐全。

b. 应编制试验方案，并应经监理(建设)单位和设计单位审查同意。试验前应与有关操作人员进行技术、安全交底。

c. 管道各种支架已安装调整完毕，固定支架的混凝土已达到设计强度，回填土及填充物已满足设计要求。

d. 焊接质量外观检查合格，焊缝无损检验合格。

e. 安全阀、爆破片及仪表组件等已拆除或加盲板隔离，加盲板处有明显的标记并做记录，安全阀全开，填料密实。

f. 管道自由端的临时加固装置已安装完成，经设计核算与检查确认安全可靠。试验管道与无关系统应采用盲板或采取其他措施隔开，不得影响其他系统的安全。

g. 试验用的压力表已校验，精度不宜低于 1.5 级。表的满量程应达到试验压力的 1.5～2 倍，数量不得少于 2 块，安装在试验泵出口和试验系统末端。

h. 进行压力试验前，应划定工作区，并设标志，无关人员不得进入。

i. 检查室、管沟及直埋管道的沟槽中应有可靠的排水系统。

j. 试验现场已清理完毕，具备对试验管道和设备进行检查的条件。

⑦ 水压试验应符合下列规定：

a. 管道水压试验应以洁净水作为试验介质；

b. 充水时，应排尽管道及设备中的空气；

c. 试验时，环境温度不宜低于 5℃；当环境温度低于 5℃时，应有防冻措施；

d. 当运行管道与试压管道之间的温度差大于 100℃时，应采取相应措施，确保运行管道和试压管道的安全。

对高差较大的管道，应将试验介质的静压计入试验压力中。热水管道的试验压力应为最高点的压力，但最低点的压力不得超过管道及设备的承受压力。

⑧ 当试验过程中发现渗漏时，严禁带压处理。消除缺陷后，应重新进行试验。

⑨ 试验结束后，应及时拆除试验用临时加固装置，排尽管内积水。排水时应防止形成负压，严禁随地排放。

⑩ 水压试验的检验内容及检验方法应符合表 3.3.2 的规定。

⑪ 试验合格后，填写强度、严密性试验记录。

表 3.3.2 水压试验的检验内容及检验方法

<table>
<tr><th>序号</th><th>项　目</th><th colspan="2">试验方法及质量标准</th><th>检验范围</th></tr>
<tr><td>1</td><td>强度试验</td><td colspan="2">升压到试验压力稳压 10 min 无渗漏、无压降后降至设计压力，稳压 30 min 无渗漏、无压降为合格</td><td>每个试验段</td></tr>
<tr><td rowspan="3">2</td><td rowspan="3">严密性试验</td><td colspan="2">升压至试验压力，并趋于稳定后，应详细检查管道、焊缝、管路附件及设备等无渗漏，固定支架无明显的变形等</td><td rowspan="3">全段</td></tr>
<tr><td>一级管网及站内</td><td>稳压在 1h 内压降不大于 0.05 MPa，为合格</td></tr>
<tr><td>二级管网</td><td>稳压在 30 min 内压降不大于 0.05 MPa，为合格</td></tr>
</table>

（2）清洗

① 供热管网的清洗应在试运行前进行。

② 清洗方法应根据供热管道的运行要求、介质类别而定。宜分为人工清洗、水力冲洗和气体吹洗。

③ 清洗前，应编制清洗方案。方案中应包括清洗方法、技术要求、操作及安全措施等内容。

④ 清洗前，管网及设备应符合下列规定：

a. 应将减压器、疏水器、流量计和流量孔板（或喷嘴）、滤网、调节阀芯、止回阀芯及温度计的插入管等拆下并妥善存放，待清洗结束后复装；

b. 不与管道同时清洗的设备、容器及仪表管等应与需清洗的管道隔开或拆除；

c. 支架的强度应能承受清洗时的冲击力，必要时应经设计同意进行加固；

d. 水力冲洗进水管的截面积不得小于被冲洗管截面积的 50%，排水管截面积不得小于进水管截面积；

e. 蒸汽吹洗采用排汽管的管径应按设计计算确定，吹洗口固定及冲洗箱加固应符合设计要求；

f. 设备和容器应有单独的排水口，在清洗过程中管道中的脏物不得进入设备；

g. 清洗使用的其他装置已安装完成，并应经检查合格。

⑤ 热水管网的水力冲洗应符合下列规定：

a. 冲洗应按主干线、支干线、支线分别进行，二级管网应单独进行冲洗。冲洗前应充满水并浸泡管道，水流方向应与设计的介质流向一致。

b. 未冲洗管道中的脏物，不应进入已冲洗合格的管道中。

c. 冲洗应连续进行并宜加大管道内的流量，管内的平均流速不低于 1 m/s，排水时，不得形成负压。

d. 对大口径管道，当冲洗水量不能满足要求时，宜采用人工清洗或密闭循环的水力冲洗方式。采用循环水冲洗时管内流速宜达到管道正常运行时的流速。当循环冲洗的水质较脏时，应更换循环水继续进行冲洗。

e. 水力冲洗的合格标准应以排水水样中固形物的含量接近或等于冲洗用水中固形物

的含量为合格。

f. 冲洗时排放的污水不得污染环境，严禁随意排放。

g. 水力清洗结束前应打开阀门用水清洗。清洗合格后，应对排污管、除污器等装置进行人工清除，保证管道内清洁。

⑥ 输送蒸汽的管道应采用蒸汽进行吹洗，蒸汽吹洗应符合下列规定：

a. 吹洗前应缓慢升温进行暖管。暖管速度不宜过快并应及时疏水。应检查管道热伸长、补偿器、管路附件及设备等工作情况，恒温 1 h 后进行吹洗。

b. 吹洗时必须划定安全区，设置标志，确保人员及设施的安全，其他无关人员严禁进入。

c. 吹洗用蒸汽的压力和流量应按设计计算确定。吹洗压力不应大于管道工作压力的 75%。

d. 吹洗次数应为 2～3 次，每次的间隔时间宜为 20 min～30 min。

e. 蒸汽吹洗的检查方法：以出口蒸汽为纯净气体为合格。

f. 清洗合格的管道，不应再进行其他影响管道内部清洁的工作。

g. 供热管网清洗合格后，应填写清洗检验记录。

(3) 试运行

① 试运行应在单位工程验收合格，热源已具备供热条件后进行。

② 试运行前，应编制试运行方案。在环境温度低于 5℃进行试运行时，应制定可靠的防冻措施。试运行方案应由建设单位、设计单位进行审查同意并进行交底。

③ 试运行应符合下列要求：

a. 供热管线工程宜与热力站工程联合进行试运行。

b. 供热管线的试运行应有完善、灵敏、可靠的通讯系统及其他安全保障措施。

c. 在试运行期间管道法兰、阀门、补偿器及仪表等处的螺栓应进行热拧紧。热拧紧时的运行压力应为 0.3 MPa 以下，温度宜达到设计温度，螺栓应对称，均匀适度紧固。在热拧紧部位应采取保护操作人员安全的可靠措施。

d. 试运行期间发现的问题，属于不影响试运行安全的，可待试运行结束后处理。属于必须当即解决的，应停止试运行，进行处理。试运行的时间，应从正常试运行状态的时间起计 72 h。

e. 供热工程应在建设单位、设计单位认可的参数下试运行，试运行的时间应为连续运行 72 h。试运行应缓慢地升温，升温速度不应大于 10 ℃/h。在低温试运行期间，应对管道、设备进行全面检查，支架的工作状况应做重点检查。在低温试运行正常以后，可再缓慢升温到试运行参数下运行。

f. 试运行期间，管道、设备的工作状态应正常，并应做好检验和考核的各项工作及试运行资料等记录。

④ 蒸汽管网工程的试运行应带热负荷进行，试运行合格后，可直接转入正常的供热运行。不需继续运行的，应采取停运措施并妥加保护，试运行应符合下列要求：

a. 试运行前应进行暖管，暖管合格后，缓慢提高蒸汽管的压力，待管道内蒸汽压力和温度达到设计规定的参数后，保持恒温时间不宜少于 1 h。应对管道、设备、支架及凝结水疏水系统进行全面检查。

b. 在确认管网的各部位均符合要求后，应对用户的用汽系统进行暖管和各部位的检查，确认热用户用汽系统的各部位均符合要求后再缓慢地提高供汽压力并进行适当的调整，供汽参数达到设计要求后即可转入正常的供汽运行。

c. 试运行开始后，应每隔 1 h 对补偿器及其他设备和管路附件等进行检查，并应做好记录。

⑤ 热力站试运行前，准备工作应符合下列规定：

a. 供热管网与热用户系统已具备试运行条件；

b. 编制试运行方案并经建设单位、设计单位审查同意，应进行技术交底；

c. 热力站内所有系统和设备经验收合格；

d. 热力站内的管道和设备的水压试验及清洗合格；

e. 制软化水的系统，经调试合格后，向系统注入软化水；

f. 采暖用户应按要求将系统充满水，并组织做好试运行准备工作；

g. 蒸汽用户系统应具备送汽条件；

h. 当换热器为板式换热器时，两侧应同步逐渐升压直至工作压力。

⑥ 热水管网和热力站试运行应符合下列规定：

a. 关闭管网所有泄水阀门；

b. 排气充水，水满后关闭放气阀门；

c. 全线水满后，再次逐个进行放气确认管内无气体后，关闭放气阀并上丝堵；

d. 试运行开始后，每隔 1 h 对补偿器及其他设备和管路附件等进行检查，并做好记录工作。

⑦ 试运行合格后，应填写试运行记录。

6. 工程验收

(1) 一般规定

① 供热管网工程的竣工验收，应在一个或多个单位工程验收和试运行合格后进行。

② 工程验收应在施工单位自检合格的基础上运行。

③ 工程验收应复检以下主要项目：

a. 承重和受力结构；

b. 结构防水效果；

c. 补偿器；

d. 焊接；

e. 防腐和保温；

f. 泵、电气、监控仪表、换热器和计量仪表安装；

g. 其他标准设备安装和非标准设备的制造安装。

④ 供热管网工程竣工验收应由建设单位组织，监理单位、设计单位、施工单位、管理单位等有关单位参加，验收合格后签署验收文件，移交工程，并填写竣工交接书。

(2) 竣工验收

① 竣工验收时，施工单位应提供下列资料：

a. 施工技术资料：施工组织设计（或施工技术措施）、竣工测量资料、竣工图等；

b. 施工管理资料：材料的产品合格证、材质单、分析检验报告和设备的产品合格证、安装说明书、技术性能说明书、专用工具和备件的移交证明；本规范中规定施工单位应进行的各种检查、检验和记录等资料；工程竣工报告；其他需要提供的资料。

② 竣工验收时，检查项目宜符合下列规定：

a. 供热管网输热能力及热力站各类设备应达到设计参数，输热损耗不得高于国家规定标准，管网末端的水力工况、热力工况应满足末端用户的需求；

b. 管网及站内系统、设备在工作状态下应严密，管道支架和热补偿装置及热力站热机、电气等设备应正常、可靠；

c. 计量应准确，安全装置应灵敏、可靠；

d. 各种设备的性能及工作状态应正常，运转设备产生的噪声值应符合国家规定标准；

e. 供热管网及热力站防腐工程施工质量应合格；

f. 工程档案资料应符合要求；

g. 保温工程在第一个采暖季结束后，应由建设单位组织，监理单位、施工单位和设计单位参加，对保温效果进行鉴定，并应按现行国家标准 GB 8174《设备及管道保温效果的测试与评价》进行测定与评价及提出报告。

三、CJJ 33—2005《城镇燃气输配工程施工及验收规范》

1. 总则

（1）本规范适用于城镇燃气设计压力不大于 4.0 MPa 的新建、改建和扩建输配工程的施工及验收。

（2）进行城镇燃气输配工程施工的单位，必须具有与工程规模相适应的施工资质；进行城镇燃气输配工程监理的单位，必须具有相应的监理资质。工程项目必须取得建设行政主管部门批准的施工许可文件后方可开工。

（3）承担燃气钢质管道、设备焊接的人员，必须具有锅炉压力容器压力管道特种设备操作人员资格证（焊接）焊工合格证书，且在证书的有效期及合格范围内从事焊接工作。间断焊接时间超过 6 个月，再次上岗前应重新考试；承担其他材质燃气管道安装的人员，必须经过专门培训，并经考试合格，间断安装时间超过 6 个月，再次上岗前应重新考试和技术评定。当使用的安装设备发生变化时，应针对该设备操作要求进行专门培训。

（4）工程施工必须按设计文件进行，如发现施工图有误或燃气设施的设置不能满足现行国家标准 GB 50028《城镇燃气设计规范》时，不得自行更改，应及时向建设单位和设计单位提出变更设计要求。修改设计或材料代用应经原设计部门同意。

（5）工程施工所用设备、管道组成件等，应符合国家现行有关产品标准的规定，且必须具有生产厂质量检验部门的产品合格文件。

（6）在入库和进入施工现场安装前，应对管道组成件进行检查，其材质、规格、型号应符合设计文件和合同的规定，并应按现行的国家产品标准进行外观检查；外观质量有异议、设计文件或本规范有要求时应进行有关质量检验，不合格者不得使用。

（7）城镇燃气输配工程施工及验收除应遵守本规范外，尚应遵守国家现行有关强制性标准的规定。

2. 管道、设备的装卸、运输和存放

(1) 管材、设备运输、存放时的堆放高度、环境条件(湿度、温度、光照等)必须符合产品的要求,应避免暴晒和雨淋。

(2) 运输、堆放处不应有可能损伤材料、设备的尖凸物,并应避免接触可能损伤管道、设备的油、酸、碱、盐等类物质。

(3) 聚乙烯管道、钢骨架聚乙烯复合管道和已做好防腐的管道,捆扎和吊装时应使用具有足够强度,且不致损伤管道防腐层的绳索(带)。

(4) 管道、设备入库前必须查验产品质量合格文件或质量保证文件等,并应妥善保管。

(5) 管道、设备宜存放在通风良好、防雨、防晒的库房或简易棚内。

(6) 应按产品储存要求分类储存,堆放整齐、稳固,便于管理。

3. 钢质管道及管件的防腐

(1) 管道防腐层的预制、施工过程中所涉及的有关工业卫生和环境保护,应符合现行国家标准 GB 7692《涂装作业安全规程 涂装前处理工艺安全》和 GB 7693《涂装作业安全规程 涂装前处理工艺通风净化》的规定。

(2) 管材防腐宜统一在防腐车间(场、站)进行。

(3) 管材及管件防腐前应逐根进行外观检查和测量,并应符合下列规定:

① 钢管弯曲度应小于钢管长度的 0.2%,椭圆度应小于或等于钢管外径的 0.2%。

② 焊缝表面应无裂纹、夹渣、重皮、表面气孔等缺陷。

③ 管材表面局部凹凸应小于 2 mm。

④ 管材表面应无斑疤、重皮和严重锈蚀等缺陷。

(4) 防腐前应对防腐原材料进行检查,有下列情况之一者,不得使用:

① 无出厂质量证明文件或检验证明;

② 出厂质量证明书的数据不全或对数据有怀疑,且未经复验或复验后不合格;

③ 无说明书、生产日期和储存有效期。

(5) 防腐前钢管表面的预处理应符合国家现行标准 SY/T 0407《涂装前钢材表面预处理规范》和所使用的防腐材料对钢管除锈的要求。

(6) 管道宜采用喷(抛)射除锈。除锈后的钢管应及时进行防腐,如防腐前钢管出现二次锈蚀,必须重新除锈。

(7) 各种防腐材料的防腐施工及验收要求,应符合下列国家现行标准的规定:

①《城镇燃气埋地钢质管道腐蚀控制技术规程》;

②《埋地钢质管道石油沥青防腐层技术标准》;

③《埋地钢质管道环氧煤沥青防腐层技术标准》;

④《埋地钢质管道聚乙烯胶粘带防腐层技术标准》;

⑤《埋地钢质管道煤焦油瓷漆外防腐层技术标准》;

⑥《钢质管道熔结环氧粉末外涂层技术标准》;

⑦《钢质管道聚乙烯防腐层技术标准》;

⑧《埋地钢质管道牺牲阳极阴极保护设计规范》;

⑨《埋地钢质管道强制电流阴极保护设计规范》。

(8) 经检查合格的防腐管道,应在防腐层上标明管道的规格、防腐等级、执行标准、生产日期和厂名等。

(9) 防腐管道应按防腐类型、等级和管道规格分类堆放,需固化的防腐涂层必须待防腐涂层固化后堆放。防腐层未实干的管道,不得回填。

(10) 做好防腐绝缘涂层的管道,在堆放、运输、安装时,必须采取有效措施,保证防腐涂层不受损伤。

(11) 补口、补伤、设备、管件及管道套管的防腐等级不得低于管体的防腐层等级。当相邻两管道为不同防腐等级时,以最高防腐等级为补口标准。当相邻两管道为不同防腐材料时,补口材料的选择应考虑材料的相容性。

4. 埋地钢管敷设

(1) 一般规定

① 管道应在沟底标高和管基质量检查合格后,方可安装。

② 设计文件要求进行低温冲击韧性试验的材料,供货方应提供低温冲击韧性试验结果的文件,否则应按现行国家标准 GB/T 229《金属材料　夏比摆锤冲击试验方法》的要求进行试验,其指标不得低于规定值的下限。

③ 燃气钢管的弯头、三通、异径接头,宜采用机制管件,其质量应符合现行国家标准 GB/T 12459《钢制对焊无缝管件》的规定。

④ 穿越铁路、公路、河流及城市道路时,应减少管道环向焊缝的数量。

(2) 管道焊接

① 管道焊接应按现行国家标准 GB 50235《工业金属管道工程施工及验收规范》和 GB 50236《现场设备、工业管道焊接工程施工及验收规范》的有关规定执行。

② 管道的切割及坡口加工宜采用机械方法,当采用气割等热加工方法时,必须除去坡口表面的氧化皮,并进行打磨。

③ 施焊环境应符合现行国家标准 GB 50236《现场设备、工业管道焊接工程施工及验收规范》的有关规定。

④ 氩弧焊时,焊口组对间隙宜为 2 mm～4 mm。其他坡口尺寸应符合现行国家标准 GB 50236《现场设备、工业管道焊接工程施工及验收规范》的规定。

⑤ 不应在管道焊缝上开孔的管道,开孔边缘与管道焊缝的间距不应小于 100 mm。当无法避开时,应对以开孔中心为圆心,1.5 倍开孔直径为半径的圆中所包容的全部焊缝进行 100%射线照相检测。

⑥ 管道焊接完成后,强度试验及严密性试验之前,必须对所有焊缝进行外观检查和对焊缝内部质量进行检验,外观检查应在内部质量检验前进行。

⑦ 设计文件规定焊缝系数为 1 的焊缝或设计要求进行 100%内部质量检验的焊缝,其外观质量不得低于现行国家标准 GB 50236《现场设备、工业管道焊接工程施工及验收规范》要求的Ⅱ级质量要求;对内部质量进行抽检的焊缝,其外观质量不得低于现行国家标准 GB 50236《现场设备、工业管道焊接工程施工及验收规范》要求的Ⅲ级质量要求。

⑧ 焊缝内部质量应符合下列要求：

a. 设计文件规定焊缝系数为1的焊缝或设计要求进行100％内部质量检验的焊缝，焊缝内部质量射线照相检验不得低于现行国家标准GB/T 12605《钢管环缝熔化焊对接接头射线透照工艺和质量分级》中的Ⅱ级质量要求；超声波检验不得低于现行国家标准GB/T 11345《钢焊缝手工超声波探伤方法和探伤结果分级》中的Ⅰ级质量要求。当采用100％射线照相或超声波检测方法时，还应按设计的要求进行超声波或射线照相复查。

b. 对内部质量进行抽检的焊缝，焊缝内部质量射线照相检验不得低于现行国家标准GB/T 12605《钢管环缝熔化焊对接接头射线透照工艺和质量分级》中的Ⅲ级质量要求；超声波检验不得低于现行国家标准GB/T 11345《钢焊缝手工超声波探伤方法和探伤结果分级》中的Ⅱ级质量要求。

⑨ 焊缝内部质量的抽样检验应符合下列要求：

a. 管道内部质量的无损探伤数量，应按设计规定执行。当设计无规定时，抽查数量不应少于焊缝总数的15％，且每个焊工不应少于一个焊缝。抽查时，应侧重抽查固定焊口。

b. 对穿越或跨越铁路、公路、河流、桥梁、有轨电车及敷设在套管内的管道环向焊缝，必须进行100％的射线照相检验。

c. 当抽样检验的焊缝全部合格时，则此次抽样所代表的该批焊缝应为全部合格；当抽样检验出现不合格焊缝时，对不合格焊缝返修后，应按下列规定扩大检验：

——每出现一道不合格焊缝，应再抽检两道该焊工所焊的该一批焊缝，按原探伤方法进行检验。

——如第二次抽检仍出现不合格焊缝，则应对该焊工所焊全部同批的焊缝按原探伤方法进行检验。对出现的不合格焊缝必须进行返修，并应对返修的焊缝按原探伤方法进行检验。

——同一焊缝的返修次数不应超过2次。

(3) 法兰连接

① 法兰在安装前应进行外观检查，并应符合下列要求：

a. 法兰的公称压力应符合设计要求。

b. 法兰密封面应平整光洁，不得有毛刺及径向沟槽。法兰螺纹部分应完整，无损伤。凹凸面法兰应能自然嵌合，凸面的高度小得低于凹槽的深度。

c. 螺栓及螺母的螺纹应完整，不得有伤痕、毛刺等缺陷；螺栓与螺母应配合良好，不得有松动或卡涩现象。

② 设计压力大于或等于1.6 MPa的管道使用的高强度螺栓、螺母应按以下规定进行检查：

a. 螺栓、螺母应每批各取2个进行硬度检查，若有不合格，需加倍检查，如仍有不合格则应逐个检查，不合格者不得使用。

b. 硬度不合格的螺栓应取该批中硬度值最高、最低的螺栓各1只，校验其机械性能，若不合格，再取其硬度最接近的螺栓加倍校验，如仍不合格，则该批螺栓不得使用。

③ 法兰垫片应符合下列要求：

a. 石棉橡胶垫、橡胶垫及软塑料等非金属垫片应质地柔韧，不得有老化变质或分层现象，表面不应有折损、皱纹等缺陷。

b. 金属垫片的加工尺寸、精度、光洁度及硬度应符合要求，表面不得有裂纹、毛刺、凹槽、径向划痕及锈斑等缺陷。

c. 包金属及缠绕式垫片不应有径向划痕、松散、翘曲等缺陷。

④ 法兰与管道组对应符合下列要求：

a. 法兰端面应与管道中心线相垂直，其偏差值可采用角尺和钢尺检查，当管道公称直径小于或等于 300 mm 时，允许偏差值为 1 mm；当管道公称直径大于 300 mm 时，允许偏差值为 2 mm。

b. 管道与法兰的焊接结构应符合国家现行标准 JB/T 74《管路法兰及垫片》中附录 C 的要求。

⑤ 法兰应在自由状态下安装连接，并应符合下列要求：

a. 法兰连接时应保持平行，其偏差不得大于法兰外径的 1.5%，且不得大于 2 mm，不得采用紧螺栓的方法消除偏斜。

b. 法兰连接应保持同一轴线，其螺孔中心偏差不宜超过孔径的 5%，并应保证螺栓自由穿入。

c. 法兰垫片应符合标准，不得使用斜垫片或双层垫片。采用软垫片时，周边应整齐，垫片尺寸应与法兰密封面相符。

d. 螺栓与螺孔的直径应配套，并使用同一规格螺栓，安装方向一致，紧固螺栓应对称均匀，紧固适度，紧固后螺栓外露长度不应大于 1 倍螺距，且不得低于螺母。

e. 螺栓紧固后应与法兰紧贴，不得有楔缝。需要加垫片时，每个螺栓所加垫片每侧不应超过 1 个。

⑥ 法兰与支架边缘或墙面距离不宜小于 200 mm。

⑦ 法兰直埋时，必须对法兰和紧固件按管道相同的防腐等级进行防腐。

（4）钢管敷设

① 燃气管道应按照设计图纸的要求控制管道的平面位置、高程、坡度，与其他管道或设施的间距应符合现行国家标准 GB 50028《城镇燃气设计规范》的相关规定。

② 管道在保证与设计坡度一致且满足设计安全距离和埋深要求的前提下，管线高程和中心线允许偏差应控制在当地规划部门允许的范围内。

③ 管道在套管内敷设时，套管内的燃气管道不应有环向焊缝。

④ 管道下沟前，应清除沟内的所有杂物，管沟内积水应抽净。

⑤ 管道下沟宜使用吊装机具，严禁采用抛、滚、撬等破坏防腐层的做法。吊装时应保护管口不受损伤。

⑥ 管道在敷设时应在自由状态下安装连接，严禁强力组对。

⑦ 管道环焊缝间距不应小于管道的公称直径，且不得小于 150 mm。

⑧ 管道对口前应将管道、管件内部清理干净，不得存有杂物。每次收工时，敞口管端应临时封堵。

⑨ 管道下沟前必须对防腐层进行 100%的外观检查，回填前应进行 100%电火花检漏，回填后必须对防腐层完整性进行全线检查，不合格必须返工处理直至合格。

5. 聚乙烯和钢骨架聚乙烯复合管敷设

(1) 一般规定

① 聚乙烯和钢骨架聚乙烯复合管敷设应符合国家现行标准 CJJ 63《聚乙烯燃气管道工程技术规程》的规定。管道施工前应制定施工方案，确定连接方法、连接条件、焊接设备及工具、操作规范、焊接参数、操作者的技术水平要求和质量控制方法。

② 管道连接前，应对连接设备按说明书进行检查，在使用过程中应定期校核。

③ 管道连接前，应核对欲连接的管材、管件规格、压力等级；检查管材表面，不宜有磕、碰、划伤，伤痕深度不应超过管材壁厚的 10%。

④ 管道连接应在环境温度 -5℃～45℃范围内进行。当环境温度低于 -5℃或在风力大于 5 级天气条件下施工时，应采取防风、保温措施等，并调整连接工艺。管道连接过程中，应避免强烈阳光直射而影响焊接温度。

⑤ 当管材、管件存放处与施工现场温差较大时，连接前应将管材、管件在施工现场搁置一定时间，使其温度和施工现场温度接近。

⑥ 连接完成后的接头应自然冷却，冷却过程中不得移动接头、拆卸夹紧工具或对接头施加外力。

⑦ 管道连接完成后，应进行序号标记，并做好记录。

⑧ 管道应在沟底标高和管基质量检查合格后，方可下沟。

⑨ 安装管道时，应抽净管沟内积水，每次收工时，应临时封堵敞口管端。

⑩ 不得使用金属材料直接捆扎和吊运管道。管道下沟时应防止划伤、扭曲和强力拉伸。

⑪ 对穿越铁路、公路、河流、城市主要道路的管道，应减少接口，且穿越前应对连接好的管段进行强度和严密性试验。

⑫ 管材、管件从生产到使用之间的存放，黄色管道不宜超过 1 年，黑色管道不宜超过 2 年。超过上述期限时必须重新抽样检验，合格后方可使用。

(2) 聚乙烯管道敷设

① 直径在 90 mm 以上的聚乙烯燃气管材、管件连接可采用热熔对接连接或电熔连接；直径小于 90 mm 的管材及管件宜使用电熔连接。聚乙烯燃气管道和其他材质的管道、阀门、管路附件等连接应采用法兰或钢塑过渡接头连接。

② 对不同级别、不同熔体流动速率的聚乙烯原料制造的管材或管件，不同标准尺寸比(SDR 值)的聚乙烯燃气管道连接时，必须采用电熔连接。施工前应进行试验，判定试验连接质量合格后，方可进行电熔连接。

③ 热熔连接的焊接接头连接完成后，应进行 100%外观检验及 10%翻边切除检验，并应符合国家现行标准 CJJ 63《聚乙烯燃气管道工程技术规程》的要求。

④ 电熔连接的焊接接头连接完成后，应进行外观检查，并应符合国家现行标准 CJJ 63《聚乙烯燃气管道工程技术规程》的要求。

⑤ 电熔鞍形连接完成后，应进行外观检查，并应符合国家现行标准 CJJ 63《聚乙烯燃气管道工程技术规程》的要求。

⑥ 钢塑过渡接头金属端与钢管焊接时，过渡接头金属端应采取降温措施，但不得影响

焊接接头的力学性能。

⑦ 法兰或钢塑过渡连接完成后，其金属部分应按设计要求的防腐等级进行防腐，并检验合格。

⑧ 聚乙烯燃气管道利用柔性自然弯曲改变走向时，其弯曲半径不应小于 25 倍的管材外径。

⑨ 聚乙烯燃气管道敷设时，应在管顶同时随管道走向敷设示踪线，示踪线的接头应有良好的导电性。

⑩ 聚乙烯燃气管道敷设完毕后，应对外壁进行外观检查，不得有影响产品质量的划痕、磕碰等缺陷；检查合格后，方可对管沟进行回填，并做好记录。

⑪ 在旧管道内插入敷设聚乙烯管的施工，应符合国家现行标准 CJJ 63《聚乙烯燃气管道工程技术规程》的要求。

(3) 钢骨架聚乙烯复合管道敷设

① 钢骨架聚乙烯复合管道(以下简称复合管)连接应采用电熔连接或法兰连接。当采用法兰连接时，宜设置检查井。

② 电熔连接所选焊机类型应与安装管道规格相适应。

③ 施工现场断管时，其截面应与管道轴线垂直，截口应进行塑料(与母材相同材料)热封焊。严禁使用未封口的管材。

④ 电熔连接后应进行外观检查，溢出电熔管件边缘的溢料量(轴向尺寸)不得超过表 7.3.4的规定值。

⑤ 电熔连接内部质量应符合国家现行标准 CJ/T 126《燃气用钢骨架聚乙烯塑料复合管件》的规定，可采用在现场抽检试验件的方式检查。试验件的接头应采用与实际施工相同的条件焊接制备。

⑥ 法兰连接应符合下列要求：

a. 法兰密封面、密封件(垫圈、垫片)不得有影响密封性能的划痕、凹坑等缺陷。

b. 管材应在自然状态下连接，严禁强行扭曲组装。

⑦ 钢质套管内径应大于穿越管段上直径最大部位的外径加 50 mm；混凝土套管内径应大于穿越管段上直径最大部位的外径加 100 mm。套管内严禁法兰接口，并尽量减少电熔接口数量。

⑧ 在复合管上安装口径大于 100 mm 的阀门、凝水缸等管路附件时，应设置支撑。

⑨ 复合管可随地形弯曲敷设，其允许弯曲半径应符合表 7.3.9 的规定。

6. 管道附件与设备安装

(1) 一般规定

① 安装前应将管道附件及设备的内部清理干净，不得存有杂物。

② 阀门、凝水缸及补偿器等在正式安装前，应按其产品标准要求单独进行强度和严密性试验，经试验合格的设备、附件应做好标记，并应填写试验记录。

③ 试验使用的压力表必须经校验合格，且在有效期内，量程宜为试验压力的 1.5～2.0 倍，阀门试验用压力表的精度等级不得低于 1.5 级。

④ 每处安装宜一次完成，安装时不得有再次污染已吹扫完毕管道的操作。

⑤ 管道附件、设备应抬入或吊入安装处，不得采用抛、扔、滚的方式。

⑥ 管道附件、设备安装完毕后，应及时对连接部位进行防腐。

⑦ 阀门、补偿器及调压器等设施严禁参与管道的清扫。

⑧ 凝水缸盖和阀门井盖面与路面的高度差应控制在 0 mm～5 mm 范围内。

⑨ 管道附件、设备安装完成后，应与管线一起进行严密性试验。

（2）阀门的安装

① 安装前应检查阀芯的开启度和灵活度，并根据需要对阀体进行清洗、上油。

② 安装有方向性要求的阀门时，阀体上的箭头方向应与燃气流向一致。

③ 法兰或螺纹连接的阀门应在关闭状态下安装，焊接阀门应在打开状态下安装。焊接阀门与管道连接焊缝宜采用氩弧焊打底。

④ 安装时，吊装绳索应拴在阀体上，严禁拴在手轮、阀杆或转动机构上。

⑤ 阀门安装时，与阀门连接的法兰应保持平行，其偏差不应大于法兰外径的 1.5%，且不得大于 2 mm。严禁强力组装，安装过程中应保证受力均匀，阀门下部应根据设计要求设置承重支撑。

⑥ 法兰连接时，应使用同一规格的螺栓，并符合设计要求。紧固螺栓时应对称均匀用力，松紧适度，螺栓紧固后螺栓与螺母宜齐平，但不得低于螺母。

⑦ 在阀门井内安装阀门和补偿器时，阀门应与补偿器先组对好，然后与管道上的法兰组对，将螺栓与组对法兰紧固好后，方可进行管道与法兰的焊接。

⑧ 对直埋的阀门，应按设计要求做好阀体、法兰、紧固件及焊口的防腐。

⑨ 安全阀应垂直安装，在安装前必须经法定检验部门检验并铅封。

（3）凝水缸的安装

① 钢制凝水缸在安装前，应按设计要求对外表面进行防腐。

② 安装完毕后，凝水缸的抽液管应按同管道的防腐等级进行防腐。

③ 凝水缸必须按现场实际情况，安装在所在管段的最低处。

④ 凝水缸盖应安装在凝水缸井的中央位置，出水口阀门的安装位置应合理，并应有足够的操作和检修空间。

（4）补偿器的安装

① 波纹补偿器的安装应符合下列要求：

a. 安装前应按设计规定的补偿量进行预拉伸（压缩），受力应均匀。

b. 补偿器应与管道保持同轴，不得偏斜。安装时不得用补偿器的变形（轴向、径向、扭转等）来调整管位的安装误差。

c. 安装时应设临时约束装置，待管道安装固定后再拆除临时约束装置，并解除限位装置。

② 填料式补偿器的安装应符合下列要求：

a. 应按设计规定的安装长度及温度变化，留有剩余的收缩量，允许偏差应满足产品的安装说明书的要求；

b. 应与管道保持同心，不得歪斜；

c. 导向支座应保证运行时自由伸缩，不得偏离中心；

d. 插管应安装在燃气流入端；

e. 填料石棉绳应涂石墨粉并应逐圈装入，逐圈压紧，各圈接口应相互错开。

（5）绝缘法兰的安装

① 安装前，应对绝缘法兰进行绝缘试验检查，其绝缘电阻不应小于 1 MΩ；当相对湿度大于 60%时，其绝缘电阻不应小于 500 kΩ。

② 两对绝缘法兰的电缆线连接应符合设计要求，并应做好电缆线及接头的防腐，金属部分不得裸露于土中。

③ 绝缘法兰外露时，应有保护措施。

7. 管道穿(跨)越

（1）顶管施工

① 顶管施工宜按现行国家标准 GB 50268《给水排水管道工程施工及验收规范》中的顶管施工的有关规定执行。

② 燃气管道的安装应符合下列要求：

a. 采用钢管时，燃气钢管的焊缝应进行 100%的射线照相检验。

b. 采用 PE 管时，应先做相同人员、工况条件下的焊接试验。

c. 接口宜采用电熔连接；当采用热熔对接时，应切除所有焊口的翻边，并应进行检查。

d. 燃气管道穿入套管前，管道的防腐已验收合格。

e. 在燃气管道穿入过程中，应采取措施防止管体或防腐层损伤。

（2）水下敷设

① 施工前应做好下列工作：

a. 在江(河、湖)水下敷设管道，施工方案及设计文件应报河道管理或水利管理部门审查批准，施工组织设计应征得上述部门同意。

b. 主管部门批准的对江(河、湖)的断流、断航、航管等措施，应预先公告。

c. 工程开工时，应在敷设管道位置的两侧水体各 50 m 距离处设警戒标志。

d. 施工时应严格遵守国家及行业现行的水上水下作业安全操作规程。

② 测量放线应符合下列要求：

a. 管槽开挖前，应测出管道轴线，并在两岸管道轴线上设置固定醒目的岸标。施工时岸上设专人用测量仪器观测，校正管道施工位置，检测沟槽超挖、欠挖情况。

b. 水面管道轴线上宜每隔 50 m 抛设一个浮标标示位置。

c. 两岸应各设置水尺一把，水尺零点标高应经常检测。

③ 沟槽开挖应符合下列要求：

a. 沟槽宽度及边坡坡度应按设计规定执行；当设计无规定时，由施工单位根据水底泥土流动性和挖沟方法在施工组织设计中确定，但最小沟底宽度应大于管道外径 1 m。

b. 当两岸没有泥土堆放场地时，应使用驳船装载泥土运走。在水流较大的江中施工，且没有特别环保要求时，开挖泥土可排至河道中，任水流冲走。

c. 水下沟槽挖好后，应做沟底标高测量。宜按 3 m 间距测量，当标高符合设计要求后即可下管。若挖深不够应补挖；若超挖应采用砂或小块卵石补到设计标高。

④ 管道组装应符合下列要求：

a. 在岸上将管道组装成管段，管段长度宜控制在 50 m～80 m；

b. 组装完成后，焊缝质量应符合本规范第 5.2 节的要求，并应按本规范第 12 章进行试验，合格后按设计要求加焊加强钢箍套；

c. 焊口应进行防腐补口，并应进行质量检查。

⑤ 组装后的管段应采用下水滑道牵引下水，置于浮箱平台，并调整至管道设计轴线水面上，将管段组装成整管。焊口应进行射线照相探伤和防腐补口，并应在管道下沟前对整条管道的防腐层做电火花绝缘检查。

⑥ 沉管与稳管应符合下列要求：

a. 沉管时，应谨慎操作牵引起重设备，松缆与起吊均应逐点分步分别进行；各定位船舶必须执行统一指令。应在管道各吊点的位置与管槽设计轴线一致时，管道方可下沉入沟槽内。

b. 管道入槽后，应由潜水员下水检查、调平。

c. 稳管措施应按设计要求执行。当使用平衡重块时，重块与钢管之间应加橡胶隔垫；当采用复壁管时，应在管线过江（河、湖）后，再向复壁管环形空间灌水泥浆。

⑦ 应对管道进行整体吹扫和试验，并应符合本规范第 12 章的要求。

⑧ 管道试验合格后即采用砂卵石回填。回填时先填管道拐弯处使之固定，然后再均匀回填沟槽。

(3) 定向钻施工（略）。

(4) 跨越施工（略）。

8. 室外架空燃气管道的施工

(1) 管道支、吊架的安装

① 管道支、吊架安装前应进行标高和坡降测量并放线，固定后的支、吊架位置应正确，安装应平整、牢固，与管道接触良好。

② 固定支架应按设计规定安装，安装补偿器时，应在补偿器预拉伸（压缩）之后固定。

③ 导向支架或滑动支架的滑动面应洁净平整，不得有歪斜和卡涩现象。其安装位置应从支承面中心向位移反方向偏移，偏移量应为设计计算位移值的 1/2 或按设计规定。

④ 焊接应由有上岗证的焊工施焊，并不得有漏焊、欠焊或焊接裂纹等缺陷。管道与支架焊接时，焊工资格应符合本规范第 1.0.4 条的规定，且管道表面不得有咬边、气孔等缺陷。

(2) 管道的防腐

① 涂料应有制造厂的质量合格文件。涂漆前应清除被涂表面的铁锈、焊渣、毛刺、油、水等污物。

② 涂料的种类、涂敷次序、层数、各层的表面要求及施工的环境温度应按设计和所选涂料的产品规定进行。

③ 在涂敷施工时，应有相应的防火、防雨（雪）及防尘措施。

④ 涂层质量应符合下列要求：

a. 涂层应均匀，颜色应一致；

b. 漆膜应附着牢固，不得有剥落、皱纹、针孔等缺陷；

c. 涂层应完整,不得有损坏、流淌。

(3) 管道安装

① 管道安装前应已除锈并涂完底漆。

② 管道的焊接应按本规范第 5.2 节的要求执行。

③ 焊缝距支、吊架净距不应小于 50 mm。

④ 管件、设备的安装应按本规范第 8 章执行。

⑤ 吹扫与压力试验应按本规范第 12 章的要求执行。

⑥ 吹扫、压力试验完成后,应补刷底漆并完成管道设备的防腐。

9. 燃气场站

(1) 一般规定

① 燃气场站施工前必须做出详尽的施工方案,并经有关部门审查通过后方可进行施工。

② 燃气场站使用的压力容器必须符合国家有关规定,产品应有齐全的质量证明文件和产品监督检验证书(或安全性能检验证书)方可进行安装。

③ 压力容器的安装应符合国家有关规定。安全阀、检测仪表应按有关规定单独进行检定。阀门等设备、附件压力级别应符合设计要求。

④ 站内工艺管道的施工及验收应按国家现行标准 SY 0402《石油天然气站内工艺管道工程施工及验收规范》执行,并应符合本规范第 10 章的规定。

⑤ 场站内的燃气管道安装完毕后必须进行吹扫和压力试验,并应符合下列规定:

a. 场站内管道的吹扫和强度试验应符合本规范第 12 章的规定。

b. 埋地管道的严密性试验应符合本规范第 12 章的规定。

c. 地上管道进行严密性试验时,试验压力应为设计压力,且不得小于 0.3 MPa;试验时压力应缓慢上升到规定值,采用发泡剂进行检查,无渗漏为合格。其他要求应符合本规范第 12.4 节的规定。

(2) 调压站

① 调压器、安全阀、过滤器、计量、检测仪表及其他设备,安装前应进行检查。

② 调压站内管道安装应符合下列要求:

a. 焊缝、法兰和螺纹等接口,均不得嵌入墙壁和基础中。管道穿墙或穿基础时,应设置在套管内。焊缝与套管一端的间距不应小于 100 mm。

b. 干燃气的站内管道应横平竖直;湿燃气的进出口管道应分别坡向室外,仪器仪表接管应坡向干管。

c. 调压器的进出口箭头指示方向应与燃气流动方向一致。

d. 调压器前后的直管段长度应按设计或制造厂技术要求施工。

③ 调压器、安全阀、过滤器、仪表等设备的安装应在进出口管道吹扫、试压合格后进行,并应牢固平正,严禁强力连接。

(3) 液化石油气气化站、混气站

① 设备及管道安装应符合下列要求:

a. 储罐和气化器等大型设备安装前,应对其混凝土基础的质量进行验收,合格后方可进行。

b. 室内管道安装应在室内墙面喷浆和打混凝土地面以前进行。

c. 与储罐连接的第一对法兰、垫片和紧固件应符合有关规定。其余法兰垫片可采用高压耐油橡胶石棉垫密封。

d. 管道及管道与设备之间的连接应采用焊接或法兰连接。焊接宜采用氩弧焊打底，分层施焊；焊接、法兰连接应符合本规范第 5.2 节和第 5.3 节的规定。

e. 管道安装时，坡度及方向应符合设计要求。

f. 管道及设备的焊接质量应符合下列要求：

——所有焊缝应进行外观检查；管道对接焊缝内部质量应采用射线照相探伤，抽检个数为对接焊缝总数的 25%，并应符合国家现行标准 JB 4730《压力容器无损检测》中的Ⅱ级质量要求；

——管道与设备、阀门、仪表等连接的角焊缝应进行磁粉或液体渗透检验，抽检个数应为角焊缝总数的 50%，并应符合国家现行标准 JB 4730《压力容器无损检测》中的Ⅱ级质量要求。

② 试验及验收应符合下列要求：

a. 储罐的水压试验压力应为设计压力的 1.25 倍，安全阀、液位计不应参与试验。试验时压力缓慢上升，达到规定压力后保持半小时，无泄漏、无可见变形、无异常声响为合格。

b. 储罐水压试验合格后，装上安全阀、液位计进行严密性试验。

10. 试验与验收

(1) 一般规定

① 管道安装完毕后应依次进行管道吹扫、强度试验和严密性试验。

② 燃气管道穿(跨)越大中型河流、铁路、二级以上公路、高速公路时，应单独进行试压。

③ 管道吹扫、强度试验及中高压管道严密性试验前应编制施工方案，制定安全措施，确保施工人员及附近民众与设施的安全。

④ 试验时应设巡视人员，无关人员不得进入。在试验的连续升压过程中和强度试验的稳压结束前，所有人员不得靠近试验区。

⑤ 管道上的所有堵头必须加固牢靠，试验时堵头端严禁人员靠近。

⑥ 吹扫和待试验管道应与无关系统采取隔离措施，与已运行的燃气系统之间必须加装盲板且有明显标志。

⑦ 试验前应按设计图检查管道的所有阀门，试验段必须全部开启。

⑧ 在对聚乙烯管道或钢骨架聚乙烯复合管道吹扫及试验时，进气口应采取油水分离及冷却等措施，确保管道进气口气体干燥，且其温度不得高于 40 ℃；排气口应采取防静电措施。

⑨ 试验时所发现的缺陷，必须待试验压力降至大气压后进行处理，处理合格后应重新试验。

(2) 管道吹扫

① 管道吹扫应按下列要求选择气体吹扫或清管球清扫：

a. 球墨铸铁管道、聚乙烯管道、钢骨架聚乙烯复合管道和公称直径小于 100 mm 或长度小于 100 m 的钢质管道，可采用气体吹扫。

b. 公称直径大于或等于 100 mm 的钢质管道，宜采用清管球进行清扫。

② 管道吹扫应符合下列要求：

a. 吹扫范围内的管道安装工程除补口、涂漆外，已按设计图纸全部完成。

b. 管道安装检验合格后，应由施工单位负责组织吹扫工作，并应在吹扫前编制吹扫方案。

c. 应按主管、支管、庭院管的顺序进行吹扫，吹扫出的脏物不得进入已合格的管道。

d. 吹扫管段内的调压器、阀门、孔板、过滤网、燃气表等设备不应参与吹扫，待吹扫合格后再安装复位。

e. 吹扫口应设在开阔地段并加固，吹扫时应设安全区域，吹扫出口前严禁站人。

f. 吹扫压力不得大于管道的设计压力，且不应大于 0.3 MPa。

g. 吹扫介质宜采用压缩空气，严禁采用氧气和可燃性气体。

h. 吹扫合格设备复位后，不得再进行影响管内清洁的其他作业。

③ 气体吹扫应符合下列要求：

a. 吹扫气体流速不宜小于 20 m/s。

b. 吹扫口与地面的夹角应在 30°～45°之间，吹扫口管段与被吹扫管段必须采取平缓过渡对焊，吹扫口直径应符合表 12.2.3 的规定。

c. 每次吹扫管道的长度不宜超过 500 m；当管道长度超过 500 m 时，宜分段吹扫。

d. 当管道长度在 200 m 以上，且无其他管段或储气容器可利用时，应在适当部位安装吹扫阀，采取分段储气，轮换吹扫；当管道长度不足 200 m，可采用管道自身储气放散的方式吹扫，打压点与放散点应分别设在管道的两端。

e. 当目测排气无烟尘时，应在排气口设置白布或涂白漆木靶板检验，5min 内靶上无铁锈、尘土等其他杂物为合格。

(3) 强度试验

① 强度试验前应具备下列条件：

a. 试验用的压力计及温度记录仪应在校验有效期内。

b. 试验方案已经批准，有可靠的通信系统和安全保障措施，已进行了技术交底。

c. 管道焊接检验、清扫合格。

d. 埋地管道回填土宜回填至管上方 0.5m 以上，并留出焊接口。

② 管道应分段进行压力试验，试验管道分段最大长度宜按表 3.3.3 执行。

表 3.3.3　管道试压分段最大长度

设计压力 PN/MPa	试验管段最大长度/m
PN≤0.4	1 000
0.4<PN≤1.6	5 000
1.6<PN≤4.0	10 000

③ 管道试验用压力计及温度记录仪表均不应少于两块，并应分别安装在试验管道的两端。

④ 试验用压力计的量程应为试验压力的 1.5～2 倍，其精度不得低于 1.5 级。

⑤ 强度试验压力和介质应符合表 3.3.4 的规定。

表 3.3.4 强度试验压力和介质

管道类型	设计压力 PN/MPa	试验介质	试验压力/MPa
钢管	PN>0.8	清洁水	1.5 PN
	PN≤0.8	压缩空气	1.5PN 且≥0.4
球墨铸铁管	PN		1.5PN 且≥0.4
钢骨架聚乙烯复合管	PN		1.5PN 且≥0.4
聚乙烯管	PN(SDR11)		1.5PN 且≥0.4
	PN(SDR17.6)		1.5PN 且≥0.2

⑥ 水压试验时，试验管段任何位置的管道环向应力不得大于管材标准屈服强度的90%。架空管道采用水压试验前，应核算管道及其支撑结构的强度，必要时应临时加固。试压宜在环境温度 5 ℃以上进行，否则应采取防冻措施。

⑦ 水压试验应符合现行国家标准 GB/T 16805《液体石油管道压力试验》的有关规定。

⑧ 进行强度试验时，压力应逐步缓升，首先升至试验压力的 50%，应进行初检，如无泄漏、异常，继续升压至试验压力，然后宜稳压 1 h 后，观察压力计不应少于 30 min，无压力降为合格。

⑨ 水压试验合格后，应及时将管道中的水放(抽)净，并按本规范第 12.2 节的要求进行吹扫。

⑩ 经分段试压合格的管段相互连接的焊缝，经射线照相检验合格后，可不再进行强度试验。

(4) 严密性试验

① 严密性试验应在强度试验合格、管线全线回填后进行。

② 试验用的压力计应在校验有效期内，其量程应为试验压力的 1.5～2 倍，其精度等级、最小分格值及表盘直径应满足表 12.4.2 的要求。

③ 严密性试验介质宜采用空气，试验压力应满足下列要求：

a. 设计压力小于 5 kPa 时，试验压力应为 20 kPa。

b. 设计压力大于或等于 5 kPa 时，试验压力应为设计压力的 1.15 倍，且不得小于0.1 MPa。

④ 试压时的升压速度不宜过快。对设计压力大于 0.8 MPa 的管道试压，压力缓慢上升至 30%和 60%试验压力时，应分别停止升压，稳压 30 min，并检查系统有无异常情况，如无异常情况继续升压。管内压力升至严密性试验压力后，待温度、压力稳定后开始记录。

⑤ 严密性试验稳压的持续时间应为 24 h，每小时记录不应少于 1 次，当修正压力降小于 133 Pa 为合格。修正压力降应按下式确定(略)。

⑥ 所有未参加严密性试验的设备、仪表、管件，应在严密性试验合格后进行复位，然后按设计压力对系统升压，应采用发泡剂检查设备、仪表、管件及其与管道的连接处，不漏为合格。

（5）工程竣工验收

① 工程竣工验收应以批准的设计文件、国家现行有关标准、施工承包合同、工程施工许可文件和本规范为依据。

② 工程竣工验收的基本条件应符合下列要求：

a. 完成工程设计和合同约定的各项内容。

b. 施工单位在工程完工后对工程质量自检合格，并提出《工程竣工报告》。

c. 工程资料齐全。

d. 有施工单位签署的工程质量保修书。

e. 监理单位对施工单位的工程质量自检结果予以确认并提出《工程质量评估报告》。

f. 工程施工中，工程质量检验合格，检验记录完整。

③ 竣工资料的收集、整理工作应与工程建设过程同步，工程完工后应及时做好整理和移交工作。整体工程竣工资料宜包括下列内容：

a. 工程依据文件：

——工程项目建议书、申请报告及审批文件、批准的设计任务书、初步设计、技术设计文件、施工图和其他建设文件；

——工程项目建设合同文件、招投标文件、设计变更通知单、工程量清单等；

——建设工程规划许可证、施工许可证、质量监督注册文件、报建审核书、报建图、竣工测量验收合格证、工程质量评估报告。

b. 交工技术文件：

——施工资质证书；

——图纸会审记录、技术交底记录、工程变更单(图)、施工组织设计等；

——开工报告、工程竣工报告、工程保修书等；

——重大质量事故分析、处理报告；

——材料、设备、仪表等的出厂的合格证明，材质书或检验报告；

——施工记录：隐蔽工程记录、焊接记录、管道吹扫记录、强度和严密性试验记录、阀门试验记录、电气仪表工程的安装调试记录等；

——竣工图纸：竣工图应反映隐蔽工程、实际安装定位、设计中未包含的项目、燃气管道与其他市政设施特殊处理的位置等。

c. 检验合格记录：

——测量记录；

——隐蔽工程验收记录；

——沟槽及回填合格记录；

——防腐绝缘合格记录；

——焊接外观检查记录和无损探伤检查记录；

——管道吹扫合格记录；

——强度和严密性试验合格记录；

——设备安装合格记录；

——储配与调压各项工程的程序验收及整体验收合格记录；

——电气、仪表安装测试合格记录；

——在施工中受检的其他合格记录。

④ 工程竣工验收应由建设单位主持，可按下列程序进行：

a. 工程完工后，施工单位按本规范第 12.5.2 条的要求完成验收准备工作后，向监理部门提出验收申请。

b. 监理部门对施工单位提交的《工程竣工报告》、竣工资料及其他材料进行初审，合格后提出《工程质量评估报告》，并向建设单位提出验收申请。

c. 建设单位组织勘察、设计、监理、及施工单位对工程进行验收。

d. 验收合格后，各部门签署验收纪要。建设单位及时将竣工资料、文件归档，然后办理工程移交手续。

e. 验收不合格应提出书面意见和整改内容，签发整改通知，限期完成。整改完成后重新验收。整改书面意见、整改内容和整改通知编入竣工资料文件中。

⑤ 工程验收应符合下列要求：

a. 审阅验收材料内容，应完整、准确、有效。

b. 按照设计、竣工图纸对工程进行现场检查。竣工图应真实、准确，路面标志符合要求。

c. 工程量符合合同的规定。

d. 设施和设备的安装符合设计的要求，无明显的外观质量缺陷，操作可靠，保养完善。

e. 对工程质量有争议、投诉和检验多次才合格的项目，应重点验收，必要时可开挖检验、复查。

四、GB 50028—2006《城镇燃气设计规范》相关内容

1. 总则

（1）本规范适用于向城市、乡镇或居民点供给居民生活、商业、工业企业生产、采暖通风和空调等各类用户作燃料用的新建、扩建或改建的城镇燃气工程设计。

注 1：本规范不适用于城镇燃气门站以前的长距离输气管道工程。

注 2：本规范不适用于工业企业自建供生产工艺用且燃气质量不符合本规范质量要求的燃气工程设计，但自建供生产工艺用且燃气质量符合本规范要求的燃气工程设计，可按本规范执行。工业企业内部自供燃气给居民使用时，供居民使用的燃气质量和工程设计应按本规范执行。

注 3：本规范不适用于海洋和内河轮船、铁路车辆、汽车等运输工具上的燃气装置设计。

（2）城镇燃气工程设计，除应遵守本规范外，尚应符合国家现行的有关标准的规定。

2. 术语

（1）城镇燃气。从城市、乡镇或居民点中的地区性气源点，通过输配系统供给居民生活、商业、工业企业生产、采暖通风和空调等各类用户公用性质的，且符合本规范燃气质量要求的可燃气体。城镇燃气一般包括天然气、液化石油气和人工煤气。

（2）人工煤气。以固体、液体或气体（包括煤、重油、轻油、液体石油气、天然气等）为原料经转化制得的，且符合现行国家标准 GB 13612《人工煤气》质量要求的可燃气体。人工煤气又简称为煤气。

(3) 居民生活用气。用于居民家庭炊事及制备热水等的燃气。

(4) 商业用气。用于商业用户(含公共建筑用户)生产和生活的燃气。

(5) 基准气。代表某种燃气的标准气体。

(6) 加臭剂。一种具有强烈气味的有机化合物或混合物。当以很低的浓度加入燃气中,使燃气有一种特殊的、令人不愉快的警示性臭味,以便泄漏的燃气在达到其爆炸下限20%或达到对人体允许的有害浓度时,即被察觉。

(7) 调峰气。为了平衡用气量高峰,供作调峰手段使用的辅助性气源和储气。

(8) 调压装置。将较高燃气压力降至所需的较低压力调压单元总称。包括调压器及其附属设备。

(9) 调压站。将调压装置放置于专用的调压建筑物或构筑物中,承担用气压力的调节。包括调压装置及调压室的建筑物或构筑物等。

(10) 调压箱(调压柜)。将调压装置放置于专用箱体,设于用气建筑物附近,承担用气压力的调节。包括调压装置和箱体。悬挂式和地下式箱称为调压箱,落地式箱称为调压柜。

(11) 压缩天然气(CNG)。指压缩到压力大于或等于 10 MPa 且不大于 25 MPa 的气态天然气。

(12) 液化天然气(LNG)。液化状况下的无色流体,其主要组分为甲烷。

(13) 液化天然气气化站。具有将槽车或槽船运输的液化天然气进行卸气、储存、气化、调压、计量和加臭,并送入城镇燃气输配管道功能的站场。又称为液化天然气卫星站。

(14) 压缩天然气储配站。具有将槽车、槽船运输的压缩天然气进行卸气、加热、调压、储存、计量、加臭,并送入城镇燃气输配管道功能的站场。

(15) 压缩天然气瓶组供应站。采用压缩天然气气瓶组作为储气设施,具有将压缩天然气卸气、调压、计量和加臭,并送入城镇燃气输配管道功能的设施。

(16) 液化石油气供应基地(LPG)。城镇液化石油气储存站、储配站和灌装站的统称。

(17) 液化石油气储存站。储存液化石油气,并将其输送给灌装站、气化站和混气站的液化石油气储存站场。

(18) 液化石油气储配站。兼有液化石油气储存站和灌装站两者全部功能的站场。

(19) 液化石油气气化站。配置储存和气化装置,将液态液化石油气转换为气态液化石油气,并向用户供气的生产设施。

(20) 液化石油气混气站。配置储存、气化和混气装置,将液态液化石油气转换为气态液化石油气后,与空气或其他可燃气体按一定比例混合配制成混合气,并向用户供气的生产设施。

(21) 瓶组气化站。配置 2 个以上 15 kg、2 个或 2 个以上 50 kg 气瓶,采用自然或强制气化方式将液态液化石油气转换为气态液化石油气后,向用户供气的生产设施。

3. 燃气输配系统

(1) 一般规定

① 本章适用于压力不大于 4.0 MPa(表压)的城镇燃气(不包括液态燃气)室外输配工程的设计。

② 城镇燃气输配系统一般由门站、燃气管网、储气设施、调压设施、管理设施、监控系统

等组成。城镇燃气输配系统设计，应符合城镇燃气总体规划。在可行性研究的基础上，做到远、近期结合，以近期为主，并经技术经济比较后确定合理的方案。

③ 城镇燃气输配系统压力级制的选择，以及门站、储配站、调压站、燃气干管的布置，应根据燃气供应来源、用户的用气量及其分布、地形地貌、管材设备供应条件、施工和运行等因素，经过多方案比较，择优选取技术经济合理、安全可靠的方案。

城镇燃气干管的布置，应根据用户用量及其分布，全面规划，并宜按逐步形成环状管网供气进行设计。

④ 城镇燃气管道的设计压力(p)分为7级，并应符合表3.3.5的要求。

表3.3.5　城镇燃气管道设计压力(表压)分级

名　称		压　力/MPa
高压燃气管道	A	$2.5<p\leqslant4.0$
	B	$1.6<p\leqslant2.5$
次高压燃气管道	A	$0.8<p\leqslant1.6$
	B	$0.4<p\leqslant0.8$
中压燃气管道	A	$0.2<p\leqslant0.4$
	B	$0.01\leqslant p\leqslant0.2$
低压燃气管道		$p<0.01$

⑤ 燃气输配系统各种压力级别的燃气管道之间应通过调压装置相连。当有可能超过最大允许工作压力时，应设置防止管道超压的安全保护设备。

(2) 压力不大于1.6 MPa的室外燃气管道

① 中压和低压燃气管道宜采用聚乙烯管、机械接口球墨铸铁管、钢管或钢骨架聚乙烯塑料复合管，并应符合下列要求：

a. 聚乙烯燃气管道应符合现行的国家标准GB 15558.1《燃气用埋地聚乙烯(PE)管道系统　第1部分：管材》和GB 15558.2《燃气用埋地聚乙烯(PE)管道系统　第2部分：管件》的规定；

b. 机械接口球墨铸铁管道应符合现行的国家标准GB/T 13295《水及燃气管道用球墨铸铁管、管件和附件》的规定；

c. 钢管采用焊接钢管、镀锌钢管或无缝钢管时，应分别符合现行的国家标准GB/T 3091《低压流体输送用焊接钢管》、GB/T 8163《输送流体用无缝钢管》的规定；

d. 钢骨架聚乙烯塑料复合管道应符合国家现行标准CJ/T 125《燃气用钢骨架聚乙烯塑料复合管》和CJ/T 126《燃气用钢骨架聚乙烯塑料复合管件》的规定。

② 次高压燃气管道应采用钢管。其管材和附件应符合本规范第6.4.4条的要求。地下次高压B燃气管道也可采用钢号Q235B焊接钢管，并应符合现行国家标准GB/T 3091《低压流体输送用焊接钢管》的规定。

次高压钢质燃气管道直管段计算壁厚应按式(6.4.6)计算确定。最小公称壁厚不应小于表6.3.2的规定。

③ 地下燃气管道不得从建筑物和大型构筑物(不包括架空的建筑物和大型构筑物)的下面穿越。

地下燃气管道与建筑物、构筑物或相邻管道之间的水平和垂直净距(略)。

④ 地下燃气管道埋设的最小覆土厚度(路面至管顶)应符合下列要求:

a. 埋设在机动车道下时,不得小于 0.9 m;

b. 埋设在非机动车车道(含人行道)下时,不得小于 0.6 m;

c. 埋设在机动车不可能到达的地方时,不得小于 0.3 m;

d. 埋设在水田下时,不得小于 0.8 m。

注:当不能满足上述规定时,应采取有效的安全防护措施。

⑤ 输送湿燃气的燃气管道,应埋设在土壤冰冻线以下。燃气管道坡向凝水缸的坡度不宜小于 0.003。

⑥ 地下燃气管道不得在堆积易燃、易爆材料和具有腐蚀性液体的场地下面穿越,并不宜与其他管道或电缆同沟敷设。当需要同沟敷设时,必须采取有效的安全防护措施。

⑦ 地下燃气管道从排水管(沟)、热力管沟、隧道及其他各种用途沟槽内穿过时,应将燃气管道敷设于套管内。套管伸出构筑物外壁不应小于表 6.3.3-1 中燃气管道与该构筑物的水平净距。套管两端应采用柔性的防腐、防水材料密封。

⑧ 燃气管道穿越铁路、高速公路、电车轨道或城镇主要干道时应符合下列要求:

a. 穿越铁路或高速公路的燃气管道,应加套管。

注:当燃气管道采用定向钻穿越并取得铁路或高速公路部门同意时,可不加套管。

b. 穿越铁路的燃气管道的套管,应符合下列要求:

——套管埋设的深度:铁路轨底至套管顶不应小于 1.20 m,并应符合铁路管理部门的要求;

——套管宜采用钢管或钢筋混凝土管;

——套管内径应比燃气管道外径大 100 mm 以上;

——套管两端与燃气管的间隙应采用柔性的防腐、防水材料密封,其一端应装设检漏管;

——套管端部距路堤坡脚外的距离不应小于 2.0 m。

c. 燃气管道穿越电车轨道或城镇主要干道时宜敷设在套管或管沟内;穿越高速公路的燃气管道的套管、穿越电车轨道或城镇主要干道的燃气管道的套管或管沟,应符合下列要求:

——套管内径应比燃气管道外径大 100 mm 以上,套管或管沟两端应密封,在重要地段的套管或管沟端部宜安装检漏管;

——套管或管沟端部距电车道边轨不应小于 2.0 m;距道路边缘不应小于 1.0 m。

——燃气管道宜垂直穿越铁路、高速公路、电车轨道或城镇主要干道。

⑨ 燃气管道通过河流时,可采用穿越河底或采用管桥跨越的形式。当条件许可时,可利用道路桥梁跨越河流,并应符合下列要求:

a. 随桥梁跨越河流的燃气管道,其管道的输送压力不应大于 0.4 MPa。

b. 当燃气管道随桥梁敷设或采用管桥跨越河流时,必须采取安全防护措施。

c. 燃气管道随桥梁敷设，宜采取下列安全防护措施：

——敷设于桥梁上的燃气管道应采用加厚的无缝钢管或焊接钢管，尽量减少焊缝，对焊缝进行100%无损探伤；

——跨越通航河流的燃气管道管底标高，应符合通航净空的要求，管架外侧应设置护桩；

——在确定管道位置时，与随桥敷设的其他管道的间距应符合现行国家标准GB 6222《工业企业煤气安全规程》支架敷管的有关规定；

——管道应设置必要的补偿和减振措施；

——对管道应做较高等级的防腐保护；

——对于采用阴极保护的埋地钢管与随桥管道之间应设置绝缘装置；

——跨越河流的燃气管道的支座（架）应采用不燃烧材料制作。

⑩ 燃气管道穿越河底时，应符合下列要求：

a. 燃气管道宜采用钢管。

b. 燃气管道至河床的覆土厚度，应根据水流冲刷条件及规划河床确定。对不通航河流不应小于0.5 m；对通航的河流不应小于1.0 m，还应考虑疏浚和投锚深度。

c. 稳管措施应根据计算确定。

d. 在埋设燃气管道位置的河流两岸上、下游应设立标志。

⑪ 穿越或跨越重要河流的燃气管道，在河流两岸均应设置阀门。

⑫ 在次高压、中压燃气干管上，应设置分段阀门，并应在阀门两侧设置放散管。在燃气支管的起点处，应设置阀门。

⑬ 地下燃气管道上的检测管、凝水缸的排水管、水封阀和阀门，均应设置护罩或护井。

⑭ 室外架空的燃气管道，可沿建筑物外墙或支柱敷设，并应符合下列要求：

a. 中压和低压燃气管道，可沿建筑耐火等级不低于二级的住宅或公共建筑的外墙敷设；次高压B、中压和低压燃气管道，可沿建筑耐火等级不低于二级的丁、戊类生产厂房的外墙敷设。

b. 沿建筑物外墙的燃气管道距住宅或公共建筑物中不应敷设燃气管道的房间门、窗洞口的净距：中压管道不应小于0.5 m，低压管道不应小丁0.3 m。燃气管道距生产厂房建筑物门、窗洞口的净距不限。

c. 架空燃气管道与铁路、道路、其他管线交叉时的垂直净距不应小于表6.3.15的规定。

(3) 压力大于1.6 MPa的室外燃气管道

① 本节适用于压力大于1.6MPa（表压）但不大于4.0 MPa（表压）的城镇燃气（不包括液态燃气）室外管道工程的设计。

② 城镇燃气管道通过的地区，应按沿线建筑物的密集程度划分为四个管道地区等级，并依据管道地区等级作出相应的管道设计。

③ 城镇燃气管道地区等级的划分应符合下列规定（略）。

④ 高压燃气管道采用的钢管和管道附件材料应符合下列要求：

a. 燃气管道所用钢管、管道附件材料的选择，应根据管道的使用条件（设计压力、温度、介质特性、使用地区等）、材料的焊接性能等因素，经技术经济比较后确定。

b. 燃气管道选用的钢管，应符合现行国家标准 GB/T 9711.1《石油天然气工业　输送钢管交货技术条件　第 1 部分：A 级钢管》（L175 级钢管除外）、GB/T 9711.2《石油天然气工业　输送钢管交货技术条件　第 2 部分：B 级钢管》和 GB/T 8163《输送流体用无缝钢管》的规定，或符合不低于上述三项标准相应技术要求的其他钢管标准。三级和四级地区高压燃气管道材料钢级不应低于 L245。

c. 燃气管道所采用的钢管和管道附件应根据选用的材料、管径、壁厚、介质特性、使用温度及施工环境温度等因素，对材料提出冲击试验和（或）落锤撕裂试验要求。

d. 当管道附件与管道采用焊接连接时，两者材质应相同或接近。

e. 管道附件中所用的锻件，应符合国家现行标准 JB 4726《压力容器用碳素钢和低合金钢锻件》、JB 4727《低温压力容器用低合金钢锻件》的有关规定。

f. 管道附件不得采用螺旋焊缝钢管制作，严禁采用铸铁制作。

⑤ 燃气管道强度设计应根据管段所处地区等级和运行条件，按可能同时出现的永久荷载和可变荷载的组合进行设计。当管道位于地震设防烈度 7 度及 7 度以上地区时，应考虑管道所承受的地震荷载。

⑥ 钢质燃气管道直管段计算壁厚应按式（6.4.6）计算，计算所得到的厚度应按钢管标准规格向上选取钢管的公称壁厚。最小公称壁厚不应小于表 6.3.2 的规定。

⑦ 燃气管道附件的设计和选用应符合下列规定（略）。

⑧ 燃气管道阀门的设置应符合下列要求：

a. 在高压燃气干管上，应设置分段阀门；分段阀门的最大间距：以四级地区为主的管段不应大于 8 km；以三级地区为主的管段不应大于 13 km；以二级地区为主的管段不应大于 24 km；以一级地区为主的管段不应大于 32 km。

b. 在高压燃气支管的起点处，应设置阀门。

c. 燃气管道阀门的选用应符合国家现行有关标准，并应选择适用于燃气介质的阀门。

d. 在防火区内关键部位使用的阀门，应具有耐火性能。需要通过清管器或电子检管器的阀门，应选用全通径阀门。

⑨ 高压燃气管道及管件设计应考虑日后清管或电子检管的需要，并宜预留安装电子检管器收发装置的位置。

⑩ 市区外地下高压燃气管道沿线应设置里程桩、转角桩、交叉和警示牌等永久性标志。

市区内地下高压燃气管道应设立管位警示标志。在距管顶不小于 500 mm 处应埋设警示带。

（4）钢质燃气管道和储罐的防腐

① 钢质燃气管道和储罐必须进行外防腐。其防腐设计应符合国家现行标准《城镇燃气埋地钢质管道腐蚀控制技术规程》和《钢质管道及储罐腐蚀控制工程设计规范》的有关规定。

② 地下燃气管道防腐设计，必须考虑土壤电阻率。对高、中压输气干管宜沿燃气管道途经地段选点测定其土壤电阻率。应根据土壤的腐蚀性、管道的重要程度及所经地段的地质、环境条件确定其防腐等级。

③ 地下燃气管道的外防腐涂层的种类，根据工程的具体情况，可选用石油沥青、聚乙烯

防腐胶带、环氧煤沥青、聚乙烯防腐层、氯磺化聚乙烯、环氧粉末等喷涂。当选用上述涂层时，应符合国家现行有关标准的规定。

④ 采用涂层保护埋地敷设的钢质燃气干管宜同时采用阴极保护。市区外埋地敷设的燃气干管，当采用阴极保护时，宜采用强制电流方式，并应符合国家现行标准 SY/T 0036《埋地钢质管道强制电流阴极保护设计规范》的有关规定。

市区内埋地敷设的燃气干管，当采用阴极保护时，宜采用牺牲阳极法，并应符合国家现行标准 SY/T 0019《埋地钢质管道牺牲阳极阴极保护设计规范》的有关规定。

4. 液化石油气供应

（1）一般规定

① 本章适用于下列液化石油气供应工程设计：

a. 液态液化石油气运输工程；

b. 液化石油气供应基地（包括储存站、储配站和灌装站）；

c. 液化石油气气化站、混气站、瓶组气化站；

d. 瓶装液化石油气供应站；

e. 液化石油气用户。

② 本章不适用于下列液化石油气工程和装置设计：

a. 炼油厂、石油化工厂、油气田、天然气气体处理装置的液化石油气加工、储存、灌装和运输工程；

b. 液化石油气全冷冻式储存、灌装和运输工程（液化石油气供应基地的全冷冻式储罐与基地外建、构筑物的防火间距除外）；

c. 海洋和内河的液化石油气运输；

d. 轮船、铁路车辆和汽车上使用的液化石油气装置。

（2）液态液化石油气运输

① 液态液化石油气由生产厂或供应基地至接收站可采用管道、铁路槽车、汽车槽车或槽船运输。运输方式的选择应经技术经济比较后确定。条件接近时，宜优先采用管道输送。

② 液态液化石油气输送管道应按设计压力（p）分为 3 级，并应符合表 3.3.6 的规定。

表 3.3.6 液态液化石油气输送管道应按设计压力

管道级别	设计压力/MPa
Ⅰ级	$p>4.0$
Ⅱ级	$1.6<p\leqslant 4.0$
Ⅲ级	$p\leqslant 1.6$

③ 输送液态液化石油气管道的设计压力应高于管道系统起点的最高工作压力。管道系统起点最高工作压力可按下式计算（略）。

④ 液态液化石油气输送管线不得穿越居住区、村镇和公共建筑群等人员集聚的地区。

⑤ 液态液化石油气管道宜采用埋地敷设，其埋设深度应在土壤冰冻线以下，且应符合本规范第 6.3.4 条的有关规定。

⑥ 在下列地点液态液化石油气输送管道应设置阀门：

a. 起、终点和分支点；

b. 穿越铁路国家线、高速公路、Ⅰ级或Ⅱ级公路、城市快速路和大型河流两侧；

c. 管道沿线每隔约 5 000 m 处。

注：管道分段阀门之间应设置放散阀，其放散管管口距地面不应小于 2.5 m。

⑦ 液态液化石油气管道上的阀门不宜设置在地下阀门井内。如确需设置，井内应填满干砂。

⑧ 液态液化石油气输送管道采用地上敷设时，除应符合本节管道埋地敷设的有关规定外，尚应采取有效的安全措施。地上管道两端应设置阀门。两阀门之间应设置管道安全阀，其放散管管口距地面不应小于 2.5 m。

⑨ 地下液态液化石油气管道的防腐应符合本规范第 6.7 节的有关规定。

⑩ 液态液化石油气输送管线沿途应设置里程桩、转角桩、交叉桩和警示牌等永久性标志。

(3) 管道及附件、储罐、容器和检测仪表

① 液态液化石油气管道和设计压力大于 0.4 MPa 的气态液化石油气管道应采用钢号 10、20 的无缝钢管，并应符合现行国家标准 GB/T 8163《输送流体用无缝钢管》的规定，或符合不低于上述标准相应技术要求的其他钢管标准的规定。

设计压力不大于 0.4 MPa 的气态液化石油气、气态液化石油气与其他气体的混合气管道可采用钢号 Q235B 的焊接钢管，并应符合现行国家标准 GB/T 3091《低压流体输送用焊接钢管》的规定。

② 液化石油气站内管道宜采用焊接连接。管道与储罐、容器、设备及阀门可采用法兰或螺纹连接。

③ 液态液化石油气输送管道和站内液化石油气储罐、容器、设备、管道上配置的阀门及附件的公称压力(等级)应高于其设计压力。

④ 液化石油气储罐、容器、设备和管道上严禁采用灰口铸铁阀门及附件。在寒冷地区应采用钢质阀门及附件。

⑤ 液化石油气管道系统上采用耐油胶管时，最高允许工作压力不应小于 6.4 MPa。

⑥ 站内室外液化石油气管道宜采用单排低支架敷设，其管底与地面的净距宜为0.3 m。跨越道路采用支架敷设时，其管底与地面的净距不应小于 4.5 m。

⑦ 液化石油气储罐第一道管法兰、垫片和紧固件的配置应符合国家现行《压力容器安全技术监察规程》的规定。

⑧ 液化石油气储罐接管上安全阀件的配置应符合下列要求：

a. 必须设置安全阀和检修用的放散管；

b. 液相进口管必须设置止回阀；

c. 储罐容积大于或等于 50 m^3 时，其液相出口管和气相管必须设置紧急切断阀；储罐容积大于 20 m^3，但小于 50 m^3 时，宜设置紧急切断阀；

d. 排污管应设置两道阀门。其间应采用短管连接。并应采取防冻措施。

5. 液化天然气供应

(1) 一般规定

① 本章适用于液化天然气总储存容积不大于 2 000 m^3 的城镇液化天然气供应站工程设计。

② 本章不适用于下列液化天然气工程和装置设计：

a. 液化天然气终端接收基地；

b. 油气田的液化天然气供气站和天然气液化工厂(站)；

c. 轮船、铁路车辆和汽车等运输工具上的液化天然气装置。

(2) 液化天然气气化站

① 液化天然气气化站的规模应符合城镇总体规划的要求，根据供应用户类别、数量和用气量指标等因素确定。

② 液化天然气气化站的储罐设计总容积应根据其规模、气源情况、运输方式和运距等因素确定。

③ 液化天然气气化站的液化天然气储罐、集中放散装置的天然气放散总管与站外建、构筑物的防火间距不应小于表 9.2.4 的规定。

④ 液化天然气气化站的液化天然气储罐、集中放散装置的天然气放散总管与站内建、构筑物的防火间距不应小于表 9.2.5 的规定。

(3) 管道及附件、储罐、容器、气化器、气体加热器和检测仪表

① 液化天然气储罐、设备的设计温度应按 −168 ℃计算，当采用液氮等低温介质进行置换时，应按置换介质的最低温度计算。

② 对于使用温度低于 −20 ℃的管道应采用奥氏体不锈钢无缝钢管，其技术性能应符合现行的国家标准 GB/T 14976《流体输送用不锈钢无缝钢管》的规定。

③ 管道宜采用焊接连接。公称直径不大于 50 mm 的管道与储罐、容器、设备及阀门可采用法兰、螺纹连接；公称直径大于 50 mm 的管道与储罐、容器、设备及阀门连接应采用法兰或焊接连接；法兰连接采用的螺栓、弹性垫片等紧固件应确保连接的紧密度。阀门应能适用于液化天然气介质，液相管道应采用加长阀杆和能在线检修结构的阀门(液化天然气钢瓶自带的阀门除外)，连接宜采用焊接。

④ 管道应根据设计条件进行柔性计算，柔性计算的范围和方法应符合现行国家标准 GB 50316《工业金属管道设计规范》的规定。

⑤ 管道宜采用自然补偿的方式，不宜采用补偿器进行补偿。

⑥ 管道的保温材料应采用不燃烧材料，该材料应具有良好的防潮性和耐候性。

⑦ 液态天然气管道上的两个切断阀之间必须设置安全阀，放散气体宜集中放散。

⑧ 液化天然气卸车口的进液管道应设置止回阀。液化天然气卸车软管应采用奥氏体不锈钢波纹软管，其设计爆裂压力不应小于系统最高工作压力的 5 倍。

⑨ 液化天然气气化器的液体进口管道上宜设置紧急切断阀，该阀门应与天然气出口的测温装置连锁。

⑩ 液化天然气气化器或其出口管道上必须设置安全阀，安全阀的泄放能力应满足下列要求：

a. 环境气化器的安全阀泄放能力必须满足在 1.1 倍的设计压力下，泄放量不小于气化器设计额定流量的 1.5 倍。

b. 加热气化器的安全阀泄放能力必须满足在1.1倍的设计压力下，泄放量不小于气化器设计额定流量的1.1倍。

⑪ 液化天然气气化站内应设置事故切断系统，事故发生时，应切断或关闭液化天然气或可燃气体来源，还应关闭正在运行可能使事故扩大的设备。

液化天然气气化站内设置的事故切断系统应具有手动、自动或手动自动同时启动的性能，手动启动器应设置在事故时方便到达的地方，并与所保护设备的间距不小于15 m。手动启动器应具有明显的功能标志。

五、CJJ 34—2002《城市热力网设计规范》相关内容

1. 适用范围

本规范适用于供热热水介质设计压力小于或等于2.5 MPa，设计温度小于或等于200 ℃；供热蒸汽介质设计压力小于或等于1.6 MPa，设计温度小于或等于350 ℃的下列热力网的设计：

(1) 由供热企业经营，以热电厂或区域锅炉房为热源，对多个用户供热，自热源至热力站的城市热力网；

(2) 城市热力网新建、扩建或改建的管道、中继泵站和热力站等工艺系统设计。

2. 管网布置与敷设

(1) 管网布置

① 热力网管道的位置应符合下列规定：

a. 城市道路上的热力网管道应平行于道路中心线，并宜敷设在车行道以外的地方，同一条管道应只沿街道的一侧敷设。

b. 穿过厂区的城市热力网管道应敷设在易于检修和维护的位置。

c. 通过非建筑区的热力网管道应沿公路敷设。

d. 热力网管道选线时宜避开土质松软地区、地震断裂带、滑坡危险地带以及高地下水位区等不利地段。

e. 管径小于或等于300 mm的热力网管道，可穿过建筑物的地下室或用开槽施工法自建筑物下专门敷设的通行管沟内穿过。用暗挖法施工穿过建筑物时不受管径限制。

② 热力网管道可与自来水管道、电压10 kV以下的电力电缆、通讯线路、压缩空气管道、压力排水管道和重油管道一起敷设在综合管沟内。但热力管道应高于自来水管道和重油管道，并且自来水管道应做绝热层和防水层。

③ 地上敷设的城市热力网管道可与其他管道敷设在同一管架上，但应便于检修，且不得架设在腐蚀性介质管道的下方。

(2) 管道敷设

① 城市街道上和居住区内的热力网管道宜采用地下敷设。当地下敷设困难时，可采用地上敷设，但设计时应注意美观。

② 工厂区的热力网管道，宜采用地上敷设。

③ 热水热力网管道地下敷设时，应优先采用直埋敷设；热水或蒸汽管道采用管沟敷设

时，应首选不通行管沟敷设；穿越不允许开挖检修的地段时，应采用通行管沟敷设；当采用通行管沟困难时，可采用半通行管沟敷设。蒸汽管道采用管沟敷设困难时，可采用保温性能良好、防水性能可靠、保护管耐腐蚀的预制保温管直埋敷设，其设计寿命不应低于 25 年。

④ 直埋敷设热水管道应采用钢管、保温层、保护外壳结合成一体的预制保温管道，其性能应符合本规范第 11 章的有关规定。

⑤ 工作人员经常进入的通行管沟应有照明设备和良好的通风。人员在管沟内工作时，空气温度不得超过 40 ℃。

通行管沟应设事故人孔。设有蒸汽管道的通行管沟，事故人孔间距不应大于 100 m；热水管道的通行管沟，事故人孔间距不应大于 400 m。

⑥ 地下敷设热力网管道的管沟外表面，直埋敷设热水管道或地上敷设管道的保温结构表面与建筑物、构筑物、道路、铁路、电缆、架空电线和其他管道的最小水平净距、垂直净距应符合表 8.2.8 的规定。

⑦ 地上敷设热力网管道穿越行人过往频繁地区，管道保温结构下表面距地面不应小于 2.0 m；在不影响交通的地区，应采用低支架，管道保温结构下表面距地面不应小于 0.3 m。

⑧ 管道跨越水面。峡谷地段时，在桥梁主管部门同意的条件下，可在永久性的公路桥上架设。

管道架空跨越通航河流时，应保证航道的净宽与净高符合 GB 139《内河通航标准》的规定。

管道架空跨越不通航河流时，管道保温结构表面与 50 年一遇的最高水位垂直净距不应小于 0.5 m。跨越重要河流时，还应符合河道管理部门的有关规定。

河底敷设管道必须远离浅滩、锚地，并应选择在较深的稳定河段，埋没深度应按不妨碍河道整治和保证管道安全的原则确定。对于一至五级航道河流，管道（管沟）应敷设在航道底设计标高 2 m 以下；对于其他河流，管道（管沟）应敷设在稳定河底 1 m 以下。对于灌溉渠道，管道（管沟）应敷设在渠底设计标高 0.5 m 以下。管道河底直埋敷设或管沟敷设时，应进行抗浮计算。

⑨ 热力网管道同河流、铁路、公路等交叉时应垂直相交。特殊情况下，管道与铁路或地下铁路交叉不得小于 60°角；管道与河流或公路交叉不得小于 45°角。

⑩ 地下敷设管道与铁路或不允许开挖的公路交叉，交叉段的一侧留有足够的抽管检修地段时，可采用套管敷设。

⑪ 套管敷设时，套管内不应采用填充式保温，管道保温层与套管间应留有不小于 50 mm的空隙。套管内的管道及其他钢部件应采取加强防腐措施。采用钢套管时，套管内、外表面均应做防腐处理。

⑫ 地下敷设热力网管道和管沟应有一定坡度，其坡度不应小于 0.002。进入建筑物的管道宜坡向干管。地上敷设的管道可不设坡度。

⑬ 地下敷设热力网管道的覆土深度应符合下列规定：

a. 管沟盖板或检查室盖板覆土深度不应小于 0.2 m。

b. 直埋敷设管道的最小覆土深度应考虑土壤和地面活荷载对管道强度的影响并保证管道不发生纵向失稳。具体规定应按 CJJ/T 81《城镇直埋供热管道工程技术规程》的规定执行。

⑭ 燃气管道不得进入热力网管沟。当自来水，排水管道或电缆与热力网管道交叉必须穿入热力网管沟时，应加套管或用厚度不小于 100 mm 的混凝土防护层与管沟隔开，同时不得妨碍热力管道的检修及地沟排水。套管应伸出管沟以外，每侧不应小于 1 m。

⑮热力网管沟与燃气管道交叉当垂直净距小于 300 mm 时，燃气管道应加套管。套管两端应超出管沟 1 m 以上。

⑯ 热力网管道进入建筑物或穿过构筑物时，管道穿墙处应封堵严密。

⑰ 地上敷设的热力网管道同架空输电线或电气化铁路交叉时，管道的金属部分(包括交叉点两侧 5 m 范围内钢筋混凝土结构的钢筋)应接地。接地电阻不应大于 10 Ω。

(3) 管道材料及连接

① 城市热力网管道应采用无缝钢管、电弧焊或高频焊焊接钢管。管道及钢制管件的钢材钢号不应低于表 8.3.1 的规定。管道和钢材的规格及质量应符合国家相关标准的规定。

② 热力网凝结水管道宜采用具有防腐内衬、内防腐涂层的钢管或非金属管道。非金属管道的承压能力和耐温性能应满足设计技术要求。

③ 热力网管道的连接应采用焊接；有条件时管道与设备、阀门等连接也应采用焊接。当设备、阀门等需要拆卸时，应采用法兰连接。对公称直径小于或等于 25 mm 的放气阀，可采用螺纹连接，但连接放气阀的管道应采用厚壁管。

④ 室外采暖计算温度低于－5 ℃地区露天敷设的不连续运行的凝结水管道放水阀门，空外采暖计算温度低于－10 ℃地区露天敷设的热水管道设备附件均不得采用灰铸铁制品。室外采暖计算温度低于－30 ℃地区露天敷设的热水管道，应采用钢制阀门及附件。城市热力网蒸汽管道在任何条件下均应采用钢制阀门及附件。

⑤ 弯头的壁厚不应小于管道壁厚。焊接弯头应双面焊接。

⑥ 钢管焊制三通，支管开孔应进行补强。对于承受干管轴向荷载较大的直埋敷设管道，应考虑三通干管的轴向补强，其技术要求按 CJJ/T 81《城镇直埋供热管道工程技术规程》的规定执行。

⑦ 变径管制作应采用压制或钢板卷制，壁厚不应小于管道壁厚。

(4) 热补偿

① 热力网管道的温度变形应充分利用管道的转角管段进行自然补偿。直埋敷设热水管道自然补偿转角管段应布置成 60°～90°角，当角度很小时应按直线管段考虑，小角度的具体数值应按 CJJ/T 81《城镇直埋供热管道工程技术规程》的规定执行。

② 选用管道补偿器时，应根据敷设条件采用维修工作量小、工作可靠和价格较低的补偿器。

③ 采用弯管补偿器或波纹管补偿器时，设计应考虑安装时的冷紧。冷紧系数可取 0.5。

④ 采用套筒补偿器时，应计算各种安装温度下的补偿器安装长度，并保证管道在可能出现的最高、最低温度下，补偿器留有不小于 20 mm 的补偿余量。

⑤ 采用波纹管轴向补偿器时，管道上应安装防止波纹管失稳的导向支座。采用其他形式补偿器，补偿管段过长时，亦应设导向支座。

⑥ 采用球形补偿器、铰链型波纹管补偿器，且补偿管段较长时宜采取减小管道摩擦力

的措施。

⑦ 当两条管道垂直布置且上面的管道直接敷设在固定于下面管道的托架上时，应考虑两管道在最不利运行状态下热位移不同的影响，防止上面的管道自托架上滑落。

⑧ 直埋敷设热水管道，经计算允许时，宜采用无补偿敷设方式，并应按 CJJ/T 81《城镇直埋供热管道工程技术规程》的规定执行。

（5）附件与设施

① 热力网管道干线、支干线、支线的起点应安装关断阀门。

② 热水热力网干线应装设分段阀门。分段阀门的间距宜为：输送干线，2 000 m～3 000 m；输配干线，1 000 m～1 500 m。蒸汽热力网可不安装分段阀门。多热源供热系统热源间的连通干线、环状管网环线的分段阀应采用双向密封阀门。

③ 热水、凝结水管道的高点（包括分段阀门划分的每个管段的高点）应安装放气装置。

④ 热水、凝结水管道的低点（包括分段阀门划分的每个管段的低点）应安装放水装置。热水管道的放水装置应保证一个放水段的排放时间不超过表 8.5.4 的规定。

⑤ 蒸汽管道的低点和垂直升高的管段前应设启动疏水和经常疏水装置。同一坡向的管段，顺坡情况下每隔 400 m～500 m，逆坡时每隔 200 m～300 m 应设启动疏水和经常疏水装置。

⑥ 经常疏水装置与管道连接处应设聚集凝结水的短管，短管直径为管道直径的 1/3～1/2。经常疏水管应连接在短管侧面。

⑦ 经常疏水装置排出的凝结水，宜排入凝结水管道。当不能排入凝结水管时，应按本规范第 4.3.4 条规定降温后排放。

⑧ 工作压力大于或等于 1.6 MPa 且公称直径大于或等于 500 mm 的管道上的闸阀应安装旁通阀。旁通阀的直径可按阀门直径的十分之一选用。

⑨ 当供热系统补水能力有限需控制管道充水流量或蒸汽管道启动暖管需控制汽量时，管道阀门应装设口径较小的旁通阀作为控制阀门。

⑩ 当动态水力分析需延长输送干线分段阀门关闭时间以降低压力瞬变值时，宜采用主阀并联旁通阀的方法解决。旁通阀直径可取主阀直径的四分之一。主阀和旁通阀应连锁控制，旁通阀必须在开启状态主阀方可进行关闭操作，主阀关闭后旁通阀才可关闭。

⑪ 公称直径大于或等于 500 mm 的阀门，宜采用电动驱动装置。由监控系统远程操作的阀门，其旁通阀亦应采用电动驱动装置。

⑫ 公称直径大于或等于 500 mm 的热水热力网干管在低点、垂直升高管段前、分段阀门前宜设阻力小的永久性除污装置。

⑬ 地下敷设管道安装套筒补偿器、波纹管补偿器、阀门、放水和除污装置等设备附件时，应设检查室。检查室应符合下列规定（略）。

⑭ 中高支架敷设的管道，安装阀门、放水、放气、除污装置的地方应设操作平台。在跨越河流、峡谷等地段，必要时应沿架空管道设检修便桥。

⑮ 中高支架操作平台的尺寸应保证维修人员操作方便。检修便桥宽度不应小于 0.6 m。平台或便桥周围应设防护栏杆。

⑯ 架空敷设管道上，露天安装的电动阀门，其驱动装置和电气部分的防护等级应满足

露天安装的环境条件，为防止无关人员操作应有防护措施。

⑰ 地上敷设管道与地下敷设管道连接处，地面不得积水，连接处的地下构筑物应高出地面 0.3 m 以上，管道穿入构筑物的孔洞应采取防止雨水进入的措施。

⑱ 地下敷设管道固定支座的承力结构宜采用耐腐蚀材料，或采取可靠的防腐措施。

⑲ 管道活动支座一般采用滑动支座或刚性吊架。当管道敷设于高支架、悬臂支架或通行管沟内时，宜采用滚动支座或使用减摩材料的滑动支座。当管道运行时有垂直位移且对邻近支座的荷载影响较大时，应采用弹簧支座或弹簧吊架。

(6) 管道应力计算和作用力计算(略)。

(7) 保温与防腐涂层

① 热力网管道及设备的保温结构设计，除应符合本规范的规定外，尚应符合 GB/T 4272《设备及管道保温技术通则》、GB/T 8175《设备及管道保温设计导则》、GB 50264《工业设备及管道绝热工程设计规范》的有关规定。

② 供热介质设计温度高于 50 ℃的热力管道、设备、阀门应保温。在不通行管沟敷设或直埋敷设条件下，热水热力网的回水管道、与蒸汽管道并行的凝结水管道以及其他温度较低的热水管道，在技术经济合理的情况下可不保温。

③ 操作人员需要接近维修的地方，当维修时，设备及管道保温结构表面温度不得超过 60 ℃。

④ 保温材料及其制品的主要技术性能应符合下列规定：

a. 平均工作温度下的导热系数值不得大于 0.12 W/(m·K)，并应有明确的随温度变化的导热系数方程式或图表；对于松散或可压缩的保温材料及其制品，应具有在使用密度下的导热系数方程式或图表；

b. 密度不应大于 350 kg/m^3；

c. 除软质、散状材料外，硬质预制成型制品的抗压强度不应小于 0.3 MPa；半硬质的保温材料压缩 10%时的抗压强度不应小于 0.2 MPa。

⑤ 保温层设计时应优先采用经济保温厚度。当经济保温厚度不能满足技术要求时，应按技术条件确定保温层厚度。

⑥ 保温层外应有性能良好的保护层，保护层的机械强度和防水性能应满足施工、运行的要求；预制保温结构还应满足运输的要求。

⑦ 直埋敷设热水管道应采用钢管、保温层、外护管紧密结合成一体的预制管。其技术要求应符合 CJ/T 114《高密度聚乙烯外护管聚氨酯泡沫塑料预制直埋保温管》和 CJ/T 129《玻璃纤维增强塑料外护层聚氨酯泡沫塑料预制直埋保温管》的规定。

⑧ 管道采用硬质保温材料保温时，直管段每隔 10 m～20 m 及弯头处应预留伸缩缝，缝内应填充柔性保温材料，伸缩缝外防水层应搭接。

⑨ 地下敷设管道严禁在沟槽或地沟内用吸水性保温材料进行填充式保温。

⑩ 阀门、法兰等部位宜采用可拆卸式保温结构。

⑪ 地上敷设和管沟敷设的热水(或凝结水)管道、季节运行的蒸汽管道及附件，应涂刷耐热、耐湿、防腐性能良好的涂料。

⑫ 常年运行的蒸汽管道及附件，可不涂刷防腐涂料。常年运行的室外蒸汽管道及附

件，也可涂刷耐常温的防腐涂料。

⑬ 架空敷设的管道宜采用镀锌钢板、铝合金板、塑料外护等做保护层，当采用普通薄钢板作保护层时，钢板内外表面均应涂刷防腐涂料，施工后外表面应刷面漆。

习题三(1)

一、选择题(将正确答案的代号填入括号内)

1.《中华人民共和国安全生产法》(简称《安全生产法》)规定，生产经营单位的决策机构、(　　)或者(　　)的投资人对安全生产所必需的资金投入不足导致的后果承担责任。

A(管理者)； B(主要负责人)； C(个人经营)； D(法人代表)

2.《安全生产法》规定，(　　)的生产、经营、储存单位，应当设置安全生产管理机构或者配备专职安全生产管理人员。

A(烟花爆竹)； B(煤矿开采)； C(毒物)； D(危险物品)

3.《安全生产法》规定，生产经营单位使用的涉及生命安全、危险性较大的(　　)，以及危险物品的容器、运输工具，必须按照国家有关规定取得(　　)或者安全标志，方可投入使用。

A(合格证)； B(生产许可证)； C(安全使用证)； D(特种设备)

4.《安全生产法》规定，特种设备以及危险物品的容器、运输工具未经取得专业资质的机构检测、检验合格，取得安全使用证或者安全标志，投入使用的，责令限期改正，逾期未改正的，责令停止建设或者停产停业整顿，可以并处(　　)以下的罚款；造成严重后果，构成犯罪的，依照刑法有关规定追究刑事责任。

A(一万元)； B(三万元)； C(五万元)； D(六万元)

5.《特种设备安全监察条例》规定，未取得压力管道元件制造许可而擅自从事制造活动的，由特种设备安全监督管理部门予以取缔，没收非法制造的产品，已经实施安装、改造的，责令恢复原状或者责令限期由取得许可的单位重新安装、改造，处(　　)以上(　　)以下罚款；

A(5 万元)； B(10 万元)； C(20 万元)； D(40 万元)

6.《特种设备安全监察条例》规定，特种设备生产、使用单位应当建立健全特种设备(　　)制度和(　　)责任制度。

A(安全管理)； B(生产安全)； C(主体)； D(岗位安全)

7.《特种设备安全监察条例》规定，特种设备(　　)、(　　)单位和特种设备检验检测机构，应当接受特种设备安全监督管理部门依法进行的特种设备安全监察。

A(制造)； B(安装)； C(生产)； D(使用)

8.《国务院对确需保留的行政审批项目设定行政许可的决定》设定行政许可项目共500项，其中有压力管道设计、(　　)、使用、检验单位和(　　)资格认定。

A(制造)； B(安装)； C(生产)； D(人员)

9.《国务院关于特大安全事故行政责任追究的规定》(国务院令第 302 号)的特大安全

事故是指特大( )事故等。

A(火灾); B(交通); C(生产); D(特种设备)

10.《生产安全事故报告和调查处理条例》(国务院令第493号)将生产安全事故分为特别重大事故、( )、( )和一般事故等4个等级。

A(特大事故); B(重大事故); C(严重事故); D(较大事故)

11.《生产安全事故报告和调查处理条例》规定,事故发生单位对发生一般事故负有责任的,处( )万元以上( )万元以下的罚款。

A(5); B(10); C(20); D(30)

12.《锅炉压力容器压力管道特种设备安全监察行政处罚规定》(质检总局令第14号)对未办理设备使用注册登记手续的责令改正,属非经营性使用行为的,处( )以下罚款;属经营性使用行为的,处( )以下罚款。

A(一千元); B(五千元); C(一万元); D(五万元)

13.《锅炉压力容器压力管道特种设备安全监察行政处罚规定》规定,使用无相应有效证件的人员进行设备( )、( )等活动的,责令改正,并处一万元以下罚款。

A(操作); B(检验); C(维修); D(安装)

14.《压力管道安全管理与监察规定》将压力管道按其用途划分为( )、( )和长输管道等三类,是压力管道安全监察有关规定中管道分类基本原则。

A(工艺管道); B(热力管道); C(工业管道); D(公用管道)

15. 根据《压力管道使用登记管理规则》规定,压力管道使用单位向省级以下质量技术监督行政部门申请办理( )和( )的使用登记手续。

A(工艺管道); B(长输管道); C(工业管道); D(公用管道)

16. 安全状况等级为( )级和( )级的压力管道,才具备发放"使用登记证"的条件;安全状况等级为( )级的压力管道,只进行"登记注册",不发放"使用登记证";安全状况等级为( )级的压力管道,不能使用。

A(1); B(2); C(3); D(4)

17. 新安装的管道办理登记手续时提供使用登记( )、注册登记( )、安装质量证明文件、竣工图、监督检验报告、管理制度、事故预案、管理人员和操作人员名单。

A(申请书); B(证明); C(报告); D(汇总表)

18. 根据《在用工业管道定期检验规程》规定,全面检验是按一定的检验周期在在用工业管道停车期间进行的较为全面的检验。安全状况等级为1级和2级的在用工业管道,其检验周期一般不超过( )年;安全状况等级为3级的在用工业管道,其检验周期一般不超过( )年。

A(3); B(4); C(5); D(6)

19. 在用工业管道定期检验分为在线检验和全面检验。在线检验一般以( )检查和安全保护装置检验为主,必要时进行测厚检查和电阻值测量。

A(宏观); B(重点部位); C(运行记录); D(泄漏)

20. 使用单位负责制定在用工业管道( )计划,按时向负责对其发放压力管道使用登记证的安全监察机构或其委托的检验单位报送( )计划。

A（运行维护）；　B（修理改造）；　C（生产进度）；　D（全面检验）

21. 压力管道操作人员划分为 6 个级别。（　　）级允许操作工作管道的级别为GC2、GC3。

A（Ⅰ-1）；　B（Ⅰ-2）；　C（Ⅱ-1）；　D（Ⅱ-2）

22. 压力管道安全管理人员理论知识考试采用笔试，基础知识占（　　）、安全知识占（　　）、法规知识占（　　）。

A（20%）；　B（30%）；　C（40%）；　D（50%）

23. 压力管道操作人员理论知识考试采用笔试，基础知识占（　　）、安全知识占（　　）、法规知识占（　　）。

A（20%）；　B（30%）；　C（40%）；　D（50%）

24. 工业管道、公用管道安全管理人员应当具有（　　）以上文化程度，并且具有 2 年以上（含 2 年）从事相关工作的经历。

A（高中）；　B（中专）；　C（大专）；　D（本科）

二、判断题（正确的画“√”，错误的画“×”）

1.《安全生产法》规定，危险物品的生产、经营、储存单位的主要负责人和安全生产管理人员，经本单位对其安全生产知识和管理能力考核合格后方可任职。（　　）

2.《安全生产法》规定，生产经营单位资金周转困难时，可暂缓必须的资金投入和从业人员安全生产教育和培训，但必须加强管理。（　　）

3.《安全生产法》规定，生产经营单位的安全生产管理人员应当根据本单位的生产经营特点，对安全生产状况进行经常性检查；对检查中发现的安全问题，应当立即处理；不能处理的，应立即停产。检查及处理情况应当记录在案。（　　）

4.《安全生产法》规定，从业人员有权对本单位安全生产工作中存在的问题提出批评、检举、控告；有权拒绝指挥和强令冒险作业。（　　）

5.《安全生产法》规定，生产经营单位发生生产安全事故后，事故现场有关人员应当立即报告本单位负责人。单位负责人接到事故报告后，应当迅速采取有效措施，组织抢救，防止事故扩大，减少人员伤亡和财产损失。（　　）

6.《条例》规定，特种设备是指涉及生命安全、危险性较大的锅炉、压力容器、压力管道等 7 种设备。（　　）

7. 根据《条例》对压力管道的定义，输送压力等于 0.2 MPa，温度为 50 ℃，公称直径等于 50mm 的饮用水管道属于压力管道。（　　）

8. 按《行政许可法》规定，行政许可只能由国家法律、行政法规和地方性法规设定；特殊情况的，省、自治区、直辖市人民政府规章可以设定临时性的行政许可。（　　）

9.《国务院对确需保留的行政审批项目设定行政许可的决定》未对压力管道的制造设定行政许可，因此制造不实行许可证制度。（　　）

10.《国务院关于特大安全事故行政责任追究的规定》（国务院令第 302 号）适用范围是地方人民政府主要领导人和政府有关部门正职负责人。（　　）

11.《生产安全事故报告和调查处理条例》称的较大事故是指造成 3 人以上 10 人以下

死亡，或者10人以上50人以下重伤，或者1 000万元以上5 000万元以下直接经济损失的事故。造成3人以上10人以下死亡是指含3人或10人。（　　）

12. 按《生产安全事故报告和调查处理条例》要求，各级人民政府按事故类别管辖范围组织、授权或者委托有关部门组织事故调查组进行事故调查。（　　）

13.《压力管道安全管理与监察规定》是压力管道安全管理的总纲，设定了压力管道从设计、制造、安装、使用、检验检测及安全监察等各环节的基本要求。（　　）

14. 压力管道使用登记属于行政许可，使用单位必须按规定办理登记手续，取得“使用登记证”或经质量技术监督行政部门在登记汇总表右上角盖“准予登记注册”章后方可投入使用。（　　）

15. 压力管道的安全状况以等级表示，分为1级、2级、3级和4级4个等级。1级安全状况优于2级，以此类推，4级不能使用。（　　）

16. 新建、扩建以及在用的压力管道，由承担安装安全质量监督检验的机构或承担该压力管道全面检验工作的机构负责确定安全状况等级。（　　）

17. 从事在线检验的人员应持有相应项目的《特种设备作业人员证》，并纳入特种设备作业人员管理。（　　）

18. 工业管道、公用管道安全管理人员资格证不分级别。（　　）

三、简答题

1. 根据《特种设备安全监察条例》简述压力管道制造环节的有关规定。
2. 按《生产安全事故报告和调查处理条例》规定，简述报告事故应讲明哪些内容？
3. 按《生产安全事故报告和调查处理条例》规定，简述事故报告的要求。
4. 简述压力管道使用登记应当符合哪些基本条件？
5. 简述进行本单位压力管道在线检验应具备什么条件？
6. 进行全面检验时，使用单位应做好哪些准备工作？

习题三(2)

一、选择题(将正确答案的代号填入括号内)

1. 根据《压力管道安装安全质量监督检验规则》规定，在压力管道安装施工中，建设单位、（　　）、安装单位、监理单位、检测单位、（　　）和其他相关单位必须接受并配合监督检验工作，并应承担压力管道安装安全质量责任。

A（设计单位）；　B（防腐单位）；　C（使用单位）；　D（检验单位）

2.《压力管道安装安全质量监督检验规则》所指的安全质量监督检验是对压力管道安装安全质量进行的监督验证，且在安装施工过程进行，具有（　　）检验性质。

A（真实）；　B（权威）；　C（法定）；　D（强制）

3.《压力管道安装安全质量监督检验规则》规定，建设单位在压力管道安装开工前，填写《压力管道安装安全质量监督检验申报书》，公用管道和工业管道向地方安全监察机构办理(　　)手续。

A(报装); B(许可); C(监检); D(备案)

4. 压力管道设计总图上必须有设计单位(　　),图样标题栏内有设计审批人员签字。

A(名称); B(标识); C(印章); D(资格印章)

5.《压力管道元件制造许可规则》规定,压力管道元件制造许可程序包括申请、受理、产品试制、型式试验、(　　)、审批、发证。

A(现场审查); B(鉴定评审); C(资格评审); D(资源评审)

6.《压力管道元件制造许可规则》规定,特殊工况阀门是指专用于电站、石油天然气及化工用(　　)管道、剧毒管道、低温管道和城镇燃气管道的阀门。

A(专用); B(特殊); C(高温高压); D(低温高压)

7.《压力管道元件制造许可规则》规定,许可级别为(　　)级和(　　)级的由国家质检总局审批,许可级别为(　　)级由国家质检总局委托制造单位所在地的省级质量技术监督部门审批。

A(A); B(B); C(C); D(AX)

8.《压力管道元件制造许可规则》规定,制造单位分包或者采购的原料、零部件以及压力管道元件、生产工序或者检测工作,其工作质量及产品质量由(　　)单位对用户负责。

A(分包); B(检测); C(供应); D(制造)

9.《压力管道元件制造许可规则》规定,流体输送用埋地聚乙烯管材为(　　)级。

A(A1); B(A2); C(A3); D(B)

10.《压力管道安装单位资格认可实施细则》规定,高级别安装资格覆盖低级别资格。凡具有(　　)级安装资格的安装单位,即具备(　　)级中相应品种压力管道的安装资格。

A(GC1); B(GC2); C(GC3); D(GC4)

11.《压力管道安装单位资格认可实施细则》规定,(　　)类、(　　)级、GC3级安装资格由安装单位所在地的省级质量技术监督行政部门受理申请、组织评审和颁发《压力管道安装许可证》。

A(GC1); B(GC2); C(GC3); D(GB)

12. 持有《压力管道安装许可证》的安装单位必须接受各级质量技术监督行政部门的(　　)和有资格的检验单位进行的压力管道安装质量的(　　)。

A(监督检查); B(安全检查); C(全面检验); D(监督检验)

13.《石油化工有毒、可燃介质管道工程施工及验收规范》适用于石油化工企业设计压力400 Pa～(　　)MPa,设计温度－196 ℃～850 ℃的剧毒、(　　)介质钢制管道的新建、改建或扩建工程的施工及验收。

A(42); B(50); C(有毒); D(可燃)

14.《石油化工有毒、可燃介质管道工程施工及验收规范》规定,管道(　　)制造单位,应具有质量技术监督行政部门颁发的《压力管道元件制造单位安全注册证书》。

A(管子); B(管件); C(元件); D(组成件)

15.《石油化工有毒、可燃介质管道工程施工及验收规范》按管道危险程度,将管道级别划分(　　)、(　　)。

A（GC1）； B（GC2）； C（SHA）； D（SHB）

16.《石油化工有毒、可燃介质管道工程施工及验收规范》规定，制作耐油石棉橡胶板垫片和石棉橡胶板垫片时，自板材制成之日起，耐油石棉橡胶板储存期限不得超过（ ），石棉橡胶板储存期限不得超过（ ）。

A（一年）； B（一年半）； C（两年）； D（三年）

17.《石油化工有毒、可燃介质管道工程施工及验收规范》规定，阀门在安装前，应逐个对阀体进行液体压力试验，试验压力为公称压力的（ ）倍，停压 5min 无泄漏为合格。

A（1.0）； B（1.5）； C（2.0）； D（2.5）

18.《石油化工有毒、可燃介质管道工程施工及验收规范》对压力试验的压力规定，液体压力试验的压力为设计压力的（ ）倍；气体压力试验的压力为设计压力的（ ）倍。

A（1.0）； B（1.15）； C（1.5）； D（2.5）

19.《工业金属管道设计规范》规定，安全阀的开启压力（整定压力）除工艺有特殊要求外，为正常最大工作压力的（ ）倍，最低为（ ）倍。

A（1.05）； B（1.1）； C（1.5）； D（2.5）

20.《工业金属管道设计规范》规定，阀盖与阀体连接的螺栓少于（ ）个的阀门，应仅用于输送 D 类流体的管道。公称压力超过（ ）MPa 的蒸汽管道不应使用螺纹连接的阀盖。

A（4）； B（6）； C（1.6）； D（2.5）

21.《工业金属管道工程施工及验收规范》称泄漏性试验是以（ ）为介质，在设计压力下，采用发泡剂、显色剂、气体分子感测仪或其他专门手段等检查管道系统中泄漏点的试验。

A（液体）； B（气体）； C（气体或液体）； D（惰性气体）

22.《工业金属管道工程施工及验收规范》规定，管道组成件及管道支承件的材质、规格、型号、质量应符合设计文件的规定，并应按国家现行标准进行（ ），不合格者不得使用。

A（材质检验）； B（现场检验）； C（抽查检验）； D（外观检验）

23.《工业金属管道工程施工及验收规范》规定，阀门的壳体试验压力不得小于公称压力的 1.5 倍，试验时间不得少于 5 min，以壳体填料无渗漏为合格；密封试验宜以（ ）进行，以阀瓣密封面不漏为合格。

A（设计压力）； B（工作压力）； C（计算压力）； D（公称压力）

24.《工业金属管道工程施工及验收规范》规定，当阀门与管道以法兰或螺纹方式连接时，阀门应在（ ）状态下安装。

A（打开）； B（关闭）； C（垂直）； D（工作温度）

25.《工业金属管道工程施工及验收规范》规定，涂漆施工宜在（ ）的环境温度下进行，并应有相应的防火、防冻、防雨措施。

A（常温）； B（0 ℃～15 ℃）； C（15 ℃～30 ℃）； D（30 ℃～50 ℃）

26.《化工企业压力管道管理规定》是原化工部（ ）年颁布实施。

A（1995）； B（1998）； C（2002）； D（2005）

27.《化工企业压力管道管理规定》不适用于非易燃介质、无毒或毒性为( )介质的管道。

A(浆体); B(液体); C(中度危害); D(轻度危害)

28.《化工企业压力管道管理规定》要求在全面检验压力管道时,使用单位必须做到:提供有关( )、拟定相应的安全措施、做好压力管道的技术处理,与检验人员共同进行检查、交接、与检验人员共同对检验工作进行验收。

A(帮助); B(技术支持); C(技术资料); D(管理资料)

29.《化工企业压力管道检验规程》将压力管道的检验分为( )、在线检验和全面检验。

A(日常检验); B(定期检验); C(安装监检); D(役前检验)

30.《化工企业压力管道检验规程》指的在线检验是使用单位在运行条件下进行的检验,至少( )检验一次;全面检验是在装置(系统)停车大检修时进行的较为全面的检验,检验周期一般是每( )至少进行一次。

A(每年); B(二年); C(四年); D(六年)

31.《工业管道维护检修规程》按设计压力、设计温度、介质等因素分为( )级。

A(Ⅰ); B(Ⅱ); C(Ⅲ); D(GC1);E(GC2);F(GC3)

32.《工业管道维护检修规程》规定的低压管道压力范围是( )MPa。

A:($p<1.0$);B:($0\leqslant p<1.6$); C:($p<1.0$);D:($0.8\leqslant p<1.6$)

33.《工业管道维护检修规程》规定,带压堵漏设施是( )处理措施,系统停车时应( ),并修复泄漏部位。

A(临时); B(拆除); C(紧急);D(加固)

二、判断题(正确的画"√",错误的画"×")

1.《压力管道安装安全质量监督检验规则》规定,检验单位必须在取得监督检验资格认可并得到相应监督检验工作任务授权后,方可从事监督检验工作。( )

2.《压力管道安装安全质量监督检验规则》规定,压力管道施工前,安装单位和监理单位应向安全监察机构备案。公用管道和工业管道向地方安全监察机构办理备案手续。( )

3.《压力容器压力管道设计单位资格许可与管理规则》与《压力管道安装单位资格认可实施细则》对管道的分类、分级完全一致。( )

4. 输送 GB 50160《石油化工企业设计防火规范》及 GBJ 16《建筑设计防火规范》中规定的火灾危险性为甲、乙类可燃气体或甲类可燃液体介质且设计压力 $p<4.0$ MPa 的管道,属于 GC2 级管道。( )

5.《压力容器压力管道设计单位资格许可与管理规则》规定,压力管道设计单位必须取得《设计许可证》并具有一定数量持有《设计审批员资格证书》的设计审批人员后,方可从事压力管道设计活动。( )

6.《压力管道元件制造许可规则》规定,获得《特种设备制造许可证》的造单位,应当在其制造的每一个压力管道元件产品上加贴"许可标志"。( )

7.《压力管道元件制造许可规则》规定，燃气调压装置、减温减压装置的制造适用于其规定。(　　)

8.《压力管道元件制造许可规则》将无缝钢管分为 A1、A2、AX 和 B 级。(　　)

9.《压力管道安装单位资格认可实施细则》规定的工业管道类别、级别的划分与《在用工业管道定期检验规程》一致。(　　)

10.《石油化工有毒、可燃介质管道工程施工及验收规范》规定，承担剧毒、可燃介质管道施工的单位，必须持有质量技术监督行政部门相应的压力管道安装许可证。(　　)

11.《石油化工有毒、可燃介质管道工程施工及验收规范》规定，有静电接地要求的管道，各段管道间应导电良好。当每对法兰或螺纹接头间电阻值大于 0.3Ω 时，应有导线跨接。(　　)

12.《石油化工有毒、可燃介质管道工程施工及验收规范》规定，管道系统气体泄漏性试验，应按设计文件规定进行。若设计未规定时，本规范适用范围内的管道系统，必须进行气体泄漏性试验，试验压力为设计压力。但经气压试验合格，且在试验后未经拆卸的管道，可不进行气体泄漏性试验。

13. 压力管道焊接不得使用氧乙炔焰焊接。(　　)

14.《工业金属管道设计规范》适用于公称压力小于或等于 42 MPa 所有压力管道的设计。(　　)

15.《工业金属管道设计规范》定义的 C 类是指不可燃、无毒、设计压力大于 1.0 MPa、设计温度低于−20 ℃～186 ℃之间的流体。(　　)

16.《工业金属管道设计规范》规定，管道工程施工及检验的要求，除了应符合本规范的规定外，还应符合现行国家标准《工业金属管道工程施工及验收规范》的规定。(　　)

17.《工业金属管道设计规范》规定，管道组成件的选用对于已标明公称压力的管道组成件不必进行耐压强度计算。(　　)

18.《工业金属管道设计规范》规定，地上管道的外表面防锈，一般采用涂漆，涂层类别应能耐环境大气的腐蚀。外有隔热层的管道，一般只涂底漆。(　　)

19.《工业金属管道工程施工及验收规范》规定，输送气体介质管道的阀门，应逐个进行壳体压力试验和密封试验，不合格者，不得使用。(　　)

20.《工业金属管道工程施工及验收规范》规定材质为不锈钢、有色金属的管道组成件及管道支承件，在储存期间不得与碳素钢接触。暂时不能安装的管子，应封闭管口。(　　)

21.《工业金属管道工程施工及验收规范》规定，输送设计压力小于等于 1 MPa 且设计温度小于 400 ℃的非可燃流体管道、无毒流体管道的焊缝，可不进行射线照相检验。(　　)

22.《化工企业压力管道管理规定》根据管道输送介质的工作温度、易燃可燃性和害毒性将管道分为 A、B、C、D 级。(　　)

23.《化工企业压力管道检验规程》指的役前检验应由用户委托专业检验单位进行，对化工管道的制造和安装质量进行全面验收检验。若已委托专业检验单位对管道安装过程中的质量进行监检，则役前检验可免。(　　)

24.《工业管道维护检修规程》要求根据检验结果，结合装置或系统，确定检验周期。一般工业管道全面检验周期为 3～6 年。(　　)

25.《工业管道维护检修规程》规定，剧毒介质管道、均匀腐蚀的管道不宜采用带压堵漏。(　　)

三、简答题

1.《压力管道安装安全质量监督检验规则》规定，受监督检验单位的有关压力管道安全质量管理行为、技术文件、安装安全质量均应接受监督检验单位进行的检查和检验。其中建设单位是压力管道安全质量的管理者，应做好哪些工作？

2. 简述《石油化工有毒、可燃介质管道工程施工及验收规范》对输送剧毒、可燃介质的管子质量证明书应包括哪些内容？

3. 简述《石油化工有毒、可燃介质管道工程施工及验收规范》规定工程交接验收时，施工单位应向业主提交哪些技术文件？

4.《工业金属管道工程施工及验收规范》规定输送剧毒流体、有毒流体、可燃流体的管道必须进行泄漏性试验。简述泄漏性试验应符合哪些规定进行？

5.《工业金属管道工程施工及验收规范》要求工程交接验收的施工记录和试验报告一般包括哪些内容？

6.《化工企业压力管道管理规定》规定了化工企业主管部门、使用单位及内部机构的管理职责和要求，其中对使用单位生产部门有哪些规定？

7.《工业管道维护检修规程》要求维护检修后的验收应提交哪些技术资料？

8.《工业管道维护检修规程》规定检修前准备工作有哪些？

9. 简述法兰泄漏一般原因和处理方法。

习题三(3)

一、选择题(将正确答案的代号填入括号内)

1. 城镇燃气主要是指(　　)、液化石油气和人工煤气。

A(压缩天然气)；B(液化天然气)；C(人工天然气)；D(天然气)

2. 城镇燃气供应单位应向社会公布 24 h 报修电话，(　　)应 24 h 值班；运行、维护、抢修及专职安全管理人员必须经过专业技术培训，考试合格后方可上岗。

A(抢修人员)；B(维护人员)；C(管理人员)；D(操作人员)

3. 运行中的燃气管道第一次发现腐蚀漏气点后，应对该管道选点检查其防腐及腐蚀情况，针对实测情况制定(　　)、(　　)方案。

A(抢修)；B(检修)；C(运行)；D(维护)

4. 燃气调压装置包括(　　)、过滤器、安全放散设施、仪器、仪表等，调压装置运行时应无泄漏等异常情况。

A(减压阀)；B(调节阀)；C(调压器)；D(调压箱)

5. 燃气管道抢修是指燃气设施发生危及安全的泄漏以及引起中毒、火灾、(　　)等事故时，采取紧急措施的作业过程。城镇燃气设施抢修应制订预案，并报(　　)部门备案。抢修预案应定期进行演习。

A（爆燃）；　B（爆炸）；　C（主管）；　D（有关）

6. 燃气设施发生火灾时，应采取切断气源或降低压力等方法控制火势，并应防止产生（　　）。

A（爆炸）；　B（泄漏）；　C（负压）；　D（正压）

7.《城市供热管网工程施工及验收规范》适用于工作压力（　　），介质温度≤350 ℃的蒸汽管网的施工及验收。

A（≤0.8 MPa）；　B（≤1.6 MPa）；　C（≤2.5 MPa）；　D（≤4.0 MPa）

8.《城市供热管网工程施工及验收规范》规定，施工单位开工前应熟悉图纸和现场，并应按（　　）单位或监理单位审定的施工组织设计组织施工。

A（设计）；　B（使用）；　C（建设）；　D（检验）

9.《城市供热管网工程施工及验收规范》规定，弯管的弯曲半径应符合设计要求。设计无要求时，低碳钢管热弯最小弯曲半径为（　　）。

A（$1.5D_w$）；　B（$2.5D_w$）；　C（$3.5D_w$）；　D（$4.5D_w$）

10.《城市供热管网工程施工及验收规范》规定，一级管网主干线所用阀门及与一级管网主干线直接相连通的阀门，支干线首端和热力站入口处起关闭、保护作用的阀门及其他重要阀门应由有资质的检测部门进行（　　）和严密性试验，检验合格，单独存放，定位使用，并填写阀门试验记录。

A（液压）；　B（密封）；　C（耐压）；　D（强度）

11.《城市供热管网工程施工及验收规范》规定，当阀门与管道以法兰或螺纹方式连接时，阀门应在（　　）状态下安装；当阀门与管道以焊接方式连接时，阀门不得关闭。

A（打开）；　B（关闭）；　C（工作）；　D（常温）

12.《城市供热管网工程施工及验收规范》规定，供热管网工程的管道和设备等，当设计无要求时，一级管网及二级管网应进行强度试验和严密性试验。强度试验压力应为1.5倍设计压力，严密性试验压力应为（　　）倍设计压力，且不得低于0.6 MPa。

A（0.8）；　B（1.15）；　C（1.25）；　D（1.5）

13. 城市供热管道法兰端面应保持平行，偏差不大于法兰外径的1.5‰，且不得大于（　　）；不得采用加偏垫、多层垫或加强力拧紧法兰一侧螺栓的方法，消除法兰接口端面的缝隙。

A（1.5 mm）；　B（2 mm）；　C（2.5 mm）；　D（3 mm）

14.《城镇燃气输配工程施工及验收规范》规定材料在入库和进入施工现场安装前，应对管道组成件进行检查，其材质、规格、型号应符合设计文件和合同的规定，并应按现行的国家产品标准进行（　　）检查；如质量有异议、设计文件或本规范有要求时应进行有关质量检验，不合格者不得使用。

A（验证）；　B（外观）；　C（材料）；　D（质量）

15. 埋地钢管敷设管道内部质量的无损探伤数量，应按设计规定执行。当设计无规定时，抽查数量不应少于焊缝总数的（　　），且每个焊工不应少于一个焊缝。对穿越或跨越铁路、公路、河流、桥梁、有轨电车及敷设在套管内的管道环向焊缝，必须进行（　　）的射线照相检验。

A（15%）； B（30%）； C（50%）； D（100%）

16. 燃气管道下沟前必须对防腐层进行100%的（ ）检查，回填前应进行100%（ ）检漏，回填后必须对防腐层完整性进行全线检查，不合格必须返工处理直至合格。

A（电火花）； B（外观）； C（全面）； D（质量）

17. 燃气管网用聚乙烯和钢骨架聚乙烯复合管材、管件从生产到使用之间的存放，黄色管道不宜超过（ ）年，黑色管道不宜超过（ ）年。超过上述期限时必须重新抽样检验，合格后方可使用。

A（1）； B（2）； C（3）； D（4）

18. 燃气用钢骨架聚乙烯复合管道连接应采用（ ）连接或法兰连接。当采用法兰连接时，宜设置检查井。

A（电熔）； B（热熔）； C（焊接）； D（固定）

19. 燃气场站内管道及设备的焊接质量应符合下列要求：所有焊缝应进行外观检查；管道对接焊缝内部质量应采用（ ）探伤，抽检个数为对接焊缝总数的25%，并应符合国家现行标准《压力容器无损检测》中的Ⅱ级质量要求。

A（着色）； B（磁粉）； C（射线照相）； D（超声波）

20. 燃气管道严密性试验介质宜采用空气，设计压力小于5 kPa时，试验压力应为20 kPa；设计压力大于或等于5 kPa时，试验压力应为设计压力的1.15倍，且不得小于（ ）MPa。

A（0.1）； B（0.2）； C（0.3）； D（0.4）

21.《城镇燃气设计规范》所指的液化天然气气化站具有将槽车或槽船运输的液化天然气进行卸气、（ ）、气化、（ ）、计量和加臭，并送入城镇燃气输配管道功能的站场。

A（储存）； B（输送）； C（液化）； D（调压）

22.《城镇燃气设计规范》的输配系统一般由（ ）、（ ）、储气设施、调压设施、管理设施、监控系统等组成。

A（门站）； B（储配站）； C（燃气管网）； D（气化站）

23.《城镇燃气设计规范》要求在市区内埋地敷设的钢质燃气干管，当采用阴极保护时，宜采用（ ），并应符合国家现行标准SY/T 0019《埋地钢质管道牺牲阳极阴极保护设计规范》的有关规定。

A（牺牲阳极法）； B（外加电流法）； C（原电池法）； D（氧化法）

24.《城镇燃气设计规范》规定，液态液化石油气输送管道按设计压力分为3级，（ ）管道设计压力为1.6 MPa$<p\leqslant$4.0 MPa。

A（Ⅰ级）； B（Ⅱ级）； C（Ⅲ级）； D（Ⅳ级）

25.《城镇燃气设计规范》规定，液态液化石油气输送管道和站内液化石油气储罐、容器、设备、管道上配置的阀门及附件的公称压力（等级）应（ ）其设计压力。

A（低于）； B（等于）； C（高于）； D（大于等于）

26.《城市热力网设计规范》适用于供热热水介质设计压力小于或等于2.5 MPa，设计温度小于或等于（ ）℃；供热蒸汽介质设计压力小于或等于1.6 MPa，设计温度小于或等于（ ）℃的热力网的设计。

A (100)； B (200) ； C (350)； D (400)

27.《城市热力网设计规范》要求工作人员经常进入的通行管沟应有照明设备和良好的通风。人员在管沟内工作时,空气温度不得超过(　　) ℃。

A (100)； B (80) ； C (40)； D (20)

28.《城市热力网设计规范》规定,地上敷设和管沟敷设的热水(或凝结水)管道、(　　)运行的蒸汽管道及附件,应涂刷耐热、耐湿、防腐性能良好的涂料。

A (经常)； B (长期) ； C (短时)； D (季节)

二、判断题(正确的画"√",错误的画"×")

1.《城镇燃气设施运行、维护和抢修安全技术规程》适用于城镇燃气管道及其附件等设施组成的城镇燃气供应的运行、维护和抢修。不适用于独立的液化气灌瓶站。(　　)

2. 地下燃气管道泄漏检查可采用仪器检测或地面开挖检查,可沿管道方向或从管道附近的阀井、窨井或地沟等地下构筑物检测。(　　)

3. 燃气管道抢修作业人员进入事故现场时,应立即控制气源、消灭火种,驱散积聚的燃气。地下管道泄漏时应采取有效措施,排除聚积在地下和构筑物空间内的燃气。(　　)

4. 液化石油气泄漏抢修时,应备有干粉灭火器等有效的消防器材。当泄出的液化石油气不易控制时,可用消防水枪喷冲稀释泄出的液化石油气。(　　)

5. 按《城市供热管网工程施工及验收规范》适用范围,工作压力 $p\leqslant 2.5$ MPa,介质温度 $t\leqslant 200$ ℃的热水管网不属于压力管道。(　　)

6.《城市供热管网工程施工及验收规范》规定,管沟敷设的管道,在沟口 0.5 m 处应设支、吊架;管道滑托、吊架的吊杆应处于与管道热位移方向相反的一侧。(　　)

7.《城市供热管网工程施工及验收规范》规定,管道敷设采取直埋、管沟和地上敷设方法。(　　)

8. 城市供热管网工程应采用水或气体为介质做试验。(　　)

9. 城市供热管网补偿器安装前,按照设计图纸核对每个补偿器的型号和安装位置。(　　)

10. 城市供热管网在试运行期间管道法兰、阀门、补偿器及仪表等处的螺栓应进行热拧紧。热拧紧时的运行压力应为设计压力以下,温度宜达到设计温度,螺栓应对称,均匀适度紧固。在热拧紧部位应采取保护操作人员安全的可靠措施。(　　)

11.《城镇燃气输配工程施工及验收规范》适用于城镇燃气设计压力不大于 4.0 MPa 的新建、改建和扩建输配工程的施工及验收。不适用于燃气场站内的工艺管道。(　　)

12. 城镇燃气工程施工必须按设计文件进行,如发现施工图有误或燃气设施的设置不能满足现行国家标准 GB 50028《城镇燃气设计规范》时,施工单位或建设单位可以根据现场实际情况修改设计或选用适合的材料。(　　)

13. 埋地燃气钢管敷设用的石棉橡胶垫、橡胶垫及软塑料等非金属垫片,如存在少量分层现象,在不影响密封情况下才可使用。(　　)

14. 埋地燃气聚乙烯和钢骨架聚乙烯复合管道施工前应制定施工方案,确定连接方法、连接条件、焊接设备及工具、操作规范、焊接参数、操作者的技术水平要求和质量控制方法。(　　)

15. 对不同级别、不同熔体流动速率的聚乙烯原料制造的管材或管件,不同标准尺寸比

(SDR值)的聚乙烯燃气管道连接时,必须采用电熔连接。施工前应进行试验,判定试验连接质量合格后,方可进行电熔连接。( )

16. 燃气管道的阀门、凝水缸及补偿器等在正式安装前,应按其产品标准要求单独进行强度和严密性试验,经试验合格的设备、附件应做好标记,并应填写试验记录。( )

17. 燃气场站内工艺管道的施工及验收除符合本规定外,还应符合国家现行标准《石油天然气站内工艺管道工程施工及验收规范》的规定。( )

18. 进行埋地燃气管道强度试验时,回填土宜回填至管上方0.5 m以上,并留出焊接口进行检查;严密性试验应在强度试验合格、管线全线回填后进行。( )

19.《城镇燃气设计规范》不适用于工业企业内部自供燃气给居民使用的燃气管道工程设计。( )

20. 压缩天然气(CNG)是指压缩到压力大于或等于10 MPa且不大于25 MPa的气态天然气。( )

21.《城镇燃气设计规范》规定的中压燃气管道属于压力管道。( )

22.《城镇燃气设计规范》规定,在次高压、中压燃气干管宜采用聚乙烯管、机械接口球墨铸铁管、钢管或钢骨架聚乙烯塑料复合管。( )

23.《城镇燃气设计规范》适用于液化石油气供应的储存站、储配站、灌装站、混气站、气化站、瓶组气化站。( )

24.《城镇燃气设计规范》规定,压力大于等于1.6 MPa的室外燃气管道可使用符合现行国家标准《燃气用埋地聚乙烯管材》和《燃气用埋地聚乙烯管件》的聚乙烯材料。( )

25.《城镇燃气设计规范》规定,液化天然气气化站内设置的事故切断系统应具有手动、自动或手动自动同时启动的性能,手动启动器应设置在事故时方便到达的地方,并与所保护设备的间距不小于15 m。手动启动器应具有明显的功能标志。( )

26.《城市热力网设计规范》适用范围内的热力管网均属于压力管道。( )

27.《城市热力网设计规范》要求地上敷设的城市热力网管道不得与其他管道敷设在同一管架上,且不得架设在腐蚀性介质管道的下方。( )

28.《城市热力网设计规范》规定,经常疏水装置排出的凝结水,宜排入凝结水管道,不能向大气排放。( )

29.《城市热力网设计规范》规定,操作人员需要接近维修的地方,当维修时,设备及管道保温结构表面温度不得超过60 ℃。( )

三、简答题

1. 简述城镇燃气供应单位一般应对哪些设施的运行与维护制定管理制度和操作规定?

2. 简述城镇燃气设施运行记录应包括什么内容?

3. 简述城市供热管网防腐在设计无规定时,应符合哪些规定?

4. 简述城市供热管网清洗前,管网及设备应符合什么要求?

5. 简述燃气管道进行强度试验的操作和检查步骤。

6. 燃气管道工程交工技术文件的检验合格记录包括哪些内容?

7. 根据《城镇燃气设计规范》规定,简述液化石油气储罐接管上安全阀件的配置应符合哪些要求?

第二篇

压力管道操作人员

第四章　压力管道操作人员基础知识

第一节　压力管道安全操作技术与要求

在排除不可抗拒自然力和人为破坏的情况下，引起压力管道事故发生的原因主要的两方面因素：一是管道设备本身的不安全因素导致事故的发生。这方面主要是指管道从设计、制造、安装、检验等过程（即生的过程），以及管道在运行中产生的缺陷，未能得到及时处理，致使缺陷不断扩大，最终使管道破坏而引起事故的发生。二是人的不安全行为导致事故的发生。如：未严格遵守压力管道安全管理制度和安全操作规程要求进行操作，操作人员不具备基本知识和技能、致使操作失误，未按规定进行日常检查、维护保养等从而导致事故发生。因此，严格压力管道安全操作技术、提高操作人员业务水平是压力管道安全管理的重要内容。

一、操作人员岗位职责

压力管道使用单位要制定操作人员安全管理制度和岗位职责，选择适应岗位要求并持有《特种设备作业人员证》的人员负责岗位工作。压力管道操作人员岗位职责应包括以下内容：

1. 操作人员岗位工作基本要求和范围：如岗位范围。可按系统、装置或管道名称等予以规定；管道操作或控制参数要求等。

2. 岗位人员基本条件、持证要求等：

(1) 年龄在 18 周岁以上（含 18 周岁），60 周岁以下（含 60 周岁）；

(2) 身体健康，能够胜任本岗位工作；

(3) 具有相关的压力管道安全技术知识和操作技能；

(4) 工业管道 I-3、I-2 级操作人员应当具有初中以上（含初中）文化程度，工业管道 I-1 级操作人员应当具有高中以上（含高中）文化程度，在本岗位从事相关操作实习半年以上（含半年）；

(5) 公用管道操作人员应当具有初中以上（含初中）文化程度，在本岗位从事相关操作实习 1 年以上（含 1 年）；

(6) 长输管道操作人员应当具有高中以上（含高中）文化程度，在本岗位从事相关操作实习 2 年以上（含 2 年）；

(7) 经专业培训和考核，取得相应级别的压力管道操作证。

3. 严格遵守国家有关安全生产、压力管道安全管理规定，拒绝违规行为，包括上级和相关人员命令或行为，并及时向有关部门报告。

4. 严格执行企业安全管理制度和操作规程：认真履行本职工作，确保压力管道的安全运行。操作人员必须牢记与本职岗位有关的操作规定，熟练掌握操作程序以及紧急的应对措施等技能。

5. 严格按照系统或装置操作参数进行操作，时刻掌握运行参数变化情况，发现紧急情况立即处理或报告。并做好设备运行相关记录。

6. 加强业务学习，提高自身素质。熟悉本岗位压力管道的技术特性、系统结构、工艺流程、工艺指标、可能发生的事故和应采取的措施。

7. 作业时随身携带证件，并自觉接受单位的安全管理和质量技术监督部门的监督检查。

8. 发现事故隐患或者不安全因素应当立即向现场管理人员和单位有关负责人报告。

9. 发生事故时按单位事故应急救援预案规定，认真履行职责。如立即切断危险源，积极参与事故抢救工作，现场引导外部救援人员进行事故抢救，同时向本单位、政府管理部门或应急救援组织报告等。需要时，如实向事故调查或政府管理部门反映事故情况。

10. 明确操作人员履行职责或岗位职责落实情况的检查要求，违规行为的处理以及模范遵守规定、有贡献人员奖励规定。

二、压力管道安全操作要求

要实现压力管道安全运行，必须做好两方面工作。一是制定符合生产工艺要求，安全、科学并符合国家有关安全生产规定的安全操作规程。这工作主要由企业安全管理机构制定，经企业法人颁布执行，操作人员必须严格遵守岗位安全操作规定。二是操作者执行安全操作规程的意识水平。压力管道的运行是由人来操作，操作者对压力管道的操作正确与否，直接影响到压力管道的安全运行。前者由企业把关，后者由压力管道操作人员负责。

1. 压力管道的使用单位应根据压力管道的生产工艺、技术性能、介质特性等压力管道实际运行情况，识别和控制管道安全运行要素，分别制定压力管道的安全操作规程或操作工艺。操作人员必须严格遵守，认真操作。安全操作规程至少应包括以下内容：

——岗位操作法，开停车的操作程序和有关注意事项；

——操作工艺控制指标，包括最高工作压力、最高或最低操作温度；

——压力及温度波动控制范围，介质成分，尤其是腐蚀性或爆炸极限等介质成分的控制值；

——运行中重点检查的部位和项目；

——运行中可能出现的异常现象的判断和处理办法、报告程序和防范措施；

——停用时的封存和保养方法。

2. 操作人员资格与业务素质

压力管道操作人员必须按《特种设备作业人员监督管理办法》规定，经专业知识培训，取得质量技术监督部门颁发的相应级别的《特种设备作业人员证》，方可进行压力管道操作工作。操作压力管道应按《压力管道安全管理人员和操作人员考核大纲》要求，对应相应级别的压力管道进行操作：

(1) Ⅰ-1 级，允许操作工业管道的级别为 GC1、GC2、GC3；

(2) Ⅰ-2 级，允许操作工业管道的级别为 GC2、GC3；

(3) Ⅰ-3 级，允许操作工业管道的级别为 GC3；

(4) Ⅱ-1级,允许操作公用管道的级别为GB1;

(5) Ⅱ-2级,允许操作公用管道的级别为GB2;

(6) Ⅲ级,允许操作长输管道的级别为GA1、GA2。

工业管道、公用管道、长输管道定义及其级别划分按照《压力管道安全管理与监察规定》和《压力管道安装单位资格认可实施细则》规定执行。

3. 压力管道根据生产工艺、输送介质等运行条件,制定相应的操作规程,压力管道操作人员必须严格遵守企业安全操作规程。压力管道操作内容一般包括:操作前的准备(含管道、安全附件和附属设施的检查)、管道运行操作、运行参数检查与调整、正常运行的检查及紧急停车措施等。在操作过程中还要及时、准确地对有关过程、参数进行记录,填写记录表格。

(1) 操作前的准备工作

① 操作人员在上岗操作前,必须按规定着装,带齐操作工具,特别是有专用操作的工具应随身携带。进入易燃易爆、有毒有害气体的车间或场地,还要带好防尘防毒面罩等劳动保护用品。

② 对管道、安全保护装置、压力表、温度计进行运行前的检查。主要检查:管道有无变形扭曲、机械损伤;防腐保温层有无破损、脱落;阀门等控制零件操作是否灵活、到位;压力表和温度计有无损坏,读数是否准确无误;安全阀或安全保护装置是否有妨碍物,根部阀是否已打开等。

(2) 管道运行操作

管道运行操作必须严格按照操作规程规定顺序、内容要求进行。管道控制元件(主要是阀门)操作应缓慢进行,防止压力、温度、流速突然升高造成管道及附件的损伤,同时观察管道系统的压力和温度变化情况,当运行参数达到操作规程规定的数值时,应进行相关操作,以保持运行参数的稳定。

(3) 管道运行初期检查与调整

在管道升压升温过程中,要注意管道冲击、振动情况,调整好管道介质的流速,使管道平稳运行;检查管道表面或防腐保温层是否有跑、冒、滴、漏现象,发现问题要及时处理或立即停车检查处理;观察压力表、温度计指示的参数是否符合操作规程的规定,特别注意的是各处压力表、温度计读数是否一致。

(4) 正常运行的检查

管道正常运行后应按日常检查或巡线检查有关规定进行定期或不定期的检查。压力管道发生故障、泄漏或爆炸大多有先期征兆,通过定时、定点、定线进行巡线检查,并认真、如实做好运行检查记录,一般是能够及时发现管道的异常现象,并采取有力措施消除事故隐患。管道在运行中检查的内容应包括工艺条件、设备状况和安全附件。

在工艺条件方面,主要检查操作压力、温度、流量、液位等指标是否在操作规程规定的范围内;介质的化学成分、杂质含量是否符合要求;以及升压降压、升温降温的控制,如冷水喷淋等的操作规定。

在管道设备方面,应重点检查以下内容:

① 管道接头、阀门及管件密封情况,是否存在泄漏;

② 保温层、防腐层和保护层是否完好；

③ 管道振动情况；

④ 管道支吊架是否完好；

⑤ 管道之间、管道和相邻构件的摩擦情况；

⑥ 阀门等操作机构润滑是否良好；

⑦ 静电跨接、静电接地、抗腐蚀阴极保护装置是否完好；

⑧ 是否存在其他缺陷。

在安全附件方面，应重点检查安全阀、爆破片、紧急切断装置、压力表、温度计等的根部阀是否打开；是否有卡死现象；有无跑、冒、滴、漏情况；并注意观察不同点的压力表、温度读数是否一致等。

(5) 压力管道停车操作。压力管道停车分两种情况：一是属于正常停车，二是属于非正常情况下的紧急停车。

① 正常停车

压力管道长期处于运行状态，一些管道元件无法进行有效的检查维护，存在的缺陷、隐患无法排除，加剧管道缺陷扩展，影响管道系统正常运行，甚至引发事故的发生。为此，压力管道应按《工业管道定期检验规程》与相关行业定期检验同期的要求，以及使用单位根据本企业生产情况，定期地对压力管道停车(停止运行)，进行检查、维护和保养。另外，在管道运行时通过日常、巡线检查发现的问题在不影响安全情况下、也可等到停车时候进行处理等，均属正常停止运行的范畴。

压力管道的停车过程是一个变操作参数过程。在较短时间内将管道系统的温度、压力降到环境温度或大气压，对管道介质进行处理，对管道系统进行置换等操作过程。压力管道停车操作主要是对控制阀门的操作，稍有不慎就会造成窜气而影响其他系统安全，或者排放的介质造成环境影响和误伤到人员等。因此要制定安全、可靠的停车方案。停车方案一般有以下主要内容：

a. 停车和开车的具体时间，停车操作的程序和步骤；

b. 停车过程中控制工艺变化幅度的具体要求；

c. 压力管道内剩余物料的处理、置换清洗及必须动火的范围；

d. 停车检修的内容及要求、组织措施和有关制度。

压力管道停车方案一般应由车间主任，工艺、设备、安全技术人员以及有经验的操作人员共同编制，报主管领导批准，并组织相关人员学习。方案一旦确定，就必须严格执行。

② 紧急停车

压力管道在运行中，如果发生故障，出现下列情况之一，严重影响系统安全运行时，操作人员应该立即采取措施，停止管道运行，并尽快向安全管理或生产部门汇报：

a. 管道系统压力或温度超过操作规程规定的最高允许值，且经采取措施后仍不能使压力或温度恢复正常，并有恶化的趋势；

b. 管道组成件出现裂纹、鼓包、变形或泄漏、爆炸等现象危及管道安全或可能造成事故；

c. 安全附件失灵、接管断裂、紧固件损坏、难以保证管道安全运行；

d. 管道主要控制元件，如阀门不能关闭或打开，或者其他控制工艺参数措施不能实现时；

e. 周边出现火灾、爆炸或其他设备如压力容器出现故障或发生事故等，可能影响到管道安全运行；

f. 安全技术操作规程规定的其他必须停止管道运行情况。

③ 停车时应控制降温速度

对于高温下工作的压力管道，急剧降温，会使压力管道管壁产生较大的收缩应力，严重时会使压力管道产生裂纹、变形、元件松脱、连接部位发生泄漏等现象，应控制降温速度。

④ 采取降温的方法降压

对于输送液化气体的压力管道，由于管内的压力取决于温度，所以单纯排放液化气的气体或液体均达不到降压的目的，必须先降温，才能实现降压。

⑤ 应清除干净剩余物料

压力管道内的剩余物料多为有毒或剧毒、易燃易爆、有腐蚀性等有害物质，若不进行置换或清除干净，在进行管道维修操作时极易发生火灾、人员中毒等事故。所以应对管道进行置换，清除管内残余介质，操作期间在一定周围应杜绝一切火源。对残留物料的排放与清理应采取相应措施，特别是可燃有毒气体应排放至安全区域。

⑥ 紧急停车的操作步骤

压力管道紧急停止运行的操作应在管道操作规程予以规定。一般程序是：首先停止或关闭压力的来源，如停止压缩机运行；关闭锅炉、压力容器等输送、储存等设备介质出口阀门。其次是释放管道系统压力。在进行管道泄压力时要缓慢，防止压力、温度突然下降对管道的破坏以及可能使管道出现真空，造成其他事故的发生。同时排放的介质应视具体情况进行回收、处理等，防止易燃易爆、有毒有害、腐蚀性等介质造成二次破坏。直接排放的介质还必须要符合环境保护要求。

4. 精心操作，提高操作水平

在以往发生的压力管道事故中，由于人为操作不当引起的事故居多数。这是因为压力管道运行环节时间最长，工况条件变化最多，操作人员的操作技能水平、应变能力、系统工况的变化都会影响正常操作，往往会产生憋压、超压、超温及不应有的介质混入等而造成的事故。一般地讲，各单位使用的压力管道都会多少存在些先天性缺陷，失检失修、带病运行等现象严重，如果操作不当，会使缺陷迅速扩展。因此，压力管道的精心操作是避免和减少操作过程发生事故的有效措施。精心操作要做到两点：一是制作合理的工艺操作记录卡片，并认真做好记录；二是操作人员严格遵守工艺纪律和安全操作规程。

压力管道操作人员应自觉遵守企业安全管理规章制度和操作规程，努力学习业务知识，掌握生产工艺过程和安全知识，做到“四懂三会”，即懂原理、懂性能、懂结构、懂用途；会使用、会维护、会排除故障。这就要求对操作人员进行技术业务培训学习，还要紧密结合生产实践，开展岗位练兵、技术大比武活动，提高操作技术水平。

5. 坚守岗位，增强工作责任心

压力管道是生产过程（工艺过程）重要环节，是不可缺少的必备设备，如果出现故障或事故而停止运行，就会影响其他设备的正常生产，甚至造成整个企业生产停止。压力管道运行中由于压力源、管道结构、管道元件、使用环境等因素，而发生压力、温度、流速等变化，且这些波动是瞬间或突发性的，还有一些突发情况，例如，停电、停水、停汽或发生火灾等，如果操作人员不在岗或不注意观察，及时进行调整或操作，就可能影响管道系统的安全运行，轻者影响后一段工序生产，重者可能对管道造成破坏。因此，操作人员必须严格工作纪律，坚守工作岗位，增强工作责任心，注意观察压力管道内介质压力、温度的变化，及时处理突发事件，确保管道系统的安全运行。

6. 认真填写操作记录

操作记录是压力管道操作过程中的原始记录，对保证压力管道安全运行，确保安全生产起着重要的作用。所有压力管道操作人员都应认真、及时、准确、真实地记录压力管道实际运行状况，为预防和减少压力管道事故积累经验，提供压力管道安全运行的证据。一般压力管道操作记录应符合以下要求：

(1) 统一记录表格，规范记录内容。操作记录表格要依据本企业安全管理和生产工艺要求，管道系统安全运行关键操作项目等规定，统一表格形式和健全记录内容。

(2) 记录表格具有可追溯性。操作交接时间、检查时间和部位，以及相关管理、操作人员的签字确认要完整。

(3) 管道系统运行参数记录。进出压力管道的各种物料的温度、压力、流量、时间、数量和间歇操作周期等。应包括系统设定参数与实际参数的对比。

(4) 实际操作和检查内容。实际操作设备情况及效果，包括不同时间下的压力、温度以及波动范围，启动次数和停机，阀门的开启和关闭等；检查发现的问题和处理，以及巡回检查的时间、内容及发现的异常情况等。

(5) 认真做好交接班记录。操作人员在填写操作记录时，要严肃认真，字体要端正，数据要准确，记录要及时，严禁在操作记录本上乱涂乱改和事后补填，要保证记录本的干净、整齐。

三、工业管道的使用、维护和保养方法

1. 工业管道使用基本要求见本教材第二章第五节(压力管道安全使用基本要求)内容。
2. 工业管道维护保养见第一章第十节(工业管道的检修与维护保养)内容。

四、公用管道的使用、检修、抢修、维护和保养

1. 公用管道使用基本要求见本教材第二章第五节(压力管道安全使用基本要求)内容。
2. 公用管道检修、维护保养见第一章第十节(公用管道的检修与维护保养)内容。
3. 公用管道抢修见第二章第八节(在用燃气管道事故紧急处理和抢修)内容。

第二节　管道操作参数控制基本知识

压力管道安全使用首先取决于设计、制造、安装和检验检测安全质量，但使用环节管理对压力管道安全运行起着至关重要的作用。一方面任何管道工程质量都不可能是十全十美的，肯定会存在或多或少的缺陷；另一方面，由于管道使用不当，管道系统压力、温度、介质、流量等操作参数控制不好，出现超压、超温、超负荷运行，振动冲击等现象，就会加剧原始缺陷扩展、恶化，缩短管道使用寿命，甚至造成管道破坏的事故。因此，使用单位要制定严格的

压力管道操作规程或工艺操作指标，明确管道系统压力、温度、介质、流量控制要求；压力管道操作人员必须按规定的操作参数进行操作和控制，同时加强运行管道的巡线检查工作，定期对管道进行维护保养，以延长管道使用寿命，预防和减少管道故障和事故的发生。

1. 开停车的操作程序和有关注意事项

操作压力管道要集中精力，勤于观察和调节。操作应当平稳，在升压、升温或降压、降温时，都应该缓慢进行，不能使压力、温度骤升骤降。开始升压时如果压力突然升高，使管道材料受到很高的加载速度，则材料的塑性、韧性就会下降，在压力的冲击下可能导致管道脆性或长期疲劳而遭受破坏；升温或降温的速度应缓慢，使管道各部分温度大致相近，温差就小，材料因温差产生的附加应力也小。相反，加热或冷却温度很快，则管道各部分温差也大，由此产生的温度应力就大，降低了材料抵抗变形和断裂的能力，或使材料中原有的微裂纹很快扩展，减少管道的使用寿命，甚至导致管道的破坏而发生事故。因此，保持压力和温度的相对稳定，减少压力和温度的波动幅度，是提高压力管道寿命和防止疲劳破坏的重要措施之一。

阀门是控制管道运行、关闭或开启介质流动的重要管道元件，它的操作正确与否，直接关系到管道系统的安全，除要求的动作平稳外，还要按操作规程的规定，在开车、运行和停车时，各阀门的开关状态以及开关的先后顺序必须严格按规定操作，以防止不同物态介质互相混合、高压介质窜入低压系统，高温物料与低温物料相遇，以及管道形成负压等。

2. 禁止超压、超温、超负荷运行

压力管道设计都是根据生产工艺和一定条件下运行时确定管道系统的最高工作压力、温度、负荷和介质特性，从而确定管道材质、壁厚、管径和安全附件保护要求。当管道系统运行压力超过设计规定的最高工作压力时，管道材料就可能遭到损坏，如管道材料中原有微裂纹等缺陷存在，就会加速缺陷的扩展，降低管道使用寿命；如压力超过管道材料的强度极限，则会发生物理性爆炸。

管道材料的强度一般是随温度的升高而降低。超温使材料强度下降，因而产生较大的塑性变形，如局部超温就可能使管道产生鼓包，最终导致管道失效或爆炸。超温往往还是管道发生蠕变破坏的主要原因。此外，一些化学反应物质也产生高温，也应严格控制温度。同样，超过最低允许工作温度也是不允许的，特别是低温管道或工作温度较低的管道，如果温度低于规定的工作温度，就有可能导致管道材料脆性破坏。

超负载运行也会造成管道受到危害，加快管道磨损减薄，如输送液化气体管道在满负荷情况下，温度稍有升高，压力就会急剧上升而发生爆炸。

为防止压力管道超压、超温、超负荷运行，操作人员应特别注意压力、温度变化情况，定时观察压力表和温度计等，发现异常立即处理，以消除事故隐患。

3. 交变载荷的控制

在反复交变载荷的作用下，管道将产生疲劳破坏。压力管道的疲劳破坏主要是属于金属的低周疲劳，其特点是应力较大而交变频率较低。在几何结构不连续的地方和焊缝附近存在应力集中，有的可能达到和超过材料的屈服极限。这些应力如果交变地加载与卸载，将会使受力最大的晶粒产生塑变并逐渐发展为细微的裂纹。随着应力周期变化，裂纹将逐步扩展，最后导致破坏。管道交变应力产生的原因主要有：

(1) 因间断输送介质而对管道反复地加压和卸压、升温和降温；

（2）运行中压力波动较大；

（3）运行中温度发生周期性变化，产生管壁温度应力的反复变化；

（4）因其他设备、支撑的交变外力和受迫振动。

为了防止管道的疲劳破坏，就应尽量避免不必要的频繁加压和卸压，避免过大的压力、温度波动，力求平稳操作。

4. 腐蚀性介质含量的控制

压力管道的设计、管道的选材、安装的焊接工艺、焊接材料、焊后热处理等均取决于管道输送的介质、介质的成分及相应的运行工况。在用压力管道对腐蚀介质含量及工况应有严格的工艺指标进行监控。腐蚀介质含量的超标、原料性质的恶劣，必然对压力管道产生危害。如对于高强钢压力管道，H_2S 含量超过一定值，并伴有水分的情况下，大大增加了管壁产生应力腐蚀开裂的可能性。当焊缝的硬度值 HB>200，如含 H_2S 超标，极易导致焊缝的应力腐蚀。此外，腐蚀介质成分、含水多少、气相液相的不同、流速流动状态差异、颗粒的大小都会影响腐蚀失效的程度。总之，压力管道介质成分的控制是压力管道运行控制的极为重要的内容之一。对于介质超标等违反工艺规程、操作规程的行为，使用单位必须作出明确规定，加以坚决制止。

5. 压力管道运行指标、控制范围及超指标的危害情况见表 4.2.1。

表 4.2.1　压力管道运行控制指标

类别	项　目	控制范围	超指标危害
压力指标	最高压力	不超过最大使用工作压力	1. 管道变形、泄漏；2. 管道开裂、爆裂、爆炸
	升降压速度	常温：<0.05 MPa/min 高温：<0.2 MPa/min～0.3 MPa/min	1. 管道连接处密封失效；2. 管道应力增大；3. 加速原有裂纹扩展；4. 管件受损
温度指标	最高温度	不超过材料的许用温度	1. 材料的强度降低，甚至发生蠕变破坏；2. 加速材料腐蚀、开裂或氧化起皮
	最低温度	1. 不超过材料的许用温度；2. 低于物料结晶析出温度	1. 材料产生低温脆性破坏；2. 物料结晶析出、堵塞管道
	升降温速度	<40℃/h	产生热应力和热冲击
介质指标	腐蚀介质含量	腐蚀速度 不锈钢：<0.5 mm/a 碳钢：<0.1 mm/a	强度不足造成穿孔泄漏
	机械杂质含量	1. 不在管道内造成沉淀沉积； 2. 不使管道过度磨损	1. 积垢、堵塞管道、增加阻力、降低生产能力；2. 管道磨损、减弱强度
	物料流动性	输送物料畅通	积料、堵塞管道
	润滑油含量	不在管道内形成油垢	1. 结垢、高温易形成积碳、爆炸；2. 油中含水或硫化物时加剧腐蚀；3. 润滑油对某些橡胶质密封垫的腐蚀

6. 加强管道运行的巡线检查，及时发现和消除不安全因素

巡线检查是压力管道动态监测的重要手段，其目的是及时发现事故隐患并进行处理，以符合管道安全运行。压力管道的操作人员在压力管道运行期间应执行巡回检查制度，经常对压力管道进行检查，以便及时发现操作上或管道上出现的不正常状态，采取相应的措施进行调整或消除，防止异常情况扩大和延续，保证压力管道安全运行。检查内容包括工艺条件、管道状况以及安全装置等方面。

在工艺条件方面，主要检查操作条件，包括操作压力、操作温度、介质波动等是否在安全操作规程规定的范围内，压力管道工作介质的化学成分、流速和流动状态、颗粒的大小等，特别是那些影响压力管道安全（如产生腐蚀、使压力升高等）的成分是否符合要求。

在管道设备状况方面，主要检查压力管道各连接部位有无泄漏、渗漏现象，有无振动、变形、磨损情况，管道表面防腐保温层是否完好以及管道表面是否腐蚀等其他缺陷或可疑迹象。

在安全装置方面，主要检查压力管道的安全装置，包括与安全有关的计量器具（例如温度计、压力表等）是否保持完好状态。如压力表的取压管有无泄漏和堵塞现象，管道液相安全阀的弹簧是否锈蚀、被油垢粘满等情况，杠杆式安全阀的重锤有无移动的迹象，以及冬季气温过低时，装设在室外露天的安全阀有无冻结的可能等，这些装置和器具是否在规定的允许使用期限内。

操作人员在进行巡回检查时，应随身携带检查工具，如扳手、抹布及其他专用工具，沿着固定的检查路线和检查点，仔细观察阀门、管线及与管道连接的其他设备的连接部位，各个连接部位是否有跑、冒、滴、漏现象。巡回检查要定时、定点、定路线。所谓定时，就是要求每次巡回检查的间隔时间固定，每小时进行一次，或每两小时进行一次。定点是指巡回检查制度明确规定需要进行检查的固定点。如关键的安全保护装置、阀门、重要连接点、指示仪表以及曾经出现过故障的部位。定路线是按管道工艺流程或将事故易发线路规定为巡回检查的路线。压力管道巡线检查一般包括以下内容：

（1）各项工艺操作指标参数、运行情况、系统平衡情况；

（2）管道接头、阀门及管件密封情况，是否存在泄漏；

（3）保温层、防腐层和保护层是否完好；

（4）管道振动情况；

（5）管道支吊架是否完好；

（6）管道之间、管道和相邻构件的摩擦情况；

（7）阀门等操作机构润滑是否良好；

（8）安全阀、压力表、爆破片等安全保护装置的运行、完好状态；

（9）静电跨接、静电接地、抗腐蚀阴极保护装置是否完好；

（10）是否存在其他缺陷。

使用单位应针对检查内容制作统一表格，每次检查均填写检查日期（时间）、检查人员和负责人签字确认。检查记录妥善保管，并可作为管道安全运行的证明向相关方提供。

第三节　管道介质的危害程度、火灾危险性划分

工业管道、公用管道介质的危害程度、火灾危险性划分见第二章第二节二、三内容。

第四节　常用介质特性及其对安全使用的影响

工业管道、公用管道(燃气、蒸汽)常用介质的主要物理化学特性及其对安全使用的影响见本教材第二章第三节相关内容。

第五节　压力管道事故的判断与处理方法

一、压力管道事故分类及事故对环境的影响

1. 压力管道事故分类

压力管道事故是指由于人和物或两者的共同作用,致使压力管道发生泄漏、爆炸以及次生事故等,造成人员伤亡、财产损失的突发性事件的总称。

压力管道事故的分类有多种方法。按管道发生破裂的特征可分为爆炸与泄漏两大类;对爆炸事故再按爆炸的原因来分又可分为化学性爆炸和物理性爆炸;按事故对管道破坏的形式又可分为韧性破坏、脆性破坏、腐蚀破坏、疲劳破坏、蠕变破坏等。

根据事故造成的人员伤亡、经济损失以及事故管理、报告和调查处理要求,国务院《生产安全事故报告和调查处理条例》(国务院令第 493 号)规定以下四种分类方法:

(1) 特别重大事故,是指造成 30 人以上死亡,或者 100 人以上重伤(包括急性工业中毒,下同),或者 1 亿元以上直接经济损失的事故;

(2) 重大事故,是指造成 10 人以上 30 人以下死亡,或者 50 人以上 100 人以下重伤,或者 5 000 万元以上 1 亿元以下直接经济损失的事故;

(3) 较大事故,是指造成 3 人以上 10 人以下死亡,或者 10 人以上 50 人以下重伤,或者 1 000 万元以上 5 000 万元以下直接经济损失的事故;

(4) 一般事故,是指造成 3 人以下死亡,或者 10 人以下重伤,或者 1 000 万元以下直接经济损失的事故。

以上所称的"以上"包括本数,所称的"以下"不包括本数。

国家质量监督检验检疫总局根据《生产安全事故报告和调查处理条例》要求,制定颁布《锅炉压力容器压力管道特种设备事故处理规定》。该规定从事故造成的人员伤亡、经济损失和设备损坏等方面分为五类,具体内容如下(略)。

2. 压力管道事故对环境的影响

压力管道输送的介质大多是易燃易爆、有毒有害、严重腐蚀等危险物质,在使用过程中由于故障致使管道泄漏、燃烧、爆炸等,不仅造成人员伤亡或中毒、财产重大损失,而且还可

能长时间的污染环境，影响众多人民群众正常生活和社会公共安全。此外，环境污染造成危害还可能引起次生安全事故。因此，充分认识事故对环境的影响，采取应对措施，就能最大限度地减少事故造成环境污染的危害。

1979 年，我国台湾省彰化县鹿港、福兴、秀水、埔盐等乡镇附近的居民突然罹患前所未见的皮肤病，病症有眼皮肿、手脚指甲发黑、身上有黑色皮疹。由于患者的人数高达数千人，引起社会各界的广泛关注。据统计，这次事件共造成近 2 000 人中毒，53 人死亡。经过追踪调查，患者中毒的途径系来自日常食用的米糠油，证实这是与 1968 年日本米糠油事件时隔 11 年后的悲剧重演，被称为“台湾油症事件”。

据调查，台湾省彰化县溪湖镇一家名为“彰化油脂企业公司”的食用油厂在生产米糠油时，使用了日本的多氯联苯(PCBs)来对米糠油进行脱色和脱味。由于管理不善、致使输送多氯联苯的管道渗漏，使多氯联苯渗入米糠油中，并受热后生成了多氯代二苯并呋喃(PCDFs)和其他氯化物，从而导致食用者中毒甚至死亡。

据当地卫生局保健科说，在此事件中的中毒人员的症状有面部、颈部或是身体出现疙瘩，或类似青春痘的皮肤病，也会头晕目眩、手脚疼痛、四肢无力、水肿，或指甲、眼白、齿龈、嘴唇、皮肤等处的黑色素沉着。PCBs 甚至能够融入细胞 DNA 中，使遗传因子紊乱。若被孕妇吸收，可透过胎盘，或乳汁导致早期流产、畸胎、婴儿中毒。一些受到影响的胎儿出生时，全身黏膜黑色素沉着，发育较慢，很像一瓶可口可乐，被民间俗称为“可乐儿”，这样的后遗症还包括婴儿体重过轻，眼球突出，肝脾肿大，脚跟突出，皮肤脱落，免疫功能低下等畸形表现。

2004 年 11 月 18 日，陕西省延安市宝塔区南泥湾镇南一公里处的靖咸(靖边至咸阳)输油管道发生原油泄漏事故，喷发出的“油喷泉”有 20 多米高，上千吨原油外泄。12 个小时后漏油处被封堵住。泄漏造成输油中断、交通中断、一些田地被毁，预计直接损失 400 万元以上。泄漏持续了 8 个多小时，泄漏原油约为 800 吨。但根据长庆油田电脑监测系统显示，如将上下游集输油站油泵关闭，该段管线里可容原油千余吨，预计外泄的原油将超过千吨。原油泄漏造成当地一些农田、山上植被、农用灌溉水渠被毁，直接导致经济损失至少 400 万元。这是一起特大污染事故。

2005 年 11 月 13 日，吉林石化公司发生爆炸着火事故，约有 100 吨苯类污染物流入松花江水体，致使松花江水体严重污染，导致有着 300 多万人口的哈尔滨市紧急停水 4 天，沿江 1 000 多万居民的生产、生活受到严重影响。污染河水流经俄罗斯，更造成国际纠纷。

导致这次事故的主要原因之一就是企业制定的应急预案本身没有考虑环境因素。爆炸发生后，吉林石化虽紧急启动应急预案，90 多辆消防车被调集到事故现场灭火，而爆炸中泄漏的苯、苯胺和硝基苯等有机物随消防用水却通过吉化公司东 10 号线进入了松花江的吉林市段。此外企业规划不合理，吉林石化位于哈尔滨饮用水源保护区上游，排污口离松花江过近。

鉴于管道泄漏可能造成重大环境污染，国家环境保护法律法规规定，发生环境污染事故或突然时间造成或可能造成污染事故的单位，必须立即采取处理措施，步骤如下：

(1) 立即采取措施：已发生污染的，立即采取减轻和消除污染的措施，防止污染危害进一步扩大；尚未发生污染但有污染可能的，立即采取防止措施，杜绝污染事故的发生。

（2）及时通报或疏散可能受到污染危害的单位和居民，使得他们能及时撤出危害地带，以保证即使发生了污染事故，也可以避免人身伤亡。

（3）向当地环境行政执法部门报告，接受调查处理。报告必须及时准确，不得拒报、谎报、事故查清后，应作事故发生的原因、过程、危害、采取的措施、处理结果以及遗留问题和防范措施等情况的详细书面报告，并附有关证明文件。

此外，企业对事故发生的环境影响考虑不到位，对企业的应急能力与脆弱性分析不足是当前企业普遍存在的情况。对此，企业应在编制的应急预案中至少要对以下方面作出详细说明：

（1）如爆炸、火灾、泄漏等可能产生的污染物种类与最大量；

（2）正常工况下与非正常工况下，生产过程中产生污染物种类与数量；

（3）污染治理设施非正常条件下，排放污染物的种类与数量；

（4）自然条件可能造成污染事故的说明（暴雨初期，自然灾害等）；

（5）可能产生各类污染物对人、动植物等危害性说明；

（6）根据污染物可能波及范围和环境保护目标的距离，预测不同环境保护目标可能出现污染物的浓度值，并确定保护目标级别；

（7）运输过程中由于事故，释放危险物质对环境保护目标的影响分析；事故产生污染物对跨界（国家、省、市、县）影响的说明等。

二、工业管道一般常见故障处理

1. 管道泄漏及处理

管道泄漏不仅浪费资源、能源和污染环境，影响管网的输送能力，特别是易燃、易爆、有毒介质的外漏，严重威胁管道内流体的正常输送和人身安全，甚至造成重大事故及停车、停产。公用管道的泄漏，也会造成停止供热、停气等后果，严重影响群众正常生活。因此，妥善处理泄漏问题，是管道安全运行的一大关键。

管道泄漏多发生在连接件及其管段上，连接法兰、连接螺纹、阀门体及填料上发生的泄漏，属于管道连接件泄漏，而在管段上的泄漏，则多发生在焊口、流体转向的弯头、三通及蚀孔等部位。

管道常见泄漏故障及一般处理方法见本教材第一章第十节（压力管道泄漏分析与处理）。

管道泄漏处理实用技术请参阅本教材第一章第十节（管道带压堵漏密封技术）。

2. 超温、超压故障处理

压力管道设计都是根据生产工艺和一定条件下运行时确定管道系统的最高工作压力、温度、负荷和介质特性，从而确定管道材质、壁厚、管径和安全附件保护要求。当管道系统运行压力超过设计规定的最高工作压力时，管道材料就可能遭到损坏，如管道材料中原有微裂纹等缺陷存在，就会加速缺陷的扩展，降低管道使用寿命。如压力超过管道材料的强度极限，则会发生物理性爆炸。

通过观察管道系统安装的温度计、压力表，或者实际操作中发现管道系统出现超温、超压情况时，应立即采取措施进行调整，当处理无效或视紧急情况，必须及时报告单位生产部门、车间或介质来源的上道工序的管理人员。超温、超压的处理必须在找出故障原因的前提下，有针对性地采取措施进行排除。

（1）超温故障一般重点检查以下内容，并作出相应处理：

① 温度源的检查。是否上道工序或生产工艺变化导致管道超温。如锅炉、压力容器温度、工艺发生变化，引起输送介质温度升高。

② 环境温度的影响。在高温气候条件下，管道得不到有效散热，特别是输送液化气体介质的管道，温度急剧升高会造成管道物理性爆炸事故。

对于前者要及时通知相关部门或管理人员，采取改变、控制介质反应、输出等操作控制管道系统超温运行，必要时可采取切断介质来源来达到降温目的。如长期出现温度源超温情况，应考虑改进生产工艺、设置降温工序等措施确保管道系统在设计温度范围内。

对于环境温度的影响，可进行合理的操作，使管道介质充分流动，以达到或减少介质温度升高。同时也可采取喷洒冷却水的方法，强制进行降温。

（2）超压故障一般重点检查以下内容，并作出相应处理：

① 压力源的检查。管道介质的输入设备，如锅炉、压力容器、调压站等设备输出的压力是否超出规定压力值，或者流速、流量过大，超出管道承受范围，造成管道憋压而瞬间压力升高。这种情况可通过调压装置、阀门等减小介质流速、流量，达到降压目的。当采取措施不能控制超压时，应及时通知前工序操作人员并报告安全管理部门或人员。

② 温度的影响。一般介质的温度与压力是成正比关系，即温度升高时压力也随着增大。由温度引起的超压处理按上述要求进行。

③ 安全泄压装置。在管道设计时，考虑到生产工艺实际情况，管道运行压力会出现波动现象，当压力超出允许范围时，安全泄压装置发生作用，排卸部分介质以达到降压目的。所以，当出现超压时应检查泄压装置（如安全阀）是否起作用。安全保护装置的检查与校验参照本教材相关内容。

④ 减压装置的检查。管道作为介质的输送设备，其介质是从其他装置或设备中来，在生产工艺设计时，如果装置或设备输出的压力高于管道设计压力时，会采取减压的方法来保证管道安全运行。因此，管道系统出现超压时也应检查减压装置（如减压阀等）是否损坏，或调节功能是否失效。如无减压装置，而输出设备又难以控制或稳定地供给管道规定的压力，则就考虑在管道系统前设置减压装置，防止管道超压而造成事故。

⑤ 压力表、温度计的检查。压力表和温度计是压力管道系统中必不可少的安全附件，操作人员通过观察压力表和温度计的读数，掌握管道正常、安全运行情况。由于压力表、温度计损坏或读数不准确，也可造成操作人员判断失误。因此，操作人员发现超温超压情况时，应对不同点的压力表、温度计进行对比观察，以减少错误判断。压力表、温度计必须按国家有关计量规定，进行定期校验，如发现损坏不能修复时应及时更换。

（3）安全保护装置异常。安全保护装置出现故障有可能发生两种情况，一是安全装置不起作用，系统高压得不到释放，引起管道系统出现超压现象；二是安全装置失灵，在系统压力未达到规定值时即进行卸压，造成管道系统压力过低，影响正常的生产工艺要求。这两种情况均是安全保护装置故障所致，必须进行调整或修理。如果管道系统中只有这一个安全保护装置，且管道不能通过与其他有安全装置的设备连接，就要停止管道运行，拆除安全装置进行调整和修理；如果管道系统中还有其他安全保护装置，或者管道能通过与其他有安全装置的设备连接实现保护，可采取关闭安全装置根部阀的方法拆除安全装置进行调整和修理。

3. 管道振动的处理

管道振动最常见的振动源是机器（如压缩机）振动引起管道的振动，以及管道内流体的不稳定流动所引起的振动。一般管道在设计时已考虑了管道振动问题，并采取合理结构等加以解决。但是，管道经过较长时间运行后，管道的支、吊架、管道连接部位如法兰等紧固部位的松动，从而引起管道的振动，严重时甚至造成管子、阀门法兰等管道元件的破裂、泄漏的故障。所以，操作人员发现有管道不正常振动时要引起足够重视，及时采取措施予以处理。如进行管道支吊架、阀门、法兰，特别是振动源连接处的紧固。在操作方面要注意阀门操作要缓慢，以免介质快速流动形成“液击”而产生振动。对于设计不合理的结构或设计欠缺考虑振动的问题，应根据实际情况在检修维护时予以补救。

三、公用管道一般常见故障处理

公用管道一般常见故障处理见本教材第一章第十节（公用管道的检修与维护保养）。

四、压力管道事故应急救援预案

压力管道事故应急预案主要介绍企业编制预案的目的、原则和预案内容，具体见本教材第二章第九节（压力管道事故应急救援预案）。

五、人员自救和防护

人员自救和防护主要介绍易燃易爆介质泄漏或爆炸的自救和防护，有毒有害、腐蚀介质泄漏或爆炸的自救和防护，火灾的自救和防护等内容，具体见本教材第二章第十节（人员自救和防护）。

六、压力管道突发事件和事故判断与处理方法

突发事件是指突然发生，造成或者可能造成重大人员伤亡、财产损失、生态环境破坏和严重社会危害，危及公共安全的紧急事件。突发事件是在某种必然因素支配下出人意料地发生，给社会造成严重危害、损失或影响，且需要立即处理的负面事件。

按国务院 2006 年 1 月 8 日发布的《国家突发公共事件总体应急预案》规定，根据突发公共事件的发生过程、性质和机理，突发公共事件主要分为以下四类：

(1) 自然灾害。主要包括水旱灾害，气象灾害，地震灾害，地质灾害，海洋灾害，生物灾害和森林草原火灾等。

(2) 事故灾难。主要包括工矿商贸等企业的各类安全事故，交通运输事故，公共设施和设备事故，环境污染和生态破坏事件等。

(3) 公共卫生事件。主要包括传染病疫情，群体性不明原因疾病，食品安全和职业危害，动物疫情，以及其他严重影响公众健康和生命安全的事件。

(4) 社会安全事件。主要包括恐怖袭击事件,经济安全事件和涉外突发事件等。

各类突发公共事件按照其性质、严重程度、可控性和影响范围等因素,一般分为四级:Ⅰ级(特别重大)、Ⅱ级(重大)、Ⅲ级(较大)和Ⅳ级(一般)。

压力管道作为特种设备的一个种类,在使用中会发生或可能发生泄漏、爆炸、火灾等意外事故,造成或者可能造成重大人员伤亡、财产损失、生态环境破坏和严重社会危害,危及公共安全的事件。因此,按上述突发公共事件分类,压力管道突发事件应归"事故灾难"类。

1. 压力管道突发事件和事故分类

(1) 压力管道突发事件是指压力管道在试验或使用中,由于管道不安全状况或人的不安全行为,导致压力管道发生泄漏、爆炸以及所引起的次生灾难,造成或者可能造成重大人员伤亡、财产损失、生态环境破坏和严重社会危害,危及公共安全的事件。

(2) 压力管道事故分类

从事故管理角度考虑,事故分类按《生产安全事故报告和调查处理条例》(国务院令第493号)规定,根据生产安全事故造成的人员伤亡或者直接经济损失,事故一般分为以下等级:

① 特别重大事故,是指造成30人以上死亡,或者100人以上重伤(包括急性工业中毒,下同),或者1亿元以上直接经济损失的事故;

② 重大事故,是指造成10人以上30人以下死亡,或者50人以上100人以下重伤,或者5 000万元以上1亿元以下直接经济损失的事故;

③ 较大事故,是指造成3人以上10人以下死亡,或者10人以上50人以下重伤,或者1 000万元以上5 000万元以下直接经济损失的事故;

④ 一般事故,是指造成3人以下死亡,或者10人以下重伤,或者1 000万元以下直接经济损失的事故。

国务院安全生产监督管理部门可以会同国务院有关部门,制定事故等级划分的补充性规定。上述所称的"以上"包括本数,所称的"以下"不包括本数。

根据《生产安全事故报告和调查处理条例》要求,国家质量监督检验检疫总局颁布《特种设备事故处理规定》,对事故类别进行细化。特种设备事故按照所造成的人员伤亡和破坏程度,分为特别重大事故、特大事故、重大事故、严重事故和一般事故(略)。

2. 压力管道事故判断和处理

压力管道事故的判断主要是现场操作人员根据现场出现的紧急情况,初步作出相对精确的判断,并以此为依据,选择正确的处理方法。

压力管道事故判断准则(界定):已发生或可能发生事故,造成或者可能造成设备损坏、人员伤亡、财产损失、生态环境破坏、严重社会危害和危及公共安全,符合《生产安全事故报告和调查处理条例》相应类别的事件,作为事故处理,单位和相关人员必须按国家有关规定和企业事故应急救援预案要求,进行事故救援处理工作。除上述之外,管道设备出现可控制或有能力处理的故障、较小的泄漏等,可在企业内部或在管道维护保养时处理,不列入管道事故的范畴,但企业必须进行记录,落实整改措施。

压力管道事故与故障的判断、处理一般包括以下几种情况:

(1) 爆炸事故。指压力管道在使用中或者压力试验时，受压部件发生破裂，管道中介质蓄积的能量迅速释放，内压瞬间降至外界大气压力的事故。

爆炸事故可分为物理性爆炸和化学性爆炸。物理性爆炸指管道受压部件因内部介质的压力上升，使该部件的应力超过强度极限或者发生低应力脆断而破裂所发生的爆炸事故。如管道超压爆炸等事故；化学性爆炸指管道受压部件因内部化学反应失控，或者管道内部介质浓度在爆炸范围内且有点火能量而发生化学反应，管道内压力超过管道强度极限，致使受压部件破裂而发生的爆炸事故。

正确判断爆炸事故的类型是事故救援和处理的关键：

① 如果管道输送的介质不是易燃易爆的，一般情况下属于物理性爆炸，不会发生二次爆炸的危险，在确认其他管道或设备不发生次生事故情况下，应立即进行人员抢救和事故现场处理工作。

② 如果管道输送的介质是易燃易爆(含有毒、腐蚀)的，在发生爆炸时，首先应判断是否会发生次生爆炸，如可能发生次生爆炸，应立即控制周围火源，设置警戒线，限制人员进入事故现场，关闭爆炸点前阀门，控制介质继续泄漏，同时报告上级部门或向社会求助、启动事故应急救援预案；其次，判断事故是属于物理性爆炸还是化学爆炸。物理性爆炸一般情况下不会马上出现火光或火灾，爆炸声音比较单一，现场破坏程度较相同条件下的化学爆炸小，但高温高压管道也可能是爆炸与火灾几乎同时进行，虽然两者有时间差，但难以判断，要根据管道实际情况来确定，前者处理应立即切断介质来源，防止爆炸点周围出现火源，然后进行人员抢救和无关人员撤离等工作；后者可在切断危险源后即可进行事故的抢救工作。

输送易燃易爆介质的管道发生物理性爆炸更具危险性，这是因为物理性爆炸后泄漏的介质与空气充分混合，遇火源或达到点火能量就会发生二次爆炸或爆燃，如在现场进行人员抢救、处理时就会造成更大的人员伤亡，应特别予以注意。

化学爆炸一般爆炸声和火灾(火光)同时出现，几乎没有时间差，一般情况下化学爆炸后不会马上出现二次爆炸，但会发生火灾，这是因为易燃易爆介质已发生了化学反应，而后续泄漏的介质只是补充燃烧，这种情况可同时采取抢救人员、扑灭火灾、切断危险源的方法进行事故救援。

(2) 泄漏事故。压力管道元件出现裂缝、穿孔，或连接、密封件、控制元件等损坏，管道内介质在压力的作用下，排放到管道外部，称为泄漏事故。泄漏通常可引起爆炸、燃烧、人员中毒、环境污染等严重后果或者次生事故。

管道泄漏事故的判断主要有以下几种方法：

① 压力判断法。压力管道在运行时均有一个工作压力范围，操作人员应时刻注意观察压力表的数值，并与管道规定的工作压力范围或者正常运行记录压力变化范围进行比较，如果出现压力突然下降，且超过正常运行时的最低压力，在排除压力源影响的前提下，应考虑是否有泄漏事故。这种压力判断法目前在一些没有监控设施的企业、城市燃气管网应用较多，但压力判断法一般只适用于泄漏量比较大的情况。

② 流量判断法。流量判断法与压力判断法的观察、对比基本一致，在排除管道前后设备或工艺大波动情况下，如果管道输送流量突然增大且超过正常范围，应检查是否有泄漏情况。该方法在生产工艺所需流量波动不大，流量计比较精确时较适用。

③ 巡线检查法。该方法就是定时、定点、定线进行巡回检查，定时就是规定一个时间（一般以小时计），定点是对易发生泄漏的部位重点检查，如阀门、法兰、弯头、腐蚀较严重部位，以及易产生振动和热应力的部位等。巡线检查主要是通过检查人员的看、听、嗅来初步判断有无泄漏情况和泄漏量的大小，或者对可能出现泄漏的部位进行预测。检查人员进行巡线泄漏检查时，应视管道使用和输送介质情况，携带必要的检查和处理工具，有条件的可配置防爆通讯设备。一般检查和处理工具主要有：紧固扳手、锤子（易燃易爆介质用木锤）、检测仪、听筒、泡沫液体、防爆照明灯、修补万能胶、堵漏卡箍、布带胶带等。

（3）火灾事故。广义地说，火灾是指失去控制并对财物、人身和环境造成直接损害的燃烧现象。在此所说的火灾事故是指由于输送易燃易爆介质的压力管道发生泄漏、爆炸事故而引起的火灾，或者说压力管道事故引起的次生事故。要进行火灾的扑救就要掌握燃烧的基本条件和过程。

① 燃烧是指物质发生强烈的氧化反应，同时发出光和热的现象。它具有发光、放热、生成新物质三个特性，如氧气与乙炔发生化学反应生成二氧化碳和水蒸气。照明电灯虽然发出热和光，但没有发生生成新物质的化学反应，就不能称为燃烧。燃烧的形式多种多样，但最常见、最普遍的燃烧现象就是可燃物在空气或氧气中的燃烧。

物质燃烧过程的发生和发展，必须具备以下三个必要条件，即：可燃物、氧化剂和温度（引火源）。只有这三个条件同时具备，才可能发生燃烧现象，无论缺少哪一个条件，燃烧都不能发生。

a. 可燃物：凡是能与空气中的氧或其他氧化剂起燃烧化学反应的物质称为可燃物。可燃物按其物理状态分为气体可燃物、液体可燃物和固体可燃物三种类别。可燃烧物质大多是含碳和氢的化合物，某些金属如镁、铝、钙等在某些条件下也可以燃烧，还有许多物质如肼、臭氧等在高温下可以通过自己的分解而放出光和热。

b. 氧化剂：帮助和支持可燃物燃烧的物质，即能与可燃物发生氧化反应的物质称为氧化剂。燃烧过程中的氧化剂主要是空气中游离的氧，另外如氟、氯等也可以作为燃烧反应的氧化剂。

c. 温度（引火源）：是指供给可燃物与氧或助燃剂发生燃烧反应能量来源。常见的是热能，其他还有化学能、电能、机械能等转变的热能。

但是，并不是上述三个条件同时存在，就一定会发生燃烧现象，三个因素还必须相互作用并具备燃烧的充分条件：一定的可燃物浓度；一定的氧气含量；一定的点火能量；未受抑制的链式反应。前三个条件同时存在，相互作用，燃烧即会发生。而对于有焰燃烧，除以上三个条件，燃烧过程中存在未受抑制的游离基（自由基），形成链式反应，使燃烧能够持续下去，亦是燃烧的充分条件之一。

② 火灾事故是造成人员重大伤亡和经济损失的主要生产事故形式之一，因此，压力管道操作人员应熟悉管道事故引起的火灾进行判断和处理，以扼制和减少压力管道事故造成的后果。要消除或控制压力管道泄漏、爆炸引起的火灾，关键是在压力管道事故发生时采取科学、合理、及时的补救措施，控制火灾的发生或蔓延。

输送易燃易爆介质的压力管道发生泄漏或爆炸时，应依据燃烧的三个基本条件和充分条件，扑救火灾事故。

压力管道发生化学爆炸实质就是强烈的氧化反应即燃烧过程，因此，首先要切断可燃物。采取关闭管道阀门或其他阻止介质流动的方法。在操作上要优先关闭介质供给阀门，然后关闭爆炸点后阀门，以阻止介质回流助燃火灾，在顺序上要优先切断离爆炸点前、后最近的管道阀门，尽量减少可燃物泄漏数量。其次，是隔绝或减少可燃物与空气混合，或者控制混合物质浓度在爆炸极限之外。在管道泄漏或爆炸处，视管道介质特性，用水、灭火器或其他惰性气体等对着火点进行喷洒，一方面可隔绝空气与易燃易爆介质混合，另一方面还可以降低介质温度。

3. 堵漏实用技术

在压力管道未发生爆炸破坏情况下，如果泄漏较小（如法兰密封面、管子小穿孔等），且生产暂时不能停止，在确保安全前提下可采取堵漏方法进行临时处理，待管道停止运行或维修保养时再作彻底解决。

堵漏实用技术见本教材第一章第十节（管道带压堵漏密封技术）内容。

七、典型事故案例分析

压力管道典型事故案例分析见第二章第十一节内容。

第六节　管道识别色、识别符号和安全标识

管道识别色、识别符号和安全标识见第二章第四节内容。

第七节　工业管道安全保护装置的使用与维护

压力管道是在所设计的操作压力和操作温度下运行，一旦出现操作压力和操作温度偏离设计值较大而又得不到合适的处理，将可能导致管道事故的发生。因此，在运行中可能超压的管道系统均应设置安全保护装置。安全保护装置包括在压力管道上连接的安全阀、爆破片、紧急切断阀、减压阀和压力表等。

1. 安全阀

常用的安全阀有弹簧式安全阀、杠杆式安全阀。当压力管道内的压力高于安全阀的开启压力（弹簧力）时，阀门自动开启，管道内的介质得以释放，压力下降；当压力管道内的压力小于安全阀的开启压力（弹簧力）时，安全阀又自动关闭，从而保护了压力管道不受到破坏。

（1）安全阀的选用

① 安全阀铭牌上或者安全阀体外表面至少有以下内容的明显标志，其中产品编号应当为阀体上的永久标志：

a. 安全阀制造许可证编号及安全标志；

b. 制造单位名称；

c. 安全阀型号；

d. 制造日期及其产品编号；

e. 公称压力(压力级)；

f. 公称通径；

g. 流道直径或者流道面积；

h. 整定压力；

i. 阀体材料；

j. 额定排量系数或者对某一流体保证的额定排量。

铭牌应当用耐腐蚀材料制造，而且必须牢固固定在阀体或者阀盖外表面。

② 每台安全阀交付用户时，制造单位必须随产品附带以下资料：

a. 质量证明文件；

b. 安全阀简图以及材料明细表；

c. 安装及其使用维护、校验说明书；

d. 制造单位与用户合同规定的有关文件。

③ 结构形式。选用什么形式的安全阀，主要取决于管道的工艺条件和工作介质的特性。全启式的安全阀适用于排放气体、蒸汽或者液体介质，微启式的安全阀一般适用于排放液体介质，排放有毒或者可燃介质时必须选用封闭式安全阀。一般情况下，压力管道大多选用弹簧式安全阀。

④ 压力范围。安全阀是按公称压力标准系列进行设计制造的，每种安全阀都有一定的工作压力范围。选用时应按压力管道的最大允许工作压力选用合适的安全阀。

⑤ 排放量。选用的安全阀，其排量必须大于管道的安全泄放量，这样才能保证压力管道超压时，安全阀开放能及时排出一部分介质，避免压力继续升高。

(2) 安全阀的安装要求

① 新安全阀在安装之前，应根据使用情况进行调试后，才准安装。

② 安装在管道上的安全阀应垂直安装。安全阀装设的位置应便于检查和维修。

③ 对于压力管道与安全阀之间的连接管通孔，其截面积不得小于安全阀的进口截面积，其接管应尽量短而直。

④ 安全阀与压力管道之间一般不宜装设截止阀门。相通的一个管道系统有 2 个以上的安全阀或有其他设备保证不超压时可装截止阀，但在压力管道正常运行期间截止阀必须保证全开(加铅封或锁定)，截止阀的结构和通径应不妨碍安全阀的安全泄放。

(3) 安全阀的日常检修维护

要保证安全阀动作灵敏可靠且密封性能良好，必须加强日常维护检查，安全阀应经常保持清洁，防止阀体弹簧等被油垢脏物粘满或被锈蚀，还应经常检查安全阀的铅封是否完好，温度过低时有无冻结的可能性，检查安全阀是否有泄漏。发现安全阀有渗漏迹象时，应及时进行更换或检修，禁止用增加载荷的方法(例如加大弹簧的压缩量或增加重锤对阀瓣的力矩等)来减除阀的泄漏。为了防止安全阀的阀瓣和阀座被气体中的油垢、水垢或结晶物等粘住或堵塞，用于空气、水蒸气以及带有黏性物质而排放时又不会造成危害的其他气体的安全阀，应定期做手提排气试验，试验时应缓慢操作，轻轻地将提升扳手(弹簧式安全阀)或重锤慢慢举起，听见阀内有气体排出声时即慢慢放下，不允许将提升扳手或重锤迅速提起又突然放下，以免阀瓣在阀座上剧烈振动，冲击损坏密封面。排气试验后，如发现安全阀有泄漏声，则可能是阀瓣倾斜，可以重复进行一次试验。安全阀手提排气试验的间隔期限可以根据气体的洁净程度来确定。

（4）安全阀的定期检查

安全阀定期检查分为在线检查和检测、离线检查、校验三种方式。根据国家质量监督检验检疫总局颁布的《安全阀安全技术监察规程》规定，定期检查要求如下：

① 在线检查和检测

a. 在线检查和检测的含义与人员要求

在线检查和检测是指在在线状态下（安全阀安装在设备上受压或不受压状态下）对安全阀进行的检查和检测。从事在线检测的人员应当在设备操作、在线检测装置使用以及现场问题处理等方面受过专业培训并取得特种设备作业人员证书。

b. 在线检查包括以下内容：

——安全阀安装是否正确；

——安全阀的资料是否齐全（铭牌、质量证明文件、安装号、校验记录及报告）；

——安全阀外部调节机构的铅封是否完好；

——有无影响安全阀正常功能的因素；

——必须设置截断阀的情况时，其安全阀进口前和出口后的截断阀铅封是否完好并且处于正常开启位置；

——安全阀有无泄漏；

——安全阀外表有无腐蚀情况；

——为波纹管设置的泄出孔应当敞开和清洁；

——提升装置（扳手）动作有效，并且处于适当位置；

——安全阀外部相关附件完整无损并且正常。

c. 在线检测方法如下：

——采用被保护系统及其压力进行试验；

——采用其他压力源进行试验；

——采用辅助开启装置进行试验。

d. 在线检测工作还应当符合以下基本要求：

——在线检测前，对被检测的安全阀按上述 b 点进行检查；

——在线检测时，检测单位制定切实可行的检测程序，并且做好各项物质准备和技术准备；

——在线检测时，使用单位的主管技术人员必须到场，当发现有偏离正常操作状况的迹象时，必须立即停止并且及时采取措施，确保安全；

——在线检测过程中必须注意防止高温、噪声以及介质泄漏对人员的伤害；

——在线检测装置能够保证安全阀的基本性能要求；

——做好在线检查和检测记录并且存档。

② 离线检查

离线检查是指在离线状态下，将安全阀从设备上拆下，对安全阀进行的检查。

a. 当出现以下情况时，应当进行安全阀的离线检查：

——安全阀校验有效期已经到期；
——在线运行时，安全阀出现故障或者性能不正常；
——安全阀从被保护设备上拆卸。

b. 离线检查的内容如下，其中a)、e)、f)属于检查时需要做的拆卸、更换和装配工作：

a) 从被保护设备上拆卸安全阀；

b) 宏观检查；

c) 检查整定压力；

d) 分解安全阀，并且对零件进行清洗和检查；

e) 零件的检修和更换；

f) 重新装配安全阀；

g) 调整整定压力；

h) 检查阀座及其密封垫片的密封性；

i) 完成必须的记录。

c. 离线检查工作还应当符合以下基本要求：

——在进行安全阀检查和维修前，其设备如果在运行状态，需要采取预防措施维持被保护设备的安全，并且采取措施防止阀体及其连接部件内残存的有毒、易燃介质造成事故；

——离线检查前，必须获得每台安全阀自从上次检查后在线运行期间异常情况的记录；

——每个从被保护设备上拆卸的安全阀，需要携带一个可以识别的标签，标明设备号、工位号、整定压力、最后一次校验日期；

——安全阀拆卸下来时，必须做好计划以便尽量减少离线持续时间，并且在工艺管线上采取相应的安全措施。

d. 安全阀有以下情况时，应当停止使用并且更换，其中有a)～e)项问题的安全阀应当予以报废：

a) 阀瓣和阀座密封面损坏，已经无法修复；

b) 导向零件锈蚀严重，已经无法修复；

c) 调节圈锈蚀严重，已经无法进行调节；

d) 弹簧腐蚀，已经无法使用；

e) 附件不全而无法配置；

f) 历史记录丢失；

g) 选型不当。

③ 校验

a. 校验周期。安全阀的校验周期应当符合以下要求：

a) 安全阀定期校验，一般每年至少一次，安全技术规范有相应规定的从其规定；

b) 经解体、修理或更换部件的安全阀，应当重新进行校验。

b. 校验周期的延长。当符合以下基本条件时，安全阀校验周期可以适当延长，延长期限按照相应安全技术规范的规定：

a) 有清晰的历史记录，能够说明被保护设备安全阀的可靠使用；

b) 被保护设备的运行工艺条件稳定；

c）安全阀内件材料没有被腐蚀；

d）安全阀在线检查和在线检测均符合使用要求；

e）有完善的应急预案。

对生产需要长周期连续运转时间超过1年以上的设备，可以根据同类设备的实际使用情况和设备制造质量的可靠性以及生产操作采取的安全可靠措施等条件，并且符合本规程要求，可以适当延长安全阀校验周期。

2. 爆破片

当压力管道输送易燃易爆介质，或者因为物料的黏度高，腐蚀性强，容易聚合、结晶等，使得安全阀不能可靠地工作时，应当装设爆破片。爆破片是一片金属或非金属的膜片，由夹持器夹紧在法兰中，当管道压力超过最大工作压力，达到爆破片的爆破压力时，爆破片破裂使管道内的气体迅速泄放，从而保护压力管道系统。

爆破片的爆破迅速，惰性小，结构简单，价格便宜，但爆破后必须停止生产，更换爆破片后才能继续操作。因此，预定的爆破压力要比最大工作压力高一些。爆破片的设计爆破压力不得大于压力管道的设计压力，且爆破片的最小设计爆破压力不应小于压力管道最高工作压力的1.05倍。

爆破片装置应进行定期更换，对超过最大设计爆破压力而未爆破的爆破片应立即更换；在苛刻条件下使用的爆破片装置应每年更换；一般爆破片装置应在2～3年内更换（制造单位明确可延长使用寿命的除外）。并且要求爆破片在动作时不允许产生碎片。对输送易燃介质或毒性程度为极度危害、高度危害或中度危害介质的压力管道，应在爆破片的排出口装设导管，将排放介质引至安全地点，并进行妥善处理，不得直接排入大气。

爆破片的排放能力，必须大于或等于压力管道的安全泄放量。

3. 紧急切断阀

紧急切断阀是在管道运行中，如遇到突发故障或可能发生灾难性事件时，紧急切断介质来源，以避免或减少事故的发生。如易燃易爆介质、有毒介质泄漏或发生火灾时，在人员无法接近管道进行处理时，通过远程操作关闭紧急切断阀，切断泄漏源，以达到安全的目的。紧急切断阀种类较多，按实现切断自动化程度分为远程人工操作（或称半自动式）和全自动操作；按动力源可分为手动式、气压式、液压式和电磁感应式。

半自动式或手动式一般是使用液（气）压传动原理，当发生介质泄漏时，由操作人员在一定距离外通过打开或关闭压力供给阀门，使紧急切断阀关闭而起到阻止介质流动的作用。全自动式紧急切断阀是与其配合使用的电子感应元件组成，当介质泄漏、管道内压力、温度升高时，电子感应元件给出一个信号，防爆电磁铁动作，关闭紧急切断阀，实现切断泄漏介质的目的。例如，当液化石油气储配站压力管道出现泄漏时，在泄漏点周围液化气浓度达到泄漏探测仪预先设定的报警值时，泄漏探测仪发出信号，通过防爆电线向紧急切断阀发出信号，使电磁控制机构线圈瞬时通电，电磁铁吸合控制元件，紧急切断阀在弹簧作用下快速关闭，切断气源。

4. 减压阀

减压阀是一种自动阀门，是调节阀的一种。它是通过启闭件的节流，将进口的高压介质降低至某个需要的出口压力，在进口压力及流量变动时，能自动保持出口压力基本不变的阀门。对稳定和保护压力管道安全运行起到重要作用。

(1) 减压阀作用与类型

减压阀按动作原理分直接作用式减压阀和先导式减压阀。我国大量生产和使用的都是直接作用式减压阀。

① 直接作用式。是用压缩弹簧、重物或重力以及压缩空气加载，通过膜片、活塞或波纹管直接进行压力控制的阀门。这种阀门结构简单、耐用。在比较恶劣的工况下，只要维护得当，使用寿命也能很长。直接作用式减压阀的压力调节不如先导式精确，但造价低，在一些不需很精确的场合应用极广。

常用的直接作用式减压阀按结构型式可分为弹簧薄膜式、活塞式、波纹管式及杠杆式。

弹簧薄膜式减压阀是采用膜片作敏感元件来带动阀瓣运动的。它的灵敏度较高，因为它没有活塞的摩擦力，但膜片的耐久性差，温度也不宜过高。适用于温度和压力不高的一般气体介质管道上。

活塞式减压阀是采用活塞作敏感元件来带动阀瓣运动的。活塞式减压阀由于活塞在气缸中摩擦力较大，因此灵敏度比薄膜式减压阀差，制造工艺较严格。适用于承受温度、压力较高的以蒸汽和空气等为介质的管道和设备上。

波纹管式减压阀是采用波纹管作敏感元件来带动阀瓣运动的。波纹管式减压阀调节范围大，适用于工作温度小于或等于 200℃、介质参数不高的蒸汽和空气等洁净介质，特别适用于减至低压蒸汽的供暖系统上，但不能作污浊液体的减压，更不能用于含有固体颗粒介质的管道上。因此，宜在波纹管减压阀前加过滤器。在选用减压阀时，应注意不得超过减压阀的减压范围，并保证在合理情况下使用。

杠杆式减压阀是采用重物或重力杠杆作敏感元件来带动阀瓣运动的。这种减压阀型式结构简单、耐用，但不精确，目前较少采用。

② 先导式。是由主阀和导阀组成，出口压力的变化通过导阀放大，控制主阀动作。在此类阀中，导阀的作用是辅助控制主阀或者完全控制主阀。导阀本身可以是一个小型的直接作用式减压阀，此类阀门精确的控制方式取决于它的特定结构。而实质上，导阀工作的目的是以维持预定压力下的流量的方法来调节土阀的井启量。先导式减压阀的压力控制非常精确，且结构紧凑，对于功能相同的减压阀来说，通常先导式比直接作用式结构小得多。在这种形式中，导阀和主阀可以是整体的，也可以是适用于远距离压力信号控制的单独装置。它还能作远距离开关控制。由于先导式减压阀结构复杂，因此需要经常保养及清洁的工作条件，常在阀门入口处装过滤器。

常用的先导式减压阀按结构型式分有先导活塞式减压阀、先导波纹管式减压阀和先导薄膜式减压阀。

先导活塞式减压阀适用于各种压力、各种口径、各种温度的蒸汽、空气和气体介质。若用不锈耐酸钢制造，可适用于各种腐蚀性介质。先导波纹管式减压阀，适用于低压、中小口径的蒸汽、空气等介质。先导薄膜式减压阀适用于中压、低压、中小口径的蒸汽或水等介质。

(2) 减压阀的使用

① 减压阀的选用是根据工艺确定减压阀流量，阀前、阀后的压力及阀前流体温度等条

件来确定阀孔面积，并按此选择减压阀的尺寸及规格。

② 在设计中，减压阀组不应设置在靠近移动设备或容易受冲击的地方，应设置在振动较小，周围较空之处，以便于检修。

③ 蒸汽系统的减压阀组前应设置排凝液疏水阀，为防止长距离输送的蒸汽管道中夹带一些渣物，应在切断阀(闸阀)之前，设置管道过滤器。

④ 阀组前后应装设压力表，以便于调节时观察。阀组后应设置安全阀，当压力超过时能起泄压和报警作用，保证压力稳定。

减压阀均装在水平管道上，为防止膜片活塞式减压阀产生严重液击，应将减压阀底螺栓改装排水阀(闸阀 DN20 或 DN25)，在投入运行时放尽减压阀底存水。波纹管减压阀的波纹管应向下安装，用于空气减压时需将阀门反向安装。

减压阀进口压力的波动应控制在进口压力给定值的 80%～105%，如超过该范围，减压阀的性能会受影响。

5. 压力表

压力表是一种常见的计量器具，它能直观地显示出管道系统各环节的压力变化和介质流程中的条件形成，监视生产运行过程中的安全动向，并通过自动连锁或传感装置，构筑了一道迅速可靠的安全保障，为防范管道事故起到重要作用。

压力表按其测量精确度，可分为精密压力表、一般压力表。精密压力表的测量精确度等级分别为 0.1 级、0.16 级、0.25 级、0.4 级；一般压力表的测量精确度等级分别为 1.0 级、1.6 级、2.5 级、4.0 级。压力表按其指示压力的基准不同，分为一般压力表、绝对压力表、差压表。一般压力表以大气压力为基准；绝对压力表以绝对压力零位为基准；差压表测量两个被测压力之差。

压力表在运行中应加强对压力表的及时维护和检查。压力管道的操作人员对压力表的维护应做好以下几点工作：

(1) 压力表应保持洁净，表盘上的玻璃要明亮清晰，使表盘内指针指示的压力值能清楚易见，表盘玻璃破碎或表盘刻度模糊不清的压力表应停止使用。

(2) 压力表的连接管要定期吹洗，以免堵塞，特别是对用于较多的油垢或其他黏性物质的气体的压力表连接管，要经常检查压力表的指针的转动与波动是否正常，检查连接管上的旋塞是否处于全开状态。

(3) 压力表必须定期校验，每年至少经计量部门校验一次。校验完毕应认真填写校验记录和校验合格证并加以铅封。如果在运行中发现压力表指示不正常或有其他可疑迹象时应立即检验校正。

习　题　四

一、选择题(将正确答案的代号填入括号内)

1. 压力管道事故原因可以归结为人的不安全(　　)和压力管道的不安全(　　)。

   A(管理)；　B(意识)；　C(行为)；　D(状态)

2. 压力管道的使用单位应根据压力管道的生产工艺、技术性能、介质特性等压力管道实际运行情况制定压力管道安全( )和( )。操作人员必须严格遵守,认真操作。

A(巡线制度); B(生产工艺); C(管理制度); D(操作规程)

3. 压力管道操作规程内容一般包括:操作前的准备、( )、运行参数检查与调整、正常运行的检查及紧急停车措施等。

A(加载); B(运行操作); C(阀门操作); D(开机启动)

4. 管道运行时应重点检查安全附件的根部阀是否( );是否有卡死现象;有无跑、冒、滴、漏情况;并注意观察不同点的压力表、温度读数是否一致等。

A(关闭); B(打开); C(完好); D(检验)

5. 压力管道操作人员应自觉遵守企业安全管理规章制度和操作规程,努力学习业务知识,掌握生产工艺过程和安全知识,做到"四懂三会",即懂( )、懂性能、懂结构、懂用途;会( )、会维护、会排除故障。

A(使用); B(工艺); C(操作); D(原理)

6. 新建、扩建、改建的压力管道工程施工前,建设单位或使用单位应向所在地质量技术监督部门特种设备安全监察机构办理( )手续。

A(使用登记); B(安装告知); C(安装监检); D(有关)

7. 在用压力管道按合乎使用的原则进行( )后,向质量技术监督部门办理注册登记手续,取得《特种设备使用登记证》或者在注册登记汇总表加盖"准予登记注册"章后,方可继续使用。

A(在线检验); B(全面检验); C(安装监检); D(在线检验或全面检验)

8. 在线检验是在运行条件下对在用工业管道进行的检验,每年至少( )次。

A(1); B(2); C(3); D(4)

9. 在用工业管道定期检验是指管道设备运行一个周期后,在( )状态下所进行的在线检验或全面检验的统称。

A(停机); B(运行); C(运行或停机); D(检修)

10. 工业管道的抢修系指不可预测的原因产生的突发性( )、泄漏和事故等,需要进行紧急处理的维修,以减少对周围环境造成的危害、降低停产所造成的经济损失。

A(故障); B(压力升高); C(工艺波动); D(操作失误)

11. 管道阀门应定期进行( ),经常除锈上油并使其操作灵活。

A(检修); B(更换); C(试验); D(维护保养)

12. 用于输送空气、( )以及带有黏性物质而排放时又不会造成危害的其他气体的管道安全阀,应定期做手提排气试验。

A(液化气); B(水蒸气); C(氨气); D(氧气)

13. 采暖管道(热力管道)法兰盘漏水或漏汽主要是安装时螺栓拧得不紧、垫圈被管道中介质( ),或者受到( )作用等原因所致。

A(冲刷); B(压力); C(外力); D(腐蚀)

14. 热力管网一般是指以热电厂,区域锅炉房或热交换站为热源,将( )送往用户的管道工程。

A(热水); B(蒸汽); C(蒸汽或热水); D(热能)

15. 热力管网当以蒸汽为热媒介质时，热网的压力一般小于或等于1.6 MPa，温度低于或等于（　　）℃。

A(150)；　B(250)；　C(350)；　D(450)

16. 蒸汽管网除按照一般管道进行日常巡视外，应特别注意管网的（　　）、排水和排气问题。

A(凝水)；　B(疏水)；　C(密封)；　D(压力)

17. 城镇燃气管道抢修是指燃气设施(含管道)发生危及安全的（　　）以及引起的中毒、火灾、（　　）等事故时，采取紧急处理措施的作业过程。

A(事故)；　B(燃烧)；　C(泄漏)；　D(爆炸)

18. 地下燃气管道泄漏检查可采用仪器检测或地面（　　）检查，可沿管道方向或从管道附近的阀井、窨井或地沟等地下构筑物检测。

A(涡流)；　B(观察)；　C(开挖)；　D(钻孔)

19. 地下燃气管道第一次发现腐蚀漏气点后，应对该管道（　　）检查其防腐及腐蚀情况，针对实测情况制定运行、维护方案。

A(全面)；　B(开挖)；　C(选点)；　D(钻孔)

20. 液化石油气泄漏抢修时，应备有（　　）等有效的消防器材。当泄出的液化石油气不易控制时，可用消防水枪喷冲稀释泄出的液化石油气。

A(液体灭火器)；　B(气体灭火器)；　C(固体灭火器)；　D(干粉灭火器)

21. 燃气管道抢修人员进入警戒区应按规定穿戴防护用具，作业时应有专人监护，严禁（　　）。

A(动火作业)；　B(敲击管道)；　C(单独作业)；　D(启动电器)

22. 管道阀门是管道系统重要控制元件，除操作要求平稳外，还要按规程规定的启闭状态以及启闭（　　）顺序进行操作。

A(高度)；　B(缓急)；　C(先后)；　D(大小)

23. 为了防止管道的疲劳破坏，应尽量避免不必要的频繁（　　），避免运行参数过大的波动，力求平稳操作。

A(加压)；　B(卸压)；　C(启动)；　D(加压或卸压)

24. 巡线检查是管道运行参数调整的依据，检查内容一般包括（　　）条件、管道状况以及安全装置等方面。

A(操作)；　B(工艺)；　C(密封)；　D(压力或温度)

25. 压力管道巡线检查必须填写记录，除规定的内容外，每次检查均填写检查日期、（　）人员和负责人签字确认。

A(管理)；　B(负责)；　C(操作)；　D(检查)

26. 按GB 5044《职业性接触毒物危害程度分级》分级规定，下列属于Ⅱ级(高度危害)的有（　　）。

A(氯乙烯)；　B(氨)；　C(甲醛)；　D(二硫化碳)

27. 可燃易爆液体介质火灾危险性是根据液体的（　　）划分；可燃易爆气体介质火灾危险性是根据气体的（　　）划分。

A(沸点)；　B(临界点)；　C(闪点)；　D(爆炸极限)

28. 属于甲类火灾危险性的液体介质是(　　)；属于甲类火灾危险性的气体介质是(　)。

A(乙醇)；　B(甲烷)；　C(氨)；　D(氧气)

29. 腐蚀性介质按化学性质分为(　　)。

A(酸性腐蚀品)；　B(碱性腐蚀品)；　C(中性腐蚀品)；　D(其他腐蚀品)

30. 液体在密闭的容器(空间)内处在气液两相动态平衡状态时，称为(　　)状态。

A(临界)；　B(平衡)；　C(相对)；　D(饱和)

31. 同时具有易燃易爆性和毒性的介质很多，如(　　)等。

A(一氧化碳)；　B(二氧化碳)；　C(氨)；　D(氮气)

32.《生产安全事故报告和调查处理条例》规定，重大事故是指造成(　　)人以上(　)人以下死亡，或者 50 人以上 100 人以下重伤，或者 5 000 万元以上 1 亿元以下直接经济损失的事故。

A(10)；　B(20)；　C(30)；　D(40)

33. 检查管道泄漏通常采用的方法有：嗅、听、目视、发泡剂(如肥皂液等)、试纸或试剂、(　　)、超声波泄漏探测器、红外线温度测试仪等。

A(探测仪)；　B(显示仪)；　C(报警仪)；　D(气体检测仪)

34. 用肥皂水(发泡剂)检漏液适用于(　　)气体管道的检漏，不适用于真空管道。

A(正压)；　B(负压)；　C(低压)；　D(高压)

35. 对于应力腐蚀开裂引起的泄漏，管内介质是高温高压、有毒有害和可燃性介质管道，不得在(　　)中修补；管道内介质为低压和非易燃易爆的(如水、蒸汽、空气等)，可在(　)过程中实施补焊。

A(低压)；　B(运行)；　C(带压)；　D(高压)

36. 管道带压堵漏一般常用方法有(　　)等。

A(夹具堵漏法)；　B(注剂式堵漏法)；　C(焊接堵漏法)；　D(金属涂层堵漏法)

37. 埋地燃气管道泄漏检查可采用(　　)和(　　)方法，可沿管道方向或从管道附近的阀井、窨井或地沟等地下构筑物进行检测。

A(开挖)；　B(灌水)；　C(仪器检测)；　D(地面钻孔检查)

38. 工业管道(　　)故障一般重点检查压力源、温度源的影响，安全泄压装置、减压装置是否有效，压力表、温度计是否完好。

A(泄漏)；　B(超温)；　C(超压)；　D(振动)

39. 发生易燃易爆介质泄漏时，人员撤离时一般应选择上风口，如果泄漏介质密度比空气(　　)，应尽量避免人员处在低洼地带；如果泄漏介质密度比空气(　　)，疏散人员应转移到地势较泄漏点低的地方。

A(小)；　B(大)；　C(高)；　D(低)

40. 突发事件是指突然发生，造成或者可能造成重大人员伤亡、财产损失、(　　)破坏和严重社会危害，危及公共安全的紧急事件。

A(管道)；　B(房屋)；　C(设备)；　D(环境)

41. 化学性爆炸指管道受压部件因内部化学反应失控，管道内(　　)超过管道强度极限，致使受压部件破裂而发生的爆炸事故。

A(压力)；　B(温度)；　C(介质)；　D(化学反应)

42．管道泄漏事故的判断主要有压力判断法、流量判断法和（　　）。

A(检测法)；　B(温度法)；　C(介质法)；　D(巡线检查法)

43．按 GB 7231—2003《工业管道基本识别色、识别符号和安全标识》规定，工业管道输送气体介质的识别色为（　　）、输送可燃液体的识别色为（　　）。

A(紫色)；　B(棕色)；　C(艳绿色)；　D(中黄)

44．按 GB 7231—2003 规定，基本识别色的标识方法有（　　）种。

A(3)；　B(4)；　C(5)；　D(6)

45．压力管道安全保护装置包括安全阀、爆破片、紧急切断阀、（　　）和（　　）等。

A(减压阀)；　B(压力表)；　C(放空阀)；　D(自动阀门)

46．当压力管道内的压力（　　）安全阀的开启压力（弹簧力）时，阀门自动开启，管道内的介质得以释放，压力下降，从而保护管道不被破坏。

A(等于)；　B(小于)；　C(小于等于)；　D(高于)

47．根据《安全阀安全技术监察规程》规定，安全阀定期检查分为在线检查、离线检查和（　　）三种方式。

A(试验)；　B(调试)；　C(校验)；　D(维修)

二、判断题（正确的画"√"，错误的画"×"）

1．压力管道操作人员要严格遵守国家有关安全生产、压力管道安全管理规定，拒绝违规行为，包括上级领导和管理人员命令或行为，并及时向有关部门报告。（　　）

2．阀门是压力管道运行的重要控制元件，操作时应迅速、及时、有效。（　　）

3．管道组成件出现裂纹、鼓包、变形或泄漏等现象危及管道安全或可能造成事故时应紧急停车，并及时报告。（　　）

4．新建、扩建、改建的工业管道和公用管道在投入使用前或者投入使用后 10 日内，向直辖市或者设区的市的特种设备安全监督管理部门登记，取得《特种设备使用登记证》或者在注册登记汇总表加盖"准予登记注册"章后，方可使用。（　　）

5．压力管道在线检验由使用单位进行，也可委托特种设备检验检测机构进行。使用单位进行在线检验的，必须有 3 名以上持有《特种设备作业人员证》的在线检验检测人员进行。（　　）

6．一般来说管道日常检查和定期检验是压力管道进行维护检修的主要依据。（　　）

7．工业管道系统诊断的直接观察方法主要是依赖于操作人员对管道出现跑、冒、滴、漏的判断。（　　）

8．管道压力表显示压力突然下降可能是泄漏或压力表失灵等。（　　）

9．在线检验对安全阀主要是进行外观检查，重点检查是否在校验有效期、是否有泄漏及锈蚀情况。（　　）

10．管道全面检验工作由使用单位进行，使用单位也可将全面检验工作委托给具有压力管道检验资格的单位。（　　）

11．管道压力表必须定期校验，每年至少经计量部门校验两次。（　　）

12．工业管道表面防腐层、绝热层出现脱落、破损等是维护保养的重要内容。（　　）

13．符合《特种设备安全监察条例》适用范围的热力管网是公用管道的一个类别，包括

以蒸汽为热媒介质的蒸汽管道和以热水为热媒介质的热水管道。(　　)

14. 热力管道因局部受腐蚀而漏水或漏汽时,可用补焊方法维修。(　　)

15. 热力管道(蒸汽管道)的运行疏水一般是由疏水器自动完成,热水管道的排气可由自动排气阀完成或手动排气阀完成。在运行中应加强蒸汽管道的疏水和热水管道的排气这些装置的检查。(　　)

16. 疏水器是蒸汽管网的重要设施,其工作是否正常关系到运行的稳定性和能耗。每班都应对疏水器进行巡回检查,查看疏水器的工作情况,每半个月到一个月应进行一次全面检查。(　　)

17. 蒸汽管网的"水击"是在蒸汽管中凝结水排除不掉,或者在凝结水管中窜进大量蒸汽所致。(　　)

18. 燃气管道抢修人员进入有燃气泄漏的调压室、泵房等不通风的地方时,为防止燃气扩散应关闭门窗。(　　)

19. 当燃气管道泄漏处已发生燃烧时,应先采取措施控制火势后再降压或切断气源,严禁出现负压。(　　)

20. 定期向周围单位和住户询问燃气管道有无异常情况是地下燃气管道巡线检查重要内容。(　　)

21. 安全阀、压力表、爆破片等安全保护装置的运行、完好状态是压力管道巡线检查重要内容。(　　)

22. 国家标准 GB 50160《石油化工企业设计防火规范》及 GBJ 16《建筑设计防火规范》是介质火灾危险性划分的主要依据。(　　)

23. 乙类火灾危险性是指可燃气体与空气混合物的爆炸下限≥10%时,遇火发生闪燃或爆炸的气体。(　　)

24. GB 5044《职业性接触毒物危害程度分级》分级规定,毒物分为极度危害、高度危害、中度危害和一般危害共四级。(　　)

25. 城镇燃气一般包括天然气、人工煤气和液化石油气。(　　)

26. 天然气比空气轻,其主要成分为甲烷(CH_4)和一氧化碳。(　　)

27.《生产安全事故报告和调查处理条例》(国务院令第 493 号)规定的事故分类按事故造成人员伤亡和经济损失情况分为四类。(　　)

28. 管子(段)上的泄漏多发生在焊口、流体转向的弯头、三通及蚀孔等部位。(　　)

29. 带压焊接堵漏方法适用于所有压力管道。(　　)

30. 管道的振动严重时甚至造成管子、阀门法兰等管道元件的破裂、泄漏的故障。(　)

31. 事故现场人员对事故的判断和处理,是整个应急救援预案的重点,也是决定事故应急处理成败的关键。(　　)

32. 当燃气管道泄漏处已发生燃烧时,应先采取措施控制火势后再降压或切断气源,严禁出现负压。(　　)

33. 危险源普查和识别是编制事故应急救援预案的重要内容,确定危险源的危害程度才能在应急时采取对应措施。(　　)

34. 火灾中产生的浓烟由于热空气的上升作用,大量的浓烟将漂浮在上层,因此在火灾

中尽量采取低姿势爬行，头部尽量贴近地面。（ ）

35.《生产安全事故报告和调查处理条例》（国务院令第493号）规定的事故分类按事故造成人员伤亡和经济损失情况分为五类。（ ）

36. 从爆炸机理可将管道爆炸事故可分为物理性爆炸和化学性爆炸。（ ）

37. 只要具备可燃物、氧化剂（空气）和温度（引火源）就会发生火灾。（ ）

38. 安全阀铭牌上或者安全阀体外表面的产品编号应当为阀体上的永久标志。（ ）

39. 全启式的安全阀适用于排放气体、蒸汽或者液体介质，微启式的安全阀一般适用于排放液体介质，排放有毒或者可燃介质时必须选用封闭式安全阀。（ ）

40. 用于液化石油气、水蒸气以及带有黏性介质的安全阀，应定期做手提排气试验。（ ）

41. 安全阀定期校验，一般每半年至少一次，安全技术规范有相应规定的从其规定。（ ）

42. 弹簧薄膜式减压阀是采用膜片作敏感元件来带动阀瓣运动的，一般适用于温度和压力不高的一般气体介质管道上。（ ）

43. 爆破片是一片金属或非金属的膜片，由夹持器夹紧在法兰中，当管道压力超过最大工作压力，达到爆破片的爆破压力时，爆破片破裂使管道内的气体迅速泄放，从而保护压力管道系统。（ ）

44. 紧急切断阀按动力源可分为手动式、气压式、液压式和电磁感应式。（ ）

45. 压力表每半年至少经计量部门校验一次。如果在运行中发现压力表指示不正常或有其他可疑迹象时应立即检验校正。（ ）

三、简答题

1. 要实现压力管道安全运行，在操作人员行为上应做好哪两方面工作？
2. 简述压力管道正常运行时重点检查内容有哪些？
3. 简述管道运行初期检查与调整主要内容。
4. 简述压力管道紧急停车的操作步骤。
5. 简述压力管道维护检修的必要性。
6. 工业管道外部泄漏检查方法有几种？
7. 压力管道的操作人员对压力表的维护保养应做好哪些工作？
8. 工业管道内表面积垢的清理有几种方法？
9. 简述蒸汽管网堵塞现象、原因、防止和消除方法。
10. 进入燃气场所进行检查和维修作业时，应符合哪些规定？
11. 燃气管道凝水器的运行、维护应符合哪些要求？
12. 简述压力管道超压运行的危害性。
13. 简述温差过大对工业管道安全运行的危害性。
14. 简述管道机械杂质含量控制范围及超指标的危害性。
15. 管道输送介质对安全使用主要有哪些方面影响？
16. 简述法兰平行性不好，中心偏差等原因造成法兰密封面泄漏的纠正措施。
17. 压力管道的管段上泄漏一般有几种形式？
18. 简述工业管道超温故障处理方法。

19. 简述火灾使人员衣服着火时的急救方法。
20. 简述蒸汽管道爆炸事故的判断和处理方法。
21. 典型事故案例分析。

第五章　压力管道操作人员专业知识

第一节　压力管道的基本结构和组成

见第一章第二节(压力管道的基本结构和组成)内容。

第二节　压力管道的分类分级方法与安全监察范围

见第二章第一节(压力管道的分类分级方法与安全监察范围)内容。

第三节　管子、管件、法兰、阀门的种类、作用及简单工作原理

压力管道是由管道组成件、支承件、附属设施组成的一个系统,以实现流体输送、储存、分配、混合、计量、排放、控制等功能。管子、管件、法兰、阀门属于管道组成件范畴,是压力管道的基本组成元素。

一、管子

压力管道用管子是实现介质输送的主要单元,是管道系统必不可少的组成件,它利用外界压力或介质本身的压力把流体从起点输送到终点,以完成流体输送、储存的功能。

压力管道用管子按材料分为三大类:金属材料管子、非金属材料管和复合材料管。

1. 金属管子

可分为无缝钢管、焊接钢管、金属软管和有色金属管。

(1) 无缝钢管

无缝钢管是一种具有中空截面、周边没有接缝的圆形或异形钢材,是用钢锭或实心管坯经穿孔制成毛管,然后经热轧、冷轧或冷拔制成。无缝钢管的规格用:外径×壁厚(mm)表示。根据制造工艺不同,又分为热轧(挤压)无缝钢管和冷拔(轧)无缝钢管两种。但是,不是所有无缝钢管都能用在压力管道上,要根据管道系统操作压力、温度、输送介质特性等,对应选择按相关标准生产的管子。压力管道常用的无缝钢管主要有:

① GB/T 8163《输送流体用无缝钢管》。主要用于工程及大型设备上输送流体管道。代表材质(牌号)为 20、Q345 等。

② GB 3087《低中压锅炉用无缝钢管》。主要用于工业锅炉及生活锅炉输送低中压流体的管道。代表材质为 10、20 号钢。

③ GB 5310《高压锅炉用无缝钢管》。主要用于电站及核电站锅炉上耐高温、高压的输

送流体集箱及管道。代表材质为 20G、12Cr1MoVG、15CrMoG 等。

④ GB 6479《高压化肥设备用无缝钢管》。主要用于化肥设备上输送高温高压流体管道。代表材质为 20、16Mn、12CrMo、12Cr2Mo 等。

⑤ GB 9948《石油裂化用无缝钢管》。主要用于石油冶炼厂的锅炉、热交换器及其输送流体管道。其代表材质为 20、12CrMo、1Cr5Mo、1Cr19Ni11Nb 等。

⑥ GB/T 14976《流体输送用不锈钢无缝钢管》。主要用于输送腐蚀性介质的管道。

⑦ GB 18248《气瓶用无缝钢管》。主要用于制作各种燃气、液压气瓶。

⑧ GB/T 18984《低温管道用无缝钢管》。适用于－45℃级～－100℃级低温压力容器、管道以及低温热交换器管道用无缝钢管。

(2) 焊接钢管

焊接钢管是由卷成管形的钢板以对缝或螺旋缝焊接而成。因其焊接形式的不同分为直缝焊管和螺旋焊管两种。焊接钢管生产工艺简单，生产效率高，品种规格多，设备投资少等优点，但其一般强度低于无缝钢管。按焊接工艺又分为螺旋缝埋弧焊钢管、直缝埋弧焊钢管、直缝高频焊钢管；按制作工艺又分为低压流体输送用焊接钢管、螺旋缝电焊钢管、直接卷焊钢管、电焊管等。压力管道常用焊接钢管主要有：

① GB/T 3091《低压流体输送用焊接钢管》。主要用于输送水、煤气、空气、油和取暖热水或蒸汽等一般较低压力流体和其他用途管。其代表材质为 Q235A 级钢。

② GB/T 9711《石油天然气工业输送钢管交货技术条件》。适用于在石油天然气工业中用于输送可燃流体和非可燃流体(包括水)的非合金钢和合金钢(不包括不锈钢)无缝钢管和焊接钢管。

③ SY/T 5037《低压流体输送管道用螺旋缝埋弧焊钢管》。是以热轧钢带卷作管坯，经常温螺旋成型，采用双面自动埋弧焊或单面焊法制成的用于水、煤气、空气和蒸汽等一般低压流体输送用埋弧焊钢管。

④ SY/T 5038《普通流体输送管道用螺旋缝高频焊钢管》。是以热轧钢带卷作管坯，经常温螺旋成型，采用高频搭接焊法焊接的用于承压流体输送的螺旋缝高频焊钢管。主要用于铺设输送石油、天然气等的管线。

(3) 金属软管

金属软管主要是用在管道特殊的连接部位，实现柔软性和密封性。金属软管主要由波纹管、网套和接头(法兰)组成，波纹管是由极薄壁的无缝或纵焊缝不锈钢管经塑性加工成型，具有良好的柔软性和抗疲劳性，容易吸收变形和循环载荷，在管道系统中有补偿大位移的能力。网套是金属软管主要受压部件，同时起到保护波纹管作用，根据使用情况或受压情况可以是一层或多层不锈钢丝或钢带纺织而成。

膨胀节也是金属软管的一种，在管系中能补偿管道的冷热变形，机械变形，吸收各种机械振动，起到降低管道变形应力和提高管道使用寿命的作用。膨胀节习惯上也叫波纹管补偿器、伸缩节，属于一种补偿元件。可对轴向、横向和角向位移的吸收，用于在管道、设备及系统的加热位移、机械位移吸收振动、降低噪声等。

金属软管具有较好的柔软性和密封性、耐腐蚀、抗振性好、适用范围广、安装方便、使用寿命长等优点。主要用于冶金、石油、化工、电力、造纸等诸多行业领域。

金属软管生产标准主要有：GB/T 14525—1993《波纹金属软管通用技术条件》；GB/T 12777—1991《金属波纹膨胀节通用技术条件》；YB/T 5307—2006《S型钎焊不锈钢金属软管》。

(4) 有色金属管

① 铜管和黄铜管。适用于一般工业部门，用作机器和真空设备上的管路及压力小于10 MPa时的氧气管路。铜管和黄铜管系列：T2、T3、T4、TUP、TU1、TU2、H68、H62。生产标准为：GB/T 1527～GB/T 1528。

② 铅及其合金管。适用于化学、染料、制药及其他工业部门作耐酸材料的管道，如输送15%～65%的硫酸、干或湿的二氧化硫、60%的氢氟酸、浓度小于80%的醋酸等。铅管的最高使用温度为200℃，但温度高于140℃时，不宜在压力下使用。铅及其合金管系列有：纯铅、Pb4、Pb5、PbSb4、PbSb6、PbSb8、铅锑合金(硬铅)。生产标准为GB/T 1472。

③ 铝及其合金。铝及铝合金管是由工业纯铝或铝合金经拉制或挤压制造成形，主要有L2、L3工业纯铝。铝管用于输送脂肪酸、硫化氢及二氧化碳，铝管最高使用温度200℃，温度高于160℃时，不宜在压力下使用，铝管还可以用于输送浓硝酸、醋酸、蚁酸、硫的化合物及硫酸盐。不能用于盐酸、碱液，特别是含氯离子的化合物。铝管不可用对铝有腐蚀的碳酸镁、含碱玻璃棉保温。生产标准为GB/T 6893、GB/T 4436。

2. 非金属材料管子

作为管道材料的主要有高分子材料。高分子材料为有机合成材料，亦称聚合物。它具有较高的强度，良好的塑性，较强的耐腐蚀性能，很好的绝缘性，以及重量轻等优良性能，在工程上是发展最快的一类新型结构材料。如城市燃气用埋地聚乙烯(PE管)管材管件等。

(1) 高分子材料种类很多，工程上通常根据机械性能和使用状态将其分为三类：

① 塑料。主要指强度、韧性和耐腐蚀性较好的、可作为输送中低压与腐蚀性介质的工程塑料，分热塑性和热固性塑料两种。

② 橡胶。通常指经硫化处理的、弹性特别优良的聚合物，有通用橡胶和特种橡胶两种。

③ 合成纤维。指由单体聚合而成的、强度很高的聚合物，通过机械处理所获得的纤维材料。

(2)非金属材料管子要根据管道输送介质的压力、温度和介质特性以及生产标准规定的适用范围选择。一般常用非金属材料管子有如下几种：

① 塑料管

塑料管一般是以塑料树脂为原料、加入稳定剂、润滑剂等，以塑的方法在制管机内经挤压加工而成。由于它具有质轻、耐腐蚀、外形美观、无不良气味、加工容易、施工方便等特点，在工程中获得了越来越广泛的应用。

塑料管有热塑性塑料管和热固性塑料管两大类。热塑性塑料管采用的主要树脂有聚氯乙烯树脂(PVC)、聚乙烯树脂(PE)、聚丙烯树脂(PP)、聚苯乙烯树脂(PS)、丁二烯-苯乙烯树脂(ABS)、聚丁烯树脂(PB)等；热固性塑料采用的主要树脂有不饱和聚酯树脂、环氧树脂、酚醛树脂等。

聚乙烯管(PE管)因具有轻质高强、耐腐蚀性好、致密性好，寿命长(50年)、价格低等特点而得到广泛应用。作为压力管道主要用于燃气管道的埋地管道部分和气体管道、工业耐腐蚀管道、输送液体、气体、食用介质等用途上。分高压(低密度)聚乙烯与低压(高密度)聚乙烯两种。前者性质较软,机械强度及熔点较低;后者密度较高,刚性较大,机械强度及熔点较高。

② 橡胶管

主要有夹布输气管、蒸汽胶管、输油、吸油胶管和输酸、吸酸胶管等。

a. 夹布输气管。主要材料是橡胶,一般适用于输送压力小于等于 0.6 MPa 的压缩空气和惰性气体。

b. 蒸汽胶管。夹布蒸汽胶管适用于输送压力小于等于 0.4 MPa 的饱和蒸汽或温度小于等于 150℃的热水。钢丝纺织的蒸汽胶管适用于输送压力小于等于 1.0 MPa 的饱和蒸汽。

c. 输油、吸油胶管。主要材料是耐油橡胶。输油、吸油胶管适用于输送 40℃以下的汽油、煤油、柴油、机油、润滑油及其他矿物油类,工作压力小于等于 1.0 MPa。

③ 纤维缠绕玻璃钢管

主要材料是玻璃钢,一般用于公称压力 0.6 MPa～1.6 MPa。

3. 复合材料管

复合材料是两种或两种以上不同材料的组合材料,其性能是它的组成材料所不具备的。复合材料可以由不同种类的材料复合组成,它在强度、刚度和耐蚀性方面比单纯的金属和聚合物都优越,是一类特殊的工程材料,具有广阔的发展前景。

钢塑复合管以热浸镀锌钢管作基体,经粉末熔融喷涂技术在内壁(需要时外壁亦可)涂敷塑料而成,性能优异。与镀锌管相比,具有抗腐蚀、不生锈、不积垢、光滑流畅、清洁无毒,使用寿命长等优点。据测试,钢塑复合管的使用寿命为镀锌管的三倍以上。与塑料管相比,具有机械强度高,耐压、耐热性好等优点。由于基体是钢管,所以不存在脆化、老化问题。可广泛应用于煤气、化工管道等流体输送及取暖工程,是镀锌管的升级换代产品。

涂敷钢管是在大口径螺旋焊管和高频焊管基础上涂敷塑料而成,最大管口直径达 1 200 mm,可根据不同的需要涂敷聚氯乙烯(PVC)、聚乙烯(PE)、环氧树脂(EPOZY)等各种不同性能的塑料涂层,附着力好,抗腐蚀性强,可耐强酸、强碱及其他化学腐蚀,无毒、不锈蚀、耐磨、耐冲击、耐渗透性强,管道表面光滑,不粘附任何物质,能降低输送时的阻力,提高流量及输送效率,减少输送压力损失。涂层中无溶剂,无可渗出物质,因而不会污染所输送的介质,从而保证流体的纯洁度和卫生性,在－40℃～＋80℃范围可冷热循环交替使用,不老化、不龟裂,因而可以在寒冷地带等苛刻的环境下使用。

铝塑复合管作为一种新型管材,生产工艺是将聚乙烯处于高温熔融状态,铝管处于加热状态,在铝和聚乙烯之间再加入一层粘接剂,形成聚乙烯、粘接剂、铝管、粘接剂、聚乙烯五层结构。铝塑复合管防老化性能好,冷脆温度底,防紫外线,在无高热和强紫外线辐射条件下,使用寿命在 50 年以上。它适用于供暖用管、工业用管、公共事业用管等。

压力管道常用的复合材料管主要有:钢衬高性能聚乙烯管、钢衬聚四氟乙烯管、钢衬改性聚丙烯复合管、玻璃钢增强聚氯乙烯复合管、钢衬橡胶管、钢衬玻璃管、铝塑复合管等。

二、管件

管件是将管子连接起来的元件，使管子变径、改变介质流向或调节流量等作用，管件按功能分为直通、异径管三通、四通、弯头、金属波纹膨胀节、PE 管件等。按制造方法或制造的材料分为无缝管件、有缝管件、锻制管件、铸造管件、金属管件和非金属管件等。

1. 直通、异径管。直通、异径管作用是改变原管道直径即变更管道输送流量，或者使管道元件（主要是管子）与其他管道元件起过渡连接的作用。直通有等径和变径（异径管）两种，异径管又可分为同心和偏心。直通用公称直径（DN）表示，如 DN100；异径管表示为 DN100×50。

2. 三通、四通。三通、四通起到改变介质流向或调节流量的作用。三通一般有两种：三个口直径相等的为等直径三通；两端直径相同，但汇流端直径与其他两个直径不同称为异径三通。表示方法如下：对于等径三通，比如"T3"三通则表示外径是 3 in 的等径三通。对于异径三通，比如"T4×4×3.5"表示同径为 4 in 异径为 3.5 in 的异径三通。

四通一般也有两种，四个口直径相等的为等直径四通；两端直径相同，另两端（汇流端）直径相同，但两组直径不同称为异径三通。

3. 弯头。弯头起到改变介质流向的作用。弯头的分类方法有三种，一是按它的曲率半径来分，可分为长半径弯头和短半径弯头。长半径弯头指它的曲率半径等于 1.5 倍的管子外径，即 $R=1.5D$。短半径弯头指它的曲率半径等于管子外径，即 $R=D$。式中的 D 为弯头直径，R 为曲率半径。二是按压力等级来分，按标准大约有：Sch5s、Sch10s、Sch10、Sch20、Sch30、Sch40s、STD、Sch40、Sch60、Sch80s、XS；Sch80、Sch100、Sch120、Sch140、Sch160、XXS。其中最常用的是 STD 和 XS 两种。三是常用的方法，即按弯头的角度分，有 45°弯头，有 90°弯头和 180°弯头。表示方法：如"LR STD 90° 8"，表示长半径，压力等级为 STD，90°的 8″弯头；又如，"SRXS 45° 4"表示短半径，压力等级为 XS，45°的 4″弯头。

4. 非金属管件。在压力管道上常用的非金属管件主要是聚乙烯（PE）管件。包括直通（套筒）、端堵、异径管、三通、四通、弯头，钢塑过渡接头等。各 PE 管件所起的作用与金属管件一致。PE 管件主要是以电熔形式连接。

聚乙烯（PE）管材或管件根据生产工艺的不同可分为低密度聚乙烯（LDPE）、中密度聚乙烯（MDPE）和高密度聚乙烯（HDPE）；按标准尺寸比（即公称外径与壁厚之比）：SDR11、SDR13.6、SDR17、SDR21、SDR26 系列；根据聚乙烯管的长期静液压强度（MRS），将聚乙烯管材料分为 PE32、PE40、PE63、PE80 和 PE100 五个等级，目前国际上使用量最大的管材树脂的 MRS 值为 8.0MPa（PE80 级）。

三、管法兰

法兰用于管道组成件可拆连接点处相邻元件间的连接，或者为了制造、安装、检修的方便而采用的一种管道连接形式。法兰按材料分为钢制法兰、铸铁法兰、非金属材料法兰；按结构分为平焊法兰、整体法兰、对焊法兰、螺纹法兰、松套法兰、法兰盖等 6 种类型。

1. 法兰的类型

(1) 平焊法兰。法兰与设备或管道采用平面角焊缝的形式连成一整体，平焊法兰根据其结构的差异可进一步分为板式平焊法兰、带颈平焊法兰和带颈承插平焊法兰3种。

① 板式平焊法兰(见图5.3.1)。

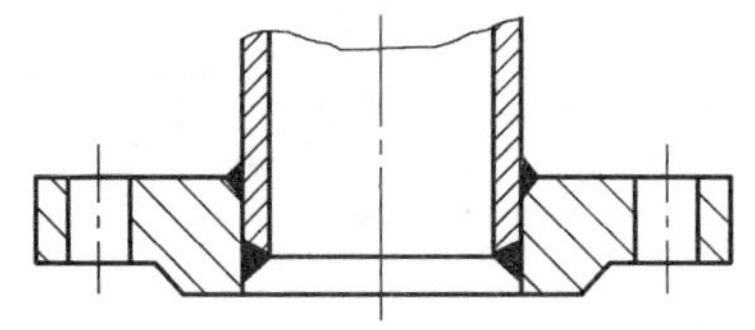

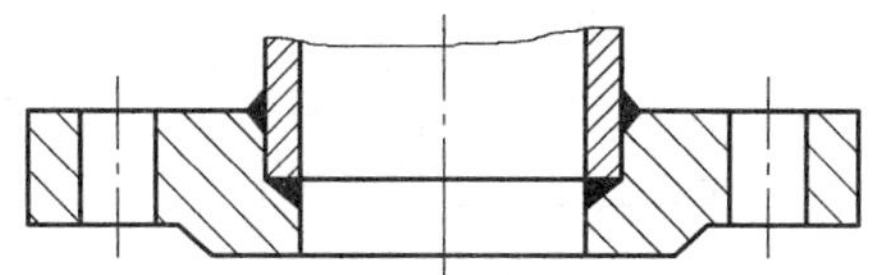

图5.3.1 板式平焊法兰结构示意图

② 带颈平焊法兰(见图5.3.2)。

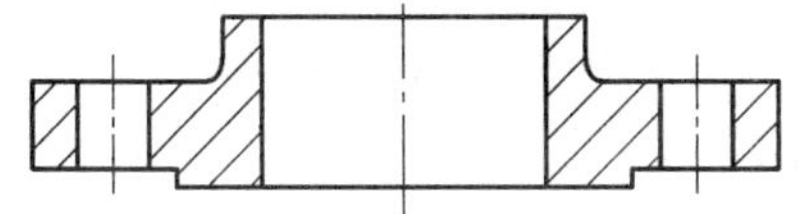

图5.3.2 带颈平焊法兰结构示意图

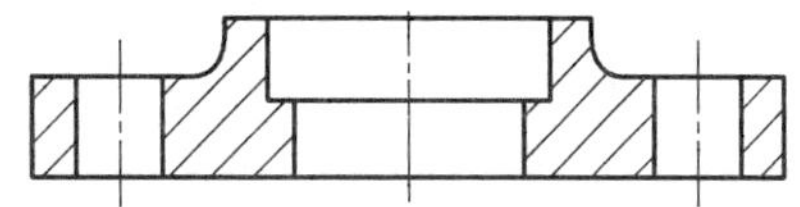

图5.3.3 带颈承插平焊法兰结构示意图

③ 带颈承插平焊法兰(见图5.3.3)。

(2) 整体法兰。法兰与设备或管道不可拆地固定在一起时,称为整体法兰,见图5.3.4。

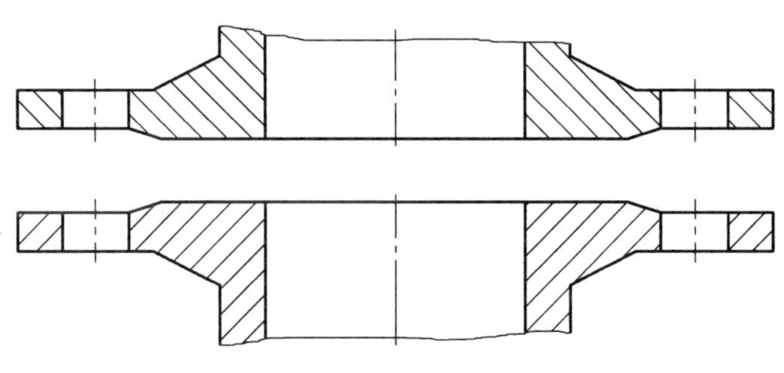

图5.3.4

(3) 对焊法兰。法兰与管道采用对接环焊缝的形式连成一整体,所形成的焊缝可以进行无损探伤检验,焊缝质量有保证,见图5.3.5。

(4) 螺纹法兰。螺纹法兰的特点是法兰与管壁通过螺纹进行连接,两者之间既有一定连接,又不完全形成一个整体。这种法兰对管壁产生的附加应力较小,见图5.3.6。

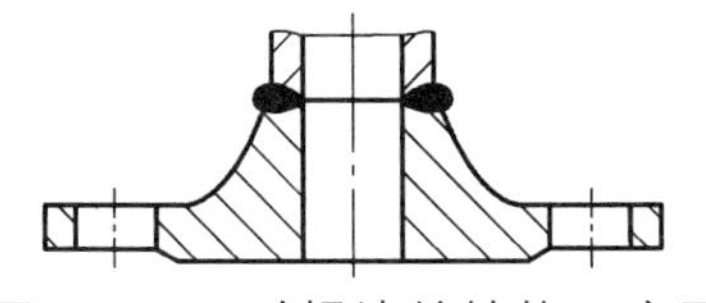

图5.3.5 对焊法兰结构示意图

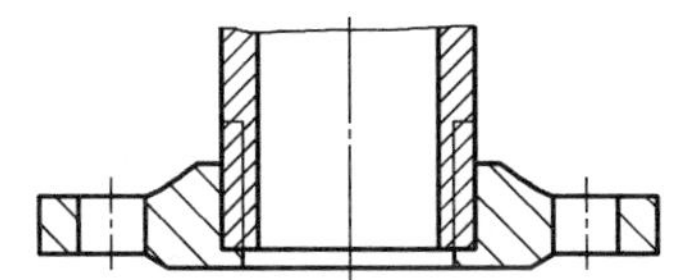

图5.3.6 螺纹法兰结构示意图

(5) 松套法兰。松套法兰的特点是法兰和设备或管道不直接连成一体,而是把法兰盘套在设备或管道的外面,这种结构法兰无需焊接,一般只能适用于压力较低的场合,见图5.3.7。

(6) 法兰盖。与同种规格型号法兰连接,形成切断密封形式,又称为盲板法兰,在法兰盖上开孔,则可形成异径法兰连接,达到变径的目的。

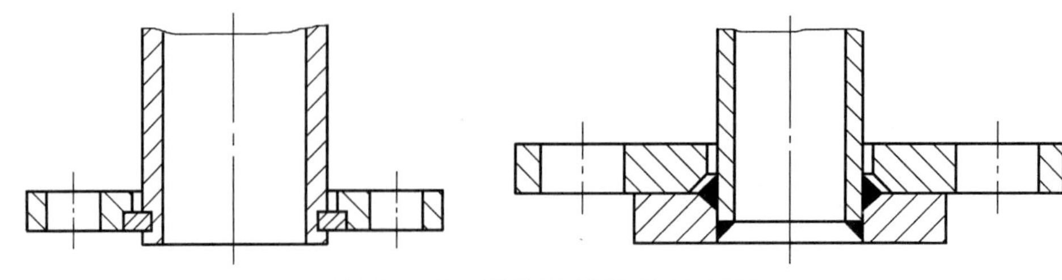

图 5.3.7　松套法兰结构示意图

2. 法兰密封面形式

法兰的密封性能与法兰压紧垫片的密封面形式有直接的关系。密封面形式主要根据工艺条件(温度、压力、流体介质的性质)、密封口径以及准备采用的垫片情况进行选择。密封面的几何尺寸和表面加工的质量要求必须与相应的垫片相配合。

(1) 按照国家 GB/T 9112—2000 各种类型的平面法兰密封面、突面法兰密封面、凹凸面法兰密封面、榫槽面法兰密封面、环连接面法兰密封面型式见表 5.3.1。

表 5.3.1　密封面型式与代号

<table>
<tr><th colspan="2">密封面型式</th><th colspan="2">代号</th></tr>
<tr><td colspan="2">平面</td><td colspan="2">FF</td></tr>
<tr><td colspan="2">突面</td><td colspan="2">RF</td></tr>
<tr><td rowspan="2">凹凸面</td><td>凸面</td><td rowspan="2">MF</td><td>M</td></tr>
<tr><td>凹面</td><td>F</td></tr>
<tr><td rowspan="2">榫槽面</td><td>榫面</td><td rowspan="2">TG</td><td>T</td></tr>
<tr><td>槽面</td><td>G</td></tr>
<tr><td colspan="2">环连接面</td><td colspan="2">RJ</td></tr>
</table>

(2) 密封面型式示意图(见图 5.3.8)。

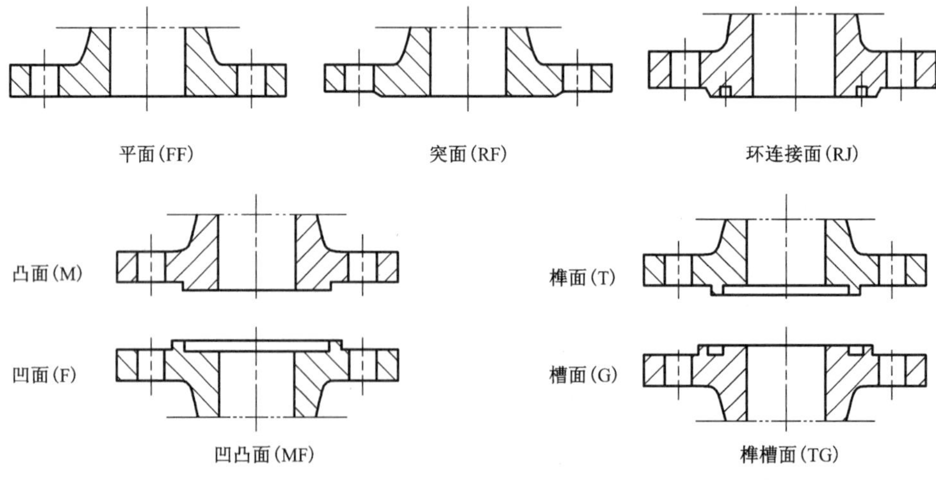

图 5.3.8　密封面型式示意图

四、阀门

阀门是控制(启闭)或调节介质流动量的压力管道元件。按阀门的结构和功能主要分为闸阀、截止阀、止回阀、球阀、蝶阀、隔膜阀、旋塞阀、柱塞阀、减压阀、疏水阀等。

1. 闸阀(生产标准:GB/T 12232—2005、GB/T 12234—2007、GB/T 14173、JB/T 5298)

闸阀的闸板由阀杆带动,沿阀座密封面作升降运动,接通或切断流体的通路。闸阀流动阻力小、启闭省力、密封可靠性高、生产成本低,使用较广。

闸阀按阀杆上螺纹位置分为明杆式和暗杆式两类。从闸板的结构特点又可分为楔式、平行式两类。楔式闸阀的密封面与阀杆中心线成一角度,并大多制成单闸板;平行式闸阀的密封面与阀杆中心线平行,并大多制成双闸板。

闸阀的密封性能较截止阀好,流体阻力小,具有一定的调节性能。明杆式尚可根据阀杆升降高低调节启闭程度,缺点是结构较截止阀复杂,密封面易磨损,不宜修理。闸阀适于制成大口径的阀门,除适用于蒸汽、油品等介质外,还适用于含有粒状固体及黏度较大的介质,并适用于作放空阀和低真空系统阀门。

弹性闸阀不易在受热后被卡住。适用于蒸汽、高温油品和油气等介质,以及开关频繁的部位,不宜用于易结焦的介质。

楔式单闸板闸阀较弹性闸阀结构简单,在较高温度下密封性能不如弹性或双闸板闸阀好,适用于易结焦的高温介质。

楔式闸阀中双闸板式密封性好,密封面磨损后易修理,其零部件比其他型式多。适用于蒸汽、油品和对密封面磨损较大的介质,或开关频繁部位,不宜用于易结焦的介质。工作压力大于 0.1 MPa 的氧气管道严禁采用闸阀。

2. 截止阀(GB/T 12233—2006、GB/T 12235—2007、JB/T 7245、JB/T 7747)

截止阀是向下闭合式阀门,阀瓣由阀杆带动,沿阀座中心作升降运动。截止阀与闸阀相比,其调节性能好,密封性能差,结构简单,制造维修方便,流体阻力较大,价格便宜。适用于蒸汽等介质,不宜用于黏度大含有颗粒易沉淀的介质,也不宜作放空阀及低真空系统的阀门。

3. 止回阀(GB/T 12233—2006、GB/T 12235—2007、GB/T 12236—2008、GB/T 13932—1992)

止回阀按结构可分为升降式和旋启式两种。升降式止回阀较旋启式止回阀的密封性好,流体阻力大,卧式的宜装在水平管线上。立式的应装在垂直管线上;旋启式止回阀,不宜制成小口径阀门,它可装在水平、垂直或倾斜的管线上,如装在垂直管线上,介质流向应由下至上。止回阀一般适用于清净介质,不宜用于含固体颗粒和黏度较大的介质。

4. 球阀(GB/T 12237—2007、GB/T 15185—1994、JB/T 7745)

球阀的结构简单,开关迅速,操作方便,体积小、重量轻、零部件少,流体阻力小,结构比闸阀、截止阀简单,密封面比旋塞阀易加工且不易擦伤。适用于低温、高压及黏度大的介质,一般不能作调节流量用。

5. 蝶阀(GB/T 12238—1989、JB/T 5299、JB/T 8692、JB/T 8527)

蝶阀与相同公称压力等级的平行式闸板阀比较，其尺寸小、重量轻、开闭迅速、具有一定的调节性能，适合制成较大口径阀门，用于温度小于80℃、压力小于1.0 MPa的原油、油品及水等介质。

6. 隔膜阀(GB/T 12239—1989)

隔膜阀的启闭是一块橡胶隔膜，夹于阀体与阀盖之间。隔膜中间突出部分固定在阀杆上，阀体内衬有橡胶，由于介质不进入阀盖内腔，因此无需填料箱。隔膜阀结构简单，密封性能好，便于维修，流体阻力小，适用于温度小于200℃、压力小于1.0 MPa的油品、水、酸性介质和含悬浮物的介质，不适用于有机溶剂和强氧化剂的介质。

7. 旋塞阀(GB/T 12240—1989)

旋塞阀的结构简单，开关迅速，操作方便，流体阻力小，零部件少，重量轻。适用于温度较低、黏度较大的介质和要求开关迅速的部位，一般不适用于蒸汽和温度较高的介质。

8. 柱塞阀

柱塞与密封圈间采用过盈配合，通过调节阀盖上连接螺栓的压紧力，使密封圈上所产生的径向分力大于流体的压力，从而保证了密封性，杜绝了外泄漏。柱塞阀是国际上近代发展的新颖结构阀门，具有结构紧凑、启闭灵活、寿命长、维修方便等特点。

9. 减压阀(GB/T 12244—2006、GB/T 12246—2006)

减压阀是通过启闭件的节流，将进口的高压介质降低至某个需要的出口压力，在进口压力及流量变动时，能自动保持出口压力基本不变的自动阀门。

减压阀的选用，系根据工艺确定减压阀流量，阀前、阀后的压力及阀前流体温度等条件来确定阀孔面积，并按此选择减压阀的尺寸及规格。

10. 疏水阀

疏水阀(也称阻汽排水阀、疏水器)的作用是自动排泄蒸汽管道和设备中不断产生的凝结水、空气及其他不可凝性气体，又同时阻止蒸汽的逸出。它是保证各种加热工艺设备所需温度和热量并能正常工作的一种节能产品。疏水阀必须根据进出口的最大压差和最大排水量进行选用，疏水阀一般按工作原理分为：

(1) 热动力型。利用蒸汽、凝结水通过启闭件(阀片或阀瓣)时的不同流速引起被启闭件隔开的压力室和进口处的压力差来启闭疏水阀。这类疏水阀处理凝结水的灵敏度较高，启闭件小，惯性也小，开关速度迅速。

(2) 热静力型。利用蒸汽和凝结水的不同温度引起温度敏感元件动作，从而控制启闭件工作。其温度敏感元件受温度变化在开关启闭件时有滞后现象，对低于饱和温度一定温差的凝结水和空气可同时排放出去，可装在用汽设备上部单纯作排空气阀使用。

(3) 机械型疏水阀。依靠浮子(球状或桶状)随凝结水液位升降带动阀杆动作实现阻汽排水作用。小口径阀的灵敏度较大口径的高，浮球式灵敏度高于浮桶式疏水阀。

第四节　管道的支吊架、隔热的类别、作用及简单工作原理

一、管道支吊架

管道支吊架是指承受管道和介质重量或者补偿管道位移的元件。在管道安装工程中，支架是不可缺的构件，它对管道有承重、导向和固定作用或者限位和防振功能。管道支吊装置按其作用来分有固定支架、活动支架及弹簧支、吊架。

1. 固定支架

将管子固定在支架上，不允许发生任何方向的位移，这种支架称为固定支架。固定支架的作用是为了均匀分配补偿器之间管道的热伸长，保证管道在支架上不发生移动。固定支架受力较为复杂，除了承受管道重量外；还承受着管道轴向压力的反力、热胀冷缩的水平推动力及活动支架的水平摩擦力。

（1）U 形螺栓式固定支架，适用于不保温管道，如图 5.4.1 所示。

（2）单面挡板固定支架，适用于推力 $p \leqslant 50$ kN 的室外管道，如图 5.4.2 所示。

（3）双面挡板固定支架，适用于推力 50 kN$<p \leqslant$200 kN 的室外管道，如图 5.4.3 所示。

（4）墙上、柱上固定架，适用于管径较小的室内管道，如图 5.4.4 所示。

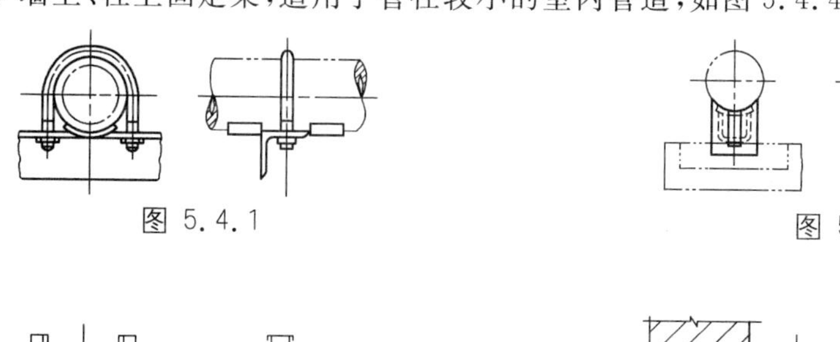

图 5.4.1　　图 5.4.2

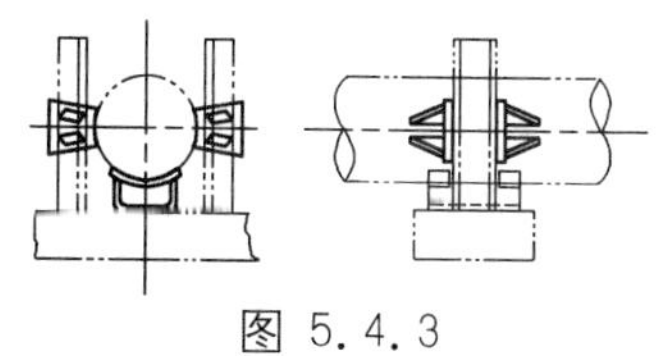

图 5.4.3

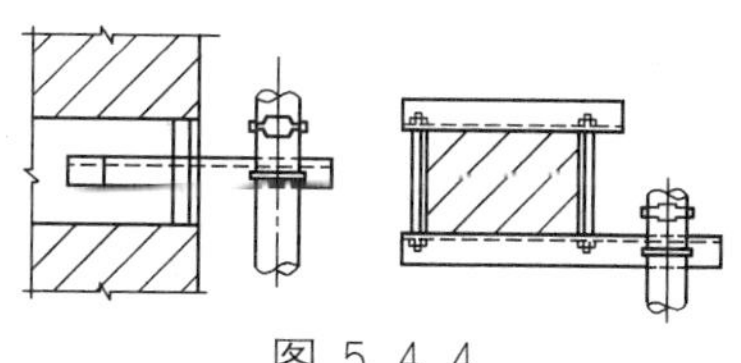

图 5.4.4

2. 活动支架

将管子敷设在支架上，当管子热胀冷缩时可与支架发生相对位移，这种支架称为活动支架。活动支架分为滑动支架、滚动支架和导向支架。

（1）滑动支架。滑动支架是指管子与支架间相对运动为滑动。滑动支架摩擦力较大，但制作简单，应用广泛。

滑动支架又分 U 形螺栓固定的低滑动支架，适用于热伸长量较小的室内不保温管道，如图 5.4.5 所示；弧形板低滑动支架，适用于热伸长量较大的室内不保温管道，如图 5.4.6 所示；高滑动支架，适用于保温及保冷管道，滑托高度为 100 mm～150 mm，管道与滑托焊接，滑托可在支架上滑动，如图 5.4.7 所示。

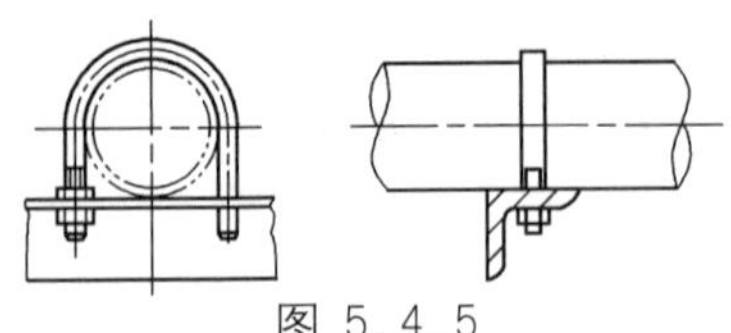

图 5.4.5

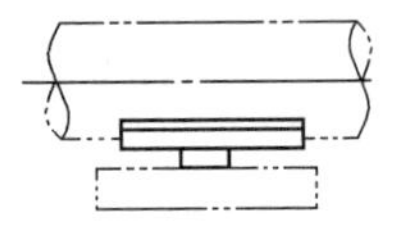

图 5.4.6

(2) 滚动支架。滚动支架是在管道滑托与支架之间加入滚柱或滚珠，使管子与支架间相对运动为滚动运动，从而使滑动摩擦力变为滚动摩擦力，这种支架称为滚动支架。由于滚动摩擦力小于滑动摩擦力，摩擦阻力小，适用于管径较大、介质温度较高且无横向位移的管道；缺点是结构复杂，如图 5.4.8 所示。

(3) 导向支架。在管道有轴向位移的支架两侧加装型钢挡块，使管道在作轴向运动时不致偏离管道的轴线，这种支架称为导向支架，适用于管道作轴向位移而不偏离管轴线的管道上。做法是在滑托两侧各焊上一段角钢，如图 5.4.9 所示。

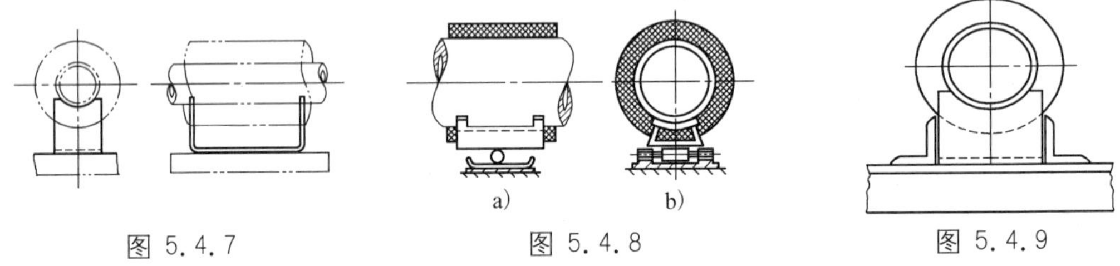

图 5.4.7　　图 5.4.8　　图 5.4.9

3. 吊架

将管道用型钢构件吊在空中，这种型钢构件称为吊架。吊架有刚性吊架及弹簧吊架，刚性吊架用于无垂直位移的管道，弹簧吊架用于有垂直位移的管道。吊架又分为普通扁钢吊卡、普通双合吊卡和弹簧吊架。

(1) 普通扁钢吊卡适用于管径较小无伸缩性或伸缩性很小的管道。它由支承结构、吊杆、卡箍组成，如图 5.4.10 所示。

(2) 普通双合吊卡，适用于管径较小无伸缩性或伸缩性很小的管道。它由支承结构、吊杆、卡箍组成，如图 5.4.11 所示。

(3) 弹簧吊架，用于有垂直位移或振动较大的管道上，由卡箍、吊杆、弹簧、支承结构组成，如图 5.4.12 所示。

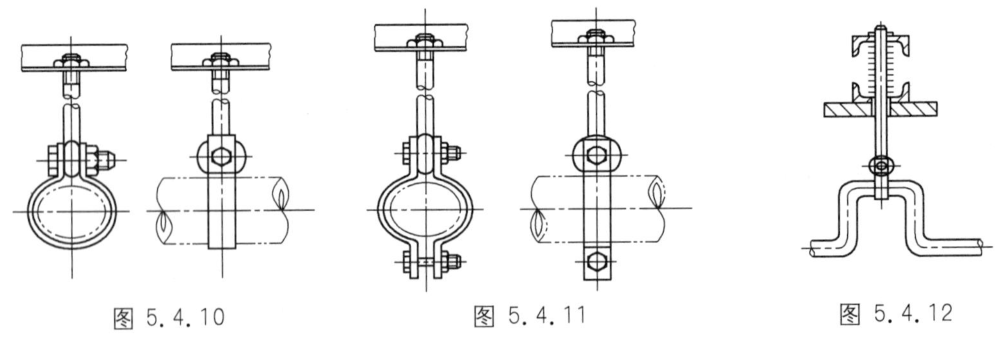

图 5.4.10　　图 5.4.11　　图 5.4.12

二、隔热

管道隔热或称绝热的目的在于减少管道内介质与外界的热传导，从而达到节能、防冻及满足生产工艺要求等。管道隔热按其用途分为保温、保冷、加热保护三种类型，按隔热结构又分为涂抹式、预制块式、缠绕式、填充式、蒸汽伴管式和蒸汽夹套管式等。

1. 管道隔热设置一般要求

(1) 隔热层的厚度在满足技术要求前提下，还要满足“经济厚度”的要求。厚度太大虽然可以降低热耗或能耗，但要增加投资；反之，厚度太小虽然可以降低投资，但热耗或能耗要增加。

(2) 为了预防管道内介质的冷凝、结晶和冻结，以及提高生产工艺管道的输送能力，应采取热绝缘措施，必要时采取伴热或加热措施。

(3) 当人体短时间接触表面温度高于 60℃或低于－5℃的管道时，有烫伤或冻伤危险，为了保证操作人员的安全，改善劳动条件，应采取热绝缘措施。

(4) 在夏季，当输送介质的温度较环境气温低时，管道外表面可能结露，为了防止结露，应采取热绝缘措施，使外表面温度高于露点。

(5) 在高温管道附近有可燃、易燃、易爆物品时，有发生火灾和爆炸的危险，为此应采取热绝缘措施，以降低管道表面温度至无危险的允许温度。

(6) 管道和设备表面温度应低于 50℃、高于 0℃，有电气设备的房间、居住房间和操作间，管道和设备表面应防止结露。

(7) 室外架空敷设的煤气管道、乙炔管道、如有低于 0℃可能时，一般应绝热防冻；所有可能处于 0℃以下的各种气体管道的冷凝水排出管，必须绝缘防冻。

(8) 室外架空敷设管道或安装于潮湿环境中的管道，在绝热层外应设防水层。

2. 常用的绝热结构

(1) 涂抹式。是用胶泥状绝热材料直接涂抹在管子上，其结构如图 5.4.13 所示。涂抹前，先将管子刷两道防锈漆，把硅藻土石棉粉用水调成胶泥。为了增加粘接力，可先在管道上涂抹一层胶泥作底层，厚度约为 5 mm 左右，干燥后再涂第二层，厚度为 10 mm～15 mm，以后每层厚度 15 mm～25 mm，直至达到设计要求为止。

当管内介质温度不超过 100℃时，可采用草绳胶泥结构，先在管道上缠一层草绳，于草绳上涂抹胶泥，接着再缠一层草绳，再涂抹胶泥，直至达到要求厚度为止。

涂抹式结构在干燥后即变成整体硬质材料。因此，每隔一定距离应留有热胀伸缩缝。当管内介质温度不超过 300℃时，伸缩缝间距 7 m 左右，最小间隙为 5 mm；管内介质温度大于 300℃时，伸缩缝间距 4 m 左右，间隙为 20 mm，因其间隙较大，应充填石棉绳、玻璃棉等软质材料。

涂抹式绝热结构不仅适用于管道保温，也适用于阀门、管件、石油化工等设备的保温，具有保温、保冷、隔声、防火等作用。

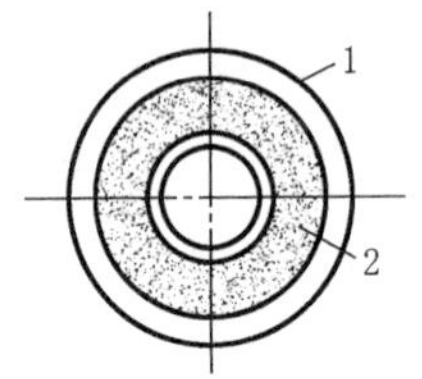

1—保护层；2—保温层

图 5.4.13　涂抹式保温结构示意

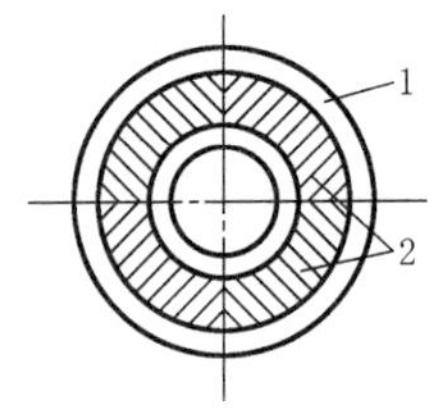

1—保护壳或保护层；2—预制件

图 5.4.14　预制块式保温结构示意

（2）预制块式。是将绝热材料由专门的工厂或在现场预制成梯形、扇形或半圆形瓦块，俗称保温瓦，其结构如图 5.4.14 所示。

预制块长度一般为 300 mm～600 mm，块数可根据管径的不同每圈为 2～8 块。安装时用镀锌铁丝将其捆扎在管子外面。捆扎时应使预制块的纵、横接缝错开，并以石棉胶泥或同质绝热材料胶泥填空。捆扎预制块的铁丝直径为 ϕ1.0 mm～ϕ2.0 mm，间距为 150 mm～200 mm，并应使每块预制件至少捆扎两处。这种结构形式可在预制厂加工，因而效率高、施工速度快，可降低成本，应用较广。

（3）缠绕式。又称捆扎式绝热，采用矿渣棉毡或玻璃棉毡作绝热材料时，可把棉毡剪成适当的条块，直接卷在管子上，其结构如图 5.4.15 所示。在缠绕式包扎时应将棉毡压紧。如果缠绕一层棉毡的厚度不够时，可增加缠绕层数，直到符合设计要求为止。棉毡的纵向接缝应放在管子的顶部，搭接宽度为 50 mm～300 mm，可根据绝热层外径大小确定。缠绕式保温所用材料必须干燥，各段棉毡之间必须紧密相连。这种结构多用于临时性工程。

（4）填充式。是将松散的粒状和纤维绝热材料，如矿渣棉、玻璃棉或泡沫混凝土等，填充在管子周围的特殊套子或钢丝网中，其结构如图 5.4.16 所示。

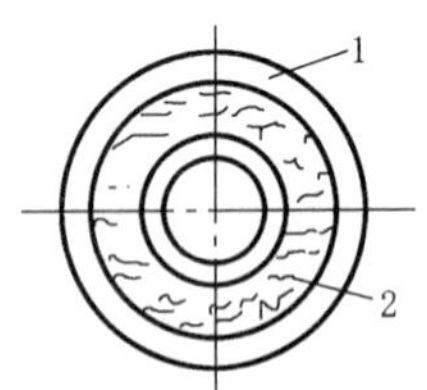

1—保护层；2—保温层

图 5.4.15　缠绕式保温结构示意

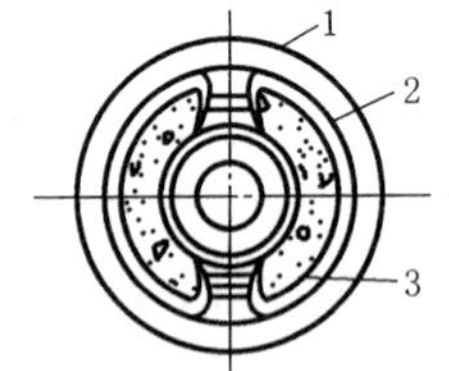

1—保护壳；2—保温材料；3—支撑环

图 5.4.16　填充式保温结构示意

第五节　压力管道的工艺流程

见第一章第十二节（压力管道的工艺流程）内容。

第六节　工业管道附属设施的作用和简单工作原理

工业管道附属设施对保障管道安全运行、满足生产工艺要求起到重要的补助作用。工业管道附属设施包括视镜、过滤器、阻火器、疏水器、分离器、监控系统等。

一、视镜

视镜多用于排液或受槽前的回流、冷却水等液体管路上以观察液体流动情况。

视镜按其材料可分为：钢制视镜、不锈钢视镜、铝制视镜、硬聚氯乙烯视镜、耐酸酚醛塑料视镜、玻璃管视镜等。同一种材料又可分为直通视镜、三通视镜等。常见的视镜有：钢制直通视镜、不锈钢直通视镜、钢制直通异径视镜、铝制直通视镜、硬聚氯乙烯直通视镜、钢制衬胶直通视镜、钢制三通视镜、不锈钢制三通视镜、硬聚氯乙烯三通视镜、耐酸酚醛塑料三通视镜、玻璃管视镜、螺纹连接浮球视镜、法兰连接浮球视镜、角式窥视镜、双面窥视镜等。

视镜系根据输送介质的化学性质、物理状态及工艺对视镜功能的要求来选用。视镜的材料基本上和管子材料相同。如碳钢管采用钢制视镜，不锈钢管子采用不锈钢视镜，硬聚氯乙烯管子采用硬聚氯乙烯视镜，需要变径的可采用异径视镜，需要多面窥视的可采用双面视镜，需要它代替三通功能的可选用三通视镜。视镜的操作压力小于等于 0.25 MPa，钢制的视镜操作压力小于等于 0.6 MPa。

二、过滤器

过滤器是将管道输送介质中的杂质分离出来，以符合生产工艺要求和保护管道的作用。管道过滤器多用于泵、仪表(如流量计)、疏水阀前的液体管道上。

过滤器按其形状可分为 Y 形过滤器、直角式过滤器、锥形过滤器、筒形过滤器。其种类有管螺纹连接 Y 形过滤器、法兰连接 Y 形过滤器、钢制直角式过滤器、低温钢直角式过滤器、不锈钢制直角式过滤器、中低压管路用锥形过滤器、高压用锥形过滤器。

选用过滤器一般根据介质的性质和温度、压力来选用适当的过滤器。

过滤器承受的压力等级有：1.0 MPa、1.6 MPa、2.5 MPa、4.0 MPa、6.3 MPa、10 MPa，一般比管子内介质的压力高一个档次。

三、阻火器

阻火器是一种防止火焰蔓延的安全装置，通常安装在易燃易爆气体管路上，当某一段管道发生事故时，不至于影响另一段的管道和设备。

阻火器一般按阻火器内的填料来分类。其种类有碳素钢壳体镀锌铁丝网阻火器、不锈钢壳体不锈钢丝网阻火器、钢制砾石阻火器、碳钢壳体铜丝网阻火器、波形散热片式阻火器、铸铝壳体铜丝网阻火器等。

阻火器的壳体要能承受介质的压力和允许的温度，还要能耐介质的腐蚀，填料要有一定强度，且不能和介质起化学反应，阻火器主要是根据介质的化学性质、温度、压力来选用合适的阻火器。

一般介质，使用压力小于等于 1.0 MPa，温度小于 80℃时均采用碳钢镀锌铁丝网阻火器。特殊的介质如乙炔气管道，特别是压力大于 0.15 MPa 的高压乙炔气管道上，采用特殊的阻火器，工作压力允许达到 2.5 MPa，制造要求就较高。

四、疏水器

疏水器（也称疏水阀、阻汽排水阀）的作用是自动排泄蒸汽管道和设备中不断产生的凝结水、空气及其他不可凝性气体，又同时阻止蒸汽的逸出。它是保证各种加热工艺设备所需温度和热量并能正常工作的一种节能产品。

1. 疏水器按工作原理分为以下几种类型

（1）热动力型。利用蒸汽、凝结水通过启闭件（阀片或阀瓣）时的不同流速引起被启闭件隔开的压力室和进口处的压力差来启闭疏水阀。这类疏水阀处理凝结水的灵敏度较高，启闭件小，惯性也小，开关速度迅速（如微孔式根本没有内件）。其主要品种及性能如下：

① 圆盘式疏水阀。结构简单、造价低，间断排水有噪声，允许最小过冷度为6℃～8℃，有一定的漏气量，排空气性能不佳，耐液击，在冷冻及过热蒸汽场合适用范围较广。

② 脉冲式疏水阀。结构简单，能连续排水，但有较大的漏气量，背压允许度较低，适用于回转干燥滚筒的虹吸管排水，能排除一定量的冷热空气，最小过冷度为6℃～8℃。

③ 迷宫式或微孔式疏水阀。利用凝结水通过迷宫式通道的多节膨胀降压或通过微孔的一次膨胀所产生的二次蒸汽来阻止或减少蒸汽的泄漏。结构简单能连续排水、空气。微孔式适用于小排量，迷宫式适用于特大排量，但都不能适应压力流量变化较大的情况。

（2）热静力型。利用蒸汽和凝结水的不同温度引起温度敏感元件动作，从而控制启闭件工作。其温度敏感元件受温度变化在开关启闭件时有滞后现象，对低于饱和温度一定温差的凝结水和空气可同时排放出去，可装在用汽管道设备上部单纯作排空气阀使用。主要品种及性能如下：

① 液体膨胀式疏水阀。结构复杂，灵敏度不高，能排除60℃～100℃的低温水，也能排除空气，适用于要求伴热温度较低的伴热管线排凝及采暖用管线。

② 蒸汽压力式或平衡压力式疏水阀。结构简单，动作灵敏，可连续排水、空气，性能良好，过冷度3℃～20℃，漏气量小，抗污垢及抗液击性差，应用范围广，可作为蒸汽系统的排空气阀。

③ 波纹管式疏水阀。结构简单，动作灵敏，能连续排水，过冷度20℃左右，抗污垢及抗液击性差、广泛用做采暖系统疏水阀，也可作为蒸汽系统排空气阀。

④ 双金属片疏水阀。动作灵敏度不高，能连续排水，排水性能好，过冷度较大且可调节，从低压到高压都适用，最高使用压力可达2 MPa，最高使用温度可达550℃，抗污垢抗液击性强，可作为蒸汽系统排空气阀。

（3）机械型。依靠浮子（球状或桶状）随凝结水液位升降的动作实现阻汽排水作用。小口径阀的灵敏度较大口径的高，浮球式灵敏度高于浮桶式疏水阀。

自由浮球式疏水阀，根据浮力原理使阀体内浮球随水位变化，浮球升降运动，达到阀门启闭排水阻汽作用。启动时，阀内温度低，双金属片凹面朝上，保持排气口开启，使空气自动排出，实现快速启动。当冷凝水进入时，阀内液面升高，当液面达到一定高度时，浮球因浮力上升空气和冷凝水同时排出，根据凝结水位浮球自动升降调节阀座孔的开度，连续排放凝结水。当凝结水停止时，浮球封闭阀座孔。由于阀座孔总是在凝结水位以下，所以极少漏汽，从而起到排水阻汽作用。

① 自由浮球式疏水阀。结构简单，灵敏度高，能连续排水，漏汽量小；一般结构不能自动排除空气，可附加热静力型排空气阀；可排饱和水，抗液击、抗污垢能力差，可设计成大口径及大排量的疏水阀，但制造工艺复杂。

② 杠杆浮球式疏水阀。特点与自由浮球式相同。但结构较复杂，灵敏度略低，体积小，制造工艺简单。

③ 浮桶式疏水阀。制造工艺简单，灵敏度不高，间断排水，不能排除空气，可排出饱和水，抗液击、抗污垢性比浮球式强。但体积比浮球式大，有逐渐被倒吊桶式代替趋势。

倒吊桶式疏水阀与浮桶式相比，灵敏度高，体积小，漏汽量也小。可在工作开始和中间排除一定量的冷热空气。

2. 疏水器的使用

疏水阀多以阀组形式安装，安装后的阀组称为疏水器。疏水器由疏水阀、前后控制阀（截止阀）、冲洗管及冲洗阀、检查管及控制阀、旁通管及旁通阀组成。疏水阀大多经预组装成疏水器，最后用螺纹或焊接连接方法安装于管道系统中。

(1) 疏水器用于蒸汽管道疏水时，应安装在下列各处：蒸汽管道中所有的最低点；垂直升高的管段之前和可能集聚凝结水的蒸汽管道闭塞端；被阀门断开时蒸汽管道的低位点（装于蒸汽流来方向的一侧）。

(2) 疏水器用于用汽设备疏水时，应安装于用汽设备凝结水排水口之下，以免设备积存凝结水，为防止疏水器背压升高，凝结水倒灌，应设置止回阀（热动力式疏水阀本身能起止逆作用）。

(3) 疏水器应布置在蒸汽管道系统减压阀或调节阀的前面，以免减压阀或调节阀因积聚凝结水而影响正常工作。

(4) 疏水装置中应设冲洗管，用来放气和冲洗管路。对有启动疏水管的蒸汽管疏水，此疏水器可不安冲洗管。

(5) 疏水阀与后截断阀间应设检查管，用于检查疏水阀工作是否正常，如打开检查管大量冒汽，则说明疏水阀有故障需要检修。

(6) 为了加速启动凝结水的排除，应设旁通管。一般中小型供暖通风、生产用热设备及蒸汽管道疏水，可不设旁通管。对必须连续生产及加热温度有严格要求的生产用热设备，应设旁通管或两组疏水器并联（其中一组备用）。但旁通管容易造成漏气，一般不用。如采用时，应注意检查。

(7) 当疏水器用于蒸汽管道疏水时，应设集水管。当蒸汽管 DN＜100 mm 时，集水管直径可与蒸汽管相同，当蒸汽管 DN＞100 mm 时，集水管直径可为蒸汽管直径的 1/2。

(8) 在螺纹连接的管道系统中安装时，组装的疏水器两端应装有活接头，以便于检修、拆卸。

(9) 疏水器的进口端应装有过滤器，以定期清除积存污物，保证疏水阀孔不被堵塞。热动力式疏水阀本身自带过滤器，其他类型在设计中进行选择配用。

(10) 当凝结水不需回收而直接排放时，疏水器后可不设截断阀；疏水器前应设放气管，排放空气或不凝性气体，以减少系统内气堵现象。疏水器管道水平敷设时，管道应坡向疏水阀，以防止水击现象。

(11) 寒冷地区室外安装疏水阀时应注意防冻。因为凝结水在疏水阀内冻结,会使疏水阀失去阻汽排水的功能。防冻方法是:加强疏水阀前后管路的保温;对经常停车或间断使用的疏水阀要在停车时进行人工放水或安装自动放水阀;特别是对体内有积水的机械型排水阀,在其阀体下部也要设置排水阀或丝堵。

五、分离器

管道输送的介质在很大程度上影响着生产和安全,一方面,压力管道在运行一段时间后,由于输送的介质或多或少均带有一定量的杂质,如果不及时清除极易造成管道堵塞、磨损、腐蚀等,严重影响管道安全使用和寿命;另一方面,由于生产工艺的需要,必须保证工艺介质有一定的浓度,即要清除不需要的介质。因此,在管道上增加分离器,将管道输送介质中不同成分分离出来,或者排除介质中的杂质,以满足生产工艺的要求。分离器按功能分为汽水分离器、油水分离器和特殊杂质分离器等。

汽水分离器适用于去除蒸汽和压缩空气系统中夹带的液体介质。工作原理:大量含水的蒸汽进入汽水分离器,并在其中以离心向下倾斜式运动。夹带的水分由于速度的降低而被分离出来。被分离出来的液体流入下部经疏水阀排出体外,干燥清洁的蒸汽从分离器出口排出。汽水分离器必须安装于水平管道上,排水口垂直向下,所有口径的汽水分离器均带安装支架,可减小管道承载。为确保被分离的液体迅速排放,应在汽水分离器底部的排水口连接合适的一套疏水阀组合。

第七节　工业管道伴热和热补偿类别、作用及工作原理

见第一章第六节(管道的伴热与热补偿)内容。

第八节　工业管道安全附件类型、作用及工作原理

压力管道安全附件是管道系统安全、正常运行的重要补助设备或仪器。一方面,管道运行中难免出现介质操作参数的波动,或者意外压力、温度升高,现场操作人员通过观察管道安全附件,及时了解管道系统运行情况,当发生故障时采取紧急措施,排除不安全因素。另一方面,生产过程均需要管道系统保持一定范围的工艺参数,利用安全附件(压力表)掌握管道运行参数即时值,正确调整参数以达到规定范围,保证操作参数满足生产工艺要求。另外,安全附件还起到安全补助作用,在管道系统安全保护装置失效情况下,通过安全附件及时发现保护装置问题,起到管道安全运行补助保障作用。压力管道常用安全附件主要有压力表和温度计。

一、压力表

压力表是一种常见的计量器具,它能直观地显示出管道系统各环节的压力变化和介质流程中的条件形成,监视生产运行过程中的安全动向,并通过自动连锁或传感装置,构成迅速、可靠的安全联动系统,为防范管道事故起到重要作用。

1. 压力表起到测量管道内介质的压力,以达到监控管道系统压力变化情况。压力表种类比较多,在管道系统中应用较普遍的是弹簧式压力表和波纹平膜式压力表。

(1) 弹簧式压力表又可分为扇形齿轮式和杠杆式两种,其相差在于驱动指针的方式不同。弹簧式压力表的测量元件是弹簧管,如图 5.8.1 所示。利用弹簧管测压的原理是:弹簧管的一端封口,称为自由段;另一端固定并可通入气体或液体。当压力大于大气压的流体通入管内时,管子的曲率会变小,管端向外移动。管端移动量的大小与管内流体的压力大小成正比,即弹簧管可以把压力转换成位移。弹簧管式压力表就是根据这一原理来测量压力的。

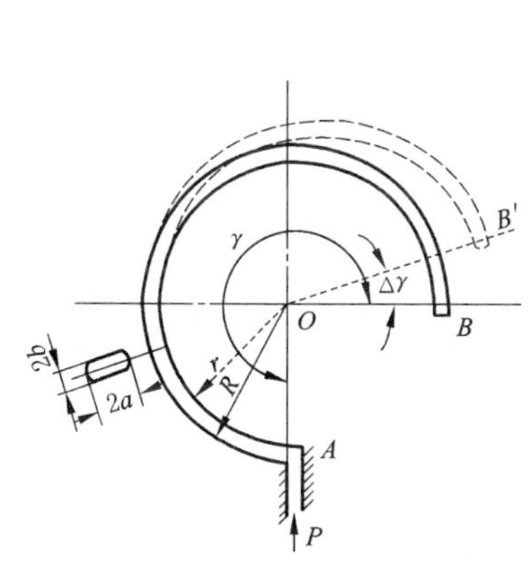

图 5.8.1 弹簧管测压原理图

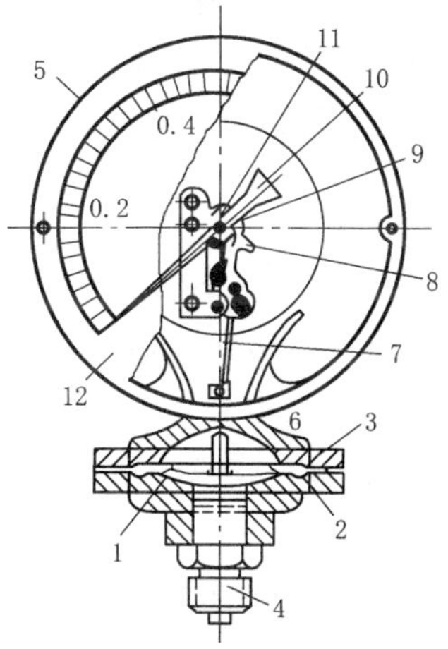

1—平面薄膜;2—下法兰;3—上法兰;
4—接头;5—表壳;6—销柱;7—拉杆;
8—扇形齿轮;9—小齿轮;10—指针;
11—游丝;12—刻度盘;

图 5.8.2 波纹平膜式压力表

(2) 波纹平膜式压力表。波纹平膜式压力表常用于工作介质具有腐蚀性的管道中。其结构如图 5.8.2 所示。它的弹性元件是波纹形的平面薄膜,而薄膜紧夹在上法兰与下法兰之间,两个法兰分别与接头及表壳相连,当薄膜下面通入压力时,薄膜受压向上凸起,并通过销柱、拉杆、齿轮转动机构来带动指针,从而直接在刻度盘上显示出被测的压力值。这种压力表的薄膜中心的最大挠度不能超过 1.5 mm~2 mm,所以要用较高的传动比。其灵敏度和准确度都比较低,也不能用于较高的压力,一般应小于 3MPa,它对震动和冲击不太敏感,更主要的是它可以在薄膜底面用抗腐蚀金属制成保护膜,所以能用来测定具有腐蚀性介质的压力,因此在许多化工压力管道中还经常采用。

2. 压力表按其测量精确度,可分为精密压力表、一般压力表。精密压力表的测量精确度等级分别为 0.1 级、0.16 级、0.25 级、0.4 级;一般压力表的测量精确度等级分别为 1.0 级、1.6 级、2.5 级、4.0 级。

压力表按其指示压力的基准不同,分为一般压力表、绝对压力表、差压表。一般压力表以大气压力为基准;绝压表以绝对压力零位为基准;差压表测量两个被测压力之差。

压力表按其测量范围,分为真空表、压力真空表、微压表、低压表、中压表及高压表。真空表用于测量小于大气压力的压力值;压力真空表用于测量小于和大于大气压力的压力值;

微压表用于测量小于 60 000 Pa 的压力值；低压表用于测量 0 MPa～6 MPa 的压力值；中压表用于测量 10 MPa～60 MPa 的压力值；高压表用于测量 100 MPa 以上的压力值。

3. 压力表使用要求如下：

(1) 压力表的最大量程(表盘上刻度极限值)应与管道设备的工作压力相适应。压力表的量程一般为管道设备工作压力的 1.5～3 倍，最好取 2 倍。若选用的压力表量程过大，由于同样精度的压力表，量程越大，允许误差的绝对值和肉眼观察的偏差就越大，则会影响压力读数的准确性；反之，若选用的压力表量程过小，设备的工作压力等于或接近压力表的刻度极限，则会使压力表中的弹性元件长期处于最大的变形状态，易产生永久变形，引起压力表的误差增大和使用寿命降低。另外，压力表的量程过小，万一超压运行，指针越过最大量程接近零位，而使操作人员产生错觉，造成更大的事故。因此，压力表的使用压力范围，应不超过刻度极限的 60%～70%。

(2) 工作用压力表的精度是以允许误差占表盘刻度极限值的百分数来表示的。精度等级一般都标在表盘上，选用压力表时，应根据设备的压力等级和实际工作需要来确定精度。

(3) 表盘直径为了使操作人员能准确地看清压力值，压力表的表盘直径不应过小，如果压力表装得较高或离岗位较远，表盘直径应增大。

(4) 压力表用于测量的介质如果有腐蚀性，那么一定要根据腐蚀性介质的具体温度、浓度等参数来选用不同的弹性元件材料，否则达不到预期的目的。

(5) 日常重视使用维护，定期进行检查、清洗并做好使用情况记录。

(6) 压力表一般检定周期为半年。强制检定是保障压力表技术性能可靠、量值传递准确、有效保证管道设备安全的重要措施。

二、温度计

温度计是一种能直观地显示出管道系统各环节的温度变化，监视生产运行过程中的安全动向，并可通过自动连锁或传感装置，构筑了一道连锁保护装置，为防范管道事故起到重要作用。

常用的温度计有热电偶温度计和热电阻温度计。热电偶温度计由热电偶、毫伏测量仪表(动圈仪表或电位差计等)以及连接热电偶和测量仪表的导线(铜线及补偿导线)组成。热电偶是由两根不同的导体或半导体材料焊接或铰接而成。焊接的一端称为热电偶的热端(或工作端)，与导线连接的一端称为冷端。把热电偶的热端插入需要测温的生产设备中，冷端置于生产设备的外面。如果两端所处的温度不同(比如，热端温度为 t，冷端温度为 t_0)，则在热电偶的回路中便会产生热电势 E。该热电势 E 与热电偶两端的温度 t 和 t_0 均有关。如果保持 t_0 不变，则热电势 E 便只与 t 有关。换言之，在热电偶材料已定的情况下，其热电势 E 只是被测温度 t 的函数，用动圈仪表或电位差计测得 E 的数据后，便可知道被测温度的大小。热电阻温度计是根据导体或半导体的阻值随温度变化的性质，将电阻值的变化用显示仪表反映出来，以达到测温的目的。热电阻温度计是由热电阻、显示仪表(带不平衡电桥或平衡电桥)以及连线组成。

第九节　公用管道安全保护装置和附属设施的类型、作用及工作原理

公用管道安全保护装置包括安全阀、紧急切断阀、减压阀、调压器、阻火器、压力表和温度计等。相关内容见第一章第三节(八中的“安全保护装置”)。

公用管道附属设施包括过滤器、疏水器、分离器、凝水器、阴极保护装置、调压站、压气站、泵站、阀站、监控系统等。相关内容见第一章第三节(八中的“附属设施”)。

第十节　公用管道(埋地)的防护和测试

见第一章第十一节(埋地公用管道的防护及检测技术)相关内容。

习　题　五

一、选择题(将正确答案的代号填入括号内)

1. 压力管道的结构和组成视管道的用途和功能而有所不同,一般由(　　)、(　　)、(　　)三大部分构成。

A(管道组成件);　B(管道支承件);　C(安全装置和设施);　D(管道安装件)

2. 压力管道用于输送(　　),基本工作原理是利用介质本身的压力,或者外界的动力,使输送的介质从开始端流向终点。

A(液体介质);　B(气体介质);　C(浆体介质);　D(流体介质)

3. 安全保护装置和附属设施是预警、泄压、控制等保障管道安全运行,或者预防外界对管道破坏的装置。包括安全阀、减压阀、(　　)、(　　)、爆破片和紧急切断阀等。

A(球阀);　B(压力表);　C(流量计);　D(温度计)

4. 压力管道按用途可分为(　　)、(　　)和长输管道。

A(燃气管道);　B(蒸汽管道);　C(工业管道);　D(公用管道)

5. 按《压力容器压力管道设计单位资格许可与管理规则》工业管道(GC类)分为(　　)级。

A(GC1、GC2);　B(GC1、GC2、GC3);　C(GC1);　D(GB1、GB2)

6. 压力管道的定义:是指利用一定的压力,用于输送气体或者液体的管状设备,其范围规定为最高工作压力大于或者等于(　　)MPa(表压)的气体、液化气体、蒸汽介质或者可燃、易爆、有毒、有腐蚀性、最高工作温度高于或者等于标准沸点的液体介质,且公称直径大于(　　)mm的管道。

A(0.1);　B(1.0);　C(25);　D(32)

7.《特种设备目录》对压力管道按用途分类进行细化:长输管道分为输油管道和输气管道;公用管道分为燃气管道和热力管道;工业管道分为(　　)管道、动力管道和工艺管道。

A(输送)；　B(蒸汽)；　C(制冷)；　D(气体)

8. 焊接钢管按焊接工艺分为螺旋缝埋弧焊钢管、(　　)钢管、直缝高频焊钢管。

A(直缝埋弧焊)；　B(有缝埋弧焊)；　C(无缝埋弧焊)；　D(对接高频焊)

9. 管道用高分子材料种类很多,根据机械性能和使用状态将其分为塑料、(　　)、合成纤维。

A(聚乙烯)；　B(聚氯乙烯)；　C(橡胶)；　D(蒸汽胶管)

10. 聚乙烯管材管件(PE 管)属于塑料管,作为压力管道主要用于燃气管道的(　　)部分和气体管道、工业耐腐蚀管道、输送液体、气体、食用介质等用途上。

A(地面管道)；　B(埋地管道)；　C(架空管道)；　D(管沟敷设管道)

11. 管件是将管子连接起来,使管子变径、改变介质流向或调节流量等作用。按制造的材料分为(　　)和(　　)等。

A(无缝管件)；　B(有缝管件)；　C(金属管件)；　D(非金属管件)

12. 弯头的分类方法有三种,按弯头的角度分一般有(　　)、90°和 180°弯头。

A(25°)；　B(35°)；　C(45°)；　D(60°)

13. 法兰用于管道组成件可拆连接点处相邻间(　　)的连接,或者为了制造、安装、检修的方便而采用的一种管道连接形式。

A(管子)；　B(阀门)；　C(法兰)；　D(元件)

14. 平焊法兰与设备或管道采用平面角焊缝的形式连成一整体,平焊法兰根据其结构的差异可进一步分为(　　)平焊法兰、带颈平焊法兰和带颈承插平焊法兰 3 种。

A(焊缝)；　B(板式)；　C(角焊缝)；　D(平面)

15. 法兰密封面形式主要有平面、突面、(　　)、榫槽面、环连接面等。

A(凸面)；　B(凹面)；　C(凹凸面)；　D(环槽面)

16. 管道支吊架对管道有承重、导向和固定作用或者(　　)和(　　)功能。

A(支承)；　B(位移)；　C(防振)；　D(限位)

17. 将管道用型钢构件吊在空中,这种型钢构件称为吊架。吊架有(　　)吊架及(　　)吊架。

A(固定)；　B(刚性)；　C(弹簧)；　D(垂直)

18. 管道隔热(绝热)按其用途分为保温、保冷、加热保护三种类型,按隔热结构又分为涂抹式、预制块式、缠绕式、填充式、(　　)伴管式和(　　)夹套管式等。

A(低温)；　B(高温)；　C(热水)；　D(蒸汽)

19. 室外架空敷设的煤气管道、乙炔管道,如有低于(　　)可能时,一般应绝热防冻;所有可能处于(　　)以下的各种气体管道的冷凝水排出管,必须绝缘防冻。

A(－10℃)；　B(0℃)；　C(10℃)；　D(50℃)

20.《城镇燃气设计规范》规定,压力(　　)MPa 为高压管道;(　　) MPa 为次高压管道;(　　)MPa为中压管道;低压管道压力小于(　　) MPa。

A($1.6<p\leq4.0$)；　B($0.4<p\leq1.6$)；　C($0.01\leq p\leq0.4$)；　D($p<0.01$)

21. 管道视镜的操作压力一般小于等于 0.25 MPa,钢制的视镜操作压力小于等于(　　)。

A(0.4 MPa)；　B(0.6 MPa)；　C(0.8 MPa)；　D(1.6 MPa)

22. 阻火器是一种防止火焰蔓延的安全装置，通常安装在易燃易爆(　　)管路上，当某一段管道发生事故时，不至于影响另一段的管道和设备。

A(气体)；　B(液体)；　C(浆体)；　D(流体)

23. 管道疏水器按工作原理分为热动力型、热静力型和(　　)。

A(热膨胀型)；　B(机械型)；　C(电力型)；　D(手动型)

24. 疏水器用于蒸汽管道疏水时，应安装在下列各处：蒸汽管道中所有的(　　)；垂直升高的管段之前和可能集聚凝结水的蒸汽管道闭塞端；被阀门断开时蒸汽管道的(　　)。

A(最高点)；　B(最低点)；　C(高位点)；　D(低位点)

25. 一般管道运行温度高于或低于管道安装温度(　　)℃时，常常设置一些弯曲的管段或者可伸缩的装置以增加管道的柔性。

A(15)；　B(32)；　C(50)；　D(100)

26. 波形补偿器属于(　　)热补偿。

A(管子)；　B(自然)；　C(方形)；　D(人工)

27. 在管道系统中应用较普遍的是(　　)压力表和波纹平膜式压力表。

A(压力式)；　B(弹簧式)；　C(杠杆式)；　D(液压式)

28. 波纹平膜式压力表常用于具有腐蚀性介质的管道中，但其灵敏度和准确度都比较低，一般使用在压力小于(　　)的管道上。

A(1.0 MPa)；　B(3.0 MPa)；　C(4.0 MPa)；　D(6.0 MPa)

29. 压力表按其测量范围，分为真空表、压力真空表、微压表、低压表、中压表及高压表。低压表用于测量(　　)压力值。

A(0～3 MPa)；　B(0～6 MPa)；　C(0～8 MPa)；　D(0～10 MPa)

30. 压力表的最大量程(表盘上刻度极限值)应与管道设备的工作压力相适应。压力表的量程一般为管道设备工作压力的(　　)倍。

A(1～1.5)；　B(1～2)；　C(1.5～3)；　D(2～3)

31. 安全阀按开启高度分为微启式、中启式和全启式，全启式安全阀适用于排放气体、蒸汽或者(　　)介质，微启式安全阀一般适用于排放液体介质，排放有毒或者可燃性介质时必须选用封闭式安全阀。

A(流体)；　B(液体)；　C(液化气)；　D(浆体)

32. 调压站是城市燃气输配管网的重要设施，调压站通常由(　　)、阀门、过滤器、安全装置、旁通管及测量仪表等组成。

A(安全阀)；　B(调节阀)；　C(调压器)；　D(压缩机)

33. 压力表按其测量精确度，可分为精密压力表、一般压力表。精密压力表的测量精确度等级分别为(　　)级。

A(0.01)；　B(0.10)；　C(0.20)；　D(0.30)

34. 埋地燃气管道电化学保护分阴极保护和阳极保护，阴极保护又分为外加电流(　　)和(　　)。

A(油漆涂料)；　B(保护层)；　C(阴极保护)；　D(牺牲阳极)

35. 埋地燃气管道外加电流阴极保护系统一般包括自控防腐仪、(　　)、(　　)、被保护体(阴极汇流体系)、检测监控系统和电缆。

A(牺牲阳极)；　B(辅助阳极)；　C(参比电极)；　D(保护阴极)

36. 碳钢在海水中电位序为－0.4，镁合金(6%Al，3%Zn，0.5%Mn)在海水中电位序为－1.2，两种金属在海水电解质中成为原电池后，碳钢表面发生(　　)反应，镁合金表面发生(　　)反应而被逐步牺牲。

A(分解)；　B(聚合)；　C(还原)；　D(氧化)

37. 行业标准 SY/T 5919—1994 规定，埋地钢管阴极保护电位应控制在(　　)V 之间，超出这个范围不是造成阳极溶解就是造成阴极剥离。

A(0.85～1.5)；　B(－0.15～－1.5)；　C(＋0.85～＋1.5)；　D(－0.85～－1.5)

38. 目前埋地管道检测仪主要包括发射机、探管仪、检测仪及其他附件。可进行管道的位置、走向、(　　)、防腐层破损点的大小和(　　)确定。

A(绝缘层)；　B(深度)；　C(位置)；　D(腐蚀点)

39. 管道防腐层绝缘电阻是指单位面积的防腐层电阻。行业标准 SY/T 5919 规定绝缘电阻(　　)Ω 为二级(良)绝缘层。

A(5 000)；　B(5 000～10 000)；　C(1 000～4 000)；　D(500～1 000)

二、判断题(正确的画"√"，错误的画"×")

1. 管件是将管子连接起来的元件，使管子变径、改变介质流向等作用，包括直通、三通、四通、弯头、异径管、减压阀和压力表等。(　　)

2. 管道支承件是承受管道和介质重量或者兼顾管道位移的元件，可分为安装件和附着件。(　　)

3. 输送压力等于 0.2 MPa 的蒸汽管道属于安全监察范围。(　　)

4.《化工企业压力管道管理规定》规定工作压力为 4.0 MPa，工作温度等于 470℃的碳素钢管道列为 B 级管道。(　　)

5. 工业管道(GC 类)系指城市或乡镇范围内的用于公用事业或民用的燃气管道和热力管道。(　　)

6. 压力管道用管子或管件按材料分为金属材料、焊接材料、非金属材料和复合材料。(　　)

7.《压力管道安装单位资格认可实施细则》将工业管道分为 GB1 级、GB2 级，将公用管道分为 GC1 级、GC2 级和 GC3 级，把长输管道分为 GA1 级、GA2 级、GA3 级，共三大类 8 个级别。(　　)

8. 管道按材料分为金属管道和非金属管道。(　　)

9. 企业范围内用于供应给各生产车间的蒸汽管道属于公用管道。(　　)

10. 公用管道(GB 类)系指企业、事业单位所属的用于输送工艺介质的工艺管道、公用工程管道及其他辅助管道。(　　)

11. GB/T 3091《低压流体输送用焊接钢管》适用于水、污水、燃气、空气、采暖蒸汽等低压流体输送用和其他结构用的直缝焊接钢管。(　　)

12. 金属软管主要由波纹管、网套和接头(法兰)组成，网套是金属软管主要受压部件。

(　　)

13. 城市燃气用埋地聚乙烯(PE 管)属于高分子非金属材料。(　　)

14. 聚乙烯管按生产工艺(即公称外径与壁厚之比)的不同可分为:SDR11、SDR13.6、SDR17、SDR21、SDR26 系列。(　　)

15. 法兰密封面的几何尺寸和表面加工的质量要求必须与相应的垫片相配合。(　　)

16. 阀门是控制(启闭)或调节介质流动量的压力管道元件。(　　)

17. 闸阀与截止阀相比,其调节性能好,密封性能差,结构简单,制造维修方便,流体阻力较大,价格便宜。(　　)

18. 球阀的结构简单,开关迅速,操作方便,一般作为调节流量用。(　　)

19. 将管子固定在支架上,不允许发生任何方向的位移,这种支架称为承重支架。(　　)

20. 活动支架包括滑动支吊架 、滚动支吊架、导向支吊架。(　　)

21. 利用压力管道将流体输送并分配到各相关设备,或者从各接受点将流体收集起来输送到指定点的过程称为压力管道工艺流程。(　　)

22. 城镇燃气管道与液化石油气储配站管道介质输送的工艺过程(流程)一致。(　　)

23. 管道过滤器选用一般比管子内介质的压力高一个档次。(　　)

24. 管道按伴热结构不同通常可分为伴管、夹套管和电热带三种类型。(　　)

25. 压力表和温度计是一种计量器具,主要起到及时发现管道故障并采取紧急措施和正确调整参数以达到规定范围的作用。(　　)

26. 弹簧式压力表又可分为扇形齿轮式和圆形式两种,其相差在于驱动指针的方式不同。(　　)

27. 压力表一般检定周期为一年。强制检定是保障压力表技术性能可靠、量值传递准确、有效保证管道设备安全的重要措施。(　　)

28. 常用的温度计有热电偶温度计和热电阻温度计。热电偶温度计由热电偶、毫伏测量仪表(动圈仪表或电位差计等)以及连接热电偶和测量仪表的导线组成。(　　)

29. 阴极保护装置一般是用在埋地管道上,起到保护管道不受环境腐蚀的作用。(　　)

30. 管道过滤器的选用一般比管子内介质的压力高一个档次。(　　)

31. 调压器主要作用是调节和稳定管网系统压力,并且控制输气系统燃气流量,以保护系统、避免出口压力过高或过低。(　　)

32. 埋地燃气管道外加电流阴极保护系统辅助阳极的功能是把保护电流通过电解质输送到管道上。(　　)

33. 埋地燃气管道外加电流阴极保护系统的参比电极主要作用是对阴极保护系统实施电位检测。(　　)

34. 埋地管道阴极保护方法的牺牲阳极间距越小对保护电流的均匀分布越有利。(　　)

35. 埋地钢管外防腐层检测的内容主要有两种:破损点大小及破损点的精确定位;防腐层绝缘电阻的检测。(　　)

36. 埋地钢管外防腐层检测探头(线圈)在管道上方与管道走向垂直且与地平面平行时,管道产生感应电流最弱,由此产生的二次磁场也最弱。(　　)

37. 埋地钢管防腐层的绝缘电阻检测方法简便易行,准确度较高,可准确快速地实现一

段、一条或整个管网管道防腐层总体技术状态的测量和评价。(　　)

38. 涂层针孔缺陷的检漏是管道防腐层高压电火花检测技术的一种，适用于在用埋地钢管道。(　　)

三、简答题

1. 简述疏水阀的疏水作用。
2. 简述预制块式绝热结构施工要求。
3. 简述燃气输配管网储配站的基本功能。
4. 简述疏水器的作用。
5. 寒冷地区室外管道安装疏水阀时应注意防冻，因为凝结水在疏水阀内冻结，会使疏水阀失去阻汽排水的功能。一般室外管道防冻有哪些措施？
6. 简述弹簧式压力表测压的原理。
7. 管道系统设置安全保护装置的目的是什么？
8. 简述弹簧式安全阀自动保护过程。
9. 工业管道和公用管道附属设施一般包括哪些？
10. 简述牺牲阳极法保护地下管线的基本构成。
11. 埋地输气管道泄漏点的定位情况比较复杂，影响准确定位因素也多，如何根据具体情况选择泄漏点定位方法？

第六章 法规知识

第一节 通用法规规章

工业管道和公用管道操作人员通用法规规章见第三章第一节内容。

第二节 工业管道安全管理与操作有关规定

工业管道操作人员行业安全管理与操作规定见第三章第二节(八、九、十)内容。

第三节 公用管道安全管理与操作有关规定

公用管道操作人员行业安全管理与操作规定见第三章第三节(一、二、三)内容。

习题六(1)

见习题三(1)。

习题六(2)

一、选择题(将正确答案的代号填入括号内)

1.《化工企业压力管道管理规定》是原化工部(　　)年颁布实施的。

A(1995)； B(1998)； C(2002)； D(2005)

2.《化工企业压力管道管理规定》不适用于非易燃介质、无毒或毒性为(　　)介质的管道。

A(浆体)； B(液体)； C(中度危害)； D(轻度危害)

3.《化工企业压力管道管理规定》要求在全面检验压力管道时,使用单位必须做到:提供有关(　　)、拟定相应的安全措施、做好压力管道的技术处理,与检验人员共同进行检查、交接、与检验人员共同对检验工作进行验收。

A(帮助)； B(技术支持)； C(技术资料)； D(管理资料)

4.《化工企业压力管道管理规定》要求岗位操作人员必须持安全操作证上岗,严格执行操作规程,做好(　　)和(　　)记录。

A(运行准备)； B(运行检查)； C(运行)； D(操作)

5.《化工企业压力管道检验规程》将压力管道的检验分为(　　)、在线检验和全面检验。

A(日常检验)； B(定期检验)； C(安装监检)； D(役前检验)

6. 管道与设备的划分一般是：管道与设备焊接连接的第一道环向焊缝、螺纹连接的第一个接头、法兰连接的第一个法兰密封面、专用连接件的第一个密封面。

A(密封盘)； B(环向焊缝)； C(密封面)； D(坚固面)

7.《化工企业压力管道检验规程》指的在线检验是使用单位在运行条件下进行的检验，至少( )检验一次；全面检验是在装置(系统)停车大检修时进行的较为全面的检验，检验周期一般是每( )至少进行一次。

A(每年)； B(二年)； C(四年)； D(六年)

8.《工业管道维护检修规程》按设计压力、设计温度、介质等因素分为( )级。

A(Ⅰ)； B(Ⅱ)； C(Ⅲ)； D(GC1)； E(GC2)； F(GC3)

9.《工业管道维护检修规程》规定的低压管道压力范围是( )MPa。

A ($p<1.0$)； B($0\leqslant p<1.6$)； C($p<1.0$)； D($0.8\leqslant p<1.6$)

10.《工业管道维护检修规程》规定，带压堵漏设施是( )处理措施，系统停车时应( )，并修复泄漏部位。

A(临时)； B(拆除)； C(紧急)； D(加固)

二、判断题(正确的画"√"，错误的画"×")

1.《化工企业压力管道管理规定》根据管道输送介质的工作温度、易燃可燃性和害毒性将管道分为A级、B级、C级、D级。( )

2.《化工企业压力管道检验规程》指的役前检验应由用户委托专业检验单位进行，对化工管道的制造和安装质量进行全面验收检验。若已委托专业检验单位对管道安装过程中的质量进行监检，则役前检验可免。( )

3.《工业管道维护检修规程》要求根据检验结果，结合装置或系统，确定检验周期。一般工业管道全面检验周期为3～6年。( )

4. 管道带压密封堵漏是指采用堵漏密封胶粘补或注入预制的夹具盒内对管道的法兰、焊缝和管子等部位泄漏进行堵漏的一种新型密封技术，适用于所有压力管道。( )

5. 当管道系统出现超温、超压、过冷，泄漏等经过处理仍然无效时，应紧急情况停车。( )

6. 输送易燃、易爆介质的管道法兰间的接地电阻应大于0.03 Ω，管道对地电阻不得大于100 Ω。( )

7.《工业管道维护检修规程》规定了在用金属和非金属材料的工业管道检查周期与内容、检修与质量标准、试验与验收、维护与故障处理等。( )

8. 在用管道有无超温、超压、超负荷和过冷等是日常定时巡回检查的重要内容。( )

9. 利旧管道拆卸时应保护各部位的密封面，敞口法兰应加盲板予以封闭保护。( )

10.《工业管道维护检修规程》规定压力管道的检验、检修周期与内容按照《在用工业管道定期检验规程》(国质检锅[2003]108号)要求进行。( )

三、简答题

1.《化工企业压力管道管理规定》规定了化工企业主管部门、使用单位及内部机构的管理职责和要求，其中对使用单位生产部门有哪些规定？

2.《工业管道维护检修规程》要求维护检修后的验收应提交哪些技术资料？

3.《工业管道维护检修规程》规定检修前准备工作内容是什么？

4. 简述法兰泄漏的一般原因和处理方法。

5. 简述压力管道出现哪些异常情况，操作人员应及时向本单位有关部门报告，必要时采取应急措施

习题六(3)

一、选择题（将正确答案的代号填入括号内）

1. 城镇燃气主要是指(　　)、液化石油气和人工煤气。

A(压缩天然气)；　B(液化天然气)；　C(人工天然气)；　D(天然气)

2. 城镇燃气供应单位应向社会公布 24h 报修电话，(　　)应 24h 值班；运行、维护、抢修及专职安全管理人员必须经过专业技术培训，考试合格后方可上岗。

A(抢修人员)；　B(维护人员)；　C(管理人员)；　D(操作人员)

3. 运行中的燃气管道第一次发现腐蚀漏气点后，应对该管道选点检查其防腐及腐蚀情况，针对实测情况制定(　　)、(　　)方案。

A(抢修)；　B(检修)；　C(运行)；　D(维护)

4. 燃气调压装置包括(　　)、过滤器、安全放散设施、仪器、仪表等，调压装置运行时应无泄漏等异常情况。

A(减压阀)；　B(调节阀)；　C(调压器)；　D(调压箱)

5. 燃气管道抢修是指燃气设施发生危及安全的泄漏以及引起中毒、火灾、(　　)等事故时，采取紧急措施的作业过程。城镇燃气设施抢修应制订预案，并报(　　)部门备案。抢修预案应定期进行演习。

A(爆燃)；　B(爆炸)；　C(主管)；　D(有关)

6. 燃气设施发生火灾时，应采取切断气源或降低压力等方法控制火势，并应防止产生(　　)。

A(爆炸)；　B(泄漏)；　C(负压)；　D(正压)

7.《城市供热管网工程施工及验收规范》适用于工作压力(　　)，介质温度≤350℃的蒸汽管网的施工及验收。

A(≤0.8 MPa)；　B(≤1.6 MPa)；　C(≤2.5 MPa)；　D(≤4.0 MPa)

8.《城市供热管网工程施工及验收规范》规定，施工单位开工前应熟悉图纸和现场，并应按(　　)单位或监理单位审定的施工组织设计组织施工。

A(设计)；　B(使用)；　C(建设)；　D(检验)

9.《城市供热管网工程施工及验收规范》规定，弯管的弯曲半径应符合设计要求。设计无要求时，低碳钢管热弯最小弯曲半径为(　　)。

A($1.5D_w$)； B($2.5D_w$)； C($3.5D_w$)； D($4.5D_w$)

10.《城市供热管网工程施工及验收规范》规定，一级管网主干线所用阀门及与一级管网主干线直接相连通的阀门，支干线首端和热力站入口处起关闭、保护作用的阀门及其他重要阀门应由有资质的检测部门进行(　　)和严密性试验，检验合格，单独存放，定位使用，并填写阀门试验记录。

A(液压)； B(密封)； C(耐压)； D(强度)

11.《城市供热管网工程施工及验收规范》规定，当阀门与管道以法兰或螺纹方式连接时，阀门应在(　　)状态下安装；当阀门与管道以焊接方式连接时，阀门不得关闭。

A(打开)； B(关闭)； C(工作)； D(常温)

12.《城市供热管网工程施工及验收规范》规定，供热管网工程的管道和设备等，当设计无要求时，一级管网及二级管网应进行强度试验和严密性试验。强度试验压力应为1.5倍设计压力，严密性试验压力应为(　　)倍设计压力，且不得低于0.6 MPa。

A(0.8)； B(1.15)； C(1.25)； D(1.5)

13. 城市供热管道法兰端面应保持平行，偏差不大于法兰外径的1.5‰，且不得大于(　　)；不得采用加偏垫、多层垫或加强力拧紧法兰一侧螺栓的方法，消除法兰接口端面的缝隙。

A(1.5 mm)； B(2 mm)； C(2.5 mm)； D(3 mm)

14.《城镇燃气输配工程施工及验收规范》规定材料在入库和进入施工现场安装前，应对管道组成件进行检查，其材质、规格、型号应符合设计文件和合同的规定，并应按现行的国家产品标准进行(　　)检查；如质量有异议、设计文件或本规范有要求时应进行有关质量检验，不合格者不得使用。

A(验证)； B(外观)； C(材料)； D(质量)

15. 埋地钢管敷设管道内部质量的无损探伤数量，应按设计规定执行。当设计无规定时，抽查数量不应少于焊缝总数的(　　)，且每个焊工不应少于一个焊缝。对穿越或跨越铁路、公路、河流、桥梁、有轨电车及敷设在套管内的管道环向焊缝，必须进行(　　)的射线照相检验。

A(15%)； B(30%)； C(50%)； D(100%)

16. 燃气管道下沟前必须对防腐层进行100%的(　　)检查，回填前应进行100%(　　)检漏，回填后必须对防腐层完整性进行全线检查，不合格必须返工处理直至合格。

A(电火花)； B(外观)； C(全面)； D(质量)

17. 燃气管网用聚乙烯和钢骨架聚乙烯复合管材、管件从生产到使用之间的存放，黄色管道不宜超过(　　)年，黑色管道不宜超过(　　)年。超过上述期限时必须重新抽样检验，合格后方可使用。

A(1)； B(2)； C(3)； D(4)

18. 燃气用钢骨架聚乙烯复合管道连接应采用(　　)连接或法兰连接。当采用法兰连接时，宜设置检查井。

A(电熔)； B(热熔)； C(焊接)； D(固定)

19. 燃气场站内管道及设备的焊接质量应符合下列要求:所有焊缝应进行外观检查;管道对接焊缝内部质量应采用(　　)探伤,抽检个数为对接焊缝总数的25%,并应符合国家现行标准《压力容器无损检测》中的Ⅱ级质量要求。

A(着色)； B(磁粉)； C(射线照相)； D(超声波)

20. 燃气管道严密性试验介质宜采用空气,设计压力小于5 kPa时,试验压力应为20 kPa;设计压力大于或等于5 kPa时,试验压力应为设计压力的1.15倍,且不得小于(　　)MPa。

A(0.1)； B(0.2)； C(0.3)； D(0.4)

二、判断题(正确的画"√",错误的画"×")

1.《城镇燃气设施运行、维护和抢修安全技术规程》适用于城镇燃气管道及其附件等设施组成的城镇燃气供应的运行、维护和抢修。不适用于独立的液化气灌瓶站。(　　)

2. 地下燃气管道泄漏检查可采用仪器检测或地面开挖检查,可沿管道方向或从管道附近的阀井、窨井或地沟等地下构筑物检测。(　　)

3. 燃气管道抢修作业人员进入事故现场时,应立即控制气源、消灭火种,驱散积聚的燃气。地下管道泄漏时应采取有效措施,排除聚积在地下和构筑物空间内的燃气。(　　)

4. 液化石油气泄漏抢修时,应备有干粉灭火器等有效的消防器材。当泄出的液化石油气不易控制时,可用消防水枪喷冲稀释泄出的液化石油气。(　　)

5. 按《城市供热管网工程施工及验收规范》适用范围,工作压力$p \leqslant 2.5$ MPa,介质温度$t \leqslant 200$℃的热水管网不属于压力管道。(　　)

6.《城市供热管网工程施工及验收规范》规定,管沟敷设的管道,在沟口0.5m处应设支、吊架;管道滑托、吊架的吊杆应处于与管道热位移方向相反的一侧。(　　)

7.《城市供热管网工程施工及验收规范》规定,管道敷设采取直埋、管沟和地上敷设方法。(　　)

8. 城市供热管网工程应采用水或气体为介质做试验。(　　)

9. 城市供热管网补偿器安装前,按照设计图纸核对每个补偿器的型号和安装位置。(　　)

10. 城市供热管网在试运行期间管道法兰、阀门、补偿器及仪表等处的螺栓应进行热拧紧。热拧紧时的运行压力应为设计压力以下,温度宜达到设计温度,螺栓应对称,均匀适度紧固。在热拧紧部位应采取保护操作人员安全的可靠措施。(　　)

11.《城镇燃气输配工程施工及验收规范》适用于城镇燃气设计压力不大于4.0 MPa的新建、改建和扩建输配工程的施工及验收。不适用于燃气场站内的工艺管道。(　　)

12. 城镇燃气工程施工必须按设计文件进行,如发现施工图有误或燃气设施的设置不能满足现行国家标准GB 50028《城镇燃气设计规范》时,施工单位或建设单位可以根据现场实际情况修改设计或选用适合的材料。(　　)

13. 埋地燃气钢管敷设用的石棉橡胶垫、橡胶垫及软塑料等非金属垫片如有少量分层现象,在不影响密封情况下才可使用。(　　)

14. 埋地燃气聚乙烯和钢骨架聚乙烯复合管道施工前应制定施工方案，确定连接方法、连接条件、焊接设备及工具、操作规范、焊接参数、操作者的技术水平要求和质量控制方法。(　　)

15. 对不同级别、不同熔体流动速率的聚乙烯原料制造的管材或管件，不同标准尺寸比(SDR值)的聚乙烯燃气管道连接时，必须采用电熔连接。施工前应进行试验，判定试验连接质量合格后，方可进行电熔连接。(　　)

16. 燃气管道的阀门、凝水缸及补偿器等在正式安装前，应按其产品标准要求单独进行强度和严密性试验，经试验合格的设备、附件应做好标记，并应填写试验记录。(　　)

17. 燃气场站内工艺管道的施工及验收除符合本规定外，还应符合国家现行标准《石油天然气站内工艺管道工程施工及验收规范》的规定。(　　)

18. 进行埋地燃气管道强度试验时，回填土宜回填至管上方0.5 m以上，并留出焊接口进行检查；严密性试验应在强度试验合格、管线全线回填后进行。(　　)

三、简答题

1. 简述城镇燃气供应单位一般应对哪些设施的运行与维护制定管理制度和操作规定？
2. 简述城镇燃气设施运行记录应包括哪些内容？
3. 简述城市供热管网防腐在设计无规定时，应符合哪些规定？
4. 简述城市供热管网清洗前，管网及设备应符合哪些要求？
5. 简述燃气管道进行强度试验的操作和检查步骤。
6. 燃气管道工程交工技术文件的检验合格记录包括哪些内容？

第七章　压力管道操作人员实际操作技能

第一节　压力管道现场运行安全检查和不安全因素的排除

操作实例一　液化石油气储配站(灌瓶站)安全检查和不安全因素的排除

1. 安全检查要点

(1) 各项工艺操作指标参数、运行及符合情况;

(2) 管道接头、阀门及管件密封情况,是否存在泄漏;

(3) 保温层、防腐层和保护层是否完好;

(4) 管道振动情况;

(5) 管道支、吊架是否完好;

(6) 管道之间、管道和相邻构件的摩擦情况;

(7) 阀门等操作机构润滑是否良好;

(8) 安全阀、压力表、爆破片等安全保护装置的运行、完好状态;

(9) 静电跨接、静电接地、抗腐蚀阴极保护装置是否完好;

(10) 是否存在其他缺陷。

重点检查阀门和安全阀、紧急切断装置、压力表、温度计等的根部阀是否打开;是否有卡死现象;有无跑、冒、滴、漏情况;并注意观察不同点的压力表、温度读数是否一致等。

2. 安全检查步骤

(1) 安全检查前要熟悉液化石油气储配站工艺流程,安全管理、检查制度;查看有关日常安全检查记录。

(2) 准备安全检查必须的工具、仪器设备。如擦布、气体浓度报警仪、泡沫液体、防爆照明灯、扳手或加力杆等。

(3) 正确选择检查点和检查线路。为避免遗漏,应规定重点检查部位和线路,一般按管道流程或始终点开始进行检查。可选择从汽车卸车台开始,沿液相(或气相)管向储罐方向进行检查,当有支管时,必须在检查完主方向管后返回检查支管,做到全面、有序、不遗漏。

(4) 检查工作要认真细致。通过检查人员看、听、闻等,判断管道和附件有无跑、冒、滴、漏情况。如有可疑泄漏情况时,用擦布、泡沫液体进行验证。

(5) 对有关阀门,特别是安全阀、紧急切断阀、压力表、温度计的根部阀关闭或打开状态进行验证。如有可疑情况，应进行操作验证。如必要还应检查其他阀门操作是否灵活、有无卡涩现象。

(6) 观察管道不同点压力表、温度读数是否一致，以及完好情况。

3. 安全检查记录

安全检查人员必须按国家和企业规定，在完成安全检查后做好检查记录，并签名确认，以提供管道设备安全运行的证据和安全责任的落实。

管道安全检查记录一般应包括以下内容：

(1)单位名称；(2)管道系统、装置名称或管线编号；(3)各管道系统正常操作压力、温度值与实际运行值；(4)管子、阀门、安全保护装置、压力表及温度计完好情况；(5)发现的问题和处理；(6)检查时间；(7)检查人员签名确认等。

液化石油气储配站(灌瓶站)管道安全检查记录的基本内容见表 7.1.1。

表 7.1.1　×××液化石油气储配站管道运行检查记录

<table>
<tr><td>系统或装置名称</td><td colspan="2"></td><td>正常工作压力</td><td></td><td>正常工作温度</td><td></td></tr>
<tr><td rowspan="2">管道名称/编号</td><td colspan="2">实际运行参数</td><td colspan="2" rowspan="2">管道系统检查情况</td><td rowspan="2">问题及处理</td><td rowspan="2">检查人/日期</td></tr>
<tr><td>压力</td><td>温度</td></tr>
<tr><td></td><td></td><td></td><td colspan="2">□完好 □欠缺 □隐患</td><td></td><td></td></tr>
<tr><td></td><td></td><td></td><td colspan="2">□完好 □欠缺 □隐患</td><td></td><td></td></tr>
<tr><td></td><td></td><td></td><td colspan="2">□完好 □欠缺 □隐患</td><td></td><td></td></tr>
<tr><td></td><td></td><td></td><td colspan="2">□完好 □欠缺 □隐患</td><td></td><td></td></tr>
<tr><td colspan="7">注：1. 管道系统检查情况包括上述“安全检查要点”所有内容。
2. 判定欠缺、隐患时必须填写“问题及处理”项。</td></tr>
</table>

4. 不安全因素的排除方法

检查发现不安全因素时，应视具体情况，在确保自己有能力处理时，应立即予以解决，否则必须马上报告单位有关安全管理人员，必要时可越级向政府管理部门报告。

现场模拟不安全因素的排除方法：

(1) 管道元件泄漏处理步骤。发现泄漏情况时，首先判断是否能通过对泄漏部位或元件的操作消除泄漏，或者通过关闭泄漏点前后阀门控制泄漏源等，如可行就实施操作；否则按单位事故应急救援预案的规定实施事故救援工作。如液化气储罐根部的阀门、法兰垫片泄漏等。

(2) 管道系统压力、温度过高的处理步骤。通过对不同点压力表、温度计和管道表面等的观察，首先判断是真实的管道系统压力或温度升高，还是压力表、温度计损坏或读数误差。如是前者，应立即停止压力源供给(如停止压缩机、烃泵运行)，然后进行检查，直到消除隐患方可开机运行。同时可采取用水喷洒的方法降低管道温度，以达到压力降低的目的；如是后者，应及时更换损坏的压力表或温度计，如现场临时无法更换，应加强检查工作，特别是对其他点的压力表或温度的观察，同时做好安全检查记录。

操作实例二　城市埋地燃气管道的安全检查和不安全因素的排除

1. 安全检查(巡查)要点

(1) 在燃气管道设施的安全保护范围内不应有土壤塌陷、滑坡、下沉、人工取土、堆积垃圾或重物、管道裸露、种植深根植物及搭建建(构)筑物等。

(2) 管道沿线不应有燃气异味、水面冒泡、树草枯萎和积雪表面有黄斑等异常现象或燃气泄出声响等;有上述现象发生时,应查明原因并及时处理。

(3) 对穿越跨越处、斜坡等特殊地段的管道,在暴雨、大风或其他恶劣天气过后应及时巡查。

(4) 对有可能影响燃气管线安全运行的施工现场,应加强燃气管线的巡查与现场监护,可设立临时警示标志;施工过程中造成燃气管道损坏、管道悬空等,应及时采取有效的保护措施。

(5) 燃气管道附件是否有丢失或损坏,如有应及时修复。

(6) 检查阀门,不得有燃气泄漏、损坏等现象;阀门井内不得积水、塌陷,不得有妨碍阀门操作的堆积物;根据管网运行情况对阀门定期进行启闭操作和维护保养。

(7) 检查凝水缸完好情况。凝水缸是否正常排放积水,检查凝水缸护罩(或护栏)、排水装置,不得有泄漏、腐蚀和堵塞的现象及妨碍排水作业的堆积物。

(8) 调压装置的巡检内容应包括调压器、过滤器、阀门、安全设施、仪器、仪表等设备的运行状况,不得有泄漏等异常情况。

(9) 调压器及附属设备应巡检各连接点及调压器工作情况。当发现有燃气泄漏及调压器有喘息、压力跳动等问题时,应及时处理;对切断阀、水封等安全装置进行可靠性检查。

(10) 阴极保护电源输出电流、电压检查。

2. 管网安全检查(巡查)步骤

(1) 首先熟悉城镇燃气输配管网结构,各级别管网系统工艺流程,确定应检查的管线、部位和附属设施;熟悉安全管理制度、巡线检查内容和规定;查看有关日常安全检查记录。

(2) 一般实施燃气管网巡线检查人员不得少于 2 人,配备所需必须的工具、仪器设备。如通讯设备、交通工具、擦布、气体浓度报警仪、泡沫液体、防爆照明灯、扳手或加力杆等,具体应根据检查的管道、设施确定。

(3) 确定检查线路或检查部位。按城镇燃气供应单位制定的巡线检查时间、周期、线路或部位,以及检查内容和要求等制度,落实检查人员责任和分工,明确检查线路或部位。检查人员必须按规定的巡查线路或部位进行巡查,做到有序、全面、不遗漏。

(4) 检查工作要认真细致。通过检查人员巡线过程的看、听、闻等,判断管道和附件有无跑、冒、滴、漏情况,观察有无影响管道及附件安全的外部因素。

(5) 重点检查阀门井、凝水缸、调压装置或调压阀等部位。并按有关规定对阀门、凝水缸和调压阀等进行验证性或维护操作。

3. 巡线检查记录

安全检查人员必须按国家和企业规定,在巡线检查过程或检查工作完毕后做好检查记录，并签名确认，以提供管网和设备安全运行和安全责任落实的证据。

巡线检查记录一般应包括以下内容：

(1)单位名称；(2)管线编号或设施名称；(3)各管道系统正常操作压力、温度值与实际运行值(在场、站要求)；(4)检查或操作设施的名称和内容；(5)发现的问题和处理；(6)检查时间；(7)检查人员签名确认等。

管网安全巡查记录表一般格式和基本内容见表7.1.2。

表7.1.2　×××埋地管网运行巡查记录

系统或装置名称			工作压力		工作温度		
管道编号或设施名称	实际运行参数		管道、设施检查情况		沿线安全情况	问题及处理	检查人/日期
	压力	温度					
			□完好 □欠缺 □隐患				
			□完好 □欠缺 □隐患				
			□完好 □欠缺 □隐患				
			□完好 □欠缺 □隐患				
注：1. 管道、设施检查情况包括：管道、阀门井、凝水缸、调压装置或调压阀等内容。 2. 判定欠缺、隐患时必须填写"问题及处理"项。 3. 沿线安全情况系指埋地管道地面、管沟、穿越建筑物以及裸露部位周围存在影响到管道安全的因素。如地面积水、塌陷、施工、异味、水面冒泡、树草枯萎等。							

4. 不安全因素的排除方法

埋地燃气管网线路复杂，距离长、涉及面广，对群众生活影响重大。因此，在排除一些重大(如泄漏等)的不安全因素时，需要统一指挥，多方协作共同处理安全隐患。所以在巡线检查发现不安全因素时，应视具体情况，在确保自己有能力处理时，应立即予以解决，否则必须马上报告单位有关安全管理人员，必要时可越级向政府管理部门报告。

(1) 发现较小的燃气泄漏事故时，应立即报告并在附近警戒，控制火源，严禁人员进入，等候抢修人员处理；发现严重的燃气泄漏事故时，应立即报告并取得同意后，关闭在燃气管网干管或支管上泄漏点前后的阀门，减少燃气泄漏量，同时在泄漏点的安全距离外设置警告标志，严禁无关人员进入，等候抢修人员处理。

(2) 巡查时要特别注意管网沿线上有可能影响燃气管道及设施安全的建筑施工，重物占压，违章构筑物、地下工程施工，以及与管道同沟或相邻敷设的其他通讯、电缆、供热管道等的影响。发现有违规行为或影响燃气管网和设施安全的情况，要及时制止并向有关部门报告，在隐患未得到解决前不能离开现场。

(3) 在车行道上的一些阀门井，长期受载荷、温度等交替影响，导致土建结构强度降低。对这些严重影响阀门使用的现象，要采取有力措施尽快解决。对积水的阀门井，要用专门设备及时排除井内积水；对土建结构降低的阀门井要进行土建加固加强；对阀体与管道连接的法兰焊缝处腐蚀严重的进行修补；对老化失效严重的密封垫片、锈蚀严重的螺栓、螺母、内漏或锈蚀严重的阀门进行及时更换。

(4) 凝水缸泄漏绝大多数发生在抽水管处,尤其是凝水缸设置不合理时最容易造成抽水管断裂,同时凝水缸抽水管和管帽连接处密封甘油挥发后也易产生泄漏。对抽水管断裂或凝水缸泄漏的要及时通知抢修人员进行处理,并做好安全协助工作。

第二节　压力管道启动和停运操作程序及注意事项

操作实例　液化石油气储配库(站)装卸车操作

液化石油气汽车罐车装卸是液化石油气站生产过程中的重要组成部分。主要工艺是利用站内的各种设备和手段,通过管道及附件把接收的液化石油气存入贮罐,进行储存或将液化石油气由贮罐灌入气瓶或汽车槽车。液化石油气的装卸工艺有压缩机加压装卸法,泵装卸法,静压差装卸法以及压缩气体加压装卸法等。本操作是以压缩机加压装卸法为例(见图 7.2.1)。

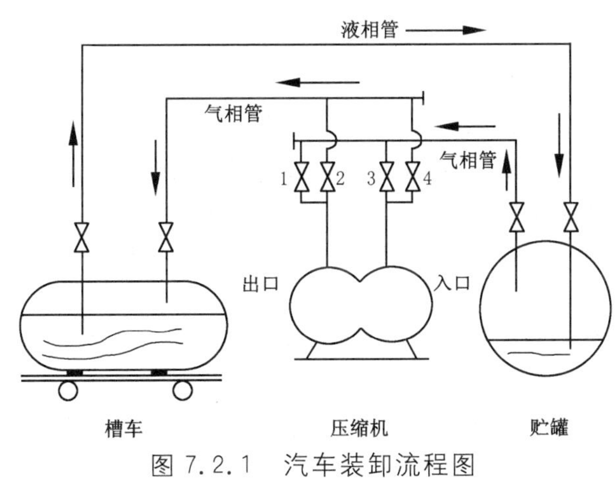

图 7.2.1　汽车装卸流程图

1. 操作要点

压缩机加压装卸法是在液化石油气的气相管道上装设压缩机。在卸车时,打开阀 2 和 3,开启压缩机,将贮罐中的气态液化石油气压送到罐车中,罐车中的液态液化石油气在压力作用下经液相管道送入贮罐。当罐车内的液态液化石油气卸完后,还应将气态液化石油气抽入贮罐。为此,关闭阀门 2 和 3,打开阀门 1 和 4,借压缩机的作用,达到这个目的。但是,要注意不宜使罐车中的剩余压力过低,一般保持在 0.15 MPa～0.2 MPa,以免进入空气在内部形成爆炸性混合物,引起事故。

2. 操作步骤(程序)

(1) 引导罐车对准装卸台位置停车,给车轮垫上防滑块。关闭汽车发动机。

(2) 验证罐车有关资料,检查罐车和接收贮罐的液位、压力和温度,检查装卸阀和法兰连接处有无泄漏。

(3) 接好静电接地线,拆卸快装接头盖,将装卸台气、液相软管分别与罐车的气、液相管接合牢固后,开启放散阀,用站内液化石油气排尽软管中空气,关闭放散阀。

(4) 打开贮罐和汽车罐车紧急切断阀。

(5) 打开贮罐,栈桥(或装卸柱),罐车的气相阀门,按规定启动压缩机,抽贮罐气给罐车升压。

(6) 当罐车与贮罐间的压力差达到0.15 MPa～0.2 MPa时,打开栈桥(或装卸柱),罐车和贮罐液相阀门,开始卸车。

(7) 在卸车过程中,要注意管道、压缩机、罐车和贮罐压力、温度变化情况,沿线巡查有无管道及附件泄漏现象,发现异常要及时处理,并做好卸车和巡查记录。

(8) 卸液结束,关闭全部液相阀门。

(9) 改变压缩机进、排气方向,抽罐车气相打入贮罐,给槽车降压。

(10) 当槽车压力降至0.05 MPa～0.2 MPa时,停止压缩机运行,关闭全部气相阀门和紧急切断阀。

(11) 安全排放连接胶管中的液及余气后,卸下连接胶管及接地线。

采用压缩机加压装卸方法,贮罐和罐车的压差,一般保持0.2 MPa～0.29 MPa。

3. 注意事项

(1) 必须按指定位置停车,防止汽车滑动。

(2) 作业现场准备必要的灭火器具,现场要严禁烟火。

(3) 管道和管接头连接要牢固,装卸前要接好安全地线。

(4) 严格按规定的充装量充装,按要求的计量方法进行计量,严禁超装,装毕复验重量。

(5) 严格按装卸程序操作,操作人员和押运人员在装卸作业时不得远离现场,不得随意移动车辆。

(6) 新槽车和检修后首次投入使用的槽车,充装前后作抽真空或充氮置换处理,不得直接灌装。

(7) 严禁采用蒸汽直接注入槽车罐内升压或直接加热罐体的方法卸液,更不得采用往罐内压入空气的方法进行装卸作业。

(8) 遇上雷击天气、附近发生火灾、泄漏、液压异常和其他不安全迹象,必须立即停止装卸作业。

(9) 装卸作业应认真按规定的要求填写装卸和检查记录。

(10) 装卸完毕,紧急切断阀应闭止,并应对管道、罐体和附件进行全面检查。

4. 操作记录(略)

第三节 压力管道工艺操作参数的调整

压力管道的设计压力、设计温度和流量是根据生产工艺、介质特性、操作环境等综合工况确定的,一般情况下压力管道按设计工艺参数运行基本满足生产、安全使用的要求,最大限度地延长管道使用寿命。但是,在实际生产活动中由于某些情况的不可预见性,或者为提高生产能力,降低能耗等,就需要对工艺参数进行适当的调整,满足生产要求。必须注意的是,压力管道工艺操作参数调整是在符合设计规定的条件下所进行的温度、压力或两者最佳组合的调整,即调整后的工艺操作参数不能超过设计规定值。

操作实例 氨制冷系统冷却间工艺操作参数的调整

1. 操作要点

制冷系统在正常工作时,循环的制冷剂量应该是平衡的,即制冷剂的供液量与蒸发量平衡反映在高压储液器的液位应该是稳定的或者只在某一平衡位置上下做少量的波动。当生产需要时,通过对管道上阀门(调节阀、膨胀阀)调整,改变或减少供液量与蒸发量的平衡,满足被冷物质在不同阶段温度要求,同时达到产冷量最大,能耗最小,运行效率最高的目的。

2. 操作步骤

(1) 当货物进入冷库的冷却间时,为防止新货进库降温时传热温差增大而产生过分剧烈沸腾,引起压缩机发生湿冲程,应事先在 10 min~15 min 之前关闭冷却间蒸发器前的供液阀门,减少供液量,以符合新货物逐步降温和节能要求。在降温初期,由于传热不稳定,供液量要经常调节,使之与热负荷匹配。

(2) 当冷却间温度逐渐降低后,传热温差也逐渐减小,液体制冷剂的沸腾程度也相应减缓,待传热温差等于 10℃时,蒸发压力逐渐下降,为了不使压缩机吸入过热气体,应适当开大供液阀门以发挥制冷压缩机的效率,加速冷却间降温。这时压缩机吸入压力基本稳定,其吸入温度缓慢下降,高压储液器的液面波动不大。

(3) 当冷却间温度降到适当值时,传热温差会逐渐减少,当温差小于 10℃时,随着冷却间热负荷的逐渐减少,应逐渐关小供液阀门,减小供液量,并适当减少压缩机工作台数或缸数,以使冷却间热负荷与压缩机制冷量相适应。

(4) 当冷却间温度及货物温度符合要求或冷加工结束前 10 min~15 min,关闭供液阀门,停止向冷却间供液,然后关闭压缩机,以利于下一批货物进库降温时确保压缩机正常和安全运行。

第四节 压力管道安全保护装置的检查

按《安全阀安全监察技术规程》的规定,安全阀定期检查分为在线检查、离线检查和校验。从事安全阀定期检查的人员应当经过专业培训,取得特种设备作业人员证书。在线检查应取得压力管道专业相应级别的作业人员证书;离线检查和校验,包括维修、拆卸检修、校验工作,应取得安全阀专业的作业人员证书。压力管道作业人员要求掌握在线检查工作。

操作实例 燃气管网输配站液相管安全阀在线检查

1. 在线检查内容

(1) 安全阀安装是否正确;

(2) 安全阀的资料是否齐全(铭牌、质量证明文件、校验记录及报告);

(3) 安全阀外部调节机构的铅封是否完好;

(4) 有无影响安全阀正常功能的因素;

(5) 必须设置截断阀的情况时，其安全阀进口前和出口后的截断阀铅封是否完好并且处于正常开启位置；

(6) 安全阀有无泄漏；

(7) 安全阀外表有无腐蚀情况；

(8) 提升装置(扳手)动作是否有效，并且处于适当位置；

(9) 安全阀外部相关附件完整无损并且正常。

2. 检查步骤

在现场对上述检查内容逐一核对，并符合要求后，缓慢提升(扳动)安全阀试验把手，进行安全阀排放试验，验证安全阀排放是否有效，动作是否灵活，有无卡涩现象。

进行安全阀排放操作时要做好相应安全防范措施，配备所需的灭火器材，做好预防意外事故发生的准备工作。在操作时还必须注意防止排放物对人的伤害和环境影响。

3. 检查记录

检查完成后或检查过程中，应做好检查记录。发现问题及时给予解决，并在检查记录中注明问题和解决情况。不能当场消除的隐患要立即报告有关管理人员，直到问题得到解决。

检查记录(参考)见表7.4.1。

表7.4.1　安全阀在线检查记录

<table>
<tr><td>管线号/安全阀编号</td><td></td><td>安全阀型号</td><td></td><td>校验日期</td><td></td></tr>
<tr><td>检查内容</td><td colspan="5">□资料齐全 □铭牌、标志齐全 □铅封完好
□到期已校验 □无腐蚀 □无泄漏 □截断阀已打开
□外部调节机构灵活、有效</td></tr>
<tr><td>问题及处理</td><td colspan="5"></td></tr>
<tr><td>检查人员</td><td colspan="2"></td><td>检查日期</td><td colspan="2"></td></tr>
<tr><td colspan="6">注：完好打“√”，欠缺或问题打“×”。</td></tr>
</table>

第五节　压力管道运行操作和事故模拟处理操作

操作实例一　液化气输送管道运行操作

储存站或气源厂利用烃泵使液化石油气升压输送至储配站，经过滤、计量后输入贮罐。如输送距离过远，在管道中间需设中间泵站，其工艺流程如图7.5.1所示。压力管道操作内容一般包括：操作前的准备(含管道、安全附件和附属设施的检查)、管道运行操作、运行参数检查与调整、正常运行的检查及紧急停车措施等。在操作过程中还要及时、准确地对有关过程、参数进行记录，填写记录表格。

1. 操作前的准备工作

(1) 操作人员在进行操作前，首先要熟悉充装工艺流程，遵守有关安全规定，带齐操作工具，特别是有专用操作的工具应随身携带。

(2) 对管道、安全保护装置、压力表、温度计，以及贮罐压力、温度和液位进行运行前的检查和记录。确定输入液化气的贮罐和顺序。

(3) 确定操作的顺序和部件。压力管道的操作很大程度上是对阀门的操作，因此，要根据工艺流程识别阀门及功能，并记牢各阀门识别符号，做到按规定顺序和要求进行操作。

2. 操作步骤

(1) 根据储配站上一级站(中间泵站或储存站)的指令，检查贮罐液位、压力、温度及管道情况，确认可以接收。

(2) 打开贮罐液相阀门及管道有关液相阀门，打开贮罐紧急切断阀，总进口阀门先不打开，做好进液准备后，向上一级站发出接收信号。

(3) 接到上一级站已经开泵指令，或总进口压力表压力升高时，打开总进口阀门开始进液。

(4) 进液初期，要注意压力、流量变化情况，估算进液贮罐达到规定液位所需的时间。

(5) 进液过程中如贮罐压力升高，应向其他压力较低的贮罐串气降压，以加快进液速度。

(6) 进液结束前应主动向上一级站联系，做好停止进液的准备。

(7) 进液结束，关闭总进口、贮罐、管路的全部液相阀门及紧急切断阀。

(8) 检查贮罐液位、压力、温度及管路情况，计算进液量，做好运行记录。

(9) 进液结束后 10 min～30 min 应再次检查贮罐液位有无变化，如有异常应查明原因，妥善处理。

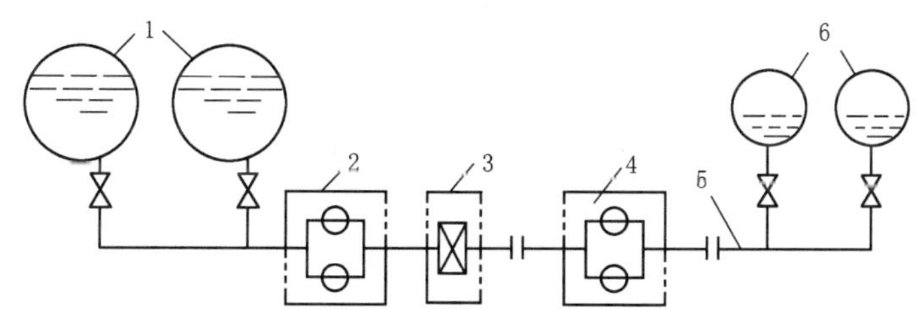

1—起点站贮罐；2—起站泵站；3—计量站；4—中间泵站；5—管道；6—终点站贮罐

图 7.5.1　管道输送工艺流程

3. 管道运行过程的检查和注意事项

(1) 在管道升压升温过程中，要注意管道冲击、振动情况，调整好管道介质的压力、温度和流速，使管道平稳运行；检查管道表面或防腐保温层是否有跑、冒、滴、漏现象，发现问题要及时处理或立即停车检查处理；观察压力表、温度计指示的参数是否符合操作规程的规定，特别注意的是各处压力表、温度计读数是否一致。

(2) 管道正常运行后应按日常检查或巡线检查有关规定进行定期或不定期的检查(见表 7.1.1)。压力管道发生故障、泄漏或爆炸大多有先期征兆，通过定时、定点、定线进行巡线检查，并认真、如实做好运行检查记录，一般是能够及时发现管道的异常现象，并采取有力措施消除事故隐患。管道在运行中检查的内容应包括工艺条件、设备状况和安全附件。

(3) 管道控制元件(主要是阀门)操作应缓慢进行，防止压力、温度、流速突然升高造成管道及附件的损伤，同时观察管道系统的压力和温度变化情况，当运行参数达到操作规程规定的数值时，应进行相关操作，以保持运行参数的稳定。

操作实例二　氨制冷系统压缩机房管道(阀门)泄漏事故模拟处理操作

1. 操作前准备

(1) 熟悉氨制冷系统有关安全规定和工艺流程，压缩机、管道、阀门和附件位置；

(2) 熟悉压缩机房门窗、安全通道、消防器材、堵漏管卡、防毒用具、急救药品、消防水源等位置；

(3) 熟悉单位事故应急救援预案、特别是氨泄漏应急处理程序、要求等规定；

(4) 熟悉氨的物理化学特性。

氨(NH_4)是一种易燃易爆、有毒、无色、有刺激性气味的气体，密度为 0.771 kg/m^3，沸点－33.4℃，熔点－77.7℃，在空气中爆炸极限为 15%～28%；氨很容易溶于水，在常温下，1 体积水大约可溶解 700 体积的氨，同时放出大量溶解热。

氨属有毒类介质，对人的危害主要是上呼吸道的刺激和腐蚀作用。直接接触高浓度氨时，接触部位可引起碱性化学灼伤，组织呈溶解性坏死。氨还可引起呼吸道深部及肺泡的损伤，发生化学性支气管炎，肺炎和肺水肿。吸入高浓度氨后，可使中枢神经系统兴奋增强，引起痉挛，并可通过三叉神经末梢的反射作用引起心脏停搏和呼吸停止。眼内溅入浓氨可使眼结膜充血水肿、角膜溃疡、晶体混浊，甚至角膜穿孔。一般车间空气中氨的最高容许浓度为 30 mg/m^3。

(5) 掌握防毒用具、消防器材的使用方法，人员救护医疗知识：

防毒用具，常用的防毒用具有过滤式防毒面具和氧气呼吸器。

过滤式防毒面具见图 7.5.2。它由橡胶面罩、导气软管和滤毒罐组成，滤毒罐可吸附有毒气体，经过滤后有效地减轻对人体的伤害。这种防毒面具防护性能高，且经久耐用，使用简单而方便。

氧气呼吸器(以 AHG-2 型为例，见图 7.5.3)是借助肺力而动作的一种呼吸器。由人体肺部呼出的气体进入清洁灌，二氧化碳被吸收剂清除掉，而其他气体进入气囊。氧气瓶中的氧气经减压后也进入气囊，与其他气体混合成含氧空气。当使用者吸气时，含氧空气由气囊经吸气阀和吸气软管进入面具，被使用者吸入。由于吸、呼气阀是单向活门阀，所以气流方向始终是单方向的循环。氧气呼吸器的使用方法如下。

① 使用时，将头和左臂穿过悬挂的皮带，然后落于右肩上，再用紧身皮带把呼吸器固定在左侧腰际。

② 打开氧气瓶阀，检查氧气瓶的氧气压力。压力表应指示为 0.25 MPa～0.30 MPa。

③ 手动按下气囊上的补给按钮，排除气囊中原来积存的气体。

④ 把面罩由头顶套入，戴向下颚，它的大小以既能保持气密，又不太紧为原则。校正眼睛框的位置，使其适合视线。确认正常后方可进入急救现场。

⑤ 情况紧急或需要帮助时,可按下呼吸器外壳上的哨子按钮报警。

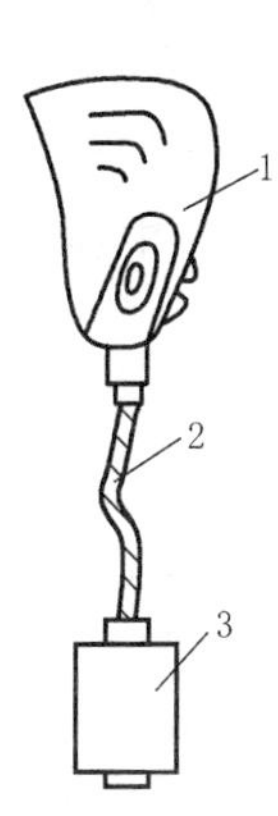

1—面罩;2—软管;3—滤毒罐

图 7.5.2 过滤式防毒面具

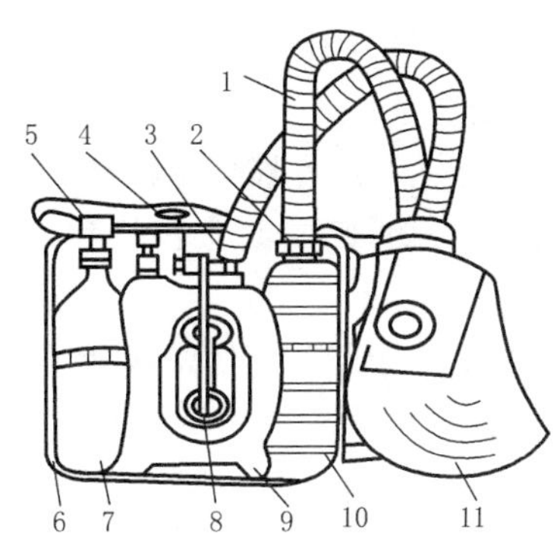

1—软管;2—呼气阀;3—吸气阀;4—哨子按钮;
5—减压阀;6—外壳;7—氧气瓶;8—排气阀;
9—气囊;10—清洁灌;11—面罩

图 7.5.3 氧气呼吸器

2. 处理操作步骤

操作人员在作业时要认真负责,随时做好事故应急准备。操作人员及时发现泄漏并在第一时间对泄漏现场的观察,能比较准确判断泄漏部位和设备情况,对事故的应急处理起着至关重要的作用。因此,在现场通过听、闻、看发现有氨泄漏时,一定要镇静沉着,不应惊慌失措,以免乱开或错关管道、设备上的阀门,导致事故进一步扩大。

操作人员通过现场观察后,作出正确的判断,并根据企业事故应急救援预案规定,事先明确操作人员职责和任务,做到应急有序、临危不乱、分工合作,依据各自职责选择或同时采取以下方法进行事故应急处理:

(1) 泄漏非常严重,且不能通过其他操作得到控制,随时可能出现爆炸(物理性或化学性爆炸)等事故扩大情况时,应立即组织人员撤离到安全地带,设置警戒线,同时立即报告单位安全管理人员和有关部门,启动事故应急救援预案,实施外部救援行动。

(2) 在确保自身安全前提下,任何时候均应考虑人员抢救问题。现场操作人员经判断可以实施人员抢救时,必须穿戴好防毒用品,实施抢救工作。抢救中毒者成功与否,在很大程度上取决于救护者自身的安全。因此救护者在进入泄漏区之前,应充分做好个人的防护,防止自身中毒导致事故扩大。

(3) 救护者进入毒区后,除对中毒者进行抢救外,同时应尽快查出氨气的泄漏点,采取有效措施防止氨气继续泄漏,其中包括停机,关闭泄漏点的前后阀门。用盲板或管卡堵住泄漏口,并应立即开启排风机,打开门窗,将氨气迅速排出室外,在切断电源后,即可用喷雾法来吸收空气中的氨气。

如是高压管道跑氨,应立即停止压缩机运转,切断漏氨部位与有关设备相连通的管道。如果管段不长,可采取放空的办法,待管道内余氨放完后再作处理。如是低压系统管道跑氨,应迅速查明跑氨部位,可开动风机排除氨气,并用醋酸溶液喷雾中和,然后用管卡将漏点夹死,临时堵住泄漏部位。操作人员可根据制冷系统的不同特点和具体情况,灵活采用安全有效的处理方法,目的是消除泄漏源,防止事故扩大。

(4) 氨中毒人员的急救。进行人员抢救时现场救护是对急性中毒者的第一步处理。及时、正确地做好现场抢救，用一些简单的措施即可使受害者减轻受害程度，并争取时间为进一步治疗创造条件。

① 迅速将中毒者移至空气新鲜处，搬运中应沉着冷静，不要强拖硬拽，防止造成骨折。如有骨折或外伤，则要注意包扎和固定。松开衣扣和腰带，清除口中异物。维护呼吸道通畅，注意保暖。

② 立即进行人员受伤情况检查，确定救护方法，检查顺序是：神志是否清醒，脉搏、心跳、呼吸，有无化学冻伤和烧伤。如经检查发现中毒者心跳或呼吸停止，应立即进行心脏外挤压术和人工呼吸，对不能恢复的伤员应维持 2 h 以上，不可轻易放弃。也可边抢救边运至医院。呼吸困难或面色青紫要立即给予输氧。对呼吸、心跳正常，但有昏迷、血压降低等现象者，应立即转至医院，运送中应注意观察心跳、呼吸变化，发现停止则应立即抢救。

③ 被氨烧伤后应立即脱去溅湿的衣服、鞋、袜等，对污染部位要用大量的清水或 2% 硼酸水溶液冲洗，也可用 2% 的醋酸溶液冲洗，然后用清水冲洗创伤面，再涂上消毒凡士林或植物油脂。溅入眼睛则必须用清洁水或生理盐水或 2% 硼酸水溶液进行清洗，冲洗时眼皮一定翻开，患者迅速开闭眼睛，使水布满全眼，然后再就医。

④ 氨液溅到人体上产生化学烧伤的同时伴有化学冻伤。化学冻伤的症状是先有寒冷感和针刺样疼痛，皮肤苍白，继之逐渐出现麻木或丧失知觉，肿胀一般不明显，而在复温后才会迅速出现。发生液氨冻伤后，复温是急救的关键，快速复温的方法是采用 40℃～42℃ 恒温热水或 2% 硼酸热水浸泡，使冻伤的肌肤在 15 min～30 min 内温度提高到接近正常体温。在冻伤不太严重的情况下，还可以对冻伤部位进行轻柔的按摩，促进血液循环，帮助冻伤部位升温。但应注意，不要将伤处的皮肤划破，增加感染机会。

3. 泄漏事故解除与后续工作

(1) 泄漏点停止泄漏或者泄漏得到绝对控制，周围泄漏的氨介质得到中和或处理，伤亡人员得到妥善处理，确认不再有泄漏或其他次生事故发生的前提下，可宣布事故应急救援结束，进入事故调查处理、恢复生产等工作。

(2) 吸取事故教训，预防同类事故的发生。按照“四不放过”要求，即“事故原因不查清不放过，事故责任者得不到处理不放过，整改措施不落实不放过，教训不吸取不放过”的原则，查明原因，提出事故预防措施并落实，严肃处理和追究有关人员的责任，组织全体职工和有关人员进行培训学习，提高安全防范意识和技术水平，预防和减少事故的发生。

第六节　压力管道的吹扫、清洗和置换

操作实例　液化石油气输送管道(液相)吹洗和置换

压力管道使用单位应根据管道输送介质情况，具体规定管道吹洗周期，以清除管道内铁锈、泥沙、介质遗留物等杂质，提高管道运行效率，延长管道使用寿命。在用压力管道吹洗和置换工作专业性强、安全技术要求高，特别是输送易燃易爆、有毒有害介质的管道，因此，使用单位必须制定工作方案，操作人员严格按照方案规定执行，确保吹洗和置换工作有效、安全进行。

示例：

液化石油气输送管道吹洗和置换操作方案

（模拟操作方案）

由于管道输送的液化石油气遗留物等杂质，以及管道内腐蚀产生的铁锈等原因，影响到管道输送效果和使用安全，为此，制定本公司液化石油气输送管道（公称直径 $\phi\leqslant 600$ mm，液相管）吹洗和置换操作方案，并规定每年实施一次，请有关部门和人员共同遵守。

一、部门和人员职责

1. 公司生产安全部负责方案的编制或修改，报公司技术负责人批准后实施；指挥和协调部门或车间管道运行工作；组织并监督检查方案实施过程和效果，对安全操作工作负责。

2. 公司生产安全部指派一名技术或安全管理人员现场指挥管道吹洗和置换工作，并选择持有相应级别《特种设备作业人员证》的操作人员配合工作。

二、准备阶段

1. 配备操作工具、消防器材、通讯设备、验证材料等，并满足操作和消防需要。
2. 设置隔离警戒标志，禁止无关人员进入。
3. 管道已停止运行，并尽可能降低压力。
4. 吹洗和置换的设备（如水泵、惰性气体）已到位并且状况良好。
5. 相关岗位人员已明确。如设备操作，进水、气阀门操作，排放口和巡线检查等。

三、操作程序

操作流程图：

停止管道运行 → 余气的排放和置换 → 管道吹洗和验证 → 置换和通气作业

1. 停止管道运行

（1）停止烃泵运行，关闭吹洗管段前的阀门。

（2）在关闭终点阀门（包括各支管终点阀门）前，尽可能利用管道与储罐、液化石油气钢瓶的压差，降低管道压力或液化气在管道的存储量。

2. 余气的排放和置换

（1）关闭吹洗管段终点的阀门，用橡胶软管连接吹洗管段内的排放管；排放管的截面积不得小于被冲洗管截面积的 60%。排水时，不得形成负压。

（2）把橡胶软管排放口放入罐区的清污水池中（没有排放管的可利用有根部阀的安全阀、压力表进行排放，注意排放时必须把安全阀或压力表拆除）。

（3）打开吹洗管段内和排放管阀门，排放管道遗留的液化石油气，直到管道内压力等于大气压。打开阀门动作要缓慢，防止介质流速过大，造成介质喷射伤人和产生火源。

(4) 拆除吹洗管段前后阀门内侧的法兰连接。操作时一定要小心谨慎，防止出现火花而引起火灾或爆炸事故。同时要准备好消防器材，以防万一出现紧急情况时及时处理。

(5) 用水泵的水管连接在吹洗管段前的法兰，缓慢放水冲洗管道，先排清管道内介质。

(6) 当管道排放的水无异味，或者排放口无明显液化气排出，即可认为置换完成。

3. 管道吹洗和验证

(1) 管道吹洗前，用盲板将拆除点前的阀门或管道与不参与吹洗的管道和设备断开，以免因阀门内漏或误操作而发生泄漏事故。

(2) 管道吹洗前应对管道系统内的温度计、压力表、安全阀等仪器设备、有法兰连接的有碍吹洗工作的过滤器、节流阀、止回阀等拆除，对于焊接的上述阀门和仪表，应采取流经旁路或卸掉阀头及阀座加保护套等保护措施。

(3) 吹洗前应检验管道支、吊架的牢固程度，必要时应予以加固。

(4) 吹洗的顺序应按主管、支管、疏排管依次进行，吹洗出的脏物，不得进入已合格的管道。

(5) 吹洗时宜采用最大流量，一般流速不得低于1.5 m/s，冲洗水压力不能超过管道设计压力。

(6) 吹洗时应用锤子轻轻敲打管子，对焊缝、管底和流体方向突变部位应重点敲打，但不得使管道表面产生麻点和凹陷，损伤管子。

(7) 吹洗应连续进行，以排出口的水色和透明度与入口水目测一致为合格。

4. 置换和通气作业

(1) 管道吹洗合格后，将拆除的管道及元件复位。

(2) 打开管道所有最高点的放散管阀门，或者打开未安装压力表的接管阀门(值得注意的是，尽可能选择放散管离进水口最远的地方)；然后从进水管往管道灌水，待管道所有放散管均冒出水后，关闭全部放散管阀门，继续用水泵加压到管道最高工作压力。

(3) 在管道最高工作压力下进行巡线检查。发现有滴、冒、跑、漏情况时应泄压检查处理，然后重复上述过程；经检查确认无异常情况后进行下一步操作。

(4) 关闭进水管和排放管阀门，拆除进水管与排放管法兰连接，然后缓慢打开液化气进口阀门并保持较小流量，待管道具有一定压力后再打开排放管阀门，利用介质压力将水排放干净。

(5) 当排放管有少量液化气排出时关闭阀门，如此重复多次直至彻底清除管道内积水。用液化气置换完成后，应再进行巡线检查以确定管道正常后方可交付使用。

四、吹洗及置换记录

管道复位、通气作业完成后，应由现场指挥人员和操作人员共同检查确认，并按表7.6.1规定的格式填写“管道系统吹洗及置换记录”。

表 7.6.1　管道系统吹洗及置换记录

<table>
<tr><td>装置/编号</td><td colspan="2"></td><td>输送介质</td><td></td><td>最高工作压力</td><td></td></tr>
<tr><td>吹洗介质</td><td colspan="2"></td><td>置换介质</td><td></td><td>最高工作温度</td><td></td></tr>
<tr><td>过程</td><td>压力</td><td>介质</td><td>流速</td><td colspan="2">检查/复位情况</td><td>结论</td></tr>
<tr><td>管道运行</td><td></td><td></td><td></td><td colspan="2"></td><td></td></tr>
<tr><td>排放和置换</td><td></td><td></td><td></td><td colspan="2"></td><td></td></tr>
<tr><td>吹洗和验证</td><td></td><td></td><td></td><td colspan="2"></td><td></td></tr>
<tr><td>置换和通气</td><td></td><td></td><td></td><td colspan="2"></td><td></td></tr>
<tr><td colspan="4">结论：

现场负责人：
日期：</td><td colspan="3">检查结果：

检查人员：
日期：</td></tr>
</table>

注：其他类别压力管道的吹扫、清洗和置换要求请参阅 GB 50235《工业金属管道施工验收规范》和本教材相关内容。

第三篇

压力管道在线检验人员

第八章　基础知识

第一节　常用术语

见第一章第一节。

第二节　管道识图基础知识

见第一章第五节。

第三节　管道的伴热与热补偿

见第一章第六节。

第四节　压力管道常见缺陷、失效形式及缺陷处理要求

见第一章第八节。

第五节　无损检测基础知识和检验方法

见第一章第九节。

第六节　压力管道维护检修常识

见第一章第十节。

第七节　压力管道的工艺流程

见第一章第十二节。

第八节　管道介质的危害程度、火灾危险性划分

见第四章第三节。

第九节　常用介质特性及其对安全使用的影响

见第四章第四节。

第十节　压力管道事故的判断与处理方法

见第四章第五节。

第十一节　管道识别色、识别符号和安全标识

见第四章第六节。

习　题　八

一、选择题(将正确答案的代号填入括号内)

1. 压力管道是指利用一定的压力，用于输送气体或者液体的管状设备，其范围规定为最高工作压力大于或者等于(　　)MPa的气体、液化气体、蒸汽介质或者可燃、易爆、有毒、有腐蚀性、最高工作温度高于或者等于标准沸点的液体介质，且公称直径大于(　　)mm的管道。

A(1.0)；　B(0.1)；　C(15)；　D(25)；　E(0.01)；　F(50)

2. 压力管道在正常运行或操作条件下出现的最高工作压力，任何情况下必须(　　)设计压力，才能确保管道安全使用。

A(小于)；　B(大于)；　C(小于或等于)；　D(大于或等于)

3. 可燃液体挥发的蒸汽与空气混合物可被点燃的最低温度叫(　　)。

A(沸点)；　B(燃点)；　C(闪点)；　D(溶点)

4. 现行国家标准《职业性接触毒物危害程度分级》中(　　)的毒物，是指有极少量这类物质泄漏到环境中，被人吸入或与人类接触，即使迅速治疗，也能对人体造成严重的和难以治疗的伤害的物质。

A(剧毒流体)；　B(有毒流体)；　C(腐蚀流体)；　D(高度危害)

5. 管道单线图(正等测图)上3个轴测轴之间的轴间角都是(　　)度。

A(45)；　B(90)；　C(120)；　D(180)

6. 画管道平面图时，管段由西向北在图面上是(　　)方向；画管道单线图时，管段由西向北在图面上是(　　)Y轴。

A(水平)；　B(平行)；　C(垂直)；　D(轴侧)

7. 管道轴测图(单线图)特点是在同一轴测图上同时反映管道的(　　)和管道本身的

长、宽、高尺寸。

A(三视图)；　B(空间位置)；　C(前后左右方向)；　D(轴侧方向)

8. 管道在三个投影面上用圆、圆心和一直线表示其轮廓线所构成的投影图的制图方法称为(　　)法。

A(单线)；　B(双线)；　C(正等轴侧)；　D(斜等轴侧)

9. 管道正等轴测轴的轴间角均等于(　　)度，轴测轴 OX 和 OY 与水平线的夹角称为轴倾角，轴倾角均为(　　)度。

A(30)；　B(45)；　C(90)；　D(120)

10. 画管道的正等测图时，常把 X 轴定为(　　)轴，Y 轴定为(　　)轴，Z 轴定为上下轴；画管道的斜等测图时，常把 X 轴定为(　　)轴，Y 轴定为(　　)轴，Z 轴定为上下轴。

A(前后)；　B(左右)；　C(上下)；　D(建北)

11. 管道在运行中由于温度变化或与外界存在温差，均会出现热胀冷缩现象，管道热胀冷缩后(　　)受到限制而产生较大热应力，管道就会受到破坏。

A(变化)；　B(位移)；　C(伸长)；　D(收缩)

12. 一般管道运行温度高于或低于管道安装温度(　　)℃时，常常设置一些弯曲的管段或者可伸缩的装置以增加管道的柔性。

A(15)；　B(32)；　C(50)；　D(100)

13. 波形补偿器属于(　　)热补偿。

A(波形管)；　B(自然)；　C(方形)；　D(人工)

14. 管道结构不合理易造成管道冲刷磨损，位移受到限制等缺陷，属于(　　)缺陷。

A(使用)；　B(自然)；　C(原始)；　D(人工)

15. 管道焊接缺陷可分为焊缝(　　)缺陷和焊缝(　　)缺陷。

A(裂纹)；　B(表面)；　C(内部)；　D(夹渣)

16. 管道元件表面、焊缝表面的裂纹、重皮、褶迭及严重变形等不允许存在，必须先进行打磨消除，磨削部位应修整并平滑过渡，当打磨深度超过管壁厚度的(　　)%时，还应进行补焊处理等。

A(5)；　B(10)；　C(20)；　D(50)

17. 管道表面缺陷通常用(　　)和(　　)进行检查；管道内部缺陷通常用(　　)和(　　)进行检查。

A(磁粉检测)；　B(渗透检测)；　C(超声波检测)；　D(射线检测)

18. 渗透检测操作的基本步骤有(　　)。

A(除锈)；　B(打磨)；　C(渗透、清洗)；　D(显象、观察)

19. 在用工业管道定期检验分为(　　)和(　　)。

A(年度检验)；　B(外观检验)；　C(全面检验)；　D(在线检验)

20. 工业管道积垢的清理方法有(　　) 方法。

A(水清洗)；　B(机械清洗)；　C(排污清洗)；　D(化学清洗)

21. 埋地燃气管道泄漏检查可采用(　　)和(　　)方法，可沿管道方向或从管道附近的阀井、窨井或地沟等地下构筑物进行检测。

A(开挖)；　B(灌水)；　C(仪器检测)；　D(地面钻孔检查)

22. 管道带压堵漏一般常用方法有(　　)等。

A(夹具堵漏法)；　B(注剂式堵漏法)；　C(焊接堵漏法)；　D(金属涂层堵漏法)

23.《城镇燃气设计规范》规定，压力(　　)MPa 为高压管道；(　　)MPa 为次高压管道；(　　)MPa 为中压管道；低压管道压力小于(　　)MPa。

A($1.6<p\leqslant4.0$)；　B($0.4<p\leqslant1.60$)；　C($0.01\leqslant p\leqslant0.4$)；D($p<0.01$)

24. 按 GB 5044《职业性接触毒物危害程度分级》分级规定，下列属于Ⅱ级(高度危害)的有(　　)。

A(氯乙烯)；　B(氨)；　C(甲醛)；　D(二硫化碳)

25. 可燃易爆液体介质火灾危险性是根据液体的(　　)划分；可燃易爆气体介质火灾危险性是根据气体的(　　)划分。

A(沸点)；　B(临界点)；　C(闪点)；　D(爆炸极限)

26. 属于甲类火灾危险性的液体介质是(　　)；属于甲类火灾危险性的气体介质是(　　)。

A(乙醇)；　B(甲烷)；　C(氨)；　D(氧气)

27. 腐蚀性介质按化学性质分为(　　)。

A(酸性腐蚀品)；　B(碱性腐蚀品)；　C(中性腐蚀品)；　D(其他腐蚀品)

28. 液体在密闭的容器(空间)内处在气液两相动态平衡状态时，称为(　　)状态。

A(临界)；　B(平衡)；　C(相对)；　D(饱和)

29. 同时具有易燃易爆性和毒性的介质很多，如(　　)等。

A(一氧化碳)；　B(二氧化碳)；　C(氨)；　D(氮气)

30. 液化石油气是一种低碳数的烃类混合物。其组成主要有(　　)、(　　)、(　　)、丙烯、丁烷、丁烯及少量的戊烷、戊烯等。

A(一氧化碳)；　B(甲烷)；　C(乙烷)；　D(乙烯)；　E(丙烷)

31. 流体介质的临界温度大于(　　)℃的为低压液化气体。

A(−10)；　B(−5)；　C(50)；　D(70)

32. 国家标准《工业金属管道设计规范》将流体介质分为 A1、A2、B、C、D 五类。B 类是指这些流体在环境或操作条件下是一种(　　)或可闪蒸产生气体的(　　)，这些流体能点燃并在空气中连续燃烧。

A(浆体)；　B(气体)；　C(液体)；　D(流体)

33.《生产安全事故报告和调查处理条例》规定，重大事故是指造成(　　)人以上(　　)人以下死亡，或者 50 人以上 100 人以下重伤，或者 5 000 万元以上 1 亿元以下直接经济损失的事故。

A(10)；　B(20)；　C(30)；　D(40)

34. 检查管道泄漏通常采用的方法有：嗅、听、目视、发泡剂(如肥皂液等)、试纸或试剂、(　　)、超声波泄漏探测器、红外线温度测试仪等。

A(探测仪)；　B(显示仪)；　C(报警仪)；　D(气体检测仪)

35. 用肥皂水(发泡剂)检漏液适用于(　　)气体管道的检漏，不适用于真空管道。

A(正压)；　B(负压)；　C(低压)；　D(高压)

36. 对于应力腐蚀开裂引起的泄漏，管内介质是高温高压、有毒有害和可燃性介质管道，不得在（　　）中修补；管道内介质为低压和非易燃易爆的（如水、蒸汽、空气等），可在（　　）过程中实施补焊。

A(低压)； B(运行)； C(带压)； D(高压)

37. 管道带压堵漏一般常用方法有（　　）等。

A(夹具堵漏法)； B(注剂式堵漏法)； C(焊接堵漏法)； D(金属涂层堵漏法)

38. 埋地燃气管道泄漏检查可采用（　　）和（　　）方法，可沿管道方向或从管道附近的阀井、窨井或地沟等地下构筑物进行检测。

A(开挖)； B(灌水)； C(仪器检测)； D(地面钻孔检查)

39. 工业管道（　　）故障一般重点检查压力源、温度源的影响，安全泄压装置、减压装置是否有效，压力表、温度计是否完好。

A(泄漏)； B(超温)； C(超压)； D(振动)

40. 发生易燃易爆介质泄漏时，人员撤离时一般应选择上风口，如果泄漏介质密度比空气（　　），应尽量避免人员处在低洼地带；如果泄漏介质密度比空气（　　），疏散人员应转移到地势较泄漏点低的地方。

A(小)； B(大)； C(高)； D(低)

41. 突发事件是指突然发生，造成或者可能造成重大人员伤亡、财产损失、（　　）破坏和严重社会危害，危及公共安全的紧急事件。

A(管道)； B(房屋)； C(设备)； D(环境)

42. 化学性爆炸指管道受压部件因内部化学反应失控，管道内（　　）超过管道强度极限，致使受压部件破裂而发生的爆炸事故。

A(压力)； B(温度)； C(介质)； D(化学反应)

43. 管道泄漏事故的判断主要有压力判断法、流量判断法和（　　）。

A(检测法)； B(温度法)； C(介质法)； D(巡线检查法)

44. 按 GB 7231—2003《工业管道基本识别色、识别符号和安全标识》规定，工业管道输送气体介质的识别色为（　　）、输送可燃液体的识别色为（　　）。

A(紫色)； B(棕色)； C(艳绿色)； D(中黄)

45. 按 GB 7231—2003 规定，基本识别色的标识方法有（　　）种。

A(3)； B(4)； C(5)； D(6)

二、判断题(正确的画“√”，错误的画“×”)

1. 管道单线图就是将每条管道按照轴测投影的方法绘制，画成以单线表示的管道空视图。（　　）

2. 管道保温是为减少管道向周围环境散热，而在管道外表面采取的包覆措施；管道保冷是为减少周围环境热量传入管道及内部介质，而在管道外表面采取的包覆措施。（　　）

3. 原油、汽油、乙醚、煤油等属于易爆液体。（　　）

4. 图样上的管道元件、附件等都用图例符号表示，这些图线和图例只能表示管线及其附件等安装位置，而不能反映安装的具体尺寸和要求。（　　）

5. 以单线表示的管道流程图简称“单线图”。(　　)

6. 将投影的管道放在投射线和投影面之间，该管道称为被投影的物体。(　　)

7. 管道三面投影图(三视图)既描述管道长、宽、高又反映管道空间位置。(　　)

8. 看单线法绘制的平面图顺序是先看立面图，再看相对应的平面图和侧立面图。(　　)

9. 正等轴测图和斜等轴测图因轴测轴的位置不同，则管线的走向亦不同。(　　)

10. 识读管道施工图时一般应遵循从整体到局部、从大到小、从粗到细的原则，将图样与文字对照看，各种图样对照看，以便逐步深入和逐步细化。(　　)

11. 管道的伴热就是在管道输送介质过程中通过伴热管发出的热量对管道进行保温，以维持介质的一定温度。(　　)

12. 管道系统中应尽量采用自然补偿器，只有在自然补偿器不能满足要求，或者自然补偿器布置受到限制时，才采用人工补偿器的方法。(　　)

13. 管道按伴热结构不同通常可分为伴管、夹套管和电热带三种类型。(　　)

14. 管道原始缺陷是指管道使用前发现的或未发现的缺陷。(　　)

15. 管道和管件腐蚀(减薄)面积较大，或磨削部位不能采取补焊等方法处理的，壁厚值减薄 20%或 1.5 mm 以上时，需经评定后决定是否可用。(　　)

16. 管道内部裂纹、未焊透等可通过宏观(借助显微镜)和无损检测检查发现，表面裂纹、未焊透主要通过无损检测发现。(　　)

17. 射线防护方法主要有三种：屏蔽防护、距离防护和时间防护。(　　)

18. 超声波探伤方法可用于管道元件壁厚的测量。(　　)

19. 在线检验是在运行条件下对在用工业管道进行的检验，每年至少两次。(　　)

20. 工业管道的重大维修、改造是指改变管道结构、用途、操作参数、管径，更换较长管子等。(　　)

21. 压力管道日常检查和定期检验是压力管道进行维护检修的重要依据。(　　)

22. 城镇热力管道的“水击”是指蒸汽管中凝结水排除不掉，或者在凝结水管中窜进大量蒸汽所致。(　　)

23. 管子上的泄漏多发生在焊口、流体转向的弯头、三通及蚀孔等部位。(　　)

24. 带压焊接堵漏方法适用于所有压力管道。(　　)

25. 压缩空气站是压缩空气的气源，一般压缩空气站设有空气压缩机、后冷却器、储气罐和干燥装置，这些设备均通过管道相联接，并输送到车间的设备，形成压缩空气输配管道(系统)的工艺流程。

26. 利用压力管道将流体输送并分配到各相关设备，或者从各接受点将流体收集起来输送到指定点的过程称为压力管道工艺流程。(　　)

27. 城镇燃气管道与液化石油气储配站管道介质输送的工艺流程一致。(　　)

28. 国家标准 GB 50160《石油化工企业设计防火规范》及 GBJ16《建筑设计防火规范》是介质火灾危险性划分的主要依据。(　　)

29. 乙类火灾危险性是指可燃气体与空气混合物的爆炸下限≥10%时，遇火发生闪燃或爆炸的气体。(　　)

30. GB 5044《职业性接触毒物危害程度分级》分级规定，毒物分为极度危害、高度危害、

中度危害和一般危害共四级。(　　)

31. 城镇燃气一般包括天然气、人工煤气和液化石油气。(　　)

32. 天然气比空气轻,其主要成分为甲烷(CH_4)和一氧化碳。(　　)

33. 腐蚀性流体介质是指能灼伤人体组织并对金属等物品造成损坏的液体,其散发的烟雾、蒸气强烈刺激眼睛和呼吸道,吸入会中毒。(　　)

34. 介质温度在其临界温度以上时,不管对其施加多大的压力都不能使其液化。(　　)

35. 物理爆炸特征是爆炸前后物质的性质和化学成分均发生根本改变。(　　)

36. 当液体在密闭空间内汽化并处于汽液平衡的状态称为饱和状态,其温度称为饱和温度即沸点。(　　)

37.《生产安全事故报告和调查处理条例》(国务院令第493号)规定的事故分类是按事故造成人员伤亡和经济损失情况分为四类。(　　)

38. 管子(段)上的泄漏多发生在焊口、流体转向的弯头、三通及蚀孔等部位。(　　)

39. 带压焊接堵漏方法适用于所有压力管道。(　　)

40. 管道的振动严重时甚至造成管子、阀门法兰等管道元件的破裂、泄漏的故障。(　　)

41. 当燃气管道泄漏处已发生燃烧时,应先采取措施控制火势后再降压或切断气源,严禁出现负压。(　　)

42. 火灾中产生的浓烟由于热空气上升的作用,大量的浓烟将漂浮在上层,因此在火灾中尽量采取低姿势爬行,头部尽量贴近地面。(　　)

43. 从爆炸机理可将管道爆炸事故可分为物理性爆炸和化学性爆炸。(　　)

44. 只要具备可燃物、氧化剂(空气)和温度(引火源)就会发生火灾。(　　)

三、简答或绘画题

1. 请用单线表示方法绘制90°弯管三视图。

2. 已知管道立面图(上)和平面图(下)如下,请绘出其正等轴测图。

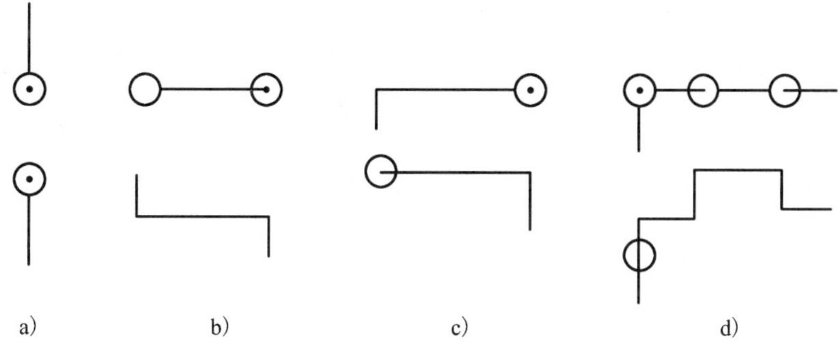

3. 已知管道正等轴测图如下,请绘出其三视图。

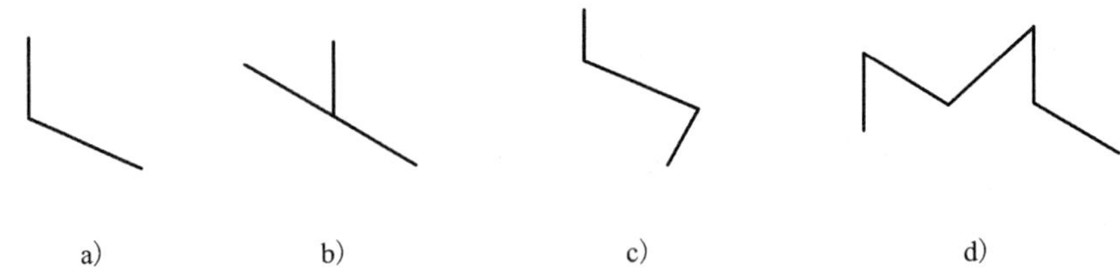

4．已知管道三视图如下，请绘出其斜等轴测图。

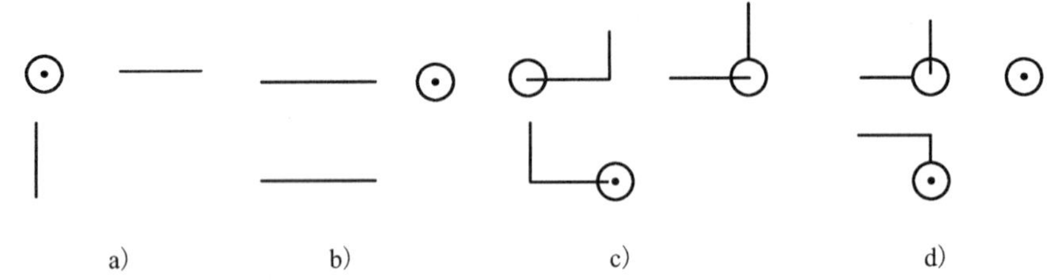

5．管道施工图通常包括哪些内容？

6．已知下列条件，请绘出管道平面图和空视图（正等轴测图）。

a．管段 1 由西向北 10 m；

b．管段 2 接管段 1 垂直向下 5 m；

c．管段 3 接管段 2 向东偏南 30°走 10 m；

d．管段 4 接管段 3 向上 5 m；

e．管段 5 接管段 4 由北向南上 10 m。

7．请绘出管道截止阀的三视图和空视图。

8．压力管道常见原始缺陷产生的形式有几种？

9．管道焊接表面缺陷通常有哪几种？

10．简述磁粉检测发现管道表面缺陷的原理。

11．压力管道维护检修的目的是什么？

12．工业管道经常性检查项目有哪些内容？

13．简述城镇热力管道疏水器的检查方法。

14．城镇燃气管道巡线检查是及时发现事故的重要手段，一般检查的内容包括哪些？

15．管道检漏的方法很多，日常检查常采用的方法有嗅、听、目视、用发泡剂等。请简述这些方法的过程和要求。

16．为避免检修维护发生安全事故，特别是对输送有毒、易燃易爆、腐蚀等介质的管道，维修前应采取哪些处理方法和步骤？

17．管道输送介质对安全使用主要有哪些方面影响？

18．压力管道的管段上泄漏一般有几种形式？

19．简述火灾使人员衣服着火时的急救方法。

20．简述蒸汽管道爆炸事故的判断和处理。

第九章　专业知识

第一节　压力管道的基本结构和组成

见第一章第二节。

第二节　压力管道的分类分级方法与安全监察范围

见第二章第一节。

第三节　管子、管件、法兰、阀门的种类、作用及简单工作原理

见第五章第三节。

第四节　管道的支吊架、隔热的类别、作用及简单工作原理

见第五章第四节。

第五节　工业管道安全保护装置的使用与维护

见第四章第七节。

第六节　工业管道附属设施的作用和简单工作原理

见第五章第六节。

第七节　工业管道安全附件类型、作用及工作原理

见第五章第八节。

第八节　公用管道安全保护装置、附属设施的类型及原理

见第一章第三节相关内容。

第九节　埋地公用管道的防护和检测

见第一章第十一节。

习　题　九

一、选择题(将正确答案的代号填入括号内)

1. 管道是利用介质本身的压力或者(　　)的动力实现介质的输送。

A(压缩机)；　B(外界)；　C(压差)；　D(重力)

2. 压力管道的结构和组成视管道的用途和功能而有所不同，一般由(　　)三大部分构成。

A(管道组成件)；　B(管道支承件)；　C(安全装置和设施)；　D(管道安装件)

3. 压力管道按用途可分为(　　)、(　　)和长输管道。

A(燃气管道)；　B(蒸汽管道)；　C(工业管道)；　D(公用管道)

4. 压力管道的定义：是指利用一定的压力，用于输送气体或者液体的管状设备，其范围规定为最高工作压力大于或者等于(　　)MPa(表压)的气体、液化气体、蒸汽介质或者可燃、易爆、有毒、有腐蚀性、最高工作温度高于或者等于标准沸点的液体介质，且公称直径大于(　　)mm 的管道。

A(0.1)；　B(1.0)；　C(25)；　D(32)

5. 按《压力管道安装单位资格认可实施细则》分类和分级规定，工业管道(GC 类)的 GC2 级可分为(　　)个品种；公用管道(GB 类)分为(　　)个级别。

A(1)；　B(2)；　C(3)；　D(4)

6.《特种设备目录》对压力管道按用途分类进行细化：长输管道分为输油管道和输气管道；公用管道分为燃气管道和热力管道；工业管道分为(　　)管道、动力管道和工艺管道。

A(输送)；　B(蒸汽)；　C(制冷)；　D(气体)

7. 焊接钢管按焊接工艺分为螺旋缝埋弧焊钢管、(　　)钢管、直缝高频焊钢管。

A(直缝埋弧焊)；　B(有缝埋弧焊)；　C(无缝埋弧焊)；　D(对接高频焊)

8. 管道用高分子材料种类很多，根据机械性能和使用状态将其分为塑料、(　　)、合成纤维。

A(聚乙烯)；　B(聚氯乙烯)；　C(橡胶)；　D(蒸汽胶管)

9. 聚乙烯管材管件(PE 管)属于塑料管，作为压力管道主要用于燃气管道的(　　)部分和气体管道、工业耐腐蚀管道、输送液体、气体、食用介质等用途上。

A(地面管道)；　B(埋地管道)；　C(架空管道)；　D(管沟敷设管道)

10. 管件是将管子连接起来，使管子变径、改变介质流向或调节流量等作用。按制造的材料分为(　　)和(　　)等。

A(无缝管件)；　B(有缝管件)；　C(金属管件)；　D(非金属管件)

11. 弯头的分类方法有三种，按弯头的角度分为一般有（　　）、90°和180°弯头。

A(25°)； B(35°)； C(45°)； D(60°)

12. 法兰用于管道组成件可拆连接点处相邻间（　　）的连接，或者为了制造、安装、检修的方便而采用的一种管道连接形式。

A(管子)； B(阀门)； C(法兰)； D(元件)

13. 平焊法兰与设备或管道采用平面角焊缝的形式连成一整体，平焊法兰根据其结构的差异可进一步分为（　　）平焊法兰、带颈平焊法兰和带颈承插平焊法兰3种。

A(焊缝)； B(板式)； C(角焊缝)； D(平面)

14. 法兰密封面形式主要有平面、突面、（　　）、榫槽面、环连接面等。

A(凸面)； B(凹面)； C(凹凸面)； D(环槽面)

15. 管道支吊架对管道有承重、导向和固定作用或者（　　）和（　　）功能。

A(支承)； B(位移)； C(防振)； D(限位)

16. 将管道用型钢构件吊在空中，这种型钢构件称为吊架。吊架有（　　）吊架及（　　）吊架。

A(固定)； B(刚性)； C(弹簧)； D(垂直)

17. 管道隔热(绝热)按其用途分为保温、保冷、加热保护三种类型，按隔热结构又分为涂抹式、预制块式、缠绕式、填充式、（　　）伴管式和（　　）夹套管式等。

A(低温)； B(高温)； C(热水)； D(蒸汽)

18. 室外架空敷设的煤气管道、乙炔管道、如有低于（　　）可能时，一般应绝热防冻；所有可能处于（　　）以下的各种气体管道的冷凝水排出管，必须绝缘防冻。

A(－10℃)； B(0℃)； C(10℃)； D(50℃)

19. 压力管道安全保护装置包括安全阀、爆破片、紧急切断阀、（　　）和（　　）等。

A(减压阀)； B(压力表)； C(放空阀)； D(自动阀门)

20. 当压力管道内的压力（　　）安全阀的开启压力(弹簧力)时，阀门自动开启，管道内的介质得以释放，压力下降，从而保护管道不被破坏。

A(等于)； B(小于)； C(小于等于)； D(高于)

21. 根据《安全阀安全技术监察规程》规定，安全阀定期检查分为在线检查、离线检查和（　　）三种方式。

A(试验)； B(调试)； C(校验)； D(维修)

22. 管道视镜的操作压力一般小于等于0.25 MPa，钢制的视镜操作压力小于等于（　　）。

A(0.4MPa)； B(0.6MPa)； C(0.8MPa)； D(1.6MPa)

23. 阻火器是一种防止火焰蔓延的安全装置，通常安装在易燃易爆（　　）管路上，当某一段管道发生事故时，不至于影响另一段的管道和设备。

A(气体)； B(液体)； C(浆体)； D(流体)

24. 管道疏水器按工作原理分为热动力型、热静力型和（　　）。

A(热膨胀型)； B(机械型)； C(电力型)； D(手动型)

25. 疏水器用于蒸汽管道疏水时，应安装在下列各处：蒸汽管道中所有（　　）的；垂直升高的管段之前和可能集聚凝结水的蒸汽管道闭塞端；被阀门断开时蒸汽管道的（　　）。

A(最高点)；　B(最低点)；　C(高位点)；　D(低位点)

26. 在管道系统中应用较普遍的是（　　）压力表和波纹平膜式压力表。

A(压力式)；　B(弹簧式)；　C(杠杆式)；　D(液压式)

27. 波纹平膜式压力表常用于具有腐蚀性介质的管道中，但其灵敏度和准确度都比较低，一般使用在压力小于（　　）的管道上。

A(1.0MPa)；　B(3.0MPa)；　C(4.0MPa)；　D(6.0MPa)

28. 压力表按其测量范围，分为真空表、压力真空表、微压表、低压表、中压表及高压表。低压表用于测量（　　）压力值。

A(0MPa～3MPa)；　B(0MPa～6MPa)；　C(0MPa～8MPa)；　D(0MPa～10MPa)

29. 压力表按其测量精确度，可分为精密压力表、一般压力表。精密压力表的测量精确度等级分别为（　　）级。

A(0.01)；　B(0.10)；　C(0.20)；　D(0.30)

30. 压力表的最大量程(表盘上刻度极限值)应与管道设备的工作压力相适应。压力表的量程一般为管道设备工作压力的（　　）倍。

A(1～1.5)；　B(1～2)；　C(1.5～3)；　D(2～3)

31. 调压站是城市燃气输配管网的重要设施，调压站通常由（　　）、阀门、过滤器、安全装置、旁通管及测量仪表等组成。

A(安全阀)；　B(调节阀)；　C(调压器)；　D(压缩机)

32. 城市燃气的调压站通常由（　　）、阀门、过滤器、安全装置、旁通管及测量仪表等组成。

A(压缩机)；　B(烃泵)；　C(连锁装置)；　D(调压器)

33. 埋地管道阴极保护装置根据产生原电池的电流方式的不同又分为牺牲阳极法和（　　）阴极保护法。

A(外加电压)；　B(外加电流)；　C(氧化)；　D(还原)

34. 埋地燃气管道电化学保护分阴极保护和阳极保护，阴极保护又分为外加电流（　　）和（　　）。

A(油漆涂料)；　B(保护层)；　C(阴极保护)；　D(牺牲阳极)

35. 埋地燃气管道外加电流阴极保护系统一般包括自控防腐仪、（　　）、（　　）、被保护体(阴极汇流体系)、检测监控系统和电缆。

A(牺牲阳极)；　B(辅助阳极)；　C(参比电极)；　D(保护阴极)

36. 碳钢在海水中电位序为－0.4，镁合金(6%Al，3%Zn，0.5%Mn)在海水中电位序为－1.2，两种金属在海水电解质中成为原电池后，碳钢表面发生（　　）反应，镁合金表面发生（　　）反应而被逐步牺牲。

A(分解)；　B(聚合)；　C(还原)；　D(氧化)

37. 行业标准 SY/T 5919—1994 规定，埋地钢管阴极保护电位应控制在（　　）V 之间，超出这个范围不是造成阳极溶解就是造成阴极剥离。

A(0.85～1.5)； B(－0.15～－1.5)； C(＋0.85～＋1.5)； D(－0.85～－1.5)

38. 目前埋地管道检测仪主要包括发射机、探管仪、检测仪及其他附件。可进行管道的位置、走向、(　　)、防腐层破损点的大小和(　　)确定。

A(绝缘层)； B(深度)； C(位置)； D(腐蚀点)

39. 管道防腐层绝缘电阻是指单位面积的防腐层电阻。行业标准 SY/T 5919 规定绝缘电阻(　　)Ω 为二级(良)绝缘层。

A(5 000)； B(5 000～10 000)； C(1 000～4 000)； D(500～1 000)

二、判断题(正确的画"√",错误的画"×")

1. 管子、管件、阀门、法兰、垫片、紧固件、阀门、膨胀节及波纹管等属于管道安装件。(　　)

2. 安全保护装置和附属设施是预警、泄压、控制等保障管道安全运行,或者预防外界对管道破坏的装置。(　　)

3. 管件是将管子连接起来的元件,使管子变径、改变介质流向的作用。(　　)

4.《压力管道安装单位资格认可实施细则》将工业管道分为 GB1 级、GB2 级,将公用管道分为 GC1 级、GC2 级和 GC3 级,把长输管道分为 GA1 级、GA2 级、GA3 级,共三大类 8 个级别。(　　)

5. 管道按材料分为金属管道和非金属管道。(　　)

6. 企业范围内用于供应给各生产车间的蒸汽管道属于公用管道。(　　)

7.《化工企业压力管道管理规定》界定工作压力为 4.0 MPa,工作温度等于 470℃的碳素钢管道列为 B 级管道。(　　)

8. 公用管道(GB 类)系指企业、事业单位所属的用于输送工艺介质的工艺管道、公用工程管道及其他辅助管道。(　　)

9. GB/T 3091《低压流体输送用焊接钢管》适用于水、污水、燃气、空气、采暖蒸汽等低压流体输送用和其他结构用的直缝焊接钢管。(　　)

10. 金属软管主要由波纹管、网套和接头(法兰)组成,网套是金属软管主要受压部件。(　　)

11. 城市燃气用埋地聚乙烯(PE 管)属于高分子非金属材料。(　　)

12. 聚乙烯管按生产工艺(即公称外径与壁厚之比)的不同可分为:SDR11、SDR13.6、SDR17、SDR21、SDR26 系列(　　)。

13. 法兰密封面的几何尺寸和表面加工的质量要求必须与相应的垫片相配合。(　　)

14. 阀门是控制(启闭)或调节介质流动量的压力管道元件。(　　)

15. 闸阀与截止阀相比,其调节性能好,密封性能差,结构简单,制造维修方便,流体阻力较大,价格便宜。(　　)

16. 球阀的结构简单,开关迅速,操作方便,一般作为调节流量用。(　　)

17. 将管子固定在支架上,不允许发生任何方向的位移,这种支架称为承重支架。(　　)

18. 活动支架包括滑动支吊架 、滚动支吊架、导向支吊架。(　　)

19. 安全阀铭牌上或者安全阀体外表面的产品编号应当为阀体上的永久标志。(　　)

20. 全启式的安全阀适用于排放气体、蒸汽或者液体介质,微启式的安全阀一般适用于排放液体介质,排放有毒或者可燃介质时必须选用封闭式安全阀。(　　)

21. 用于液化石油气、水蒸气以及带有黏性介质的安全阀,应定期做手提排气试验。(　　)

22. 安全阀定期校验,一般每半年至少一次,安全技术规范有相应规定的从其规定。(　　)

23. 弹簧薄膜式减压阀是采用膜片作敏感元件来带动阀瓣运动的,一般适用于温度和压力不高的一般气体介质管道上。(　　)

24. 爆破片是一片金属或非金属的膜片,由夹持器夹紧在法兰中,当管道压力超过最大工作压力,达到爆破片的爆破压力时,爆破片破裂使管道内的气体迅速泄放,从而保护压力管道系统。(　　)

25. 紧急切断阀按动力源可分为手动式、气压式、液压式和电磁感应式。(　　)

26. 压力表每半年至少经计量部门校验一次。如果在运行中发现压力表指示不正常或有其他可疑迹象时应立即检验校正。(　　)

27. 管道过滤器选用一般比管子内介质的压力高一个档次。(　　)

28. 调压器主要作用是调节和稳定管网系统压力,并且控制输气系统燃气流量,以保护系统、避免出口压力过高或过低。(　　)

29. 阴极保护装置一般是用在埋地管道上,起到保护管道不受环境腐蚀的作用。(　　)

30. 埋地燃气管道外加电流阴极保护系统辅助阳极的功能是把保护电流通过电解质输送到管道上。(　　)

31. 埋地燃气管道外加电流阴极保护系统的参比电极主要作用是对阴极保护系统实施电位检测。(　　)

32. 埋地管道阴极保护方法的牺牲阳极间距越小对保护电流的均匀分布越有利。(　　)

33. 埋地钢管外防腐层检测的内容主要有两种:破损点大小及破损点的精确定位;防腐层绝缘电阻的检测。(　　)

34. 埋地钢管外防腐层检测探头(线圈)在管道上方与管道走向垂直且与地平面平行时,管道产生感应电流最弱,由此产生的二次磁场也最弱。(　　)

35. 埋地钢管防腐层的绝缘电阻检测方法简便易行,准确度较高,可准确快速地实现一段、一条或整个管网管道防腐层总体技术状态的测量和评价。(　　)

36. 涂层针孔缺陷的检漏是管道防腐层高压电火花检测技术的一种,适用于在用埋地钢管道。(　　)

三、简答题

1. 简述管道的主要功能。

2. 简述疏水阀的疏水作用。

3. 简述预制块式绝热结构施工要求。

4. 简述疏水器的作用。

5. 寒冷地区室外管道安装疏水阀时应注意防冻，因为凝结水在疏水阀内冻结，会使疏水阀失去阻汽排水的功能。一般室外管道防冻有哪些措施？

6. 简述弹簧式压力表测压的原理。

7. 管道系统设置安全保护装置的目的是什么？

8. 简述弹簧式安全阀自动保护过程。

9. 工业管道和公用管道附属设施一般包括哪些？

10. 管道外加电流阴极保护系统的检查片的定期检查有什么要求？

11. 简述埋地管道内检测与外检测区别及优势。

12. 埋地输气管道泄漏点的定位情况比较复杂，影响准确定位因素也多，如何根据具体情况选择泄漏点定位方法？

第十章 法规知识

第一节 通用法律法规

见第三章第一节。

第二节 工业管道安全管理与操作有关规定

见第三章第二节相关内容。

第三节 公用管道安全管理与操作有关规定

见第三章第三节相关内容。

习题十(1)

见习题三(1)。

习题十(2)

见习题六(2)。

习题十(3)

见习题六(3)。

第十一章　工业管道在线检验

压力管道的安全运行是由多方因素决定的，引起压力管道事故或故意发生的原因主要有两方面因素：一是管道设备本身的不安全因素导致事故的发生。这方面主要是指管道从设计、制造、安装、检验等过程(即生的过程)，以及管道在运行中产生的缺陷，未能得到及时处理，致使缺陷不断扩大，最终使管道破坏而引起事故的发生；二是人的不安全行为导致事故的发生。如：未严格遵守压力管道安全管理制度和安全操作规程要求进行操作，操作人员不具备基本知识和技能、致使操作失误，未按规定进行日常检查、维护保养等，从而导致事故发生。

压力管道的在线检验是在管道运行过程中进行的管道技术资料、运行记录、管道组成件、支承件、安全保护装置和附件的检查，其目的是及早发现管道设备本身的不安全因素，并采取紧急处理措施，把事故隐患消除在"萌芽"状态，是压力管道安全管理的一个重要环节。同时，在线检验也是压力管道进行维护、保养和全面检验，以及做好检验计划的主要依据。因此，使用单位必须严格履行压力管道在线检验安全生产主体责任，组织和安排在线检验工作，及时发现事故隐患，预防和减少压力管道事故的发生。

第一节　在线检验的管理

一、在线检验单位和人员条件

根据《在用压力管道定期检验规程》和有关标准规定：在线检验工作由使用单位进行，使用单位也可将在线检验工作委托给具有压力管道检验资格的单位。使用单位应制定在线检验管理制度，从事在线检验工作的检验人员须经专业培训，并报省级或具授权的地(市)级质量技术监督部门备案。

国家质检总局《关于加强压力管道安全监察工作的意见》(国质检特[2006]148 号)对在线检验单位和人员条件进行补充规定：由核准的检验机构实施全面检验，使用单位进行在线检验，并将从事在线检验的人员统一纳入特种设备作业人员管理。

压力管道使用单位从事本单位压力管道的在线检验工作不实行许可制度，具备相应的基本条件即可进行该项工作。因此，使用单位要确定在线检验工作管理机构(或者兼职机构)，明确责任人员，制定在线检验管理制度、检验计划和检验方案等，配置必要的检验检测工具、仪器设备，组织在线检验人员进行相关的培训考核工作。

压力管道在线检验人员，应熟悉国家有关压力管道法律法规、技术规范和标准，特别是《在用压力管道定期检验规程》，掌握压力管道专业基本知识和检验技能，参加专业培训和考核，取得相应级别的《特种设备作业人员证(压力管道)》，按单位制定的检验计划和检验方案实施在线检验工作。

二、在线检验的管理内容

在线检验管理是指管道使用单位通过制定有关制度，对检验资源、检验过程、检验质量要求和问题的处理等进行规定，以满足国家有关规定和企业管理的要求。在线检验管理制度一般包括下列内容（范本）：

1. 各人员岗位责任制

根据国家有关安全生产有关法律法规和本单位生产安全管理要求，制定压力管道在线检验的管理、操作和相关人员岗位责任制，做到职、权、责明确。相关人员岗位责任规定如下：

（1）在线检验管理和技术负责人履行以下责任：

① 严格执行国家有关压力管道安全管理、在线检验的法律法规、规章和标准的规定；

② 认真履行单位赋予的职责、权限和责任，遵守单位各项管理制度和操作规程；

③ 负责在线检验的外部联系，向特种设备安全监察机构报送压力管道定期检验计划和在线检验报告，并接受监督检查；

④ 组织和实施压力管道在线检验工作，对检验质量、生产安全工作负责；

⑤ 组织有关技术人员、在线检验人员编制检验方案，报单位技术负责人批准后实施；

⑥ 根据单位生产情况和管道运行安全状况等，制定年度在线检验计划；

⑦ 协调各部门、车间按检验方案规定做好检验准备工作；

⑧ 组织和制定在线检验人员专业知识培训和职责资格考核工作；

⑨ 对在线检验各岗位人员履行职责情况进行督促检查，确保有关人员持证上岗；

⑩ 对涉及违反在线检验管理制度、危及安全生产的行为或操作有权予以制止，必要时可采取停止检验工作等强制措施以保证检验质量和安全生产要求；

⑪ 对检验过程或最终检验结果发现的严重问题，影响到管道安全运行或者不能按计划完成检验工作，应及时向单位技术负责人提出处理意见，除此之外对一般问题有权作出处理决定；

⑫ 按规定对检验报告进行审核，签发在线检验报告；

⑬ 按单位对设备档案管理的有关规定进行检验报告和原始记录保管或移交工作。

（2）在线检验人员履行以下责任：

① 严格执行国家有关压力管道安全管理、在线检验的法律法规、规章和标准的规定；

② 遵守单位各项管理制度和操作规程，服从在线检验管理人员指挥和工作安排；

③ 认真履行本岗位检验职责，严格按照在线检验方案规定的程序、内容和要求实施检验工作；

④ 加强压力管道在线检验专业理论知识学习，不断提高检验实际操作技能；

⑤ 参与在线检验方案编制工作，有权提出科学、安全及高效的合理化建议；

⑥ 及时报告检验中发现的问题，并提出解决的建议；

⑦ 有权拒绝执行违反国家和单位有关安全规定的操作；

⑧ 按《在用工业管道定期检验规程》要求编制压力管道在线检验报告，并履行签字手

续。对管道在线检验结论负责。

(3) 有关部门或人员履行以下责任：

① 各部门、车间负责人或有关操作人员，按压力管道在线检验计划的时间，提供有关压力管道运行的记录和技术资料，接受在线检验人员对管道运行情况的调查；

② 单位技术负责人根据在线检验报告提出的问题和建议，督促有关部门或人员落实整改，必要时可作出停车进行处理的决定；

③ 有关部门、车间或者相关人员，对在线检验提出的问题和建议要认真落实整改，并把整改完成情况报告单位技术负责人和在线检验管理人员。

2. 在线检验管理和作业人员培训考核及持证上岗制度

根据《特种设备作业人员监督管理办法》(质检总局令第70号)和《关于加强压力管道安全监察工作的意见》(国质检特[2006]148号)规定，为规范压力管道在线检验工作，确保检验工作质量，制定本制度，单位有关部门和相关人员必须严格遵守。

有关部门(生产部)应加强对在线检验人员的管理，组织符合条件要求的人员参加专业技术培训和考核，取得《特种设备作业人员证》后，方可从事在线检验或者管理工作；在聘(雇)用在线检验人员时必须选择具有《特种设备作业人员证》的人员；定期或不定期对在线检验和管理人员进行知识更新和操作技能训练工作。

本制度适用于压力管道在线检验管理人员和操作人员的管理工作。各作业人员条件要求如下：

(1) 在线检验管理人员条件：

① 在线检验管理人员应在单位中层技术管理干部中选择，具有技术员以上职称；

② 具有中专以上(含中专)文化程度，并且具有2年以上(含2年)从事相关工作的经历；

③ 具备压力管道相关专业知识，有一定的组织、协调管理能力；

④ 经压力管道在线检验专业培训，持有质量技术监督部门颁发的相应级别的《特种设备作业人员资格证(压力管道)》；

⑤ 年龄在18周岁以上(含18周岁)，60周岁以下(含60周岁)；

⑥ 身体健康，能够胜任本岗位工作。

(2) 在线检验人员条件：

① 严格执行特种设备操作规程和有关安全规章制度；

② 责任心强、工作认真负责，服从安排、听从指挥；

③ 具有高中以上(含高中)文化程度，或者具有2年以上(含2年)从事相关工作的经历；

④ 年龄在18周岁以上(含18周岁)，60周岁以下(含60周岁)；

⑤ 身体健康，能够胜任本岗位工作；

⑥ 发现事故隐患或者不安全因素应当立即向现场管理人员和单位有关负责人报告；

⑦ 拒绝违章指挥。

单位人事管理部门应严格按本制度要求进行人员选择和调配，认真验证人员相关证明文件，杜绝非法印制、伪造、涂改、倒卖、出租或者出借《特种设备作业人员证》的行为。建立和完善压力管道在线检验管理和操作人员技术、资格等管理档案。

3. 检验方案(工艺)编制规定

为确保压力管道在线检验工作质量符合《在用工业管道定期检验规程》及有关规定要求,本单位在实施在用管道检验前,由在线检验管理人员负责,相关操作人员协助共同制订"在用管道检验方案"。检验方案必须经单位技术负责人批准方可实施,有关部门或人员必须按经批准的"在用管道检验方案"实施检验工作。制订检验方案应符合以下基本要求。

(1) 编制"在用管道检验方案"前,编制人员应熟悉压力管道系统的生产工艺流程,掌握操作压力、温度、介质等基础数据,初步确定在线检验的范围和内容。

(2) 查阅与检验有关的管道平面布置图、管道工艺流程图、单线图、历次在线检验及全面检验报告、运行参数等技术资料,在了解这些资料的基础上对管道运行记录、开停车记录、管道隐患监护措施实施情况记录、管道改造施工记录、检修报告、管道故障处理记录等进行检查,并依据掌握的管道实际运行状况制定检验方案;

(3) 对照有关检验规程,确定在线检验的程序、内容和检验质量标准。

(4) 根据压力管道安全状况,所需要的检验项目,选择满足要求的检验检测工具和仪器。

(5) 明确检验人员和检验工作的分工合作要求。

(6) 规定检验人员对检验发现问题的处理要求。在线检验发现管道存在异常情况和问题时,应认真分析原因,及时采取整改措施。重大安全隐患应报管辖的质量技术监督部门安全监察机构,并接受监督检查和业务指导。

(7) 检验记录和检验报告填写、审核、批准规定。在线检验的现场检验工作结束后,检验人员应根据检验情况,按照规定的《在用工业管道在线检验报告书》格式认真、准确填写在线检验报告。

(8) 在线检验报告结论必须按规范用语填写,即:可以使用、监控使用、停止使用。在线检验报告由按单位文件资料管理的规定进行存档,以便备查。

4. 在线检验计划编制规定

根据《在用工业管道定期检验规程》和有关标准的规定,在线检验是在运行条件下对在用管道进行的检验,在线检验每年至少一次。为使单位生产工作有序、正常、安全地运行,编制在线检验计划应遵守如下规定:

(1) 在线检验管理人员负责各部门、车间管道在线检验计划安排。

(2) 检验计划时间应根据单位生产的季度性、周期性等实际情况,正常情况下应避免与生产高峰期冲突,一般应选择每年的3～5月份。具体视当年情况而定。

(3) 出现下列情况时,应缩短在线检验周期:

① 管道系统出现原因不明的异常情况,如操作参数升高或降低、安全保护装置异常动作、管道温度变化幅度大等;

② 发现管道局部或全面腐蚀情况严重;或者出现管道泄漏事故;

③ 管道系统出现异常振动情况,严重影响管道安全运行;

④ 生产计划改变,导致原在线检验计划不能按期实施时;

⑤ 需要为管道检修、维护和定期检验提供证据时。

(4) 在线检验管理人员制订检验计划后，报单位技术负责人审批同意方可实施。

5. 检验发现问题的处理规定

为保证在线检验发现的问题(以下称“隐患”)得到及时、有效处理，以消除管道存在的事故隐患，维护管道的正常、安全运行，特规定检验中发现问题的处理程序和要求，涉及管道检验的人员必须严格遵守：

(1) 本规定所称的管道隐患分为一般性隐患和严重隐患。一般性隐患是指未造成管道或其他附件损坏，检验人员现场能够处理的一般性问题。如安全阀根部阀未打开、出现管道振动或支吊架紧固螺栓松动、保温防腐层脱落等；严重隐患是指管道出现泄漏、磨损、局部或全面腐蚀、安全保护装置失效等损坏，检验人员无法现场处理的问题。

(2) 发现管道一般性隐患时，检验人员应立即进行处理，并在有关表格上记录，说明处理的结果或隐患的消除。

(3) 发现管道严重隐患时，检验人员要立即向检验管理人员汇报，提出处理意见，并在有关表格上记录。检验管理人员根据隐患情况，作出处理决定。

(4) 检验管理人员现场不能判断或者难以作出处理决定的，及时向单位技术负责人或有关部门报告，情况紧急时可越级向有关政府主管部门报告，直至按事故应急救援预案规定启动应急救援工作。

(5) 检验中发现事故隐患的检验人员作为隐患处理的第一责任人，负责隐患处理的追踪、落实和相关记录工作，随时向检验管理人员或有关部门汇报隐患处理情况。

(6) 隐患处理结束后，检验管理人员应针对具体情况，提出预防重复隐患发生的措施或建议；单位技术负责人根据预防措施和建议，督促有关部门进行整改落实。

(7) 检验中发现的隐患或问题，检验人员必须如实进行记录，并作为管道技术资料保存。

6. 检验报告的编制、审核程序

检验报告是压力管道运行、维护、检修和全面检验的重要依据，具有规定的法律效力，规范检验报告的编制、审核与批准是在线检验的重要内容，有关检验管理、操作人员必须按《在用工业管道定期检验规程》和有关标准的规定进行检验报告的编制、审核与批准：

(1) 检验报告必须按《在用工业管道定期检验规程》等相关规定的格式填写；

(2) 检验报告由检验人员根据检验情况和检验记录如实填写；

(3) 检验报告按系统或装置(同压力、温度和介质)不同分别出具不同的检验报告；

(4) 一个系统或装置有多种规格或不同情况时可补充列出汇总表；

(5) 一份检验报告至少有两名有资格的检验人员确认和审核；

(6) 检验报告必须经检验人员签字确认，检验管理人员审核签名，单位盖章方为有效。

第二节　在线检验的程序和内容

一、在线检验的一般程序

图 11.2.1 是工业管道在线检验的一般要求，在线检验人员应根据所检验的工业管道类别、操作条件、输送介质特性、结构形式、运行状况和防腐保温等具体情况，确定实际检验项目和内容，编制符合实际的在线检验方案，实施检验工作。

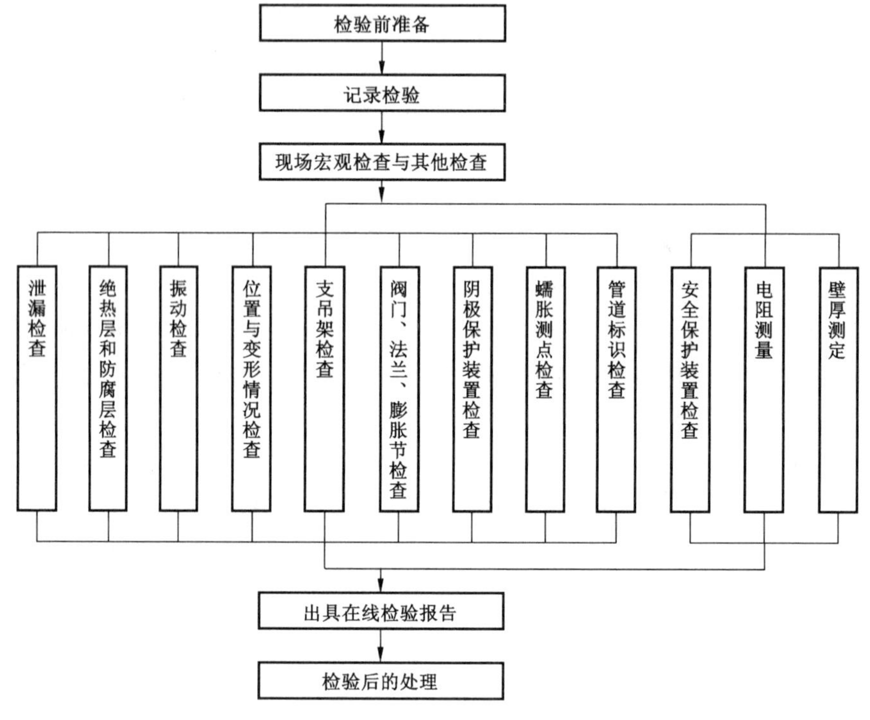

图 11.2.1　在线检验的一般程序

二、检验前准备

准备阶段包括检验方案的编制，查阅管道原始和运行技术资料等。具有压力管道在线检验条件的使用单位，在进行检验前应准备好与检验有关的管道平面布置图、管道工艺流程图、单线图、历次在线检验及全面检验报告、运行参数等技术资料，检验人员应在了解这些资料的基础上对管道运行记录、开停车记录、管道隐患监护措施实施情况记录、管道改造施工记录、检修报告、管道故障处理记录等进行检查，并根据单位在线检验有关管理制度要求，制定检验方案。

编制在线检验方案一般主要考虑两个因素，一是单位压力管道基本情况，包括管道工艺流程、设计或操作参数、管道结构或布置、安全装置和附件的类型等；二是管道在检验前或检验中的实际运行情况。只有综合两方面因素，才能作出符合实际，更具有操作性的检验方案。因此，要特别注意在不同阶段编制的检验方案，实际检验时要作适当的调整。

三、在线检验的内容

1. 在线检验一般以宏观检查和安全保护装置检验为主，必要时进行测厚检查和电阻值测量。管道的下述部位一般为重点检查部位：

(1) 压缩机、泵的出口部位；

(2) 补偿器、三通、弯头(弯管)、大小头、支管连接及介质流动的死角等部位；

(3) 支吊架损坏部位附近的管道组成件以及焊接接头；

(4) 曾经出现过影响管道安全运行的问题的部位；

(5) 处于生产流程要害部位的管段以及与重要装置或设备相连接的管段；

(6) 工作条件苛刻及承受交变载荷的管段。

2. 泄露检查。主要检查管子及其他组成件泄漏情况。

3. 绝热层、防腐层检查。主要检查管道绝热层有无破损、脱落、跑冷等情况；防腐层是否完好。

4. 振动检查。主要检查管道有无异常振动情况。

5. 位置与变形检查。

(1) 管道位置是否符合安全技术规范和现行国家标准的要求；

(2) 管道与管道、管道与相邻设备之间有无相互碰撞及摩擦情况；

(3) 管道是否存在挠曲、下沉以及异常变形等。

6. 支吊架检查。

(1) 支吊架是否脱落、变形、腐蚀损坏或焊接接头开裂；

(2) 支架与管道接触处有无积水现象；

(3) 恒力弹簧支吊架转体位移指示是否越限；

(4) 变力弹簧支吊架是否异常变形、偏斜或失载；

(5) 刚性支吊架状态是否异常；

(6) 吊杆及连接配件是否损坏或异常；

(7) 转导向支架间隙是否合适，有无卡涩现象；

(8) 阻尼器、减振器位移是否异常，液压阻尼器液位是否正常；

(9) 承载结构与支撑辅助钢结构是否明显变形，主要受力焊接接头是否有宏观裂纹。

7. 阀门检查。

(1) 阀门表面是否存在腐蚀现象；

(2) 阀体表面是否有裂纹、严重缩孔等缺陷；

(3) 阀门连接螺栓是否松动；

(4) 阀门操作是否灵活。

8. 法兰检查。

(1) 法兰是否偏口，紧固件是否齐全并符合要求，有无松动和腐蚀现象；

(2) 法兰面是否发生异常翘曲、变形。

9. 膨胀节检查。

(1) 波纹管膨胀节表面有无划痕、凹痕、腐蚀穿孔、开裂等现象；

(2) 波纹管波间距是否正常、有无失稳现象；

(3) 铰链型膨胀节的铰链、销轴有无变形、脱落等损坏现象；

(4) 拉杆式膨胀节的拉杆、螺栓、连接支座有无异常现象。

10. 阴极保护装置检查。对有阴极保护装置的管道应检查其保护装置是否完好。

11. 蠕胀测点检查。对有蠕胀测点的管道应检查其蠕胀测点是否完好。

12. 管道标识检查。检查管道标识是否符合现行国家标准的规定。

13. 检验员认为有必要的其他检查。

14. 对需重点管理的管道或有明显腐蚀和冲刷减薄的弯头、三通、管径突变部位及相邻直管部位应采取定点测厚或抽查的方式进行壁厚测定。

重点管理的管道是指输送易燃易爆、有毒、高温高压的管道；其他管道检验中发现有明显腐蚀和冲刷减薄的应进行测厚抽查。

15. 对输送易燃、易爆介质的管道采取抽查的方式进行防静电接地电阻和法兰间的接触电阻值的测定。管道对地电阻不得大于100 Ω，法兰间的接触电阻值应小于0.03 Ω。

16. 安全保护装置检查。

(1) 安全保护装置应符合安全技术规范和现行国家标准的规定。存在下列情况之一的安全保护装置，不准继续使用：

① 无产品合格证和铭牌的；

② 性能不符合要求的；

③ 逾期不检查、不校验的；

④ 爆破片已超过使用期限的。

(2) 压力表的检查。

对压力表进行外观检查，并检查同一系统上的压力表读数是否一致。存在下述问题之一的压力表，应立即更换：

① 超过校验有效期或铅封损坏；

② 量程与其检测的压力范围不匹配；

③ 指示失灵、表内弹簧管泄漏或指针松动；

④ 刻度不清、表盘玻璃破裂；

⑤ 指针断裂或外壳腐蚀严重；

⑥ 压力表与管道间装设的三通旋塞或针形阀开启标记不清或锁紧装置损坏。

(3) 测温仪表的检查。

对测温仪表进行外观检查。存在下述问题之一的测温仪表，应立即更换：

① 超过校验有效期或铅封损坏；

② 量程与其检测的温度范围不匹配。

(4) 安全阀。

对安全阀进行外观检查，重点检查是否在校验有效期、是否有泄漏及锈蚀情况。对杠杆式安全阀，检查防止重锤自由移动和杠杆越出的装置是否完好，对弹簧式安全阀，检查调整螺钉的铅封装置是否完好；对静重式安全阀，检查防止重片飞脱的装置是否完好。安全阀与排放口之间装设截断阀的，运行期间必须处于全开位置并加铅封。存在下述问题之一的安全阀，应立即更换：

① 超过校验有效期或铅封损坏；

② 安全阀泄漏；

③ 发现安全阀失灵或有故障时，应立即处置或停止运行。

(5) 爆破片装置。

对爆破片装置进行外观检查，检查爆破片装置的爆破片是否在规定的使用期限、安装方向是否正确、标定的爆破压力和温度是否符合运行要求、有无泄漏及其他异常现象、爆破片装置和管道间的截断阀是否处于全开状态和铅封是否完好。如果爆破片装置存在下述问题之一，应立即更换：

① 爆破片装置超过规定使用期限；

② 爆破片装置安装方向错误；

③ 爆破片装置的爆破压力和温度不符合运行要求。

(6) 爆破片装置和安全阀串联使用。

爆破片装置和安全阀串联使用时，除应参照上述(4)和(5)分别对爆破片装置和安全阀进行检查外，对爆破片装置装在安全阀出口侧的，还应注意检查爆破片装置和安全阀之间所装的压力表和截断阀，二者之间不应积存压力，应能疏水或排气。对爆破片装置装在安全阀进口侧的，还应注意检查爆破片装置和安全阀之间所装的压力表有无压力指示，截断阀打开后有无气体漏出，以判定爆破片装置的完好情况。

第三节　在线检验报告的编制

一、在线检验报告的格式

见附件 11.1。

二、填写要求

1. 全面检验日期：是指由有全面检验资格的单位按照《在用工业管道定期检验规程》所进行检验的日期。一般以全面检验报告中单位技术负责人签字的日期为准。

2. 使用登记证号：是指管道使用单位按《压力管道使用登记管理规则》规定向市(地)级以上或其授权的县级质量技术监督部门提交有关材料，办理登记手续后，质量技术监督部门发给的管道使用证的编号。

3. 注册编号：是指《压力管道使用注册登记汇总表》的编号。

4. 装置名称：一般指能独立完成特定功能的一个系统。

5. 管道名称：按管道用途、输送介质名称或装置名称等，如液化气管道、动力管道等。

6. 管道编号：是指管道使用单位按国家或本单位有关规定，对管道进行标识的号码。

7. 建档日期：一般指管道最早建立技术档案的日期。或者使用后通过检验等管理手段建立技术资料的日期。

8. 管道级别：指按《在用工业管道定期检验规程》进行分类的级别。即：GC1 级、GC2

级、GC3级等三个级别。

9. 起止位置:管道起点和终点的位置。一般用标识起止点符号表示。当管道有多条支管时,选择一个起点,然后标注所有终点。如:A～B、C、D、E。

10. 敷设方式:一般为地面、架空、埋地(管沟或直埋)敷设。

11. 设计压力、温度:按管道设计文件规定的参数。如无设计资料时,可按管道全面检验结束的最高工作压力和温度。

12. 工作压力、温度:即管道实际运行时的最高工作压力和温度。

13. 管道规格:外径(mm)×壁厚(mm)。当一个管道装置或系统有多种规格,或者检验报告包含多种规格时,可另附汇总表。

14. 管道单线图:将每条管道按照轴测投影的方法绘制,画成以单线表示的管道空视图。管道单线图形象地表示了管道工艺流程和布置,为检验提供标识和证据,因此,管道检验必须绘制单线图。绘制管道单线图是管道检验的重点和难点,具体请参阅第一章第五节内容。

15. 检验人员完成在线检验后,必须按照《在用工业管道在线检验报告书》,认真、准确地填写在线检验报告。《在用工业管道在线检验报告报告书》分为两部分,一部分是只需在建档时填写一次的部分(除非工业管道进行了修理改造),包括“在用工业管道原始资料登记表”和“在用工业管道单线图”;另一部分是每次完成在线检验后需要填写的部分,包括“在用工业管道在线检验测厚记录”和“在用工业管道在线检验结论报告”。“在用工业管道在线检验结论报告”由在线检验人员和审核人员签字,使用单位盖章后有效,如果使用单位委托具有工业管道检验资格的单位进行在线检验,则“在用工业管道在线检验结论报告”由使用单位和检验单位盖章后有效。

第四节　实际操作技能

在用压力管道在线检验的实施过程包括检验人员和设备的配置(确定)、管道原始资料和运行记录调查、编制检验方案、检查过程(内容和要求)、出具检验报告以及检验发现问题的处理等。在线检验方案包括上述的全部内容,因此,制定检验方案是关键,检验工作只要按方案进行即可满足检验要求。

实例　×××液化石油气储配站压力管道在线检验

一、资料审查

1. 管道基本情况

(1) 设计压力:1.76 MPa;设计温度:50℃; 输送介质:液化石油气;

(2) 最高工作压力:0.8 MPa;最高温度:50℃;管道级别:GC2级;

(3) 竣工日期:2004年3月1日;投用日期:2004年3月15日;

(4) 上次安装监检日期:2004年3月1日;上次在线检验日期:2005年2月15日。

2. 管道运行情况

(1) 实际操作压力:0.6 MPa～0.8 MPa;实际操作温度:0℃～40℃;

(2) 抽查一年管道运行和检查记录,实际操作参数较平稳并符合规定,未发现异常情况;

(3) 检查安全保护装置校验、调试证明文件,安全阀、温度计在法定检验期内;

(4) 在 2005 年 2 月 15 日进行除污器拆除清洗。

3. 存在的问题或缺陷

(1) 全部液相管无安全保护装置(有设计说明);

(2) 夏季室外液相管道运行温度偏高达 45℃,采取喷洒水的方法进行降温。

(3) 上次在线检查发现残液罐出口阀门后液相管有轻微腐蚀。

4. 管道单线图

检阅技术档案中的单线图,熟悉管道实际布置情况。

二、检验要求

1. 在线检验和管理人员必须持有压力管道Ⅰ-2 级或Ⅰ-1 级《特种设备作业人员证》;且检验时要有 2 人以上相互配合;

2. 在线检验的管理制度和有关人员职责见本公司如下制度:

(1) 在线检验和管理人员岗位责任制;

(2) 在线检验管理和作业人员培训考核及持证上岗制度;

(3) 检验方案(工艺)编制规定;

(4) 在线检验计划编制规定;

(5) 检验发现问题的处理规定;

(6) 检验报告的编制、审核程序。

3. 检验依据与合格标准

在线检验依据与合格标准按《在用工业管道定期检验规程》和本公司"压力管道在线检验方案"。

4. 资料审查发现的问题应重点核查。包括设计、制造、安装(竣工验收)、全面(或监检)检验报告、历次在线检验报告、运行记录和日常检查记录等。

三、检验程序和内容

检验程序和内容见本章第二节(在线检验的程序和内容)。

四、发现的问题和处理(对照程序和内容,不符合的处理)

1. 对无安全阀的液相管道,当环境温度大于 40℃时,应采取喷洒水的方法进行降温,或者把管道与有安全保护装置的储罐连通。

2. 经对残液罐出口阀门后液相管进行超声波测厚检测,腐蚀裕量在 0.05 mm/a～0.1 mm/a 内,局部减薄在设计文件规范所允许的范围内。

3. 部分管道防锈底漆和面漆脱落,建议除锈后重新油漆。

4. 管子、管件、阀门、法兰等未发现泄漏等异常情况。

五、出具检验报告

1. 该液化气储配站管道为第二次在线检验，且前次检验后未进行过修理改造，因此，检验报告中的"在用工业管道原始资料登记表"和"在用工业管道单线图"与第一次检验报告时相同，即取第一次的报告。

2. 根据上一次在线检查发现残液罐出口阀门后液相管有轻微腐蚀的情况，本次检验对阀门出口后 20 m 这段管进行抽查，并出具"在用工业管道在线检验测厚记录"。

3. 把上述存在的问题和建议写入"在用工业管道在线检验结论报告"中。

4. 综合在线检验发现的问题及处理结果，本次检验结论为"可以使用"(检验结论分为：可以使用、监控使用、停止使用)。

5. 超声波测厚的位置见《在用工业管道在线检验测厚记录》测厚点部位图；本次在线检验报告见附件 11.1。

附件 11.1

全面检验日期：

2004 年 3 月	年　月	使用登记证号：	管 GC 桂 A001
年　月	年　月		
年　月	年　月		
年　月	年　月	注　册　编　号：	管 GC 桂 A001-1

在用工业管道在线检验报告书

装置名称：液化气储配站

管道名称：液化石油气管道

注册编号：管 GC 桂 A001-1

管道编号：HY-01～06、HQ-01～07

使用单位：×××液化石油气储配站

建档日期：2004 年 3 月 1 日

国家质量监督检验检疫总局制

在用工业管道原始资料登记表

装置名称	液化气储配站	设计单位	×××设计院
管道名称	液化石油气管道	设计日期	2004年1月2日
管道编号	HY-01～06 HQ-01～07	设计规范	GB 50316
管道级别	GC2	安装单位	×××安装公司
管道长度/m	800	安装与验收规范	GB 50236—1997
起止位置	见单线图	验收日期	2004年3月1日
敷设方式	地面	投用日期	2004年3月15日
设计压力/MPa	1.76	工作压力/MPa	0.8
设计温度/℃	50	工作温度/℃	0～40
管子材料牌号	20 g	工作介质	液化石油气
管道规格 （外径 mm×壁厚 mm）	见单线图	绝热层材料	无
		绝热层厚度/mm	无
腐蚀裕量	0.05 mm/a～0.1 mm/a	防腐层材料	红丹漆

备注：

1. 全部液相管无安全保护装置(有设计说明)。
2. 夏季室外液相管道运行温度偏高达40℃，采取喷洒水方法进行降温。

在用工业管道单线图

绘制：　　年　月　日	审核：　　年　月　日

在用工业管道在线检验测厚记录

管道名称	液化石油气管道	管道编号	YH-03
管道规格(mm×mm)	57×3.5	腐蚀裕量	0.05 mm/a～0.1mm/a
管道材质	20 g	管道级别	GC2

测厚点部位图：

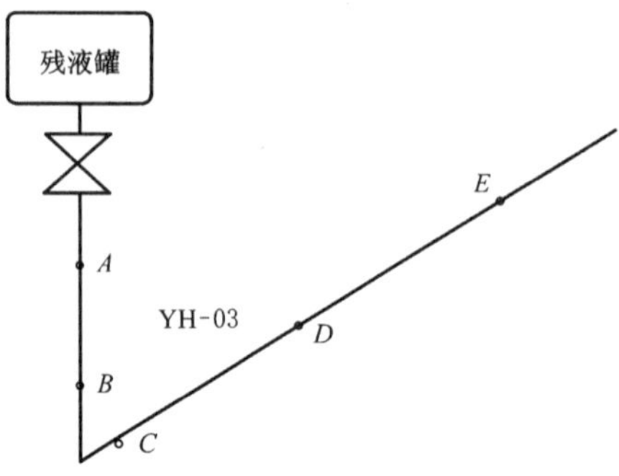

2005 年	仪器型号/精度						表面状况		打磨平滑	
测点编号	*A*	*B*	*C*	*D*	*E*					
厚度/mm	3.45	3.46	3.43	3.5	3.5					
检验人员：吴铭　2005 年 2 月 12 日　审核：江河　2005 年 2 月 15 日										
2006 年	仪器型号/精度						表面状况			
测点编号	*A*	*B*	*C*	*D*	*E*					
厚度/mm	3.38	3.35	3.32	3.40	3.41					
检验人员：吴铭　2006 年 1 月 10 日　审核：江河　2006 年 1 月 12 日										
年	仪器型号/精度						表面状况			
测点编号										
厚度/mm										
检验人员：　年　月　日　审核：　年　月　日										

备注：

局部减薄<0.1 mm/a，符合设计要求(2006 年 1 月 12 日)。

在用工业管道在线检验结论报告

报告编号：

装置名称	液化气储配站	管道名称	液化石油气管道
管道编号	HY-01～06 HQ-01～07	管道级别	GC2 级
管道规格/(mm×mm)	见单线图	管道材质	20 g

资料准备	☑管道平面布置图；☑管道工艺流程图；☑单线图；☑历次在线检验报告；☑历次全面检验报告；☑运行参数等技术资料
记录审查	☑管道运行记录；☑管道开停车记录；☑管道隐患监护措施实施情况记录；□管道改造施工记录；□检修报告；□管道事故处理记录；☑检验方案
问题记载	上次在线检查发现残液罐出口阀门后液相管有轻微腐蚀。

检查项目及检查结果

管道表面	合格	焊接接头	合格	泄漏	合格
绝热层	无此项	防腐层	欠缺	管道振动	合格
支吊架	合格	阀门	合格	膨胀节	无此项
法兰	合格	管道结构	合格	管道标识	合格
法兰间接触电阻	合格	对地电阻	合格	壁厚测定	合格
其他					
安全保护装置	压力表	测温仪表	安全阀	爆破片装置	其他
	合格	合格	合格	无此项	

缺陷情况说明：局部管道防锈底漆和面漆脱落，建议除锈后重新油漆。

检验结论：根据《在用工业管道定期检验规程》的规定，对本管线已完成所要求的检查和检验。检验结果是：可以使用

下次在线检验日期：2007 年 2 月

检验人员：吴铭　　2006 年 1 月 10 日　　审核：江河　　2006 年 1 月 12 日

缺陷处理情况说明： 已重新油漆防腐。 确认：吴铭　　2006 年 2 月 5 日 审核：江河　　2006 年 2 月 6 日	使用单位章 2006 年 2 月 6 日 检验单位章* 年　月　日

* 使用单位委托检验单位进行在线检验时，须加盖检验单位章。

第十二章　公用管道在线检验

第一节　在线检验的管理

见第十一章第一节。

第二节　在线检验的程序和内容

公用管道包括燃气管道(GB1 级)和热力管道(GB2 级),燃气管道一般均是埋地敷设,而热力管道既有埋地(直埋或管沟)也有架空或地面敷设,故这两类管道在线检验的程序和内容等差别较大。本章针对燃气管道进行在线检验作较详细介绍,而热力管道可按在用工业管道的在线检验要求,结合埋地管道特点进行在线检验,本教材暂不作介绍。

一、在线检验的一般程序

图 12.1.1 是燃气管道在线检验的一般要求,在线检验人员应根据所检验的燃气管道敷设、地面装置、防腐涂层(外覆盖层)、阴极保护方式、操作条件、输送介质特性,以及压力、流量、温度、阴极保护和故障记录等运行状况,确定实际检验项目和内容,编制符合实际的在线检验方案,实施检验工作。

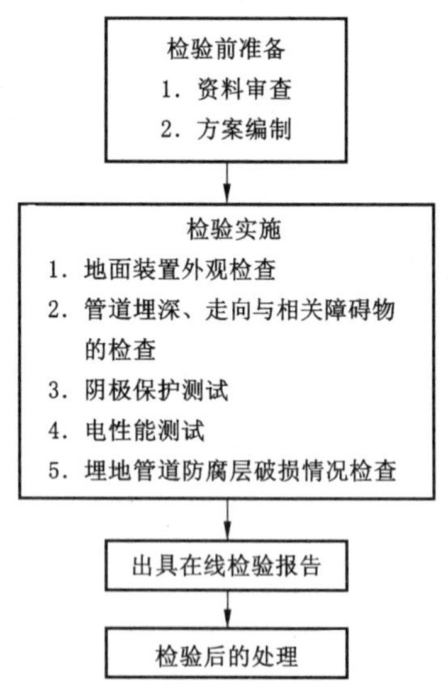

图 12.1.1　燃气管道在线检验的一般程序

二、在线检验的内容

1. 检验前准备

（1）查阅管道原始和运行技术资料等。在进行检验前应准备好与检验有关的管道平面布置图或走向图、历次在线检验及全面（监检）检验报告、原始技术资料等，检验人员应在了解这些资料的基础上，对管道运行、阴极保护测试、电性能测试、埋地管道防腐层破损检查、管道隐患监护措施实施情况、管道改造施工、检修报告、管道故障处理等记录进行检查，并根据单位在线检验有关管理制度要求，制定检验方案。

（2）编制在线检验方案要综合考虑燃气管道基本情况，包括管线周边环境、设计或操作参数、管件结构或布置、安全装置和附件的类型、管道在检验前或检验中实际运行情况等。只有这样才能作出符合实际，更具有操作性的检验方案。因此，要特别注意在不同阶段编制的检验方案在实际检验时要作适当的调整（检验方案的编制可参照工业管道的方法和要求）。

2. 在线检验内容

（1）地面装置外观检查

① 管道标志桩、转角桩、测试桩、管支墩的外观检查。

② 地面管道结构的外观检查。

③ 地面管道、法兰、弯头、三通、管帽等管道组成件的外观检查。

④ 支吊架的外观检查。

⑤ 阀门、膨胀节、凝水缸、调压装置外观及泄漏情况检查。

⑥ 安全阀、压力表等安全保护装置的外观及检定周期检查。

（2）管道埋深、走向、与相关障碍物的检查

检查埋地管道埋深及覆土状况、走向、与相关障碍物的检查应符合 GB 50028 的规定。该项检查只需在埋地管道顶部地面标高降低，走向、与相关障碍物有变动后进行（PE 管道应增加示警线情况测试检查）。

（3）阴极保护测试（PE 管道没有该项内容）

① 外加电流阴极保护参数测试前，应分析管道阴极保护历史运行参数、确定管道保护度、保护率、运行率。

② 管地电位测试，应包括自然电位、牺牲阳极开路电位、管道保护电位参数的测试。管道保护电位测试应符合 SY/T 0023 的规定。

③ 牺牲阳极应测试输出电流。测试方法应符合 SY/T 0023 的规定。

④ 管道保护电位异常的管段可测试管内电流。测试方法应符合 SY/T 0023 的规定。

（4）电性能测试（PE 管道没有该项内容）

① 电绝缘性能测试：阴极保护系统的电绝缘性能测试对象应包括绝缘法兰、绝缘接头、绝缘固定支墩和绝缘垫块等。

② 绝缘法兰、绝缘接头 、绝缘固定支墩和绝缘垫块的外观检查。

③ 电连续性能检验：跨接电缆或其他连接设施的外观检验及电连续性检验。

④ 接地电阻测试：牺牲阳极接地电阻测试应符合 SY/T 0023 的规定。

(5) 埋地管道防腐层破损情况检查(PE 管道没有该项内容)

① 应在专业检查周期内逐年分段检查。

② 应采用专用仪器在地面探测或局部开挖的方法检查埋地管道防腐层破损情况。

③ 对于用仪器探测出的埋地管道防腐层破损管段，应进行开挖，使其暴露并用肉眼或电火花检漏仪确定防腐层破损管段的长度、检查破损段管道表面的腐蚀情况、测定管壁厚度，然后进行强度校核，以决定能否允许运行。如允许运行，再进行表面处理并重新防腐。对新防腐层应进行电火花检漏，合格后按 CJJ 33 的要求进行回填。如不允许运行，则应及时更换该段管道。

第三节　在线检验报告编制

附件 12.1 是燃气管道在线检验报告的一般格式，鉴于目前国家或行业尚无相关燃气管道在线检验的技术规范、国家或行业标准，燃气管道使用单位或检验单位可根据管道结构和运行情况，增减相关内容和表格。

附件 12.1

管　道　编　号：0＋000～4＋955

使用登记证号：管 GC 桂 A001

注　册　编　号：管 GC 桂 A001-1

在用燃气管道在线检验报告

（范　本）

管道名称：×××中压燃气干管(0＋000～4＋955)

使用单位：×××管道燃气有限公司

检验单位：×××特种设备监督检验院

检验日期：二〇〇六年十二月十二日

报告编号：GXJ 2006-001

在用燃气管道在线检验结论报告

报告编号:GXJ 2006-001

<table>
<tr><td>管道名称</td><td colspan="2">×××中压燃气干管(0+000~4+955)</td><td>管道规格/mm</td><td>ϕ273×6</td></tr>
<tr><td>管道级别</td><td colspan="2">GB 1</td><td>管道材质</td><td>Q235B</td></tr>
<tr><td>管道起止位置</td><td colspan="4">××路口至××酒店(4 955 m)</td></tr>
<tr><td colspan="5">根据《压力管道安全管理与监察规定》的要求,对本管道已完成在线检验,各项在线检验报告附后,检验结论是:
☑允许运行;☐限期专业性检验</td></tr>
<tr><td colspan="5">对检验结论的说明:
经检查发现该管道存有一些缺陷,已进行及时处理,并不影响使用安全,允许继续运行(在线检验过程中存在的一般性问题可进行整改,没有影响安全运行的可按“允许运行”结论。如存在影响安全运行的隐患,在运行中无法整改,可按“限期专业性检验”结论。限期专业性检验是对管道进行的全面检验,每六年应至少进行一次,并由取得专业性检验资格的单位进行)。</td></tr>
<tr><td colspan="5">缺陷或问题及整改情况记载:
经检查发现1+000处标志桩、2+180处转角桩丢失、1+954处测试桩损坏、1#过路支阀井内管道防腐层破损、×××酒店2#支架腐蚀、4#过路支阀操作不灵活、6#过路支阀紧固件腐蚀、7#过路支阀井的波纹管膨胀节有两处凹痕、酒店出地管第一个变头连接环缝最大错边量为1.8 mm,以上各项已整改恢复。</td></tr>
<tr><td rowspan="3">检　验　员</td><td>证件编号</td><td colspan="2"></td><td rowspan="7">检验单位章
年　月　日</td></tr>
<tr><td>签字</td><td colspan="2"></td></tr>
<tr><td>日期</td><td colspan="2">年　月　日</td></tr>
<tr><td rowspan="2">检验单位
技术负责人</td><td>签字</td><td colspan="2"></td></tr>
<tr><td>日期</td><td colspan="2">年　月　日</td></tr>
<tr><td rowspan="2">检验单位
负责人</td><td>签字</td><td colspan="2"></td></tr>
<tr><td>日期</td><td colspan="2">年　月　日</td></tr>
<tr><td colspan="5">注1:在“检验结论”一栏方框内用“√”选择结论。
注2:以上签字手续不全,结论报告无效。</td></tr>
</table>

在用燃气管道在线检验报告

一、原始资料登记表

报告编号:GXJ 2006-001

管道名称	×××中压燃气干管	设计单位	×××设计有限公司
管道级别	GB 1	设计日期	2005.8.25.
管理单位	×××管道燃气有限公司	设计规范	GB 50028—1993(2002 版)《城镇燃气设计规范》
工作介质	天然气	安装单位	×××建设有限公司
管子材料牌号	Q235B	安装与验收规范	CJJ 33—1989《城镇燃气输配工程施工及验收规范》
管道规格/mm	ϕ273×6	验收日期	2005.6.25.
起止位置	××路口至××酒店	投用日期	2006.1.12.
敷设方式	埋地敷设	实际使用年	1 年
设计压力/MPa	0.3	操作压力	0.2
设计温度/℃	0~40	操作温度	0~40
腐蚀裕量	—	上次检验日期	—
埋地管防腐等级	SY/T 0413 规定的加强级	上次检验报告号	—
架空管防腐层结构	—	防腐层材料	聚乙烯
设计资料调查	设计资料基本齐全,但缺强度计算书		
安装资料调查	安装竣工资料齐全		
运行记录调查	运行记录齐全		
管道改造施工记录	在该管道 1+628 处加接一过路支管及支阀,改造竣工资料齐全		
其他资料调查	—		
原始资料调查问题记载	原始资料基本齐全,但缺强度计算书		
上次定期检验问题记载			
检验员: 年 月 日		审核: 年 月 日	

在用燃气管道在线检验报告

二、地面装置检查

报告编号：GXJ 2006-001

管道名称	×××中压燃气干管	管道规格/mm	ϕ273×6
管道级别	GB 1	管道材质	Q235B
管道起止位置	××路口至××酒店		
设计压力/MPa	0.3	设计温度/℃	0～40
检查部位	检查项目		检查结果及缺陷位置
标志桩、转角桩、测试桩、管支墩	□完好；☑损坏；☑丢失		1＋000处标志桩、2＋180处转角桩丢失，1＋954处测试桩损坏
管道结构	☑正常；□翘曲；□下沉；□异常变形		正常
防腐层	□完好；☑破损；□脱落		1＃过路支阀井内管道防腐层破损
支吊架	□完好；□脱落；□变形；☑腐蚀；□与管道接角处积水；□吊杆损坏；□吊杆异常；□吊杆连接配件损坏；□吊杆连接配件异常；□承载结构变形；□承载结构上主要受力焊接接头存在裂纹		机场酒店2＃支架腐蚀
阀门	□完好；□腐蚀；□裂纹；□缩孔；□连接螺拴松动；☑操作不灵活；□泄漏		4＃过路支阀操作不灵活
法兰	□完好；□偏口；□紧固件不齐全；□紧固件不符合要求；□紧固件松动；√紧固件腐蚀		6＃过路支阀紧固件腐蚀
法兰间接触电阻	☑合格；□大于0.03 Ω		合格
膨胀节	□完好；□波纹管膨胀节划痕；☑波纹管膨胀节凹痕；□波纹管膨胀节腐蚀；□波纹管膨胀节开裂；□波纹管膨胀节间距异常；□波纹管膨胀节失稳		7＃过路支阀井的波纹管膨胀节有两处凹痕
对地电阻	☑合格；□大于100Ω		合格
管道组成件	☑完好；□裂纹；□皱褶；□重皮；□碰伤；□变形；□腐蚀		完好
焊接接头	□完好；□裂纹；☑错边(最大错边量1.8 mm)；□咬边(最大咬边量 mm)		机场酒店出地管第一个变头连接环缝最大错边量为1.8 mm
凝水缸	☑完好；□腐蚀；□损坏；□放水阀泄漏；□放水管腐蚀；□丝堵泄漏		完好
调压装置	调压箱(器)、过滤器、安全放散切断设施、阀门、仪表等设备☑完好；□泄漏；□腐蚀、损伤；□箱体不牢固；□出地管腐蚀		完好
安全阀	☑完好；□在检定周期内；□超过检定周期；□无铅封；□裂纹；□腐蚀；□损坏		完好，在检定周期内
压力表	☑完好；□在检定周期内；□超过检定周期；□无铅封；□指针不动；□损坏		完好，在检定周期内
温度表或温度记录仪	☑完好；□在检定周期内；□超过检定周期；□无铅封；□指示不正确；□损坏		完好，在检定周期内
检验员：	年 月 日	审核：	年 月 日

在用燃气管道在线检验报告

三、牺牲阳极参数测试

报告编号：GXJ 2006-001

<table>
<tr><td colspan="2">管道名称</td><td colspan="2">×××中压燃气干管</td><td>管道级别</td><td>GB 1</td></tr>
<tr><td colspan="2">管道起止位置</td><td colspan="2">××路口至××酒店</td><td>桩　号</td><td>0＋000～4＋792</td></tr>
<tr><td colspan="2">管道规格</td><td colspan="2">ϕ273×6</td><td>管道材质</td><td>Q235B</td></tr>
<tr><td colspan="2">测试仪器型号</td><td colspan="2">DT 9806 数字万用表</td><td>参比电极类型</td><td>铜-饱和硫酸铜电极</td></tr>
<tr><td colspan="2">测试仪器准确度</td><td colspan="2">±(0.05×读数＋3 个字)</td><td>测试仪器灵敏阈</td><td>4½位</td></tr>
<tr><td colspan="2">电压表输入电阻</td><td colspan="2">10 MΩ</td><td>电流表内阻</td><td><回路总内阻 5%</td></tr>
<tr><td colspan="6">牺牲阳极参数测试数据记录</td></tr>
<tr><td>测试点桩号</td><td>1＋954</td><td>4＋340</td><td></td><td></td><td></td></tr>
<tr><td>测试时间</td><td>2006.11.22</td><td>2006.11.22</td><td></td><td></td><td></td></tr>
<tr><td>管道开路电位/V</td><td>－0.57</td><td>－0.58</td><td></td><td></td><td></td></tr>
<tr><td>阳极开路电位/V</td><td>－1.46</td><td>－1.47</td><td></td><td></td><td></td></tr>
<tr><td>保护电位/V</td><td>－0.88</td><td>－0.89</td><td></td><td></td><td></td></tr>
<tr><td>阳极输出电流/mA</td><td>8.9</td><td>9.0</td><td></td><td></td><td></td></tr>
<tr><td colspan="6">检测结论：
以上检测结果符合 SY/T 0019《埋地钢质管道牺牲阳极阴极保护设计规范》的要求。可以继续使用。</td></tr>
<tr><td colspan="3">检测员：　　　　年　月　日</td><td colspan="3">审核：　　　　年　月　日</td></tr>
</table>

在用燃气管道在线检验报告

四、电性能测试

报告编号:GXJ 2006-001

<table>
<tr><td>管道名称</td><td colspan="2">×××中压燃气干管</td><td colspan="2">管道级别</td><td>GB 1</td></tr>
<tr><td>管道起止位置</td><td colspan="2">××路口至××酒店</td><td colspan="2">桩　号</td><td>0+000~4+792</td></tr>
<tr><td>管道规格/mm</td><td colspan="2">ϕ273×6</td><td colspan="2">设计压力/MPa</td><td>0.3</td></tr>
<tr><td>兆欧表型号</td><td colspan="2">ZC-8</td><td colspan="2">测试日期</td><td>2006.10.2.</td></tr>
<tr><td colspan="6">电绝缘性能测试</td></tr>
<tr><td>测试方法</td><td>用兆欧表测量</td><td>绝缘法兰数量</td><td>2 对</td><td>绝缘接头数量</td><td>4 个</td></tr>
<tr><td>测试结果</td><td colspan="5">经对 2 对绝缘法兰及 4 个绝缘接头进行测量,其绝缘电阻均大于 2 MΩ,符合 SY 0401《输油输气管道线路工程施工及验收规范》。</td></tr>
<tr><td colspan="6">电连续性测试</td></tr>
<tr><td>连测试方法</td><td>用万用表电阻挡测量</td><td>跨接电缆数量</td><td>10 条</td><td>其他电连接数量</td><td>15</td></tr>
<tr><td>测试结果</td><td colspan="5">经测量,所有电缆及电连接均无断线现象。</td></tr>
<tr><td colspan="6">接地电阻测试</td></tr>
<tr><td>测试方法</td><td colspan="2">用兆欧表测量</td><td colspan="2">牺牲阳极数量</td><td>8 套</td></tr>
<tr><td>测试结果</td><td colspan="5">经测量,接地电阻均大于 100Ω</td></tr>
<tr><td colspan="3">检验员:　　　　　　年　月　日</td><td colspan="3">审核:　　　　　　年　月　日</td></tr>
</table>

在用燃气管道在线检验报告

五、阴极保护系统调查

报告编号:GXJ 2006-001

<table>
<tr><td colspan="2">管 道 名 称</td><td colspan="3">×××中压燃气干管</td><td colspan="2">管 道 级 别</td><td>GB 1</td></tr>
<tr><td colspan="2">设计压力/MPa</td><td colspan="3">0.3</td><td colspan="2">保护率/%</td><td>100</td></tr>
<tr><td colspan="2">管 道 规 格</td><td colspan="3">ϕ273×6</td><td colspan="2">保护度/%</td><td>100</td></tr>
<tr><td colspan="2">运行率/%</td><td colspan="3">100</td><td colspan="2">调 查 日 期</td><td>2006.10.10.</td></tr>
<tr><td colspan="2">环 境 条 件</td><td colspan="3">土壤传导率高</td><td colspan="2">测试仪器型号</td><td>DT 830 数字万用表</td></tr>
<tr><td rowspan="2">序号</td><td rowspan="2">站名</td><td rowspan="2">保护范围</td><td rowspan="2">输出电压/V</td><td rowspan="2">输出电流/A</td><td colspan="2">通电点电位/V</td><td rowspan="2">备注</td></tr>
<tr><td>自然</td><td>保护</td></tr>
<tr><td>Zh 20</td><td></td><td>两桩间</td><td>6.0</td><td>4.3</td><td>—0.58</td><td>—0.98</td><td>正常</td></tr>
<tr><td>Zh 21</td><td></td><td>两桩间</td><td>6.0</td><td>4.3</td><td>—0.53</td><td>—0.91</td><td>正常</td></tr>
<tr><td>Zh 22</td><td></td><td>两桩间</td><td>6.0</td><td>4.3</td><td>—0.75</td><td>—0.88</td><td>正常</td></tr>
<tr><td></td><td></td><td></td><td></td><td></td><td></td><td></td><td></td></tr>
<tr><td></td><td></td><td></td><td></td><td></td><td></td><td></td><td></td></tr>
<tr><td></td><td></td><td></td><td></td><td></td><td></td><td></td><td></td></tr>
<tr><td></td><td></td><td></td><td></td><td></td><td></td><td></td><td></td></tr>
<tr><td></td><td></td><td></td><td></td><td></td><td></td><td></td><td></td></tr>
<tr><td></td><td></td><td></td><td></td><td></td><td></td><td></td><td></td></tr>
<tr><td colspan="5">检测员：　　　　　　年　月　日</td><td colspan="3">审核：　　　　　　年　月　日</td></tr>
</table>

在用公用管道在线检验报告

六、管道埋深与相关障碍物的检查

报告编号:GXJ 2006-001

管道名称	×××中压燃气干管	管道级别	GB 1	
管道起止位置	××路口至××酒店	桩　号	0+000～4+792	
管道规格	ϕ273×6	管道材质	Q235B	
设备名称	管线定位仪	设备型号	9806　RLXP-5EN2	
环境条件	人行道及草地地面	检测日期	2006.11.18.	
序　号	覆土类型	管道埋深/mm	管道与障碍物距离/mm	示警线检查(PE管道)
1	亚砂土	≥600	符合要求	
2	黏土	≥600	符合要求	
3	含砾土卵石	≥600	符合要求	
结论意见:符合GB 50028标准要求。				
检测员:　　年　月　日		审核:　　年　月　日		

在用公用管道在线检验报告

七、管道防腐层破损情况检测

报告编号：GXJ 2006-001

管道名称	×××中压燃气干管	管道级别	GB 1
管道起止位置	××路口至××酒店	桩　号	0＋000～4＋792
管道规格	ϕ273×6	管道材质	Q235B
设备名称	地下管道防腐探测检漏仪	设备型号	SL-2088
环境条件	人行道及草地地面	检测日期	2006.11.8.
检测结果	发现桩号为 1＋238～1＋246 段管道腐层有破损现象。		
防腐层破损管段局部开挖情况及处理记录			
破损管段位置	桩号为 1＋238～1＋246		
破损管段长度	实际长度为 9 m		
管道表面腐蚀情况	有点状腐蚀现象		
最小剩余壁厚/mm	5.8		
强度校核结果	合格		
表面处理方法	用手动砂轮打磨		
补腐材料	聚乙烯胶粘带		
电火花检漏结果	未发现漏点		
回填土情况	符合 CJJ 33 的要求		
检测员：　　　　年　月　日		审核：　　　　年　月　日	

在用公用管道在线检验报告

八、测厚报告

报告编号:GXJ 2006-001

管道名称	×××中压燃气干管	管道规格/mm	ϕ273×6
管道级别	GB 1	管 道 材 质	Q235B
管道起止位置	××路口至××酒店(桩号为 1+238～1+246)(共 8 m)		
测量仪器型号	SA-10 型超声波测厚仪	测量仪器精度/mm	±0.1
实 测 点 数	12 点	实测最小壁厚/mm	5.8

测厚点部位图:

1　4　7　10

1+238　　3　6　9　　1+246　　上

2　5　8　11　12

测点编号	测点厚度/mm	测点编号	测点厚度/mm	测点编号	测点厚度/mm
1	5.9				
2	5.8				
3	5.8				
4	5.9				
5	5.8				
6	5.9				
7	5.8				
8	5.9				
9	5.9				
10	5.9				
11	5.8				
12	5.8				

检验员:　　　　年　月　日　　审核:　　　　年　月　日

注:测厚点部位图中的黑体字为投影点。